业财合一 · 流程管控系列

家级精品课程配套教材

央高校教育教学改革项目研究成果

大智移云

改革会计教学

XERCISES AND ANALYSIS OF
TERMEDIATE FINANCIAL ACCOUNTING

中级财务会计习题与解析

（第二版）

施先旺 张健 主编

王惠清 吴敏 副主编

附赠逐题视频讲解！

东北财经大学出版社
Dongbei University of Finance & Economics Press
大连

图书在版编目（CIP）数据

中级财务会计习题与解析 / 施先旺，张健主编. —大连：东北财经大学出版社，2022.8

（业财合一·流程管控系列）

ISBN 978-7-5654-4607-8

Ⅰ. 中… Ⅱ. ①施… ②张… Ⅲ. 财务会计–高等学校–题解 Ⅳ. F234.4-44

中国版本图书馆CIP数据核字（2022）第128743号

东北财经大学出版社出版

（大连市黑石礁尖山街217号 邮政编码 116025）

网 址：http://www.dufep.cn

读者信箱：dufep@dufe.edu.cn

大连东泰彩印技术开发有限公司印刷 东北财经大学出版社发行

幅面尺寸：185mm×260mm 字数：619千字 印张：26

2022年8月第2版 2022年8月第1次印刷

责任编辑：李 栋 周 晗 责任校对：惠恩乐

封面设计：冀贵收 版式设计：原 皓

定价：53.00元

教学支持 售后服务 联系电话：（0411）84710309

如有印装质量问题，请联系营销部：（0411）84710711

第二版前言

由施先旺、季华主编的《中级财务会计》（第二版）于2021年9月经东北财经大学出版社出版后，得到了广大读者的普遍认可和好评。应读者的要求，中南财经政法大学会计学院“财务会计学”课程组联合国内部分高校会计学专业教师一起修订了本书。

作为《中级财务会计》（第二版）的学习辅导用书，本书的主要特点为：

1.按教学知识点设计练习题

与目前习题集大多按章节设计不同，本书按照知识点来独立设计练习题。每一个知识点都设置了相应的单选、多选、判断、业务等题型，一方面可以方便老师布置作业，老师讲了主教材上的某一个知识点，就可以向学生布置该知识点所对应的练习题；另一方面也便于学生主动学习，学生学习了主教材上的某一个知识点，就可以做该知识点对应的练习题。

2.习题内容与题型体现了传统与改革的融合

一方面，本书的题型与内容遵循传统的会计专业学习模式。学生通过做题，掌握传统会计学习所应该包含的内容，可以参加目前的学校考试、后续培训考试和职称考试。

另一方面，本书的题型和内容又体现了“业财合一·流程管控”的会计改革思想。通过本书，学生可以进一步学习业务，弄懂业务流程，弄懂企业的资金运动；进一步提升学生的财务管理与控制思想；进一步提升学生对企业全局业务、流程与资金流动的把控，最终全面提升其综合素质。

在第一版的基础上，本书第二版主要做了如下修订：

1.在章节安排上进行了调整。由于第二版《中级财务会计》教材已将第一版中的“第四章增值税业务资金运动分析与会计处理”调整为第二章，将第一版的第二章、第三章内容分别调整为第三章、第四章，为保持与《中级财务会计》（第二版）教材的一致性，本书对相关知识点的习题与解析安排也在结构上进行了相应的调整。

2.对第十二章中关于其他特殊环节资金运动分析与会计处理的习题与解析进行了全面修改。由于《中级财务会计》第二版已经将第一版第十二章中的内容按照最新会计准则进行了全面的更新，本书也相应地对该部分的习题与解析进行了全面的修改。

3.对本书的所有习题（包括综合测试题）逐题进行免费视频讲解，并将免费讲解的视频以二维码的形式在书中全部呈现。

4.对第一版中存在的其他问题进行了修改与完善。

本书由施先旺（中南财经政法大学）、张健（重庆交通大学）任主编，由王惠清（武汉学院）和吴敏（武汉华夏理工学院）任副主编。

各章编写情况如下：第一章由季华（中南财经政法大学）编写；第二章、第三章、第四章由张健编写；第五章、第六章由施先旺编写；第七章由徐孝刚（长春工程学院）编写；第八章由邹照菊（重庆交通大学）编写；第九章由王猛（辽宁科技学院）编写；第十章由罗殿英（武汉学院）编写；第十一章由王惠清编写；第十二章由吴敏编写；第十三章由向俊（武汉学院）编写；第十四章由刘会芹（重庆理工大学）编写。综合模拟试题A和B由田盈霞（滇西科技师范学院）编写。

本书在编写的过程中得到了很多专家、学者的帮助，在此一并表示感谢。同时，还要感谢东北财经大学出版社的编校人员为本书的出版付出的辛勤劳动。

由于编者水平所限，本书的错漏之处在所难免，期待广大读者批评指正，以助其不断完善。请将您的宝贵意见告知课程组联系人（其微信号：shixw2000）。

欢迎关注“施教授会计大讲堂”微信公众号：

施教授会计大讲堂

欢迎关注“财大的施会计”个人空间：

财大的施会计

编　者

2022年5月

目　录

第一章　总　论

一、知识点：会计内涵与会计目标

1.【单项选择题】财务会计是指在企业范围内建立的一个依据企业会计准则，运用专门的程序与方法，着重向（　　）等企业外部信息使用者提供财务信息的经济信息系统。

A.政府部门　　　　B.投资者和债权人

C.注册会计师　　　　D.税务机关

会计内涵与会计目标

2.【多项选择题】财务会计主要提供的信息包括（　　）。

A.货币化的财务会计信息

B.非货币化的财务会计信息

C.反映企业经营战略和未来发展的前瞻性信息

D.反映企业过去财务状况、经营业绩和现金流量变动的历史信息

3.【单项选择题】财务会计主要以（　　）作为对外信息传递的手段。

A.原始凭证和记账凭证　　　　B.序时账簿和分类账簿

C.会计报表为核心的财务报告　　　　D.证、账、表为核心的通知公告

4.【判断题】管理会计与财务会计相同，受统一的会计法规的约束，为会计信息的使用者提供信息服务。（　　）

二、知识点：财务会计的处理程序与会计循环

1.【单项选择题】根据我国企业会计准则的要求，企业在对会计要素进行计量时，一般应采用的计量模式是（　　）。

A.历史成本/名义货币　　　　B.现行成本/名义货币

C.历史成本/不变购买力　　　　D.现行成本/不变购买力

财务会计的处理程序与会计循环 1-3

2.【多项选择题】财务会计系统的基本构成要素包括（　　）。

A.确认　　B.计量　　C.记录　　D.报告

3.【多项选择题】下列有关会计确认表述正确的有（　　）。

A.会计确认是指决定将交易或事项中的某一项目作为一项会计要素加以记录和列入财务报表的过程，是财务会计的一项重要程序

B.会计确认应该解决三个问题：应否确认、如何确认、何时确认

C.会计确认包括初始确认和再确认

D.会计的初始确认主要涉及的是会计账簿的问题，会计的再确认主要涉及的是会计报

表的问题

4.【多项选择题】下列有关会计计量表述正确的有（　　）。

A.会计计量是为了在账户记录和在财务报表中确认、计量有关财务报表要素，而以货币或其他度量单位确定其货币金额或其他数量的过程

B.会计计量主要解决如何对会计要素在记录时和在报表中进行数量描述的问题

C.会计计量主要由计量单位和计量属性两个要素所构成，这两个要素之间的不同组合形成了不同的计量模式。财务会计在计量过程中主要是以货币为基本计量单位，而在采用货币计量单位时又有两种选择：一是采用名义货币，即不考虑货币币值的变动，一律按不同时期同种货币的面值作为计量单位；二是采用货币的不变购买力，即以某个时期货币的购买力为不变价格货币，以折算后的不变价格货币作为计量单位

D.计量属性也称计量基础，是指会计要素可用货币计量的各种特性。可用于计量的属性有历史成本、重置成本、可变现净值、现值、公允价值

5.【多项选择题】下列有关会计记录表述正确的有（　　）。

A.会计记录是将经过确认和计量的项目在账户中正式记载的过程

B.会计记录包括分录记录和账户记录

C.在实际工作中，分录记录是不存在的，它对应的是记账凭证

D.账户记录实际上就是账簿记录

财务会计的处理程序与会计循环 4-6

6.【判断题】企业在对会计要素进行初始计量时，一般应采用历史成本计量属性，如能保证其所确定的会计要素的金额能够取得并可靠计量，也可采用其他计量属性。（　　）

三、知识点：会计核算的一般原则

1.【单项选择题】权责发生制原则的产生与待摊、预提等会计处理方法运用的基本前提是（　　）。

A.谨慎性原则　　B.历史成本原则　　C.会计分期　　D.货币计量

2.【单项选择题】下列各项支出中，属于收益性支出的有（　　）。

A.对固定资产进行改良所发生的支出

B.购建固定资产且在竣工结算之前发生的利息支出

C.固定资产的日常修理支出

D.购买固定资产所发生的支出

会计核算的一般原则 1-6

3.【单项选择题】企业设置“预付账款”（原“待摊费用”）和“其他应付款”（原“预提费用”）账户的依据是（　　）。

A.一致性原则　　B.权责发生制原则

C.配比原则　　D.重要性原则

4.【单项选择题】从成本效益看，对所有会计事项不分轻重主次和繁简详略，采取完全相同的处理方法，不符合（　　）。

A.明晰性原则　　B.谨慎性原则　　C.相关性原则　　D.重要性原则

5.【单项选择题】企业采用的会计政策不能随意变更，是依据（　　）。

A.可比性原则　　B.相关性原则　　C.客观性原则　　D.重要性原则

6.【单项选择题】强调不同企业会计信息横向可比的会计核算原则是（　　）。

A.相关性原则　　B.重要性原则　　C.可比性原则　　D.明晰性原则

7.【多项选择题】下列组织可以作为一个会计主体进行核算的有（　　）。

A.独资企业　　B.销售部门

C.分公司　　D.母公司及其子公司组成的企业集团

8.【多项选择题】在我国会计实务中，会计信息的使用者包括（　　）。

A.债权人　　B.投资人　　C.政府主管部门　　D.内部管理者

9.【多项选择题】会计信息的可靠性包括的含义有（　　）。

A.真实反映　　B.中立性　　C.及时反映　　D.具有可检验性

10.【判断题】资产具有为企业带来经济利益的特征，生产设备的使用能带来经济利益，所以企业准备购置的设备应该作为企业的资产。（　　）

11.【判断题】如果某项资产不能再为企业带来经济利益，即使是由企业拥有或者控制，也不能作为企业的资产在资产负债表中列示。（　　）

12.【判断题】划分收益性支出与资本性支出要求企业将收益性支出计入当期损益，以真实反映企业当期的财务状况，将资本性支出列于资产负债表，以正确计算企业的经营成果。（　　）

13.【判断题】谨慎性原则要求不仅要核算可能发生的收入，也要核算可能发生的费用和损失。（　　）

14.【判断题】如果一笔经济业务很重要，不单独反映就有可能遗漏一个重要事实，会计处理必须严格按照会计准则核算，并且单独反映。（　　）

15.【判断题】企业会计准则规定我国企业的会计期间按年度划分，以日历年度为一个会计年度，即从每年1月1日至12月31日为一个会计年度。这主要是考虑我国的计划年度和财政年度采用的是日历年度。（　　）

16.【判断题】谨慎性原则是指对于具有估计性质的会计事项应当谨慎对待，应当合理预计可能发生的损失和费用，但不预计或少预计可能带来的收益。因此，可以低估收入，高估成本。（　　）

会计核算的一般原则7-11

会计核算的一般原则12-16

第二章　增值税业务资金运动分析与会计处理

一、知识点：增值税计税方法与税率

1.【多项选择题】下列有关一般计税方法表述准确的有（　　）。

A.一般计税方法的应纳税额，是指当期的销项税额抵扣当期的进项税额后的余额

B.一般计税方法同时适用于一般纳税人和小规模纳税人

C.在一般计税方法下，企业购进货物，需要预缴增值税，即进项税额

D.在一般计税方法下，企业销售货物，需要代收增值税，即销项税额

2.【多项选择题】下列有关简易计税方法表述准确的有（　　）。

A.简易计税方法的应纳税额，是指按照销售额和增值税征收率计算的税额

B.简易计税方法一般适用于小规模纳税人

C.在简易计税方法下，企业购进货物，无论是否取得增值税专用发票，都需要价税合并计入所购货物的成本

D.一般纳税人在任何情况下都不得采用简易计税方法

二、知识点：一般纳税人增值税缴纳与经营环节+一般纳税人增值税一般性业务分析

1.【多项选择题】下列有关一般纳税人缴纳增值税业务表述准确的有（　　）。

A.在购进环节，企业需要预缴增值税，该税款称为“进项税额”。该预缴的税款对于企业来说是一种可以抵扣未来税款的权利

B.在销售环节，企业需要代国家代收增值税，该税款称为“销项税额”。该代收但尚未代缴的税款对于企业而言是一种负债

C.企业应缴纳的税款=销项税额-进项税额，即企业代收的增值税在扣除其预缴的税款后，就是企业应该缴纳的税款

D.企业预缴的增值税如果未来不能抵扣，就会形成企业的成本或费用

2.【多项选择题】一般纳税人可以作为增值税进项税额从销项税额中抵扣的发票主要有（　　）。

A.增值税专用发票

B.从海关取得的完税凭证

C.购进农产品的增值税普通发票

D.从小规模纳税人处取得的普通发票

增值税计税方法+0202增值税一般性业务

3.【多项选择题】下图有关税费缴纳资金运动所代表的经济含义表述准确的有（　）。

A.A段资金运动代表确认应缴纳的税费，B段资金运动代表实际以货币资金缴纳税费

B.一般情况下，先有A段运动，后才有B段运动，即应缴模式。也就是说，先确认应该缴纳多少税费，然后才实际缴纳税费

C.如先有B段运动后才有A段运动，就属于预缴模式。也就是说，先预缴税费，后才确认应该缴纳多少税费，多退少补

D.B段资金运动到底是反映应缴还是反映预缴，取决于A段运动是否已经发生

4.【多项选择题】下图有关增值税业务处理表述准确的有（　）。

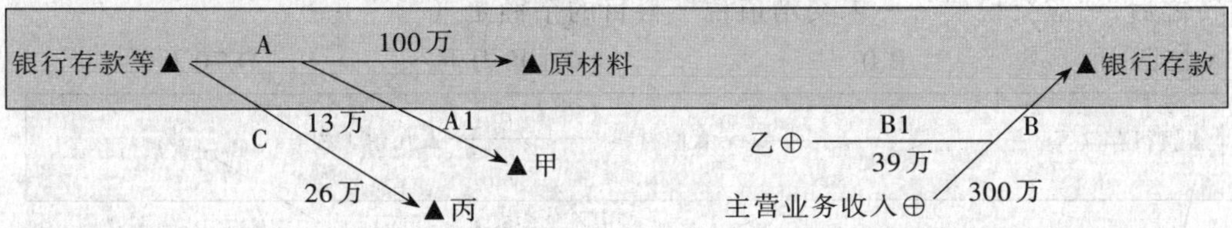

A.A段资金运动发生在B段之前，A1段款项的支付就代表预缴税款13万元，甲项目的名称为“应交税费——应交增值税（进项税额）”

B.B段资金运动发生在A段之后，B1段资金运动代表企业代国家收取但尚未支付给国家的税款39万元，乙项目的名称为“应交税费——应交增值税（销项税额）”

C.C段资金运动反映企业代国家收取的税款39万元在扣除其预缴的税款13万元之后再补缴税款26万元。丙项目的名称为“应交税费——应交增值税（已交税金）”

D.甲和丙两个项目都反映企业缴纳的税款。但是，甲项目反映的是预缴税款，丙项目反映的是企业在应缴税款的前提下实际缴纳的税款

三、知识点：增值税进项税额转出与期末结转会计处理+增值税业务资金运动综合分析

1.【单项选择题】月份终了，企业将本月应交未交增值税进行结转时，应借记的会计科目是（　）。

A.应交税费——未交增值税

B.应交税费——应交增值税（进项税额转出）

C.应交税费——应交增值税（转出未交增值税）

D.应交税费——应交增值税（已交税金）

进项税额转出+期末余额结转+综合分析（1-5）

2.【单项选择题】甲企业本月发生销项税额合计86 720元，进项税额转出2 548元，进项税额33 300元，已交增值税40 000元，则本月转入“未交增值税”明细科目的金额为（　）元。

A.56 692　　B.16 580　　C.15 968　　D.49 128

3.【单项选择题】企业缴纳上月的增值税，应涉及的账户是（　　）。

A.应交税费——应交增值税（转出未交增值税）

B.应交税费——未交增值税

C.应交税费——应交增值税（已交税金）

D.应交税费——应交增值税（转出多交增值税）

进项税额转出+期末余额结转+综合分析（6-9）

4.【单项选择题】甲企业收到乙公司作价投入的原材料一批，该批原材料双方确认的价值为600 000元，经税务部门认定应交的增值税为78 000元，乙公司已向甲企业开具增值税专用发票，甲企业未支付增值税税款。甲企业应记入“实收资本”科目的金额为（　　）元。

A.600 000　　B.678 000　　C.670 000　　D.680 000

5.【单项选择题】某一般纳税人企业月初欠缴增值税25万元。本月发生进项税额130万元，销项税额260万元，进项税额转出13万元，缴纳本月增值税60万元。无其他事项，月末结转之后，“应交税费——未交增值税”科目的余额是（　　）。

A.25万元　　B.0　　C.108万元　　D.70万元

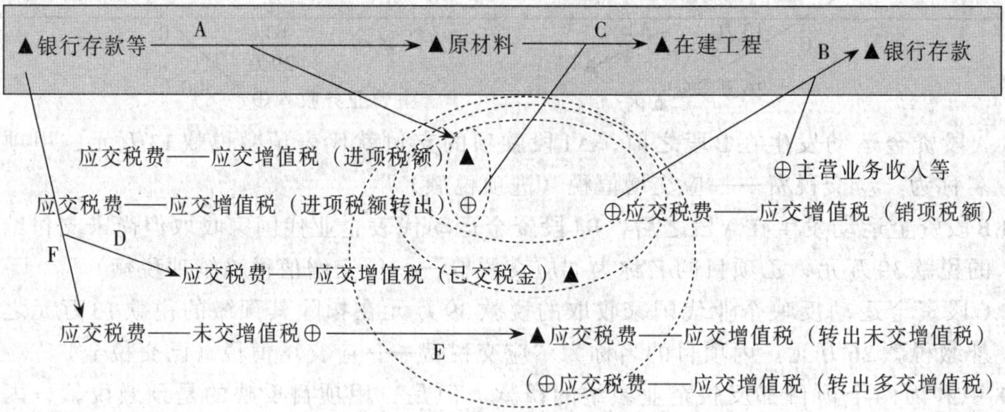

6.【多项选择题】关于一般纳税人月末转出多交增值税和未交增值税的账务处理，下列表述正确的有（　　）。

A.月度终了，企业应将当月应交未交或多交的增值税，自“应交增值税”明细科目转入“未交增值税”明细科目

B.月度终了，企业应将当月应交未交或多交的增值税，自“应交增值税”明细科目转入“增值税留抵税额”明细科目

C.月度终了，对于当月应交未交的增值税，企业应借记“应交税费——应交增值税（转出未交增值税）”科目，贷记“应交税费——未交增值税”明细科目

D.月度终了，对于当月多交的增值税，企业应借记“应交税费——未交增值税”科目，贷记“应交税费——应交增值税（转出多交增值税）”明细科目

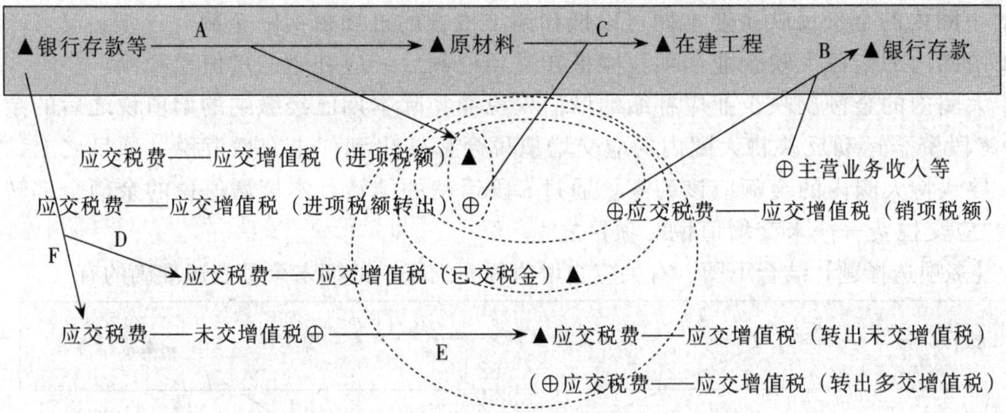

7.【多项选择题】关于下图增值税进项税额转出的分析准确的有（　　）。

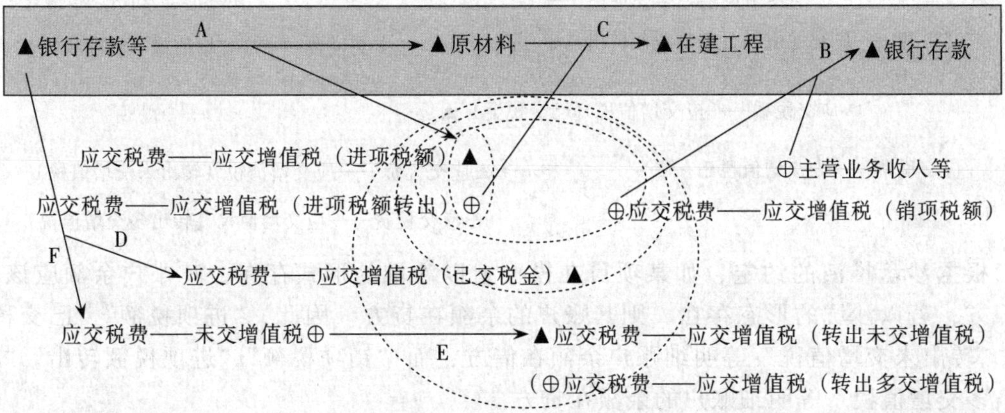

A.进项税额转出反映的是本期不能抵扣销项税额而需要从进项税额中转出的部分

B.进项税额转出的沙盘推演和累计折旧的推演完全一样，都是人为技术处理的结果

C.在沙盘推演的过程中，如不将进项税额从“固化”的地方挪开，我们就根本看不到“进项税额转出”这个项目（即看不到对应的那个沙坑）

D.进项税额和进项税额转出两个项目合在一起，即图中最小的圈，反映企业可以实际抵扣销项税额的进项税额

8.【多项选择题】关于下图小圈、中圈、大圈和特大圈的经济含义表述准确的有（　　）。

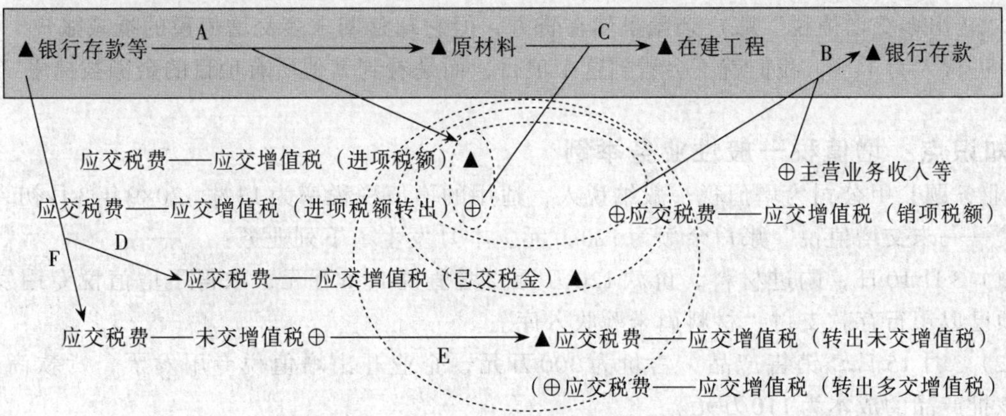

A.小圈内的金额反映企业本期可以抵扣销项税额的进项税实际金额
B.中圈内的金额反映企业销项税额抵扣进项税额后，应补缴的增值税税额
C.大圈内的金额反映企业应补缴的增值税税额扣除本期已经缴纳的增值税之后的余额
D.E段资金运动反映将大圈内的应交增值税余额转出到“未交增值税”项目之上，从而导致特大圈内的金额应该为零。通过E段运动的结转，本期增值税的余额全部转到了“应交税费——未交增值税”项目之上

9.【多项选择题】结合下图，有关应交增值税明细账户的期末余额表述准确的有（　　）。

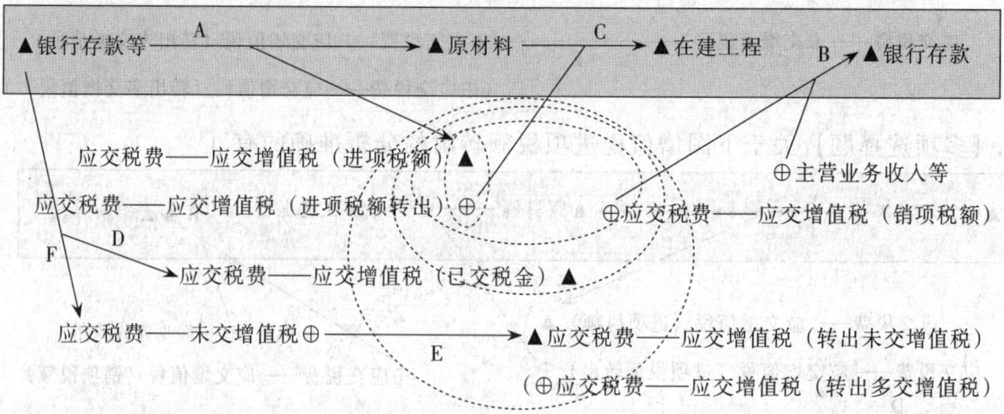

A.根据沙盘推演的约定，如某项目在模型上以沙堆的形式存在，其账户余额应该在借方；若以沙坑的形态存在，则其账户的余额在贷方。因此，“进项税额”“已交税金”“转出未交增值税”等明细账户余额在借方，而“销项税额”“进项税额转出”“转出多交增值税”等明细账户的余额在贷方
B.“进项税额”和“已交税金”账户余额虽然在借方，但它们都是销项税额的抵减账户，如不进行人为的主动干预，我们就不会看到这两个项目，而是看到销项税额的直接减少
C.“进项税额转出”账户余额虽然在贷方，但它却是进项税额的抵减账户，如不进行人为的主动干预，我们就不会看到这个项目，而是看到进项税额的直接减少
D.“转出未交增值税”账户余额虽然在借方，但它却是期末应交未交增值税的抵减账户，如不进行人为干预，我们就不会看到这个项目，而是看到其他所有项目的余额被抹平。“转出多交增值税”账户余额虽然在贷方，但它却是期末多交增值税的抵减账户，如不进行人为干预，我们就不会看到这个项目，而是看到其他所有项目的余额被抹平

四、知识点：增值税一般性业务举例

【业务题】甲公司为增值税一般纳税人，适用的增值税税率为13%。20×9年3月初，“应交税费——未交增值税”账户余额为120万元。本月发生了下列业务：

（1）3月10日，购进材料，价款120万元，增值税15.6万元，取得了增值税专用发票。该款项已以银行存款支付，材料尚未验收入库。

（2）3月15日，销售产品，售价为300万元，企业开出增值税专用发票，货款尚未收到。该批产品的成本为110万元。

（3）3月17日，集体福利性质工程领用原材料20万元（不含税），该批材料的进项税额不能抵扣，应予转出。

（4）3月20日，销售材料，成本为40万元，售价为50万元（不含税），企业开出增值税专用发票，货款已收存银行。

（5）3月28日，以银行存款缴纳增值税140万元，其中120万元是上月未交的税金。

（6）3月31日，计算本月底应交增值税期末余额，并进行期末余额结转。

（7）假如3月份“应交税费——应交增值税”项目的期末借方余额34万元。

要求：对上述业务进行相应的会计处理。

增值税一般性业务举例

五、知识点：免征增值税、农副产品增值税与未取得专用发票处理

1.【单项选择题】某企业（一般纳税人）收购免税农产品一批，实际支付价款为200 000元（以现金支付）。另外，以现金支付入库前的挑选整理费用500元。按9%的税率扣除，应记入“应交税费——应交增值税（进项税额）”账户借方金额为（　）元。

A.20 000　　B.18 000　　C.20 045　　D.180 450

免征增值税、农副产品增值税与未取得专用发票

2.【业务题】对下列业务进行相应的会计处理：

（1）购进免税农产品已作为原材料入库，价款（不含税）10 000元，增值税扣除率9%，款项以现金支付。

（2）甲公司是增值税一般纳税人，向乙公司购入原材料一批，取得的普通销售发票上注明的金额为226 000元，发票等结算凭证已到，货款尚未支付，材料已验收入库。

（3）某农业企业为增值税一般纳税人，本期收购农产品，实际以现金支付的总价款为50万元，收购的农产品已验收入库。另外，以现金支付2 000元的入库挑选整理费。假设其进项税扣除率为9%。

六、知识点：进项税额不予抵扣的会计处理

1.【单项选择题】某一般纳税企业原材料发生非常损失（管理不善造成，尚未处理），经确认受损原材料的购进成本为5 000元，应分摊的增值税为650元。应编制的会计分录为（　）。

A.借：待处理财产损溢　　5 000
　　贷：原材料　　5 000

B.借：待处理财产损溢　　5 650
　　贷：原材料　　5 000
　　　　应交税费——应交增值税（进项税额转出）　　650

C.借：待处理财产损溢　　5 650
　　贷：生产成本　　5 000
　　　　应交税费——应交增值税（进项税额转出）　　650

D.借：待处理财产损溢　　5 000
　　贷：生产成本　　5 000

2.【多项选择题】下列项目属于购买时就确定不能抵扣销项税额的业务有（　　）。

A.采用简易计税方法计税的项目　　B.免征增值税项目

C.用于集体福利或个人消费的项目　　D.用于不动产建造项目

3.【多项选择题】下列项目属于税法所界定的“非正常损失”业务的有（　　）。

A.因管理不善所造成的货物被盗、丢失、霉烂变质

B.由于地震等自然灾害造成的货物损失

C.因违反法律法规造成的货物或不动产被依法没收、销毁、拆除

D.因非管理不善所造成的货物毁损

4.【多项选择题】下列项目属于需要通过“进项税额转出”处理的有（　　）。

A.非正常损失（税务认定的）造成的购进货物所支付的进项税额

B.非正常损失（税务认定的）的不动产和不动产在建工程所耗费的物资所缴纳的进项税额

C.非正常损失（税务认定的）的在产品、产成品所耗用的货物缴纳的进项税额

D.非生产用固定资产或在建工程所耗费的原准备生产产品的原材料所对应的进项税额

5.【多项选择题】下列各项业务的核算中，涉及“进项税额转出”的有（　　）。

A.购入免税农产品

B.购进的货物发生税务认定的非正常损失

C.在产品、产成品发生税务认定的非正常损失

D.购进货物用于销售

进项税额不予抵扣的会计处理

七、知识点：增值税视同销售等特殊业务处理

1.【单项选择题】企业将20万元原材料以福利的形式发放给企业员工，其估计售价为30万元。该企业的增值税税率为13%。企业为职工提供的福利总额为（　　）元。

A.200 000　　B.300 000　　C.226 000　　D.339 000

2.【多项选择题】企业下列行为中，应视同销售并确认收入的业务有（　　）。

A.以存货交换资产（以公允价值为基础）抵偿债务

B.以存货对外投资或换取另一项资产

C.以某项资产发放股利

D.以某项资产用于职工个人福利

增值税视同销售业务的会计处理

3.【多项选择题】企业下列业务应通过“应交税费——应交增值税（销项税额）”进行核算的有（　　）。

A.已抵扣的进项税额转出　　B.将企业的原材料出售

C.原材料发生非正常损失　　D.将原材料用于支付非货币性职工薪酬

4.【多项选择题】有关下图资金运动描述准确的有（　　）。

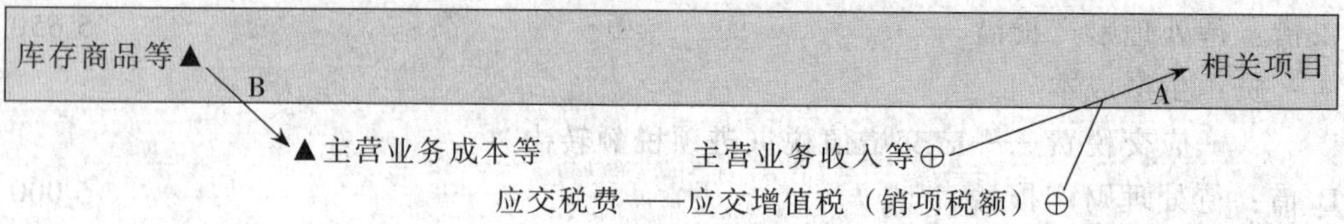

A.如图中相关项目是“应付职工薪酬”，那该图资金运动反映的业务就是企业以其库存商品支付职工薪酬

B.如图中相关项目是“应付股利”，那该图资金运动反映的业务就是企业以其库存商品支付股东股利

C.如图中相关项目是“应付账款”，那该图资金运动反映的业务就是企业以其库存商品偿还债务

D.如图中相关项目是“长期股权投资”等非货币性资产，那该图资金运动反映的业务就是企业以其库存商品换取其他非货币性资产

5.【业务题】对下列业务进行相应的会计处理：

（1）以库存商品支付非货币性职工薪酬。该批库存商品成本800 000元，按计税价格1 000 000元计算的增值税为130 000元。

（2）企业将原材料18万元，以股利的形式发放给股东，其估计售价为23万元。该企业的增值税税率为13%。

八、知识点：小规模纳税人增值税会计处理

小规模纳税人增值税业务的会计处理

1.【多项选择题】下列有关小规模纳税人表述准确的有（　　）。

A.小规模纳税人一般只能采用简易计税方法处理增值税业务

B.小规模纳税人一般也不能对外开具增值税专用发票

C.小规模纳税企业购入商品，无论是否取得增值税专用发票，都需要价税合并计入所购物资成本

D.小规模纳税人期末需要根据销项税额抵扣进项税额后的余额再缴纳增值税

2.【多项选择题】下列增值税应计入有关成本的有（　　）。

A.一般纳税人以产成品对外投资应交的增值税销项税额

B.一般纳税人非生产用不动产项目所支付的增值税进项税额

C.小规模的纳税企业购入商品已交的增值税

D.一般纳税企业购入材料支付的增值税（取得增值税专用发票）

3.【多项选择题】下图是一个小规模纳税人相关业务引起的资金运动。有关下图资金运动描述准确的有（　　）。

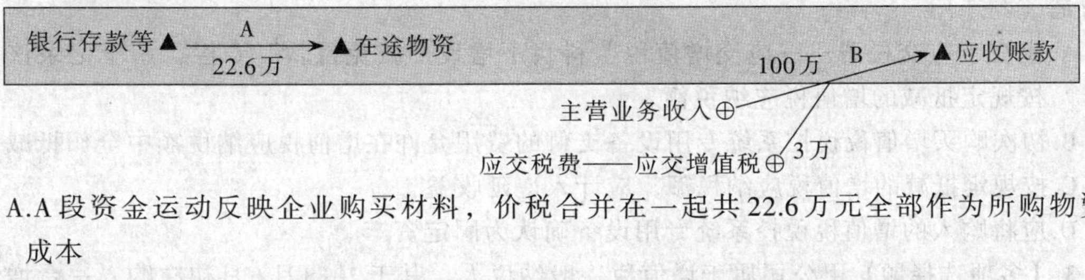

A.A段资金运动反映企业购买材料，价税合并在一起共22.6万元全部作为所购物资的成本

B.B段资金运动反映企业销售库存商品，售价100万元，增值税征收率为3%

C.在采用简易计税方法下，企业缴税的金额以“应交税费——应交增值税”项目的金额为准

D.一般纳税人发生某些特殊业务，也可以采用简易计税方法进行处理

4.【业务题】丁公司发生下列业务，请进行相应的会计处理：

（1）丁公司是增值税小规模纳税人，购入材料一批，取得增值税专用发票上注明的材料价款为30万元，增值税为39 000元，发票等结算凭证已到，货款通过银行转账支付，材料尚未收到。

（2）丁公司本期销售产品，取得销售收入（含增值税）206万元，其增值税征收率为3%，货款尚未收到。

增值税税控设备购置与维修费抵扣业务

九、知识点：增值税税控设备购置与维修抵扣税款的会计处理

1.【多项选择题】有关下图资金运动描述准确的有（　　）。

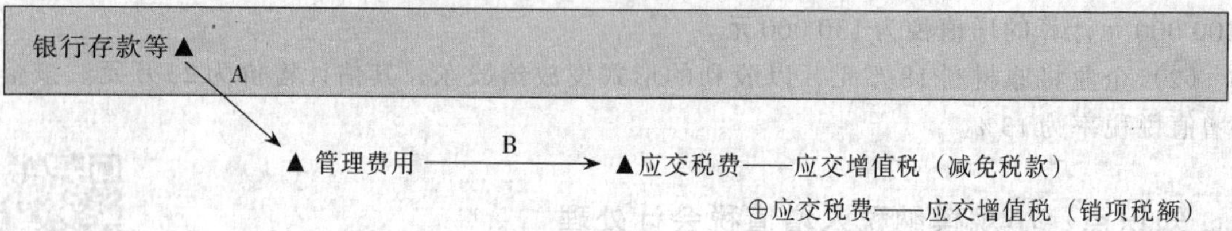

A.A段资金运动反映企业购买增值税税控设备（其金额包括买价和所支付的增值税进项税额）或者支付相关税控设备的维修费

B.在B段资金运动中，资金从管理费用流出，本应直接通过冲减“应交税费——应交增值税（销项税额）”，从而实现税款的减免。但该资金运动受到了人为管控，资金从管理费用流出但并没有直接冲销销项税额，而是在其附近停留下来，从而形成一个新的项目（新的沙堆▲），即：应交税费——应交增值税（减免税款）

C.A段资金运动发生的时点应该是在税控设备的购买时刻或相关维修费的发生时刻，B段资金运动发生的时点应在期末

D.该资金运动流程图适用于一般纳税人。小规模纳税人与之的区别在于：B段资金运动的终点是“应交税费——应交增值税”。也就是说，小规模纳税人不单独设置“应交税费——应交增值税（减免税款）”来专门反映税款的减免

2.【单项选择题】下列关于小规模纳税人初次购买增值税税控系统设备的处理，表述正确的是（　　）。

A.应在“应交税费——应交增值税”科目下增设“减免税款”专栏，用于记录该企业按规定抵减的增值税应纳税额

B.初次购买增值税税控系统专用设备支付的费用允许在增值税应纳税额中全额抵减

C.按规定抵减的增值税应纳税额，应计入递延收益

D.应将购入的增值税税控系统专用设备确认为固定资产

3.【多项选择题】甲公司属于增值税一般纳税人。其于2018月6月初次购入一台增值税税控系统专用设备，支付买价10 000元，增值税1 300元。预计该设备可以使用5年。假设不考虑其他因素，下列说法正确的是（　　）。

A.甲公司购入该设备时，应确认固定资产10 000元

B.甲公司2018年因为该设备而影响损益的金额为0

C.甲公司2018年应确认“应交税费——应交增值税（减免税款）”科目11 300元

D.甲公司2018年摊销的递延收益为1 000元

4.【多项选择题】下图是有关税控设备及其维修所引起的资金运动。有关下图资金运动描述准确的有（　　）。

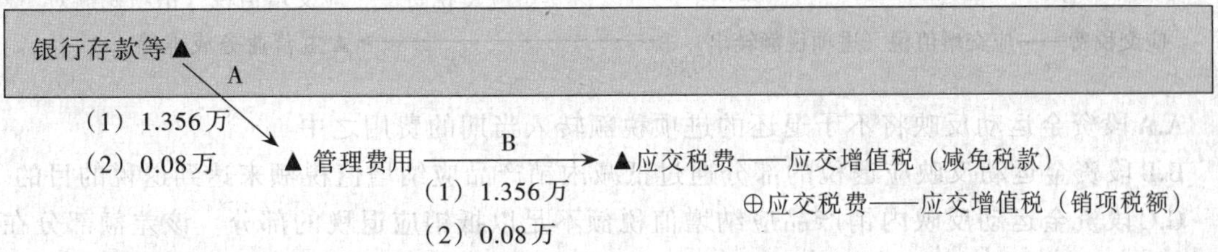

A.A段资金运动反映企业发生了两笔与税款减免有关的业务，其金额分别为1.356万元和0.08万元。企业暂时将其记在管理费用项目之上

B.B段资金运动反映企业在期末将记在管理费用项目上的两笔支出确认为“应交税费——应交增值税（减免税款）”，从而冲减本期的应交增值税1.436万元

C.将A段资金运动和B段资金运动结合起来看，管理费用项目在这里只起了一个临时的过渡性作用，税款的减免不影响管理费用总额

D.从图中可知，由于企业发生的税款减免都确认为“应交税费——应交增值税（减免税款）”，而不是直接冲销“应交税费——应交增值税”，由此可以推断企业属于一般纳税人

增值税出口退税的会计处理

十、知识点：增值税出口退税的会计处理

1.【单项选择题】企业与出口产品相关的进项税额为32万元。按税法规定，不能免征、抵扣、退还的增值税进项税额10万元，应记入的会计科目是（　　）。

A.库存商品　　　　B.生产成本

C.主营业务成本　　　　D.管理费用

2.【单项选择题】在企业出口退税业务中，企业可以通过抵销内销产品应纳增值税额20万元来实现，其具体的会计处理为（　　）。

A.借：银行存款

　　贷：应交税费——应交增值税（出口退税）

B.借：应交税费——应交增值税（出口抵减内销产品应纳税额）

　　贷：应交税费——应交增值税（出口退税）

C.借：应交税费——应交增值税（出口抵减内销产品应纳税额）

　　贷：应交税费——应交增值税（进项税额）

D.借：银行存款

　　贷：应收补贴款

3.【多项选择题】下图是实现“免抵退”企业出口退税的资金运动流程图，有关该图资金运动描述准确的有（　　）。

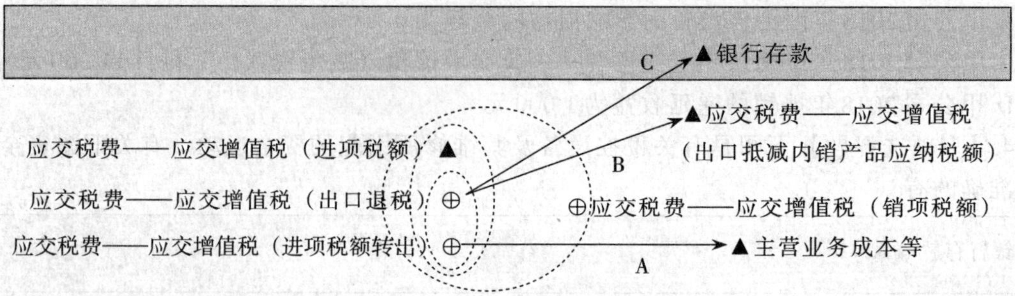

A.A段资金运动反映将不予退还的进项税额转入当期的费用之中

B.B段资金运动反映应退税的部分通过抵减内销产品应纳增值税额来达到退税的目的

C.C段资金运动反映内销产品应纳增值税额不足以抵销应退税的部分。该差额部分在税款实际收到时反映银行存款的增加

D.如内销产品应纳增值税额大于或等于应退税的金额，则C段资金运动的流量为0

4.【多项选择题】下图是实现“免抵退”企业出口退税的资金运动流程图，下列有关小圈、中圈和大圈描述准确的有（　　）。

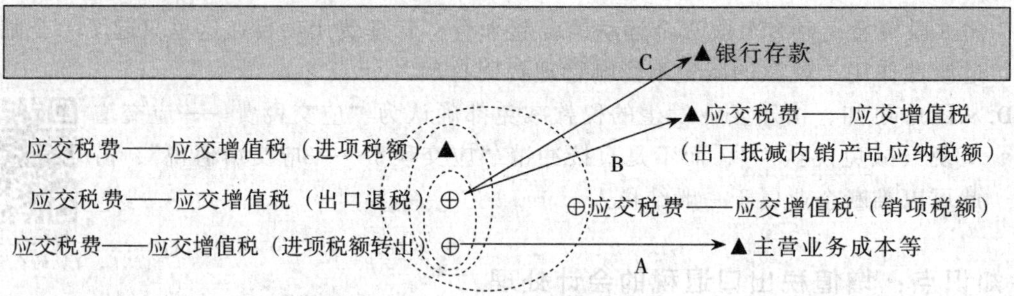

A.“应交税费——应交增值税（出口退税）”项目反映企业出口产品所耗费货物缴纳的进项税额总额

B.小圈的余额（出口退税与进项税额转出之和）反映企业出口产品所耗费货物缴纳的进项税额总额

C.中圈内的余额反映内销产品所耗费的货物缴纳的进项税额总额

D.大圈内的余额反映内销产品应缴纳的增值税税额。当其金额大于或等于应退税的金额时，C段的流量就为零

5.【多项选择题】有关下图资金运动描述准确的有（　　）。

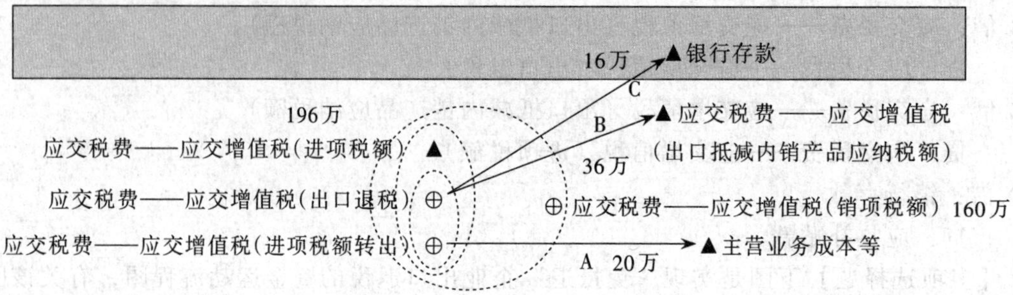

A.从图中可知，与出口产品有关的增值税进项税额为72万元。从A段资金运动可知，

这72万元中有20万元的进项税额是不予抵扣的，企业将这20万元的进项税额转为主营业务成本。剩下的52万元进项税额需要国家退还给企业

B.从图中可知，内销产品销项税额为160万元，内销产品所耗原材料进项税额为124万元，因此，企业需要补缴36万元的税款

C.52万元的应退税款中，有36万元的退税款直接冲减内销产品应纳税额。这样，还剩下16万元的应收退税款

D.剩下的16万元应收退税款在未来实际收到银行存款时才予以确认，即C段资金运动所反映的经济业务

6.【判断题】“应交税费——应交增值税（出口退税）”的设置原理同“应交税费——应交增值税（进项税额转出）”“累计折旧”一样，都是在沙盘推演过程中人为技术处理的结果。（　　）

7.【判断题】实现“免抵退”的企业，在其应退税的金额大于内销产品应纳增值税额时，应确认为应收补贴款；以后在实际收到款项时，再转为银行存款。（　　）

十一、知识点：增值税会计处理的其他特殊规定+增值税会计处理总结

增值税其他业务+总结

1.【多项选择题】小规模纳税人应设置的增值税相关账户主要有（　　）。

A.应交税费——应交增值税

B.应交税费——应交增值税（减免税款）

C.应交税费——转让金融商品应交增值税

D.应交税费——代扣代交增值税

2.【多项选择题】下列有关增值税在财务报表中列报表述准确的有（　　）。

A.全部作为流动负债反映

B.“应交增值税”“未交增值税”“待抵扣进项税额”“待认证进项税额”“增值税留抵”等项目有借方余额的，应分别作为其他流动资产和其他非流动资产列示

C.“应交税费——待转销项税额”的贷方余额，应分别在其他流动负债和其他非流动负债中分别列示

D.“未交增值税”“简易计税”“转让金融商品应交增值税”“代扣代交增值税”等项目的贷方余额列示在资产负债表的“应交税费”项目之中

3.【判断题】增值税业务之所以设置这么多明细科目，主要是为了满足税务稽查的需要。企业需要提供与增值税业务有关的、未加任何修正的原始资料。（　　）

第三章　权益性筹资资金运动分析与会计处理

一、知识点：所有者权益概述

所有者权益概述

1.【单项选择题】所有者权益是指企业投资者对企业（　　）的所有权。

A.所有资产　　B.收益　　C.净资产　　D.净利润

2.【单项选择题】20×2年1月1日某企业所有者权益情况如下：实收资本200万元，资本公积17万元，盈余公积38万元，未分配利润37万元，则该企业20×2年1月1日留存收益为（　　）万元。

A.32　　B.38　　C.75　　D.87

3.【单项选择题】下列各项中，不属于所有者权益的有（　　）。

A.盈余公积　　B.其他权益工具　　C.其他综合收益　　D.营业外收入

4.【多项选择题】下列关于所有者权益概念表述准确的有（　　）。

A.所有者权益是指企业所有者对企业净资产的要求权

B.净资产是指企业资产减去负债之后的余额

C.所有者权益是一种剩余权益

D.所有者权益又称为股东权益

5.【多项选择题】下列关于所有者权益与债权人权益差异表述准确的有（　　）。

A.在收益的获取上，所有者权益不具有固定性，而债权人权益具有固定性

B.在本金的保障上，所有者权益不具有法定偿还性，而债权人权益具有法定偿还性

C.在本息支付时点上，所有者权益不具有规定的时间性，而债权人权益具有规定的时间性

D.在资金使用成本上，所有者权益几乎没有使用成本，而债权人权益是需要支付利息的，因此所有者权益比债权人权益的使用成本要低

6.【多项选择题】下列关于资本保全概念表述准确的有（　　）。

A.名义资本保全是以投入的货币额作为保全条件的，不考虑货币的时间价值

B.不变货币资本保全又被称为一般购买力资本保全，它是指在保全了期初所有者权益的一般购买力之后的净资产增量才被认为是企业已实现的利润。它考虑了货币的时间价值

C.实物资本保全是将所保全的所有者权益以一定的实物加以衡量，即维持企业原有的生产经营能力之后的增量才被认为是企业已实现的利润。它不仅考虑了货币的时间价

值，而且考虑了其行业的特殊经营环境

D.实物资本保全制度是最科学的保全制度，我国目前采用的是实物资本保全制度

7.【判断题】企业所有的利得和损失都应该计入营业外收支，从而计入当期的利润表。（　）

二、知识点：所有者权益初始投入

所有者权益初始投入1-6

1.【单项选择题】甲股份有限公司委托乙证券公司发行普通股5 000万股，每股面值1元，每股发行价格为14元。根据约定，股票发行成功后，甲股份有限公司应按发行收入的5%向乙证券公司支付发行费。如果不考虑其他因素，股票发行成功后，甲股份有限公司记入"资本公积——股本溢价"科目的金额应为（　）万元。

A.70 000　　B.66 500　　C.61 500　　D.61 750

2.【单项选择题】某有限责任公司由甲、乙两个股东各出资50万元设立，设立时实收资本为100万元。经过3年营运，这时丙投资者有意加入，公司决定将注册资本增至150万元。经各方协商，丙以110万元出资，占新注册资本的1/3。该公司在接受丙投资者投资时，应借记"银行存款"科目110万元，贷记（　）。

A."实收资本"科目60万元，"资本公积——资本溢价"科目50万元

B."实收资本"科目75万元，"资本公积——资本溢价"科目35万元

C."实收资本"科目110万元

D."实收资本"科目50万元，"资本公积——资本溢价"科目60万元

3.【单项选择题】股份有限公司采用溢价发行股票方式筹集资本，其"股本"科目所登记的金额是（　）。

A.股票面值总额　　B.实际收到的款项

C.实际收到的款项加上应付证券商的费用　　D.实际收到的款项减去应付证券商的费用

4.【多项选择题】股份有限公司发行股票支付的手续费、佣金等发行费用，有可能做出的会计处理有（　）。

A.冲减未分配利润　　B.计入财务费用　　C.冲减盈余公积　　D.从溢价中扣除

5.【多项选择题】下列各项，不通过"资本公积"科目核算的有（　）。

A.接受现金捐赠　　B.向灾区捐赠现金　　C.资本溢价　　D.股本溢价

6.【多项选择题】甲公司委托证券公司发行普通股股票2 000万股，每股面值1元，按每股6元的价格发行，受托单位按照发行价格的1%收取手续费。下列相关表述中正确的有（　）。

所有者权益初始投入7-11

A.确认资本公积（股本溢价）贷方金额10 000万元

B.确认股本贷方金额2 000万元

C.确认资本公积（股本溢价）贷方金额9 880万元

D.确认银行存款借方金额12 000万元

7.【判断题】股份公司委托其他单位发行股票的手续费和佣金等费用，先从发行股票的溢价收入中抵销，发行股票的溢价不够抵销或无溢价的，计入财务费用。（　）

8.【判断题】溢价发行股票的情况下，股份公司的股本是股票面值与股份总数的乘积。（　）

9.【判断题】在我国，股票只按面值发行，不允许按溢价、折价发行。（　）

10.【判断题】企业收到投资者投入的资金时，应全部记入“实收资本”或“股本”科目。（　）

11.【判断题】投资者投入非现金资产，应当按照投资合同或协议约定的价值确定，但合同或协议约定价值不公允的除外。（　）

12.【业务题】甲股份公司委托乙证券公司代理发行普通股50 000 000股，每股面值1元，每股发行价格8元，并约定发行成功后按发行收入的1%向乙证券公司支付发行费用，从发行收入中抵扣。假设股票已发行成功，股款已全部划入甲股份公司的银行账户，不考虑税收等因素。

要求：根据上述资料，甲股份公司应做怎样的账务处理。

13.【业务题】根据下列经济业务，画出资金流程并编制有关会计分录。

所有者权益初始投入12-13

（1）某企业接受投资者投资1 000万元，款项已存入开户银行。

（2）某企业接受投资者以130万元货币资金投资，占该企业注册资本1 000万元的12%。款项已存入银行。

（3）某有限责任公司由A、B、C三位投资者投资组建，股权比例2∶1∶1，资本总额为4 000万元，现公司吸收新投资者D，D出资1 500万元，公司的注册资本增加到5 000万元，D取得公司1/5的股权。新股东的出资已全部到位。

三、知识点：所有者权益后续变动

所有者权益后续变动1-5

1.【单项选择题】企业增资扩股时，投资者实际缴纳的出资额大于其按约定比例计算的其在注册资本中所占的份额部分，应作为（　）处理。

A.资本溢价　　B.实收资本　　C.盈余公积　　D.营业外收入

2.【单项选择题】某公司“盈余公积”科目的年初余额为100万元，本期提取135万元，转增资本85万元，该公司“盈余公积”科目的年末余额为（　）万元。

A.135　　B.150　　C.315　　D.235

3.【单项选择题】关于企业所有者权益，下列说法中错误的是（　）。

A.未分配利润可以弥补企业亏损　　B.盈余公积可以按照规定转增资本金

C.资本公积可以弥补企业亏损　　D.资本公积可以按照规定转增资本金

4.【单项选择题】股份有限公司采用回购本公司股票方式减资的，下列说法中正确的是（　）。

A.应按股票面值和注销股数计算的股票面值总额减少股本

B.应按股票面值和注销股数计算的股票面值总额减少库存股

C.应按股票面值和注销股数计算的股票面值总额增加股本

D.应按股票面值和注销股数计算的股票面值总额增加库存股

5.【单项选择题】甲股份有限公司回购股票1 000万股，股票每股面值1元，共支付回购款4 050万元。回购时，公司的股本为11 000万元，资本公积溢价为3 000万元（均为该股票当初发行所产生），盈余公积为450万元，未分配利润为550万元。回购股票并注销后，甲股份有限公司的所有者权益总额为（　　）万元。

A.15 000　　B.14 000　　C.11 950　　D.10 950

6.【多项选择题】企业实收资本或股本增加的途径有（　　）。

A.经批准用资本公积转增　　B.经批准用盈余公积转增

C.接受投资者实物投资　　D.发放股票股利

所有者权益后续变动6-10

7.【多项选择题】企业减少资本的原因主要有（　　）。

A.资本过剩所导致的减资　　B.企业因亏损而减资

C.企业因收缩经营规模而减资　　D.企业因发放现金股利而减资

8.【多项选择题】有关下图库存股业务的表述准确的有（　　）。

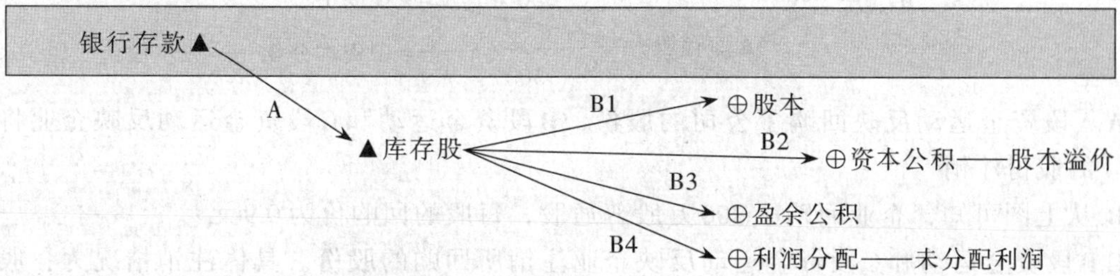

A.“库存股”项目产生的原因在于从股份的回购到实际的注销或转让有一个时间差，一旦处理完毕，库存股项目的余额为零

B.库存股属于所有者权益要素，但属于“负”所有者权益项目。库存股的金额越大，说明企业实际流通在外的股份越少。库存股抵减现有的所有者权益项目，就可以得出目前真实的、剩余的所有者权益

C.A段资金运动反映本公司股票的回购，该段运动不会影响企业所有者权益总额

D.B段资金运动反映本公司股票的注销，该段运动并没有导致所有者权益总额发生变化，只是所有者权益内部项目的相互转化而已

9.【多项选择题】甲股份有限公司以收购本企业股票方式减资，在进行会计处理时，可能涉及的会计科目有（　　）。

A.“股本”　　B.“资本公积”　　C.“财务费用”　　D.“盈余公积”

10.【多项选择题】下列关于股份回购的原因表述准确的有（　　）。

A.收缩企业经营规模　　B.吸纳过量现金的合适投资

C.维护公司声誉　　D.预防接管

11.【多项选择题】下图为库存股业务，每股股票面值为1元，有关表述准确的有（　　）。

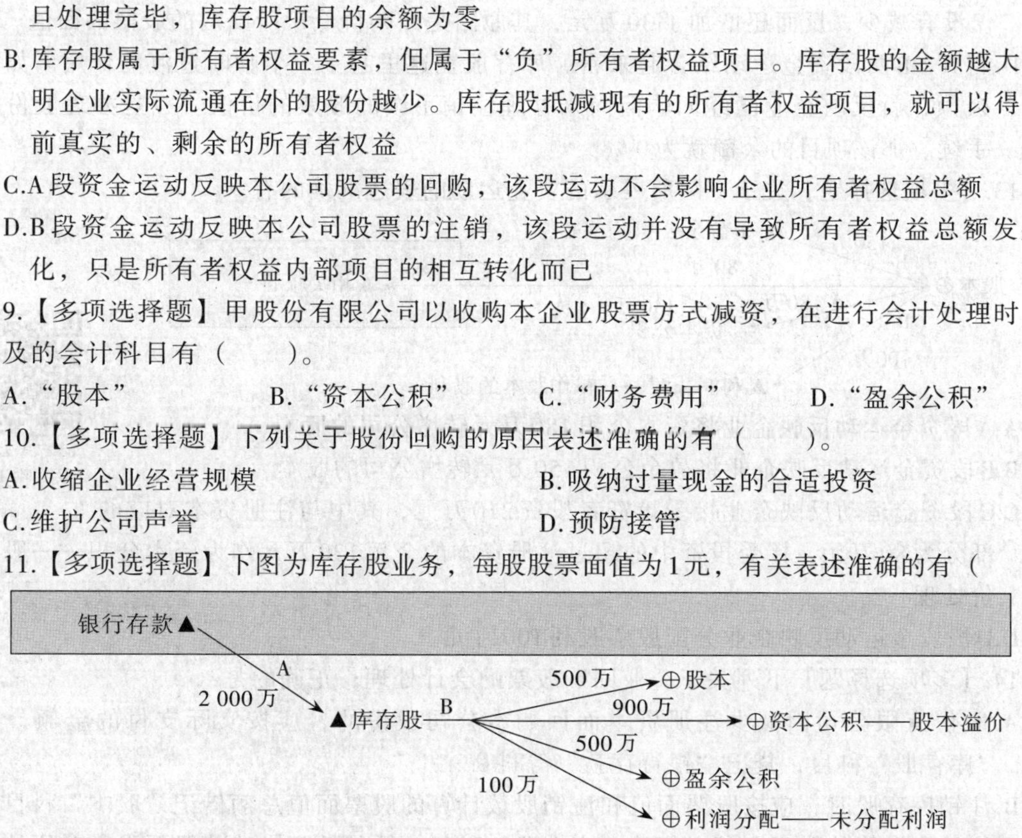

A.A段资金运动反映回购了公司的股份，B段资金运动反映企业将回购的股份注销

B.从上图可知，企业回购了400万股的普通股，每股回购价为5元

C.B段资金运动反映企业注销所回购的股份。具体注销情况为：股本被冲减了500万股，资本公积——股本溢价被冲销了900万元，盈余公积被冲销了500万元，利润分配——未分配利润被冲销了100万元

D.将A、B两段资金运动结合起来看，库存股在这里起了一个临时过渡的作用。如有余额，就反映企业已经回购但尚未办理注销手续的股票的价值。一旦办理股份注销手续，那该项目的余额就为0

12.【多项选择题】下图为库存股业务，每股股票面值为1元，有关表述准确的有（　　）。

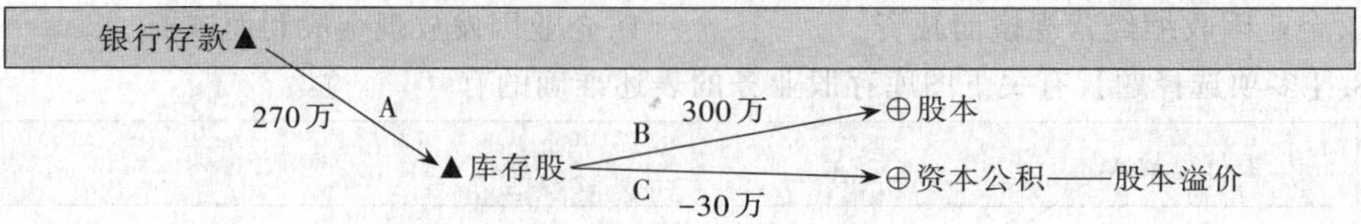

A.A段资金运动反映回购了公司的股份，B段资金运动和C段资金运动反映企业将回购的股份注销

B.从上图可知，企业回购了300万股普通股，每股的回购价为0.9元

C.B段资金运动和C段资金运动反映企业注销所回购的股份。具体注销情况为：股本被冲减了300万股，资本公积——股本溢价被冲销了-30万元，也就是说，资本公积不仅没有减少，反而还增加了30万元，其原因是回购价低于所回购的股票的面值

D.将A、B两段资金运动结合起来看，库存股在这里起了一个临时过渡的作用。如它有余额，就反映企业已经回购但尚未办理注销手续的股票的价值。一旦办理股份注销手续，那该项目的余额就为0

13.【多项选择题】关于下图所展示的资金运动的表述准确的有（　　）。

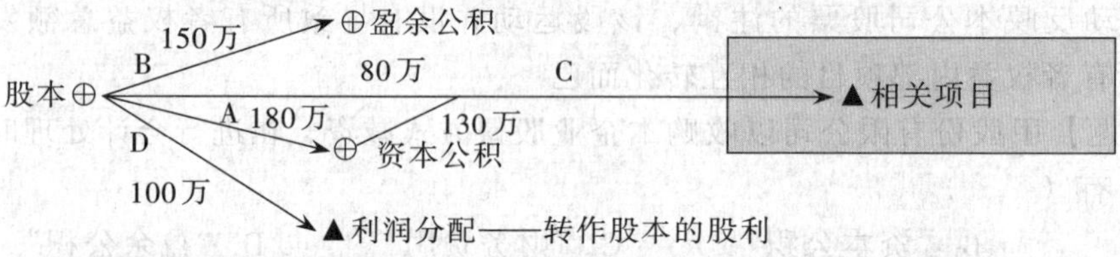

所有者权益后续变动11-14

A.A段资金运动反映企业将资本公积180万元转增公司的股本

B.B段资金运动反映企业将盈余公积150万元转增公司的股本

C.C段资金运动反映企业接受投资者投资210万元，其中与注册资本对应的部分为80万元，接受投资中的超过注册资本的金额130万元作为资本公积——股本溢价处理

D.D段资金运动反映企业分配股票股利100万元

14.【多项选择题】下列关于企业回购股票的会计处理，正确的是（　　）。

A.股份有限公司因减少注册资本而回购本公司股份的，应按实际支付的金额，借记“库存股”科目，贷记“银行存款”等科目

B.注销库存股时，应按股票面值和注销股数计算的股票面值总额借记“股本”科目，按注销库存股的账面余额，贷记“库存股”科目，按其差额，冲减股票发行时原计入资

本公积的溢价部分，借记“资本公积——股本溢价”等科目

C.回购价格超过冲减“股本”及“资本公积——股本溢价”科目的部分，应按照一定的比例借记“盈余公积”和“利润分配——未分配利润”科目

D.如回购价格低于回购股份所对应的股本，所注销库存股的账面余额与所冲减股本的差额作为增加股本溢价处理

15.【多项选择题】下列关于库存股的说法中正确的有（　　）。

所有者权益后续变动15-18

A.库存股核算企业收购、转让或注销的本公司股份金额

B.注销库存股，按照注销库存股的账面余额，借记“股本”科目

C.“库存股”期末借方余额反映企业持有尚未转让或注销的本公司股份金额

D.企业为减少注册资本而回购本公司股份的，应按实际支付的金额，借记“库存股”科目，贷记“银行存款”等科目

16.【判断题】用盈余公积转增资本不影响所有者权益总额的变化，但会使企业净资产减少。（　）

17.【判断题】收入能够导致企业所有者权益增加，但导致所有者权益增加的不一定都是收入。（　）

18.【判断题】在注销本公司股份时，应依次注销相应的股本、资本公积——股本溢价、盈余公积和利润分配——未分配利润。（　）

19.【业务题】甲公司20×1年12月31日的股本为30 000万股，每股面值为1元，资本公积（股本溢价）5 000万元，盈余公积3 000万元。经股东大会批准，甲公司以现金回购本公司股票3 000万股并注销。

要求：（1）假定每股回购价为0.9元，编制回购股票和注销股票的会计分录。

（2）假定每股回购价为2元，编制回购股票和注销股票的会计分录。

（3）假定每股回购价为3元，编制回购股票和注销股票的会计分录。

（4）假定每股回购价为4元，编制回购股票和注销股票的会计分录。

所有者权益后续变动19

20.【业务题】某有限责任公司将盈余公积500万元转增资本，将资本公积800万元转增资本。

要求：请对该业务进行相应的会计处理。

21.【业务题】某有限责任公司由甲、乙两个股东各出资80万元设立，设立时实收资本为160万元。经过3年营运，这时丙投资者有意加入，公司决定将注册资本增至300万元。经各方协商达成一致，丙以180万元出资，占公司新注册资本的1/3。注册资本剩余部分由甲、乙以货币资金平均分摊。所有出资款项都已全部到位并存入银行。

要求：请对该业务进行相应的会计处理。

所有者权益后续变动20-21

第四章　债务性筹资资金运动分析与会计处理

一、知识点：债务性筹资概述

债务性筹资概述

1.【多项选择题】下列有关负债特征描述准确的有（　　）。

A.负债最本质的特征是预期将导致经济利益流出企业

B.负债反映企业因为资金紧张而主动从外部筹集借入资金所形成的一种财务状况

C.负债通常在未来特定时日通过交付资产或提供劳务来清偿

D.负债是能够用货币确切地计量或合理估计的债务责任

2.【多项选择题】负债按照债务的偿还期限可以分为（　　）。

A.流动负债　　B.长期负债　　C.短期负债　　D.非流动负债

3.【判断题】借入负债都需要支付利息，而所有者投入资金是没有约定收益的。因此，所有者提供的资金是没有成本的。（　　）

二、知识点：流动性负债筹资分析+短期借款业务举例

1.【单项选择题】某企业20×1年1月1日向银行借了200 000元，期限9个月，年利率9%。按银行规定一般于每季度末收取短期借款利息，20×1年3月份企业对短期借款利息应做（　　）会计处理。

流动性负债筹资1-5

A.借：财务费用　　4 500

　　贷：银行存款　　4 500

B.借：财务费用　　3 000

　　　应付利息　　1 500

　　贷：银行存款　　4 500

C.借：财务费用　　1 500

　　贷：银行存款　　1 500

D.借：财务费用　　1 500

　　　应付利息　　3 000

　　贷：银行存款　　4 500

2.【多项选择题】下列有关流动负债表述准确的有（　　）。

A.从债务偿还的时间上讲，流动负债是指在1年或超过1年的一个营业周期内（含）需要偿还的债务

B.本章所讲的债务都是企业对外主动借入资金

C.短期借款是流动性负债筹资的主要形式，主要是向银行等金融机构借入资金

D.短期借款的主要目的是用于固定资产项目的购建

3.【多项选择题】对下图中短期借款相关业务表述正确的有（ ）。

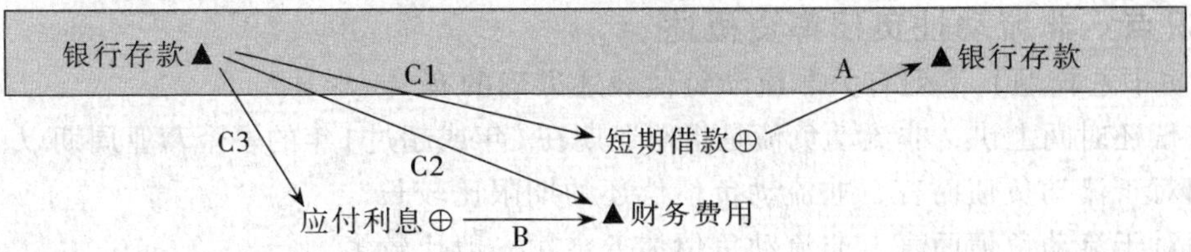

A.B段资金运动反映企业按权责发生制原则确认本期应负担的短期借款利息费用，并同步确认应付未付的利息

B.C2段资金运动反映企业确认并立刻支付本期的短期借款利息

C.C3段资金运动反映企业支付以前期间已确认但尚未支付的短期借款利息

D.短期借款利息的处理不影响“短期借款”项目的账面价值

4.【多项选择题】对下图中短期借款相关业务表述正确的有（ ）。

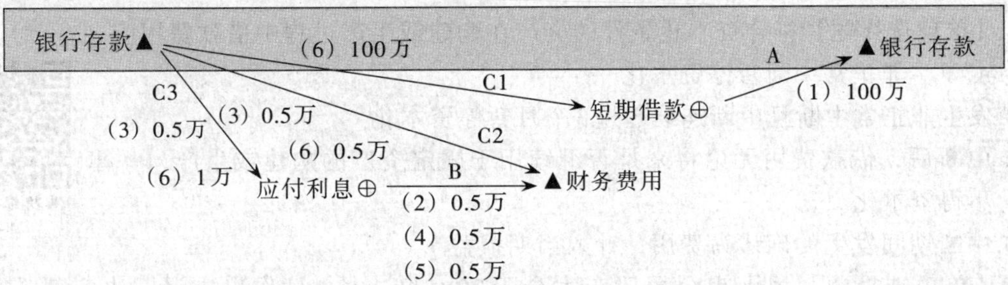

A.A段资金运动反映企业取得100万元的短期借款

B.由B段资金运动中（2）项可知，企业在本期确认了0.5万元的应付未付借款利息。从C2、C3段资金运动中的（3）项可知，企业以银行存款1万元支付了两部分利息，一部分是上期应付未付的应付利息0.5万元（从C3段资金运动中的（3）项可知），另一部分是本期的财务费用0.5万元（从C2段资金运动中的（3）项可知）

C.从B段资金运动中（4）、（5）项可知，企业在这两个期间分别确认了0.5万元应付未付的借款利息

D.从C段资金运动中（6）项可知，企业还本付息。其中C1段资金运动反映偿还本金100万元，C2段资金运动中（6）项反映支付本期财务费用0.5万元，C3段资金运动中（6）项反映支付以前已经确认了的应付未付的借款利息1万元

5.【判断题】若银行于每季度末收取短期借款利息，企业的短期借款利息一般采用月末预提的方式进行核算。 （ ）

6.【业务题】甲公司20×1年1月1日向中国银行借入1 200 000元、期限9个月、年利率为8%的流动资金借款，借款已存入银行。该公司按月计提利息费用，每季度末支付一次利息，本金到期一次偿还。

要求：（1）编制甲公司20×1年1月1日借入款项的会计分录。

（2）编制甲公司按月对该项流动资金借款计提利息的会计分录。

（3）编制甲公司每季度末支付利息的会计分录。

（4）编制甲公司到期还本的会计分录。

流动性负债筹资6

三、知识点：非流动性负债筹资概述

1.【多项选择题】下列有关非流动负债表述准确的有（　　）。

A.从偿还时间上讲，非流动负债是指偿还期在1年或超过1年的一个营业周期以上的债务

B.相对于流动负债而言，非流动负债偿还的期限比较长

C.相对于流动负债而言，非流动负债债务金额一般比较多

D.非流动负债偿还的方式多种多样，可分期付息、到期一次还本；可到期一次性还本付息；可分期偿还本息等

2.【多项选择题】下列项目属于非流动负债的有（　　）。

A.长期借款　　B.短期借款　　C.应付债券　　D.长期应付款

四、知识点：借款费用概述与确认

1.【单项选择题】符合资本化条件的资产在购建或生产过程中借款费用应（　　）。

A.发生非正常中断暂停资本化

B.发生非正常中断且中断连续超过3个月暂停资本化

C.中断后，借款费用无论将来是否继续用于固定资产的购建或生产，一律不得资本化

D.中断期间发生的确认为费用，计入当期损益

借款费用确认1-3

2.【单项选择题】甲上市公司股东大会于20×2年1月4日作出决议，决定建造厂房。为此，甲公司于2月5日向银行专门借款5 000万元，年利率为6%，款项于当日划入甲公司银行存款账户。2月15日，厂房正式动工兴建。2月16日，甲公司购入建造厂房用水泥和钢材一批，价款500万元，当日用银行存款支付。2月29日，计提当月专门借款利息。甲公司在2月份没有发生其他与厂房购建有关的支出，则甲公司专门借款利息应开始资本化的时间为（　　）。

A.2月5日　　B.2月15日　　C.2月16日　　D.2月29日

3.【单项选择题】下列项目中，不属于借款费用应予资本化的资产范围的是（　　）。

A.经过相当长时间的购建达到预定可使用状态的投资性房地产

B.需要18个月的生产活动才能达到销售状态的存货

C.经营性租赁租入的生产设备

D.经过2年的建造可达到预定可使用状态的生产设备

4.【多项选择题】下列为购建固定资产而发生的支出，属于借款费用资本化时点中资产支出已经发生的有（　　）。

A.以外币专门借款向工程承包方支付进度款

B.自供应商处以带息方式赊购建造固定资产项目的物资

C.企业将自己生产的库存商品用于固定资产建造

借款费用确认4-9

D.计提在建工程人员工资及福利费

5.【多项选择题】下列项目中，属于借款费用的有（　　）。

A.借款辅助费用，如手续费、佣金、印制费、承诺费等

B.借款利息

C.债券溢价或折价的摊销

D.汇兑差额

6.【多项选择题】下列有关借款费用资本化的表述中，正确的有（　　）。

A.所建造固定资产的支出基本不再发生，应停止借款费用资本化

B.固定资产建造中发生正常中断且连续超过3个月的，应暂停借款费用资本化

C.固定资产建造中发生非正常中断且连续超过1个月的，应暂停借款费用资本化

D.所建造固定资产基本达到设计要求，不影响正常使用，应停止借款费用资本化

7.【多项选择题】借款费用允许资本化的资产包括（　　）。

A.固定资产　　B.特定存货　　C.投资性房地产　　D.无形资产

8.【多项选择题】借款费用开始资本化必须同时满足的条件包括（　　）。

A.借款费用已经发生

B.资产支出已经发生（包括因带息债务所产生的，以及其他已用货币资金支付的）

C.货币资金支出已经发生

D.为使资产达到预定可使用或可销售状态所必要的购建或生产活动已经开始

9.【判断题】购建或生产符合资本化条件的资产达到预定可使用或可销售状态时，借款费用应停止资本化。之后发生的借款费用，应计入当期损益。（　　）

五、知识点：借款费用的计量+借款费用核算举例+辅助费用和汇兑差额的处理

1.【单项选择题】在确定借款费用资本化金额时，与专门借款有关的利息收入应（　　）。

A.计入营业外收入　　B.冲减所购建的固定资产成本

C.计入当期财务费用　　D.冲减借款费用资本化的金额

借款费用计量
1-4

2.【单项选择题】甲公司20×1年7月1日为新建生产车间而向商业银行借入专门借款2 000万元，年利率为4%，款项已存入银行。至20×1年12月31日，因建筑地面上建筑物的拆迁补偿问题尚未解决，建筑地面上原建筑物尚未开始拆迁；该项借款存入银行所获得的利息收入为19.8万元。甲公司20×1年就上述借款应予以资本化的利息为（　　）万元。

A.0　　B.0.2　　C.20.2　　D.40

3.【单项选择题】甲企业于20×5年1月1日开工建造一项固定资产，20×6年12月31日该固定资产全部完工并投入使用，该企业为建造该固定资产于20×5年1月1日专门借入一笔两年期款项，本金为2 000万元，年利率为9%。该企业另借入两笔一般借款：第一笔为20×6年4月1日借入的600万元，借款年利率为8%，期限为2年；第二笔为20×6年7月1日借入的450万元，借款年利率为6%，期限为3年。该企业20×6年为购建该项固定资产而占用一般借款的资本化率为（　　）。

A.7.33%　　B.7.14%　　C.6.80%　　D.6.89%

4.【单项选择题】20×5年3月1日，甲公司为购建厂房借入专门借款5 000万元，借款期限为2年，年利率为10%。20×5年4月1日，甲公司购建活动开始并向施工方支付了第一笔款项2 000万元。在施工过程中，甲公司与施工方发生了质量纠纷，施工活动从20×5年7月1日起发生中断。20×5年12月1日，质量纠纷得到解决，施工活动恢复。假定甲公司闲置借款资金均用于固定收益债券短期投资，月收益率为0.5%。甲公司该在建厂房20×5年度资本化的利息费用为（　　）万元。

A.166.67　　B.106.67　　C.240　　D.375

5.【单项选择题】20×7年7月1日，甲公司取得专门借款2 000万元直接用于当日开工建造的厂房，20×7年累计发生建造支出1 800万元。20×7年12月1日，该公司又取得一般借款1 200万元，年利率为6%，在当年并未投入使用。20×8年1月1日发生建造支出500万元，以借入款项支付（甲公司无其他一般借款）。不考虑其他因素，甲公司按季计算利息费用资本化金额。20×8年第一季度该企业应予资本化的一般借款利息费用为（　　）万元。

A.0　　B.4.5　　C.7.5　　D.18

6.【多项选择题】下列符合资本化条件的资产所发生的借款费用在予以资本化时，不与资产支出相挂钩的有（　　）。

A.为购建厂房专门借入长期借款利息　　B.为购建办公楼专门发行应付债券的利息

C.一般借款利息　　D.外币专门借款的汇兑差额

7.【多项选择题】甲公司为建造固定资产于20×6年4月1日向银行借入一笔期限为5年、年利率为5.4%的专门借款2 000万元。另外，该公司于4月1日向另一银行借入一笔一般借款500万元，借款期限3年，年利率5%。公司于4月1日购买一台设备，当日设备运抵公司并开始安装，4月1日支付货款1 200万元和安装费80万元；6月1日支付工程款1 200万元；至年末该工程尚未完工，预计20×7年年末完工。不考虑未动用专门借款的存款利息收入。甲公司关于上述借款20×6年度的会计处理中，正确的有（　　）。

A.应予资本化的专门借款利息金额为40.5万元

B.一般借款累计支出加权平均数为280万元

C.一般借款利息资本化金额为14万元

D.应予资本化的利息金额为95万元

借款费用计量
5-8

8.【多项选择题】在符合资本化条件的会计期间，下列有关借款费用处理的表述正确的有（　　）。

A.为购建固定资产向商业银行借入专门借款发生的辅助费用，应与资产支出挂钩，一部分费用化，一部分予以资本化

B.为购建固定资产取得的外币专门借款本金发生的汇兑差额，应予以资本化

C.为购建固定资产而资本化的利息金额，不得超过当期相关借款实际发生的利息

D.为购建固定资产取得的外币专门借款利息发生的汇兑差额，全部计入当期损益

9.【多项选择题】在借款费用的资本化期间内，每一个会计期间的利息资本化金额应（　　）。

A.只有专门借款实际发生利息费用才能计入

B.累计资产支出超过专门借款部分的一般借款利息支出应予资本化

C.专门借款未支出前存入银行的利息收入应冲减资本化金额

D.动用专门借款进行暂时性投资取得的投资收益不得冲减资本化金额

10.【多项选择题】下列有关辅助费用和汇兑差额表述准确的有（　　）。

A.专门借款所发生的辅助费用，都可以资本化

B.专门借款所发生的辅助费用，如金额小，也可以直接费用化

C.汇兑差额包括借款本金汇兑差额和借款利息汇兑差额

D.在资本化期间内，每期实际发生的汇兑差额可以全部资本化

借款费用
计量9-12

11.【多项选择题】下图是有关借款费用业务处理所引起的资金运动。有关下图表述正确的有（　　）。

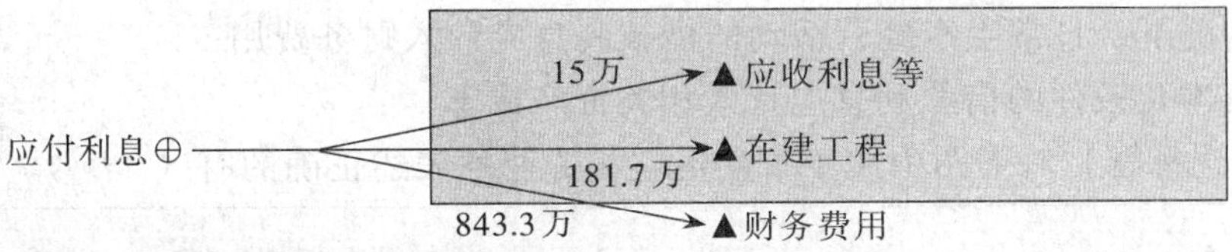

A.从图中可知，企业应付利息总额为1 040万元

B.企业总的应付利息是1 040万元，扣除闲置的借款资金所带来的收益15万元，剩下的1 025万元就是本期需要考虑资本化还是费用化的实际借款费用总额

C.1 025万元的实际借款费用总额中有181.7万元借款费用资本化，计入在建工程成本；剩下的843.3万元借款费用全部费用化，计入当期的财务费用

D.把闲置借款资金所带来的应收利息算在内，这笔1 040万元的应付利息，企业最终流出的货币资金净额是1 025万元

12.【判断题】专门借款发生的利息费用都可以予以资本化。（　　）

13.【业务题】某公司20×1年1月1日正式动工建造一条流水线，取得一笔专门借款500万元，期限3年，年利率6%，按年支付利息，到期还本。借款中本年度有400万元用于工程项目，60万元对外短期投资，剩余40万元存入银行；在这一年中，对外短期投资取得投资收益10万元，取得银行存款利息1万元，所有收益全部存入银行。20×2年取得两笔一般借款，均被工程项目占用，20×2年1月1日取得一般借款1 000万元，期限2年，年利率6%；20×2年7月1日再次取得一般借款2 000万元，期限3年，年利率8%，均为到期一次还本付息，按年计息。20×2年1月1日工程项目投入1 100万元（含原未使用的专门借款100万元），20×2年7月1日投入工程项目2 000万元，工程项目于20×2年10月31日达到预定可使用状态。

要求：计算20×1年、20×2年借款利息资本化金额，并对有关借款费用相关业务进行相应的会计处理。

借款费用
计量13

六、知识点：长期借款资金运动分析

1.【多项选择题】长期借款所发生的利息支出、汇兑损失等借款费用，可能计入的项目有（　　）。

A.在建工程　　B.其他应付款　　C.财务费用　　D.管理费用

2.【多项选择题】结合下图，下列有关长期借款表述准确的有（　　）。

长期借款
业务1-4

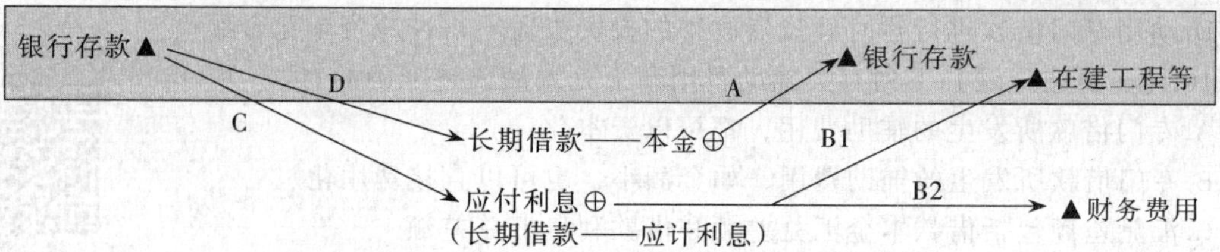

A.长期借款一般按实际发生额计量，不考虑货币的时间价值

B.如分期支付利息的，应设置“应付利息”项目；如到期连同本金一次性支付的，应在“长期借款”项目下设置“应计利息”明细项目反映

C.一般情况下，日常生产经营活动的借款利息应计入财务费用

D.符合资本化条件的借款利息应计入相关资产成本

3.【多项选择题】对下图中关于长期借款相关业务表述正确的有（　　）。

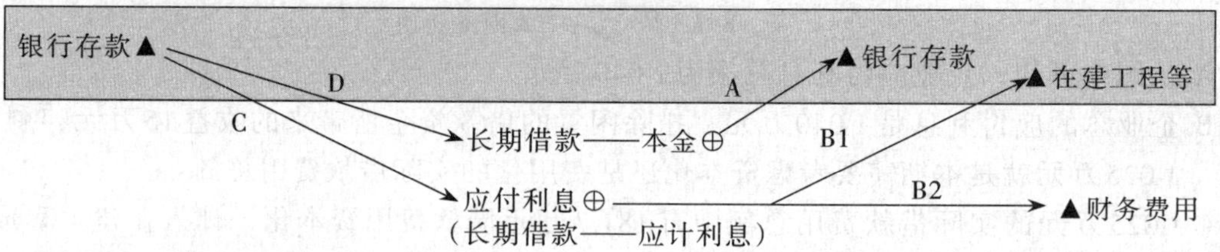

A.A段资金运动反映企业取得长期借款

B.B段资金运动反映企业确认长期借款所应支付的利息，其中B1段反映借款费用资本化部分，B2段反映借款费用费用化部分

C.C段资金运动反映偿付利息，D段资金运动反映企业偿还借款本金

D.长期借款的利息如是分期支付，则所确认的应付未付的利息应作为“应付利息”处理。如所确认的应付未付的利息是到期与本金一并支付的，那该应付未付的利息就应该确认为“长期借款——应计利息”项目，作为非流动负债项目处理

4.【多项选择题】下图是企业长期借款业务引起的资金运动。下图的序号是按照经济业务发生的先后顺序编排的。下列与下图相关的业务表述正确的有（　　）。

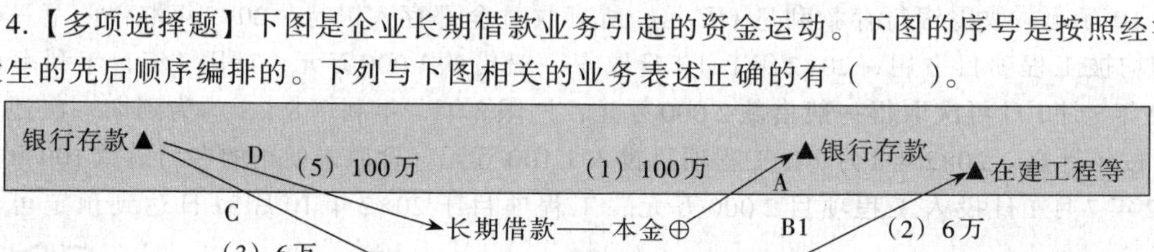

A.A段资金运动反映企业取得长期借款100万元

B.B1段资金运动反映企业确认本期应付借款利息6万元，即一方面确认应付利息6万元，另一方面将6万元的借款费用全部资本化，计入在建工程成本之中

C.C段资金运动中（3）项反映企业以银行存款6万元支付了应付利息

D.B2段资金运动反映企业确认6万元的应付利息，该借款费用全部费用化，计入财务费用。从资金运动C（5）和D（5）可知，企业以银行存款106万元偿还借款本金100万元，支付应付利息6万元

5.【业务题】甲公司发生下列业务：

（1）20×7年1月2日从银行借入资金500万元用于固定资产的更新改造。该借款期限为2年，年利率为6%，每年年末计息并支付利息，到期一次还本。

（2）20×7年12月31日计提本年长期借款利息。该项工程于20×7年12月31日完工并投入使用。

（3）20×8年1月2日，甲公司支付上年利息。

（4）20×8年12月31日，计提本年长期借款利息。

（5）20×9年1月2日，甲公司偿还借款本金及20×8年借款利息。

要求：对上述业务进行相应的会计处理。

长期借款业务5

应付债券业务理论分析1-3

七、知识点：应付债券概述+应付债券发行资金运动分析

1.【单项选择题】结合下图，就发行债券的企业而言，发行债券产生溢价的实质是（　　）。

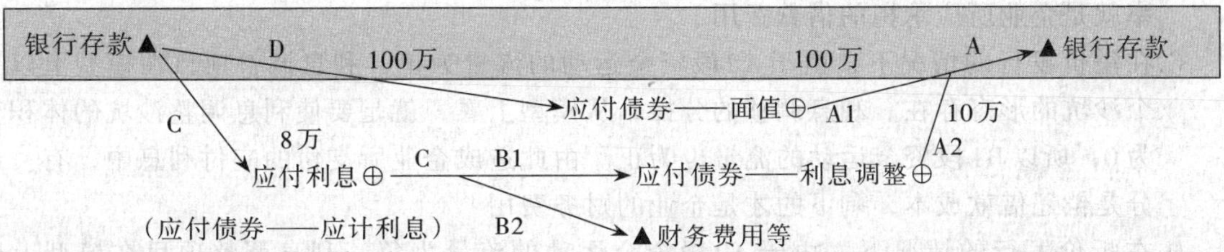

A.为以后少付利息而付出的代价　　B.为以后多付利息而得到的补偿

C.本期利息收入　　D.以后期间的利息收入

2.【单项选择题】结合下图，就发行债券的企业而言，发行债券产生折价的实质是（　　）。

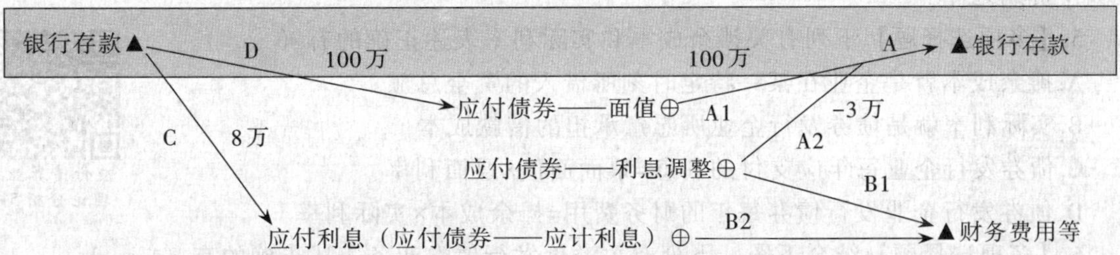

A.为以后少付利息而付出的代价　　B.为以后多付利息而得到的补偿

C.本期利息收入　　D.以后期间的利息收入

3.【单项选择题】企业借入各种长期借款时，按实际收到的款项，借记“银行存款”科目，贷记“长期借款——本金”科目，按其差额（　　）。

A.借记“长期借款——利息调整”科目

B.贷记“长期借款——利息调整”科目

C.借记或贷记“长期借款——利息调整”科目

D.不做任何处理

4.【多项选择题】有关下图中应付债券相关业务表述正确的有（　　）。

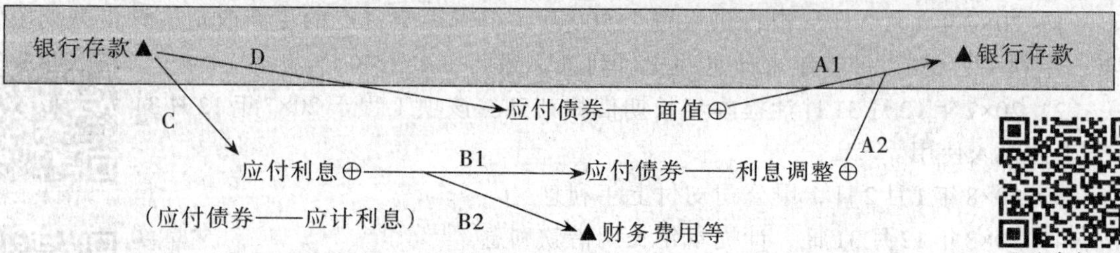

应付债券业务理论分析4

A.A段资金运动反映企业通过发行债券筹措资金。在债券溢价发行时，A2段资金运动的流量为正，其在模型上是以一个沙坑的形态存在。在债券折价发行时，A2段资金运动的流量为负，其在模型上是以一个沙堆的形态存在

B.从图中可知，应付债券的摊余成本主要由三个项目构成：应付债券——面值、应付债券——利息调整、应付债券——应计利息。如利息是分期支付的，那应付债券——应计利息的金额为0，摊余成本就由面值和利息调整两部分构成。摊余成本乘以实际利率就是企业所应承担的借款费用

C.在溢价发行的情况下，由于A2段资金运动的流量为正，利息调整项目在模型上以一个沙坑的形态存在。利息调整的分摊，从模型上看，就是要使利息调整沙坑的体积变为0，所以B1段资金运动的流量也为正。由此造成企业所支付的应付利息中，有一部分是偿还借款成本，剩下的才是企业的财务费用

D.在折价发行的情况下，由于A2段资金运动的流量为负，利息调整项目在模型上以一个沙堆的形态存在。利息调整的分摊，从模型上看，就是要使利息调整沙堆的体积变为0，所以B1段资金运动的流量也为负，由此造成B1段资金运动是反向的。不仅应付利息全额转为财务费用，利息调整也有一部分资金反向流动到财务费用之中

5.【多项选择题】下列有关摊余成本和实际利率表述正确的有（　　）。

A.摊余成本就是企业在某一特定时刻所借入的资金总额

B.实际利率就是债券发行企业所愿意承担的借款成本

C.债券发行企业每年应支付的利息=票面面值×票面利率

D.债券发行企业发行债券每年的财务费用=摊余成本×实际利率

应付债券业务理论分析5-8

6.【多项选择题】结合下图，下列有关溢价发行债券业务表述正确的有（　　）。

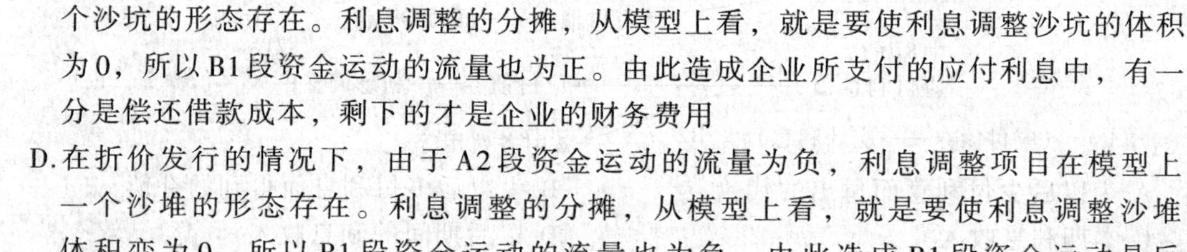

A.发行企业的每期财务费用=摊余成本×实际利率

B.发行企业每期支付的应付利息=票面面值×票面利率

C.之所以要对应付利息进行调整，就是因为应付利息不等于企业实际的借款费用。企业

所支付的应付利息中有一部分是将其借入的本金偿还给对方，剩下的部分才是公司的财务费用

D.每年利息调整的金额=应付利息（应计利息）-财务费用

7.【多项选择题】结合下图，下列折价发行债券业务表述正确的有（　　）。

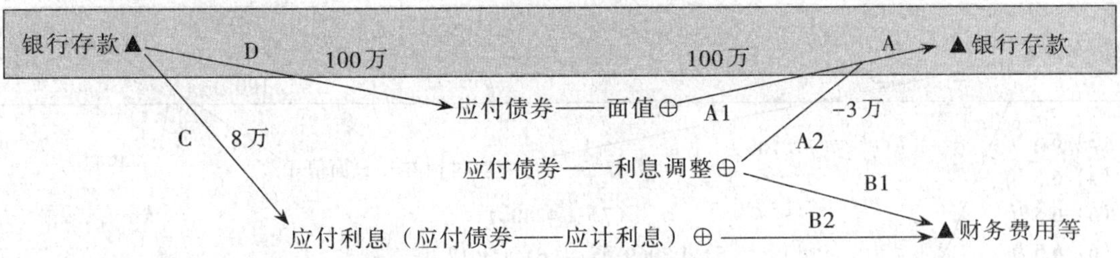

A.发行企业的每期财务费用=摊余成本×实际利率

B.发行企业每期支付的应付利息=票面面值×票面利率

C.之所以要对应付利息进行调整，就是因为应付利息不等于企业的借款费用。企业所支付的应付利息只是整个财务费用的一部分，另一部分财务费用就产生于“发行虽然折价但偿还却需要按面值偿还”所产生的差额

D.每年利息调整的金额=应付利息（应计利息）-财务费用

8.【多项选择题】在核算发行债券企业的借款费用时，其可能涉及的项目有（　　）。

A.在建工程　　B.制造费用　　C.销售费用　　D.财务费用

八、知识点：溢价、分期付息一次还本举例+折价、一次还本付息举例

1.【单项选择题】某股份有限公司于20×1年1月1日发行3年期、每年1月1日付息、到期一次还本的公司债券，债券面值为200万元，票面年利率为5%，实际利率为6%，发行价格为196.55万元，按实际利率法确认利息费用。该债券20×1年度确认的利息费用为（　　）万元。

A.9.83　　B.12　　C.10　　D.11.793

应付债券业务举例1-2

2.【单项选择题】某股份有限公司于20×1年1月1日溢价发行4年期、到期一次还本付息的公司债券，债券面值为100万元，票面年利率为10%，发行价格为110万元。债券溢价采用实际利率法摊销，假定实际利率是7.5%。该债券20×2年1月1日的摊余成本为（　　）万元。

A.110　　B.111.75　　C.118.25　　D.101.75

应付债券业务举例3

3.【单项选择题】甲公司于20×1年1月1日发行面值总额为1 000万元、期限为3年的债券，该债券票面利率为5%，下年1月1日付息、到期一次还本，发行价格总额为1 032.16万元，利息调整采用实际利率法摊销，实际利率为4%。20×2年1月1日该应付债券的摊余成本为（　　）万元。

A.1 000　　B.1 050　　C.1 023.45　　D.1 035.43

4.【多项选择题】下列有关摊余成本表述正确的有（　　）。

A.在溢价发行且债券分期付息一次还本的情况下，其摊余成本金额逐年减少

B.在溢价发行且债券一次还本付息的情况下，其摊余成本金额逐年增加

应付债券业务举例4

C.在折价发行且债券分期付息一次还本的情况下，其摊余成本金额逐年增加

D.在折价发行且债券一次还本付息的情况下，其摊余成本金额逐年增加

5.【多项选择题】下图是有关溢价发行债券业务所引起的资金运动。有关下图的表述正确的有（　　）。

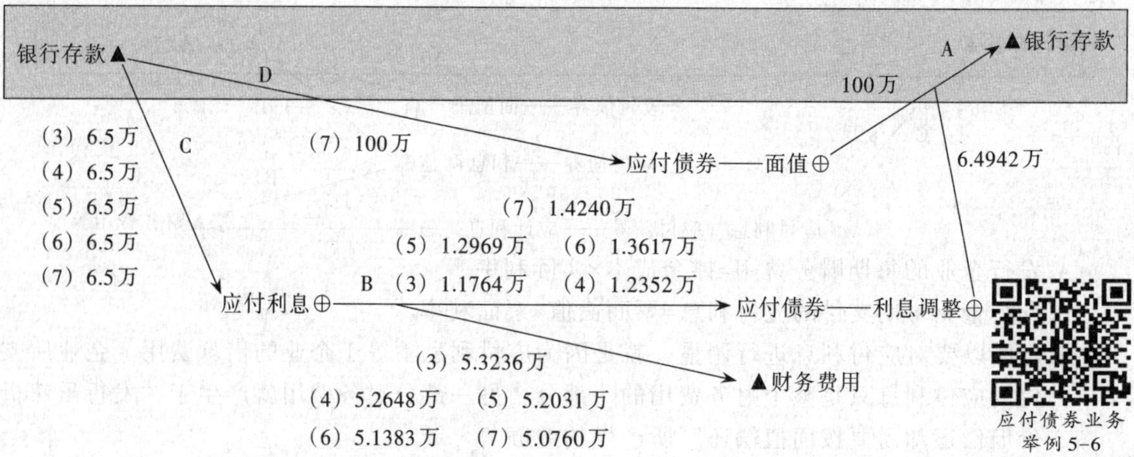

应付债券业务举例5-6

A.A段资金运动反映企业以106.4942万元溢价发行一批面值为100万元的债券，其溢价金额为6.4942万元。这溢价的金额是没有扣除手续费的，因为手续费在发生的时候是直接计入当期损益的

B.B段资金运动反映企业每年的应付利息6.5万元是由两部分构成的：一部分是将发行时溢价的部分、分期分量以利息的形式还给对方（以第1年为例，其偿还金额为1.1764万元）；另一部分才是确认企业借入资金的资金成本，即财务费用（以第1年为例，其金额为5.3236万元）

C.在C段资金运动中，由于其资金运动的终点是“应付利息”项目，因此可以推断该债券是分期支付利息的。企业每年支付利息6.5万元

D.D段资金运动反映企业在债券到期时支付债券面值100万元

6.【多项选择题】下图是有关溢价发行债券业务所引起的资金运动。有关下图的表述正确的有（　　）。

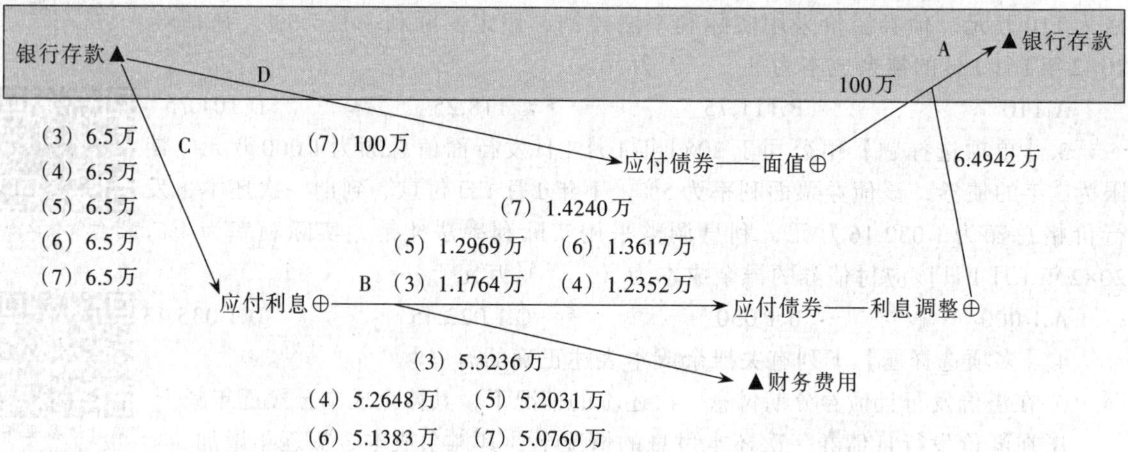

A.将A段资金运动和D段结合在一起来看，企业总筹资106.4942万元中有100万元的筹资借入资金最终在债券到期时按其面值予以偿还

B.将A段资金运动和B段结合在一起来看，企业总筹资106.4942万元中有6.4942万元的借入资金在后续的5年中分期、分量地通过应付利息予以偿还，其具体的偿还金额分别为1.1764万元、1.2352万元、1.2969万元、1.3617万元和1.4240万元，从而导致“应付债券——利息调整”项目的金额不断减少直至为零，这最终也导致应付债券的摊余成本逐年降低

C.结合A段资金运动和B段资金运动可知，债券的票面利率为6.5%，债券的实际利率为4%

D.通过B段资金运动发现，企业的财务费用在这5年中逐年下降，从第1年的5.3236万元到最后1年的5.0760万元。其下降的原因是每年都有一部分借入资金通过应付利息予以偿还，从而导致下一年度的摊余成本减少，最终导致财务费用的逐年下降

7.【多项选择题】下图是有关折价发行债券业务所引起的资金运动。有关下图表述正确的有（ ）。

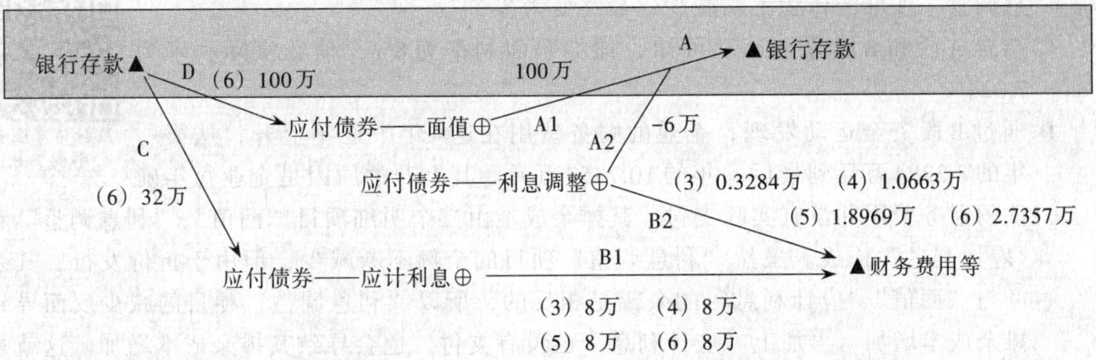

A.A段资金运动反映企业折价发行一批面值为100万元的债券，筹措到94万元借款，折价6万元。此时，应付债券——利息调整在模型上是以一个沙堆的形态存在的

B.B段资金运动反映企业每年的财务费用是由两部分构成的：一部分是企业每年应支付的借款利息8万元；另一部分则是因为“筹资94万元但到期却要偿还100万元”所产生的6万元差额分期、分量确认为财务费用所产生的（以第1年为例，其金额为0.3284万元）

C.在C段资金运动中，由于其资金运动的终点是“应付债券——应计利息”项目，因此可以推断该债券是到期一次还本付息债券。企业每年应支付的利息为8万元，但并没有实际以货币资金支付，而是等到债券到期时一次性支出的。因为该未付的利息属于非流动负债

D.D段资金运动和C段资金运动合在一起反映企业在债券到期时，以银行存款偿还债券面值100万元和支付利息32万元

8.【多项选择题】下图是有关折价发行债券业务所引起的资金运动。有关下图表述正确的有（ ）。

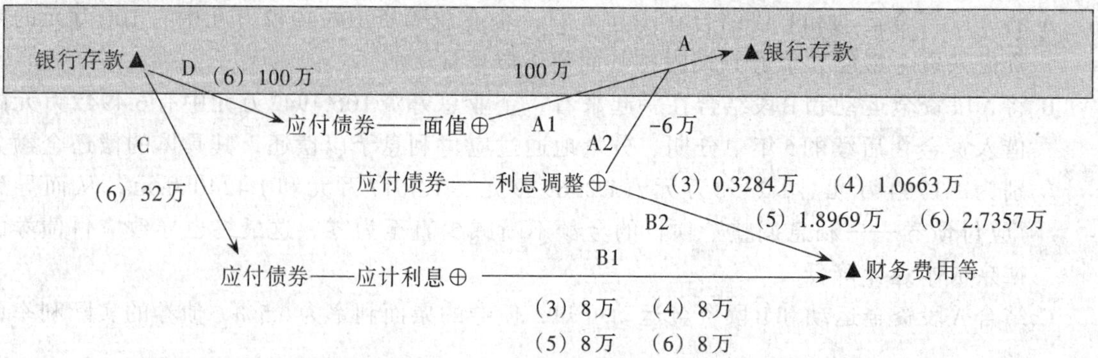

A. 将A段资金运动和D段资金运动结合在一起来看，虽然企业通过发行应付债券只筹集到94万元的借款，但债券到期时却按其面值偿还了100万元

B. 从A段和B段资金运动的结合分析中可以看出：不仅企业每年确认的应计利息8万元应全部确认为财务费用，而且由于"初始筹资94万元但到期却要偿还100万元"所产生的6万元差额也要分期、分量确认为各期的财务费用，其各年的具体确认情况分别为0.3284万元、1.0663万元、1.8969万元、2.7357万元，从而导致"应付债券——利息调整"沙堆的体积不断减少，最终变为零

C. 结合A段和B段资金运动可知，债券票面利率为8%，债券实际利率为7.024%

D. 通过B段资金运动发现，企业的财务费用在这4年中逐年上升，从第一年的8.3284万元到最后一年的10.7357万元。其上升的原因是企业每年确认的财务费用并没有实际支付。其摊余成本由三个明细项目"面值"、"利息调整"和"应计利息"构成。虽然"利息调整"项目的余额不断减少，但由于折价发行，其余额与"面值""应计利息"的余额是相反的，所以"利息调整"项目的减少反而导致摊余成本增加，再加上"应计利息"也没有支付，也会导致其摊余成本增加。这就是财务费用会逐年增加的原因

应付债券业务举例7-8

9.【多项选择题】对于发行分期付息、到期一次还本的债券企业来说，采用实际利率法摊销债券折溢价时（不考虑相关交易费用），下列表述正确的有（　　）。

A. 随着各期债券溢价的摊销，债券的摊余成本逐期减少，利息费用则逐期增加

B. 随着各期债券溢价或折价的摊销，债券的摊余成本逐期接近其面值

C. 随着各期债券溢价的摊销，债券的应付利息和利息费用都逐期减少

D. 随着各期债券折价的摊销，债券的摊余成本和利息费用都逐期增加

应付债券业务举例9

10.【多项选择题】下列有关公司债券计量的说法中，表述不正确的有（　　）。

A. 发行一般公司债券的，企业应通过"应付债券"科目核算，并下设"面值"、"利息调整"和"应计利息"等明细科目

B. 一般公司债券应按照面值与票面利率计算确定的债券利息费用，区分不同的情况，通过"在建工程"和"财务费用"等科目核算

C. 对于到期一次还本付息的债券，其应付未付的利息应单独核算，不影响债券账面价值

D.一般公司债券的溢折价金额初始确认是记入“应付债券——利息调整”科目，并分期摊销

11.【多项选择题】甲公司为建造一栋办公楼，专门于20×7年1月1日发行3年期每年年末付息、到期还本的公司债券，债券面值为9 000万元（不考虑债券发行费用），票面年利率为5%，收到发行价款9 000万元存入银行。该固定资产建造采用出包方式，20×7年公司发生的与该办公楼建造有关的事项如下：1月1日，工程动工并支付工程进度款900万元；4月1日，支付工程进度款750万元；5月1日至7月31日，因进行工程质量和安全检查停工；8月1日，重新开工；9月1日，支付工程进度款1 350万元；该工程至20×7年年底尚未完工，预计将于20×8年年末完工。假定借款费用资本化金额按年计算，未发生与建造该固定资产有关的其他借款，甲公司自借入款项起，将闲置的借款资金投资于固定收益债券，月收益率为0.4%。下列说法中正确的有（　　）。

A.开始资本化时点为20×7年4月1日

B.20×7年5月1日至7月31日为暂停资本化区间

C.20×7年5月1日至7月31日不应当暂停借款费用的资本化

D.甲公司20×7年度专门借款借款费用资本化金额为109.8万元

应付债券业务举例10-11

12.【业务题】某企业经批准于20×1年1月1日起发行4年期、面值为100元的债券20万张，债券年利率为5%，到期一次性还本付息。该债券发行实际收到款项为2 050万元，该借款主要用于企业日常生产经营活动。利息调整采用实际利率法摊销，实际利率为4.02%。

应付债券业务举例12

要求：编制该企业从债券发行到债券到期的全部会计分录。

13.【业务题】某企业经批准于20×1年1月1日起发行4年期、面值为100元的债券20万张，债券年利率为5%，每年12月31日计提利息，下年1月3日支付上年利息，到期归还本金和最后一次利息。该债券发行实际收到款项为1 961.92万元。该债券所筹资金全部用于新生产线的建设，该生产线于20×1年12月底完工交付使用。利息调整采用实际利率法摊销，实际利率为5.54%。

要求：编制该企业从债券发行到债券到期的全部会计分录。

应付债券业务举例13

九、知识点：可转换公司债券分析+可转换公司债券举例

1.【单项选择题】下列关于可转换公司债券的表述不正确的是（　　）。

A.可转换公司债券属于混合工具，既含有负债成分，又含有权益成分

B.可转换公司债券的负债成分按照其公允价值进行初始确认

C.可转换公司债券的权益成分按照债券的发行价格扣除负债成分公允价值后的金额为基础进行初始确认

D.发行可转换公司债券的交易费用应计入当期损益

可转换公司债券业务1-2

2.【单项选择题】甲公司20×8年1月1日发行面值为100元的5万张可转换公司债券，取得发行总收入480万元。该债券期限为3年，票面利率为3%，利息按年支付。每份债券均可在债券发行1年后转换为40股普通股。公司发行债券时，二级市场上与之类似但没有转换权的债券的市场利率为6%。已知：（P/F，6%，3）=0.8396；（P/A，6%，3）=2.6730。不考

虑其他因素，20×8年1月1日权益成分的初始入账金额为（　　）万元。（计算结果保留两位小数）

A.20.10　　B.0　　C.459.90　　D.480

3.【单项选择题】20×3年1月1日，某公司按每份面值100元发行了200万份可转换公司债券，发行价格为20 000万元，无发行费用。该债券期限为3年，票面年利率为5%，利息于每年12月31日支付。债券发行一年后可转换为普通股。债券持有人若在当期付息前转换股票的，应按照债券面值和应付利息之和除以转股价，计算转股股数。该公司发行债券时，二级市场上与之类似但没有转股权的债券的市场利率为9%。假设20×5年1月1日全部债券持有者将其转换为股票，转股价格为每股10元，每股面值1元，则转股时增加的公司资本公积的金额是（　　）万元。（（P/A，9%，3）=2.5313，（P/F，9%，3）=0.7722。计算结果以万为单位，保留小数点后面两位）

可转换公司债券业务3

A.19 266.46　　B.18 593.08　　C.17 266.46　　D.19 291.16

4.【单项选择题】经相关部门批准，甲公司于20×5年1月1日按面值发行分期付息、到期一次还本的可转换公司债券1 000万份，每份面值为100元。可转换公司债券发行价格总额为100 000万元，发行费用为1 600万元，实际募集资金已存入银行专户。发行时二级市场上与之类似的不附带转换权的债券市场利率为6%。下列说法中正确的是（　　）。

A.实际利率为6%　　B.实际利率为各年的票面利率

C.实际利率应大于6%　　D.实际利率应小于6%

5.【多项选择题】下列有关可转换债券界定表述正确的有（　　）。

A.可转换债券既具有股权的性质，又具有债券的性质，是一种混合有价证券

B.发行可转换债券，可以使发行企业以较高的资金成本获取资金

C.发行可转换债券，可以使发行企业以较低的资金成本获取资金

D.发行可转换债券，未来可能会导致企业的股权被稀释

可转换公司债券业务4-6

6.【多项选择题】下列有关可转换债券业务处理表述正确的有（　　）。

A.可转换权的价值=可转换债券的市价-不含转换权的同类债券的市价

B.可转换权部分价值的核算要作为所有者权益项目“其他权益工具”进行

C.可转换权部分价值的核算要作为所有者权益项目“资本公积”进行

D.在未进行转换之前，可转换债券的会计处理与一般的不含转换权的债券的会计处理是完全一样的

7.【多项选择题】有关下图中可转换债券发行业务表述正确的有（　　）。

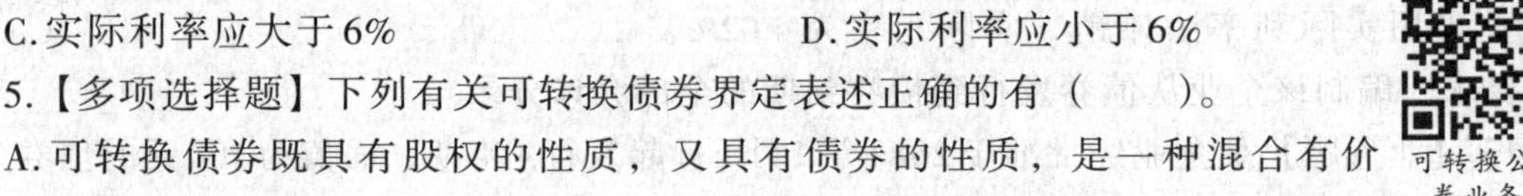

A.A段资金运动流量反映不含转换权的同类债券的市场公允价值

可转换公司债券业务7-8

B.B段资金运动流量是倒推出来的，即可转换债券的市场公允价值减去A段流量

C.“其他权益工具”项目属于所有者权益项目

D.图中“其他权益工具”项目可以用资本公积替代

8.【多项选择题】下图是可转换公司债券发生转换所引起的资金运动。有关下图表述正确的有（　　）。

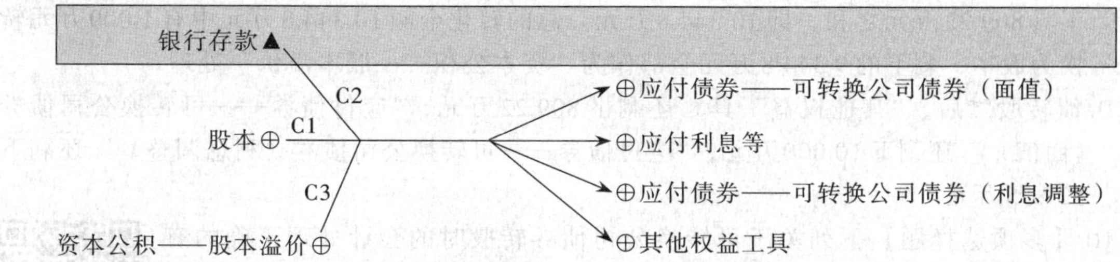

A.图中“应付债券——可转换公司债券（面值）”、“应付债券——可转换公司债券（利息调整）”及“应付利息”等项目所对应的资金流量就是可转换债券在转换时要转换为股权的账面价值

B.图中其他权益工具所对应的资金流量是指可转换权价值按比例结转的部分

C.图中C2段资金运动代表在转换过程中，不足一股股票的处理。对于不足一股股票的处理，既可以补钱凑成一股，也可以将差额退给投资者

D.图中C1、C3段资金运动反映转换为股权的价值。该价值一部分作为股本，剩下的全部作为“资本公积——股本溢价”处理

9.【多项选择题】下图是可转换公司债券业务所引起的资金运动。有关下图的表述正确的有（　　）。

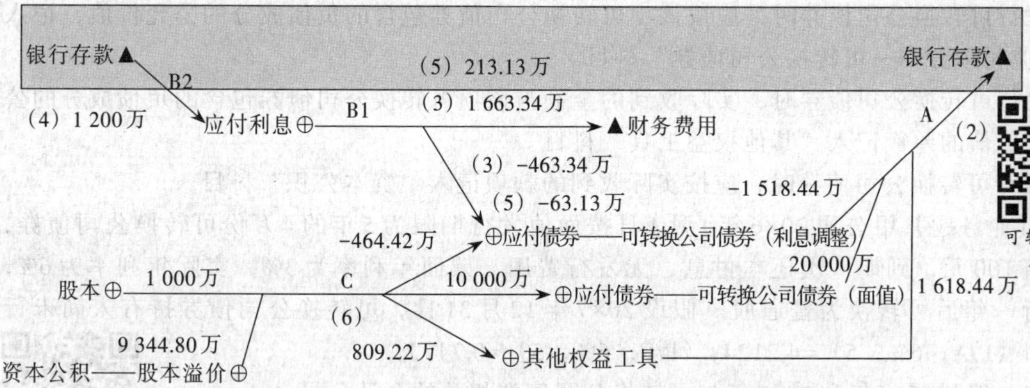

可转换公司债券业务9

A.A段资金运动反映企业发行可转换债券，其不含转换权的价值为18 481.56万元，其中债券面值20 000万元，利息调整为-1 518.44万元。可转换债券的市场价为20 100万元，由此反推出可转换债券的转换权利为1 618.44万元

B.B段资金运动反映在未债转股之前该债券正常的利息处理。B1段资金运动中（3）项反映企业确认本期的财务费用1 663.34万元，该财务费用由两部分构成，其中应付利息流转过来1 200万元，利息调整流转过来463.34万元；B2段资金运动中（4）项反映企业以银行存款1 200万元支付其应付利息。B1段资金运动中（5）项反映企业本

期确认了213.13万元的财务费用，该财务费用由两部分构成，其中应付利息流转过来150万元，利息调整流转过来63.13万元

C.C段资金运动反映企业发生债转股业务。由于“应付债券——可转换公司债券（面值）”被冲销了10 000万元，由此可以推断出总的可转换债券中有一半的债券转换为股权。C段资金运动终点流量为面值10 000万元、利息调整-464.42万元、其他权益工具809.22万元之和，即10 344.8万元。总的转化金额10 344.8万元中有1 000万元转换为股本，剩下的9 344.8万元全部作为“资本公积——股本溢价”处理

D.债转股之后，“其他权益工具”还剩下809.22万元，“应付债券——可转换公司债券（面值）”还剩下10 000万元，“应付债券——可转换公司债券（利息调整）”还剩下527.55万元

10.【多项选择题】下列关于可转换公司债券转股时的会计处理正确的有（　　）。

可转换公司债券业务10-11

A.转销负债成分的账面价值

B.将权益成分的账面价值转入投资收益

C.按照转换的股票面值确认股本

D.按照负债成分和权益成分总的账面价值与股本的差额记入“资本公积——股本溢价”科目

11.【多项选择题】关于可转换公司债券，不考虑发行费用的情况下，下列说法中错误的有（　　）。

A.发行可转换公司债券时，应按实际收到的款项记入“应付债券——可转换公司债券”科目

B.发行可转换公司债券时，应按该项可转换公司债券包含的负债成分的公允价值，记入“应付债券——可转换公司债券”科目

C.发行可转换公司债券时，实际收到的金额与该项可转换公司债券包含的负债成分的公允价值的差额记入“其他权益工具”科目

D.发行可转换公司债券时，应按实际收到的款项记入“资本公积”科目

12.【业务题】甲公司20×6年1月1日按面值发行期限为5年的4万份可转换公司债券，每份面值100元，到期一次还本付息，无发行费用，票面年利率为3%，实际年利率为6%，债券发行一年后可转换为普通股。假设20×7年12月31日，可转换公司债券持有人尚未行权。已知（P/A，6%，5）=4.2124，（P/F，6%，5）=0.7473。

要求：编制20×6年和20×7年与可转换公司债券相关的会计分录。

可转换公司债券业务12

13.【业务题】甲公司经批准于20×1年1月1日按面值发行5年期一次还本、按年付息的可转换公司债券2亿元，款项已收存银行，债券票面利率为6%，利息于年度结束后第二天支付。债券发行1年后可转换为普通股股票，初始转股价为每股10元，股票面值为每股1元。债券持有人若在当期付息前转换股票，则应按债券面值和应计利息之和除以转股价，计算转换的股份数。假定20×2年1月1日债券持有人将持有的可转换公司债券全部转换为公司的普通股股票，甲公司发行可转换债券时二级市场上与之类似的没有附带转换权的债券市场利率

可转换公司债券业务13

为9%。已知（P/F，9%，5）=0.6499,（P/A，9%，5）=3.8897。

要求：对甲公司从发行债券到债转股整个过程中的业务进行相应的会计处理。

十、知识点：其他债务性筹资——专项应付款等的会计处理

专项应付款业务1-4

1.【多项选择题】下列属于非流动负债的项目有（　　）。

A.应付债券　　B.长期应付款　　C.专项应付款　　D.长期借款

2.【多项选择题】下列有关专项应付款及其业务处理表述正确的有（　　）。

A.专项应付款一般核算政府作为资本性投入的具有专门用途或特定用途的款项

B.在收到政府拨付的专门款项时，企业需要作为“专项应付款”处理

C.在专门项目研发结束时，如项目取得成功，则应将对应的专项拨款转为企业的“资本公积”；如失败，则应将失败所发生的研发费用冲减“专项应付款”

D.在项目取得成功的情况下，政府通过专项拨款最终成为企业的所有者之一

3.【多项选择题】对下图中专项应付款相关业务表述正确的有（　　）。

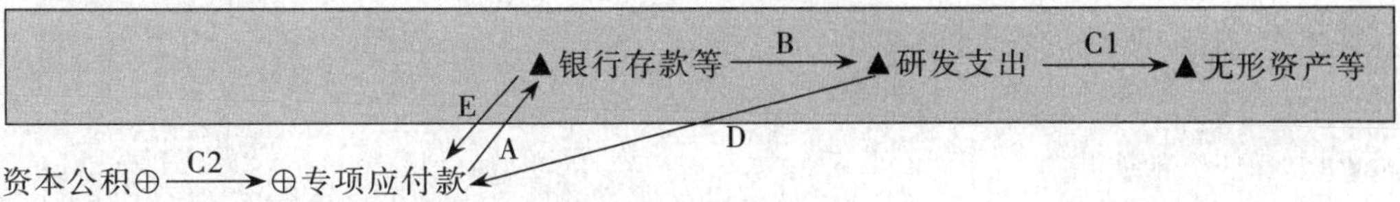

A.A段资金运动反映企业取得国家的专项拨款

B.B段资金运动反映企业正常的研发活动

C.C段资金运动反映研发取得成功后的处理。其中C1反映研发成果的取得；C2反映一旦研发成功，就可以将国家的专项拨款转为企业的资本公积

D.D段资金运动反映企业研发失败后的处理。企业将相关的研发支出直接冲销其专项应付款。E段资金运动反映企业需要将未使用完的专项拨款退还给国家

4.【多项选择题】对下图中专项应付款相关业务表述正确的有（　　）。

A.A段资金运动反映企业取得国家专项拨款100万元

B.B段资金运动反映企业正常的研发活动，共计发生研发支出123万元

C.C段资金运动反映研发取得成功后的处理。其中C1反映将研发支出123万元全部转为固定资产；C2反映将国家的专项拨款100万元转为企业的资本公积

D.就国家的专项拨款而言，如研发项目成功，就将该拨款转为企业的资本公积，由所有股东共同享有，就相当于国家免费给企业一笔款项。如果失败，就将相关的研发支出直接冲销这笔拨款，等于国家为企业承担了一笔研发损失

5.【业务题】甲公司20×8年3月10日收到国家拨入的一项专用设备研究经费300万元，款项已存入银行。同年12月25日，该项目研究成功并通过鉴定，实际总支出423万元。

要求：对甲公司与此相关的所有业务进行相应的会计处理。

6.【业务题】乙公司20×8年3月10日收到国家拨入的一项专用设备研究经费300万元，款项已存入银行。同年12月25日，该项目研究结束，共发生研发支出423万元，但研发没有取得成功。

要求：对乙公司与此相关的所有业务进行相应的会计处理。

专项应付款业务5-6

第五章　对内投资（固定资产）业务资金运动分析与会计处理

一、知识点：固定资产——固定资产概述+固定资产基本资金运动分析

固定资产概述+基本资金运动1-6

1.【单项选择题】企业购入建造固定资产所需的材料，应记入（　　）科目借方。

A.“固定资产”　　B.“工程物资”

C.“原材料”　　D.“管理费用”

2.【单项选择题】不属于企业自有固定资产的是（　　）的设备。

A.非生产经营用　　B.租出　　C.不需用　　D.租赁租入

3.【单项选择题】一揽子购入多项没有单独标价的固定资产时，确定各项固定资产入账价值的是（　　）。

A.各项固定资产的净值

B.各项固定资产的历史成本

C.各项固定资产的重置成本

D.按各项固定资产公允价值比例对总成本进行分配后的金额

4.【单项选择题】下列项目中，不应计入固定资产入账价值的是（　　）。

A.固定资产安装过程中领用生产用原材料

B.固定资产达到预定可使用状态前发生的借款手续费用

C.固定资产改良过程中领用自产产品负担的消费税

D.固定资产达到预定可使用状态后发生的借款利息

5.【多项选择题】外购固定资产的入账价值包括（　　）。

A.买价　　B.运杂费　　C.途中保险费　　D.进口关税

6.【多项选择题】关于固定资产，下列说法中正确的有（　　）。

A.购置的不需要经过建造过程即可使用的固定资产，按实际支付的买价、包装费、运输费、安装成本、缴纳的有关税金等，作为入账价值

B.自行建造的固定资产，按建造该项资产达到预定可使用状态前所发生的必要支出，作为入账价值

C.投资者投入的固定资产，按投资方原账面价值作为入账价值

D.盘盈的固定资产一般按重置成本计价

7.【多项选择题】下列项目中，构成一般纳税企业固定资产价值的有（　　）。

A.支付的买价

B.支付的耕地占用税

C.进口设备的关税

D.自营在建工程达到预定可使用状态后发生的借款利息

固定资产概述+基本资金运动7-11

8.【多项选择题】下列有关固定资产的特征和确认条件的描述中，正确的有（　　）。

A.为生产商品、提供劳务、出租、出售或经营管理而持有

B.使用寿命超过一个会计年度

C.固定资产是有形资产

D.所有权发生转移，是判断与固定资产所有权相关的风险和报酬转移到企业的唯一标志

9.【多项选择题】在建工程的明细项目主要有（　　）。

A.设备安装工程　　B.建筑工程　　C.安装工程　　D.待摊支出

10.【多项选择题】工程物资的明细项目主要有（　　）。

A.专用材料　　B.专用设备　　C.专用机器　　D.工器具

11.【判断题】对于购建固定资产发生的利息支出，在交付使用前发生的，应予以资本化，将其计入固定资产的建造成本；在交付使用后发生的，则应作为当期费用处理。（　　）

二、知识点：动产类固定资产取得——需要安装和不需要安装+接受投资和接受捐赠

1.【单项选择题】一般纳税人购入生产用固定资产的增值税进项税额计入（　　）。

A.制造费用

B.固定资产

C.应交税费——应交增值税（进项税额）

D.营业外支出

固定资产取得1-4

2.【单项选择题】某企业购入一台需要安装的设备，取得的增值税专用发票上注明的设备买价为100万元，增值税为13万元。支付的运输费，取得增值税专用发票，发票中注明运输费为1万元，增值税为0.09万元。设备安装时，领用工程用材料价值3 000元；发生安装人员工资2 000元（该工资尚未支付）；另外直接以银行存款1万元从市场购买安装材料，增值税0.13万元。该固定资产的成本为（　　）元。

A.1 020 000　　B.1 010 000　　C.1 025 000　　D.1 187 600

3.【单项选择题】甲公司注册资本为200万元。20×6年6月5日，其接受乙公司以一台不需要安装的设备投资。双方经协商确认，该设备价值为110万元（不含增值税），增值税发票上注明的进项税额为14.3万元。接受乙公司投资后，注册资本增至300万元，乙公司占其注册资本的30%。“资本公积——资本溢价”的金额为（　　）元。

A.143 000　　B.100 000　　C.243 000　　D.343 000

4.【多项选择题】下图是购买需要安装的固定资产所引起的资金运动。有关下图的描述正确的有（　　）。

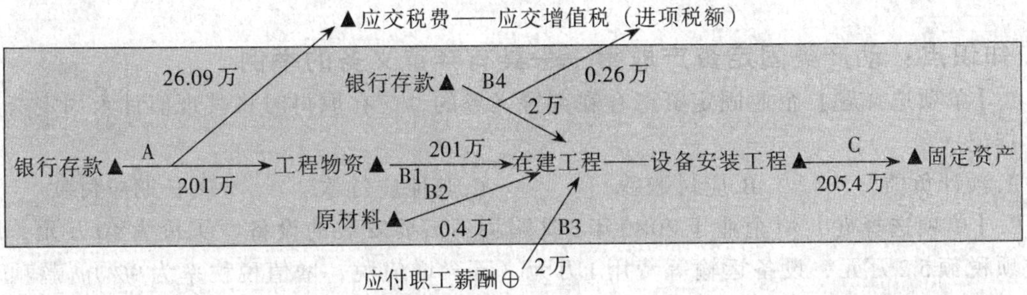

A.A段资金运动反映企业购买需要安装的设备。从A段工程物资金额和进项税额可以推测，企业可能支付了两笔款项，一笔是购买设备200万元及其增值税进项税额26万元，一笔是支付运输费1万元及其增值税进项税额0.09万元。所有款项均以银行存款支付

B.B1段资金运动反映将需要安装的设备投入安装，其金额为201万元。B2段资金运动反映企业从仓库领用材料0.4万元投入安装。B3段资金运动反映企业发生2万元的安装人员薪酬，该薪酬尚未支付

C.B4段资金运动反映企业以银行存款外购2万元的材料用于安装，其增值税进项税额为0.26万元

D.C段资金运动反映设备安装完毕，达到可使用状态，转入固定资产，其金额总计为205.4万元

5.【业务题】请对下列业务进行相应的会计处理：

（1）某企业以银行存款购入一台不需要安装的设备，增值税专用发票注明：设备价格为300 000元，增值税为39 000元。另外以现金支付运杂费，取得运费增值税专用发票，其上注明运费2 500元，增值税225元。

固定资产取得5

（2）某企业以银行存款购入一幢可直接使用的厂房，增值税专用发票注明：厂房价格为3 000万元，增值税为390万元。

（3）某企业以银行存款购入一台需要安装的设备，增值税专用发票注明：设备价格为1 000 000元，增值税为130 000元。另外以现金支票支付运杂费10 000元，该运输费已取得增值税专用发票，增值税进项税额900元。安装设备时，领用材料物资价值1 500元；直接以现金支票从市场上购得的安装材料5 000元，其增值税为650元；应支付本企业职工工资2 500元。设备安装完毕，投入使用。

（4）20×9年3月8日，甲公司接受乙公司捐赠的不需要安装的新设备一台。增值税专用发票注明的买价为40万元，增值税进项税额为5.2万元。甲公司以银行存款支付相关的运杂费，并取得增值税专用发票，运输费3 000元，增值税进项税额为270元。

（5）甲公司注册资本为1 000 000元。20×9年6月5日，其接受乙公司以一台不需要安装的设备作为投资。经双方协商确认，该设备价值为500 000元（不含增值税），增值税发票上注明的进项税额为65 000元。乙公司占其注册资本的30%。

三、知识点：动产类固定资产取得——具有弃置义务的举例

1.【单项选择题】企业固定资产存在弃置义务的，应在取得时将其现值计入固定资产成本，贷记（　　）。

A.预计负债　　B.应付账款　　C.其他应付款　　D.长期应付款

2.【单项选择题】甲企业于20×3年3月购买不需要安装的设备，买价为40万元，增值税进项税额5.2万元，设备运输等费用1万元（不含增值税，增值税税率为9%），款项全部以银行存款支付。该固定资产在处置时会发生弃置费用，预计弃置费用的现值为10万元。该固定资产的成本为（　　）元。

A.400 000　　B.410 000　　C.510 000　　D.575 000

3.【多项选择题】甲公司是从事化工产品生产和销售的企业。20×1年12月31日，甲公司一条化工产品生产线达到预定可使用状态投入使用，预计使用寿命为20年。根据有关法律，甲公司在该生产线使用寿命届满时应对环境进行复原，预计发生弃置费用10万元。甲公司采用的折现率为8%。甲公司的做法正确的有（　　）。

A.弃置费用产生的利息按期摊销计入在建工程

B.按弃置费用的现值确认预计负债

C.按预计弃置费用现值计入固定资产原价

D.弃置费用产生的利息按期计入财务费用

具有弃置义务的取得1-4

4.【多项选择题】下图是具有弃置义务的固定资产购买所引起的资金运动。有关下图描述正确的有（　　）。

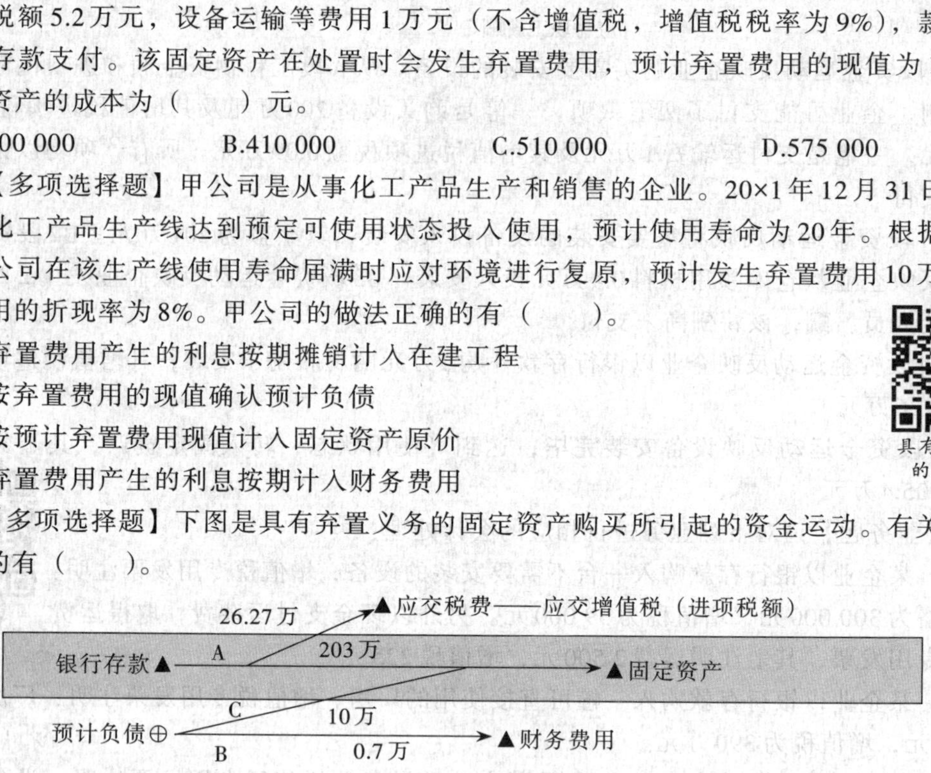

A.A段资金运动反映企业购买不需要安装的设备。从A段流量可以推测，企业可能支付了两笔款项，一笔是购买设备200万元及其增值税进项税额26万元，一笔是支付运输费3万元及其增值税进项税额0.27万元。所有款项均以银行存款支付

B.B段资金运动反映企业未来处置该固定资产时预计需要发生弃置费用10万元。企业将这10万元的弃置费用计入固定资产成本

C.C段资金运动反映企业考虑弃置费用现值的时间价值，并将该时间价值增加预计负债的金额，从而将该现值逐步还原为未来弃置时需要的终值价值

D.企业未来弃置该固定资产时，应该是用银行存款等冲销预计负债

具有弃置义务的取得5

5.【业务题】甲企业经国家批准于20×9年1月1日建造完成核电站反应堆并交付使用，建造成本为400亿元，预计使用寿命40年。该反应堆会对当地的生态环境产生一定的影响，根据法律的规定，企业应该在该设备使用期满后将其拆除，并对造成的污染进行整治，预计发生的弃置费用为40亿元。假设使用的折现率为10%，（P/F，10%，40）=0.0221。

要求：就甲企业该反应堆的交付使用和第一年的弃置费用的处理进行相应的会计

处理。

四、知识点：动产类固定资产取得——具有融资性质的固定资产取得分析+举例

1.【单项选择题】20×3年1月1日，甲公司购买不需要安装的大型设备一套，协议约定采用分期付款方式，从购买当年末起分5年分期付款，每年100万元，合计500万元。假定企业在购买日一次性全额支付货款，只需支付400万元即可。该企业增值税税率为13%。企业购买该固定资产还支付了运输费1万元，增值税0.09万元。该固定资产的成本为（　　）元。

具有融资性质的取得1-2

A.5 000 000　　B.4 000 000　　C.5 010 000　　D.4 010 000

2.【单项选择题】20×3年1月1日，甲公司购买不需要安装的大型设备一套，协议约定采用分期付款的方式，从购买当年末起分5年分期付款，每年100万元，合计500万元。假定企业在购买日一次性全额支付货款，只需支付400万元即可。该企业增值税税率为13%。企业购买该固定资产还支付了运输费1万元，增值税0.09万元。假设实际利率为8%，则20×3年12月31日，本期应摊销的未确认融资费用为（　　）元。

A.400 000　　B.320 000　　C.400 800　　D.320 800

3.【多项选择题】结合下图，下列有关未确认融资费用描述正确的有（　　）。

具有融资性质的取得3-4

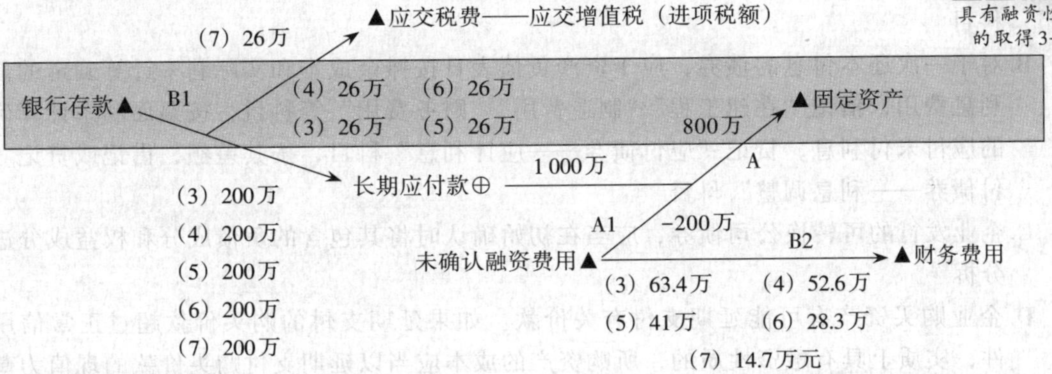

A.未确认融资费用，是企业的一笔融资费用。之所以说是"未确认"，是因为这笔融资费用需要在未来几年内按实际利率法分期、分量进行摊销

B.以本题为例，未确认融资费用200万元，通过B2段资金运动，分期、分量转入到各期的财务费用之中，最终其余额为零

C.未确认融资费用是长期应付款的抵减项目。长期应付款是按合同约定的付款金额计量的，未考虑货币的时间价值。未确认融资费用抵减长期应付款，就得出这一时刻长期应付款的现值

D.以本题为例，未确认融资费用200万元抵减长期应付款1 000万元，就得出长期应付款的现值800万元。该现值也就是固定资产的入账价值

4.【多项选择题】结合下图，关于企业每年年末需要处理的业务描述正确的有（　　）。

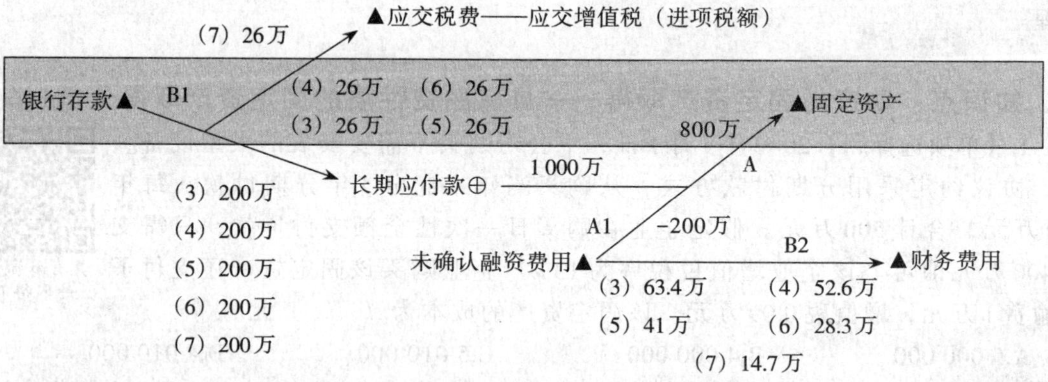

A.企业在年末需要分期支付货款以及相关的增值税进项税额，见图中B1段资金运动

B.B2段资金运动的流量可以按年限平均摊销

C.企业在年末需要确认本期的财务费用，见图中B2段资金运动

D.B2段资金运动流量应采用实际利率法摊销

具有融资性质的取得5-6

5.【多项选择题】下列各项关于非流动负债的表述中，正确的有（　　）。

A.企业借入各种长期借款时，按实际收到的款项，借记“银行存款”科目，贷记“长期借款——本金”科目；按借贷双方之间的差额，借记“长期借款——利息调整”科目

B.对于一次还本付息的债券，应于资产负债表日按摊余成本和实际利率计算确定的债券利息费用，借记“在建工程”“制造费用”“财务费用”等科目，按票面利率计算确定的应付未付利息，贷记“应付债券——应计利息”科目，按其差额，借记或贷记“应付债券——利息调整”科目

C.企业发行的可转换公司债券，应当在初始确认时将其包含的负债成分和权益成分进行分拆

D.企业购买资产有可能延期支付有关价款。如果延期支付的购买价款超过正常信用条件，实质上具有融资性质的，所购资产的成本应当以延期支付购买价款的现值为基础确定。实际支付的价款与购买价款的现值之间的差额，应当在信用期间内采用直线法进行摊销，计入相关资产成本或当期损益

6.【判断题】如果购买固定资产价款超过正常信用条件延期支付，实质上具有融资性质的，其成本以各期付款额之和为基础确定。（　　）

7.【业务题】20×5年1月1日，甲公司与乙公司签订意向购买合同，甲公司从乙公司购入一台需要安装的大型设备。合同约定，甲公司采用分期付款方式支付价款。该设备价款共计900万元（不含增值税，增值税税率13%），在20×5年至20×9年的5年内每半年支付90万元，每年的付款日期为6月30日和12月31日。

20×5年1月1日，设备如期运达甲公司并开始安装，20×5年12月31日安装完毕，设备达到预定可使用状态，发生安装费38.4838万元，已用银行存款一次性付清（假设该安装费不涉及增值税）。假设甲公司适用的6个月折现率为5%，（P/A，5%，10）=7.721。

要求：对该设备相关业务进行相应的会计处理。

具有融资性质的取得7

五、知识点：不动产类固定资产取得——采用出包方式取得的会计处理+自营工程资金运动分析+自营工程会计处理举例

1.【单项选择题】对于在建工程项目发生的净损失，如为非常损失造成的报废或毁损，应将其净损失计入当期（　　）。

A.营业外支出　　B.在建工程

C.管理费用　　D.固定资产

出包和自营方式的取得1-4

2.【多项选择题】下列有关不动产建造过程中所涉及的物资业务描述正确的有（　　）。

A.外购的工程物资，其进项税额要全额计入工程成本

B.工程物资发生报废或毁损的，应将其净损失计入营业外支出

C.企业领用本企业的完工产品投入生产用在建工程，应按库存商品成本结转

D.未使用完的外购工程物资，无论是对外销售还是转为企业的一般原材料，都需要先将工程物资转为原材料

3.【多项选择题】下列有关已达到预定可使用状态的在建工程描述正确的有（　　）。

A.先计算分配待摊支出，然后转为固定资产

B.应自达到预定可使用状态之日起，根据工程预算、造价或工程实际成本等，按估计的价值转入固定资产，并计提折旧

C.待办理竣工决算手续后，再调整固定资产实际成本，并同时调整所提的折旧

D.待办理竣工决算手续后，再调整固定资产实际成本，但不调整所提的折旧

4.【多项选择题】下图是企业采用出包方式取得固定资产引起的资金运动。有关下图的描述正确的有（　　）。

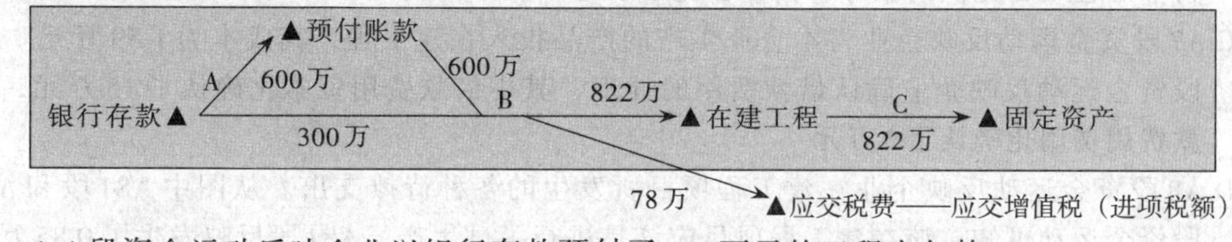

A.A段资金运动反映企业以银行存款预付了600万元的工程出包款

B.B段资金运动起点反映企业在工程完工时补付工程款300万元

C.B段资金运动终点反映在企业总付出的900万元中，有822万元形成在建工程成本，有78万元涉及增值税进项税额

D.C段资金运动反映该出包工程已达到预定可使用状态，将其转为固定资产，成本为822万元，该固定资产服务于企业集体福利事业

5.【多项选择题】下图反映的是企业自营工程所引起的资金运动。有关下图描述正确的有（　　）。

出包和自营方式的取得5-6

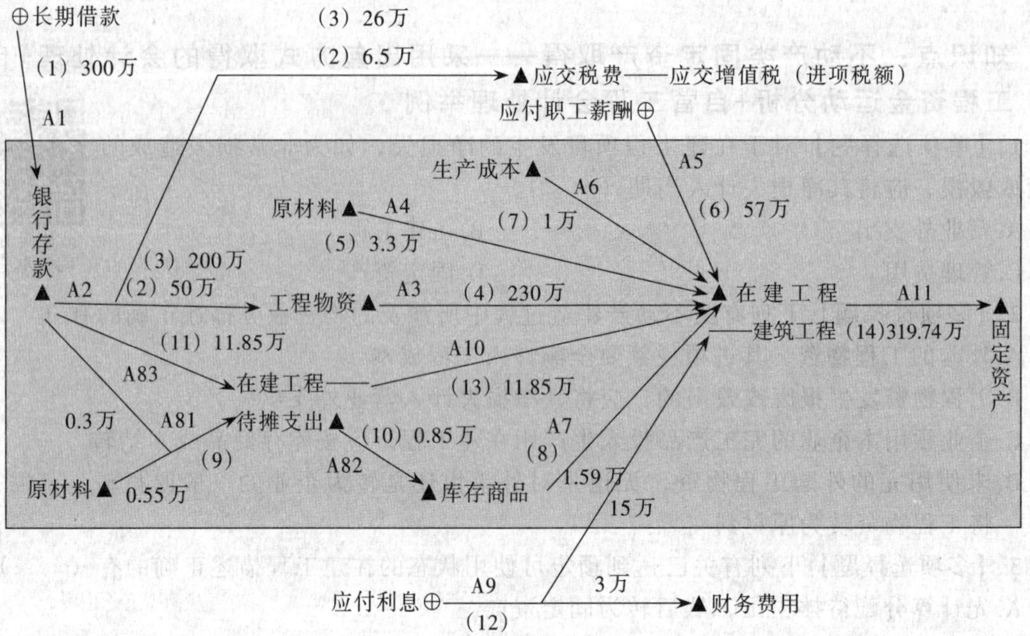

A.A1段资金运动反映企业为该在建工程取得300万元的银行长期借款。A2段资金运动反映企业购买了两批工程物资，购价分别为50万元和200万元，其增值税进项税额分别为6.5万元和26万元。A3段资金运动是将230万元的工程物资投入在建工程

B.A4段资金运动反映企业将原材料3.3万元改变用途，投入在建工程。A5段资金运动反映确认在建工程人员薪酬，其金额为57万元。A6段资金运动反映确认辅助生产部门为本工程项目提供的服务，其金额为1万元

C.A7段资金运动反映企业将本企业生产的产品投入在建工程，其成本为1.59万元。A9段资金运动反映企业确认借款费用的处理，其中借款费用资本化确认了15万元，借款费用费用化确认了3万元

D.A8段资金运动反映企业在建工程项目所发生的各种待摊支出。从图中A81段和A82段资金运动可知，该在建工程项目应该是进行了试生产，A81段反映发生了0.85万元的试生产费用，A82段反映将试生产取得的产品0.85万元转为库存商品。A83段反映企业发生了其他待摊支出11.85万元，均以银行存款支付。A10段资金运动反映将待摊支出11.85万元转入“在建工程——建筑工程”。A11段资金运动反映该在建工程达到预定可使用状态，将其转为固定资产，其成本为319.74万元

6.【多项选择题】下图反映的是企业“在建工程”项目未使用完的工程物资的处理所引起的资金运动。有关下图的描述正确的有（　　）。

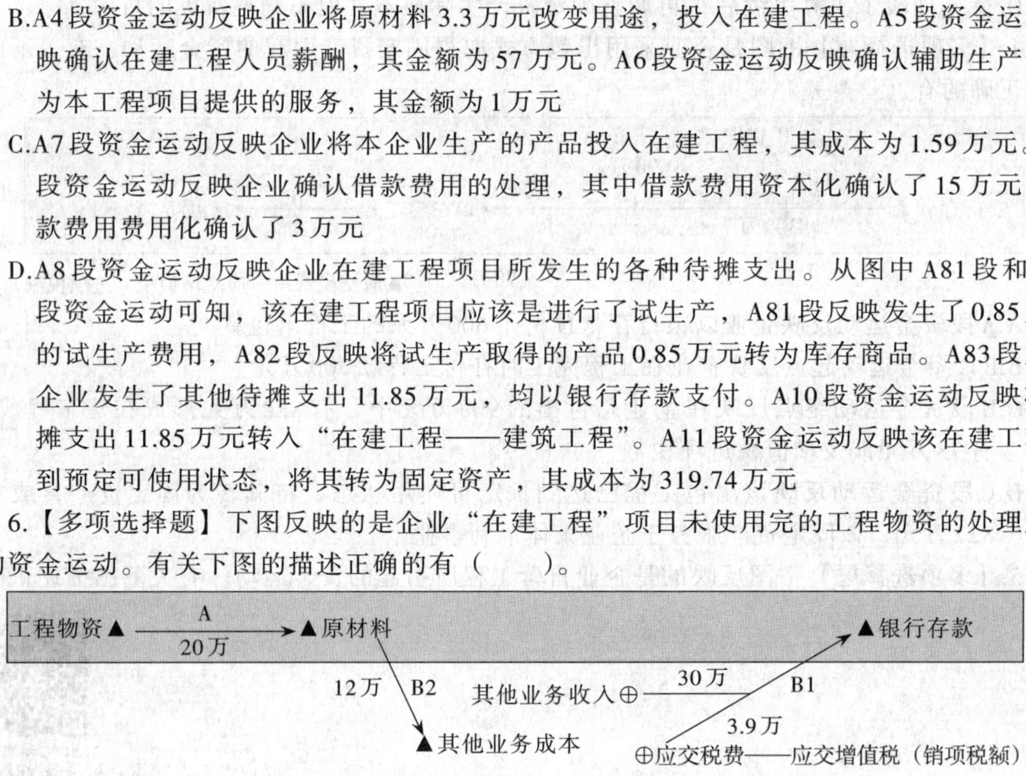

A.A段资金运动反映企业将未使用完的工程物资20万元转为原材料

B.B1段资金运动反映企业将部分转为原材料的未使用完的工程物资进行出售，售价30万元，增值税销项税额3.9万元，所有款项均已存入银行

C.B2段资金运动反映企业将已转为原材料的未使用完的工程物资12万元转为其他业务成本

D.该笔业务最终导致企业的存货增加了8万元

7.【业务题】甲公司系增值税一般纳税人。20×8年6月，甲公司决定采用自营方式建造厂房一栋，11月28日完工。企业发生下列业务，请进行相应的会计处理：

（1）为项目购买一批建材，取得的增值税专用发票上注明价款为500万元，增值税65万元，款项已通过银行付讫。

（2）将所购买的建筑材料480万元全部投入工程项目。

（3）领用生产用原材料20万元（不含增值税，增值税税率13%）。

出包和自营方式的取得7

（4）领用企业生产的完工产品用于工程，其成本为49.6万元。

（5）整个建设期间应负担在建工程人员薪酬120万元，假设薪酬尚未支付。

（6）以银行存款支付其他在建工程支出12万元。

（7）工程达到预定可使用状态，将在建工程转为固定资产。

出包和自营方式的取得8

（8）11月28日将未使用完的20万元工程物资转为企业的原材料。

8.【业务题】20×8年1月至11月，乙公司采用出包方式建造一栋非生产性福利用房。合同规定，该大楼的总造价为1 000万元（含增值税）。20×8年1月10日预付工程备料款250万元，其余款项按工程进度进行结算。20×8年4月30日、8月31日和11月30日的工程进度分别为30%、70%和100%。乙公司按工程完工进度和合同规定在每一个结算日与建筑承包商结算价款。

要求：试做出乙公司出包工程所涉及的业务的会计处理。

六、知识点：固定资产折旧——折旧分析

固定资产折旧1-4

1.【单项选择题】采用年数总和法计提折旧，每年的折旧额（　　）。

A.逐年递减　　B.逐年递增　　C.各年不变　　D.有时增加有时减少

2.【单项选择题】某项固定资产原值为155 000元，预计使用年限为5年，预计净残值为5 000元，按双倍余额递减法计提折旧，则第一年折旧额为（　　）元。

A.60 000　　B.62 000　　C.55 000　　D.57 000

3.【单项选择题】企业20×1年4月购入并投入使用不需要安装设备一台，原值860万元，预计使用年限5年，预计净残值5万元，采用年数总和法计提折旧，则企业在20×1年应计提的折旧额为（　　）万元。

A.285　　B.286.7　　C.190　　D.191

4.【单项选择题】下列固定资产中，应计提折旧的是（　　）。

A.未提足折旧提前报废的房屋　　B.闲置的房屋

C.已提足折旧继续使用的房屋　　D.已毁损的房屋

5.【多项选择题】下列固定资产中应计提折旧的有（　　）。

固定资产折旧5-10

A.季节性停用的机器设备　　B.大修理停用的机器设备

C.未使用的机器设备　　　　　　　　D.按规定单独估价作为固定资产入账的土地

6.【多项选择题】影响固定资产年折旧额的因素主要有（　　）。

A.使用寿命　　B.预计净残值　　C.固定资产原价　　D.固定资产减值准备

7.【判断题】企业至少应当于每年年度终了对固定资产的预计使用寿命、预计净残值和折旧方法进行复核，使用寿命预计数与原先估计数有差异的应当调整固定资产使用寿命。（　　）

8.【判断题】企业在计提固定资产折旧时，当月增加的固定资产当月不提折旧，当月减少的固定资产当月照提折旧。（　　）

9.【判断题】固定资产无论采用哪种折旧方法计提折旧，其累计提取的折旧额不应超过该项固定资产应计提的折旧总额。（　　）

10.【判断题】提前报废的固定资产不需要补提折旧。（　　）

七、知识点：固定资产后续支出——后续支出分析+举例

1.【单项选择题】甲企业对一条生产线进行改建，该设备的原始价值为1 000万元，已经提取折旧400万元。改建过程中以银行存款发生支出共计300万元（不含增值税），另外以银行存款支付增值税26万元。同时替换一台设备，该设备账面原值300万元，已经提取折旧120万元；将其出售取得收入5万元，增值税0.65万元，款项已存入银行。改建后该生产线的入账价值为（　　）万元。

固定资产后续支出1-2

A.1 000　　B.1 300　　C.900　　D.720

2.【多项选择题】下列有关固定资产后续支出表述正确的有（　　）。

A.符合固定资产确认条件的后续支出，应予以资本化，计入固定资产成本或计入长期待摊费用等项目；若有替换部分，应扣除其账面价值，在抵减残值后将其计入营业外支出

B.对租入固定资产的改良支出应予以资本化，计入长期待摊费用进行分期摊销

C.固定资产改良支出应增加固定资产的账面价值，但不能超过其可回收金额，超出的部分要转入营业外支出

D.后续支出不符合资本化条件的，应予以费用化，应当在发生时计入当期损益

3.【多项选择题】下图是企业固定资产改扩建所引起的资金运动。有关下图的描述正确的有（　　）。

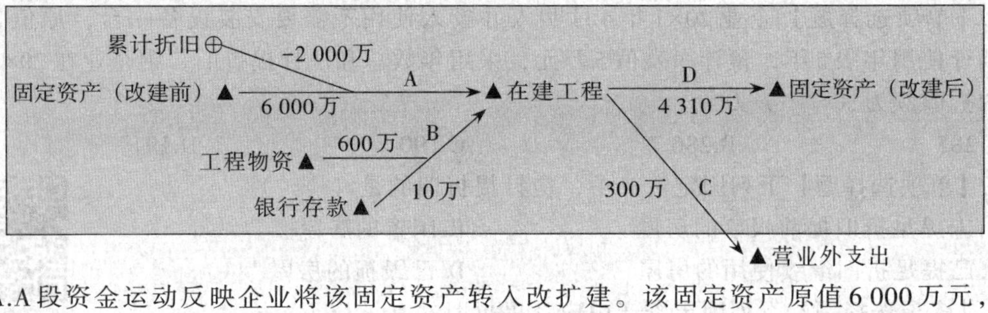

A.A段资金运动反映企业将该固定资产转入改扩建。该固定资产原值6 000万元，已提取折旧2 000万元

B.B段资金运动反映企业投入改扩建工程的各种工程物资600万元，以银行存款支付其他费用10万元

C.C段资金运动可能反映企业在改扩建过程中拆下的部分资产尚未折旧完的价值为300万元，由于该拆下来的部分没有任何处置价值，因此将这300万元全部转为营业外支出处理

固定资产后续支出3-4

D.D段资金运动反映该改扩建工程完工，达到预定可使用状态，将其转为固定资产，其新的成本为4 310万元

4.【多项选择题】下图是企业固定资产改扩建所引起的资金运动。有关下图描述正确的有（　　）。

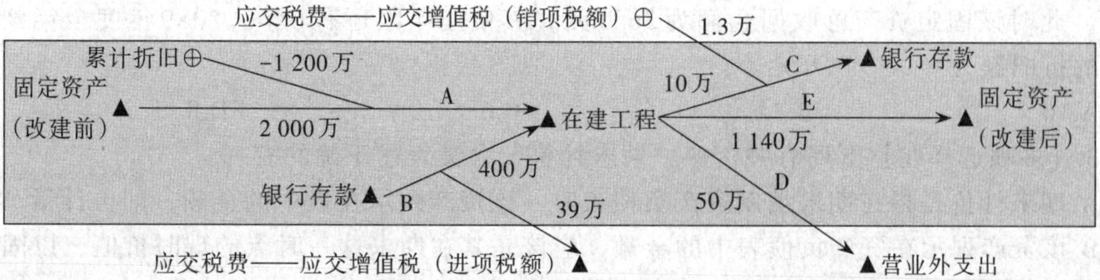

A.A段资金运动反映企业将该固定资产转入改扩建。该固定资产原值2 000万元，已计提折旧1 200万元

B.B段资金运动反映企业为改扩建工程支付了439万元，其中包含的39万元是进项税额。但从图中可知B段的流量一定有问题，即发生的支出为400万元，进项税额应该是52万元，但图中却只有39万元

C.C段和D段资金运动可能反映改扩建过程中拆下来的部件的处理。C段资金运动反映该拆下来的部件售价10万元，另外收到1.3万元的增值税销项税额。D段资金运动反映拆下来的部件尚未折旧完的价值扣除10万元的处置收益后还有50万元全部转为营业外支出

D.E段资金运动反映该改扩建工程完工，达到预定可使用状态，将其转为固定资产，其金额为1 140万元

5.【业务题】甲企业对一条生产线进行改建，该设备的原始价值为1 000万元，已经提取折旧400万元。改建过程中以银行存款支付的费用共计300万元（不含增值税），另外还以银行存款支付增值税26万元。同时换下一台设备，该设备账面原值300万元，已经提取折旧120万元；将其出售取得收入5万元，增值税0.65万元，款项已存入银行。

要求：对该生产线改建相关业务进行相应的会计处理。

6.【业务题】乙企业对一台租入的设备进行一定的改建，共发生支出72 000元，假设该支出全部以银行存款支付。其效用期为18个月（含本月）。

固定资产后续支出5-7

要求：对该改建支出和本期应承担的摊销费用进行相应的会计处理。

7.【业务题】丙企业本月管理部门用设备常规性维修，共发生3 000元支出，企业以现金支票支付。

要求：对该维修费进行相应的会计处理。

八、知识点：固定资产减值——一般性分析+固定资产减值举例

1.【单项选择题】20×1年6月20日，某企业自行建造的一条生产线投入使用，该生产线建造成本为370万元，预计使用年限为5年，预计净残值为10万元，采用年数总和法计提折旧，20×1年12月31日该生产线的可收回金额为298万元，20×1年12月31日该生产线应计提的减值准备为（　　）万元。

固定资产减值 1–3

A.10　　B.12　　C.70　　D.60

2.【单项选择题】企业某固定资产原值100万元，净残值为0，可使用10年，按年限平均法计提折旧。截至20×8年12月31日，已使用4年，已提取折旧额40万元（含当年）。经测算，此时该固定资产可收回金额为36万元，其使用年限还有6年。20×9年度全年该固定资产的折旧额为（　　）万元。

A.10　　B.7　　C.6　　D.8

3.【多项选择题】下列有关资产“期末计价”含义表述正确的有（　　）。

A.期末计价是指在期末编制资产负债表时，该资产列示在表中的金额，即再计量

B.该资产列示在资产负债表中的金额，应该是其在期末这一时点的现时价值，以固定资产为例，即可收回金额。但同时还需要遵守稳健性原则

C.固定资产的期末计价应遵守账面价值与可收回金额孰低的原则

D.期末计价就是指资产期末以多少金额列示在报表之中，它不能简单地根据账簿的历史记录来列示

4.【多项选择题】结合下图，下列有关固定资产减值准备设置表述正确的有（　　）。

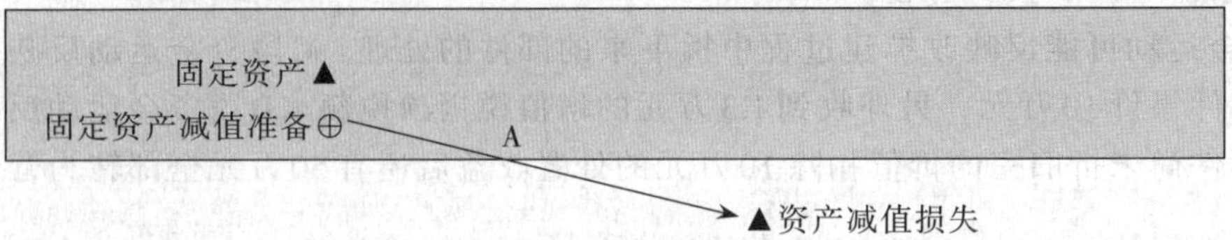

固定资产减值 4–7

A.固定资产减值准备产生的沙盘推演过程和累计折旧的推演过程基本一致

B.之所以在固定资产减值准备的推演过程中进行人为的技术处理，是为了解决既要遵守稳健性原则又要遵守历史成本原则的“两难”问题

C.通过A段资金运动，确保固定资产减值准备项目的余额反映固定资产的减值情况

D.通过将固定资产原值、累计折旧和固定资产减值准备结合起来，就可以知道固定资产的账面价值

5.【多项选择题】结合下图，下列有关固定资产减值准备发生额和余额表述正确的有（　　）。

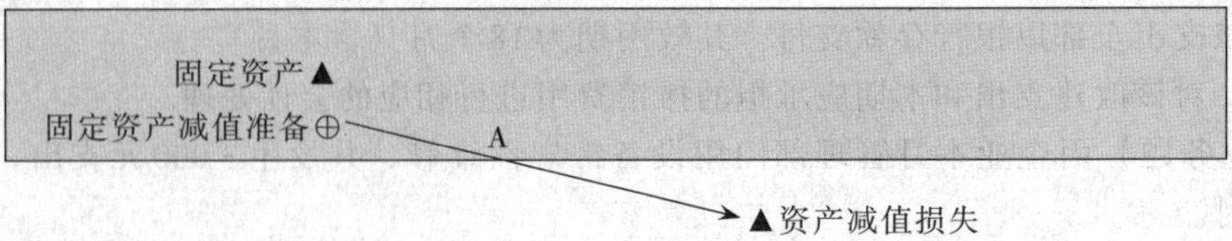

A.固定资产减值准备的余额，就是该项固定资产在这一时刻的减值数

B.固定资产减值准备的余额，抵减固定资产的净值（即固定资产减去累计折旧），就可以得到固定资产的账面价值。该账面价值就是该资产列示在资产负债表中的金额

C.A段资金运动流量代表本期提取的减值准备数，该数额就是固定资产减值本期的发生额

D.A段资金运动的目的就是对固定资产减值准备现有的余额进行调整，以确保调整之后的余额就是期末所需要的金额，即该资产在这一时刻的减值数

6.【判断题】固定资产减值损失一经确认，在以后会计期间不得转回。（　　）

7.【判断题】固定资产减值准备的提取，不会影响企业后续期间折旧提取金额。（　　）

固定资产处置 1-2

九、知识点：固定资产处置——一般性分析+固定资产处置举例

1.【单项选择题】20×5年4月30日，甲公司出售一栋自建的建筑物，原价2 000万元，已计提折旧1 100万元，已减值100万元；该建筑物原建造时所涉及增值税已全部计入其成本。用银行存款支付相关处置费用5万元。取得出售收入1 030万元（含增值税，其税率为3%），款项已存入银行。该固定资产处置的净收益为（　　）万元。

A.1 000　　B.1 030　　C.200　　D.195

2.【单项选择题】20×5年3月31日，甲公司出售一台设备，原价100万元，已计提折旧94万元，将其转入清理程序。在原取得该设备时，其增值税已作为进项税额进行抵扣。用银行存款支付清理费用1万元。取得出售收入3万元（不含增值税，其税率为13%），款项已存入银行。该固定资产处置净损失为（　　）万元。

A.6　　B.4　　C.7　　D.6.52

3.【多项选择题】下图是固定资产处置所引起的资金运动。有关下图描述正确的有（　　）。

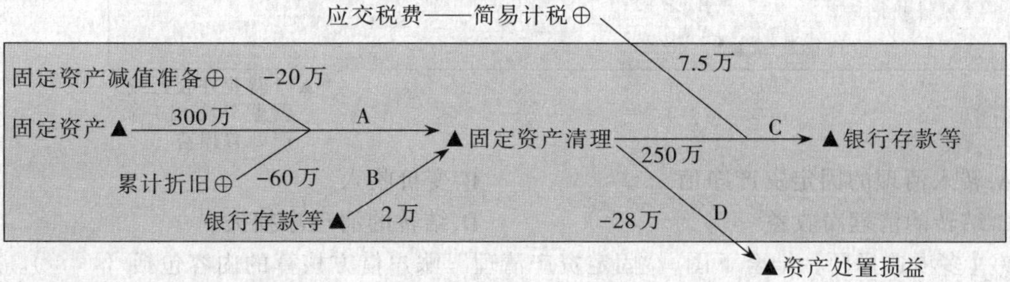

A.A段资金运动反映企业将该固定资产转入清理。该固定资产原值300万元，已折旧60万元，已减值20万元。其账面价值为220万元

B.B段资金运动可能反映企业发生了2万元的固定资产清理费

C.C段资金运动反映企业将该固定资产出售，取得银行存款250万元，增值税7.5万元。该增值税业务应该是采用的简易计税处理

D.D段资金运动流量为-28万元，反映企业处置该固定资产发生净亏损28万元

4.【多项选择题】下图是固定资产处置所引起的资金运动。有关下图描述正确的有（　　）。

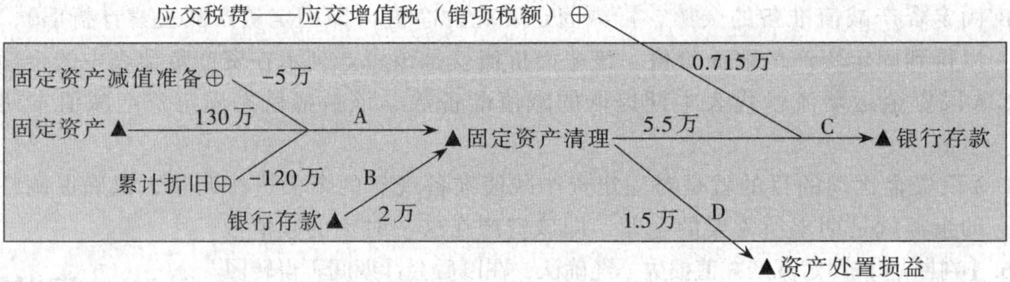

A.A段资金运动反映企业将该固定资产转入清理。该固定资产原值130万元，已折旧120万元，已减值5万元。其账面价值为5万元

B.B段资金运动可能反映企业发生了2万元的固定资产清理费

C.C段资金运动反映企业将该固定资产出售，取得银行存款5.5万元，增值税0.715万元。该增值税业务应该是采用的简易计税处理

D.D段资金运动流量为1.5万元，反映企业处置该固定资产发生净收益1.5万元

5.【多项选择题】满足下列条件之一的固定资产应终止确认（　　）。

固定资产处置 3-5

A.该资产处于处置状态

B.该资产处于闲置状态

C.使用或处置该资产预期不能产生经济利益

D.该资产处于出租状态

6.【多项选择题】结合下图，“固定资产清理”账户贷方登记的项目有（　　）。

固定资产处置 6-7

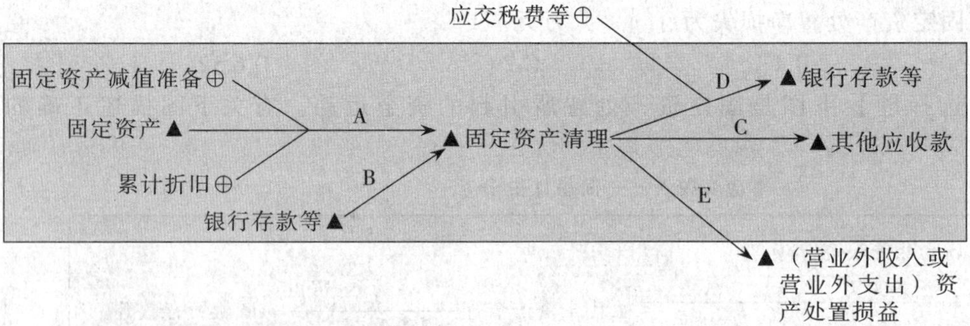

A.转入清理的固定资产净值　　B.变价收入

C.结转的清理净收益　　D.结转的清理净损失

7.【多项选择题】结合下图，“固定资产清理”账户借方核算的内容包括（　　）。

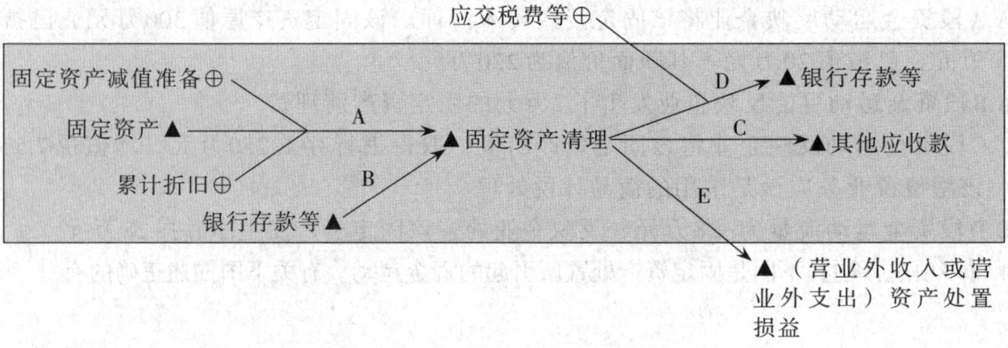

A.转入清理的固定资产净值　　B.发生的清理费用

C.结转的清理净损失　　D.结转的清理净收益

8.【多项选择题】下图是有关固定资产业务所引起的资金运动。有关下图描述正确的有（　　）。

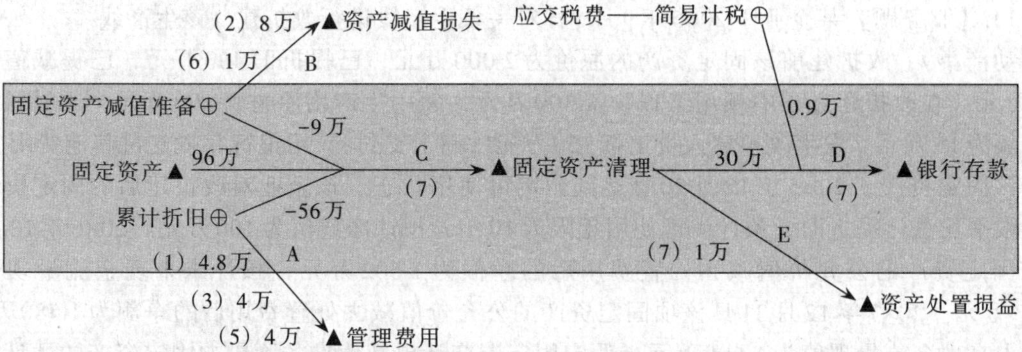

A.A段（1）项资金运动反映企业提取了4.8万元的折旧费。（3）、（5）项资金运动反映企业的折旧费减少到每年提取4万元，之所以减少，结合B段（2）项资金运动来看，其原因就是企业提取了8万元的固定资产减值准备，从而导致固定资产账面价值减少，最终导致每年的折旧额也相应减少

B.C段资金运动反映企业要处置该固定资产，将固定资产转入清理。此时，固定资产原值96万元，已计提折旧56万元，已计提减值准备9万元，其账面价值就为31万元。该账面价值31万元就是企业尚未收回的价值，在不考虑清理费用的情况下，如果处置价格低于该金额，企业就会发生处置亏损

C.D段资金运动反映企业处置该固定资产，售价30万元，增值税采用的是简易计税方法，应交税费为0.9万元。E段资金运动反映企业将处置固定资产的净亏损1万元转入资产处置损益之中

D.整个资金运动流程反映的是固定资产报废毁损业务

固定资产处置 8-10

9.【判断题】固定资产出售、报废、毁损的净损益，均应转入营业外收入。（　　）

10.【判断题】在固定资产清理时，发生变价涉及增值税时，其项目应该是“应交税费——应交增值税（销项税额）”。（　　）

11.【业务题】某企业有旧厂房一幢，原值4 500 000元，已提取折旧4 300 000元，已确认减值185 000元，因使用期满经批准报废。该厂房有关的增值税已经全部计入该成本。在清理过程中，以银行存款支付清理费12 500元（未取得增值税专用发票），拆出的残料作价1 500元，由仓库收作材料，另一部分变卖收入6 180元存入银行（含增值税，增值税税率为3%，企业采用简易计税方法）。

固定资产处置11

要求：对该厂房清理有关的业务进行相应的会计处理。

12.【业务题】20×5年3月31日，甲公司出售一台设备，原价100万元，已计提折旧90万元，已确认减值4万元，将其转入清理程序。在原取得该设备时，其增值税已作为进项税额进行了抵扣。用银行存款支付清理费用1万元（不含增值税，取得增值税专用发票，增值税税率6%）。取得出售收入10万元（不含增值税，其税率为13%），款项已存入银行。

要求：对该设备清理相关的业务进行相应的会计处理。

13.【业务题】某企业将原价150 000元、已提折旧30 000元的运输卡车对外捐赠，以银行存款2 000元支付相关费用。

要求：就该捐赠业务进行相应的会计处理。

固定资产处置 12-13

14.【业务题】某企业于20×5年9月5日对一条生产线进行改扩建（该生产线属于动产类），改扩建前该固定资产的原价为2 000万元，已提折旧400万元，已提减值准备200万元。在改扩建过程中领用工程物资300万元，领用生产用原材料100万元，原材料的进项税额为13万元。发生改扩建人员工资150万元（尚未支付），用银行存款支付其他费用33万元。该固定资产于20×5年12月20日达到预定可使用状态。该企业对改扩建后的固定资产采用年限平均法计提折旧，预计尚可使用年限为10年，预计净残值为100万元。20×6年12月31日该固定资产的公允价值减去处置费用后的净额为1 602万元，预计未来现金流量现值为1 693万元。20×7年12月31日该项固定资产的公允价值减去处置费用后的净额为1 580万元，预计未来现金流量现值为1 600万元。假定固定资产计提减值准备不影响固定资产的预计使用年限和预计净残值。20×9年1月1日，将该项固定资产出售，售价1 500万元（不含增值税，增值税税率13%），款项已存入银行。发生清理费用4万元，该清理费以银行存款支付。

要求：

（1）编制上述与固定资产改扩建有关业务的会计分录。计算改扩建后固定资产的入账价值。

（2）计算改扩建后的固定资产20×6年计提的折旧额并编制固定资产计提折旧的会计分录。

固定资产处置14

（3）计算该固定资产20×6年12月31日应计提的减值准备并编制相关会计分录。

（4）计算该固定资产20×7年计提的折旧额并编制固定资产计提折旧的会计分录。

（5）计算该固定资产20×7年12月31日应计提的减值准备并编制相关会计分录。

（6）计算该固定资产20×8年计提的折旧额并编制固定资产计提折旧的会计分录。

（7）对20×9年1月1日出售该项固定资产的相关业务进行会计处理。

十、知识点：固定资产清查——盘盈盘亏处理

固定资产清查 1-4

1.【单项选择题】下列固定资产减少，不通过“固定资产清理”账户核算的是（　　）。

A.因盘亏减少固定资产　　B.因出售减少固定资产

C.因报废减少固定资产　　D.因毁损减少固定资产

2.【单项选择题】甲公司20×8年12月27日进行财产清查时发现，有未入账设备一台，其重置价值为30万元。该企业的所得税税率为25%，其按照净利润的20%提取盈余公积金。该笔错账更正最终导致留存收益调增的金额为（　　）万元。

A.30　　B.22.5　　C.18　　D.4.5

3.【单项选择题】某企业因管理不善丢失了一台笔记本电脑，购入时原价为1.5万元，增值税进项税额为0.195万元，企业购买当初作为固定资产核算。截至丢失时，已计提折旧0.6万元，收到责任赔款0.2万元。应计入营业外支出的金额为（　　）万元。

A.1.3　　B.0.7　　C.0.895　　D.0.817

4.【多项选择题】下列有关固定资产盘盈盘亏表述正确的有（　　）。

A. 固定资产盘亏，其净损失一般应转入企业的管理费用

B. 如企业实际发生固定资产盘盈，则说明企业在过去的某一时刻发生过有意或无意的固定资产“盘亏”

C. 固定资产盘盈应作为对企业过去“盘亏”错误的更正处理

D. 固定资产盘盈应作为营业外收入处理

5.【多项选择题】下图是有关固定资产盘盈所引起的资金运动。有关下图的描述正确的有（　　）。

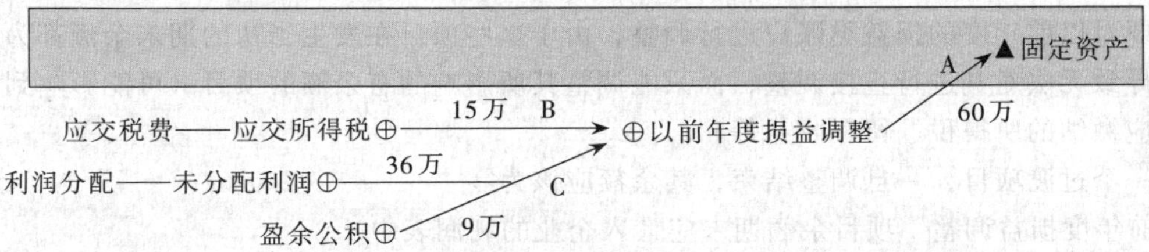

固定资产清查
5-8

A.A段资金运动反映企业盘盈固定资产一台，其公允价值为60万元。企业将其作为错账进行更正，因此所采用的项目是“以前年度损益调整”。通过A段资金运动的终点确保账实相符，通过其起点“以前年度损益调整”项目拟对以前的错账进行更正。从本题来看，以前的错账主要是盘亏了这台设备

B.B段资金运动反映企业将这笔错账对应交所得税的影响进行调整。通过B段资金运动将因以前的错账少缴纳的所得税予以补提，其金额为15万元

C.C段资金运动反映企业将这笔错账对留存收益的影响进行调整。通过C段资金运动将因以前的错账少提的留存收益予以补提，其金额为45万元

D. 从C段资金运动流量可知，企业当年提取盈余公积金的比例为15%

6.【多项选择题】下图是有关固定资产盘亏所引起的资金运动，有关下图描述正确的有（　　）。

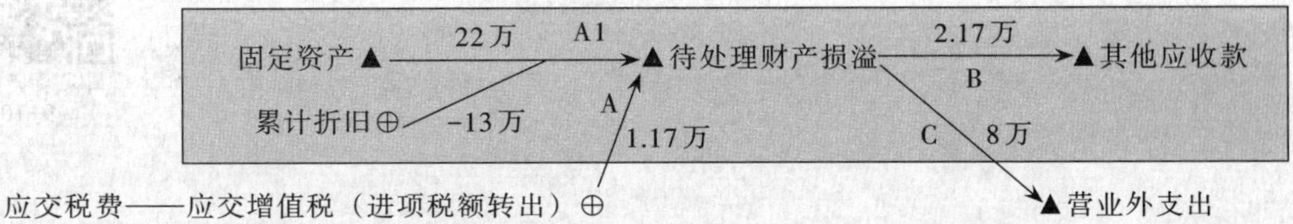

A.A1段资金运动反映企业发生固定资产盘亏，该固定资产原值22万元，已折旧13万元；A2段资金运动反映将固定资产净值所对应的增值税进项税额1.17万元予以转出。通过A段资金运动起点，使得企业账实相符，通过A段资金运动的终点反映尚未处理的盘亏事项

B.B段资金运动反映有关责任人或保险公司对该盘亏损失所承担的赔偿责任为2.17万元

C.C段资金运动反映将盘亏的金额扣除相关赔偿后的余额8万元计入营业外支出项目

D. 总体来看，待处理财产损溢在这里起了一个过渡性的、临时的桥梁作用。最终结果是企业盘亏固定资产，由此造成的损失有2.17万元由责任人赔偿，剩下的8万元作为公司的损失处理

7.【多项选择题】结合下图，有关“以前年度损益调整”的表述正确的有（　　）。

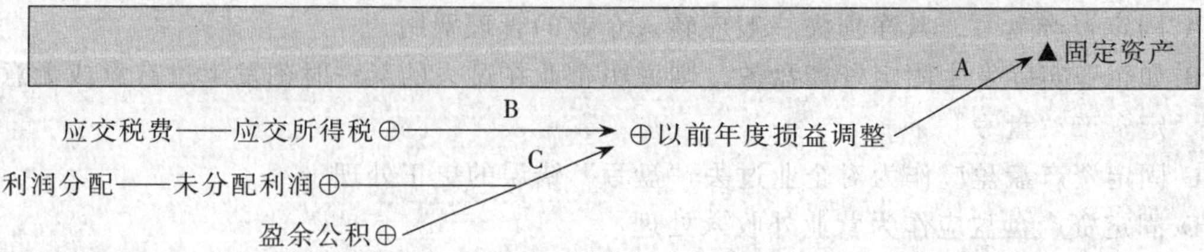

A.“以前年度损益调整”项目是专门用来对涉及以前年度的损益项目进行调整的一个过渡项目

B.如需要对以前年度的损益类账户进行调整，由于这些项目在发生当初的期末余额都为零，导致无法对其进行直接调整，而只能调整其所影响的有余额的项目（可能影响到企业应缴纳的所得税、留存收益等）

C.作为一个过渡项目，一旦调整结束，其余额应该为零

D.“以前年度损益调整”项目余额期末应计入企业的利润表中

8.【判断题】盘盈固定资产通过“待处理财产损溢”科目核算，其净收益计入当期营业外收入。（　　）

9.【业务题】某企业在20×9年12月27日进行财产清查时发现，某设备已无实物形态存在，经批准作为盘亏处理。该设备原价120 000元，已提取折旧100 000元，已提取减值准备10 000元。取得该设备时，其增值税税率为13%，该增值税已作为进项税额进行了抵扣。12月29日经企业管理层研究决定，该盘亏作为营业外支出处理。

要求：掌握资金运动流程，并进行相应的会计处理。

10.【业务题】某企业20×9年12月27日进行财产清查时发现，有未入账设备一台，其重置价值为200 000元，预计可使用10年，对该设备采用直线法计提折旧，预计净残值率为5%。该企业的所得税税率为25%，企业盈余公积的提取比例为30%。

要求：掌握资金运动流程，并进行相应的会计处理。

固定资产清查
9-10

第六章　对内投资（无形资产）业务资金业务分析与会计处理

无形资产概述
1-9

一、知识点：无形资产——定义、确认与计量

1.【单项选择题】下列各项中不能作为企业无形资产入账的是（　）。

A.自创的专利权　B.购入的专利权　C.自创的商誉　D.购入的商标权

2.【单项选择题】作为无形资产的土地使用权是指（　）。

A.通过行政划拨获得的土地使用权

B.按期缴纳土地使用费的土地使用权

C.将通过行政划拨获得的土地使用权有偿转让，按规定补交的土地出让价款

D.国有土地依法确定给国有企业使用

3.【单项选择题】下列资产中，应作为无形资产确认的是（　）。

A.单独计价入账的土地　B.非货币性资产交换取得的商标权

C.非同一控制下吸收合并产生的商誉　D.持有并准备增值后转让的土地使用权

4.【多项选择题】下列项目中，计入无形资产成本的有（　）。

A.支付的购买价款　B.无形资产研究支出

C.符合资本化条件的无形资产开发支出　D.无形资产的后续支出

5.【多项选择题】关于无形资产的确认，应同时满足的条件有（　）。

A.符合无形资产的定义　B.与该资产有关的经济利益很可能流入企业

C.该无形资产的成本能够可靠计量　D.必须是企业外购的

6.【多项选择题】下列符合无形资产定义的是（　）。

A.不具有实物形态　B.是企业拥有或者控制的

C.是可辨认的非货币性资产　D.是可辨认的货币性资产

7.【多项选择题】下列项目中，可以确认为无形资产的有（　）。

A.购买的版权　B.商誉

C.企业购入的专利权　D.有偿取得的特许经营权

8.【多项选择题】下列条件符合无形资产可辨认性标准的是（　）。

A.能够从企业中分离出来

B.能够单独或者与相关合同、资产或负债一起，用于出售、转移、授予许可、租赁或交换

C.源自合同性权利或其他法定权利

D.这些合同性权利必须可以从企业或其他权利和义务中转移或者分离

9.【多项选择题】下列项目属于货币性资产的有（　　）。

A.货币资金　　B.应收账款

C.存货　　D.准备持有至到期的债券投资

无形资产概述10

10.【业务题】请对下列业务进行相应的会计处理：

（1）某企业以存款购入一项无形资产，增值税专用发票注明：买价为100万元，增值税为6万元。

（2）甲公司接受乙公司捐赠一项无形资产。增值税专用发票注明的买价为60万元，增值税进项税额为3.6万元。

（3）甲公司注册资本为1 000 000元。其接受乙公司的一项无形资产投资。双方经协商确认，该无形资产价值为400 000元（不含增值税），增值税专用发票上进项税额为24 000元。乙公司占其注册资本的30%。

无形资产取得—非自行开发

二、知识点：无形资产的取得——非自行开发取得的

1.【单项选择题】甲公司接受乙公司以其所拥有的非专利技术投资，双方商定的价值为100万元（不含增值税）。其增值税专用发票上注明的进项税额为6万元。甲公司注册资本为1 000万元，乙公司投资后占甲公司注册资本的8%。该笔业务引起资本公积增加（　　）元。

A.200 000　　B.260 000　　C.800 000　　D.60 000

2.【多项选择题】外购无形资产的成本包括（　　）。

A.购买价款

B.进口关税

C.其他税费

D.直接归属于使该项资产达到预定用途所发生的其他支出

3.【多项选择题】20×3年1月1日，甲公司购买专利技术，协议约定采用分期付款方式，从购买当年年末分5年分期付款，每年支付100万元，合计500万元。假定企业在购买日一次性全额付款，支付400万元即可。该企业增值税税率为6%，以上款项均不含增值税。结合下图，对该业务描述正确的有（　　）。

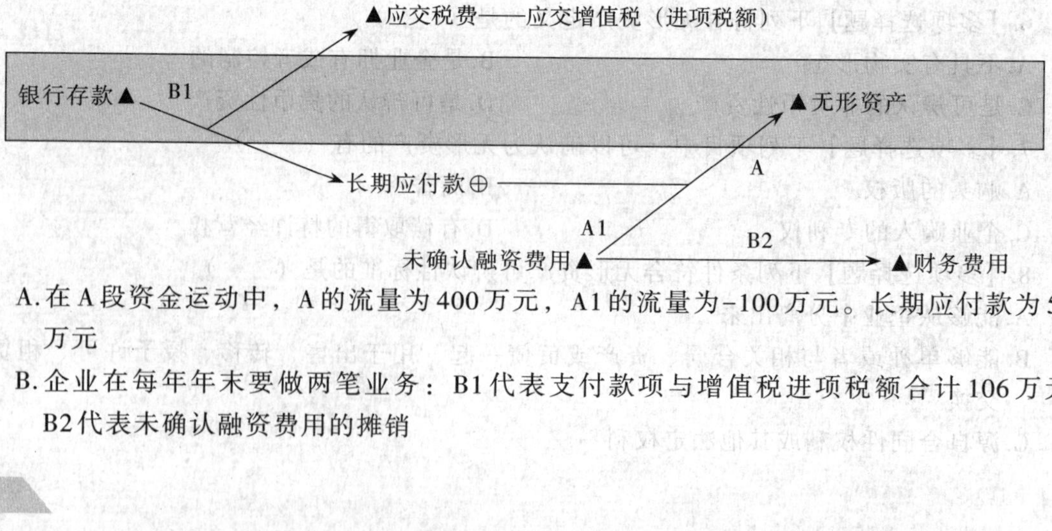

A.在A段资金运动中，A的流量为400万元，A1的流量为-100万元。长期应付款为500万元

B.企业在每年年末要做两笔业务：B1代表支付款项与增值税进项税额合计106万元；B2代表未确认融资费用的摊销

C.在B2段资金运动中，其流量的计量要采用实际利率法

D.具有融资性质的无形资产的购买与具有融资性质固定资产的购买处理基本一致

4.【判断题】如果企业购买一项无形资产采用分期付款方式付款，付款期为4年，该无形资产仍按分期付款总额确认入账成本。（　　）

三、知识点：无形资产的取得——自行开发取得的

1.【单项选择题】甲公司20×2年3月1日开始自行开发成本管理软件，在研究阶段发生材料费用等12万元。在开发阶段发生开发人员工资100万元，材料费10万元，机器设备折旧费20万元。开发阶段的支出满足资本化条件。20×3年3月16日，该成本管理软件研制成功，并依法申请了专利，支付注册费1万元，律师费2.5万元，甲公司20×3年3月20日为向社会展示其成本管理软件，特举办了大型宣传活动，支付费用10万元，则甲公司无形资产的入账价值应为（　　）万元。

A.155.5　　B.143.5　　C.133.5　　D.130

2.【单项选择题】某企业研究开发一项新产品。在研究阶段，本年度内花费材料费700 000元，应付人工费850 000元，相关设备折旧费50 000元。本期应计入管理费用的金额为（　）元。

A.1 600 000　　B.700 000　　C.1 550 000　　D.850 000

3.【多项选择题】将开发阶段有关支出予以资本化并计入无形资产成本的条件，主要包括（　　）。

A.具有完成该无形资产并使用或出售的意图

B.完成该无形资产以使其能够使用或出售在技术上具有可行性

C.归属于该无形资产开发阶段的支出能够可靠计量

D.有足够的技术、财物等资源支持

无形资产取得–自行开发1-4

4.【多项选择题】下列关于无形资产研发支出的说法，正确的有（　）。

A.企业研究阶段的支出，应在发生时记入“研发支出”账户，期末转入管理费用

B.企业研究阶段的支出，应在发生时计入无形资产的成本

C.企业开发阶段的支出，符合资本化条件时可以资本化

D.企业开发阶段的支出，在期末一定转入当期损益

5.【多项选择题】下图是企业自行开发无形资产所引起的资金运动。有关下图描述正确的有（　　）。

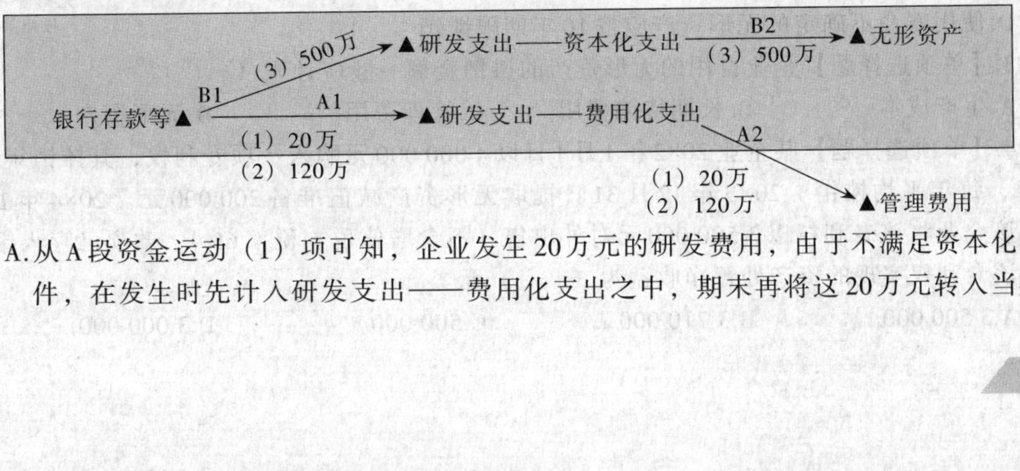

A.从A段资金运动（1）项可知，企业发生20万元的研发费用，由于不满足资本化的条件，在发生时先计入研发支出——费用化支出之中，期末再将这20万元转入当期的

管理费用

B.从A段资金运动（2）项可知，企业发生120万元的研发费用，由于不满足资本化的条件，在发生时先计入研发支出——费用化支出之中，期末再将这120万元转入当期的管理费用

无形资产取得-自行开发5-8

C.从B段资金运动（3）项可知，企业发生500万元的研发费用，由于满足资本化的条件，在发生时先计入研发支出——资本化支出项目之中，在研发成功时再将这500万元转入无形资产

D.从A段资金运动来看，A1段与A2段是完全可以合并为一段的，即不满足资本化条件的研发费用，在发生的当初就可以直接计入当期的管理费用

6.【判断题】企业内部研究开发项目的支出，应当区分研究阶段支出与开发阶段支出。（　）

7.【判断题】无形资产相关准则规定，企业研究阶段支出全部费用化，在发生时直接记入“管理费用”账户。（　）

8.【判断题】企业应设置“研发支出”一级账户核算企业进行研究与开发无形资产过程中发生的各项支出。（　）

9.【业务题】甲公司20×2年3月1日开始自行开发成本管理软件，在研究阶段发生材料费用等12万元。在开发阶段发生开发人员工资100万元，材料费10万元，机器设备折旧费20万元。开发阶段的支出满足资本化条件。20×3年3月16日，该成本管理软件研制成功，并依法申请了专利，支付注册费1万元，律师费2.5万元，甲公司20×3年3月20日为向社会展示其成本管理软件，特举办了大型宣传活动，支付费用10万元。

要求：对甲公司相关业务进行必要的会计处理。

无形资产取得-自行开发9

四、知识点：无形资产的使用和处置——一般性分析+业务举例

1.【单项选择题】企业转让无形资产的所有权，转让净损失应记入“（　）”科目。

A.管理费用　B.其他应交款　C.营业外支出　D.资产处置损益

2.【单项选择题】关于无形资产的后续计量，下列说法正确的是（　）。

A.无形资产的摊销方法只有直线法

B.企业无形资产的摊销方法，应当反映与该项无形资产有关的经济利益的预期实现方式

C.使用寿命不确定的无形资产应按系统、合理的方法摊销

D.使用寿命不确定的无形资产应按10年期限摊销

无形资产使用与处置1-4

3.【单项选择题】企业自用的无形资产的摊销金额一般应计入（　）。

A.生产成本　B.长期待摊费用　C.管理费用　D.无形资产

4.【单项选择题】某企业20×2年1月1日以4 000 000元购入一项专利权，其摊销年限为10年，每年平均摊销。20×3年12月31日提取无形资产减值准备200 000元。20×4年1月1日，该企业将该专利权以3 500 000元对外出售（不含增值税，税率6%），款项已存入银行。出售该专利权实现的资产处置净收益为（　）元。

A.3 500 000　B.3 710 000　C.500 000　D.3 000 000

5.【单项选择题】甲公司20×2年年初开始进行新产品研究开发，20×2年度投入研究费用300万元，20×3年度投入开发费用500万元（假定均符合资本化条件），至20×4年年初研发成功，并向国家专利局提出专利权申请且获得专利权，实际发生包括注册登记费等50万元费用。该项专利权法律保护年限为10年，预计使用年限12年。按年限平均法，则甲公司对该项专利权20×4年度应摊销的金额为（　　）万元。

A.55　　B.50　　C.85　　D.5

无形资产使用与处置5-8

6.【单项选择题】某企业将一项专利权出租。每年租金10万元（不含增值税，增值税税率6%），其成本每年需要分摊6万元，则企业在摊销无形资产成本时，其贷记的项目是（　　）。

A.无形资产　　B.累计折旧　　C.累计摊销　　D.其他业务成本

7.【单项选择题】20×8年12月20日，甲公司经批准将内部研发成功的某非专利技术替代原有的M专利技术，并将M专利技术予以转销（即注销）。转销时，M专利技术的成本为2 800 000元，已计提累计摊销2 600 000元，已计提减值准备150 000元，该M专利技术的残值为0。假定不考虑其他相关因素。该无形资产的转销导致营业利润减少（　　）万元。

A.5　　B.20　　C.3.75　　D.0

8.【多项选择题】下图是企业处置无形资产所引起的资金运动。有关下图描述正确的有（　　）。

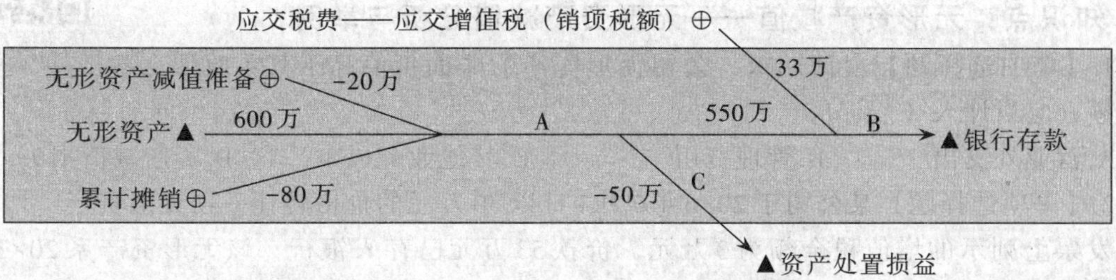

A.从图中可知，无形资产账面原值为600万元，已摊销80万元，已减值20万元，无形资产的账面价值为500万元

B.从图中可知，无形资产的售价为550万元，其与账面价值500万元的差额应确认资产转让收益50万元

C.从图中C段可知，其流量为-50万元，反映资产处置发生亏损50万元，这与前面的分析发生了矛盾。这说明图中有关金额出现了自相矛盾的问题

D.从图中可知，企业在出售无形资产时还确认了33万元的增值税销项税额

9.【多项选择题】下列表述中，按无形资产准则的规定，不正确的是（　　）。

A.无形资产出租收入应确认为其他业务收入，无形资产的摊销应确认为其他业务成本

B.无形资产成本应自取得当月按直线法摊销

C.无形资产研究与开发费用应在发生时计入当期损益

D.无形资产均应按期进行摊销

无形资产使用与处置9-13

10.【多项选择题】以下符合无形资产摊销有关规定的是（　　）。

A.源自合同性权利或其他法定权利的无形资产，摊销年限不应超过合同性权利或其他法定权利的期限

B.合同和法律都有使用年限规定的，摊销期遵循孰短原则

C.合同和法律都没有使用年限规定且无法正确判断使用年限的无形资产不应摊销

D.法律和合同都没有明确规定的，摊销期一般不超过10年

11.【判断题】无形资产的摊销应计入其他业务成本。（　）

12.【判断题】当月减少的无形资产当月仍需要摊销。（　）

13.【判断题】无形资产转让出售净损益、转销净损失都会影响企业的营业利润。（　）

14.【业务题】20×8年1月1日，企业以银行存款外购一项专利，增值税专用发票上注明的价款为100万元，增值税为6万元。该无形资产预计可使用10年。20×9年1月1日企业将其出租给甲公司，期限3年。合同规定，每年租金110 000元（不含增值税，增值税税率6%），该专利每年摊销100 000元。该企业已收到本年的租金并存入银行。

无形资产使用与处置14-15

要求：对该无形资产从取得、自用到出租等相关的业务进行会计处理。

15.【业务题】企业将一项专利权出售，取得收入15万元（不含增值税，增值税税率为6%）。该专利权的账面余额为18万元，其中账面原值为30万元，未提取减值准备。

要求：对该无形资产的处置相关业务进行相应的会计处理。

五、知识点：无形资产减值——无形资产减值分析与举例

无形资产减值1-3

1.【单项选择题】会计期末，公司无形资产的账面价值高于其可收回金额的差额，应当计入（　）。

A.营业外支出　B.管理费用　C.其他业务成本　D.资产减值损失

2.【单项选择题】某公司于20×6年7月1日以50万元的价格转让一项无形资产，增值税专用发票上列示的增值税金额为3万元，价款53万元已存入银行。该无形资产系20×3年7月1日购入并投入使用的，其入账价值为300万元，预计使用年限为5年，法律规定的有效使用年限为6年，采用年限平均法计提摊销。20×6年6月30日，该无形资产已提取减值准备5万元。转让该无形资产发生的净损失为（　）万元。

A.65　B.70　C.95　D.98

3.【单项选择题】甲企业20×5年1月1日购入一个计算机软件程序，价款为1 181.25万元，预计使用年限为5年，法律规定有效使用年限为7年，预计净残值为0，采用年限平均法计提摊销。20×6年12月31日该无形资产的可收回金额为720万元，则20×6年12月31日其账面价值为（　）万元。

A.708.75　B.720　C.703.35　D.843.75

4.【单项选择题】甲公司20×3年1月1日购入一项无形资产。该无形资产的实际成本为500万元，摊销年限为10年，采用直线法摊销。20×7年12月31日，该无形资产发生减值，预计可收回金额为180万元。计提减值准备后，该无形资产原摊销年限不变。20×8年12月31日，该无形资产的账面价值为（　）万元。

A.500　B.214　C.200　D.144

无形资产减值4-5

5.【多项选择题】下图是企业处置无形资产所引起的资金运动。有关下图

描述正确的有（ ）。

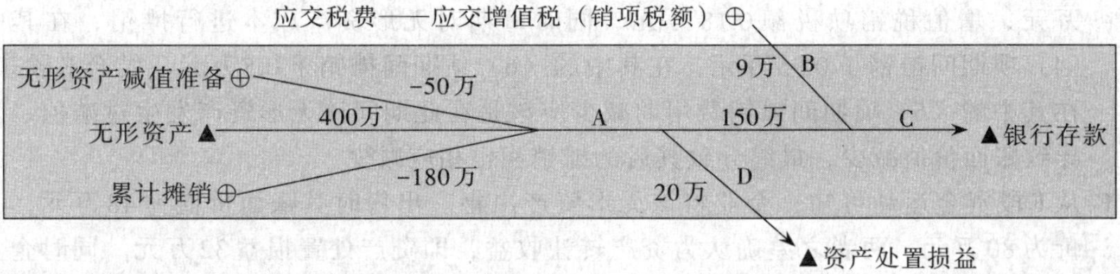

A. 从图中可知，无形资产账面原值为400万元，已摊销180万元，已减值50万元，无形资产的账面价值为170万元

B. 从图中可知，无形资产的售价为150万元，其与账面价值170万元的差额应确认资产转让损失20万元

C. 从图中D段资金运动可知，其流量为20万元，反映资产处置发生亏损20万元

D. 从图中B段资金运动可知，企业在出售无形资产时还确认了9万元的增值税。企业对于该笔销售业务所涉及的增值税采用的是简易计税办法

6.【多项选择题】下图是企业自行开发无形资产所引起的资金运动。有关下图描述正确的有（ ）。

无形资产减值
6-7

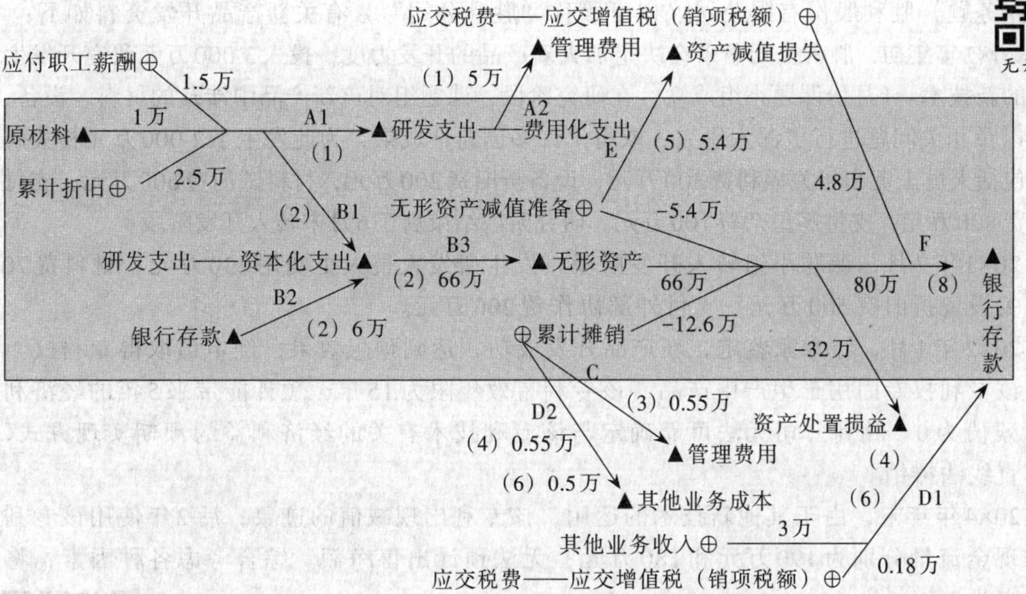

A. 从A段资金运动（1）项可知，企业发生5万元的研发费用，由于不满足资本化的条件，在发生时先计入研发支出——费用化支出之中，期末再将这5万元转入当期的管理费用

B. 从B段资金运动（2）项可知，企业可能陆陆续续发生了60万元的研发费用、6万元的其他费用等，由于满足资本化的条件，在发生时先计入研发支出——资本化支出项目之中，最后这66万元全部转化为无形资产

C. 从C段资金运动来看，企业对无形资产进行了摊销，金额为0.55万元，并将摊销费用计入管理费用，这说明该无形资产在此期间是企业自己在使用

D. 从D1、D2段资金运动来看，企业在此期间将该无形资产对外出租，每期收取租金3万元，增值税销项税额0.18万元，同时每期对无形资产成本进行摊销，在其中的（4）项期间摊销了0.55万元，在其中的（6）项期间摊销了0.5万元。结合E段来看，在其中的（6）项期间摊销费用的减少应该是在此期间该无形资产发生过减值，从而导致账面价值减少，最终导致其后的摊销额也相应减少

E. 从F段资金运动可知，企业将该无形资产出售。出售时其账面价值为48万元，其售价为80万元。两者之差确认为资产转让收益，即资产处置损益32万元。同时企业还确认了4.8万元的增值税销项税额

7.【判断题】企业已计提减值准备的无形资产的价值如果又得以恢复，则应在已计提减值准备的范围内将计提的减值损失予以全部或部分转回。（　　）

8.【业务题】20×2年1月1日，甲企业外购A无形资产，实际支付的价款为200万元，增值税进项税额12万元。甲企业估计A无形资产尚可使用年限为5年，按年限平均法摊销。20×3年12月31日，由于与A无形资产相关的经济因素发生不利变化，致使A无形资产发生减值。甲企业估计其可收回金额为36万元。20×5年1月1日，将该无形资产对外出售，取得价款50万元，增值税销项税额为3万元。款项已收存银行。

要求：编制从无形资产购入到无形资产出售相关业务的会计分录。

无形资产减值8

9.【业务题】胜利股份有限公司（以下简称“胜利公司”）有关新产品开发资料如下：

（1）20×1年年初，胜利公司董事会决定加大新产品的开发力度，投入3 000万元研究开发生产甲产品的新技术。1月份课题小组成立，在研究阶段，课题组对该新产品中涉及的材料、设备、生产工艺以及相关问题进行了深入研究，取得了许多创新性成果，为此发生了2 000万元相关研究费用，包括人员工资和相关福利费300万元，设备折旧费200万元，材料试剂费600万元；支付外部协作费800万元，支付零星杂费100万元。研究阶段结束后于6月末转入开发阶段。

（2）20×1年7月，课题小组转入开发阶段，发生研发人员人工费用230万元、材料费70万元、相关设备折旧费500万元，支付外部协作费200万元。

（3）20×2年1月，经专家鉴定，新产品开发成功，达到预想效果，经申请取得专利权。

（4）该专利权专门用于生产甲产品，该专利有效年限为15年，预计能带来5年的经济利益，预计残值为0。胜利公司无法可靠确定与该专利技术有关的经济利益的预期实现方式，因此采用直线法摊销。

（5）20×4年年末，由于其他新技术的运用，该专利出现减值的迹象，后2年使用该专利预计未来现金流量分别为190万元和180万元；无法预计出售净额。综合考虑各种因素，将折现率选定为8%。

要求：

（1）对胜利公司20×1年研制新产品的研究阶段进行账务处理。

（2）对胜利公司20×1年研制新产品的开发阶段进行账务处理。

无形资产减值9

（3）对胜利公司将开发成本转为无形资产进行账务处理。

（4）对胜利公司20×2年、20×3年、20×4年摊销无形资产进行处理。

（5）计算该无形资产20×4年12月31日应计提的减值准备，并进行账务处理。

（6）计算20×5年、20×6年摊销额，并进行账务处理。

第七章　供应环节资金运动分析与会计处理

一、知识点：供应环节资金运动综合分析+原材料等的确认与计量

原材料确认与计量

1.【单项选择题】甲企业为增值税小规模纳税人，本期购买材料一批，购买价格为50 000元，增值税为6 500元。入库前发生的挑选整理费用为500元，该批原材料入账价值为（　　）元。

A.50 000　　B.56 500　　C.50 500　　D.57 000

2.【单项选择题】甲企业为增值税小规模纳税人，本期购买材料一批，购买价格为50 000元，增值税为6 500元。入库前发生的挑选整理费用为500元，验收入库时发现材料短缺20千克。该短缺经查属于合理损耗。该批材料的入账价值为（　　）元。

A.50 000　　B.56 500　　C.50 500　　D.57 000

3.【单项选择题】下列与原材料相关的损失项目中，应计入营业外支出的是（　　）。

A.计量差错引起的原材料盘亏　　B.人为因素造成的原材料损失

C.自然灾害造成的原材料损失　　D.原材料运输途中发生的合理损耗

4.【单项选择题】甲企业为增值税一般纳税人，购入原材料15 000千克，收到的增值税专用发票注明价款900万元，增值税税额117万元。另外发生运输费用，运费增值税专用发票注明运费2万元，增值税税额为0.18万元。发生途中装卸费等3万元，途中保险费用2.7万元。原材料运抵企业后，验收入库原材料为14 990千克，运输途中发生合理损耗10千克。该原材料入账价值为（　　）万元。

A.904.70　　B.907.70　　C.906.35　　D.907.07

5.【判断题】采购费用，凡是能直接分清的，可以直接计入各种物资的采购成本。凡是不能分清的，可直接计入当期的管理费用。　　（　　）

二、知识点：货币资金的管理与控制

货币资金的管理与控制

1.【多项选择题】货币资金按存放的地方与用途不同，可以分为（　　）。

A.库存现金　　B.其他货币资金　　C.外埠存款　　D.银行存款

2.【多项选择题】下列各项中，可以采用现金结算的是（　　）。

A.支付职工工资2 800元　　B.向个人收购农副产品1 200元

C.向一般纳税人企业购入材料50 800元　　D.采购员随身携带差旅费3 200元

3.【多项选择题】“银行存款”账户核算的内容包括（　　）。

A.外埠存款　　B.外币存款　　C.银行本票存款　　D.人民币存款

4.【多项选择题】下列有关货币资金表述正确的有（　　）。

A.库存现金是指存放在企业的库存人民币和外币现款

B.银行存款是指开户在公司本地的、活期的、用于往来结算的、不受限制的、存在银行或金融机构的货币资金

C.企业的库存现金一般按单位3~5天日常零星开支所需要为限，超过的要送存银行

D.企业不得坐支现金，即不能用收到的现金直接支付所需要的支出，即强调收支两条线

其他货币资金业务1-5

三、知识点：其他货币资金核算的会计处理

1.【单项选择题】不通过其他货币资金核算的是（　　）。

A.商业汇票　　B.银行本票存款　　C.银行汇票存款　　D.信用卡存款

2.【单项选择题】企业将准备用于证券投资的资金转入证券公司指定的账户，应借记的科目是（　　）。

A.银行存款　　B.交易性金融资产　　C.其他应收款　　D.其他货币资金

3.【单项选择题】20×8年10月19日，甲公司向银行申请并获得银行汇票，金额为200 000元。10月24日，公司用银行汇票支付采购材料价款，购入材料20吨，价款总计170 000元，增值税进项税额22 100元，材料尚未验收入库。10月25日，公司以转账支票支付材料的运输费5 000元（不含增值税，增值税税率9%）。10月26日，公司收到开户银行转来银行汇票多余款7 900元的收账通知。10月26日，该材料在验收入库的过程中，发现材料损耗50千克，经查，属于运输途中的合理损耗。该批原材料入账价值为（　　）元。

A.170 000　　B.197 200　　C.175 500　　D.175 000

4.【多项选择题】需要在“其他货币资金”账户核算的包括（　　）。

A.银行汇票　　B.银行本票　　C.商业承兑汇票　　D.银行承兑汇票

5.【多项选择题】以下各项属于其他货币资金的有（　　）。

A.信用证存款　　B.外埠存款　　C.存出投资款　　D.信用卡存款

6.【多项选择题】结合下图，下列有关其他货币资金业务表述正确的有（　　）。

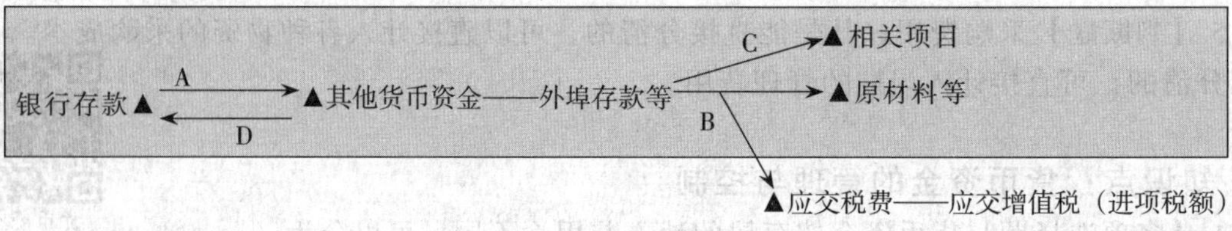

A.A段资金运动反映取得其他货币资金。一般情况下，企业取得其他货币资金的途径主要是通过银行存款转入，即企业在取得其他货币资金的同时，原有的银行存款被冻结或被转走

B.B段资金运动反映企业使用其他货币资金的具体情况。可能是买了原材料，也可能是买入了有价证券资产等

C.D段资金运动反映未使用的其他货币资金解冻，重新转换为银行存款

D.对于银行汇票存款、银行本票存款、信用证存款的使用，只需要对其他

其他货币资金业务6-7

货币资金的明细科目——“外埠存款”进行替换即可

7.【多项选择题】这是一笔购买材料业务（含运输费支付）。结合下图，下列有关该资金运动所反映的业务表述正确的有（　　）。

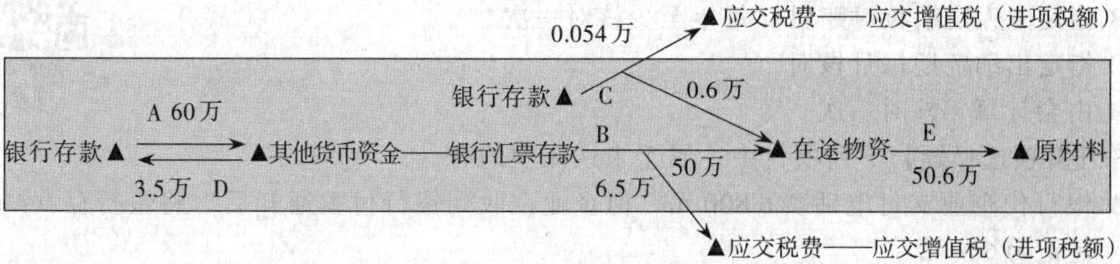

A.A段资金运动反映企业取得60万元的银行汇票。与此同时，企业的银行存款有60万元被冻结，该被冻结的资金被称为“其他货币资金——银行汇票存款”

B.B段资金运动反映企业使用银行汇票购买材料，买价50万元，增值税进项税额6.5万元。材料尚未验收入库

C.C段资金运动可能反映企业为购买该材料，以银行存款支付了0.654万元的运输费（含增值税进项税额0.054万元）

D.D段资金运动反映企业将银行汇票中剩余的3.5万元重新转回银行存款。E段资金运动反映所购材料验收入库，其成本为50.6万元

8.【业务题】某企业的原材料按实际成本核算，在某期发生下列业务：

（1）3月4日，企业向银行申请并取得银行汇票存款175 000元。

（2）3月8日，企业用银行汇票支付采购材料价款，购入甲材料20吨，价款90 000元，乙材料10吨，价款60 000元，增值税进项税额为19 500元。同时以银行存款支付两种材料的运输费，运输费增值税专用发票注明运输费3 000元，增值税270元。原材料尚未验收入库。

其他货币资金业务8-9

（3）3月12日，企业收到开户银行转来银行汇票多余款收账通知，通知上填写的多余款为5 500元。

（4）在验收入库该批材料的过程中，发现甲材料损耗50千克，经查属于运输中的合理损耗，结转其实际成本。

要求：编制该企业相关会计分录。

9.【业务题】甲公司采购材料，发生下列业务：

（1）甲公司于20×8年3月20日拟购进原材料一批，向银行申请开立信用证，并存入保证金300 000元。

（2）20×8年4月5日购买材料，其采购价款为500 000元（不含税价），增值税进项税额为65 000元，该材料尚未到达公司。公司向开证行补足有关款项。

要求：进行相应的会计处理。

四、知识点：货币资金的盘盈、盘亏+银行存款余额调节表

1.【单项选择题】企业发现现金短款属于无法查明的其他原因，按照管理权限经批准应由出纳个人赔偿时，在“（　　）”科目核算。

A.其他应收款　　　　B.其他应付款　　　　C.管理费用　　　　D.财务费用

2.【单项选择题】企业在编制银行存款余额调节表时应（　　）。

A.指定专人定期核对账目，每月至少核对一次

B.指定专人定期核对账目，每年至少核对一次

C.指定出纳定期每月核对

D.由会计每年核对一次

货币资金的清查1-4

3.【多项选择题】下列项目中，属于未达账项的有（　　）。

A.银行代企业支付电话费6 800元，但企业在收到银行付款通知后，将银行存款减少额登记为680元

B.企业将收取的转账支票送存银行，并登记银行存款增加，但银行尚未记账

C.企业开出转账支票，并登记银行存款减少，但收款单位尚未持票到银行办理转账，银行尚未记账

D.银行代企业支付水费，并登记企业银行存款减少，但企业尚未收到银行付款通知，尚未记账

4.【多项选择题】在下列各项中，使得企业银行存款日记账余额小于银行对账单余额的有（　　）。

A.银行误将其他公司的存款记入本企业银行存款账户

B.企业开出支票，对方未到银行兑现

C.银行代扣水电费，企业尚未接到通知

D.银行收到委托收款结算方式下的结算款项，但企业尚未收到通知

5.【多项选择题】结合下图，对相关经济业务描述正确的选项有（　　）。

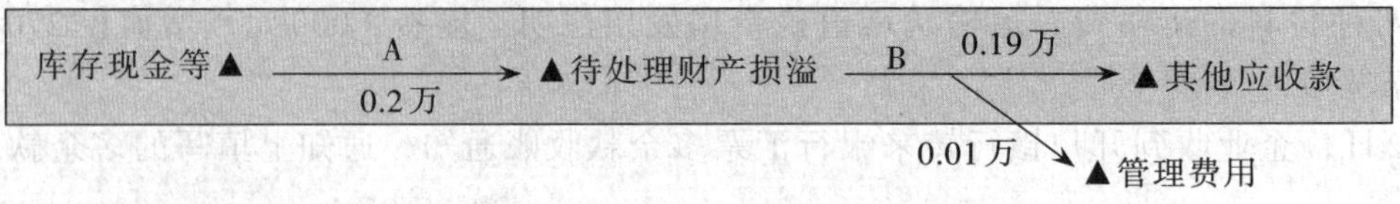

货币资金的清查5-8

A.这是一个库存现金盘亏0.2万元的业务处理流程

B.A段资金运动反映发现现金盘亏。通过A段运动的起点可看出，库存现金流出0.2万元，将库存现金调整为账实相符，其资金运动的终点反映盘亏的0.2万元尚未处理

C.B段资金运动反映对现金盘亏的处理。通过B段运动的终点，我们可以知道，这盘亏的0.2万元中，其中出纳个人应赔偿0.19万元，公司承担0.01万元

D.将A与B两段结合在一起就发现，“待处理财产损溢”只是一个过渡性项目。一旦处理结束，其项目的余额即为零

6.【多项选择题】结合下图，对相关经济业务描述正确的选项有（　　）。

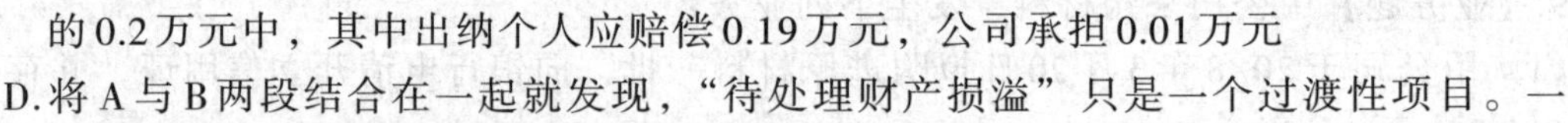

A.这是一个库存现金盘盈150元的业务处理流程

B.A段资金运动反映发现现金盘盈。通过A段资金运动，有150元的资金流动到终点的库存现金之上，从而导致账上库存现金增加，即将库存现金调整为账实相符；其资金

运动的起点反映盘盈的150元尚未处理

C.B段资金运动反映对现金盘盈的处理。通过B段资金运动的起点，我们可以知道，这盘盈的150元实在无法查明原因，作为公司的营业外收入处理

D.将A与B两段结合在一起就发现，“待处理财产损溢”只是一个过渡性项目。一旦处理结束，其项目的余额即为零

7.【判断题】对于因未达账项而使企业银行存款日记账余额和银行对账单余额出现的差异，无须做账面调整，待结算凭证到达后再进行账务处理，登记入账。（　　）

8.【判断题】企业与银行核对银行存款账目时，对已发现的未达账项，应当编制银行存款余额调节表进行调节，并以银行存款余额调节表作为原始凭证进行相应的账务处理。（　　）

9.【业务题】20×9年6月30日，甲公司银行存款日记账余额为88 650元，银行对账单余额为92 175元。经过逐笔核对，查明有以下未达账项：

（1）6月29日，银行受企业委托，代收款项1 875元，银行已收存银行并已记账，企业尚未收到银行的收款通知。

（2）6月29日，企业开出支票5 250元，持票人尚未到银行办理转账手续。

（3）6月30日，企业送存支票3 150元，银行尚未进行记账处理。

（4）6月30日，银行已代付款项450元，企业尚未收到银行的付款通知。

要求：编制银行存款余额调节表。

货币资金的清查9–11

10.【业务题】20×9年3月28日，甲公司在现金清查中发现现金短缺3 000元，原因待查。20×9年3月31日经查，上述现金短缺系出纳人员张明失职所造成，应向其索赔2 800元，余款200元由公司承担。

要求：对甲公司现金盘亏相关业务进行相应的会计处理。

11.【业务题】20×9年4月29日，乙公司在清查中发现现金溢余1 500元，无法查明原因。20×9年4月30日，经确认作为营业外收入处理。

要求：对乙公司现金盘盈相关业务进行相应的会计处理。

应付款项业务1–4

五、知识点：应付账款的会计处理+应付票据的会计处理

1.【单项选择题】甲企业为一般纳税人，从其他企业购入原材料一批，货款为200 000元，增值税为26 000元，对方代垫的运杂费为4 360元（含增值税，增值税税率为9%），该原材料已经验收入库。该购买业务所发生的应付账款入账价值为（　　）元。

A.226 000　　B.200 000　　C.230 360　　D.204 000

2.【单项选择题】企业如果发生无法支付的应付账款，应计入（　　）。

A.营业外收入　　B.管理费用　　C.营业外支出　　D.资本公积

3.【单项选择题】甲公司是增值税一般纳税人。20×8年3月10日购入A材料一批，取得的增值税专用发票上注明的材料价款为100万元，增值税为13万元，发票等结算凭证已到，货款尚未支付，公司开出一张金额为113万元的无息商业承兑汇票，该材料尚未验收入库。3月11日，公司取得运输费增值税专用发票，运费6 000元，增值税540元，以现金支票支付。3月12日，该批材料验收入库。该购买业务所发生的材料入账价值为（　　）元。

A.1 000 000　　B.1 160 000　　C.1 006 000　　D.1 166 600

4.【单项选择题】企业开出的银行承兑汇票如到期无法兑付，则应转入（　　）。

A.营业外收入　　B.管理费用　　C.应付账款　　D.短期借款

5.【单项选择题】企业开出的商业承兑汇票如到期无法兑付，则应转入（　　）。

A.营业外收入　　B.管理费用　　C.应付账款　　D.短期借款

6.【多项选择题】根据承兑人不同，商业汇票可以分为（　　）。

A.商业承兑汇票　　B.带息票据　　C.银行承兑汇票　　D.不带息票据

应付款项业务 5-9

7.【多项选择题】这是一笔购买材料业务（含运输费支付）。结合下图，下列有关该资金运动所反映的业务表述正确的有（　　）。

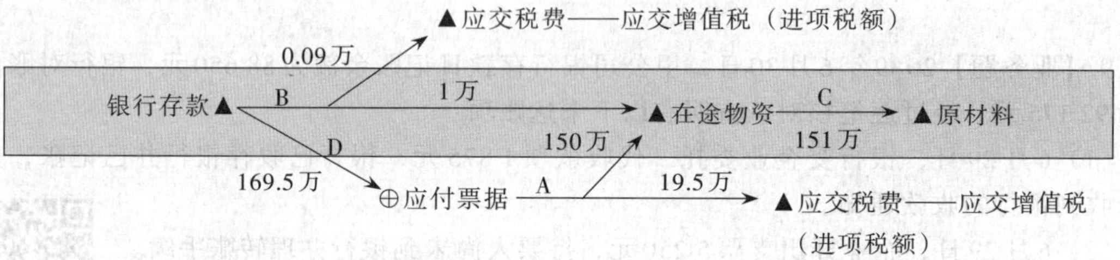

A.A段资金运动反映企业购买材料，买价150万元，增值税进项税额19.5万元。材料尚未验收入库，企业开出一张到期兑付的商业票据169.5万元

B.B段资金运动反映企业为购买该材料，以银行存款支付了1.09万元的运输费（含增值税进项税额0.09万元）

C.C段资金运动反映所购材料验收入库，其成本为151万元

D.D段资金运动反映应付票据到期，企业以银行存款169.5万元支付该应付款

8.【判断题】企业采购货物，在货物已到达但发票账单尚未收到的情况下，应在月份终了按暂估价值记入“应付账款”科目。（　　）

9.【判断题】实务中，企业外购电力、燃气等动力，一般通过“应付账款”科目进行核算。在每月付款时，先作为暂付款处理；月末再按照外购动力的用途在各使用部门之间进行分配。（　　）

10.【业务题】请对下列业务进行相应的会计处理：

（1）某企业是一般纳税人，向A公司购入甲材料一批，取得的增值税专用发票上注明的材料价款为20万元，增值税为2.6万元，发票等结算凭证已到，企业开出商业承兑汇票一张。材料已验收入库。

应付款项业务 10（1-2）

（2）某企业是一般纳税人，某日该企业购入甲材料一批，取得的增值税专用发票上注明的材料价款为10万元，增值税为1.3万元，发票等结算凭证已到，货款尚未支付。材料尚未验收入库。

取得运输费增值税专用发票一张，运费3 000元，增值税为270元，以现金支票支付；以现金支付其他挑选整理费2 000元。该材料已验收入库，结转其实际采购成本。企业以银行存款偿还货款及应付增值税11.3万元。

（3）某企业是一般纳税人，购入原材料一批，取得的普通销售发票上注明的金额为113 000元，发票等结算凭证已到，货款通过银行转账支付，材料已验收入库。

（4）某企业是小规模纳税人，购入原材料一批，取得的增值税专用发票上注明的材料价款为20万元，增值税为2.6万元，发票等结算凭证已到，货款通过银行转账支付，材料尚未收到。

（5）企业购进免税农副产品，金额为500 000元，该款项以现金支付，该企业的增值税扣除率为9%，农副产品已验收入库。

应付款项业务 10（3-6）

（6）20×9年9月25日，丙公司收到银行转来电力公司供电部门所开具的增值税专用发票，发票上注明的电费为50 000元，增值税税额为6 500元，丙公司以银行存款付讫。月末，该公司经计算确定，本月应付电费50 000元中生产车间应负担48 000元，企业管理部门应负担2 000元。

六、知识点：预付账款的会计处理+综合分析

预付账款业务 1-2

1.【多项选择题】结合下图，有关预付款业务描述正确的有（　　）。

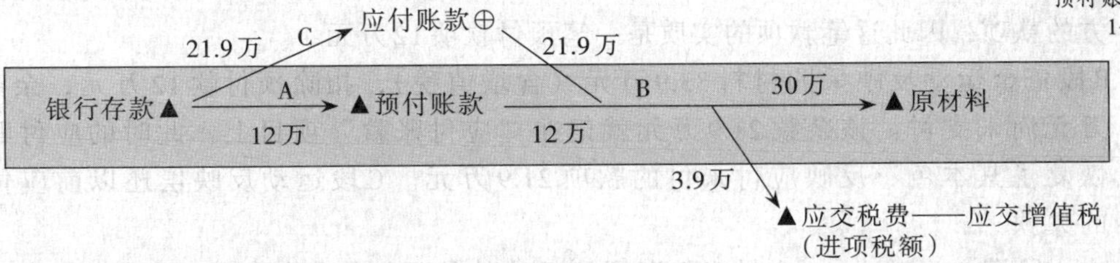

A.这是一个预付账款与应付账款两个项目同时使用的预付款购买商业模式

B.A段资金运动反映以银行存款支付预付款12万元；B段资金运动反映采购材料33.9万元（含增值税），扣除预付款12万元，余款21.9万元尚未支付；C段资金运动反映支付余款21.9万元

C.在预付款与应付款同时使用的情况下，应付款与预付款分得清清楚楚，整个流程图的逻辑关系非常清晰

D.这种预付款与应付款同时使用的情况在企业很少出现。因为如要同时使用，就意味着企业需要为同一个客户分别设置两个不同的账户，这不利于会计的集中核算与集中管控

2.【多项选择题】结合下图，有关预付款业务描述正确的有（　　）。

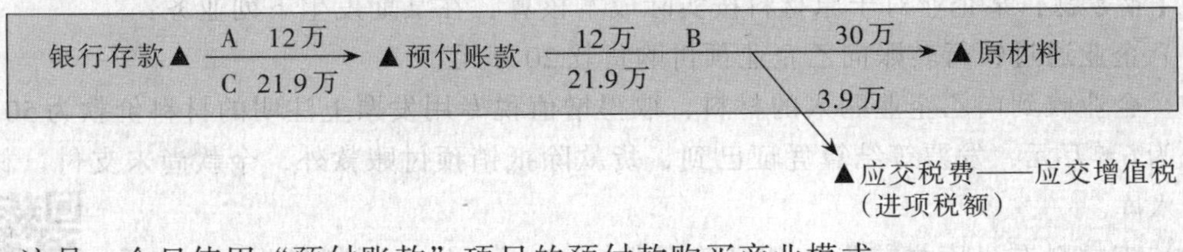

A.这是一个只使用“预付账款”项目的预付款购买商业模式

B.A段资金运动反映以银行存款支付预付款12万元；B段资金运动反映采购材料33.9万元（含增值税），扣除预付款12万元，余款21.9万元尚未支付。该余款21.9万元依然记在“预付账款”项目上，从而导致其在模型上转化为一个沙坑，此时预付账款已转为应付账款

C.如只看C段资金运动，则该段运动反映企业支付了一笔21.9万元的预付款。但结合B段资金运动来看，C段运动的真实含义是偿还以前应付未付的购货款21.9万元

D.在A段资金运动中，“预付账款”项目反映预付款；在B段和C段资金运动中，“预付账款”项目反映的都是应付账款业务。由此可见，“预付账款”项目是可以代替“应付账款”项目的

3.【多项选择题】结合下图，有关预付款业务描述正确的有（　　）。

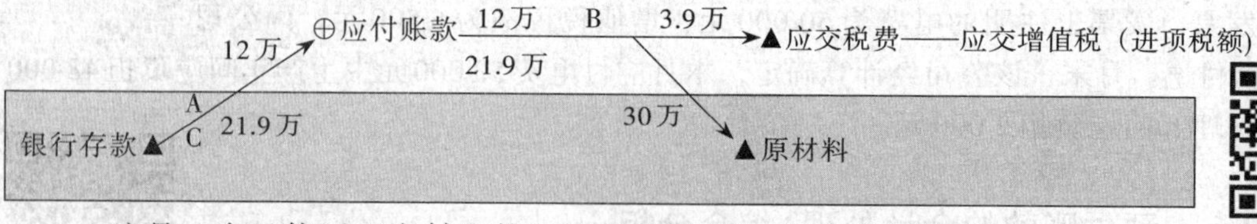

预付账款业务
3-5

A.这是一个只使用“应付账款”项目的预付款购买商业模式

B.只从A段资金运动来看，反映的是以银行存款偿还以前的欠款。但由于此前并未欠对方的款项，因此这笔款项的实质是一笔预付款项12万元

C.B段资金运动反映采购材料33.9万元（含增值税），扣除预付款12万元，余款21.9万元尚未支付。该余款21.9万元就记在“应付账款”项目上。此时的应付账款又恢复了其本色，反映应付未付的款项21.9万元。C段运动反映偿还以前应付未付的欠款

D.在A段资金运动中，“应付账款”项目反映的是预付款业务；在B段和C段资金运动中，“应付账款”项目又恢复了其本色，反映应付未付的款项。由此可见，“应付账款”项目是可以代替“预付账款”项目的

4.【判断题】企业预付账款不多的，可以不设置“预付账款”科目。企业预付货款时，直接将其记入“应付账款”科目的贷方。（　　）

5.【判断题】从本质上讲，“预付账款”项目与“应付账款”项目是没有差别的。如余额在借方（在模型上是一个沙堆），无论是记在“预付账款”还是“应付账款”中，其反映的都是预付款业务，反映的都是资产；同样，如余额在贷方（在模型上是一个沙坑），无论是记在“预付账款”账上还是“应付账款”账上，它反映的都是应付款业务，反映的都是负债。（　　）

6.【业务题】某企业对于原材料按实际成本核算，在某期发生下列业务：

（1）企业通过银行转账向乙企业预付购货款20万元。

（2）企业收到向乙企业购入的材料，取得增值税专用发票上注明的材料价款为50万元，增值税为6.5万元，发票等结算凭证已到，货款除抵销预付账款外，余款尚未支付。材料尚未验收入库。

（3）该材料在入库之前发生挑选整理费1 400元，发生下脚料收入400元，以现金收支。

（4）该材料验收入库，结转其采购成本501 000元。

（5）企业以银行存款补付购货款365 000元。

预付账款业务
6（1）

要求：分别采用“预付账款与应付账款同时使用”“只使用预付账款”“只使用应付账款”进行相应的会计处理。

预付账款业务6（2）　　预付账款业务6（3）

七、知识点：委托加工物资业务分析+会计处理

1.【单项选择题】企业委托其他企业加工材料发生原材料费用50万元，加工费4万元（不含增值税，增值税税率13%），由加工方代收代缴消费税6万元，所有款项以银行存款支付。材料完工入库，准备继续用于加工应税消费品。该材料的入库成本应该为（　）万元。

A.60　　B.54　　C.57.5　　D.70.2

委托加工物资业务1-2

2.【单项选择题】企业委托其他企业加工材料（非金银首饰）发生原材料费用50万元，加工费4万元（不含增值税，增值税税率13%），由加工方代收代缴消费税6万元，所有款项以银行存款支付。材料完工入库，准备直接对外销售（不再涉及消费税）。该材料的入库成本应该为（　）万元。

A.60　　B.54　　C.57.5　　D.70.2

3.【单项选择题】甲公司委托乙公司加工材料一批（属于应税消费品），该材料实际成本为50万元，支付的加工费为10万元（不含增值税），该增值税进项税额可以抵扣，该加工物资的消费税税率为20%，材料加工完成验收入库。双方适用的增值税税率为13%。该委托加工物资计算消费税的计税价格为（　）万元。

A.50　　B.60　　C.10　　D.75

4.【多项选择题】一般纳税企业委托其他单位加工材料收回后用于直接对外出售的（即不再涉及消费税），其发生的下列支出中，应计入委托加工物资成本的有（　）。

A.加工费　　B.增值税

C.发出材料的实际成本　　D.加工方代收代缴的消费税

委托加工物资业务3-4

5.【多项选择题】下列各项中，增值税一般纳税企业要计入收回委托加工物资成本的有（　）。

A.随同加工费缴纳的增值税

B.缴纳的收回后用于在建工程的委托加工物资的消费税

C.缴纳的收回后继续加工的委托加工物资的消费税

D.缴纳的收回后直接销售的委托加工物资的消费税

委托加工物资业务5-7

6.【多项选择题】这是一笔与委托加工物资相关的业务。结合下图，下列有关该资金运动所反映的业务表述正确的有（　）。

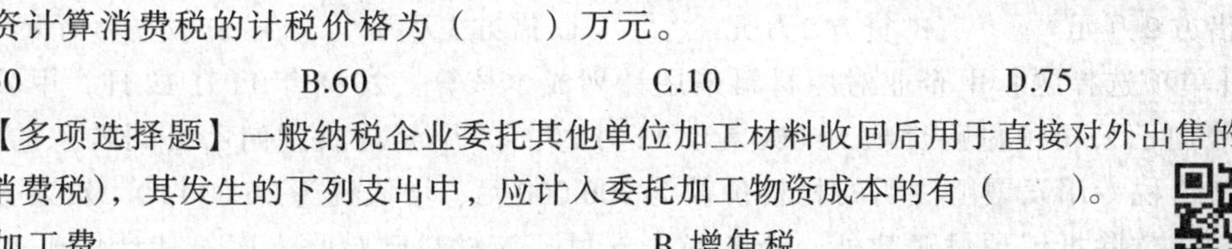

A.A段资金运动反映企业将成本100万元的原材料发出，委托外单位加工

B.B段资金运动反映企业以银行存款支付加工费8万元，缴纳增值税进项税额1.04万元

C.C段资金运动反映企业以银行存款支付加工物资所涉及的消费税6万元。该消费税支付后，企业将该材料进行后续加工、生产与销售，再也不会涉及消费税

D.D段资金运动反映企业将加工完的材料收回，作为原材料处理，其成本为108万元

7.【判断题】委托加工物资收回后，直接用于对外销售的，委托方应将缴纳的消费税计入委托加工物资的成本。（　）

8.【业务题】甲公司委托晓泽公司加工材料一批（属于应税消费品），原材料实际成本为400 000元，支付的加工费为100 000元（不含增值税），消费税税率为20%，材料加工完成验收入库，按其实际成本结转。所有费用以银行存款支付。双方适用的增值税税率为13%。

委托加工物资业务8

要求：针对消费税的两种不同的处理方式，进行相应的会计处理。

八、知识点：原材料按计划成本核算分析+举例

1.【单项选择题】20×8年10月8日，甲公司委托当地开户银行汇款1 200 000元给采购地银行开立专户，款已汇出。10月18日，采购员交来货物发票：增值税专用发票上注明购入A材料20吨，总价款1 000 000元，增值税进项税额为130 000元。同时以银行存款支付运输费10 000元，增值税900元。10月19日原材料已验收入库，其计划成本为49 000元/吨。该批材料成本结转时的材料成本差异为（　）。

原材料按计划成本核算1-2

A.借方2万元　　B.贷方2万元　　C.借方3万元　　D.贷方3万元

2.【单项选择题】甲企业对原材料采用计划成本核算。20×8年11月12日，甲公司通过银行转账向乙公司预付购货款50 000元。11月25日，甲公司收到向乙公司购入的A材料，取得的增值税专用发票上注明的材料价款为200 000元，增值税为26 000元，发票等结算凭证已到，货款除抵销预付账款外，余款尚未支付。该材料已验收入库，其计划成本为21万元。11月28日，甲公司以银行存款向乙公司补付购货款。该批材料成本结转时的材料成本差异为（　）。

A.借方1万元　　B.贷方1万元　　C.借方0万元　　D.贷方0万元

3.【多项选择题】结合下图，下列有关实际成本核算的表述正确的有（　）。

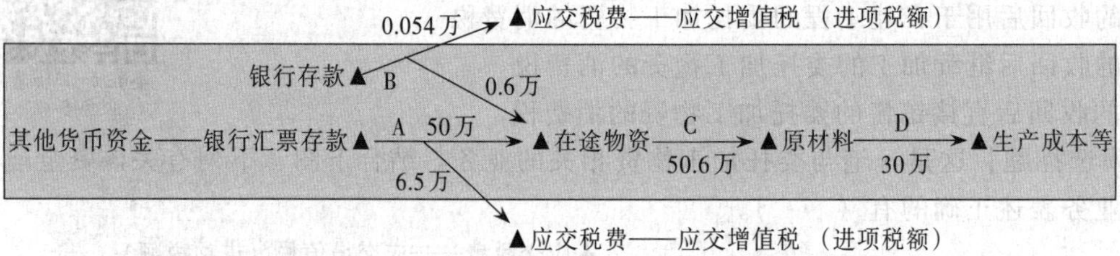

原材料按计划成本核算3-4

A.实际成本法是指企业的原材料按实际成本进行核算

B.所谓实际成本核算，从原材料入库的角度来看，入库材料的成本就是以其实际的购买成本入账的；也就是说，花多少钱买的，就按多少钱入账。从原材料领用的角度来看，领用材料的成本就以仓库中原材料的实际成本记账，即仓库的材料成本是多少，

就按多少记账，即C段流量50.6万元金额的确定

C.在实际成本法下，仓库中原材料可能存在几个不同的价格。因为在领用材料时，需要采用先进先出法、加权平均法等方法对其进行计量，即对D段流量30万元进行确认

D.在实际成本法下，企业对于已购买但尚未确认为原材料的材料，通过“在途物资”科目进行核算

4.【多项选择题】结合下图，下列有关计划成本核算的表述正确的有（　　）。

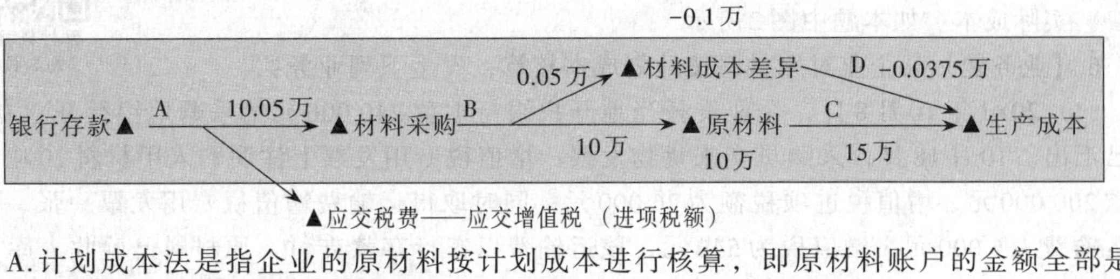

A.计划成本法是指企业的原材料按计划成本进行核算，即原材料账户的金额全部是计划成本，并不反映实际成本

B.所谓计划成本核算，从原材料入库的角度来看，无论入库材料的实际购买成本是多少，入库的原材料一律按计划成本核算；也就是说，仓库的原材料一律按计划成本核算，见B段资金运动。从原材料领用的角度来看，领用材料的成本就以仓库中原材料的计划成本记账；企业还需要将这个计划成本进行调整，以还原其实际成本，见C段、D段资金运动

C.在计划成本法下，仓库中同样的原材料只有一个价格，即计划价格。因此不存在几个不同的价格；在领用材料时，也不需要采用先进先出法、加权平均法等方法对其进行计量。即对C段的15万元进行确认

D.在计划成本法下，企业对于已购买但尚未确认为原材料的材料，通过“材料采购”科目进行核算

5.【多项选择题】结合下面的图1、图2，下列有关计划成本核算的表述正确的有（　　）。

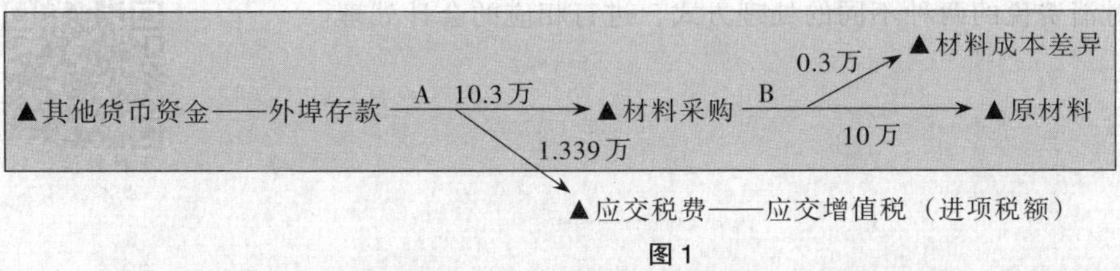

图1

原材料按计划成本核算5

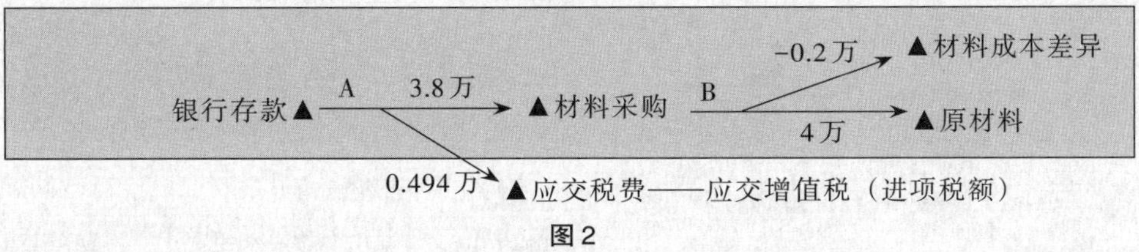

图2

A.在计划成本法下，无论材料是否验收入库，企业都需要通过“材料采购”科目来汇集采购材料的各种实际支出

B.在结转原材料成本时，“原材料”一律按计划成本入账，而实际成本“材料采购”与

“原材料”的差额，要设置“材料成本差异”来进行核算，即图中B段资金运动

C. 在实际成本大于计划成本的情况下，材料成本差异属于超支差异，该账户是一个附加账户，即材料成本差异附加原材料，就可以得出原材料的实际成本。如本题中图1所示

D. 在实际成本小于计划成本的情况下，材料成本差异属于节约差异，该账户是一个抵减账户，即材料成本差异抵减原材料，就可以得出原材料的实际成本。如本题中图2所示

原材料按计划成本核算6

6.【业务题】某企业对原材料按计划成本核算，发生下列业务：

（1）20×1年10月8日，企业委托当地开户银行汇款240 000元给采购地银行开立专户，款已汇出。10月18日，采购员交来货物发票：增值税专用发票上注明购入甲材料20吨，总价款200 000元，增值税进项税额为26 000元；同时取得运输费增值税专用发票一张，其注明运输费为6 000元，增值税为540元，该运输费以银行存款支付。原材料已验收入库，其计划成本为10 000元/吨，计算并结转其实际采购成本。10月20日，企业收到开户银行转来多余的外埠存款转回收账通知，通知上填写的多余款为14 000元。

（2）企业20×1年12月28日购入材料10吨，材料已经运到并验收入库，但发票等结算凭证尚未收到，货款尚未支付。该材料的估计价格为100 000元。

20×2年1月6日，企业收到结算凭证并付款。其实际支付的材料价款为110 000元（不含增值税），增值税税率为13%。计算并结转其实际采购成本。其材料的计划成本为120 000元。

要求：请进行相应的会计处理。

7.【业务题】甲公司委托乙公司加工材料一批（属于应税消费品），原材料计划成本为500 000元，材料成本差异率为6%，支付的加工费为100 000元（不含增值税），消费税税率为10%，材料加工完成收回后验收入库，所有费用以银行存款支付。双方适用的增值税税率为13%。甲公司按计划成本对原材料进行日常核算，收回物资的计划成本为670 000元。

要求：针对消费税的两种不同的处理方式，进行相应的会计处理。

原材料按计划成本核算7

第八章　生产环节资金运动分析与会计处理

一、知识点：生产环节资金运动综合分析+存货的确认与取得计量

存货确认与计量

1.【多项选择题】下列项目属于存货的有（　　）。

A.在途物资　　B.生产成本　　C.制造费用　　D.委托加工物资

2.【多项选择题】下列项目不属于存货的有（　　）。

A.委托加工物资　　B.委托代销商品　　C.工程物资　　D.受托代销商品

3.【多项选择题】完工产品成本的构成项目主要有（　　）。

A.直接材料费　　B.长期待摊费用　　C.制造费用　　D.直接人工费

4.【多项选择题】下列有关存货成本的确定表述正确的有（　　）。

A.外购存货的成本主要由买价和采购费用构成

B.投资者投入的存货要按照投资各方确认的价值作为实际成本

C.盘盈的存货要按其重置成本作为实际成本

D.接受捐赠的存货，如对方提供了发票的，应按发票上的金额加上支付的相关税费作为实际成本；没有提供发票的，应参照同类或类似存货的市场价格加上应支付的相关税费作为实际成本

5.【多项选择题】下列项目属于企业存货范围的有（　　）。

A.已经购入但尚未运达本企业的货物

B.已售出但货物尚未运离本企业的存货

C.已经运离企业但尚未售出的存货

D.未购入但存放在企业的存货

6.【多项选择题】对商品流通企业的进货费用，可采用的处理方法有（　　）。

A.直接计入销售费用　　B.直接计入商品成本

C.直接计入管理费用　　D.先进行归集，然后分配计入存货成本

7.【判断题】生产车间发生的非正常消耗的直接材料费、直接人工费及制造费用，应当计入存货成本。（　　）

二、知识点：存货——计划成本核算分析+计划成本核算举例

存货按计划成本核算1-2

1.【单项选择题】某企业为增值税一般纳税人，原材料按计划成本核算，20×1年6月1日“原材料”科目余额为100 000元，“材料成本差异”科目贷方余额为2 000元，当月10日购入材料一批，增值税发票上注明的价款为200 000元，增值税

税额为26 000元，材料计划成本为192 000元，材料已入库，款项已支付。若本月只购买了这一批材料，则当月材料成本差异率为（　　）。

A.3.33 %　　B.4%　　C.2.67%　　D.2.05%

2.【单项选择题】某企业月初结存B材料的计划成本为100 000元，成本差异为节约1 000元；本月入库B材料的计划成本为100 000元，成本差异为超支500元。当月生产车间领用B材料的计划成本为150 000元。假定该企业按月末计算的材料成本差异率分配和结转材料成本差异，则当月生产车间领用B材料应负担的材料成本差异为（　　）元。

A.375　　B.-375　　C.1 125　　D.-1 125

3.【单项选择题】某制造业企业采用计划成本对原材料进行核算。本月月初结存原材料的计划成本为100 000元。本月购入原材料的计划成本为60 000元，发出材料的计划成本为150 000元；月初材料成本差异的借方余额为4 200元，本月购入材料成本差异为节约差异1 000元。本月结存材料的实际成本为（　　）元。

存货按计划成本核算3

A.10 325　　B.10 000　　C.10 200　　D.10 208

4.【多项选择题】甲企业原材料按计划成本核算，期初原材料有10万元，材料成本差异贷方余额1.1万元。结合下图，下列有关资金运动表述正确的有（　　）。

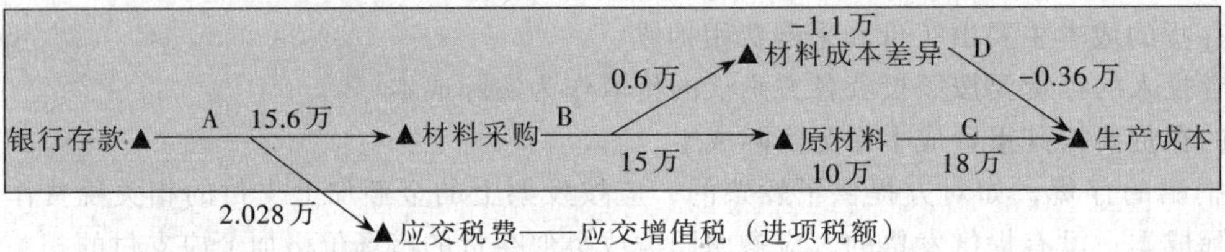

存货按计划成本核算4-5

A.A段资金运动反映企业购买材料，实际购买成本为15.6万元，增值税进项税额为2.028万元。所有款项全部以银行存款支付

B.B段资金运动反映企业所采购的材料验收入库，其计划成本为15万元，超支的0.6万元作为材料成本差异处理

C.C段资金运动反映企业领用材料投入产品生产，其材料的实际成本为18万元

D.反映D段资金运动企业分摊生产产品领用的材料所应承担的材料成本差异-0.36万元，从而抵减生产成本0.36万元。由此可以推断，其材料成本差异率为2%

5.【多项选择题】甲企业原材料按计划成本核算，期初原材料有10万元，材料成本差异借方余额1.1万元。结合下图，下列有关资金运动表述正确的有（　　）。

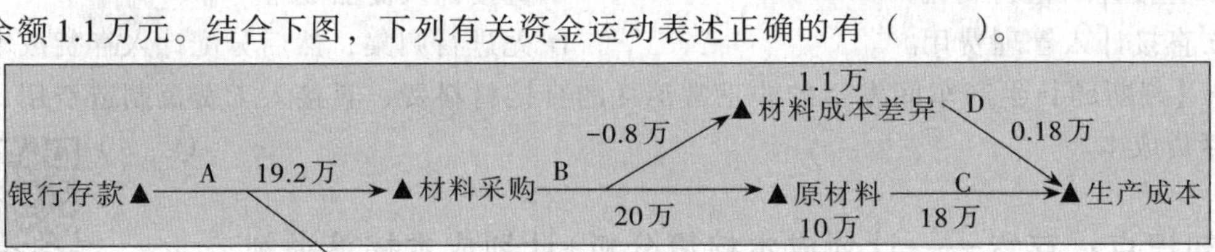

A.A段资金运动反映企业购买材料，实际购买成本为19.2万元，增值税进项税额为2.496万元。所有款项全部以银行存款支付

B.B段资金运动反映企业所采购的材料验收入库，其计划成本为20万元，节约的0.8万

元作为材料成本差异处理

C.C段资金运动反映企业领用材料投入产品生产，其材料的计划成本为18万元。D段资金运动反映企业分摊生产产品领用的材料所应承担的材料成本差异0.18万元，从而导致生产成本增加0.18万元。由此可以推断，其材料成本差异率为1%

D.整个资金运动结束后，原材料余额为12万元，反映其实际成本；材料成本差异余额为0.12万元，反映为节约差异

6.【多项选择题】结合下图来看，“材料成本差异”账户借方可以用来登记（　　）。

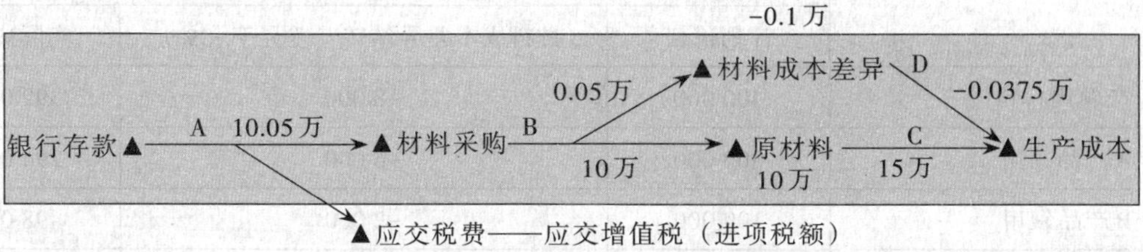

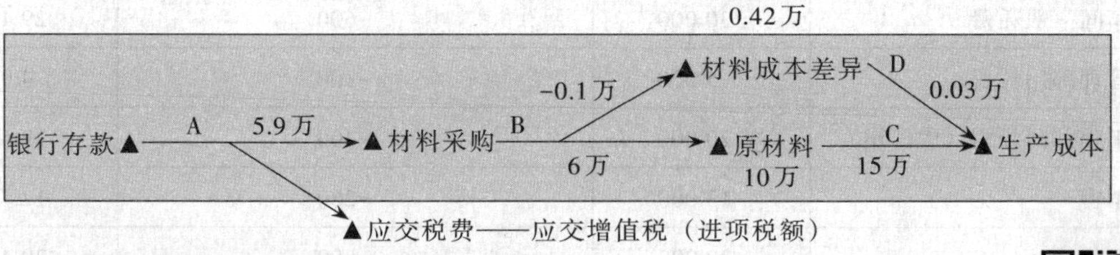

A.购进材料实际成本小于计划成本的差额

B.发出材料应负担的超支差异

C.发出材料应负担的节约差异

D.购进材料实际成本大于计划成本的差额

存货按计划成本核算6

7.【多项选择题】下列项目中，应通过“材料成本差异”账户贷方核算的有（　　）。

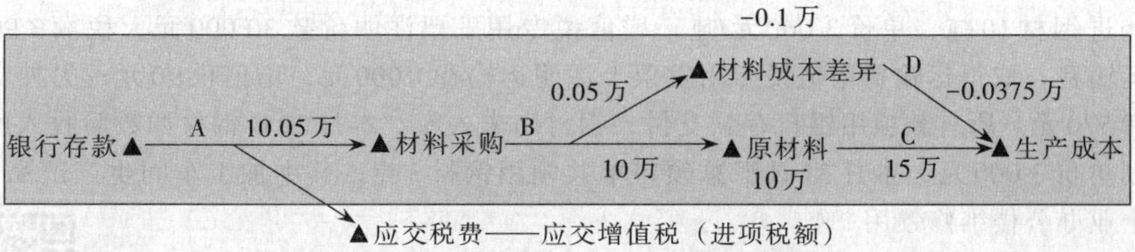

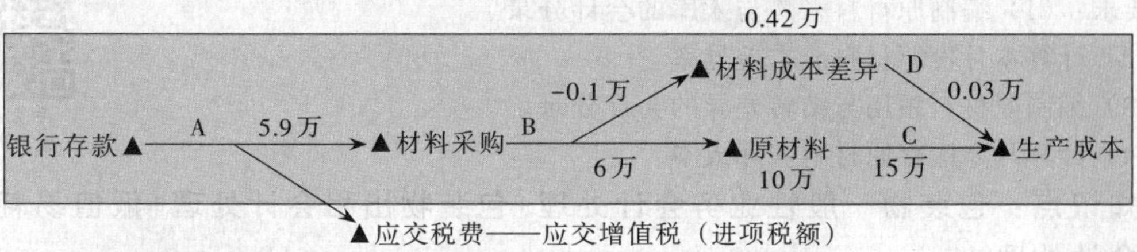

A.入库材料的成本超支额

B.入库材料的成本节约额

C.库存材料账面价值超过其可变现净值的差额

存货按计划成本核算7-8

D.发出材料应负担的超支差异

8.【判断题】发出存货应负担的成本差异，可以在季末或年末一次分摊。（　　）

9.【业务题】甲公司根据领料、退料凭证和有关资料编制如下的“材料发出汇总表”。甲公司生产A、B两种产品。

存货按计划成本核算9

甲公司材料发出汇总表

20×1年4月　　金额单位：元

	原材料		
	计划价格	材料成本差异结转（差异率-2%）	实际成本
基本生产领用材料	400 000	-8 000	392 000
其中：A产品领用	300 000	-6 000	294 000
B产品领用	100 000	-2 000	98 000
生产车间一般耗费	30 000	-600	29 400
企业管理部门耗费	5 000	-100	4 900
企业工程部门领用（生产用）	20 000	-400	19 600
对外销售	13 000	-260	12 740
研发部门	30 000	-600	29 400
合计	498 000	-9 960	488 040

要求：请对领用材料的业务进行核算。

10.【业务题】某企业经税务部门核定为增值税一般纳税人，原材料按计划成本核算。20×8年12月1日库存原材料计划成本6 000元，原材料成本差异超支1 100元。本月17日从上海购进钢材10吨，单价3 000元/吨，增值税专用发票注明价款30 000元，税额3 900元。支付运输费，取得运输费增值税专用发票上注明运输费1 000元，增值税90元；另外支付其他杂费570元。所有款项用银行存款支付，钢材尚未入库。本月22日钢材如数验收入库，每吨计划单价3 000元，本月31日汇总领料单共领用钢材3吨，其中加工车间生产产品领用2吨，企业办公楼维修领用1吨。

要求：（1）编制原材料采购与入库的会计分录。

（2）计算本月份原材料成本差异率。

（3）编制原材料领用与结转差异的会计分录。

（4）计算月末库存原材料实际成本。

存货按计划成本核算10

三、知识点：包装物一般性业务会计处理+包装物出租会计处理+低值易耗品的会计处理

1.【单项选择题】20×3年1月5日，甲公司出租新包装物，价值10 000元，收到租金6 000元（不含增值税，增值税税率13%），款已存入银行。该包装物价值摊销采用五五摊销法。其在领用时价值摊销的会计处理是（　　）。

A.借：管理费用　5 000
　贷：包装物　5 000
B.借：销售费用　5 000
　贷：包装物　5 000
C.借：其他业务成本　5 000
　贷：包装物　5 000
D.借：长期待摊费用　5 000
　贷：包装物　5 000

包装物与低值易耗品业务1-3

2.【多项选择题】下图是包装物业务资金运动图。有关下图表述正确的有（　）。

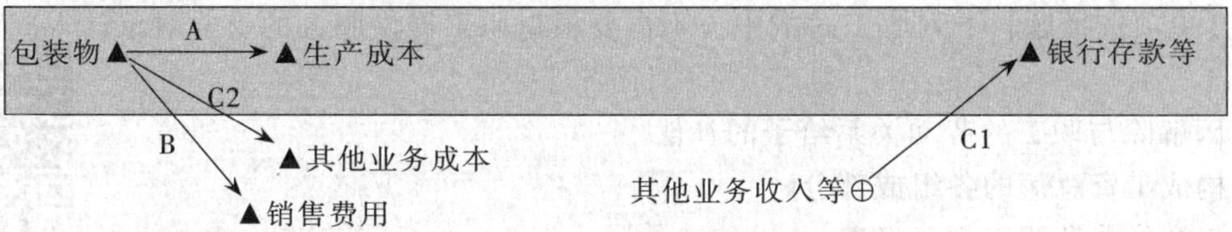

A.A段资金运动反映生产过程中使用的包装物，应计入产品成本
B.B段资金运动反映随同产品销售但不单独计价的包装物成本结转
C.B段资金运动也可能反映出借包装物成本的结转
D.C段资金运动反映包装物的出售，其中C1段反映收入的取得，C2段反映费用的发生

3.【多项选择题】下列有关低值易耗品特征的表述正确的有（　　）。
A.相对于固定资产而言，其价值较低
B.相对于固定资产而言，其使用期限较短
C.在使用的过程中，其实物形态一般会发生改变
D.在使用的过程中，其实物形态一般不会发生改变

4.【多项选择题】下列有关包装物或低值易耗品摊销的表述正确的有（　　）。
A.一次转销法是指在领用的时候就将其账面价值全部转入成本或费用之中
B.五五摊销法是指领用时摊销其账面价值的一半，报废时再摊销一半
C.分次摊销法是指将其账面价值分次计入相关的成本或费用之中
D.一次摊销法和五五摊销法其实就是分次摊销法的两种特殊情况

包装物与低值易耗品业务4-5

5.【多项选择题】下图是有关低值易耗品业务资金运动图。有关下图表述正确的有（　　）。

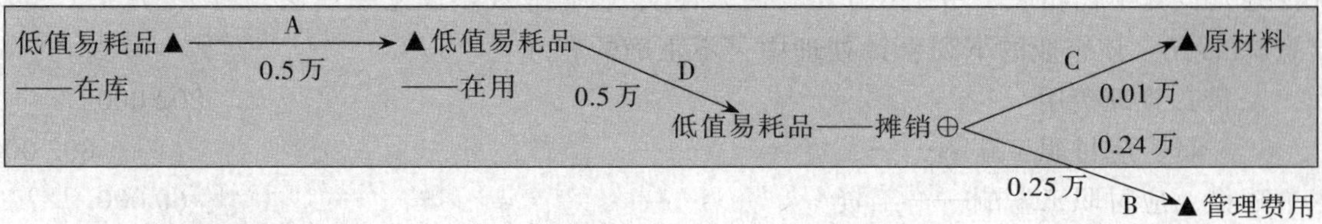

A.A段资金运动反映将价值5 000元的低值易耗品从仓库领出，投入使用，即由在库转为在用
B.B段资金运动反映低值易耗品的摊销。从其流量上看，应该是采用五五摊销法，即领用时摊销一半2 500元，报废时再摊销一半2 400元（扣除残值100元，见C段资金运动）

C.D段资金运动反映低值易耗品报废，将在用5 000元与摊销5 000元对冲，从而将该低值易耗品从账上彻底消除

D.“低值易耗品——在用”与“低值易耗品——摊销”的关系就如同固定资产与累计折旧的关系

四、知识点：职工薪酬一般性分析+职工薪酬确认与计量+职工薪酬资金运动综合分析

1.【单项选择题】企业按照规定计算并提取的住房公积金应该贷记的科目是（　　）。

A.其他应付款　B.管理费用　C.应付职工薪酬　D.应付账款

2.【单项选择题】下列职工薪酬中，不需要根据职工提供服务的受益对象计入成本费用的是（　　）。

职工薪酬一般性分析1-6

A.因解除与职工的劳动关系给予的补偿

B.构成工资总额的各组成部分

C.工会经费和职工教育经费

D.医疗保险费、养老保险费、失业保险费、工伤保险费和生育保险费等社会保险费

3.【单项选择题】下列各项目中，不属于企业职工薪酬准则中规定的职工范畴的是（　　）。

A.临时雇员　B.兼职会计

C.监事人员　D.为企业提供审计服务的注册会计师

4.【单项选择题】按企业会计准则规定，下列各项中不应通过“应付职工薪酬”账户核算的是（　　）。

A.住房公积金　B.非货币性福利

C.工会经费和职工教育经费　D.教育费附加

5.【单项选择题】下列各项中，不属于职工薪酬的是（　　）。

A.企业向职工提供的防暑降温费

B.离职后福利

C.职工出差报销的差旅费

D.企业提供给职工的以权益方式计算的认股权

6.【单项选择题】甲企业根据“工资结算汇总表”结算本月车间管理部门职工工资总额80.2万元，其中代扣职工房租6万元（尚未代交），企业代垫职工家属医药费2.2万元，实发工资72万元。该企业的下列会计处理中，不正确的有（　　）。

A.借：管理费用　802 000

　贷：应付职工薪酬——工资　802 000

B.借：应付职工薪酬——工资　60 000

　贷：其他应付款　60 000

C.借：应付职工薪酬——工资　22 000

　贷：其他应收款——代垫医药费　22 000

D.借：应付职工薪酬——工资　720 000

　贷：银行存款　720 000

7.【多项选择题】下列属于职工薪酬中所说的职工的是（　　）。

A.全职、兼职职工　　B.董事会成员

C.内部审计委员会成员　　D.劳务用工合同人员

职工薪酬一般性分析7-11

8.【多项选择题】下列各项支出，应在企业应付职工薪酬的福利费中列支的有（　　）。

A.职工因工负伤赴外地就医的路费　　B.困难职工的补助

C.职工医疗保险费　　D.因解除与职工的劳动关系给予职工的补偿

9.【多项选择题】下列各项中有关短期薪酬理解正确的有（　　）。

A.短期薪酬是指企业在职工提供相关服务的年度报告期间结束后十二个月内需要全部予以支付的职工薪酬

B.因解除与职工的劳动关系给予的补偿属于短期薪酬

C.短期薪酬包括：职工工资，职工福利费，医疗保险费、工伤保险费和生育保险费等社会保险费，住房公积金，工会经费和职工教育经费，短期带薪缺勤，短期利润分享计划，其他短期薪酬

D.非货币性福利属于短期薪酬

10.【多项选择题】下列项目属于企业职工薪酬的项目有（　　）。

A.短期薪酬　　B.离职后福利　　C.辞退福利　　D.其他长期薪酬

11.【多项选择题】下列关于职工薪酬的表述中正确的是（　　）。

A.我国企业职工的探亲假、病假期间等都属于累积带薪缺勤

B.养老保险、医疗保险、失业保险、工伤保险都属于短期薪酬

C.工会经费、职工教育经费属于短期薪酬

D.长期利润分享计划属于其他长期职工福利

职工薪酬一般性分析12-16

12.【判断题】企业管理人员外出从事公务活动所发生的差旅费用，不应计入应付职工薪酬。（　　）

13.【判断题】应由在建工程、无形资产负担的职工薪酬，计入建造固定资产或无形资产成本。（　　）

14.【判断题】非货币性福利不需要通过“应付职工薪酬”账户归集。（　　）

职工薪酬一般性分析17-21

15.【判断题】职工薪酬包括以商业保险形式提供的保险待遇。（　　）

16.【判断题】企业在资产负债表日，为换取职工在会计期间提供的服务而应向单独主体缴存的提存金，应确认为其他应付款。（　　）

17.【判断题】我国企业职工休婚假、产假、丧假、探亲假、病假期间的工资通常属于非累积带薪缺勤。（　　）

18.【判断题】企业提前解除劳动合同而给予职工解除劳动关系的补偿，应通过“应付职工薪酬——辞退福利”科目进行核算。（　　）

19.【判断题】企业为职工缴纳的基本养老保险、补充养老保险，以及为职工购买的商业养老保险，均属于为企业提供的职工薪酬。（　　）

20.【判断题】企业为获得职工提供的服务而在职工退休或与企业解除劳动关系后，提

供的各种形式的报酬和福利作为辞退福利。（　　）

21.【判断题】企业提供给职工配偶、子女、受赡养人、已故职工遗属及其他受益人等的福利不属于职工薪酬。（　　）

五、知识点：职工薪酬一般性处理举例+非货币性职工薪酬举例1+举例2

1.【单项选择题】甲公司为增值税一般纳税人，适用的增值税税率为13%。20×3年1月甲公司董事会决定将本公司生产的500件产品作为福利发放给公司员工，其中服务于生产的员工为400人，企业管理部门员工为100人。该批产品的单件成本为1.2万元，市场销售价格为每件2万元（不含增值税）。不考虑其他相关税费，甲公司在20×3年因该项业务应计入管理费用的金额为（　　）万元。

A.120　　B.904　　C.200　　D.226

2.【单项选择题】甲公司为总部各部门经理级别以上职工提供汽车免费使用，同时为副总裁以上高级管理人员每人租赁一套住房。总部共有部门经理以上职工20人，其中副总裁以上的5人（均计入管理费用）。每辆汽车每月折旧为3 000元，每辆汽车每月出租市场价为4 000元（不含13%的增值税）。副总裁以上员工每人租赁一套月租金为5 000元的公寓（不含增值税，增值税税率为9%），本月的租金已付，并取得增值税专用发票，其金额为25 000元，增值税2 250元。本月因本笔业务导致管理费用增加（　　）万元。

A.9.04　　B.9.54　　C.11.54　　D11.765

3.【单项选择题】20×8年12月25日，甲公司（增值税一般纳税人）向职工发放一批自产的空气净化器作为福利，该批产品不含税售价为10万元，成本为7.5万元，按计税价格计算的增值税销项税额为1.3万元。不考虑其他因素，该笔业务应确认的应付职工薪酬为（　　）万元。

A.7.5　　B.11.3　　C.10　　D.8.8

职工薪酬业务举例1-3

4.【多项选择题】下图是有关非货币性职工薪酬业务资金运动图。有关下图表述正确的有（　　）。

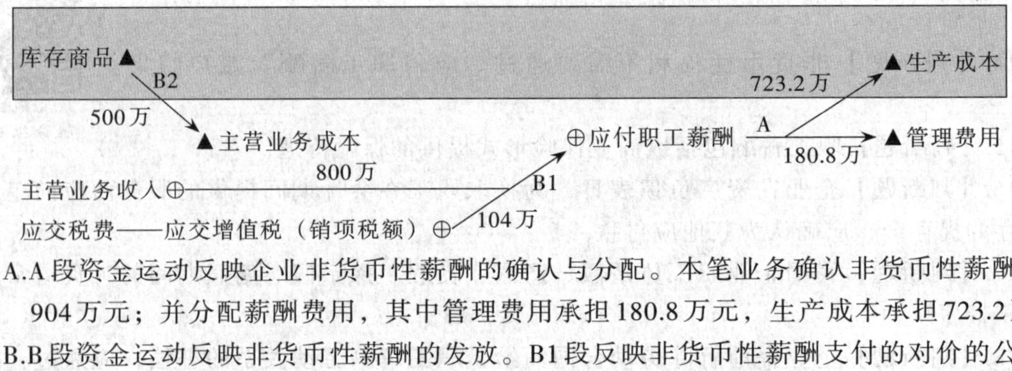

A.A段资金运动反映企业非货币性薪酬的确认与分配。本笔业务确认非货币性薪酬总额904万元；并分配薪酬费用，其中管理费用承担180.8万元，生产成本承担723.2万元

B.B段资金运动反映非货币性薪酬的发放。B1段反映非货币性薪酬支付的对价的公允价值及增值税确认，B2段反映非货币性薪酬支付对价的成本结转

C.从A段资金运动可知，生产车间人员数量和企业管理人员数量的比例是7∶3

D.如将非货币性薪酬支付对价改为原材料，其所引起的资金运动与本图大致相同。只需将主营业务收入改为其他业务收入、主营业务成本改为其

职工薪酬业务举例4-5

他业务成本、库存商品改为原材料即可

5.【多项选择题】下图是有关非货币性职工薪酬所引起的资金运动。有关下图表述正确的有（　　）。

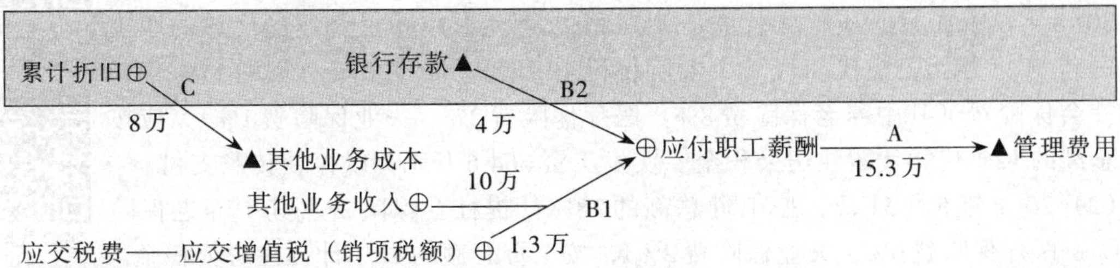

A.A段资金运动反映企业非货币性薪酬的确认与分配。本笔业务确认了非货币性薪酬总额15.3万元。这15.3万元的非货币性薪酬应该与公司的管理人员和生产人员相关

B.B段资金运动反映非货币性薪酬的发放。从B1、B2段资金运动来看，企业发放非货币性薪酬涉及两项不同的非货币性福利

C.B1段和C段资金运动结合起来看，企业应该是为职工提供了住房或者汽车等供职工免费使用，所以一方面按照租金的公允价值确认了10万元的其他业务收入和1.3万元的增值税销项税额，另一方面企业还为此提取了8万元的累计折旧，以反映这些资产因使用而磨损转移的价值

D.B2段资金运动反映企业为职工提供这笔非货币性福利而直接支付了4万元的银行存款。这4万元的支付既可能是外购某一非货币性资产，也可能是支付的房租费、支付的体检费、支付的某些商品的差价等

职工薪酬业务举例6-8

6.【多项选择题】下列项目中属于非货币性薪酬的有（　　）。

A.将自己生产的产品发放给职工　　B.将外购商品发放给职工

C.企业为职工免费体检　　D.提供住房免费给高级管理人员使用

7.【多项选择题】甲企业为增值税一般纳税人，20×9年12月将企业资产的500台自产加湿器作为福利发放给基本生产车间员工，每台的成本为100元，不含税售价为200元，销售产品适用的增值税税率为13%。不考虑其他因素，下列各项中，关于该项经济业务的相关会计处理正确的有（　　）。

A.借记“主营业务成本”5万元

B.贷记“应付职工薪酬”6.6万元

C.贷记“应交税费——应交增值税（销项税额）”1.3万元

D.借记“生产成本”11.3万元

8.【判断题】企业发生了两笔业务：（1）企业以货币资金10万元直接购买大米作为春节福利发放给职工（不含增值税，增值税税率为13%），企业取得了增值税专用发票；（2）企业将其准备用于生产产品的价值10万元的大米（其估计售价为11万元，增值税税率为13%）作为春节福利发放给职工。这两笔业务的会计处理是没有区别的。（　　）

9.【业务题】甲公司为空调生产企业，共有职工860人。其中生产工人700人，车间管理人员20人，行政管理人员40人，销售人员80人，在建工程人员20人。甲公司适用的增值税税率为13%。20×8年5月底、6月初发生如下与薪酬相关的经济业务：

（1）20×8年5月31日，本月应付职工工资总额980万元，“工资结算汇总表”结算本月应付产品生产工人工资650万元，车间管理人员工资30万元，行政管理人员工资120万元，销售人员工资125万元，在建工程人员工资55万元。

20×8年6月10日，应代扣代缴职工房租27万元，应扣抵企业已代垫的职工家属医药费23万元，应代扣代缴个人所得税40万元。应按工资总额的11%代扣代缴社会保险费（其中养老保险费8%、医疗保险费2%、失业保险费1%），应按工资总额的12%代扣代缴住房公积金。实发工资664.6万元，以存款转账支付。

职工薪酬业务举例9（1）

（2）20×8年5月31日，按工资总额的28%计提社会保险费（其中养老保险费20%、医疗保险费6%、失业保险费2%），按工资总额的12%计提住房公积金。

职工薪酬业务举例9（2）

20×8年6月10日，以银行存款缴纳基本养老保险费和住房公积金（含单位承担的和个人承担的）。

（3）20×8年5月20日，以自产空调作为福利发放给企业职工，同时根据税法的规定，视同销售计算增值税销项税额。每台空调的单位成本0.2万元，单位市场售价0.3万元。

职工薪酬业务举例9（3）

（4）20×8年5月，将本企业的10辆汽车免费提供给部门经理以上职工（10名）使用，其相关费用全部计入管理费用。每辆汽车每月计提折旧0.16万元，每辆汽车出租市场价为0.3万元，增值税税率为13%。

要求：针对上述与职工薪酬相关的经济业务，编制相应的会计分录。

职工薪酬业务举例9（4）

六、知识点：存货盘盈盘亏的会计处理

1.【单项选择题】企业发生的原材料盘亏或毁损损失中，不应作为管理费用列支的是（　　）。

A.自然灾害造成的毁损净损失　　B.保管中发生的定额内自然损耗

C.收发计量造成的盘亏损失　　D.管理不善造成的盘亏损失

存货盘盈盘亏1-4

2.【单项选择题】20×3年1月24日，丁公司因管理不善发生火灾，烧毁成本为10万元的库存商品，其料、工、费比例为5∶4∶1，增值税税率为13%，则“待处理财产损溢”项目的金额为（　　）万元。

A.10.8　　B.10.65　　C.5　　D.10

3.【多项选择题】下列有关存货盘盈盘亏业务表述正确的有（　　）。

A.按照惯例，存货盘盈一般都冲减企业的管理费用

B.自然损耗所产生的定额内损耗，一般作为企业的管理费用处理

C.属于计量收发错误和管理不善造成的，应扣除残值、可收回的保险赔偿和过失人的赔偿后，计入企业的管理费用

D.源于自然灾害或意外事故造成的，扣除残值和可收回的赔款后，作为营业外支出处理

4.【多项选择题】存货发生税法所认定的“非正常损失”时，其进项税额不得抵扣。税法所指的“非正常损失”主要是指（　　）。

A.因管理不善造成的存货被盗、丢失、霉烂变质

B.因自然灾害或意外事故造成存货毁损

C.因违反法律法规造成存货或者不动产被依法没收、销毁、拆除

D.因自然损耗造成定额内的存货损耗

5.【业务题】(1) 20×8年12月25日，甲公司在财产清查中盘盈原材料A500千克，市场价格为每千克60元。12月28日，经查属于材料收发计量方面的错误，冲减公司的管理费用。

(2) 20×8年2月25日，乙公司在财产清查中发现毁损A材料4 000元，该毁损不属于管理不善造成的。20×8年2月28日经研究决定，保管员李涛应赔偿600元，剩余的由公司承担。

存货盘盈盘亏5

(3) 20×8年2月25日，甲公司因管理不善造成原材料毁损3 000元。20×8年2月28日，该损失经批准转为营业外支出，增值税税率为13%。

(4) 20×8年1月24日，丁公司因管理不善发生火灾，烧毁成本为30万元的库存商品，其料、工、费比例为6∶3∶1，增值税税率为13%。20×8年1月31日，该损失经批准转为营业外支出。

要求：请对上述存货相关业务进行相应的会计处理。

存货减值1-2

七、知识点：存货可变现净值的确认与计量+存货减值分析+存货减值举例

1.【单项选择题】甲公司20×2年12月31日存货账面余额为1 000万元，预计可变现净值为930万元。20×3年12月31日，甲公司存货账面余额为1 000万元，预计可变现净值为1 050万元。假设存货减值准备不随同存货销售结转而是期末一次性调整，则20×3年年末甲公司应冲减的存货跌价准备金额为（　）万元。

A.30　　B.50　　C.70　　D.100

2.【单项选择题】乙公司某存货期初实际成本为150万元，期初“存货跌价准备”账户贷方余额为4万元。本期购入该产品实际成本55万元，领用100万元。期末，该产品可变现净值为95万元。本期应计提的存货跌价准备为（　）万元。

A.6　　B.9　　C.10　　D.15

3.【单项选择题】甲公司期末存货采用成本与可变现净值孰低法计价。20×1年9月26日甲公司与乙公司签订销售合同：由甲公司于20×2年3月6日向乙公司销售笔记本电脑10 000台，每台1.5万元。20×1年12月31日甲公司库存笔记本电脑13 000台，单位成本1.4万元，账面成本为18 200万元。20×1年12月31日市场销售价格为每台1.3万元，预计销售税费均为每台0.05万元。20×1年12月31日笔记本电脑的账面价值为（　）万元。

A.18 250　　B.18 700　　C.18 200　　D.17 750

存货减值3-4

4.【单项选择题】20×1年3月31日，某企业乙存货的实际成本为90万元，加工该存货至完工产成品估计还将发生成本40万元，估计销售费用和相关税费为8万元，估计用该存货生产的产成品售价130万元。假定乙存货月初“存货跌价准备”科目贷方余额为20万元，20×1年3月31日应计提的存货跌价准备为（　）万元。

A.-12　　B.0　　C.8　　D.12

5.【多项选择题】结合下图，下列有关“存货跌价准备”科目的设置表述正确的有（　）。

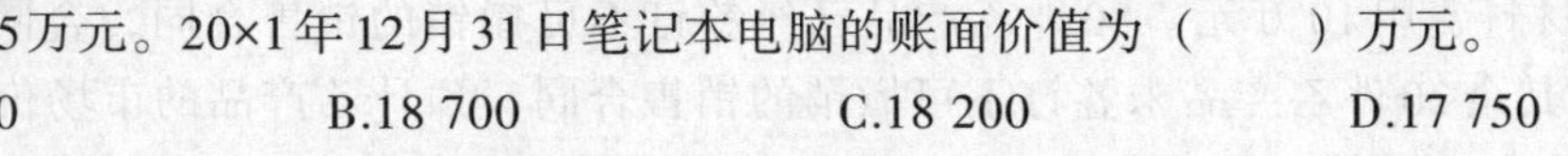

A.“存货跌价准备”科目产生的沙盘推演过程和固定资产减值准备的推演过程基本一致

B.之所以在存货跌价准备的推演过程中进行人为的技术处理，是为了解决既要遵守稳健性原则又要遵守历史成本原则的“两难”问题

C.通过A段资金运动，确保“存货跌价准备”科目的余额反映存货的减值情况。当需要补提减值准备时，其流量为正数；当存货跌价准备原金额大于需要保留的金额时，其流量为负数

D.通过将存货原值和存货跌价准备结合起来，就可以知道存货的账面价值

6.【多项选择题】结合下图，下列有关存货跌价准备发生额和余额表述正确的有（　　）。

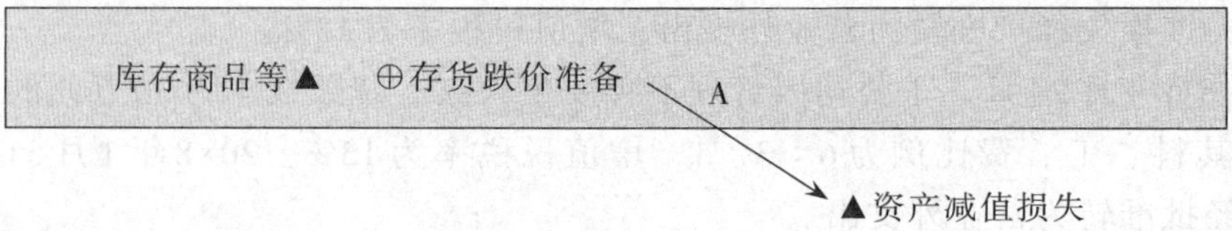

存货减值5-6

A.存货跌价准备的余额数，就是该项存货在这一时刻的减值数

B.存货跌价准备的余额数，抵减存货的账面余额，就可以得到存货的账面价值。该账面价值就是该资产列示在资产负债表中的金额

C.A段资金运动流量代表本期提取的减值准备数，该数额就是存货减值本期的发生额。该金额既可能是正数也可能是负数，这取决于存货跌价准备原有的余额与现在需要保留的余额谁大谁小

D.A段资金运动的目的，就是对存货跌价准备现有的余额进行调整，以确保调整之后的余额就是期末所需要的金额，即该资产在这一时刻的减值数

7.【判断题】如果以前减计存货价值的影响因素已经消失，则应在原已计提的存货跌价准备的金额内转回。（　　）

8.【判断题】所有存货的可变现净值都是该存货的估计售价减去其估计的相关销售税费之后的余额。（　　）

存货减值7-8

9.【业务题】某公司期末采用成本与可变现净值孰低法对存货计价。20×8年年初“存货跌价准备——甲产品”科目贷方余额100万元，库存“原材料——A原材料”未计提存货跌价准备。20×8年年末“原材料——A原材料”科目余额为1 000万元，“库存商品——甲产品”科目的账面余额为500万元。库存A原材料将全部用于生产乙产品共计100件，每件产品成本直接材料费用10万元。80件乙产品已经签订不可撤销的销售合同，合同价格为每件11.25万元，其余20件乙产品未签订不可撤销的销售合同，预计乙产品的市场价格为每件11万元；预计生产乙产品还需发生除A原材料以外的成本为每件3万元，预计为销售乙产品发生的相关税费为每件0.55万元。

甲产品按不可撤销合同进行销售，其合同销售金额为350万元，预计销售甲产品发生的相关税费总额为18万元。假定不考虑其他因素。

要求：（1）计算20×8年12月31日库存原材料A原材料应计提的存货跌价准备。

（2）计算20×8年12月31日甲产品应计提的存货跌价准备。

（3）计算20×8年12月31日应计提的存货跌价准备合计金额。

（4）编制相关会计分录。

存货减值9

第九章　销售环节资金运动分析与会计处理（上）——基本业务

一、知识点：销售环节资金运动综合分析+收入的具体确认与计量

收入确认与计量1-4

1.【单项选择题】下列各项属于其他业务收入的是（　　）。

A.因其他企业违约而收取的违约金　　B.代第三方收取的款项

C.出售无形资产的净收入　　D.包装物出租收入

2.【单项选择题】下列各项属于其他业务收入的是（　　）。

A.出售材料取得的价款　　B.转让固定资产净收益

C.出售无形资产净收益　　D.向购货方收取的增值税销项税额

3.【多项选择题】下列各项收入中，属于工业企业的其他业务收入的有（　　）。

A.提供运输劳务所取得的收入　　B.提供加工装配劳务所取得的收入

C.出租无形资产所取得的租金收入　　D.销售材料取得的收入

4.【多项选择题】下列经济业务取得的收入应通过“其他业务收入”项目核算的是（　　）。

A.销售原材料　　B.出租固定资产　　C.出售无形资产　　D.出租包装物

5.【多项选择题】按我国企业会计准则规定，下列项目中不应确认为收入的有（　　）。

A.销售商品收取的增值税　　B.出售飞机票时代收的保险费

C.销售商品的价款　　D.销售商品代垫的运杂费

收入确认与计量5-9

6.【判断题】增值税一般纳税人的增值税不直接影响企业的利润。（　　）

7.【判断题】在采用预收款方式销售产品时，应当在收到货款时确认收入的实现。（　　）

8.【判断题】转让无形资产所有权时，所得价款收入应通过“其他业务收入”科目核算。（　　）

9.【判断题】工业企业出租无形资产使用权、出售不需用原材料等，不属于与经常性经营活动相关的活动，由此产生的经济利益的总流入不构成收入。（　　）

二、知识点：应收票据一般性会计处理+应收票据贴现分析+举例

1.【单项选择题】20×1年4月1日，甲公司将收到的乙公司开出的不带息商业承兑汇票向丙商业银行贴现，取得贴现款445万元。甲公司和丙商业银行约定，在票据到期日不能从乙公司收到票款时，丙商业银行可向甲公司追偿。该票据系乙公司于20×1年3月1日为支付欠甲公司的货款而开出的，票面金额为452万元（含增值税，增值税税率为13%）。假定不

考虑其他因素。20×1年4月份，甲公司贴现时应做的会计处理为（　　）。

A.借：银行存款　　4 520 000

　贷：应收票据　　4 520 000

B.借：银行存款　　4 450 000

　　财务费用　　70 000

　贷：应收票据　　4 520 000

应收票据业务 1–2

C.借：银行存款　　4 450 000

　　财务费用　　70 000

　贷：短期借款　　4 520 000

D.借：银行存款　　4 450 000

　贷：短期借款　　4 450 000

2.【单项选择题】20×1年4月1日，甲公司将收到的乙公司开出的不带息商业承兑汇票452万元向丙商业银行贴现，取得贴现款445万元。甲公司和丙商业银行约定，在票据到期日不能从乙公司收到票款时，丙商业银行可向甲公司追偿。20×1年6月1日，该票据到期，乙公司无力偿还票款，丙商业银行将该款项从甲公司账上扣除。该扣除的金额为（　　）元。

A.4 520 000　　B.70 000　　C.4 450 000　　D.4 440 000

3.【单项选择题】20×1年4月1日，甲公司将收到的乙公司开出的不带息商业承兑汇票452万元向丙商业银行贴现，取得贴现款445万元。甲公司和丙商业银行约定，在票据到期日不能从乙公司收到票款时，丙商业银行可向甲公司追偿。20×1年6月1日，该票据到期，乙公司无力偿还票款，甲公司也无力偿还。此时甲公司的会计处理为（　　）。

A.不需要处理

B.借：应收账款　　4 520 000

　贷：应收票据　　4 520 000

C.借：短期借款　　4 520 000

　贷：应收票据　　4 520 000

应收票据业务 3–4

D.借：短期借款　　4 450 000

　贷：银行存款　　4 450 000

4.【单项选择题】20×1年4月1日，甲公司将收到的乙公司开出的不带息商业承兑汇票452万元向丙商业银行贴现，取得贴现款445万元。甲公司和丙商业银行约定，在票据到期日不能从乙公司收到票款时，丙商业银行可向甲公司追偿。20×1年6月1日，该票据到期，乙公司支付了该票据款项。此时甲公司的会计处理为（　　）。

A.不需要处理

B.借：银行存款　　4 520 000

　贷：应收票据　　4 520 000

C.借：短期借款　　4 520 000

　贷：应收票据　　4 520 000

D.借：短期借款　　4 450 000

贷：银行存款　　4 450 000

5.【单项选择题】20×1年4月1日，甲公司将收到的乙公司开出的不带息商业承兑汇票向丙商业银行贴现，取得贴现款443万元。甲公司和丙商业银行约定，在票据到期日不能从乙公司收到票款时，丙商业银行不可向甲公司追偿。该票据系乙公司于20×1年3月1日为支付欠甲公司的货款而开出的，票面金额为452万元（含增值税，增值税税率为13%）。假定不考虑其他因素。20×1年4月份，甲公司贴现时应做的会计处理为（　　）。

A.借：银行存款　　4 430 000
　　贷：应收票据　　4 430 000

B.借：银行存款　　4 430 000
　　　财务费用　　90 000
　　贷：应收票据　　4 520 000

C.借：银行存款　　4 430 000
　　　财务费用　　90 000
　　贷：短期借款　　4 520 000

D.借：银行存款　　4 430 000
　　贷：短期借款　　4 430 000

应收票据业务 5-8

6.【多项选择题】应收票据按承兑人的不同可以分为（　　）。

A.银行承兑汇票　B.商业承兑汇票　C.银行汇票存款　D.带息应收票据

7.【判断题】同样金额的应收票据贴现时，有追索权的贴息比没有追索权的要多一些。（　　）

8.【判断题】当应收票据到期无法收到票款时，企业不需要进行任何会计处理，只需要加大收款力度即可。（　　）

三、知识点：应收账款的会计处理

1.【业务题】某企业是一般纳税人，发生如下业务：

（1）销售A产品一批，开出的增值税专用发票上注明的销售价款为70万元，增值税税率为13%，货款尚未收到。该批产品的实际成本为42万元。

应收账款业务 1（1-4）

（2）销售A产品一批，开出的增值税专用发票上注明的销售价款为25万元，增值税税率为13%，收到商业承兑汇票1张。该批产品的实际成本为15万元。

（3）收到黄河公司偿还的上期赊购款23万元，款已存入银行。

（4）企业对外提供运输劳务，收入8万元，增值税0.72万元。款已存入银行。

（5）销售多余材料，售价8万元，增值税税率为13%，该材料成本为7万元，款已存入银行。

（6）出租包装物，收取租金1万元，款已存入银行，应分摊其成本0.6万元，增值税税率为6%。

（7）企业将所收取的面值为11万元的不带息商业承兑汇票出售给银行，所得金额9.5万元存入银行。公司将该项债权出售后将不承担连带责任（即无追索权）。

应收账款业务 1（5-7）

要求：请对上述业务进行相应的会计处理。

2.【业务题】某企业是一般纳税人，发生如下业务：

20×1年5月2日，企业将所收取乙公司开具的面值为11万元的不带息商业承兑汇票出售给银行，所得金额10万元存入银行。该企业对该票据仍然承担连带责任（即有追索权）。假设票据到期，分三种情况考虑：(1) 乙公司到期支付票款；(2) 乙公司无力支付票款，银行将票据还给该企业，并将票款从该企业银行账户上扣除；(3) 乙公司无力支付，银行将票据还给该企业，但该企业银行账户上金额不足，银行未能从该企业账户上扣款。

应收账款业务2

要求：请对上述业务进行相应的会计处理。

四、知识点：应收账款减值分析+应收账款减值资金运动分析+应收账款减值举例

1.【单项选择题】甲公司20×1年2月10日因销售商品而产生涉及光明公司的一笔应收账款2 000万元，20×1年12月31日，该笔应收账款的未来现金流量现值为1 900万元。在此之前“坏账准备”科目的贷方余额为30万元，20×1年12月31日，企业应计提的坏账准备为（　　）万元。

应收账款减值 1-2

A.100　　B.−100　　C.70　　D.−70

2.【单项选择题】甲公司20×1年2月10日因销售商品而产生涉及光明公司的一笔应收账款2 000万元，20×1年12月31日，该笔应收账款的未来现金流量现值为1 900万元。在此之前，“坏账准备”科目的期初贷方余额为30万元，本期发生一笔价值12万元的应收款因无法收回而冲销准备金（全年仅此一笔相关业务）。20×1年12月31日，该笔应收款项应计提的坏账准备为（　　）万元。

A.82　　B.−100　　C.112　　D.−70

3.【单项选择题】甲公司20×1年2月10日因销售商品而产生涉及光明公司的一笔应收账款2 000万元，20×1年12月31日，该笔应收账款的未来现金流量现值为1 900万元。在此之前，“坏账准备”科目的期初贷方余额为30万元，本期发生一笔价值42万元的应收款因无法收回而冲销准备金（全年仅此一笔相关业务）。20×1年12月31日，该笔应收款项应计提的坏账准备为（　　）万元。

A.100　　B.142　　C.82　　D.112

4.【单项选择题】甲公司20×1年2月10日因销售商品而产生涉及光明公司的一笔应收账款2 000万元，20×1年12月31日，该笔应收账款的未来现金流量现值为1 900万元。在此之前，“坏账准备”科目的期初贷方余额为70万元。本期发生一笔原已作为坏账冲销的应收款43万元，现重新收回，款已存入银行（全年仅此一笔相关业务）。20×1年12月31日，企业应计提的坏账准备为（　　）万元。

应收账款减值 3-5

A.−13　　B.143　　C.100　　D.30

5.【单项选择题】甲公司20×1年2月10日因销售商品而产生涉及光明公司的一笔应收账款2 000万元，20×1年12月31日，该笔应收账款的未来现金流量现值为1 900万元。在此之前，“坏账准备”科目的期初贷方余额为70万元，本期发生一笔原已作为坏账冲销的应收款43万元，现重新收回，款项已存入银行（全年仅此一笔相关业务）。20×1年12月31日，计提坏账准备结束后，坏账准备的余额为（　　）万元。

A.-13　　　　　　B.143　　　　　　C.100　　　　　　D.30

6.【单项选择题】期末结账前，“坏账准备”科目如为贷方余额，反映的内容是（　　）。

A.已计提但尚未转销的坏账准备

B.已经发生的坏账准备

C.收回以前已经确认并转销的坏账损失

D.已确认的坏账损失超出坏账准备的余额

7.【单项选择题】期末结账前，“坏账准备”科目如为借方余额，反映的内容是（　　）。

A.已计提但尚未转销的坏账准备

B.已经发生的坏账准备

C.收回以前已经确认并转销的坏账损失

D.已确认的坏账损失超出坏账准备的余额

应收账款减值 6-7

8.【多项选择题】企业采用备抵法核算。下图是企业发生的与坏账准备相关的业务，这些业务发生的先后顺序按序号从（1）到（7）排列。其中，“坏账准备”账户的期末余额为0，序号（1）、（3）、（5）、（7）所代表的业务分别发生在4个年度的年末，各年度的业务相关联。下列有关下图的表述正确的有（　　）。

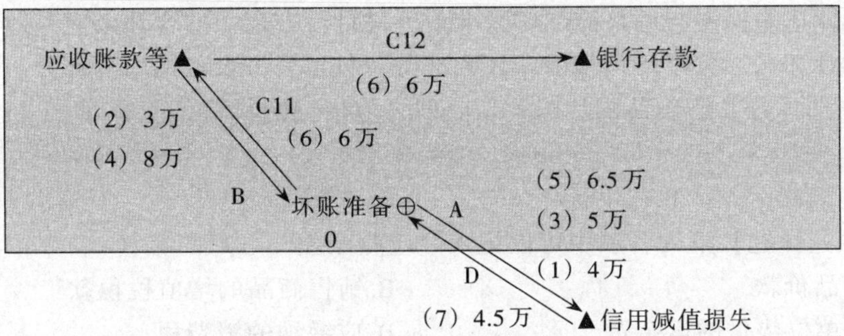

应收账款减值8

A.从A段资金运动（1）项可知，企业在第1年年末应收款发生减值4万元，由于“坏账准备”账户的期初余额为0，所以本期坏账准备的提取数也是4万元

B.从B段资金运动（2）项可知，企业在第2年发生了3万元的坏账，冲销准备金，坏账准备的余额还有1万元。由于A段资金运动的第（3）笔业务是在第2年年末发生的，这说明第2年再没有发生其他与坏账准备有关的业务，因此“坏账准备”账户的余额1万元就一直延续到了期末。由于A段资金运动中第（3）笔业务的发生额为5万元，这说明企业在第2年年末的减值准备应该为6万元。由于有1万元余额，所以提取了5万元的坏账准备

C.从B段资金运动（4）项可知，企业在第3年发生了8万元的坏账，冲销准备金，坏账准备的余额变成了借方余额2万元。由于A段资金运动中第（5）笔业务是在第3年年末发生的，这说明第3年再没有发生其他与坏账准备有关的业务，因此“坏账准备”账户的借方余额2万元就一直延续到期末。由于A段资金运动中第（5）笔业务的发生额为6.5万元，这说明企业在第3年年末的减值准备应该为4.5万元。由于有2万元的借方余额，所以需要提取6.5万元的坏账准备

D.从C段资金运动（6）项可知，企业在第4年发生了已冲销的6万元坏账重新回收的业

务，导致坏账准备的余额增加至10.5万元。由于A段资金运动中第（7）笔业务是在第4年年末发生的，这说明第4年再没有发生其他与坏账准备有关的业务，因此“坏账准备”账户的余额10.5万元就一直延续到了期末。由于A段资金运动中第（7）业务的发生额为-4.5万元，这说明企业在第4年年末的减值准备应该为6万元。由于有10.5万元余额，所以不仅没有提取坏账准备，还冲销了4.5万元的坏账准备

9.【多项选择题】企业采用备抵法核算时，下列项目应记入“坏账准备”科目贷方的有（　　）。

A.发生的坏账损失

B.已经作为坏账核销的应收账款又得以收回的金额

C.期末估计坏账损失与调整前“坏账准备”科目借方余额的合计金额

D.期末估计坏账损失小于调整前“坏账准备”科目贷方余额的差额部分

10.【多项选择题】企业采用备抵法核算时，下列项目应记入“坏账准备”科目借方的有（　　）。

A.发生的坏账损失

B.已经作为坏账核销的应收账款又收回

C.期末估计坏账损失与调整前“坏账准备”科目借方余额的合计金额

D.期末估计坏账损失小于调整前“坏账准备”科目贷方余额的差额部分

11.【多项选择题】已确认的坏账重新收回，应借记的科目可能有（　　），贷记“坏账准备”科目。

A.“应收账款”　　B.“银行存款”　　C.“管理费用”　　D.“营业外收入”

12.【多项选择题】下列各项中可以记入“应收账款”账户的有（　　）。

A.销售商品价款　　B.销售商品的增值税税款

C.代购货单位垫付的运杂费　　D.应缴纳的消费税

应收账款减值 9-12

13.【判断题】采用备抵法核算坏账的情况下，发生坏账时所作的冲销应收账款的会计分录，会使资产及资本同时减少相同的数额。（　　）

14.【判断题】“坏账准备”账户期末余额在贷方，在资产负债表上应列示于流动负债项目中。（　　）

15.【判断题】在备抵法下，已确认并转销的坏账损失，以后又收回的，仍然可通过“应收账款”账户核算，并贷记“信用减值损失”账户。（　　）

16.【判断题】已确认为坏账的应收账款，并不意味着企业放弃了其追索权；一旦重新收回，应及时入账。（　　）

17.【判断题】其他应收款按规定也应该计提坏账准备。企业应当定期或者至少于每年年度终了，对其他应收款进行检查，预计其可能发生的坏账损失，并计提坏账准备。（　　）

应收账款减值 13-17

18.【业务题】某企业年末应收账款的余额为100万元，“坏账准备”账户的余额为贷方余额2 000元，提取坏账准备的比例为2%；第二年发生坏账损失23 000元，其中甲企业18 000元、乙企业5 000元，年末应收账款余额为130万元，坏账损失率为1%；第三年，已冲销的上一年甲企业应收账款18 000元又得以收回，年末应收账款余额为150万元，坏账损

失率为0.9%。

要求：请对上述业务进行相应的会计处理。

应收账款减值18

五、知识点：费用的具体确认与计量

1.【单项选择题】某公司自行研发非专利技术共发生支出460万元，其中：研究阶段发生支出为160万元；开发阶段发生支出300万元，其中符合资本化条件的支出为180万元。不考虑其他因素，该研发活动应计入当期损益的金额为（　　）万元。

A.180　　B.280　　C.340　　D.160

2.【单项选择题】某企业20×8年发生短期借款利息120万元，享受购货现金折扣10万元，取得银行存款利息收入30万元。20×8年该企业列入利润表“财务费用”项目的本期金额应为（　　）万元。

A.80　　B.100　　C.150　　D.90

3.【单项选择题】下列各项中，不属于期间费用的是（　　）。

A.不满足资本化条件的汇兑损益　　B.预提产品质量保证损失

C.季节性停工损失　　D.咨询费

费用确认与计量1-3

4.【单项选择题】甲企业20×8年10月发生以下经济业务：支付专设销售机构固定资产维修费2万元；代垫销售商品运杂费4万元；支付受托方代销商品手续费7万元；结转随同商品出售单独计价的包装物成本3万元；预提本月已销商品质量保证损失4万元；支付诉讼费用1万元。该企业10月份应计入销售费用的金额为（　　）万元。

A.21　　B.20　　C.17　　D.13

5.【单项选择题】下列各项中，可通过其他业务成本核算的业务主要有（　　）。

A.计提出租固定资产的折旧费　　B.企业购买商品支付的增值税

C.销售商品时产生的消费税　　D.出售无形资产所有权缴纳的增值税

6.【单项选择题】甲公司20×8年8月份发生的费用如下：发生生产车间管理人员薪酬20万元，发生行政管理部门人员薪酬40万元；提取预计产品质量保证损失35万元，利息收入4万元，支付管理部门固定资产维修费5万元，计提本期借款费用（全部费用化）30万元。甲公司20×8年8月份的期间费用总额为（　　）万元。

A.126　　B.106　　C.96　　D.84

7.【多项选择题】下列项目中，应作为管理费用核算的有（　　）。

费用确认与计量4-6

A.工程物资盘亏净损失

B.转回已计提的固定资产减值准备

C.已达到预定可使用状态尚未投入使用的职工宿舍计提的折旧

D.按矿产品销售收入一定比例计算确认的矿产资源补偿费

8.【多项选择题】下列（　　）项目属于其他业务成本核算的内容。

A.随同产品出售且单独计价的包装物的成本

B.出租无形资产支付的服务费

C.销售材料结转的材料成本

D.出售无形资产结转的无形资产摊余价值

9.【多项选择题】以下各项应计入销售费用的有（　　）。

A.专设销售机构的职工工资　　B.展览费

C.企业销售部门的日常经费　　D.商品流通企业进货途中的合理损耗

费用确认与计量7-10

10.【多项选择题】下列费用属于管理费用开支范围的有（　　）。

A.行政管理人员工资　　B.售后服务网点等的职工工资及福利费

C.聘请中介机构费　　D.董事会费

11.【多项选择题】下列费用属于财务费用核算范围的有（　　）。

A.借款费用费用化的部分　　B.汇兑差额

C.收到的现金折扣收入　　D.银行存款利息收入

12.【多项选择题】下列各项中，关于"应付利息"科目表述正确的有（　　）。

A.企业开出银行承兑汇票支付银行手续费，应记入"应付利息"科目借方

B."应付利息"科目贷方期末余额反映企业应付未付的利息

C.按照短期借款合同计算确定的应付利息，应记入"应付利息"科目的借方

D.企业支付已经预提的利息，应记入"应付利息"科目的借方

13.【多项选择题】企业的营业成本包括（　　）。

费用确认与计量11-13

A.主营业务成本　　B.其他业务成本　　C.生产成本　　D.营业外支出

14.【多项选择题】下列各项中，应记入"销售费用"科目的有（　　）。

A.已售产品预计保修费用　　B.为推广新产品而发生的广告费用

C.随同商品出售且单独计价的包装物成本　　D.随同商品出售不单独计价的包装物成本

15.【多项选择题】下列各项中，关于管理费用会计处理表述正确的有（　　）。

A.无法查明原因的现金短缺应计入管理费用

B.转销确实无法支付的应付账款应冲减管理费用

C.行政管理部门负担的工会经费应计入管理费用

D.企业在筹建期间内发生的开办费应计入管理费用

费用确认与计量14-15

16.【多项选择题】下列各项中，会影响管理费用的有（　　）。

A.现金盘点，发现无法查明原因的现金盘亏

B.存货盘点，发现存货盘亏，由于管理不善造成的净损失

C.固定资产盘点，发现固定资产盘亏，盘亏的净损失

D.现金盘点，发现无法查明原因的现金盘盈

费用确认与计量16-17

17.【多项选择题】下列各项中，制造业企业应计入其他业务成本的有（　　）。

A.销售外购原材料结转的成本

B.出租无形资产计提的摊销额

C.结转随同商品出售不单独计价包装物的实际成本

D.对外进行捐赠发生的支出

18.【业务题】企业本期发生如下经济业务，请进行相应的会计处理：

（1）用银行存款支付产品展销费2万元。

（2）计提本期银行短期借款利息3万元。

（3）广告费20万元，已用银行存款支付。

费用确认与计量18（1-5）

（4）以现金支票支付下季度厂部房租费6万元。

（5）企业发生业务招待费3 000元，该费用尚未支付。

（6）厂部张三报销差旅费5 000元，其出差前未借支差旅费。出纳以现金支票支付。

费用确认与计量18（6-9）

（7）销售部李四出差，预借差旅费4 000元，出纳以现金支票支付。

（8）销售部李四报销差旅费5 600元，其出差前预借差旅费4 000元，出纳以现金补足。

（9）厂部发生机器大修理费28 300元，其中从仓库领用材料10 000元，直接以银行存款从市场购得修理材料10 300元，直接以现金支付修理费8 000元。修理费已预提。

六、知识点：费用段税费的会计处理

1.【单项选择题】甲公司本期的增值税销项税额4 000 000元，进项税额2 800 000元；“应交税费——应交消费税”科目有借方金额400 000元，贷方金额1 000 000元。该企业适用的城市维护建设税税率为7%，则该企业应交的城市维护建设税为（　　）元。

A.126 000　　B.308 000　　C.84 000　　D.42 000

2.【单项选择题】下列税金中，与企业计算损益无关的是（　　）。

A.消费税　　B.一般纳税人企业的增值税

C.所得税　　D.城市维护建设税

税费确认与计量1-4

3.【单项选择题】企业对外销售资源税应税产品，应交资源税借记（　　）。

A.管理费用　　B.营业外支出　　C.税金及附加　　D.生产成本

4.【单项选择题】企业按规定计算缴纳的下列税金，应当计入相关资产成本的是（　　）。

A.房产税　　B.城镇土地使用税　　C.城市维护建设税　　D.车辆购置税

5.【单项选择题】甲公司为增值税一般纳税人，20×8年应交各种税金为：增值税330万元，消费税120万元，城市维护建设税31.5万元，教育费附加13.5万元，车辆购置税18万元，耕地占用税50万元，所得税200万元。该企业当期的“应交税费”科目余额为（　　）万元。

A.763　　B.495　　C.695　　D.685

6.【单项选择题】甲公司为增值税一般纳税人，20×8年12月甲公司实际缴纳增值税100万元，销售应税消费品应交消费税80万元，城市维护建设税税率5%，教育费附加征收率3%，地方教育费附加征收率2%。当期计提的税金及附加的金额为（　　）万元。

A.80　　B.98　　C.100　　D.198

7.【单项选择题】下列各项中，应计入税金及附加的是（　　）。

A.资源税

B.餐饮公司购入土地使用权的土地增值税

税费确认与计量5-7

C.增值税一般纳税人购入小汽车支付的购置税以及进口商品环节缴纳的关税

D.收回后用于连续生产应税消费品的委托加工物资在加工环节所产生的消费税

8.【多项选择题】下列各项中，应按增值税、消费税税额的一定比例计算的税费有（　　）。

A.教育费附加　　B.资源税　　C.城市维护建设税　　D.土地增值税

9.【多项选择题】下列税费中，可能记入“税金及附加”科目的有（　　）。

A.教育费附加　　B.城市维护建设税　　C.消费税　　D.增值税

10.【多项选择题】下列税费中，可能记入“税金及附加”科目的有（　　）。

A.房产税　　B.城镇土地使用税　　C.车船税　　D.印花税和契税

11.【多项选择题】下列关于各项税费的说法中，正确的是（　　）。

A.企业购买存货时支付的增值税，应单独核算，以后抵减销项税额

B.购买商品时发生的进口关税应计入商品成本之中

C.印花税应计入税金及附加，外购商品价款中包含的消费税应计入税金及附加

D.房地产开发企业转让商品房缴纳的土地增值税计入税金及附加

税费确认与计量8-12

12.【多项选择题】20×8年12月，某企业当期应交增值税50万元，销售应税消费品应交消费税20万元；经营用房屋缴纳房产税10万元。该企业适用的城市维护建设税税率为7%，教育费附加征收率为3%。不考虑其他因素，下列各项中，关于该企业12月份应缴纳城市维护建设税和教育费附加的相关会计处理正确的是（　　）。

A.借记“税金及附加”7万元

B.贷记“应交税费——应交教育费附加”2.1万元

C.贷记“应交税费——应交城市维护建设税”5.6万元

D.借记“管理费用”7万元

税费确认与计量13-15

13.【多项选择题】下列关于消费税的会计处理中，正确的有（　　）。

A.企业销售应税消费品应缴纳的消费税应计入税金及附加

B.在建办公楼领用应税消费品应交的消费税应计入在建工程

C.进口环节应交的消费税应计入税金及附加

D.进口环节应交的消费税应计入物资成本

14.【多项选择题】下列各项税金中，通常与企业当期损益有直接关系的有（　　）。

A.消费税　　B.个人所得税　　C.车船税　　D.城市维护建设税

15.【多项选择题】下列各项中，可以计入利润表中“税金及附加”项目的有（　　）。

A.进口环节应缴纳的关税　　B.城市维护建设税

C.教育费附加　　D.进口环节应该缴纳的消费税

16.【业务题】甲公司本期的增值税销项税额10 000 000元，进项税额4 000 000元；“应交税费——应交消费税”科目有借方金额400 000元，贷方金额2 400 000元。

税费确认与计量16

要求：分别按7%、3%的税率计提城市维护建设税、教育费附加。

七、知识点：其他往来业务的会计处理

1.【单项选择题】企业发生下列各项交易或事项中，不得通过“其他应收款”科目核算的是（　　）。

A.存出投资款　　B.存出保证金

C.应收的各种罚款　　D.备用金

其他往来业务1-3

2.【单项选择题】下列各项中，应通过“其他应付款”科目核算的是（　　）。

A.应付现金股利　　B.应交教育费附加

C.应付租入包装物租金　　D.应付管理人员工资

3.【多项选择题】下列项目中，应通过“其他应收款”科目核算的有（　　）。

A.拨付给企业各内部单位的备用金　　　B.应收的各种罚款

C.收取的出租包装物押金　　　　　　　D.应向职工收取的各种垫付款项

4.【多项选择题】结合下列备用金资金运动图，下列有关备用金制度的表述正确的有（　　）。

A.备用金制度是一种常见的会计核算方法。它是指企业预付给内部单位或个人，用于日常零星现金开支的有一定额度的款项，属于其他应收款项

B.A段资金运动反映备用金制度的建立，即支付备用金给各相关职能部门

C.B段资金运动反映在备用金制度下报销相关费用。其基本原则是报多少补多少，以确保备用金的额度是保持不变的

D.C段资金运动反映的是取消备用金制度。企业将分散在各个职能部门的备用金收回

5.【多项选择题】结合下列差旅费报销资金运动图，下列有关差旅费业务的表述正确的有（　　）。

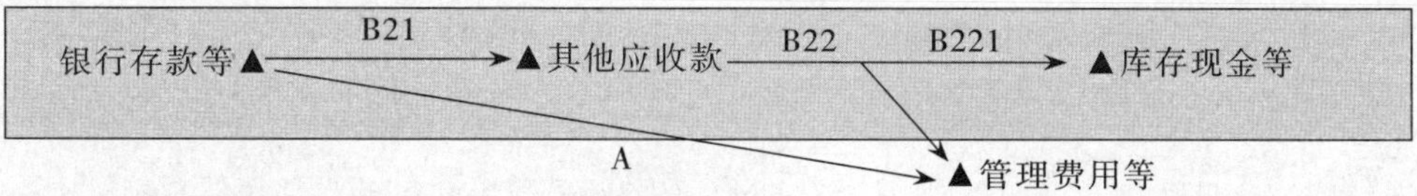

A.差旅费的报销有两种方式：一种是实报实销；另一种是先借支后报销，多退少补

B.A段资金运动反映实报实销模式。出差人未借支差旅费，报多少就给出差人多少

C.B段资金运动反映的是预借差旅费模式。其中B21段是预借差旅费；B22段是报销差旅费

D.在预借差旅费模式下，B221段反映报销时多退少补。当预借差旅费超过了实际报销金额时（多退），其流量为正；当预借差旅费小于其实际报销时（少补），其流量为负数

6.【判断题】其他应收款和其他应付款业务不多的企业，可以设立“其他往来”项目来替代这两个项目。（　　）

其他往来业务4–6

7.【业务题】企业发生下列业务：

（1）厂部刘畅出差，预借差旅费4 000元，出纳以现金支票支付。

（2）厂部刘畅出差，报销差旅费5 400元，冲销其预借款4 000元，差额以现金补齐。

（3）厂部王岑出差，报销差旅费3 200元。其出差前预借差旅费4 500元，余款1 300元以现金退还公司。

（4）厂部张波报销差旅费3 200元，其未借支差旅费，出纳以现金支票支付。

要求：对上述业务进行相应的会计处理。

其他往来业务7

8.【业务题】公司发生与备用金制度相关的业务如下：

（1）20×8年5月1日，为其销售部门设立定额备用金，按定额15 000元开出现金支票。

（2）20×8年5月31日，备用金经管人员报销已付款凭证共计14 352元，其中购买办公用品6 638元，市内差旅费4 382元，零星销售产品邮寄费用3 332元。经审核无误，开出现金支票14 352元补足定额。

（3）如果乙公司决定取消备用金制度，经管人员清点后，发现有已支付的顾客信访费3 306元，差旅费5 653元，库存现金6 041元。

要求：对上述业务进行相应的会计处理。

其他往来业务8

9.【业务题】20×9年3月10日，公司发放职工工资3 000 000元，扣除已为职工垫付的各种款项60 000元，同时应代电力公司、自来水公司等代扣代缴的金额为34 000元，剩余的2 906 000元以银行存款支付。

要求：对上述业务进行相应的会计处理。

其他往来业务9

第十章 销售环节资金运动分析与会计处理（下）——特殊业务

特殊项目设置
1-2

一、知识点：销售环节特殊项目设置分析

1.【多项选择题】结合下图，下列有关“合同履约成本”项目表述正确的有（　　）。

A.是企业为履行当前合同或预期合同所发生的支出，应作为资产加以确认

B.根据需要，可以设置“劳务成本”“工程施工”等明细项目

C.该项目所对应的合同一般都属于需要在一段时间内履行的履约义务

D.其期末余额一般反映企业尚未结转的履约成本，应构成期末存货的组成部分

2.【多项选择题】结合下图，下列有关“合同取得成本”项目表述正确的有（　　）。

A.合同取得成本是企业为取得合同所发生的，预计能够收回的增量成本。该取得成本应作为资产确认。该资产的摊销期不超过一年的，也可以简化处理，在发生的时候直接计入当期损益

B.增量成本是指企业不取得合同就不会发生的成本

C.与合同履约成本一样，合同取得成本也需要考虑减值

D.其期末余额一般反映企业尚未结转的取得成本，应构成期末存货的组成部分

3.【多项选择题】结合下图，下列有关“应收退货成本”项目表述正确的有（　　）。

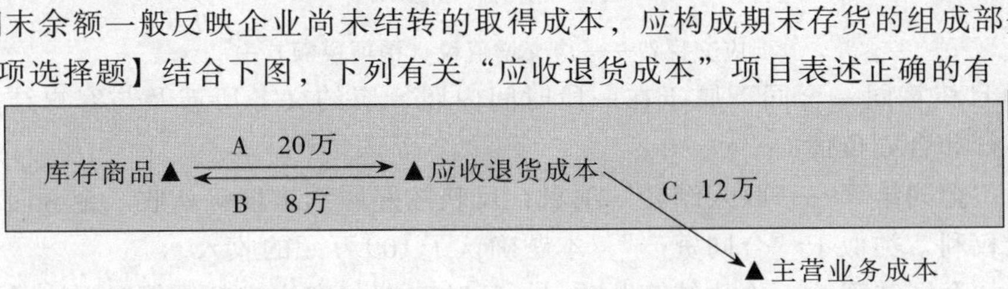

特殊项目设置
3-4

A.“应收退货成本”项目核算企业销售商品时预期将会退回的商品的价值，扣除收回该商品预计将会发生的成本（包括退回商品的价值减损）后的余额

B.A段资金运动反映本笔销售预计的应收退货成本为20万元

C.B段资金运动反映企业20万元应收退货成本中有8万元最终退货，转回库存商品

D.C段资金运动反映20万元的应收退货成本中最终有12万元未退货，转入销售成本之中

4.【多项选择题】结合下图，下列有关“合同资产”项目和“应收账款”项目的表述恰当的有（　　）。

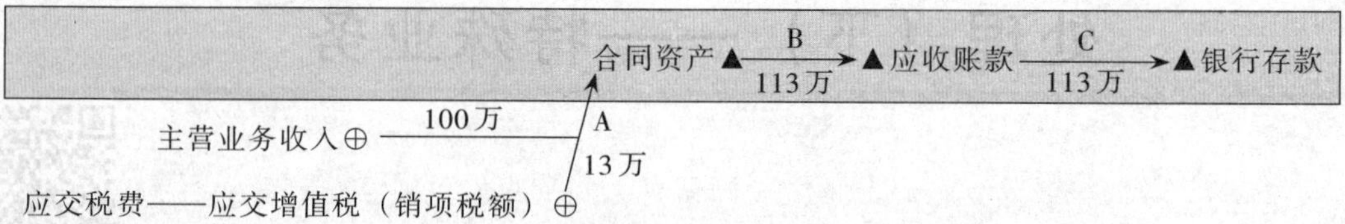

A.两个项目都是核算企业已向客户转让商品而有权收取对价的权利

B.应收账款代表的是一种无条件收取对价的权利，即企业仅仅随着时间的流逝就可以收取款项

C.合同资产代表的不是一种无条件收取对价的权利，该权利除了时间流逝之外，还取决于其他条件的实现才能收取款项

D.企业应收账款承担的是信用风险，而合同资产则承担履约风险和信用风险

5.【多项选择题】结合下图，下列有关“合同负债”项目的表述恰当的有（　　）。

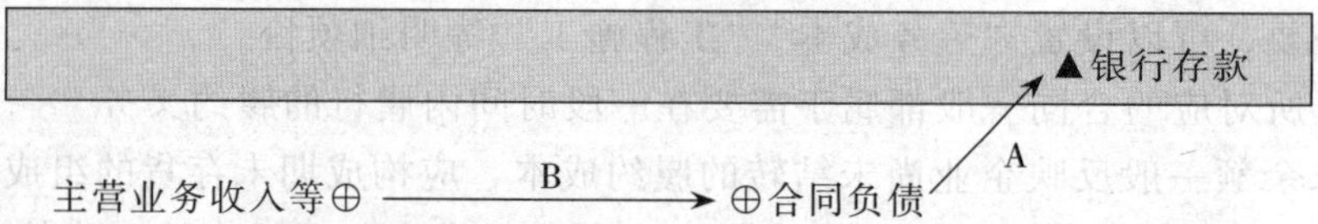

特殊项目设置
5-6

A.合同负债核算企业已收或应收客户对价而应向客户转让商品的义务

B.合同负债项目类似于销售过程中的预收款或递延收益

C.合同负债期末为贷方余额，反映企业尚未转让商品之前，已经收取的合同对价金额或应收取的无条件合同对价权利的金额

D.合同负债也可以用预收账款项目或递延收益项目替代

6.【多项选择题】结合下图，下列有关“合同结算”项目的表述恰当的有（　　）。

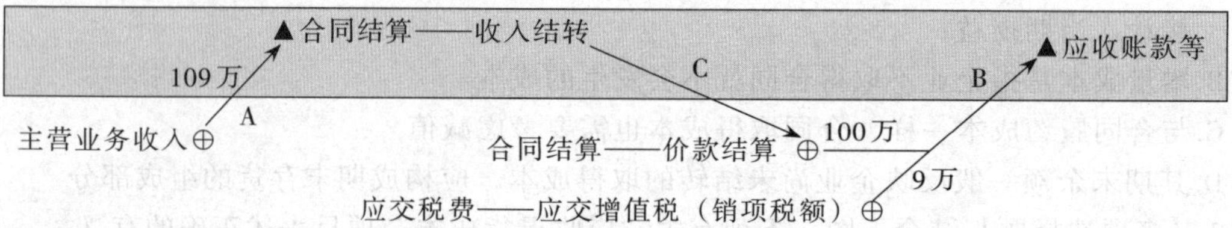

A.该项目核算同一合同下属于在一段时间内履行履约义务所涉及与客户结算对价的合同资产和合同负债

B.设置“合同结算——收入结转”项目，反映按照履约进度确认收入金额时形成的合同收款权利，类似于“合同资产”，本题确认了109万元的收入

C.设置“合同结算——价款结算”项目，反映定期与客户进行结算时形成的累计已结算金额，类似于预收款或“合同负债”，本题确认了100万元的合同结算款项

D.“合同结算”项目的余额既可能在借方，也可能在贷方。其借方余额反映合同资产的

性质；其贷方余额反映合同负债的性质。本题中，“合同结算”项目的余额在借方，其金额为9万元，属于合同资产性质，代表一种收款的权利。假设“合同结算——价款结算”的金额为150万元，则“合同结算”的余额为贷方41万元，在性质上属于合同负债，类似于预收款

7.【业务题】20×9年3月1日，甲公司与客户签订合同，向其销售A、B两种商品，合同价款为50万元（不含增值税，增值税税率13%）。合同约定，A商品于合同开始日交付，B商品在一个月之后交付，只有当A、B两种产品全部交付之后，甲公司才有权收取50万元的合同对价。假设A商品和B商品构成两项履约义务，其控制权在交付时转移给客户，分摊至A、B的交易价格分别为30万元和20万元。20×9年4月1日，甲公司交付B产品，款项尚未收到。

特殊项目设置7

要求：对上述业务进行相应的会计处理。

二、知识点：合同和履约义务的进一步分析

1.【多项选择题】企业合同合并需要满足下列条件之一的有（　）。

合同与履约义务分析

A.这些合同应该是在同一时间或大致相同的时间内签订的

B.这些合同都是基于共同的商业目的，并为一揽子交易而订立的

C.其中一份合同的对价金额取决于其他合同的定价或履约情况

D.这些合同中所承诺的商品或服务构成单项履约义务

2.【多项选择题】下列有关合同变更处理表述正确的有（　）。

A.合同变更是指经合同各方批准对原有合同的范围或价格作出变更

B.合同变更导致可明确区分的商品或服务增加、合同价款增加，新增合同价款反映了新增商品或服务单独售价的，应将合同变更作为一个独立合同进行处理

C.不属于选项B所指的，且在合同变更日尚未转让商品（或尚未提供服务）与已转让商品（或已提供服务）能够明确加以区分的，应视同原合同终止；同时将原合同未履行的部分与合同变更的部分合并为新合同处理

D.不属于选项B所指的，且在合同变更日尚未转让商品（或尚未提供服务）与已转让商品（或已提供服务）不能明确区分的，应将合同变更视同原合同的一个组成部分加以处理，并对原已确认的收入在合同变更日进行相应的调整

3.【多项选择题】属于在一段时间内履行履约义务的合同，应满足下列条件之一的有（　）。

A.客户在企业履约的同时即取得并消耗企业履约所带来的经济利益（如培训、运输、旅游和保洁等）

B.客户能够控制企业履约过程中在建的商品（或提供的劳务）

C.企业在履约过程中产生的商品（或服务）不具有可替代用途，并且在合同整个期间内，该企业有权就迄今为止已完成的履约部分收取款项

D.不满足上述任何一条的，其履约义务发生的时间应界定为某一时点履行履约义务

4.【多项选择题】下列有关在一段时间内履约的履约进度确认表述正确的有（　）。

A.企业应该在该段时间内按履约进度确认收入，履约进度不能确定的除外。企业可以

考虑商品的性质，采用投入法或产出法来确认恰当的履约进度

B.产出法是指根据已转移给客户的商品对于客户的价值确定履约进度，如实际测量的完工进度、评估已实现的结果、已达到的里程、时间进度、已完工或提交的产品等

C.投入法是根据企业为履行履约义务的投入确定履约进度，如投入的材料数量、花费的人工工时或机器工时、发生的成本或时间进度等

D.当履约进度不能合理确定时，企业已经发生的成本预计能够得到补偿的，应当按照已经发生金额确定收入，直至履约进度能够合理确定为止。已发生的成本应全额确认为费用

可变对价1-2

三、知识点：可变对价的分析

1.【单项选择题】甲公司生产和销售洗衣机。20×8年3月，甲公司向零售商乙公司销售1 000台洗衣机，每台售价2 000元，不含增值税。甲公司向乙公司提供价格保护，同意在未来6个月内，如同款洗衣机售价下降，则按照合同价格与最低售价之间的差额向乙公司支付差价。甲公司根据以往执行类似合同的经验，预计各种结果发生的概率情况如下：不降价的概率为60%；降价100元的概率为20%；降价200元的概率为15%；降价300元的概率为5%。甲公司估计的销售价格为（　　）元/台。

A.2 000　　B.1 935　　C.1 850　　D.1 825

2.【单项选择题】甲公司为其客户建造一栋厂房，合同约定的价款为1 000万元。如甲公司不能在合同签订之日起的360天内竣工，则需支付150万元罚款，该罚款从合同金额中扣除。上述金额不含增值税。甲公司对于合同结果的估计如下：工程按时完工的概率为80%，工程延期的概率为20%。甲公司估计的交易价格为（　　）万元。

A.1 000　　B.850　　C.925　　D.970

3.【单项选择题】甲公司是一般纳税人，增值税税率为13%。20×9年1月2日，向乙公司赊销一批商品，价款50万元，以银行存款代垫运杂费2万元，付款条件为：2/10，1/20，n/30。乙公司在20×9年1月10日付款。对于该笔业务，甲公司本月应确认的主营业务收入为（　　）元。

A.500 000　　B.565 000　　C.490 000　　D.553 700

可变对价3-4

4.【多项选择题】下列有关可变对价表述正确的有（　　）。

A.企业产生可变对价的因素主要有：折扣、价格折让、返利、退款、奖励积分、激励措施、业绩奖金、索赔等

B.合同中存在可变对价的，企业应该按照期望值或最有可能发生金额确定可变对价的最佳估计数

C.计入交易价格的可变对价金额，应当以与可变对价相关的不确定因素消除时极可能不会发生累计已确认收入发生重大转回为限

D.在每个资产负债表日，企业应当重新估计应计入交易价格的可变对价金额

5.【多项选择题】企业发生一笔降价补偿的销售业务，其所引起的资金运动如下图所示。下列有关该笔业务表述正确的有（　　）。

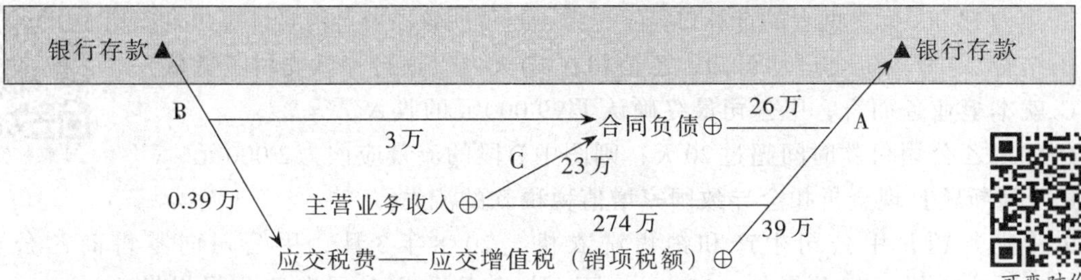

可变对价5-6

A.这笔销售业务包含了一项履约义务

B.A段资金运动反映企业按已履行的履约义务确认了274万元的收入，按未履行的履约义务（降价补偿）确认了26万元的负债，并按总合同300万元的价款确认了增值税销项税额

C.B段资金运动反映企业履行降价补偿义务，即企业以货币资金3.39万元退还部分销售款和代收的增值税

D.C段资金运动反映企业将未发生的降价补偿义务23万元重新确认为收入

6.【多项选择题】20×8年1月1日，甲公司与客户签订合同，以一定的价格向其销售产品；如果客户在20×8年全年的采购量超过一定标准，该产品的销售价格将追溯下调至90%。该产品的控制权在交付时转移给客户。在合同开始日，甲公司估计该客户全年的采购量能够超过该标准。甲公司与此相关的业务所引起的资金运动如下图所示。下列有关该笔业务表述正确的有（　　）。

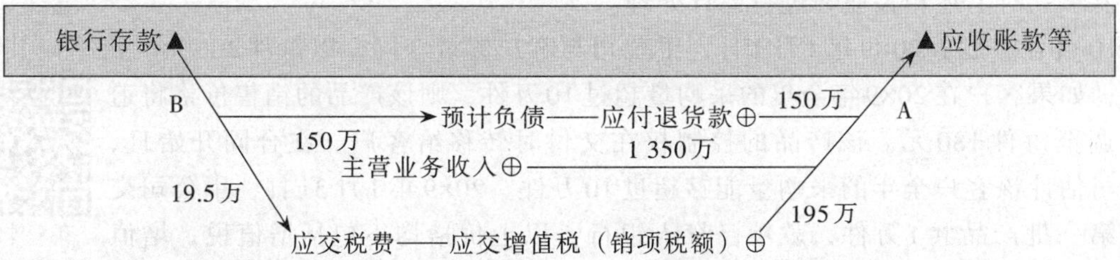

A.这笔销售业务包含了两项履约义务：一项是销售产品；一项是销售量达到一定标准后给予对方的价格折扣

B.A段资金运动反映企业按预计应付的退货款的10%确认了150万元的预计负债，按折扣后的价格确认了1 350万元的收入，并按总合同价款1 500万元确认了增值税销项税额

C.B段资金运动反映企业在客户达到价格折扣的购买量后，给予对方的价格折扣，即企业以货币资金169.5万元退还部分销售款和代收的增值税

D.图中的“预计负债”项目可以改换为“合同负债”项目

7.【多项选择题】甲公司向乙公司赊销一批商品，其付款条件为：2/10，1/20，n/30。甲公司与此相关的业务所引起的资金运动如下图所示。下列有关该笔业务表述正确的有（　　）。

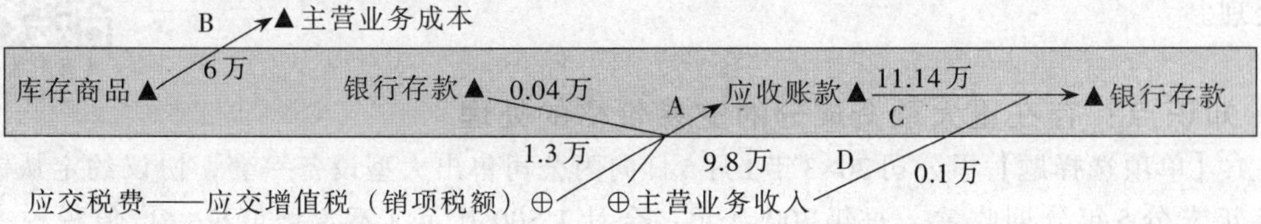

A.从图中A段可知，甲公司在销售时确认了98 000元的收入，但增值税销项税额确认的金

额为13 000元，两者的计算口径不一致，这说明该段资金流量计算出现差错

B.结合C、D段资金运动可知，乙公司在10天内以银行存款支付了货款

C.就本笔业务而言，甲公司最终确认了99 000元的收入

D.如果乙公司付款时间超过20天，则图中D段的流量应该为2 000元

可变对价7-8

8.【判断题】现金折扣会导致国家增值税税款的流失。 （ ）

9.【业务题】甲公司生产和销售洗衣机。20×8年3月，甲公司向零售商乙公司销售1 000台洗衣机，每台售价2 000元，不含增值税。甲公司向乙公司提供价格保护，同意在未来6个月内，如同款洗衣机售价下降，则按照合同价格与最低售价之间的差额向乙公司支付差价。甲公司根据以往执行类似合同的经验，预计各种结果发生的概率如下表所示。

可变对价9

洗衣机未来6个月内降价幅度及概率预测

未来6个月内降价的金额（元/台）	概率
0	60%
100	20%
200	15%
300	5%

6个月到期后，每台洗衣机降价50元，甲公司以货币资金进行补偿。

要求：对上述相关业务进行会计处理。

10.【业务题】20×9年1月1日，甲公司与客户签订合同，以每件200元的价格向其销售产品；如果客户在20×9年全年的采购量超过10万件，则该产品的销售价格将追溯下调至每件180元。该产品的控制权在交付时转移给客户。在合同开始日，甲公司估计该客户全年的采购量能够超过10万件。20×9年1月31日，甲公司交付了第一批产品共1万件，款项已存入银行。以上价格均不包括增值税，增值税税率为13%。其他业务略。

可变对价10

截至20×9年12月31日，客户总采购量为12万件，达到获取优惠价格购买的条件。甲公司以银行存款退还相应的货款及增值税。

要求：对甲公司上述业务进行相应的会计处理。

11.【业务题】甲公司是增值税一般纳税人，增值税税率为13%。20×9年4月2日，向乙公司赊销一批商品，售价100万元（不含增值税，取得增值税专用发票），以银行存款代垫运杂费3 000元，付款条件为：2/10，1/20，n/30。该批产品的成本为600 000元。

可变对价11

要求：以乙公司在各付款条件下分别付款为条件，对甲公司进行相应的会计处理。

具有融资性质的销售1

四、知识点：存在重大融资成分的交易价格的处理

1.【单项选择题】甲公司20×3年1月5日向丙公司售出大型设备一套，协议约定从销售当年年末分5年分期收款，每年300万元，合计1 500万元（不含增值税，增值税税率为13%）。假定购货方在销售日一次性支付货款，只需付1 200万元。甲公司销售收入确认金额

具有融资性质的销售2-3

为（　　）万元。

A.1 500　　　B.2 400　　　C.1 200　　　D.1 920

2.【多项选择题】下列有关下图的表述正确的有（　　）。

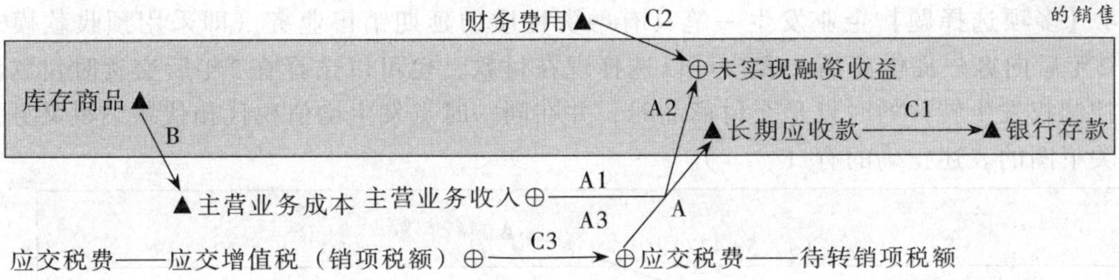

A.未实现融资收益抵减长期应收款（扣除与增值税对应的部分）就可以得出长期应收款的现时价值，即现值销售的价值

B.未实现融资收益可以在整个期间内平均分期摊销，通过冲减财务费用来增加利息收入

C.企业在确认收入时，应同步确认对国家的代扣代缴义务，即确认“应交税费——待转销项税额”

D.企业每年年末都应该有三笔业务需要进行处理：收款（C1）、确认收益（C2）与确认销项税额（C3）。其中C1、C3每年的流量都相等

3.【多项选择题】企业发生一笔具有融资性质的分期收款销售业务，每年年末收取一次，期限5年。下列有关下图的表述正确的有（　　）。

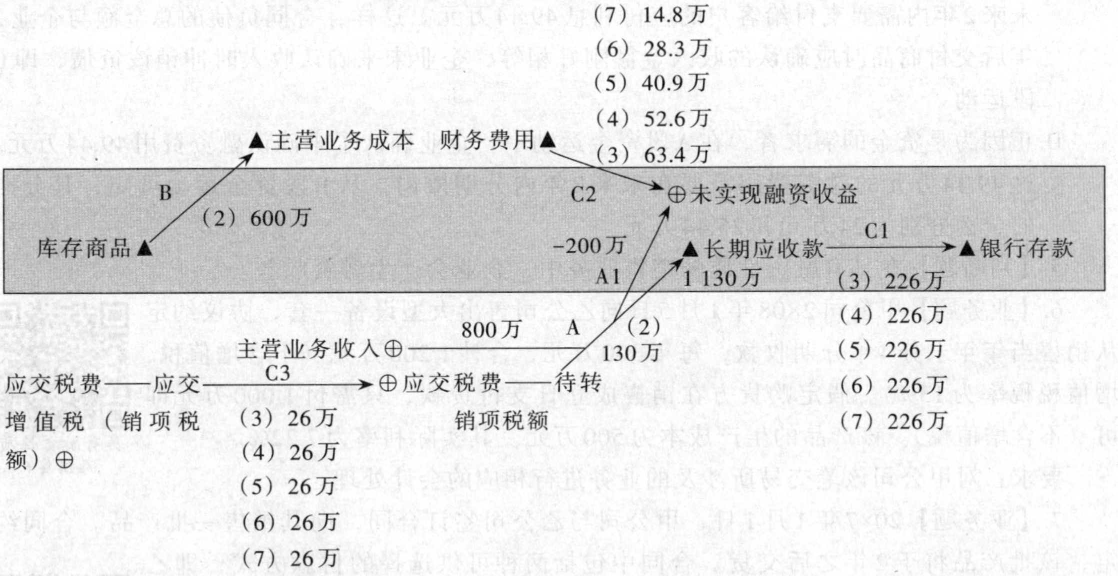

A.企业现值销售应该是800万元（不含增值税）。采用分期收款的情况下，每年收取200万元，5年，共计1 000万元（不含增值税）

B.长期应收款扣除应交税费所产生的130万元后，还剩下1 000万元。未实现融资收益抵减剩下的1 000万元，就可以得出800万元，即为现值销售的金额

C.C2段资金运动反映融资收益的确认，其金额逐年减少，因为随着每年年底款项的收

回，其摊余成本在不断减少

D. 只有资金发生C3段资金运动后，企业才正式产生了对国家代扣代缴纳税义务，即每年26万元

4.【多项选择题】企业发生一笔具有融资性质的延期销售业务（即采用预收款模式）。企业2年后向客户提供商品。客户可以选择现在付款，也可以选择在2年后交货时付款。商品的控制权发生转移的时点是交付商品时，并在同一时点发生增值税代扣代缴纳税义务。下列有关下图的表述正确的有（　　）。

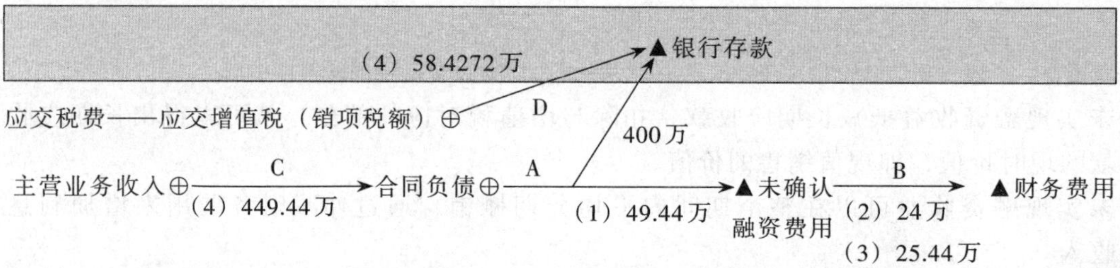

A. 从图中可知，客户有两个选择，一个是现在付款400万元即可，一个是2年后交货时付款449.44万元（以上款项都不含增值税）。客户选择的是现在付款400万元

具有融资性质的销售4-5

B. 由此可见，在这笔具有融资性质的业务中，企业是资金的需求者，而客户则是资金的提供者

C. 合同负债的金额是由两部分构成的：一部分是客户现在的付款400万元，另一部分是未来2年内需要支付给客户的应付利息49.44万元。这样，合同负债的总金额与企业2年后交付商品时应确认的收入金额刚好相等，企业未来确认收入时冲销该负债，即C段运动

D. 正因为是资金的需求者，在A段资金运动中，企业确认了未确认融资费用49.44万元。这49.44万元的融资费用需要在未来2年内分期摊销。从B段资金运动可知，其分摊的金额分别为24万元和25.44万元

5.【判断题】在具有融资性质的销售业务中，企业会产生融资收益。（　　）

6.【业务题】甲公司2×08年1月5日向乙公司售出大型设备一套，协议约定从销售当年年末分4年分期收款，每年300万元，合计1 200万元（不含增值税，增值税税率为13%）。假定购货方在销售成立日支付货款，只需付1 000万元即可（不含增值税）。该产品的生产成本为500万元。其实际利率为7.72%。

具有融资性质的销售6

要求：对甲公司该笔交易所涉及的业务进行相应的会计处理。

7.【业务题】20×7年1月1日，甲公司与乙公司签订合同，向其销售一批产品。合同约定，该批产品将于2年之后交货。合同中包括两种可供选择的付款方式，即乙公司可以在2年后交易产品时支付1 123.6万元（不含增值税，增值税税率为13%），或者在合同签订时支付1 000万元（不含增值税）。乙公司选择在合同签订时支付货款。该批产品的控制权在交货时转移。甲公司于20×7年1月1日收到乙公司支付的货款。假设按照两种付款方式计算的内含利率为6%。

具有融资性质的销售7

要求：对该笔交易所涉及的整个业务进行相应的会计处理。

五、知识点：非现金对价、应付客户对价与价格分摊

非现金对价

1.【多项选择题】下列有关非现金对价表述正确的有（　　）。

A.非现金对价应按其公允价值确定交易价格

B.公允价值不能合理估计的，企业应当参照其承诺向客户转让商品的单独售价间接确定交易价格

C.合同开始日后，非现金对价的公允价值因对价形式本身以外（如履约情况）的原因而发生变动的，不应当作为可变对价

D.合同开始日后，非现金对价的公允价值因对价形式本身（如股票本身）而发生变动的，该变动金额应计入交易价格

2.【多项选择题】下列有关应付客户对价表述正确的有（　　）。

A.应付客户对价是指企业在向客户转让商品的同时，需要向客户或第三方支付对价的义务

B.企业应支付对价的表现形式有优惠券、兑换券、积分奖励和现金折扣等

C.企业应将该应付对价冲减交易价格，但应付客户对价是为了自客户取得其他可明确区分商品的除外

D.在对应付客户对价冲减交易价格进行会计处理时，企业应当在确认相关收入与支付（或承诺支付）客户对价二者孰晚的时点冲减当期收入

3.【多项选择题】下列有关交易价格在各个履约义务之间进行分摊的表述正确的有（　　）。

A.合同中包含两项或多项履约义务的，企业应当在合同开始日，按照各项履约义务所承诺商品（或服务）的相对单独售价，将交易价格分摊至各项履约义务

B.单独售价的最佳证据，是企业在相似环境下向相似客户单独销售该商品（或提供该服务）的可观察价格

C.单独售价无法直接观察的，采用市场调整法、成本加成法、余值法等方法合理估计单独售价

D.企业可以因合同开始日之后单独售价的变动而重新分摊交易价格

附有销售退回的商品销售1

六、知识点：附有销售退回的商品销售

1.【单项选择题】甲公司向乙企业销售10张办公桌，每张售价2 000元，成本1 150元。根据合同约定，乙企业有权在收到办公桌的30天内退货，但是需要向甲公司支付10%的退货费（即每张办公桌的退货费为200元）。根据以往经验，甲公司预计的退货率为20%，且在退货的过程中，甲公司预计为每张办公桌发生的成本为100元，退回后的办公桌可能会发生价值减损，每套减损300元。上述价款均不包含增值税。甲公司应确认的主营业务成本金额为（　　）元。

A.11 500　　B.9 200　　C.8 800　　D.10 000

2.【单项选择题】甲公司向乙企业销售10张办公桌，每张售价2 000元，成本1 150元。根据合同约定，乙企业有权在收到办公桌的30天内退货，但是需要向甲公司支付10%

的退货费（即每张办公桌的退货费为200元）。根据以往经验，甲公司预计的退货率为20%，且在退货的过程中，甲公司预计为每张办公桌发生的成本为100元，退回后的办公桌可能会发生价值减损，每套减损300元。上述价款均不包含增值税。甲公司应确认的应付退货款金额为（　　）元。

附有销售退回的商品销售2

A.4 000　　B.3 800　　C.3 600　　D.3 200

3.【多项选择题】这是一笔附有销售退回条款的销售业务所引发的资金运动流程图。有关下图的表述正确的有（　　）。

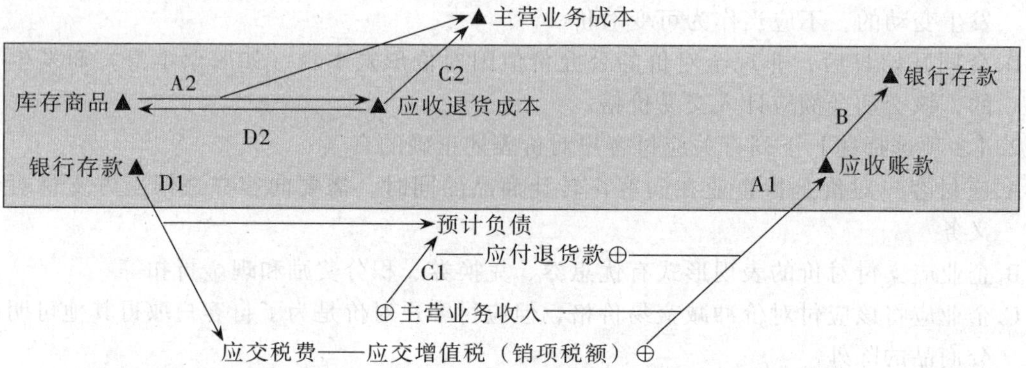

A.对于附有销售退回的销售，按照可能退货的部分确认为预计负债，按照可能不会退货的部分确认为主营业务收入；按销售总额确认增值税销项税额，即图中A1段所示

B.在进行成本结转时，直接按照销售总成本中预计不会退货的部分确认为主营业务成本，按照预计会退货的部分确认为应收销货退货款，即图中A2段所示

C.企业在资产负债表日对退货的可能性分别进行了重新估计，并进行了相应的调整，即图中C段运动所示，其中C1段调整预计应付退货款；C2段调整应收退货成本

D.客户实际退货时，企业将退货款连同增值税一并退给对方，即图中D1段运动；同时还需将退货成本重新转为库存商品，即图中D2段所示

4.【多项选择题】这是一笔附有销售退回条款的销售业务所引发的资金运动流程图。下列有关下图的表述正确的有（　　）。

附有销售退回的商品销售3-4

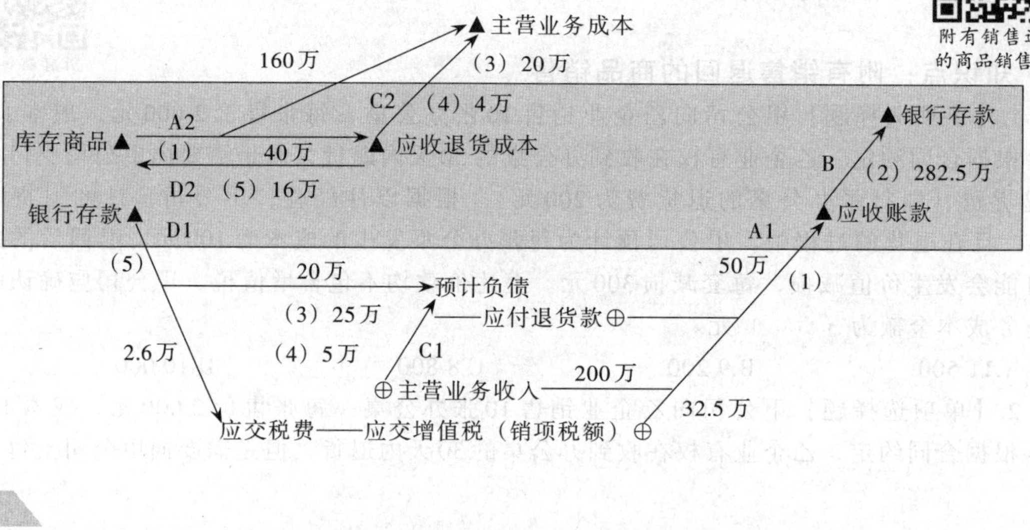

A.A1段资金运动反映销售总金额为250万元，其中确认了200万元的销售收入，确认了50万元的应付退货款，并按照销售总额250万元确认了增值税销项税额32.5万元

B.A2段资金运动反映企业总的销售成本为200万元，其中确认了160万元的主营业务成本，确认了40万元的应收退货成本

C.C段资金运动反映企业在两个不同的资产负债表日对退货可能性分别进行了重新估计，并根据新的估计对原来的资金运动分别进行了调整。其中C1段是对应付退货款进行了两次调整，一次调增收入5万元，一次调增收入25万元；C2段是对应收退货成本进行了两次调整，一次是调增主营业务成本4万元，一次是调增主营业务成本20万元

D.D段资金运动反映实际退货的发生，其中D1段资金运动反映实际退货后，企业将退货款连同增值税一并退给对方，价税合计共支付了22.6万元，D2段资金运动是退货的货物共计16万元重新转为库存商品

5.【业务题】甲公司是一家健身器材销售公司。20×8年10月1日，甲公司向乙公司销售1 200件健身器材，单位售价1 000元，单位生产成本400元，开出的增值税专用发票上注明的销售价格为120万元，增值税为15.6万元。健身器材已经发出，但款项尚未收到。根据协议，乙公司应在20×8年12月1日之前支付货款，在20×9年3月31日之前有权退还健身器材。发出健身器材后，甲公司根据以往经验，估计其退货率为10%；在20×8年12月31日，甲公司对退货率进行重新评估，得出其退货率为8%。20×9年3月31日，实际退货60件，甲公司已将相应的款项以银行存款退还给对方。甲公司为增值税一般纳税人，健身器材发出时纳税义务已经发生，实际发生退货时取得税务机关开具的红字增值税专用发票。假设健身器材在发出时控制权转移给乙公司。

要求：请进行相应的会计处理。

附有销售退回的商品销售5

6.【业务题】甲公司向家具店销售50张办公桌，每张售价2 000元，成本1 000元。根据合同约定，家具店有权在收到办公桌的30天内退货，但是需要向甲公司支付12%的退货费（即每张办公桌的退货费为240元）。根据以往经验，甲公司预计的退货率为10%，且在退货的过程中，甲公司预计为每张办公桌发生的成本为80元。上述价款均不包含增值税，增值税税率为13%。

要求：请进行相应的会计处理。

附有销售退回的商品销售6

七、知识点：附有质保条件的商品销售

附有质量保证条款的销售1-2

1.【单项选择题】下列有关附有质量保证条款的商品销售表述不正确的有（　　）。

A.对于客户能够选择单独购买质量保证的，表明该质量保证构成单项履约义务

B.对于客户不能够选择单独购买质量保证的，表明该质量保证不构成单项履约义务

C.对于不能作为单项履约义务的质量保证，企业应当按照或有事项的规定进行会计处理，即作为“预计负债——预计应付售后服务费”处理

D.企业提供的质量保证同时包含保证类质量保证和服务类质量保证的，应当分别对其进行会计处理；无法合理区分的，应当将这两类质量保证一起作为单项履约义务按照准则进行会计处理

2.【单项选择题】20×7年10月18日，甲公司销售手机实现销售收入100万元，其成本为60万元。另外，甲公司因其客户购买手机延保服务取得收入6万元，该延保服务条款规定：产品售出后超过法定一年保修期后的一年内，如发生正常质量问题，甲公司将免费负责修理。假定款项已经全部收存银行。以上款项均不含增值税，其中销售手机增值税税率为13%，延保服务增值税税率为6%。甲公司应确认的合同负债金额为（　　）万元。

A.106.96　　B.6.96　　C.6.36　　D.6

3.【单项选择题】20×8年，甲公司销售产品收入为5 000万元，款项已全部存入银行，其成本为3 000万元。甲公司的产品质量保证条款规定：产品出售一年内，如发生正常质量问题，甲公司将负责免费维修。根据以往的经验，如出现较小的质量问题，则需要发生的维修费为产品销售收入的10%；如出现较大的质量问题，则需要发生的维修费为产品销售收入的20%。据预测，本年度已售产品中，有80%不会发生质量问题，有15%会发生较小质量问题，有5%将发生较大质量问题。以上款项均不含增值税，其中销售手机增值税税率为13%。甲公司20×8年全年销售应确认的预计售后服务费金额为（　　）万元。

A.155　　B.135　　C.125　　D.115

4.【多项选择题】这是一笔附有质量保证条款的销售业务所引发的资金运动流程图。下列有关下图的表述正确的有（　　）。

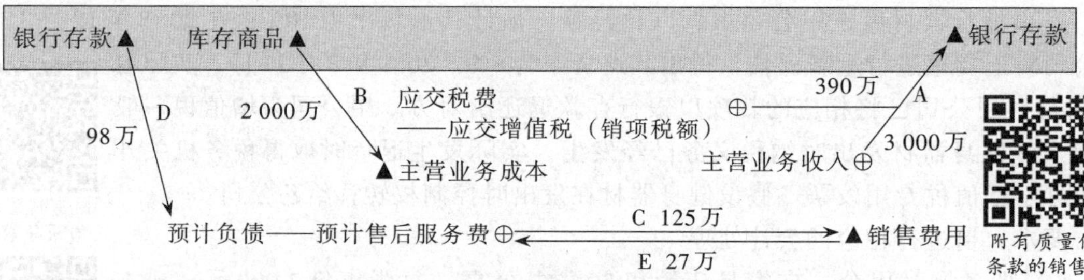

附有质量保证条款的销售3-4

A.A段资金运动反映企业确认销售收入3 000万元，并同步确认增值税390万元；B段资金运动反映企业结转销售成本2 000万元

B.C段资金运动反映企业期末预提了125万元的预计售后服务费。这说明销售合同包含两项独立的履约义务：一项是销售，一项是售后服务

C.D段资金运动反映企业实际发生了98万元的售后服务费，该服务费均以银行存款支付

D.E段资金运动反映企业将未使用完的预计售后服务费27万元予以冲销

5.【多项选择题】这是一笔附有质量保证条款的销售业务所引发的资金运动流程图。下列有关下图的表述正确的有（　　）。

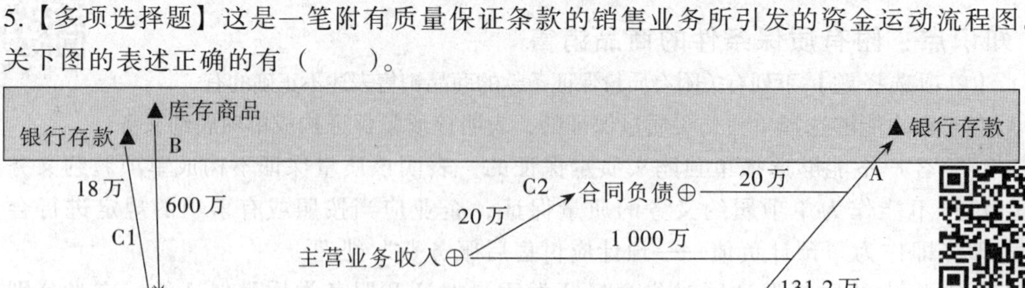

附有质量保证条款的销售5-6

A.A段资金运动反映企业确认销售收入1 000万元，确认合同负债20万元，并按照销售

总价款1 020万元确认增值税131.2万元；B段资金运动反映企业结转生产成本600万元

B.A段资金运动反映企业在确认销售收入时同步确认了20万元的合同负债。这说明销售合同包含两项独立的履约义务：一项是销售，一项是质量保证等延保服务

C.C1段资金运动反映企业实际发生了18万元的延保服务费，该服务费均以银行存款支付

D.C2段资金运动反映企业因履行了延保服务义务而确认20万元的销售收入

6.【判断题】在销售业务中，企业使用“合同负债”和使用“预计负债”是没有区别的。（　　）

7.【业务题】20×7年，甲公司销售笔记本电脑实现销售收入2 000万元。另外，甲公司因其客户购买笔记本电脑延保服务收取了30万元，该延保服务条款规定：产品售出后超过法定一年保修期后的一年内，如发生正常质量问题，甲公司将免费负责修理。假定款项已经全部收存银行。根据以往的经验，如果出现较小的质量问题，则需发生的修理费为产品销售收入的5%；如果出现较大的质量问题，则需发生的修理费为产品销售收入的10%。据预测，本年度已售产品中，超过法定一年保修期后的一年内有60%不会发生质量问题，有30%将发生较小的质量问题，有10%将发生较大的质量问题。20×9年，甲公司按照合同约定对其20×7年销售的笔记本电脑提供延保服务，发生成本22万元，假定全部以银行存款支付。销售电脑增值税税率为13%，延保服务增值税税率为6%。以上款项均不含增值税。

要求：对甲公司上述交易所涉及的业务进行相应的会计处理。

附有质量保证条款的销售7

8.【业务题】20×8年，甲公司销售产品收入为1 500万元，款项已全部存入银行。甲公司的产品质量保证条款规定：产品出售一年内，如发生正常质量问题，甲公司将负责免费维修。根据以往的经验来看，如出现较小的质量问题，则需要发生的维修费为产品销售收入的5%；如出现较大的质量问题，则需要发生的维修费为产品销售收入的10%。据预测，本年度已售产品中，有80%不会发生质量问题，有15%会发生较小质量问题，有5%将发生较大质量问题。20×9年，甲公司按照合同约定对其20×8年销售的产品提供免费维修服务，发生成本15万元，假设全部以银行存款支付。该公司增值税税率为13%。

要求：对甲公司上述交易所涉及的业务进行相应的会计处理。

附有质量保证条款的销售8

八、知识点：销售过程中是主要责任人还是代理人处理

销售中主要责任人还是代理人1-3

1.【单项选择题】下列有关主要责任人和代理人表述不正确的有（　　）。

A.企业承诺自行向客户提供特定商品的，其身份是主要责任人

B.企业承诺安排他人提供特定商品的，即为他人提供协助的，其身份是代理人

C.自行向客户提供特定商品不包含委托另一方（包括分包商）代为提供特定商品

D.主要责任人应当按照已收或应收对价总额确认收入，代理人应当按照预期有权收取的佣金或手续费的金额确认收入

2.【多项选择题】下列有关主要责任人表述正确的有（　　）。

A.企业在判断其是主要责任人还是代理人时，应当以该企业在将特定商品转让给客户

之前是否能够控制该商品为原则

B.承担向客户转让商品的主要责任的企业，为主要责任人

C.在转让商品之前或之后承担了该商品的存货风险的企业，为主要责任人

D.有权自主决定所交易商品的价格的企业，为主要责任人

3.【多项选择题】这是一笔以支付手续费方式委托代销业务中委托方的销售业务所引发的资金运动流程图。下列有关下图的表述正确的有（　　）。

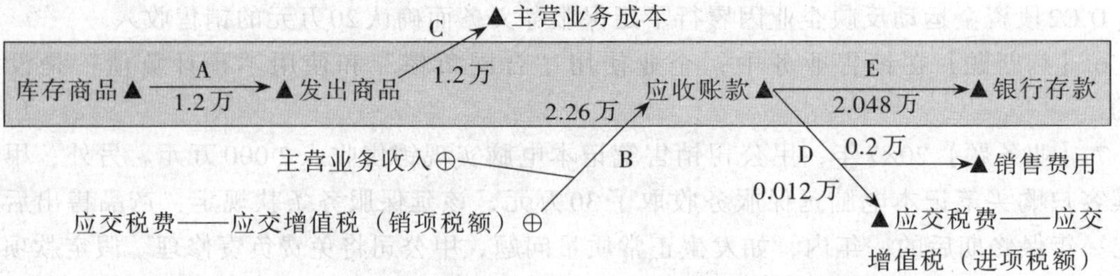

A.A段资金运动反映将价值1.2万元的货物发送给受托方，让其代销

B.B段资金运动反映企业收到受托方送来的代销清单后，确认2万元的收入和0.26万元的增值税，C段资金运动同步反映结转已售产品成本1.2万元

C.D段资金运动反映根据代销清单确认0.2万元的代销手续费，还有0.012万元的增值税进项税额

D.E段资金运动反映企业收到最终的含税款项2.048万元，即销售总价款（含税）2.26万元减去手续费（含税）0.212万元后的余额

4.【多项选择题】这是一笔以支付手续费方式委托代销业务中受托方的销售业务所引发的资金运动流程图。下列有关下图的表述正确的有（　　）。

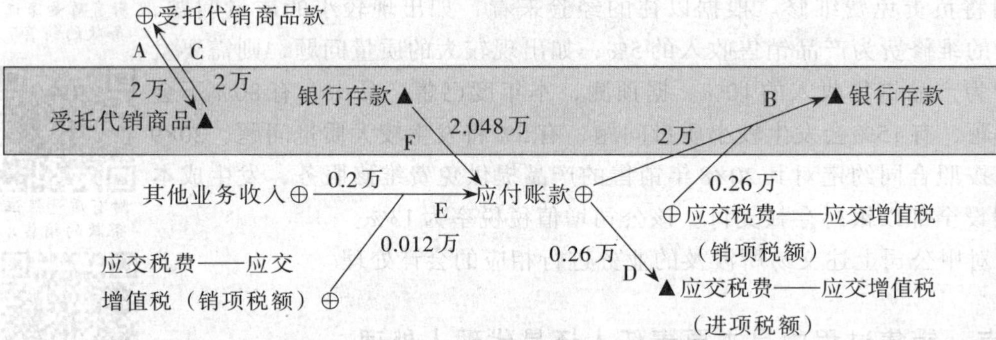

销售中主要责任人还是代理人4-5

A.A段资金运动反映企业收到一批受托代销的商品，并应对方的要求，其销售价格为2万元

B.B段资金运动反映企业销售受托商品并开出增值税专用发票，确认2万元的代销应付款和0.26万元的增值税销项税额，C段资金运动同步反映冲销已售受托代销商品款2万元

C.D段资金运动反映企业销售商品的同时，确认增值税进项税额0.26万元，从而抵销销项税额0.26万元，即将增值税代扣代缴义务转嫁给委托方

D.E段资金运动反映确认0.2万元的代销手续费收入和0.012万元的销项税额。F段资金运动反映企业支付代销含税款项2.048万元，即销售总价款（含税）2.26万元减去手

续费收入（含税）0.212万元后的余额

5.【判断题】在收取手续费委托代销业务中，委托方收入确认的时点应该是将代销商品发送给受托方的那一时刻。（　　）

6.【业务题】20×9年5月20日，甲公司委托乙公司销售A商品1 500件，乙公司按每件400元的价格出售给客户，甲公司按照售价的10%（不含增值税）支付给乙公司手续费（不含增值税，增值税税率6%）。该商品成本240元/件，增值税税率13%。乙公司实际销售时，向买方开出一张增值税专用发票，发票上注明A商品售价600 000元，增值税额78 000元。20×9年8月18日，甲公司在收到乙公司交来的代销清单时，向乙公司开具一张相同金额的增值税发票。20×9年8月25日，甲公司收到乙公司在扣除手续费后的销售款项，并已将其存入银行；同时还收到乙公司开具的增值税专用发票，手续费60 000元，增值税3 600元。

要求：请对甲、乙两公司对于本笔交易所涉及的业务进行相应的会计处理。

销售中主要责任人还是代理人6

九、知识点：附有客户额外购买权的销售处理

1.【单项选择题】下列有关附有客户额外购买权的销售处理表述不正确的有（　　）。

A.附有客户额外购买权是指企业在销售商品的同时，会向客户授予选择权，允许客户可以据此免费或者以折扣价格购买额外的商品

B.企业向客户授予的额外购买选择权的形式包括销售激励、客户奖励积分、未来购买商品的折扣券以及合同续约选择权等

C.该选择权向客户提供了重大权利的，应当作为单项履约义务。在这种情况下，客户在该合同下支付的价款实际上购买了两项单独的商品：一是客户在该合同下原本购买的商品；二是客户可以免费或者以折扣价格购买额外商品的权利

D.当企业向客户提供了额外购买选择权，但客户在行使该选择权购买商品的价格反映了该商品的单独售价时，由于客户只能通过与企业订立特定合同才能获得该选择权，该选择权应被视为企业向该客户提供了一项重大权利

2.【单项选择题】甲公司以300元的价格向客户销售A商品，购买A商品的客户可以得到一张40%的折扣券（即按6折购买），客户可以在未来的30天内使用该折扣券购买甲公司原价不超过100元的任一商品。同时，甲企业计划推出季节性促销活动，在未来30天内针对所有产品均提供10%的折扣。上述两项优惠活动不能叠加使用。根据以往经验，甲公司预计有80%的客户会使用该折扣券，额外购买的商品的金额平均为80元。上述金额均不包括增值税，增值税税率为13%。甲公司应确认的合同负债金额为（　　）元。

附额外购买权销售1-2

A.24　　B.19.2　　C.18　　D.25.6

3.【单项选择题】20×8年1月1日，甲公司开始推出一项奖励积分计划。根据该计划，客户在甲公司每消费10元可获得一个积分，每个积分从次月开始在购物时可以抵减1元。截至20×8年1月31日，客户共消费6万元，可获得0.6万个积分。根据以往经验，甲公司估计该积分的兑换率为90%。上述金额不包括增值税，增值税税率13%。甲公司应确认合同负债金额为（　　）元。

A.6 000　　　　B.5 400　　　　C.4 954　　　　D.4 876

4.【多项选择题】这是一笔附有积分兑换的销售业务所引发的资金运动流程图。下列有关下图的表述正确的有（　　）。

附额外购买权销售3

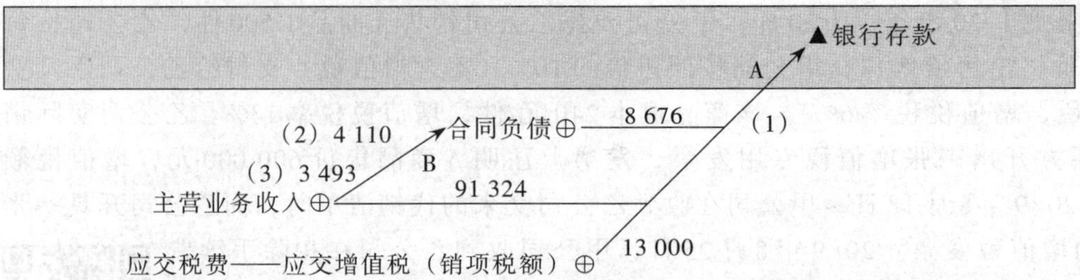

A.A段资金运动反映企业发生销售业务，取得价款10万元，并开具增值税专用发票，其发票的增值税金额为1.3万元。与此同时，客户还取得一定的积分，该积分可以在未来兑换商品，因此企业还确认了合同负债

B.A段资金运动还反映企业将销售总价款10万元在销售的商品与未来积分兑换之间进行了价格分摊，其中商品销售分得9.1324万元，积分兑换分得0.8676万元

C.B段资金运动反映客户兑换了两次积分，一次兑换了0.411万元，一次兑换了0.3493万元

D.该资金运动流程图还反映客户在进行积分兑换时，企业不需要发生成本

附额外购买权销售4-5

5.【判断题】如果客户行使该权利购买的额外商品与原合同下购买的商品类似，而且企业将按照原合同条款提供该额外商品，则企业可以采用简化处理方式，无须估计该选择权的单独售价，而是直接把其预计将提供的额外商品的数量以及预计将收取的相应对价金额纳入原合同。这种简化处理方式常见于企业向客户提供续约选择权的情况。（　　）

6.【业务题】甲公司以200元的价格向客户销售A商品，购买A商品的客户可以得到一张30%的折扣券，客户可以在未来的30天内使用该折扣券购买甲公司原价不超过100元的任一商品。同时，甲公司计划推出季节性促销活动，在未来30天内针对所有产品均提供10%的折扣。上述两项优惠活动不能叠加使用。根据以往经验，甲公司预计有90%的客户会使用该折扣券，额外购买的商品的金额平均为80元。上述金额均不包括增值税，增值税税率为13%。

附额外购买权销售6

要求：对甲公司该笔业务进行相应的会计处理。

7.【业务题】20×8年1月1日，甲公司开始推出一项奖励积分计划。根据该计划，客户在甲公司每消费10元可获得一个积分，每个积分从次月开始在购物时可以抵减1元。截至20×8年1月31日，客户共消费15万元，可获得1.5万个积分。根据以往经验，甲公司估计该积分的兑换率为90%。上述金额不包括增值税，增值税税率为13%。

截至20×8年12月31日，客户共兑换了10 000个积分，甲公司对该积分兑换率进行了重新估计，预计兑换率为95%。

截至20×9年12月31日，客户共兑换了14 000个积分，甲公司对该积分兑换率进行了重新估计，预计兑换率为97%。

要求：对甲公司该交易所涉及的业务进行相应的会计处理。

附额外购买权销售7

8.【业务题】20×7年1月1日，甲公司与100位客户签订为期一年的服务合同，每份合同的价款为2万元，并在当日全额支付了款项。该项服务是甲公司推出的一项新业务。为推广这项业务，该合同约定，客户有权在20×7年年末选择以同样的价格续约一年并立即支付2万元；选择在20×8年年度续约的客户还有权在20×8年年末选择以相同的价格再续约一年并立即支付2万元。甲公司在20×8年和20×9年将对该项服务的价格分别提高至每年3万元和4万元。20×7年及以后，没有续约但之后又购买该服务的以及所有的新客户都将使用当年涨价后的价格。假设甲公司提供该项服务属于在一段时间内履行的履约义务，并按照成本法确定履约进度。上述金额均不含增值税，增值税税率为6%。合同开始日，甲公司估计有90%的客户会续约，之后其中又有90%的客户会再续约。20×7年至20×9年合同预计成本分别为10 000元、12 000元和13 000元。

20×7年度，陆陆续续发生履约成本共计105万元。20×7年12月31日，有94位客户续约，估计下年度续约率为95%，并估计20×8年和20×9年的履约成本分别为12 000元、13 500元。

20×8年度，陆陆续续发生履约成本共计120万元。20×8年12月31日，有90位客户续约，并估计20×9年的履约成本为14 000元。

20×9年度，陆陆续续发生履约成本共计130万元。

要求：请对甲公司上述业务进行相应的会计处理。

附额外购买权销售8

十、知识点：向客户授予知识产权许可

向客户授予知识产权许可1-3

1.【单项选择题】下列有关授予知识产权许可表述不正确的有（　　）。

A.授予知识产权许可，是指企业授予客户对企业拥有的知识产权享有相应权利。常见的知识产权包括软件和技术、影视和音乐等的版权、特许经营权以及专利权、商标权和其他版权等

B.授予客户的知识产权许可不构成单项履约义务的，企业应当将该知识产权许可和所售商品一起作为单项履约义务进行会计处理

C.授予客户的知识产权许可构成单项履约义务的，企业应当根据该履约义务的性质，进一步确定其是在某一时段内履行还是在某一时点履行

D.企业向客户授予知识产权许可，并约定按客户实际销售或使用情况（如按照客户的销售额）收取特许权使用费的，应当在客户后续销售或使用行为实际发生与企业履行相关履约义务二者孰早的时点确认收入

2.【多项选择题】企业向客户授予的知识产权许可，应当作为在某一时段内履行的履约义务确认相关收入，必须同时满足下列条件的有（　　）。

A.合同要求或客户能够合理预期企业将从事对该项知识产权有重大影响的活动

B.该活动对客户将产生有利或不利影响

C.该活动不会导致向客户转让某项商品

D.该活动会导致向客户转让某项商品

3.【多项选择题】甲公司是一家著名的足球俱乐部，授权乙公司在其设计生产的服装、帽子、水杯以及毛巾等产品上使用甲公司球队的名称和图标，授权期间为2年。合同约定，

甲公司收取的合同对价由两部分组成：一是300万元固定金额的使用费；二是按照乙公司销售上述商品所取得销售额的6%计算的提成。乙公司预期甲公司会继续参加当地顶级联赛，并取得优异的成绩。下列有关该笔业务表述正确的有（　　）。

A.这个合同包括了两项履约义务，一项是按固定金额收取的使用费，一项是按销售额进行的提成

B.由于乙公司能够合理预期甲公司将继续参加比赛，甲公司的成绩将会对其品牌（包括名称和图标等）的价值产生重大影响，而该品牌价值可能会进一步影响乙公司产品的销量，甲公司从事的上述活动并未向乙公司转让任何可明确区分的商品，因此，甲公司授予的该使用权许可，属于在2年内履行的履约义务

C.甲公司收取的300万元固定金额的使用费应当在2年内平均确认收入

D.甲公司按照乙公司销售相关商品所取得销售额的6%计算的提成应当在乙公司的销售发生时确认收入

4.【业务题】甲公司是一家设计制作连环漫画的公司，乙公司是一家大型连锁酒店。甲公司授权乙公司可在4年内使用其3部连环漫画中的角色形象和名称，乙公司可以以不同的方式使用这些漫画中的角色。甲公司的每部连环漫画都有其主要角色，并会定期推出新的角色，角色的形象也会随时演变。合同要求乙公司必须使用最新的角色形象。在授权期内，甲公司每年向乙公司收取800万元的使用费（不含增值税，增值税税率为6%）。

向客户授予知识产权许可4

要求：对甲公司该笔交易所涉及的业务进行相应的会计处理。

售后回购1

十一、知识点：售后回购

1.【单项选择题】丁公司于20×1年1月5日将一批商品销售给乙公司，售价为500万元，增值税税率为13%，货款已收到。该商品成本为320万元。合同规定，半年后丁公司将这批商品重新购回，回购价为530万元（不含增值税，增值税税率为13%）。丁公司就本笔业务所应确认主营业务收入为（　　）万元。

A.580　　B.540　　C.500　　D.0

2.【多项选择题】下列有关售后回购表述正确的有（　　）。

A.售后回购，是指企业销售商品的同时承诺或有权选择日后再将该商品购回的销售方式

B.被购回的商品就是指企业当初销售给客户的商品

C.回购价格低于原售价的，售后回购应当视为租赁交易，按照租赁准则的相关规定进行会计处理

D.回购价格不低于原售价的，售后回购应当视为融资交易，在收到客户款项时确认金融负债，而不是终止确认该资产，并将该款项和回购价格的差额在回购期间内确认为财务费用等

3.【多项选择题】这是一笔售后回购所引发的资金运动流程图。下列有关下图的表述正确的有（　　）。

售后回购2-3

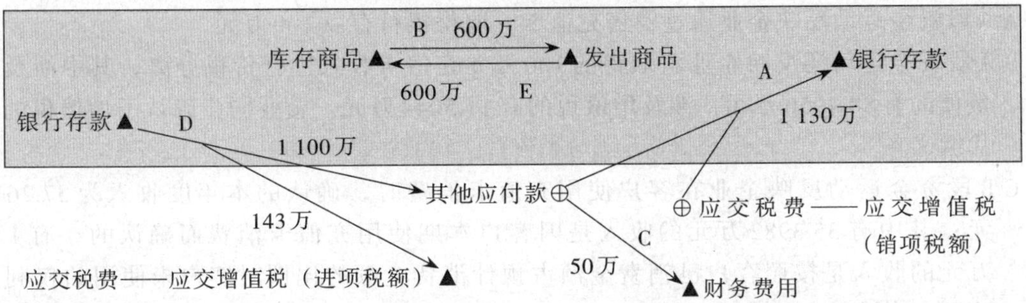

A.A段资金运动反映企业发生销售业务，并开具增值税专用发票。但由于是一个融资行为，所以企业未确认收入，而是确认了一项1 000万元的其他应付款。B段资金运动反映企业并没有将库存商品600万元转为主营业务成本，而是转为发出商品

B.C段资金运动反映企业在回购期间内分期摊销回购价超过原售价的部分。即每次摊销50万元，共计100万元，这样其他应付款的金额就达到1 100万元，即为回购价款

C.D段资金运动反映企业回购业务的发生。即支付回购价1 100万元，并一并支付增值税143万元

D.E段资金运动反映将发出商品重新转为库存商品

售后回购4

4.【业务题】甲公司于20×9年3月1日将一批商品销售给乙公司，售价为2 000万元，增值税税率为13%，货款已收到。该商品成本为1 100万元。合同规定，半年后甲公司将这批商品重新购回，回购价为2 060万元。20×9年9月1日甲公司按合同规定将该商品购回。

要求：对甲公司上述从销售到回购的整个业务进行相应的会计处理。

客户未使用权利1

十二、知识点：客户未使用的权利和无须退回的初始费用

1.【单项选择题】甲公司经营连锁面包店。20×8年7月，甲公司向客户销售了1 000张储值卡，每张面值为300元。客户可以在甲公司经营的任何一家门店使用该储值卡进行消费。根据以往经验，甲公司预期客户购买的储值卡中将有相当于储值卡面值金额的8%（即2.4万元）的部分不会被消费。截至20×8年12月31日，客户使用该储值卡消费的金额为18.4万元。甲公司为增值税一般纳税人，增值税税率为13%，在客户使用该储值卡消费时发生增值税纳税义务。对于客户未使用的权利，甲公司本年度应确认的不含税收入金额为（　　）元。

A.24 000　　　B.14 720　　　C.16 000　　　D.14 159

2.【多项选择题】这是一笔附有客户未使用的权利（充值卡）的销售业务所引起的资金运动流程图。下列有关下图的表述正确的有（　　）。

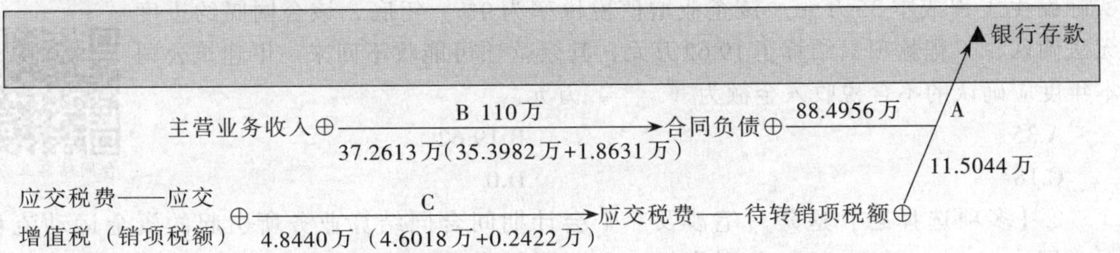

A.A段资金运动反映企业通过销售充值卡，取得银行存款100万元

B.A段资金运动还反映企业将取得的100万元充值卡收入进行价税分离，其中涉及合同负债的有88.4956万元，涉及增值税的有11.5044万元。企业同步确认了增值税的代扣代缴义务

C.B段资金运动反映企业在客户使用充值卡消费时，确认的本年度收入为37.2613万元；其中有35.3982万元的收入是因客户本期使用充值卡消费而确认的，有1.8631万元的收入是按照客户已消费金额占预计消费金额的比例对客户未使用的权利所确认的

D.C段资金运动反映企业本年度根据客户使用充值卡所确认的增值税销项税额4.8440万元；其中4.6018万元是针对客户消费商品而言的，0.2422万元是针对客户未使用的权利中已确认部分而言的

客户未使用权利2-3

3.【多项选择题】下列有关无须退回的初始费表述正确的有（　　）。

A.企业在合同开始日（或邻近合同开始日）向客户收取的无须退回的初始费通常包括入会费、接驳费、初装费等

B.该初始费与向客户转让已承诺的商品相关，且该商品构成单项履约义务的，企业应当在转让该商品时，按照分摊至该商品的交易价格确认收入；该初始费与向客户转让已承诺的商品相关，但该商品不构成单项履约义务的，企业应当在包含该商品的单项履约义务履行时，按照分摊至该单项履约义务的交易价格确认收入

C.该初始费用与向客户转让已承诺的商品不相关的，该初始费用应当作为未来将转让商品的预收款，在未来转让该商品时确认为收入

D.企业在确定履约进度时，应该考虑这些初始费用

4.【业务题】甲公司经营连锁面包店。20×8年7月，甲公司向客户销售了1 000张储值卡，每张面值为300元。客户可以在甲公司经营的任何一家门店使用该储值卡进行消费。根据以往经验，甲公司预期客户购买的储值卡中将有相当于储值卡面值金额的8%（即2.4万元）的部分不会被消费。截至20×8年12月31日，客户使用该储值卡消费的金额为18.4万元。甲公司为增值税一般纳税人，增值税税率为13%，在客户使用该储值卡消费时发生增值税纳税义务。

客户未使用权利4

要求：请对甲公司相关业务进行会计处理。

十三、知识点：合同结算业务处理

1.【单项选择题】甲建筑公司与客户签订了一项总金额为100万元的建造合同。第一年实际发生工程成本35万元。该企业增值税税率为9%。年底，该合同履约进度无法确认，工程款项只结算了19.62万元，其余款项可能收不回来。甲建筑公司本年度应确认的不含税收入金额为（　　）万元。

A.35　　　　B.19.62

C.18　　　　D.0

合同结算业务1

2.【多项选择题】这是一笔涉及三个会计期间合同结算业务所引起的资金运动流程图，图中（1）、（2）、（3）分别代表三个不同的会计期间。下列有关下图的表述正确的

有（　　）。

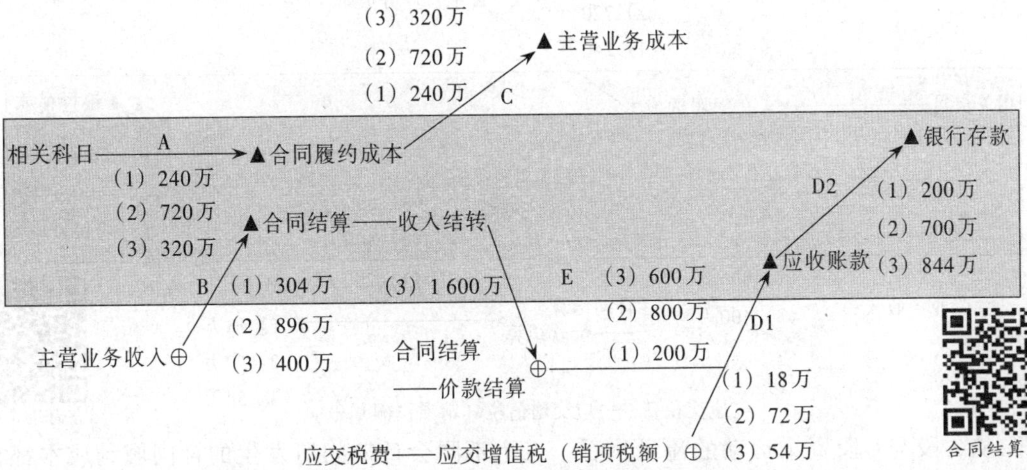

合同结算业务2

A. 在（1）会计期间，A段资金运动反映企业发生了240万元的履约成本，B段和C段表示企业按履约进度分别确认304万元的收入和240万元的费用，D1段反映企业与客户结算了200万元工程款项以及相应的增值税税额18万元，D2段反映企业实际收到了200万元银行存款，还有18万元尚未收到，形成应收账款18万元的余额

B. 在（2）会计期间，A段资金运动反映企业发生了720万元的履约成本，B段和C段表示企业按履约进度分别确认896万元的收入和720万元的费用，D1段反映企业与客户结算了800万元工程款项以及相应的增值税72万元，D2段反映企业实际收到了700万元银行存款，本期还有172万元尚未收到，把期初余额算在内，应收账款形成190万元的余额

C. 在（3）会计期间，A段资金运动反映企业发生了320万元的履约成本，B段和C段表示企业按履约进度分别确认400万元的收入和320万元的费用，D1段反映企业与客户结算了600万元工程款项以及相应的增值税54万元，D2段资金运动反映企业实际收到了844万元银行存款，不仅把本期的654万元全部收回，还把期初的190万元也全部收回

D. 在（3）会计期间，E段资金运动反映企业工程项目完工，办理财产移交手续，因而在账面上也需要将“合同结算——收入结转”与“合同结算——价款结算”对冲。至此，整个工程项目全部结束

3.【多项选择题】这是一笔涉及三个会计期间合同结算业务所引起的资金运动流程图，图中（1）、（2）、（3）分别代表三个不同的会计期间。下列有关下图的表述正确的有（　　）。

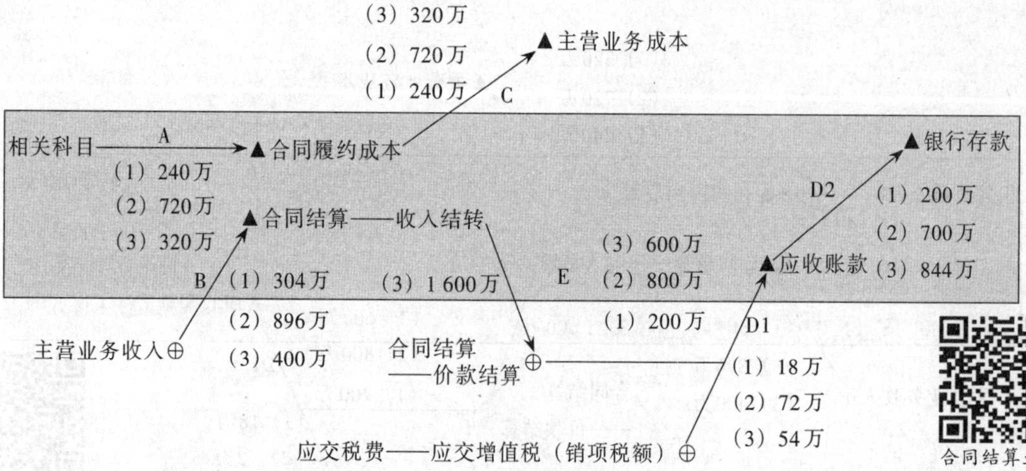

合同结算业务3

A. 从A段与C段资金运动的流量来看，三个不同会计期间所发生的合同履约成本都在当年全部结转为主营业务成本，这说明企业确认履约进度所采用的方法很可能是投入法，具体而言，很可能是累计投入成本占预计合同总成本的比例。否则的话，当期的合同履约成本不可能都为零

B. 从B段和D1段资金运动的流量来看，在三个不同会计期间，企业确认收入的金额和企业与客户结算款项的金额都不相同，而且金额还相差甚大。按道理，企业应该都是按履约进度确认收入和确认款项结算的，应该没有差别。这说明企业的会计处理可能存在问题

C. 从D1段和D2段资金运动的流量来看，企业与客户结算的金额和企业实际收到的银行存款可能存在一定的差异

D. 从B段和D1段资金运动的流量来看，在三个不同会计期间，虽然企业确认收入的金额和企业与客户结算款项的金额都不相同，但三期合计的总额却是相同的，即："主营业务收入"、"合同结算——收入结转"和"合同结算——价款结算"都是相同的，以本题为例，都是1 600万元。也正因如此，才有E段资金运动，"合同结算——收入结转"冲销"合同结算——价款结算"，从而在账面上将"合同结算"冲销，整个合同到此结束

4.【业务题】甲公司（建筑性质）与客户签订一项总金额为6 000万元的建造合同，工程已于20×7年2月3日开工，20×9年7月完工。该项合同在20×7年末预计总成本为4 800万元。20×8年客户提出变更部分设计，经双方协商，客户同意追加投资400万元。20×8年末，预计工程总成本为5 100万元。上述所有款项均不包含增值税，增值税税率为9%。该建造合同其他有关资料见下表。

建造合同相关资料汇总表

单位：万元

年份	20×7年度	20×8年度	20×9年度
累计实际发生成本	1 920	4 080	5 100
已结算工程价款	2 616	2 964.8	1 395.2
实际收到价款	2 500	3 000	1 476

假设甲公司在与该客户结算时发生增值税缴纳义务，客户在实际支付工程价款时支付其对应的增值税税款。假定该建造合同的结果能够可靠估计；该客户采用累计实际发生的合同成本占合同预计总成本的比例确定该项合同的履约进度。

要求：对甲公司20×7年度、20×8年度、20×9年度的业务进行相应的会计处理。

5.【业务题】甲建筑公司与客户签订了一项总金额为800万元的建造合同。20×7年，实际发生工程成本200万元。该企业增值税税率为9%。20×7年底只结算163.5万元，其余款项可能收不回来。20×8年，款项收回的不确定因素消除，实际发生成本250万元，预计未完成合同尚需发生成本150万元。

要求：对甲公司20×7年度、20×8年度的业务进行相应的会计处理。

合同结算业务4　　合同结算业务5

第十一章　对外投资环节资金运动分析与会计处理

对外投资概述

一、知识点：对外投资概述

1.【多项选择题】与其他资产相比，对外投资所形成的资产具有的特点主要有（　　）。

A.投资是以让渡其他资产而换取的另一项资产

B.投资是企业在生产经营过程之外而持有的资产。投资虽然是企业的一项资产，但它不参与企业的生产经营周转，不直接为企业生产商品、提供劳务或行政管理服务

C.投资是一种以权利为表现形式的资产。投资表现为对被投资企业的一项权利（股权或债权），即要求取得收益或其他利益的权利

D.投资是一种具有财务风险的资产

2.【多项选择题】按投资后投资企业与被投资企业所形成的产权关系，投资可以分为（　　）。

A.债权性投资　　B.权益性投资　　C.混合性投资　　D.外延性投资

3.【多项选择题】按管理金融资产的业务模式和金融资产的合同现金流量特征分类，金融资产可以分为（　　）。

A.以摊余成本计量的金融资产

B.以公允价值计量且其变动计入其他综合收益的金融资产

C.以公允价值计量且其变动计入当期损益的金融资产

D.以公允价值计量的投资性房地产

金融资产概述 1-4

二、知识点：金融资产概述

1.【多项选择题】下列有关金融工具概念表述正确的有（　　）。

A.金融工具是一个合约或者合同

B.金融工具是指形成一方的金融资产并形成其他方的金融负债或权益工具的合同

C.债券是一种金融工具。在这种金融工具里，投资方通过购买债券进行投资，作为金融资产处理；发行方通过发行债券筹措资金，应作为金融负债处理，其具体通过长期应付款进行核算

D.股票是一种金融工具。在这个金融工具里，投资方通过购买股票进行投资，作为金融资产处理；发行方通过发行股票筹措资金，应作为权益工具处理，其具体通过实收资本和资本公积进行核算

2.【多项选择题】下列项目属于金融资产的有（　　）。

A.库存现金、银行存款和其他货币资金

B.应收款、预付款、贷款和债权投资

C.固定资产、无形资产、原材料、库存商品等

D.权益工具投资

3.【多项选择题】下列有关业务模式与合同现金流量表述正确的有（　　）。

A.业务模式是指企业如何管理其金融资产以产生现金流量

B.业务模式决定企业所管理的金融资产的现金流量的来源，是收取合同现金流量、出售金融资产还是两者兼有

C.债务工具投资的金融资产，其合同现金流量特征应当与基本借贷安排相一致，即相关金融资产在特定日期产生的合同现金流量仅为对本金和以未偿付本金金额为基础的利息的支付

D.合同现金流特征也适用于权益工具投资

4.【多项选择题】下列有关债务工具投资分类表述正确的有（　　）。

A.该债务工具投资如同时满足以下两个条件：（1）其合同现金流特征是对本金和以未偿付本金金额为基础的利息的支付。（2）其业务模式是收取合同现金流。一般情况下，企业应将其确认为期末以摊余成本计量的金融资产，即债权投资

B.该债务工具投资如同时满足以下条件：（1）其合同现金流特征是对本金和以未偿付本金金额为基础的利息的支付。（2）其业务模式是收取合同现金流和出售双重目的。一般情况下，企业应将其确认为期末以公允价值计量且其变动计入其他综合收益的金融资产，即其他债权投资

C.该债务工具投资，其合同现金流特征不是对本金和以未偿付本金金额为基础的利息的支付，或者其业务模式既不是收取合同现金流也不是收取合同现金流和出售双重目的。一般情况下，企业应将其确认为期末以公允价值计量且其变动计入当期损益的金融资产，即交易性金融资产

D.运用公允价值计量消除会计错配只是针对期末以摊余成本计量的金融资产，即针对债权投资而言。由于其他债权投资本身就是以公允价值计量的，因此该会计错配的消除不会涉及其他债权投资

5.【多项选择题】下列有关金融工具准则所界定的权益工具投资分类表述正确的有（　　）。

A.企业对被投资企业进行的所有投资所形成的金融资产都称为权益工具投资

B.以交易为目的持有的权益工具投资，其期末应以公允价值计量且其变动计入当期损益，即确认为交易性金融资产

C.不以交易性为目的持有的权益工具投资，如指定为期末应以公允价值计量且其变动计入其他综合收益的，应确认为其他权益工具投资

D.不以交易为目的持有的权益工具投资，也没有指定为期末应以公允价值计量且其变动计入其他综合收益的，应确认为交易性金融资产

6.【判断题】金融资产就是指企业持有的现金、其他权益工具以及从其他方收取现金或

其他金融资产的合同权利，除此之外，都不是金融资产。（ ）

7.【判断题】企业持有的资产是否形成收取现金或其他金融资产的合约权利，是区分金融资产与非金融资产的主要判断标准。（ ）

8.【判断题】企业所有的权益工具投资都属于《企业会计准则第22号——金融工具确认与计量》所界定的金融资产。（ ）

金融资产概述 5-8

三、知识点：债权投资——理论分析

1.【单项选择题】下列有关期末以摊余成本计量的金融资产表述不正确的有（ ）。

A.企业管理该金融资产的业务模式以收取合同现金流量为目的

B.该金融资产的合同现金流特征是仅对本金和以未偿付本金金额为基础的利息进行支付

C.企业需要设置"债权投资"项目，并分别设置"成本""利息调整""应计利息"等明细项目

D.企业购买债券所发生的交易费用直接冲减当期的投资收益

债权投资理论分析1-2

2.【多项选择题】下图是有关溢价购买债券业务所引发的资金运动流程图。有关该图表述正确的有（ ）。

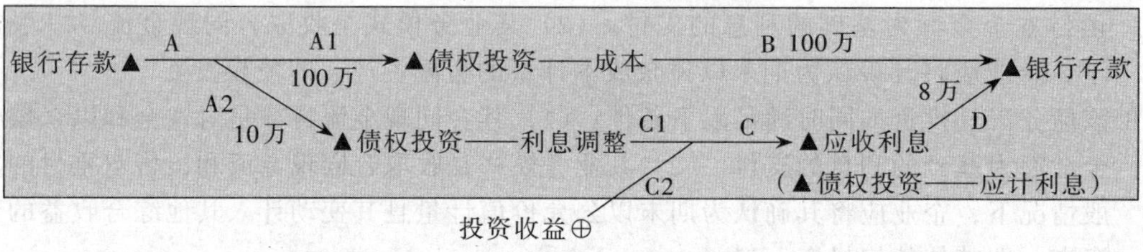

A.A段资金运动反映企业支付了110万元的价格购买面值100万元的债券，溢价10万元，即企业的投资总成本为110万元。该投资总成本110万元分两个项目反映，一个是"债权投资——成本"100万元，另一个是"债权投资——利息调整"10万元

B.B段资金运动反映总投资成本110万元中有100万元在债券到期时收回

C.C段资金运动反映企业应收的利息8万元是由两部分构成的，一部分是企业投资总成本中有10万元的投资成本（即"债权投资——利息调整"项目上所反映的金额）分期分量转移过来的，另一部分则是企业应获取的投资收益所形成的对价部分。也就是说，企业应收取的利息并不都是企业的投资收益

D.D段资金运动反映每期期末收到应收利息，其资金量就是C段所确认的资金量

3.【多项选择题】下图是有关折价购买债券业务所引发的资金运动流程图。有关该图表述正确的有（ ）。

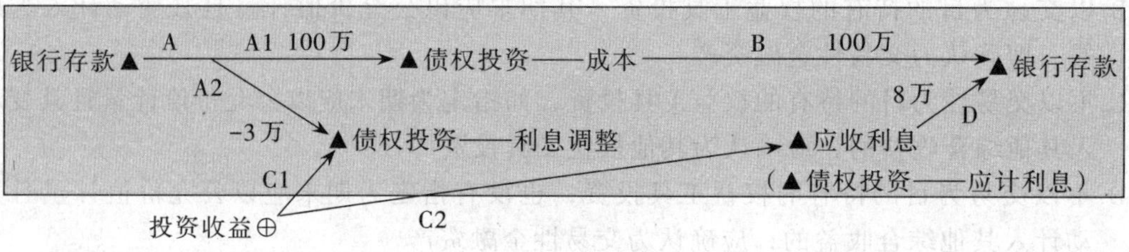

A.A段资金运动反映面值100万元的债券，企业支付了97万元的价格购买，折价3万元，

即企业的投资总成本为97万元。该投资总成本97万元分两个项目反映，一个是“债权投资——成本”100万元，另一个是“债权投资——利息调整”-3万元

B.B段资金运动反映总投资成本97万元中有100万元在债券到期时会收回

C.C段资金运动反映企业投资收益的对价是由两部分构成的，一部分是企业每期所应获取的应收利息8万元，另一部分则是“由于总投资97万元但到期却收回了100万元”所产生的3万元差额分期分量确认实现的。也就是说，企业应收取的利息只是企业投资收益的一部分

债权投资理论分析3

D.D段资金运动反映每期期末实际收到的利息。其具体的资金量取决于债券利息支付的约定：是每期分期支付还是到期一次性支付

债权投资溢价举例1-2

四、知识点：债权投资——溢价举例

1.【单项选择题】20×4年12月31日，甲公司以21 909.2万元的价格购入乙公司于20×4年1月1日发行的5年期一次还本、分期付息债券，债券面值总额为20 000万元，付息日为下一年的1月1日，票面年利率为6%，实际年利率为5%。未发生其他相关税费。该交易价格包含20×4年度的利息。20×5年12月31日，本年度应摊销债券溢价金额为(　　)万元。

A.104.54　　B.164.54　　C.67.86　　D.42.552

2.【多项选择题】下图是有关一笔债权投资业务所引起的资金运动。下列关于下图资金运动所反映的业务描述正确的有(　　)。

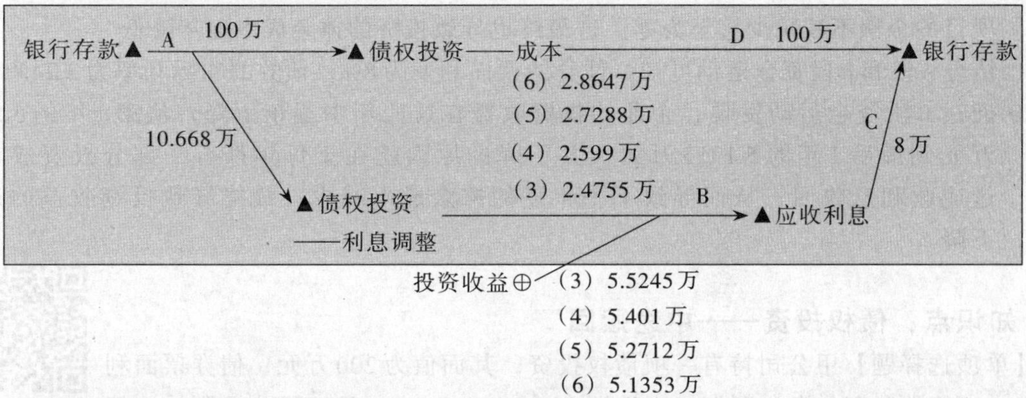

A.A段资金运动反映企业花费110.668万元溢价购买一批面值为100万元的债券，其溢价金额为10.668万元。这溢价的金额是不包括手续费的，因为手续费在发生的时候是直接计入当期损益的

B.B段资金运动反映企业每年的应收利息8万元是由两部分构成的：一部分是由当初投资所产生的溢价转移过来的，是企业当初投入的本金的回收（以第1年为例，金额为2.4755万元）；另一部分才是企业投资收益所形成的对价（以第1年为例，金额为5.5245万元）

C.在C段资金运动中，由于其资金运动的起点是“应收利息”项目，因此可以推断该债券是分期支付利息的，企业每年收到利息8万元

D.D段资金运动反映企业在债券到期时收回债券面值100万元

3.【多项选择题】下图是有关一笔债权投资业务所引起的资金运动。下列关于下图资金运动所反映的业务描述正确的有（　　）。

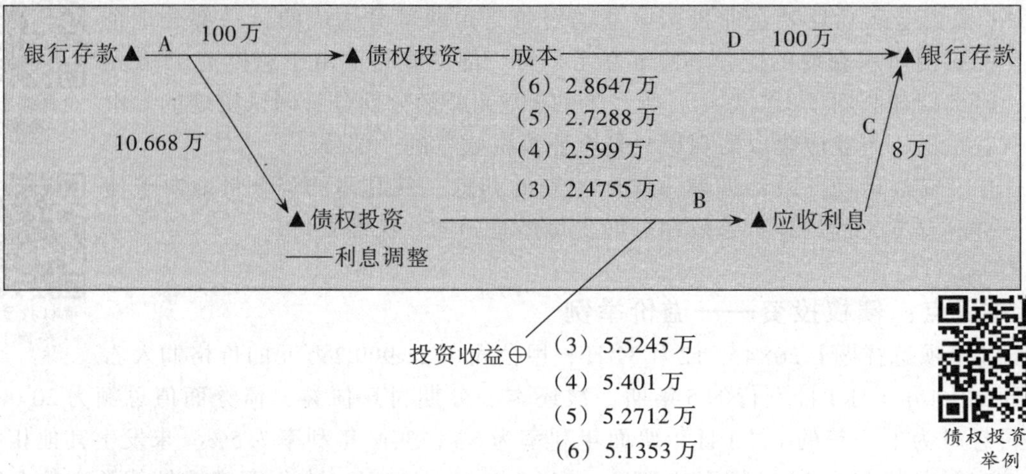

债权投资溢价举例3

A.将A段和D段资金运动结合起来看，企业总投资110.668万元中有100万元的投资成本在债券到期时按其面值收回

B.将A段和B段资金运动结合起来看，企业总投资110.668万元中有10.668万元的投资成本在后续的四年中分期分量地通过应收利息收回，其具体的收回金额分别为2.4755万元、2.599万元、2.7288万元和2.8647万元；从而导致“债权投资——利息调整”项目的金额不断减少直至为零。这最终也导致投资的摊余成本逐年降低

C.结合A段和B段资金运动可知，债券的票面利率为8%，债券的实际利率为2.24%

D.通过B段资金运动发现，企业的投资收益在这四年中逐年下降，从第1年的5.5245万元到最后1年的5.1353万元。其下降的原因就在于每年都有一部分投资成本通过应收利息收回，从而导致下一年度的摊余成本减少，最终导致投资收益的逐年下降

五、知识点：债权投资——中途赎回

债权投资中途赎回

【单项选择题】甲公司持有一项债权投资，其面值为200万元，债券票面利率为6%，债券分期付息、到期一次性还本。20×6年1月1日，甲公司预计该债券本金的一半（即100万元）将会在20×6年年底收回，而剩余的一半本金（即100万元）将于20×7年年末收回。20×6年1月1日，该债券的摊余成本为205万元。其实际利率为5%。20×6年1月1日应调减摊余成本金额为（　　）万元。

A.2.1882　　B.2.0881　　C.2.1082　　D.2.0082

六、知识点：债权投资——折价举例

债权投资折价举例1

1.【单项选择题】20×2年1月1日甲企业购买债券，其公允价值95万元，款已以银行存款支付。其面值为100万元，票面利率5%，期限4年。以存款支付交易费用

0.0512万元。该债券到期一次性还本付息。该债券的实际利率为6%。甲企业根据其管理该债券的业务模式和该债券的合同现金流量特征，将该债券分类为以摊余成本计量的金融资产。甲企业20×3年12月31日应确认的投资收益为（　　）万元。

A.5.7031　　B.5.7229　　C.6.0453　　D.6.4876

2.【单项选择题】在存在溢折价的情况下，下列有关债权投资中投资收益确认的表述正确的是（　　）。

债权投资折价举例2

A.投资收益=应收利息或应计利息

B.投资收益=应收利息或应计利息-折价摊销（或+溢价的摊销）

C.投资收益=应收利息或应计利息-溢价摊销（或+折价的摊销）

D.投资收益=应收利息或应计利息-折价摊销（或-溢价的摊销）

3.【多项选择题】下图是有关一笔债权投资业务所引起的资金运动。下列关于下图资金运动所反映的业务描述正确的有（　　）。

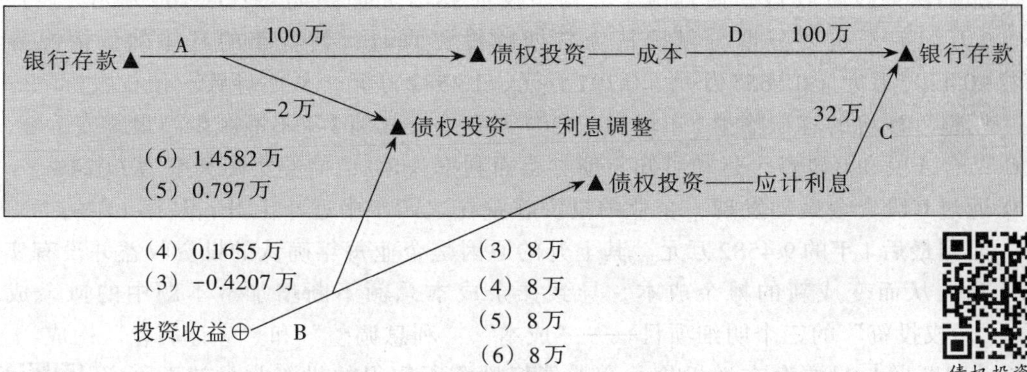

债权投资折价举例3

A.A段资金运动反映企业花费98万元折价购买一批面值为100万元的债券，其折价金额为2万元。此时，“债权投资——利息调整”在模型上是以一个沙堆的形态存在的

B.B段资金运动反映企业每年的投资收益是由两部分构成的：一部分是企业每年应收的利息8万元；另一部分则是“总投资98万元但到期却收回100万元”所产生的2万元差额分期分量确认为收益所产生的（以第1年为例，金额为-0.4207万元）

C.在C段资金运动中，由于其资金运动的起点是“债权投资——应计利息”项目，因此可以推断该债券是到期一次性还本付息。企业每年应收到利息8万元，但并没有实际收到货币资金

D.将D段和C段资金运动合起来看，反映企业在债券到期时收回债券面值100万元和利息32万元

4.【多项选择题】下图是有关一笔债权投资业务所引起的资金运动，关于下图资金运动所反映的业务描述正确的有（　　）。

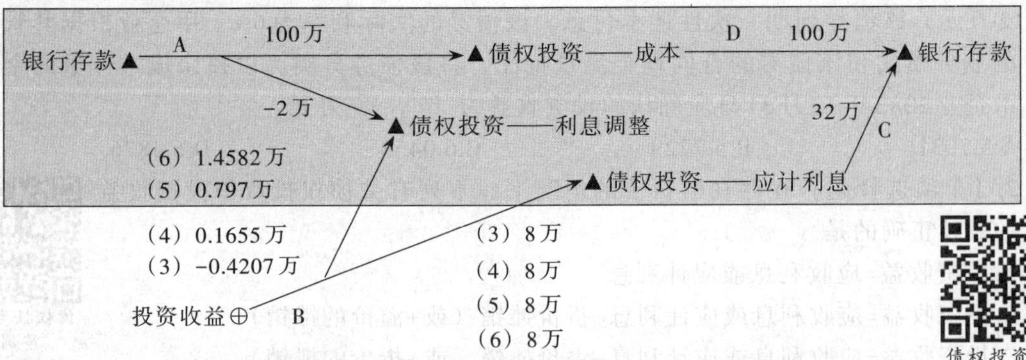

债权投资折价举例4

A. 将A段和D段资金运动结合在一起来看，虽然企业总投资98万元，但债券到期时却按面值收回了100万元的银行存款

B. 从A段和B段资金运动结合分析可以得出：不仅企业每年收到的应收利息8万元应全部确认为投资收益，而且由于“初始投资98万元但到期却收回100万元”所产生的2万元差额也要分期分量确认为各期的投资收益，其各年的具体确认情况分别为-0.4207万元、0.1655万元、0.797万元、1.4582万元，从而导致“债权投资——利息调整”沙坑的容积除第1年增加0.4207万元外，其他3年不断减少，最终变为零

C. 结合A段和B段资金运动可知，债券票面利率为8%，债券实际利率为7.024%

D. 通过B段资金运动发现，企业的投资收益在这四年中逐年上升，从第1年的7.5793万元到最后1年的9.4582万元。其上升的原因是企业每年确认的投资收益并没有实际收到，从而变成新的摊余成本，导致摊余成本总额不断增加。本题中的摊余成本由“债权投资”的三个明细项目——“成本”、“利息调整”和“应计利息”构成

5.【判断题】只要存在溢折价，企业债权投资所取得的投资收益就不一定等于应收利息或应计利息。（　　）

债权投资折价举例5

6.【业务题】甲公司20×4年12月31日，以21 909.2万元的价格购入乙公司于20×4年1月1日发行的5年期一次还本、分期付息债券，债券面值总额为20 000万元，付息日为每年1月1日，票面年利率为6%，实际年利率为5%。该购买价包含了20×4年全年应收未收的利息1 200万元，未发生其他相关税费。企业购买该债券后将其认定为以摊余成本计量的金融资产。

要求：编制利息调整表，并对债券存续期间的业务进行相应的会计处理。

债权投资折价举例6

7.【业务题】乙公司20×5年1月1日购入丙公司当日发行的4年期债券一批，面值为40 000 000元，票面年利率为5%，已用银行存款38 000 800元支付。另外以银行存款20 000元支付购买的手续费。该债券到期一次还本付息，其实际利率为6%。企业购入后将其认定为以摊余成本计量的金融资产。

要求：编制利息调整表，并对债券存续期间的业务进行相应的会计处理。

债权投资折价举例7

七、知识点：其他债权投资——理论分析+举例

1.【单项选择题】下列有关其他债权投资表述不正确的有（　　）。

A.企业管理该金融资产的业务模式既以收取合同现金流量为目标又以出售该金融资产为目标

B.该金融资产的合同现金流特征仅为对本金和以未偿付本金金额为基础的利息的支付

其他债权投资 1-2

C.该金融资产在取得时按其公允价值与相关的交易费用之和作为初始投资成本。在资产负债表日，该金融资产应按公允价值计价。该金融资产的公允价值与原账面价值的差额，应记入“其他综合收益”项目

D.在处置该类金融资产时，应将其对应的“其他综合收益”项目上的累计金额转入留存收益

2.【多项选择题】下图是有关其他债权投资业务所引发的资金运动流程图。有关该图表述正确的有（　　）。

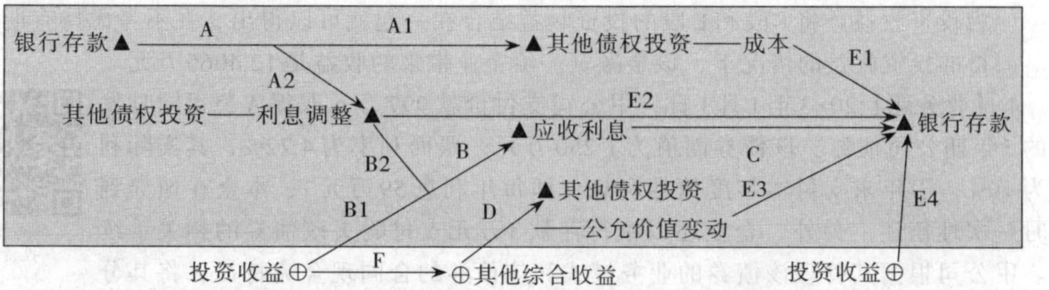

A.A段、B段和C段资金运动所反映的经济业务和债权投资所反映的业务基本一样，其中，A2段的流量符号反映了溢折价，该段流动同步影响B2段资金流量，且两者的流量符号是一致的，即同正或同负

B.D段资金运动反映企业期末按公允价值对其他债权投资进行调整，其流量可能是正数也可能是负数，从而导致“其他债权投资——公允价值变动”项目在模型上既可能是以一个沙堆形态存在，也可能是以一个沙坑形态存在

C.E段资金运动反映企业将该金融资产出售。其售价与账面价值的差额确认为投资收益。一般情况下，其账面价值主要由“成本”和“公允价值变动”两个明细项目构成

D.F段资金运动反映在处置该金融资产时，需要将原记在其他综合收益上的累计金额转入投资收益

3.【多项选择题】下图是有关一笔其他债权投资业务所引起的资金运动。下列关于下图资金运动所反映的业务描述正确的有（　　）。

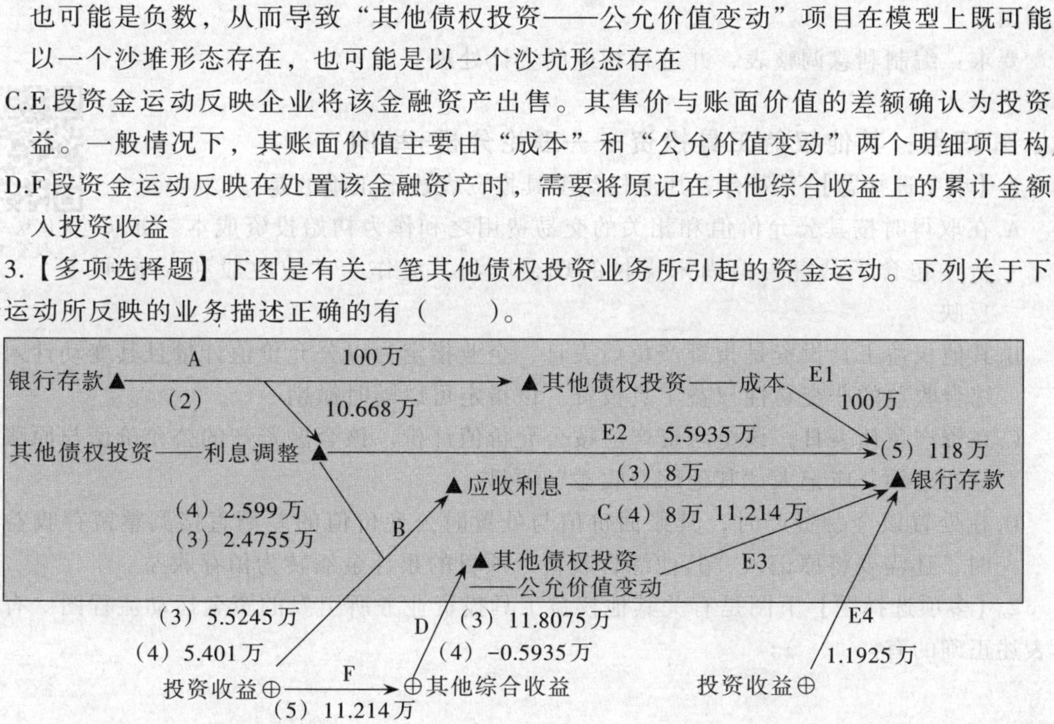

A. 将A段、B段和C段资金运动结合在一起来看，企业溢价购买债券；在已经过去的2年内，分期确认了5.5245万元和5.401万元的投资收益；分别摊销了2.4755万元和2.599万元的溢价，且2年的利息全部收存银行

其他债权投资3

B. 从D段资金运动可以得出，企业在2年年末分别对其采用公允价值进行计量，并根据公允价值与其账面价值的差额对相关项目进行了调整，其调整的金额分别是11.8075万元和-0.5935万元

C. 从E段资金运动可知，企业将该金融资产出售，售价118万元。出售时的账面价值主要由成本、利息调整和公允价值变动三个明细项目构成，即：100+5.5935 +11.214=116.8075（万元）。售价118万元与其差额即为投资收益1.1925万元

D. 从F段资金运动可知，企业将记在"其他综合收益"上的累计金额11.214万元全部转为投资收益。将F段和E段的投资收益结合在一起就可以得出，在不考虑持有期间获得的投资收益的情况下，该金融资产给企业带来的收益是12.4065万元

4.【业务题】20×3年1月1日，甲公司支付价款997万元取得A公司同日发行的5年期公司债券。该债券面值为1 250万元，票面利率为4.72%，其实际利率为10%，于年末支付本年度债券利息（即每年利息59万元），本金在债券到期时一次性偿还。另外，企业还以银行存款3万元支付购买该债券的相关手续费。甲公司根据其管理该债券的业务模式和该债券的合同现金流特征，将其分类为以公允价值计量且其变动计入其他综合收益的金融资产。其他资料如下：（1）20×3年12月31日，该债券的公允价值为1 200万元（不含利息）；（2）20×4年12月31日，该债券的公允价值为1 300万元（不含利息）；（3）20×5年12月31日，该债券的公允价值为1 250万元（不含利息）；（4）20×6年1月3日，将该债券出售，取得价款1 295万元。不考虑其他影响因素。

其他债权投资4

要求：编制利息调整表，并进行相应的会计处理。

八、知识点：其他权益工具投资——理论分析+举例

其他权益工具投资1-2

1.【单项选择题】下列有关其他权益工具投资表述不正确的是（　　）。

A. 在取得时按其公允价值和相关的交易费用之和作为初始投资成本。如买价中包含了已宣告但尚未支付的现金股利，应作为"应收股利"单独反映

B. 其他权益工具投资是指资产负债表日，企业指定为以公允价值计量且其变动计入其他综合收益的非交易性权益工具投资。该指定可以随时撤销

C. 在资产负债表日，该金融资产应按公允价值计价。该金融资产的公允价值与原账面价值的差额，应记入"其他综合收益"项目

D. 在处置该金融资产时，其账面价值与处置时公允价值的差额直接调整留存收益；同时，还需要将原记入"其他综合收益"项目的累计金额转为留存收益

2.【多项选择题】下图是有关其他权益工具投资业务所引发的资金运动流程图。有关该图表述正确的有（　　）。

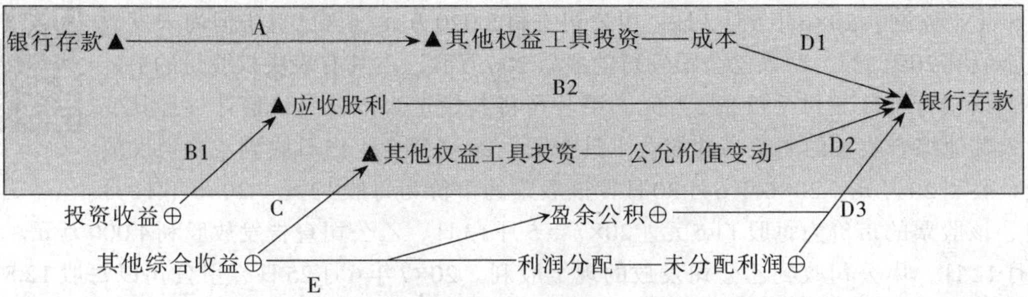

A.A段资金运动反映企业购买其他权益工具投资，其初始投资成本按其公允价值和交易费用之和计量。如买价中包含了已宣告但尚未支付的现金股利，也可直接计入初始成本

B.B段资金运动反映持有期间因被投资企业发放现金股利所进行的处理，其中，B1段反映确认应收股利，B2段反映实际收到现金股利

C.C段资金运动反映企业在期末对其按公允价值计量，且将其与账面价值的差额计入其他综合收益，该金额未来可以转为投资收益

D.D段资金运动反映处置该金融资产，将其售价与账面价值的差额计入留存收益。同时，还需要将原记在“其他综合收益”上的累计金额转入留存收益

3.【多项选择题】下图是有关其他权益工具投资业务所引起的资金运动。下列关于下图资金运动所反映的业务描述正确的有（　　）。

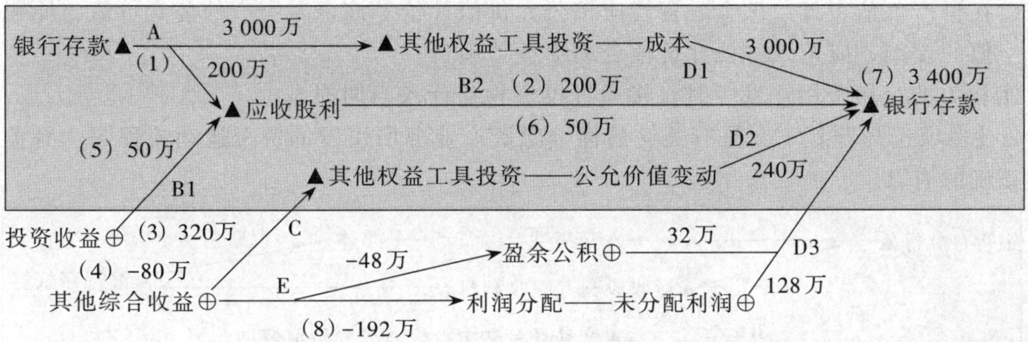

A.A段资金运动反映企业以3 000万元的公允价值购买该金融资产。另外，还支付了200万元将其所含的已宣告但尚未支付的现金股利权利也买回，企业单独将其作为应收股利处理

其他权益工具投资3-4

B.B段资金运动反映企业在持有期间确认并收到了50万元的现金股利

C.C段资金运动反映企业在持有期间对其按照公允价值进行了两次计价，并将其公允价值与账面价值的差额分别调整相应项目。其两次差额分别是320万元和-80万元

D.D段资金运动反映企业将该金融资产出售，售价3 400万元。出售时的账面价值主要由成本和公允价值变动两个明细项目构成（即3 000+240=3 240（万元）），售价3 400万元与其的差额确认为留存收益160万元，其中盈余公积的提取比例为10%，即32万元。由E段资金运动可知，企业将记在“其他综合收益”上的累计金额240万元全部转为留存收益

4.【判断题】在处置其他权益工具投资和其他债权投资时，记在“其他综合收益”的累计金额最终都转入了投资收益。（　　）

5.【业务题】20×6年5月3日，甲公司支付2 020万元（含已宣告但尚未发放的现金股利20万元），购入乙公司发行的股票200万股，占其有表决权股份的1%。另外，以银行存款支付手续费2万元。甲公司将其指定为以公允价值计量且其变动计入其他综合收益的非交易性权益工具投资，20×6年5月15日收到乙公司发放的现金股利20万元。20×6年6月30日，该股票的市价为每股12元。20×6年12月31日，该股票的市价为每股11.5元。20×7年5月13日，乙公司宣告发放股利4 000万元。20×7年6月12日，甲公司收到乙公司发放的现金股利。20×7年6月25日，甲公司以每股12.8元的价格将股票全部转让。甲公司盈余公积金提取比例为20%。

其他权益工具投资5

要求：对甲公司从取得到处置该股票的业务进行相应的会计处理。

交易性金融资产1-3

九、知识点：交易性金融资产——理论分析+举例

1.【多项选择题】下列有关交易性金融资产表述正确的有（　　）。

A.交易性金融资产的取得应按公允价值计量。该公允价值中不含支付的价款中所包含的、已到付息期但尚未领取的利息或已宣告但尚未发放的现金股利，该部分应单独作为应收股利或应收利息处理。相关的交易费用在发生时应该与其公允价值一并构成初始投资成本

B.交易性金融资产在持有期间应收的股利或利息应冲减投资成本

C.在资产负债表日，该金融资产应按公允价值计价。该金融资产的公允价值与原账面价值的差额，应记入“公允价值变动损益”项目

D.相关的交易费用在发生时直接通过投资收益计入当期损益

2.【多项选择题】下图是有关交易性金融资产业务所引发的资金运动流程图。有关该图表述正确的有（　　）。

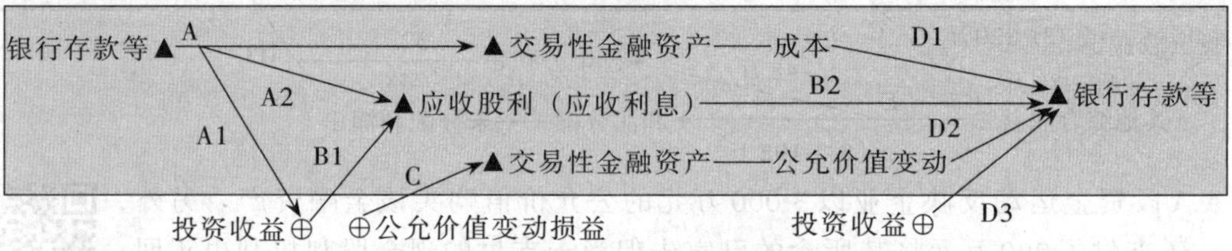

A.A段资金运动反映企业取得交易性金融资产。按照该金融资产的公允价值作为其初始投资成本。如买价包含了已到付息期但尚未领取的利息或已宣告但尚未发放的现金股利，该部分应单独作为应收股利或应收利息处理。相关的交易费用在发生时直接通过投资收益冲减当期损益

B.B段资金运动反映企业在持有期间确认并收到现金股利或应收利息

C.C段资金运动反映期末按公允价值对其进行计量，其公允价值与账面价值之间存在的差额应调整相关项目。其流量可能是正数也可能是负数；从而导致“交易性金融资产——公允价值变动”项目在模型上既可能是以一个沙堆形态存在，也可能是以一个沙坑形态存在

D.D段资金运动反映企业将该金融资产出售。其售价与账面价值的差额确认为投资收益。一般情况下，其账面价值主要由“成本”和“公允价值变动”两个明细项目构成

3.【多项选择题】下图是有关一笔交易性金融资产业务所引起的资金运动。下列关于下图资金运动所反映的业务描述正确的有（　）。

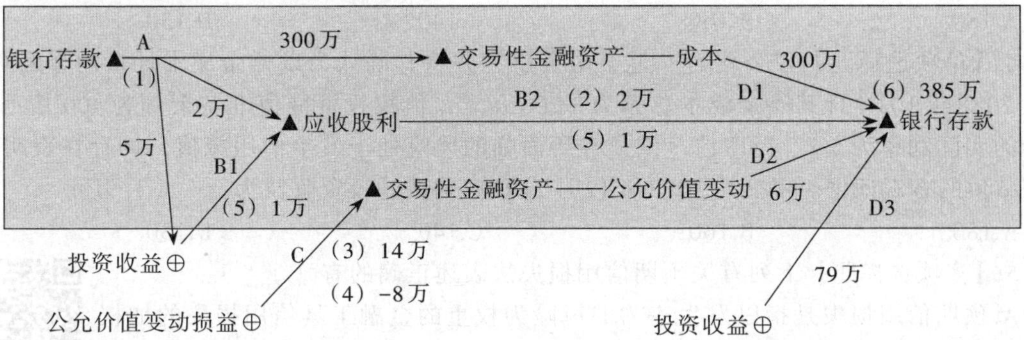

A.A段资金运动反映企业购买一笔交易性金融资产，该交易性金融资产的公允价值为300万元，另外支付了2万元将其所含的已宣告但尚未支付的现金股利权利买回。企业还支付了5万元的交易费用，该交易费用直接冲减当期的投资收益

B.B段资金运动反映企业在持有该交易性金融资产期间，确认并收到了1万元的现金股利

C.C段资金运动反映企业在持有期间对其公允价值在期末进行了两次计价，并根据该公允价值与其账面价值的差额调整其相关项目，其具体调整的金额分别为14万元和−8万元

D.D段资金运动反映企业将该金融资产出售，售价385万元。出售时的账面价值主要由成本、利息调整和公允价值变动三个明细项目构成，即306万元，售价385万元与其的差额即为投资收益79万元

4.【业务题】20×1年5月10日，甲公司以480万元购入乙公司股票60万股作为交易性金融资产，另支付手续费1万元。20×1年6月30日该股票每股市价为7.5元，20×1年8月10日，乙公司宣告分派现金股利，每股0.2元，8月20日，甲公司收到分派的现金股利。截至20×1年12月31日，甲公司仍持有该交易性金融资产，期末每股市价为8.5元，20×2年1月3日以515万元出售金融资产。假定甲公司每年6月30日和12月31日对外提供财务报告。

要求：编制上述经济业务的会计分录。

交易性金融资产4

十、知识点：金融资产减值——理论分析+举例1+举例2

金融资产减值1-4

1.【单项选择题】下列不适用预期信用损失法计提减值准备的资产范围是（　）。

A.债权投资、应收款项　　　　B.其他债权投资

C.租赁应收款　　　　　　　　D.其他权益工具投资

2.【单项选择题】在采用预期信用损失法计提减值准备时，因减值提取而影响投资收益计量的状况发生在预期信用损失模型的（　）阶段。

A.第一　　　　B.第二　　　　C.第三　　　　D.第四

3.【单项选择题】甲公司有一笔金融资产，并将其确认为以摊余成本计量的金融资产。截至20×8年1月1日其摊余成本总额为3 200万元，债权投资减值准备余额为400万元，该

债券的实际利率为5%。经评估，该债券所面临的风险处于自初始确认后已显著增加但尚未发生信用减值。甲公司20×8年12月31日应确认的投资收益为（　　）万元。

A.180　　B.160　　C.140　　D.130

4.【单项选择题】甲公司有一笔金融资产，并将其确认为以摊余成本计量的金融资产。截至20×8年1月1日其摊余成本总额为3 200万元，债权投资减值准备余额为400万元，该债券的实际利率为5%。经评估，该债券所面临的风险处于发生信用减值，即存在表明发生信用减值的客观证据。甲公司20×8年12月31日应确认的投资收益为（　　）万元。

A.180　　B.160　　C.140　　D.130

5.【多项选择题】下列有关预期信用损失法表述正确的有（　　）。

金融资产减值5-7

A.预期信用损失是指以发生违约的风险为权重的金融工具信用损失的加权平均值

B.发生违约的风险实际上就是发生违约的概率

C.信用损失是指企业根据合同应收的现金流量与预期能收到的现金流量之间的差额的现值。根据现值的定义，即使企业能够全额收回合同约定的金额，但如果收款时间晚于合同规定的时间，也会产生信用损失

D.在预期信用损失法下，减值准备的计提不以减值的实际发生为前提，而是以未来可能的违约事件造成的损失的期望值来计量当前（资产负债表日）应当确认的减值准备

6.【多项选择题】下列有关预期信用损失模型第一阶段和第二阶段的表述正确的有（　　）。

A.从风险特征的角度来看，第一阶段信用风险自初始确认后未显著增加；第二阶段信用风险自初始确认后已显著增加但尚未发生信用减值

B.从减值损失计提的角度来看，第一阶段和第二阶段一样，都是以其未来12个月内预期信用损失作为计算依据

C.从减值损失计提的角度来看，第一阶段是以金融资产未来12个月内预期信用损失作为减值的计算依据；第二阶段是以金融资产整个存续期预期信用损失作为计算减值的依据

D.从期末利息收入计算的角度来看，两个阶段在确认投资收益时都是以摊余成本总额作为计算依据，不需要考虑因减值准备的提取对摊余成本的影响

7.【多项选择题】下列有关预期信用损失模型第二阶段和第三阶段的表述正确的有（　　）。

A.从风险特征的角度来看，第二阶段信用风险自初始确认后已显著增加但尚未发生信用减值，即不存在表明发生信用损失事件的客观证据；第三阶段在资产负债表日发生信用减值，即存在表明发生信用减值的客观证据

B.从减值损失计提的角度来看，第二阶段和第三阶段一样，都是以其整个存续期预期信用损失作为计算依据

C.从期末利息收入计算的角度来看，两个阶段在确认投资收益时都是以摊余成本总额作为计算依据，不需要考虑因减值准备的提取对摊余成本的影响

D.从期末利息收入计算的角度来看，第二阶段在确认投资收益时是以摊余成本总额作

为计算依据，不需要考虑因减值准备的提取对摊余成本的影响；第三阶段在确认投资收益时，需要以摊余成本净额作为计算依据，即需要考虑减值对摊余成本的影响，也就是说需要将所提取的减值准备从摊余成本中扣除，以其净额作为投资收益的计算依据

8.【多项选择题】下图是有关一笔金融资产业务所引起的资金运动。下列关于下图资金运动所反映的业务描述正确的有（　）。

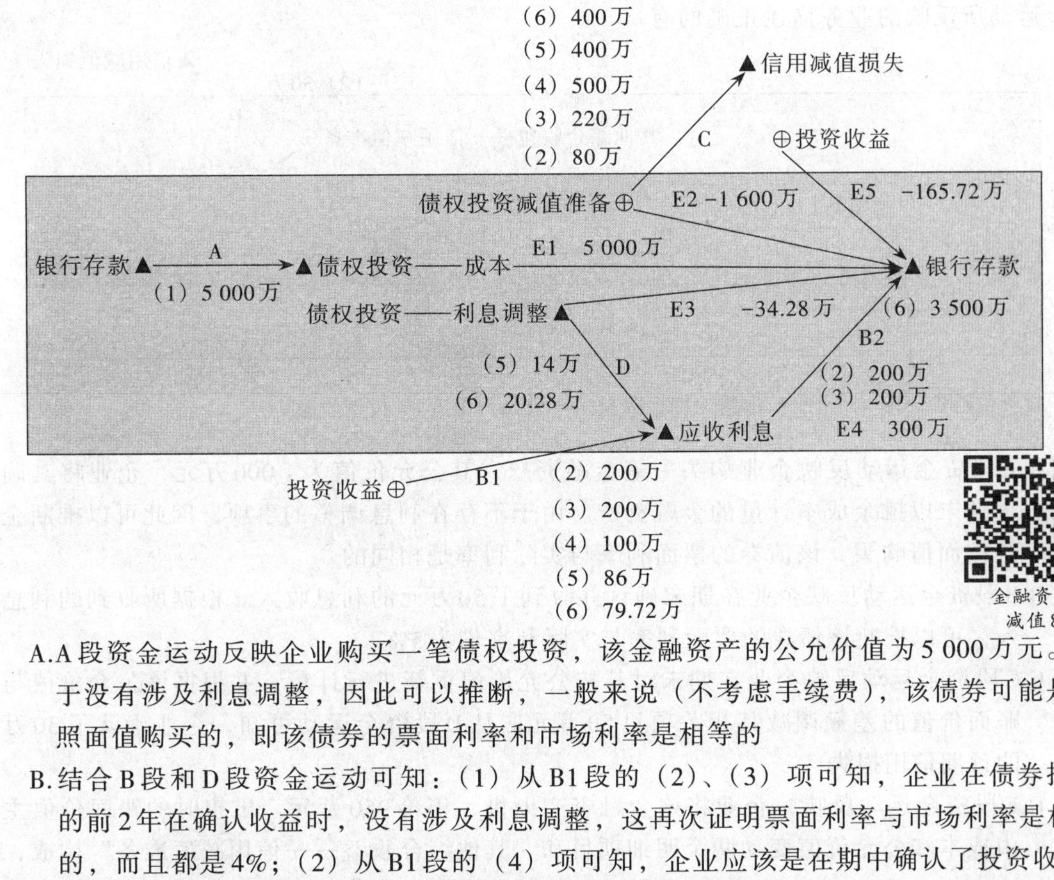

金融资产
减值8

A.A段资金运动反映企业购买一笔债权投资，该金融资产的公允价值为5 000万元。由于没有涉及利息调整，因此可以推断，一般来说（不考虑手续费），该债券可能是按照面值购买的，即该债券的票面利率和市场利率是相等的

B.结合B段和D段资金运动可知：（1）从B1段的（2）、（3）项可知，企业在债券持有的前2年在确认收益时，没有涉及利息调整，这再次证明票面利率与市场利率是相等的，而且都是4%；（2）从B1段的（4）项可知，企业应该是在期中确认了投资收益，由于没有涉及利息调整，此时票面利率与市场利率依然相等；（3）从B1段和D段的（5）、（6）项来看，企业确认的投资收益与应收利息不等，从而产生了利息调整，由于市场利率与票面利率是相等的，这说明有某一事项影响了摊余成本的账面价值，结合C段资金运动来看，这一影响因素应该是减值准备的提取

C.将C段、B1段和D段资金运动结合在一起可知：（1）企业在4年内对该金融资产计提了减值准备，其依次是第1年80万元，第2年220万元，第3年年中提了500万元且年末提了400万元、第4年提了400万元；（2）由于第1年、第2年的减值准备的提取没有影响投资收益的金额，这意味着这两年该金融资产减值准备的提取处于预期信用损失模型的第一阶段或第二阶段；（3）由于第3年、第4年年末投资收益与应收利息不等，在票面利率与实际利率相同的情况下，产生不等的原因就只能是摊余成本发生了变化，就本题来说，可以推测投资收益的计量是按照扣除减值准备之后的摊余成本账

面价值（即净额）来计算，由此推断第3年年中和第3年年末该金融资产减值已处于预期信用损失模型的第三阶段

D.E段资金运动反映，企业将该金融资产出售，售价3 500万元。出售时的账面价值主要由成本、利息调整、债权投资减值准备和应收利息构成，即5 000−34.28−1 600+300=3 665.72（万元）。售价3 500万元与其的差额即为投资收益−165.72万元

9.【多项选择题】下图是有关一笔其他债权投资业务所引起的资金运动。下列关于下图资金运动所反映的业务描述正确的有（　　）。

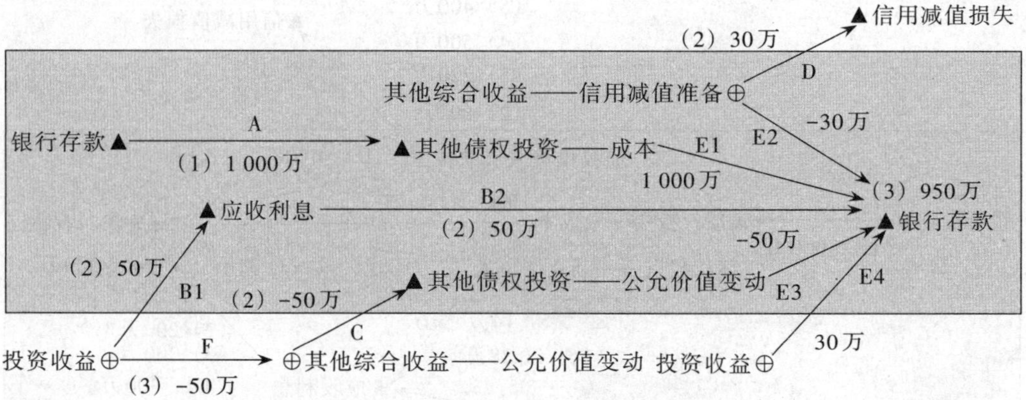

A.A段资金运动反映企业购买一笔金融资产，其公允价值为1 000万元，企业将其确认为期末以摊余成本计量的金融资产。由于不存在利息调整的事项，因此可以推断企业是按面值购买，该债券的票面利率与实际利率是相同的

B.B段资金运动反映企业在期末确认并收到了50万元的利息收入。根据所收到的利息收入，可以推断该债券的票面利率与实际利率均为5%

C.C段资金运动反映企业在期末对其按公允价值重新进行计量，并根据该公允价值与其账面价值的差额调减其相关项目50万元。从D段资金运动可知，企业确认了30万元的预期信用损失

D.E段资金运动反映，企业将该金融资产出售，售价950万元。出售时的账面价值主要由成本和公允价值变动两个明细项目和“其他综合收益——信用减值准备”构成，即1 000−50−30=920（万元）。售价950万元与其的差额即为投资收益30万元。F段资金运动反映企业将记在“其他综合收益”上的累计金额−50万元全部转为投资收益

10.【判断题】对于期末以公允价值计量的其他债权投资而言，由于其本身是按公允价值计量的，因此，该金融资产不需要再考虑减值的问题。（　　）

金融资产减值 9-10

十一、知识点：金融资产重分类

1.【单项选择题】“以公允价值计量且其变动计入其他综合收益的金融资产”的英文简称为（　　）。

A.AC　　B.FVOCI　　C.FVPL　　D.AVPL

金融资产重分类

2.【多项选择题】下列有关金融工具重分类的表述正确的有（　　）。

A.企业改变其管理金融资产的业务模式时，应当将相关的金融资产进行重分类

B.企业对金融资产进行重分类，应当自重分类日起采用未来适用法进行相关会计处理，不得对以前已经确认的利得、损失（包括减值损失或利得）或利息进行追溯调整

C.重分类日是指导致企业对金融资产进行重分类的业务模式发生变更后的首个报告期间的第一天

D.企业的金融资产和金融负债都可以进行重分类

3.【多项选择题】下列有关债权投资重分类的表述正确的有（　　）。

A.无论是重分类为其他债权投资还是交易性金融资产，都应当按照该资产在重分类日的公允价值进行计量

B.重分类日的公允价值与原账面价值的差额，重分类为其他债权投资的，确认为“公允价值变动损益”项目；重分类为交易性金融资产的，确认为“其他综合收益”项目

C.重分类为其他债权投资的，该金融资产重分类不影响其实际利率和预期信用损失的计量

D.重分类为其他债权投资的，该金融资产重分类需要重新计算其实际利率和预期信用损失

4.【多项选择题】下列有关其他债权投资重分类的表述正确的有（　　）。

A.重分类为债权投资的，应当将之前计入其他综合收益的累计利得或损失转出，调整该金融资产在重分类日的公允价值，并以调整后的金额作为新的账面价值，即视同该金融资产一直以摊余成本计量

B.重分类为债权投资的，该金融资产重分类不影响其实际利率和预期信用损失的计量

C.重分类为交易性金融资产的，应当继续以公允价值计量该金融资产

D.重分类为交易性金融资产的，企业应当将之前计入其他综合收益的累计利得或损失转入当期损益

5.【多项选择题】下列有关交易性金融资产重分类的表述正确的有（　　）。

A.重分类为债权投资的，应当以其在重分类日的公允价值作为新的账面余额

B.重分类为其他债权投资的，应当继续以公允价值计量该金融资产

C.无论重分类为债权投资还是其他债权投资，企业应当根据该金融资产在重分类日的公允价值确定其实际利率

D.无论重分类为债权投资还是其他债权投资，企业应当自重分类日起对该金融资产按金融资产减值的相关规定计提减值准备

十二、知识点：长期股权投资概述+长期股权投资——同一控制合并与非同一控制合并的区分+长期股权投资初始成本取得——同一控制+长期股权投资初始成本取得——非同一控制

1.【单项选择题】下列有关投资企业与被投资企业关系表述不正确的是（　　）。

长期股权投资概述 1-3

A.投资企业能够控制被投资企业的，两者形成母子公司关系，投资企业是母公司，被投资企业是子公司

B.投资企业能够共同控制被投资企业的，两者形成母子公司关系，被投资企业是投资企业的子公司

C.投资企业能够对被投资企业施加重大影响的，被投资企业是投资企业的联营企业

D.投资企业不能控制、不能共同控制，也不能施加重大影响的，投资企业一般将该投资作为《企业会计准则第22号——金融工具确认和计量》中的金融资产进行核算

2.【单项选择题】甲、乙两公司同属于丙公司的子公司。甲公司获得乙公司60%的股份。甲公司支付的对价为无形资产，该无形资产账面价值为6 000万元，公允价值为9 000万元（该无形资产属于免征增值税项目）。乙公司所有者权益的账面价值为7 000万元，其公允价值为11 000万元。乙公司所有者权益在最终控制方的合并财务报表之中的账面价值为8 000万元。甲公司长期股权投资的初始投资成本为（　　）万元。

A.4 200　　B.6 600　　C.5 400　　D.4 800

3.【单项选择题】甲公司获得乙公司60%的股份。甲公司支付的对价为无形资产，该无形资产账面价值为6 000万元，公允价值为9 000万元（该无形资产属于免征增值税项目）。乙公司所有者权益的账面价值为7 000万元，其公允价值为11 000万元。乙公司所有者权益在最终控制方的合并财务报表之中的账面价值为8 000万元。甲、乙公司没有关联方关系。甲公司长期股权投资的初始投资成本为（　　）万元。

A.6 000　　B.9 000　　C.6 600　　D.4 800

4.【多项选择题】下列有关同一控制下的企业合并表述正确的有（　　）。

A.同一控制下的企业合并是指在合并之前和合并之后，两家公司都受同一最终控制方的控制

B.在同一控制下，整个投资行为不应该视为一个公平交易，因此整个交易不需要考虑公允价值，投资方既不需要考虑付出对价的公允价值，也不需要考虑所获得的对方份额的公允价值，因而投资方也不存在确认损益的问题

C.在同一控制下，投资方应该以占被投资方净资产账面价值的份额作为初始投资成本

D.投资方付出的对价的账面价值与初始投资成本的差额，应调整投资企业的所有者权益部分

5.【多项选择题】下列有关非同一控制的企业合并表述正确的有（　　）。

长期股权投资概述4-5

A.在非同一控制下，合并双方在合并之前不受同一最终控制方的控制

B.在非同一控制下，整个投资行为应该视为一个公平交易，因此整个交易需要考虑公允价值，投资方需要考虑其付出对价的公允价值，而该对价在投资企业是有账面价值的，因此投资方需要确认该对价的公允价值与账面价值之间的差额，作为资产处置损益等项目处理

C.在非同一控制下，投资方应该以其所付出对价的公允价值加相关手续费等作为初始投资成本

D.在非同一控制下，当投资方获得对方份额的公允价值大于其初始投资成本时，需要将该初始投资成本进行相应调整，即哪个大以哪个记账

6.【多项选择题】下图是有关一笔同一控制下企业合并的初始投资业务所引起的资金运动，甲公司通过发行股票1 500万股持有乙公司60%的股份。在合并之前，甲、乙公司同属于丙公司的子公司。下列关于下图资金运动所反映的业务描述正确的有（　　）。

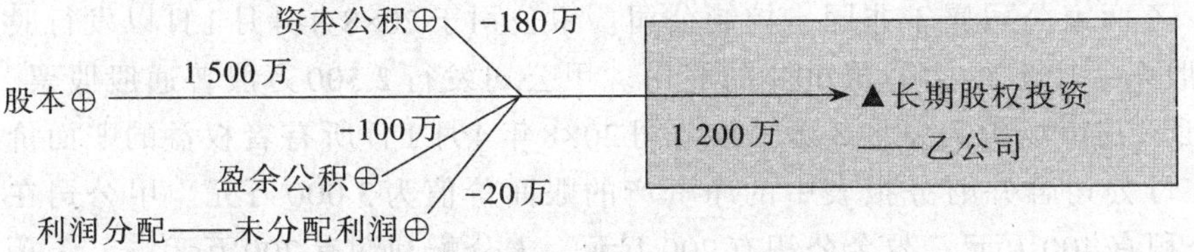

长期股权投资
概述6-7

A.从图中可知，甲公司为取得投资所付出的对价为发行本公司的股票1 500万股，该股票每股面值为1元

B.从图中可知，甲公司取得投资的初始投资成本为1 200万元。由于持股比例为60%，由此可以推断乙公司净资产的账面价值应该为2 000万元

C.从图中可知，甲公司取得投资的初始投资成本为1 200万元。由于持股比例为60%，由此可以推断乙公司在丙公司合并财务报表中的净资产的账面价值应该为2 000万元

D.从图中可知，由于是同一控制下的合并，甲公司付出股票的对价应按账面价值计量，即1 500万元。该金额与其初始投资成本1 200万元之间存在300万元的差额，该差额首先冲减资本公积180万元；冲完后再冲减盈余公积100万元；冲完盈余公积还差20万元再冲减未分配利润

7.【多项选择题】下图是有关一笔非同一控制下的企业合并业务所引起的资金运动，甲公司持有乙公司60%的股份。下列关于下图资金运动所反映的业务描述正确的有（　　）。

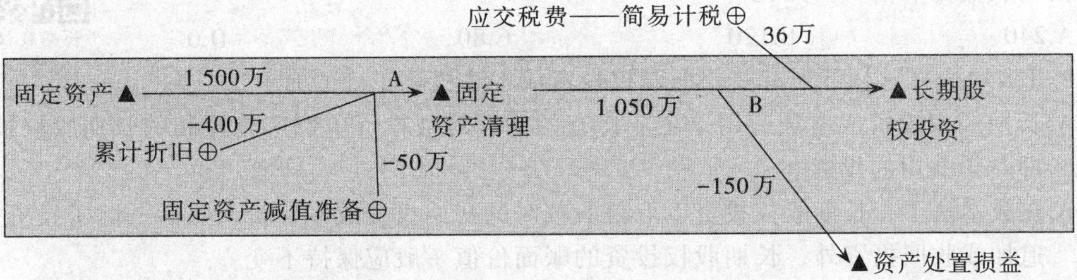

A.从图中可知，甲公司取得乙公司60%的股份所付出的对价是一项固定资产。A段资金运动反映企业将固定资产转入清理，其账面价值为1 050万元

B.从图中可知，资产转让收益为150万元，由此可知，该固定资产的公允价值为1 200万元（不含增值税）

C.从图中可知，其增值税的处理采用的是一般计税方法。这说明该固定资产当期取得时是按照价税合并在一起进行处理的。本次交易是按照公允价值的3%来计量增值税的，即36万元

D.从图中可知，企业初始投资成本是按照所付出的固定资产的公允价值1 200万元加上增值税36万元确认的，即1 236万元

8.【业务题】甲、乙两家公司同属丙公司的子公司。甲公司于20×8年4月1日以发行股票的方式从乙公司的股东手中取得乙公司60%的股份。甲公司发行2 500万股普通股股票，该股票每股面值为1元，其市场价为每股3元。乙公司20×8年4月1日所有者权益的账面价值为3 500万元，其在丙公司合并财务报表中的净资产的账面价值为3 000万元。甲公司在20×8年4月1日资本公积有400万元，盈余公积有200万元，未分配利润有100万元。

要求：对该业务进行相应的会计处理。

9.【业务题】甲、乙两家公司属于非同一控制公司。甲公司于20×8年4月1日以发行股票的方式从乙公司的股东手中取得乙公司60%的股份。甲公司发行2 500万股普通股股票，该股票每股面值为1元，其市场价为每股3元。乙公司20×8年4月1日所有者权益的账面价值为3 500万元，其在母公司合并财务报表中的净资产的账面价值为3 000万元。甲公司在20×8年4月1日资本公积有400万元，盈余公积有200万元，未分配利润有200万元。

要求：对该业务进行相应的会计处理。

10.【业务题】甲、乙公司属非同一控制下的独立公司。甲公司于20×8年4月1日以本公司的设备对乙公司投资，取得乙公司60%的股份。该设备原值2 000万元，已折旧400万元，已减值100万元，在投资当日该设备公允价值为1 300万元（不含增值税，增值税税率13%）。20×8年4月1日乙公司所有者权益公允价值为2 500万元。

长期股权投资概述 8-10

要求：对该业务进行相应的会计处理。

十三、知识点：长期股权投资成本法

1.【单项选择题】甲公司20×8年6月30日以银行存款购入丙公司60%的股份，并准备长期持有。20×8年丙公司全年净利润400万元。甲公司本年度应确认的投资收益为（　　）万元。

A.240　　B.120　　C.80　　D.0

长期股权投资成本法 1-5

2.【多项选择题】下列有关长期股权投资成本法核算正确的有（　　）。

A.长期股权投资成本法适用于企业持有的能够对被投资单位实施控制的长期股权投资，即对子公司的投资

B.在成本法下，长期股权投资以取得股权时的初始投资成本计价入账后，除了投资企业追加或收回投资外，长期股权投资的账面价值一般应保持不变

C.企业应当按照享有被投资单位宣告发放的现金股利或利润确认投资收益，不管有关利润分配是属于对取得投资前还是取得投资后被投资单位实现净利润的分配

D.企业应当按照享有被投资单位宣告发放的现金股利或利润确认投资收益，该分配应该属于对取得投资后被投资单位实现净利润的分配

3.【多项选择题】投资企业对被投资企业是否具有实质控制权，可以通过一种或几种情形进行判定。下列说法中有关控制情形的表述正确的有（　　）。

A.通过与其他投资者协议，投资企业拥有被投资企业50%以上表决权资本的控制权

B.根据章程或协议，投资企业有权控制被投资企业的财务和经营决策

C.有权任免被投资单位董事会或类似权力机构的多数成员

D.在被投资企业董事会或类似权力机构会议上有半数以上投票权

4.【多项选择题】下图是有关一笔采用成本法核算的长期股权投资业务所引起的资金运动，甲公司持有乙公司60%的股份，属于非同一控制。下列关于下图资金运动所反映的业务描述正确的有（　　）。

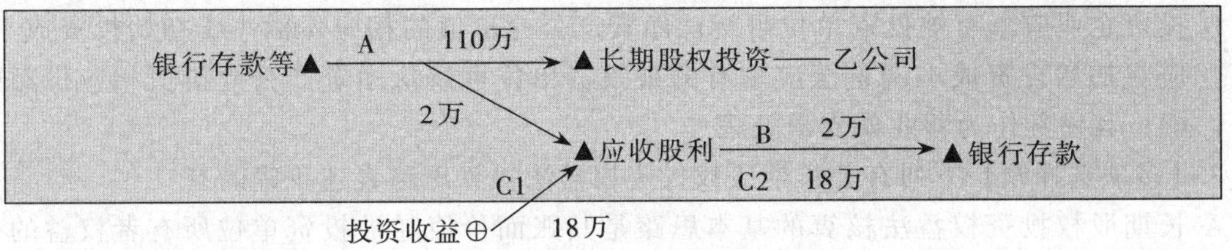

A.从图中可知，甲公司以110万元取得乙公司60%的股份。该笔交易应该没有交易费用，因为如有交易费用，应直接冲减当期损益

B.从图中可知，企业在取得该笔投资时还以2万元的银行存款购买了其已宣告但尚未支付的现金股利权利。该现金股利在随后以银行存款的形式收到

C.从图中可知，乙公司本期实现盈利30万元，甲公司按60%的持股比例确认并收到了18万元的投资收益

D.从图中可知，乙公司本期分配现金股利30万元，甲公司按60%的持股比例确认并收到了18万元的现金股利

5.【判断题】甲企业对乙企业进行投资，采用成本法核算。在投资之后的5年里，甲企业都没有确认过投资收益。这说明乙企业在这段时期内是没有盈利的。（　）

6.【综合题】20×8年11月9日，甲企业购买乙企业的股票2 000万股作为长期股权投资，其公允价值为9 600万元。另外本次购买发生相关税费10万元，以上款项均以银行存款支付。甲企业占乙企业有表决权的股份60%，对该投资采用成本法核算。20×8年12月31日，乙企业全年净利润为8 000万元。20×9年2月25日，乙企业宣布发放现金股利，每股1元。20×9年3月30日收到上述现金股利。现金股利不考虑相关税费。

长期股权投资成本法6

要求：对上述业务进行必要的会计处理。

长期股权投资权益法1-2

十四、知识点：长期股权投资权益法的一般性分析

1.【单项选择题】甲公司于20×4年3月1日以本公司的设备对乙公司投资，取得乙公司20%的股份。该设备原值1 500万元，已折旧400万元，已减值50万元，在投资当日该设备公允价值为1 236万元（含增值税，该增值税按简易计税处理）。20×4年3月1日乙公司所有者权益公允价值为7 000万元。甲公司该项投资的投资成本为（　）万元。

A.1 500　　B.1 050　　C.1 236　　D.1 400

2.【多项选择题】在权益法核算下，有关长期股权投资初始投资成本表述正确的有（　）。

A.企业取得长期股权投资，按实际支付的购买价款或所支付的资产的公允价值（包括支付的税金、手续费等相关费用）作为初始投资成本

B.企业为取得长期股权投资所发生的评估、审计、咨询等费用，也构成初始投资成本

C.投资企业应享有被投资单位可辨认净资产公允价值的相应份额大于初始投资成本的，应将初始投资成本调整至应享有的被投资单位可辨认净资产公允价值相应份额的金额，其差额作为营业外收入处理

D.投资企业应享有被投资单位可辨认净资产公允价值的相应份额小于初始投资成本的，应将初始投资成本调整至应享有的被投资单位可辨认净资产公允价值相应份额的金额，其差额作为营业外支出处理

3.【多项选择题】下列有关长期股权投资权益法核算思路表述正确的有（　　）。

A.长期股权投资权益法核算的基本思路是其账面价值随被投资单位所有者权益的变动而变动

B.影响被投资企业所有者权益变化的原因之一是被投资企业本期的净利润或净亏损。因此，针对这种变化，投资企业需要设置“长期股权投资——损益调整”明细项目来反映

C.影响被投资企业所有者权益变化的原因之二是被投资企业不计入当期损益的利得和损失，被投资企业将其通过“其他综合收益”计入了所有者权益总额。因此，针对这种变化，投资企业需要设置“长期股权投资——其他权益变动”明细项目来反映

D.影响被投资企业所有者权益变化的原因之三是被投资企业本身资本公积等项目发生变动。因此，针对这种变化，投资企业需要设置“长期股权投资——其他综合收益”明细项目来反映

4.【多项选择题】下图是有关一笔采用权益法核算的长期股权投资初始取得业务所引起的资金运动，甲公司持有乙公司30%的股份，所发行的股票每股面值为1元。下列关于下图资金运动所反映的业务描述正确的有（　　）。

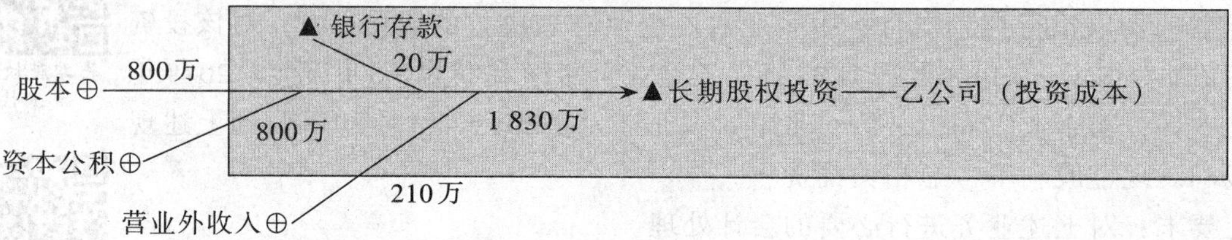

A.从图中可知，甲公司取得乙公司30%的股份所支付的对价为其自身的股票1 600万股，其账面价值为1 600万元

B.从图中可知，甲公司取得乙公司股份还发生了20万元的相关手续费。这样，甲公司取得乙公司股份的初始投资成本为1 620万元

C.从图中可知，乙公司净资产的公允价值应该为6 100万元，甲公司取得的30%股份所对应的公允价值应该为1 830万元

D.从图中可知，由于甲公司取得对方股份的公允价值为1 830万元，高于其初始投资成本1 620万元，因此需要对初始投资成本进行调整，将其调高至1 830万元。两者的差额210万元确认为营业外收入

长期股权投资权益法3-5

5.【判断题】长期股权投资权益法只适用于投资企业对被投资企业具有重大影响，即对联营企业投资，应当采用权益法。（　　）

6.【业务题】甲、乙两家公司属非同一控制下的独立公司。甲公司于20×8年4月1日以本公司的设备对乙公司投资，取得乙公司20%的股份。该设备原值2 000万元，已计提折旧400万元，已计提减值100万元，在投资当日该设备公允价值为1 300万元（不含增值税，增值税税率为13%）。20×8年4月1日乙公司所有者权益公允价值为8 000万元。企业对该投资采用权益法核算。

长期股权投资权益法6

要求：对该业务进行相应的会计处理。

十五、知识点：长期股权投资——权益法下的投资收益分析+权益法下现金股利与超额亏损处理

1.【单项选择题】甲公司于20×8年1月10日购入乙公司30%的股份，自取得当日起派人参与乙公司的生产经营活动。除固定资产、无形资产和存货项目之外，乙公司其他资产、负债的公允价值与账面价值相同。假设乙公司20×8年实现的净利润为1 000万元。在甲公司取得投资时，其存货账面价值为300万元，公允价值为350万元，截至期末该批存货已销售90%；固定资产按账面价值计提折旧为100万元，按公允价值计提折旧应为140万元；无形资产按账面价值应摊销50万元，按公允价值应摊销80万元。甲公司本期应确认的投资收益为（　　）万元。

投资收益与现金股利1-2

A.300　　B.287.5　　C.265.5　　D.258.5

2.【单项选择题】甲企业于20×8年1月1日取得乙公司30%有表决权的股份，能够对乙公司施加重大影响。假定甲企业取得该项投资时，乙公司各项可辨认资产、负债的公允价值与其账面价值相同。20×8年11月，乙公司将其成本为600万元的某商品以1 000万元的价格出售给甲企业，甲企业将取得的商品作为存货处理。截至20×8年资产负债表日，甲企业未对外出售该存货。乙公司20×8年实现的净利润为1 600万元。假定不考虑所得税因素影响。甲企业本期应确认的投资收益为（　　）万元。

A.480　　B.450　　C.360　　D.0

3.【单项选择题】甲企业于20×8年1月1日取得乙公司30%有表决权的股份，能够对乙公司施加重大影响。假定甲企业取得该项投资时，乙公司各项可辨认资产、负债的公允价值与其账面价值相同。20×8年10月，乙公司将其成本为600万元的某商品以900万元的价格出售给甲企业，甲企业将取得的商品作为固定资产核算，预计使用寿命为10年，采用直线法计提折旧，净残值为零。截至20×8年资产负债表日，该固定资产已折旧2个月。乙公司20×8年实现的净利润为1 600万元。假定不考虑所得税因素影响。甲企业本期应确认的投资收益为（　　）万元。

投资收益与现金股利3-4

A.480　　B.390　　C.391.5　　D.378.5

4.【单项选择题】甲企业于20×8年1月1日取得乙公司30%有表决权的股份，能够对乙公司施加重大影响。假定甲企业取得该项投资时，乙公司各项可辨认资产、负债的公允价值与其账面价值相同。20×8年10月，乙公司将其成本为900万元的某商品（该存货已发生了减值，其减值金额为300万元）以600万元的价格出售给甲企业，甲企业将取得的商品作为存货处理。截至20×8年资产负债表日，甲企业未对外出售该存货。乙公司20×8年实现的净利润为1 600万元。假定不考虑所得税因素影响。甲企业本期应确认的投资收益为（　　）万元。

A.570　　B.480　　C.390　　D.380

5.【单项选择题】甲企业于20×8年1月1日取得乙公司30%有表决权的股份，能够对乙公司施加重大影响。假定甲企业取得该项投资时，乙公司各项可辨认资产、负债的公允价值与其账面价值相同。20×8年11月，甲企业将其成本为400万元的某商品以600万元的价格出

售给乙公司，乙公司将取得的商品作为存货处理。截至20×8年资产负债表日，乙公司未对外出售该存货。乙公司20×8年实现的净利润为2 000万元。假定不考虑所得税因素影响。甲企业本期应确认的投资收益为（ ）万元。

A.600　　B.660　　C.540　　D.480

6.【单项选择题】甲公司持有乙公司40%的股权，能施加重大影响。20×8年12月31日，该项长期股权投资的账面价值为3 000万元。除此之外，甲公司还拥有一项对乙公司的长期应收款400万元，该款项不是由于销售等日常活动所产生的，到目前为止还没有明确的还款计划。另外，甲公司还与乙公司签订一项协议，在乙公司严重亏损超过了甲公司在乙公司的长期权益后，甲公司需要额外在账上确认应承担的超出部分的30%。乙公司20×8年由于一项主要经营业务市场条件发生变化，当年亏损10 000万元。甲公司本期应承担的投资亏损为（ ）万元。

投资收益与现金股利5-7

A.4 000　　B.3 000　　C.3 400　　D.3 580

7.【多项选择题】下列有关长期股权投资权益法下投资收益确认的表述正确的有（ ）。

A.在资产负债表日，无论被投资企业是否进行利润分配，一般情况下，投资企业都需要根据被投资企业的净收益或净亏损和本企业所占被投资企业的持股比例来确认本企业的投资收益或投资损失

B.被投资单位采用的会计政策及会计期间与投资企业不一致的，应按投资企业的会计政策及会计期间对被投资单位的财务报表进行调整，在此基础上确定被投资单位的损益

C.投资企业取得投资时，被投资单位有关资产、负债的公允价值与其账面价值不同的，未来期间，在计算归属于投资企业应享有的净利润或应承担的净亏损时，应考虑对被投资单位计提的折旧额、摊销额以及资产减值准备金额等进行调整

D.投资企业与联营企业及合营企业之间发生的未实现内部交易损益按照持股比例计算归属于投资企业的部分，应当予以抵销，在此基础上确认投资损益

8.【多项选择题】有关对下图资金运动所反映的业务描述正确的有（ ）。

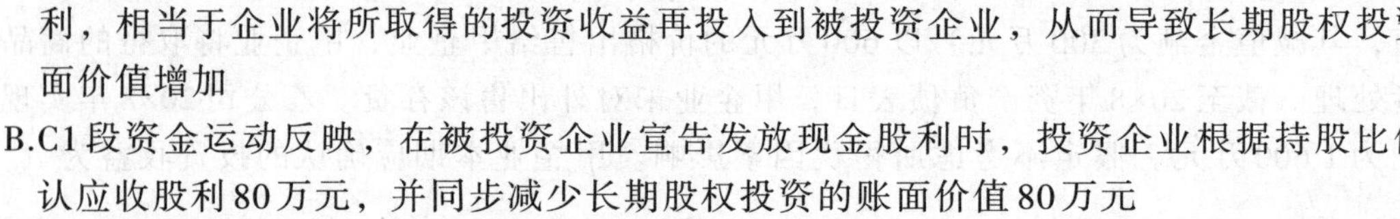

A.B段资金运动反映，不管被投资企业分不分现金股利，企业在期末根据被投资企业的净利润和企业的持股比例，计算并确认了投资收益100万元。由于没有收到现金股利，相当于企业将所取得的投资收益再投入到被投资企业，从而导致长期股权投资账面价值增加

B.C1段资金运动反映，在被投资企业宣告发放现金股利时，投资企业根据持股比例确认应收股利80万元，并同步减少长期股权投资的账面价值80万元

C.C2段资金运动反映投资企业在股利支付日收到以银行存款支付的现金股利80万元

D.股票股利的处理和现金股利的处理是完全一样的

9.【多项选择题】甲公司持有乙公司40%的股份，本期乙公司亏损10 000万元。下图是有关甲公司投资亏损确认的资金运动流程。有关对下图资金运动所反映的业务描述正确

的有（　）。

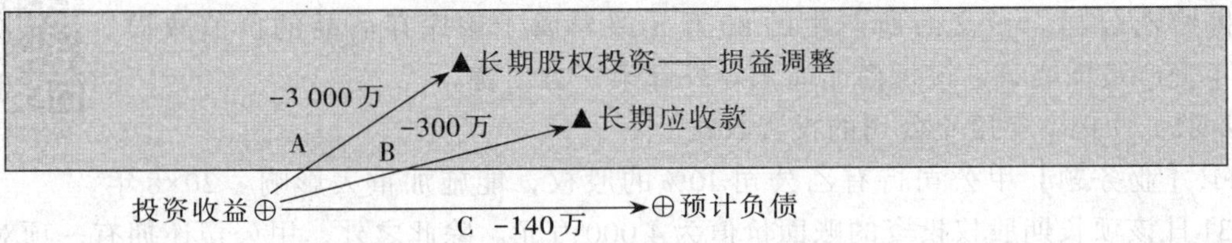

A. 从图中A段资金运动可知，甲公司通过“长期股权投资——损益调整”调减了长期股权投资账面价值3 000万元。由于后续还调整了长期应收款等，这说明在未确认这笔亏损之前，甲公司长期股权投资账面价值就只有3 000万元

B. 从图中A段资金运动结合其他资金运动可知，在A段资金运动结束之后，长期股权投资的各个明细项目的余额可能不为零，但长期股权投资项目的账面价值为零

C. 从B段资金运动可知，企业不仅把长期股权投资账面价值冲销为零，而且冲销了一笔300万元的长期应收款。该款项应该不是由于销售等日常活动所产生，到目前为止应该还没有明确的还款计划

D. 从C段资金运动可知，企业除了按照有限责任承担亏损外，还需要承担额外义务，即对于超出有限责任的亏损额再承担10%的责任，其金额为140万元。这样，还有560万元的未确认亏损，企业只能在账外登记

投资收益与现金股利8-9

10.【业务题】甲公司发生下列业务：

（1）甲公司于20×8年1月10日购入乙公司30%的股份，购买价为12 000万元，自取得当日起派人参与乙公司的生产经营活动。取得投资当日，乙公司可辨认净资产公允价值为43 400万元，除下表所列项目之外，乙公司其他资产、负债的公允价值与账面价值相同。假设乙公司20×8年实现的净利润为8 000万元，其中在甲公司取得投资时的账面存货的70%对外出售。甲、乙公司的会计期间与会计政策相同，固定资产、无形资产摊销均按直线法进行，预计净残值均为零。假设不考虑所得税影响。

乙公司账面价值与公允价值比较表

金额单位：万元

项目	账面原价	已提折旧或摊销	公允价值	乙公司预计使用年限（年）	甲公司投资后剩余使用年限（年）
存货	1 500		1 800		
固定资产	7 200	1 440	6 400	20	16
无形资产	1 200	240	1 040	10	8
	9 900	1 680	9 240		

（2）20×8年9月1日，甲公司将其账面价值为480万元的商品以720万元的价格出售给乙公司，乙公司将取得的商品作为管理用固定资产核算，预计使用寿命为10年，净残值为零。乙公司固定资产折旧从9月份开始计算。

（3）20×8年11月，乙公司将其成本为600万元的某商品以900万元的价格出售给甲公司，甲公司将取得的商品作为库存商品核算。截至20×8年资产负债表日，甲公司未对外出售该库存商品。

（4）20×8年11月，甲公司将其账面价值为400万元的商品以320万元的价格出售给乙公司。该交易所产生的80万元差异属于该库存商品的价值减损。20×8年资产负债表日，该批商品尚未对外部第三方出售。

要求：计提本年度甲公司的投资收益。

投资收益与现金股利10

11.【业务题】甲公司持有乙公司40%的股权，能施加重大影响。20×8年12月31日该项长期股权投资的账面价值为4 000万元。除此之外，甲公司还拥有一项对乙公司的长期应收款200万元，该款项不是由于销售等日常活动所产生的，到目前为止还没有明确的还款计划。另外，甲公司还与乙公司签订了一项协议，在乙公司严重亏损超过了甲公司在乙公司的长期权益后，甲公司需要额外在账上确认超出部分的30%。乙公司20×8年由于一项主要经营业务市场条件发生变化，当年亏损1.2亿元。

要求：计提本年度甲公司的投资收益。

投资收益与现金股利11

十六、知识点：其他综合收益和其他资本公积的处理

1.【多项选择题】有关下图资金运动所反映的业务描述正确的有（　　）。

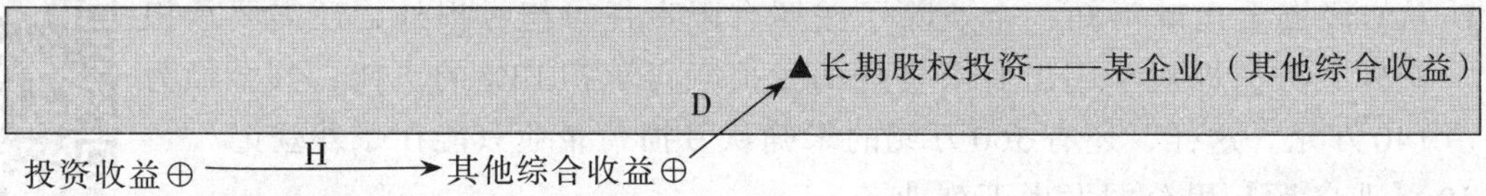

A.D段资金运动反映，由于被投资企业发生了一些不在当期损益中确认的利得和损失，从而造成被投资企业所有者权益账面价值发生相应变化，最终导致投资企业在未对该投资进行处置之前，也只能参照被投资企业的做法，通过“其他综合收益”计入所有者权益之中

B.H段资金运动反映，投资企业处置该资产时，在满足重分类进损益的情况下，将原计入其他综合收益的累计金额转入投资收益

C.将D段和H段结合起来就会发现，对于被投资企业由于其他综合收益（不能重分类进损益的部分除外）的变化对投资企业带来的影响，最终还是进入了处置当期的损益，从而构成了投资企业总的投资收益的一个组成部分

D.从图中可知，所有计入其他综合收益的累计金额最终都转入到投资收益之中

2.【多项选择题】下列记在其他综合收益上的项目，最终能够重分类进损益的有（　　）。

A.其他债权投资公允价值变动形成的利得或损失

B.其他权益工具投资公允价值变动形成的利得或损失

C.债权投资重分类为其他债权投资形成的利得或损失

D.重新计量设定受益计划净负债或净资产导致的变动

其他综合收益等1-4

3.【多项选择题】有关对下图资金运动所反映的业务描述正确的有（　　）。

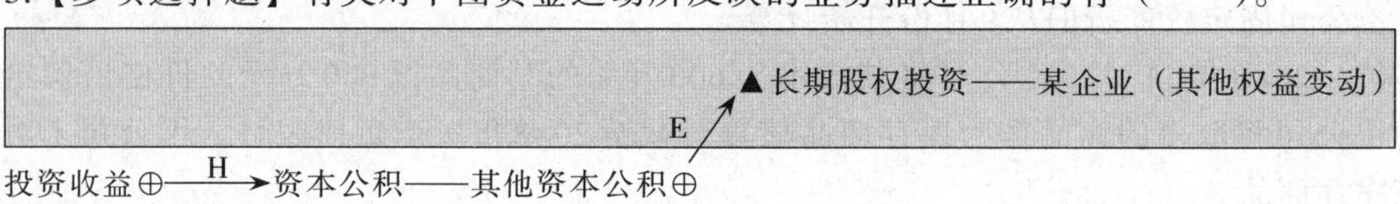

A.E段资金运动反映，由于被投资企业发生了一些影响其资本公积的事项，从而造成被投资企业所有者权益账面价值发生相应变化，最终导致投资企业在未对该投资进行处置之前，也只能参照被投资企业的做法，通过“资本公积”项目计入所有者权益之中

B.H段资金运动反映，投资企业处置该长期股权投资时，将原记入“资本公积——其他资本公积”项目的累计金额转入投资收益

C.将E段和H段结合起来就会发现，被投资企业资本公积的变化对投资企业带来的影响最终还是计入了处置当期的损益，从而构成了投资企业总的投资收益的一个组成部分

D.从图中可知，这里的“资本公积”只是一个过渡性项目，它所反映的内容最终构成了企业总的投资收益

4.【多项选择题】影响投资企业的被投资单位其他权益变动的情况主要有（ ）。

A.被投资单位接受其他股东的资本性投入

B.被投资单位发行可分离交易的可转债中包含的权益成分

C.被投资单位以权益结算的股份支付

D.其他股东对被投资单位增资导致投资方持股比例变动

5.【业务题】甲公司持有乙公司30%股份，能对其施加重大影响。20×8年6月30日，当期乙公司一项其他债权投资公允价值上涨了300万元。同日，乙公司将国家专项研究拨款700万元转为本公司的资本公积。20×8年7月30日，乙公司宣告发放现金股利1 500万元。20×8年8月20日，乙公司实际支付现金股利。

其他综合收益等5

要求：对甲公司相关的投资业务进行相应的会计处理。

十七、知识点：权益法下长期股权投资处置

长期股权投资处置1

1.【单项选择题】甲公司拥有乙公司有表决权股份的30%，对乙公司有重大影响。20×8年12月30日，甲公司出售乙公司的全部股权，所得价款3 500万元全部存入银行。截至12月30日，其账面价值为3 200万元，其中投资成本为3 000万元，损益调整为400万元，其他权益变动为100万元，其他综合收益贷方余额为120万元，长期股权投资减值准备为180万元。甲公司处置该笔长期股权投资所确认的投资收益总额为（ ）万元。

A.300　　B.400　　C.520　　D.280

长期股权投资处理2

2.【多项选择题】对下图资金运动所反映的业务描述正确的有（ ）。

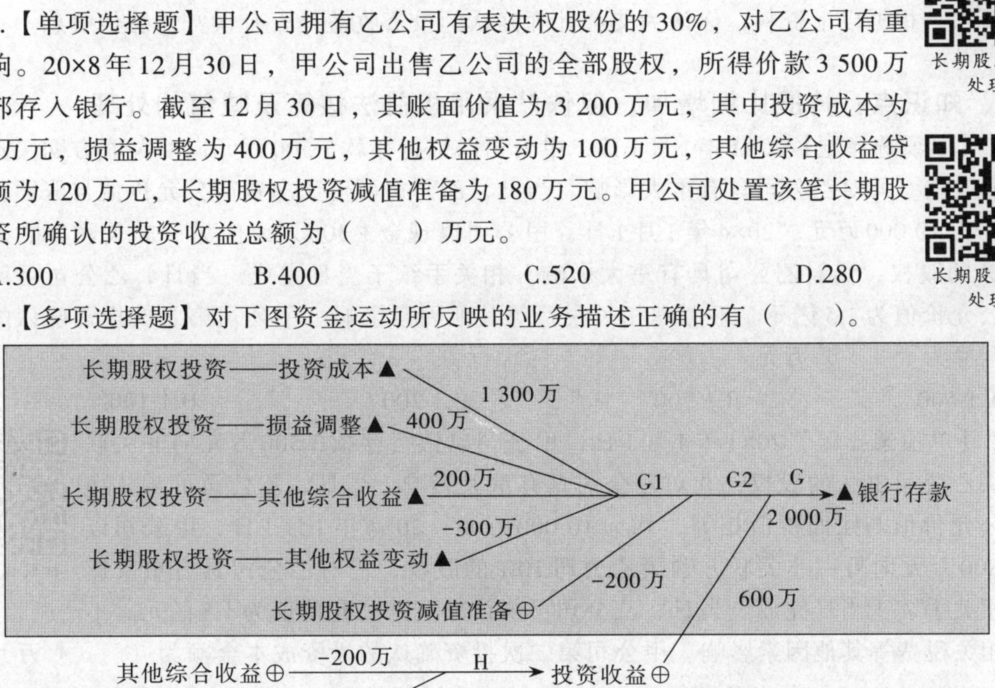

A.从图中可知，长期股权投资的账面余额为1 600万元（1 300+400+200-300），也就是说，G1的流量为1 600万元

B.从图中可知，长期股权投资的账面价值为1 400万元（即长期股权投资账面余额1 600万元-200万元长期股权投资减值准备），也就是说G2的流量为1 400万元

C.从图中可知，售价2 000万元与长期股权投资账面价值1 400万元的差额，即为投资收益600万元

D.从图中H段资金运动可知，企业将计入其他综合收益累计数贷方余额的200万元和资本公积累计数借方余额的300万元全部结转到投资收益之中，最终导致投资收益总计减少100万元。但其他综合收益的贷方余额200万元和资本公积的借方余额300万元，是无法从图中推算出来的，应该是题目直接给出的

3.【业务题】甲公司拥有乙公司有表决权股份的40%，对乙公司有重大影响。20×8年12月30日，甲公司出售乙公司的全部股权，所得价款4 100万元全部存入银行。截至12月30日，其账面价值为4 000万元，其中投资成本为3 300万元，损益调整为500万元，其他权益变动为300万元，其他综合收益为贷方余额50万元，长期股权投资减值准备50万元。

要求：对该投资处置业务进行相应的会计处理。

4.【案例分析题】华康股份有限公司20×8年3月1日以银行存款450万元取得E公司30%的股权，E公司中期报告显示，该公司1—6月份实现净利润300万元（假设利润在各月均衡发生），宣告发放现金股利100万元。华康股份有限公司的艾会计师在20×8年6月30日确认的投资收益为60万元（300×30%×4÷6）、应收股利30万元（100×30%）。但注册会计师钱女士认为，艾会计师的计算有误，其投资收益应为90万元（300×30%）。艾会计师深感委屈，认为他的计算是正确的。

长期股权投资处理3-4

要求：根据以上资料，你认为艾会计师确认的投资收益是否有误？请替他解惑。

十八、知识点：持股比例增加，但依然采用权益法核算及减值的处理

1.【单项选择题】20×1年1月1日，甲公司以银行存款3 500万元向非关联方购买乙公司30%的股权，并对乙公司具有重大影响。当日，乙公司可辨认净资产公允价值与账面价值相等，均为10 000万元。20×4年1月1日，甲公司以现金1 300万元向另一非关联方购买乙公司10%的股权，仍对乙公司具有重大影响，相关手续于当日完成。当日，乙公司可辨认净资产公允价值为1.5亿元。不考虑相关税费等其他因素影响。甲公司第二次投资确认的投资成本金额为（　　）万元。

A.1 500　　B.1 300　　C.1 200　　D.1 100

2.【单项选择题】20×1年1月1日，甲公司以银行存款3 500万元向非关联方购买乙公司30%的股权，并对乙公司具有重大影响。当日，乙公司可辨认净资产公允价值与账面价值相等，均为10 000万元。20×4年1月1日，甲公司以现金800万元向另一非关联方购买乙公司10%的股权，仍对乙公司具有重大影响，相关手续于当日完成。当日，乙公司可辨认净资产公允价值为1.5亿元。不考虑相关税费等其他因素影响。甲公司第二次投资确认的投资成本金额为（　　）万元。

持股比例增加1-2

A.800　　B.900　　C.1500　　D.1 000

3.【业务题】20×9年1月1日，甲公司以银行存款3 000万元向另一非关联方购买乙公司15%的股权，相关手续于当日完成。当日，乙公司可辨认净资产公允价值为2.2亿元。此前，甲公司已取得乙公司25%的股权（当初以银行存款4 500万元取得，取得当日，乙公司可辨认净资产公允价值与账面价值均为16 000万元）。两次合并后持股比例为40%，公司依然采用权益法核算。不考虑相关税费等其他因素影响。

要求：对本次投资业务进行相应的会计处理。

4.【业务题】20×9年1月1日，甲公司以银行存款2 700万元向另一非关联方购买乙公司15%的股权，相关手续于当日完成。当日，乙公司可辨认净资产公允价值为2.2亿元。此前，甲公司已取得乙公司25%的股权（当初以银行存款4 500万元取得，取得当日，乙公司可辨认净资产公允价值与账面价值均为16 000万元）。两次合并后持股比例为40%，企业依然采用权益法核算。不考虑相关税费等其他因素影响。

持股比例增加 3-4

要求：对本次投资业务进行相应的会计处理。

十九、知识点：权益法核算举例

权益法核算举例1

1.【多项选择题】甲公司持有乙公司股份的比例为20%，所发行的股票每股面值为1元。有关对下图资金运动所反映的业务描述正确的有（　）。

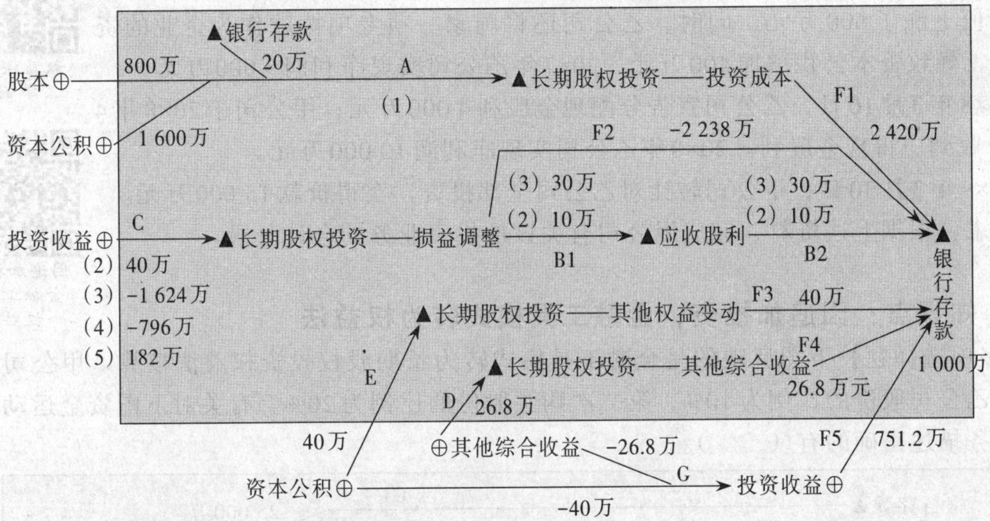

A. 从图中A段资金运动可知，甲公司通过发行普通股取得乙公司20%的股份。其发行的股票数量是800万股（面值1元/股），其公允价值是每股3元。此外还发生了20万元的手续费。另外还可以推测，甲公司所获得的乙公司20%股份的公允价值应该是小于其初始投资成本2 420万元

B. 将B段和C段结合起来分析。C段资金运动告诉我们，企业在随后的4年年末分别确认了40万元、-1 624万元、-796万元和182万元的投资收益。从B1段和B2段来看，在前面2年甲公司分别确认并收到了10万元和30万元的现金股利

C. 从D段和E段可知，根据乙公司所有者权益除净损益之外的其他变化，甲公司分别确

认了40万元的资本公积和26.8万元的其他综合收益，并同步反映对乙公司投资的增加，即“长期股权投资——其他权益变动”项目增加40万元，“长期股权投资——其他综合收益”项目增加26.8万元

D.从F段可知，甲公司将该投资出售，售价1 000万元，其账面价值为248.8万元，即2 420万元“长期股权投资——投资成本”−2 238万元“长期股权投资——损益调整”+40万元“长期股权投资——其他权益变动”+26.8万元“长期股权投资——其他综合收益”。两者的差额即为投资收益751.2万元。与此同时，甲公司还将记在其他综合收益和资本公积上的累计金额40万元和26.8万元全部转为投资收益。因此从整个投资行为来看，投资的回收与投资成本之间的差额最终全部反映在投资收益上

2.【业务题】甲公司于20×6年4月1日以8 850万元（含支付的相关费用1万元，已宣告但尚未领取的现金股利50万元）购入乙公司的股票，占乙公司实际发行在外普通股股数的20%。甲公司采用权益法核算此项投资，20×6年4月1日乙公司可辨认净资产的公允价值为45 000万元。

甲公司于20×6年5月20日收到上述现金股利。20×6年乙公司实现净利润8 000万元（假设利润均衡发生）。

20×7年4月10日，乙公司宣告分配现金股利3 000万元；甲公司于20×7年5月30日收到应得现金股利。20×7年12月31日，乙公司一项其他债权投资期末公允价值上涨了600万元；同时，乙公司还将国家一项专项拨款作为企业的资本公积，导致资本公积增加400万元。20×7年乙公司实现净利润9 000万元。

权益法核算举例2

20×8年3月10日，乙公司宣告分配现金股利4 000万元；甲公司于20×8年4月25日收到应得现金股利。20×8年乙公司实现净利润10 000万元。

20×9年3月30日，甲公司转让对乙公司全部投资，实得价款15 000万元。

要求：根据上述资料，完成甲公司有关该项投资业务的会计分录。

因追加投资，金融工具转权益法

二十、知识点：因追加投资，金融工具模式转为权益法

【多项选择题】下图反映的是金融工具模式转为长期股权投资权益法核算。甲公司第一次购买乙公司股份的比例为10%，第二次购买股份的比例为20%。有关对下图资金运动所反映的业务描述正确的有（　　）。

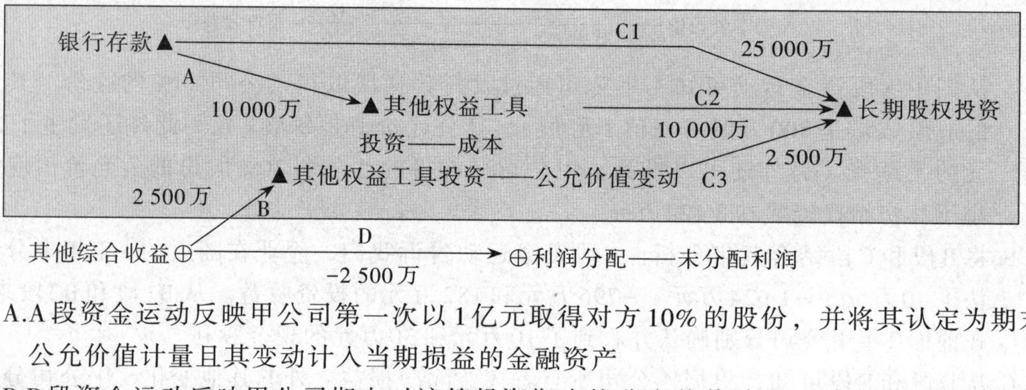

A.A段资金运动反映甲公司第一次以1亿元取得对方10%的股份，并将其认定为期末以公允价值计量且其变动计入当期损益的金融资产

B.B段资金运动反映甲公司期末对该笔投资期末按公允价值计价。其公允价值超过账面

价值的差额为2 500万元，一方面确认其他综合收益2 500万元，另一方面反映该金融资产的价值增加2 500万元

C.C段资金运动反映金融工具计量模式转换为权益法模式。C1段反映企业以2.5亿元取得乙公司20%的股份。由于总的持股比例为30%，因此将该金融资产转为长期股权投资，并按权益法进行核算，该投资的初始投资成本为3.75亿元。由此可以推断此时乙公司净资产的公允价值不应该超过13亿元

D.D段资金运动反映企业将记入其他综合收益中的累计金额转为留存收益，从而导致留存收益增加0.25亿元

二十一、知识点：金融工具计量模式转为成本法（同一控制）

金融工具模式转成本法-同一控制

【多项选择题】下图反映的是金融工具模式转为同一控制下长期股权投资成本法核算。甲公司第一次购买乙公司股份的比例为10%，第二次购买股份的比例为60%。对下图资金运动所反映的业务描述正确的有（　　）。

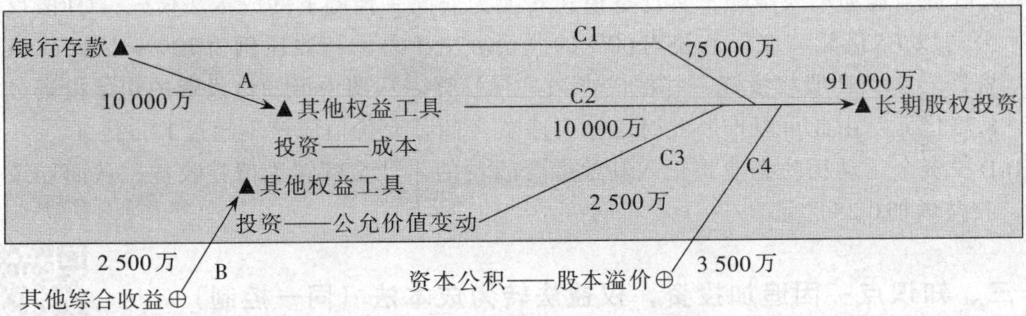

A.A段资金运动反映甲公司第一次以1亿元取得对方10%的股份，并将其认定为期末以公允价值计量且其变动计入其他综合收益的金融资产

B.B段资金运动反映甲公司期末对该笔投资按公允价值计价。其公允价值超过账面价值的差额为2 500万元，一方面确认其他综合收益2 500万元，另一方面反映该金融资产的价值增加2 500万元

C.C段资金运动反映金融工具计量模式转换为同一控制下的成本法模式。C1段反映甲公司以7.5亿元又取得乙公司60%的股份。由于总的持股比例为70%，因此将该金融资产转为长期股权投资，并按成本法进行核算。从图中可知该投资的初始投资成本为9.1亿元。由此可以推断此时乙公司净资产的账面价值应该为13亿元

D.从C4段资金运动可知，其以初始投资成本9.1亿元与付出的账面价值8.75亿元的差额0.35亿元作为资本公积处理

二十二、知识点：金融工具计量模式转为成本法（非同一控制）

金融工具模式转成本法-非同一控制

【多项选择题】下图反映的是金融工具计量模式转为非同一控制下长期股权投资成本法核算。甲公司第一次购买乙公司股份的比例为10%，第二次购买股份的比例为60%。对下图资金运动所反映的业务描述正确的有（　　）。

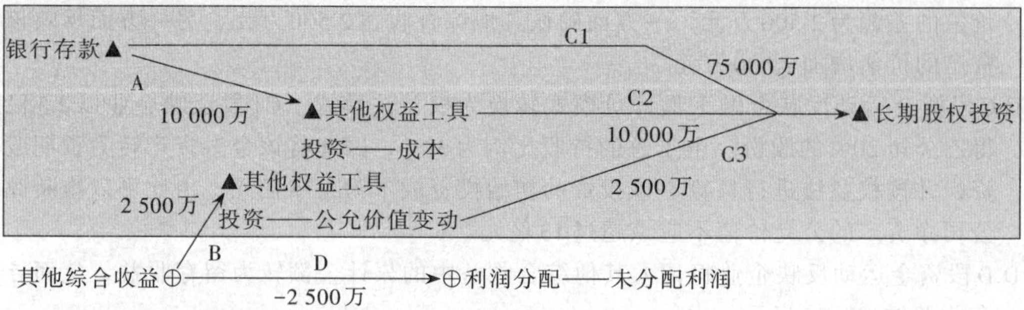

A.A段资金运动反映甲公司第一次以1亿元取得对方10%的股份，并将其认定为期末以公允价值计量且其变动计入其他综合收益的金融资产

B.B段资金运动反映甲公司期末对该笔投资按公允价值计价。其公允价值超过账面价值的差额为2 500万元，一方面确认其他综合收益2 500万元，另一方面反映该金融资产的价值增加2 500万元

C.C段资金运动反映金融工具计量模式转换为非同一控制下的成本法模式。C1段反映甲公司以7.5亿元又取得乙公司60%的股份。由于总的持股比例为70%，因此将该金融资产转为长期股权投资，并按成本法进行核算。从图中可知该投资的初始投资成本为8.75亿元。由此可以推断此时乙公司净资产的公允价值应该不超过12.5亿元

D.D段资金运动反映企业将记入其他综合收益的累计金额转为留存收益，从而导致留存收益增加0.25亿元

二十三、知识点：因追加投资，权益法转为成本法（同一控制）

权益法转成本法-同一控制

【多项选择题】下图反映的是长期股权投资权益法核算转为同一控制下长期股权投资成本法核算。甲公司第一次购买乙公司股份的比例为30%，第二次购买股份的比例为30%。对下图资金运动所反映的业务描述正确的有（　）。

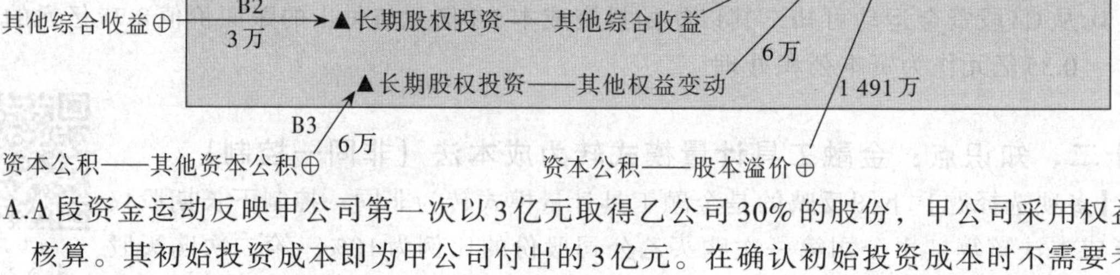

A.A段资金运动反映甲公司第一次以3亿元取得乙公司30%的股份，甲公司采用权益法核算。其初始投资成本即为甲公司付出的3亿元。在确认初始投资成本时不需要考虑此时乙公司净资产的公允价值

B.B段资金运动反映，在期末甲公司分别确认投资收益3 000万元、3万元的其他综合收

益和6万元的其他权益变动。由于甲公司持股比例为30%，由此可以推断乙公司本会计期间的净利润一定为1亿元

C.C段资金运动反映，甲公司花费3.75亿元又获取了30%，合计60%乙公司的股份，因此甲公司对该笔投资采用成本法核算。在同一控制下，由于其初始投资成本为7.2亿元，由此可以推断乙公司在最终控制方的合并财务报表中净资产的账面价值为12亿元

D.转换为成本法时其初始投资成本7.2亿元与账面价值7.0509亿元的差额为0.1491亿元，应调整其资本公积

二十四、知识点：因追加投资，权益法转为成本法（非同一控制）

权益法转成本法-非同一控制

【多项选择题】下图反映的是长期股权投资权益法核算转为非同一控制下长期股权投资成本法核算。甲公司第一次购买乙公司股份的比例为30%，第二次购买股份的比例为30%。对下图资金运动所反映的业务描述正确的有（　　）。

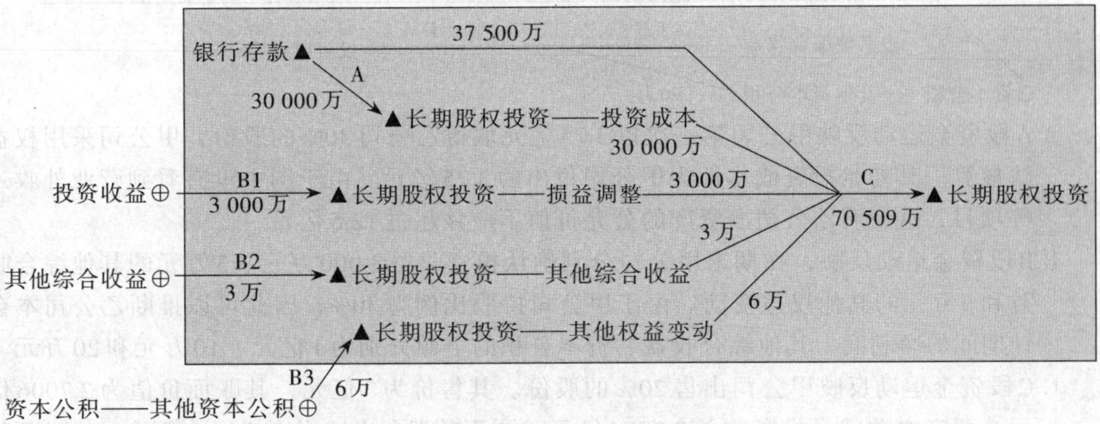

A.A段资金运动反映甲公司第一次以3亿元取得对方30%的股份，甲公司采用权益法核算。其初始投资成本即为甲公司付出的3亿元。在确认初始投资成本时需要考虑此时乙公司净资产的账面价值，据此可以推断其账面价值不应该超过10亿元

B.B段资金运动反映，在期末甲公司分别确认投资收益3 000万元、3万元的其他综合收益和6万元的其他权益变动。由于甲公司持股比例为30%，因此可以推断乙公司本会计期间的其他综合收益金额一定为10万元

C.C段资金运动反映，企业花费3.75亿元又获取了30%，合计60%乙公司的股份，因此甲公司对该笔投资采用成本法核算。在非同一控制下，企业合并不需要考虑所获得的对价的公允价值

D.企业在权益法转为成本法（非同一控制下）时，该投资的初始投资成本应该为原长期股权投资账面价值与新增投资所付出的对价的公允价值之和

二十五、知识点：因减少投资，权益法转为金融工具模式

权益法转金融工具模式

【多项选择题】下图反映的是长期股权投资权益法核算转为金融工具模式。甲公司第一次购买乙公司30%的股份，第二次出售了20%股份。对下图资金运动所反映的业务描述正确的有（　　）。

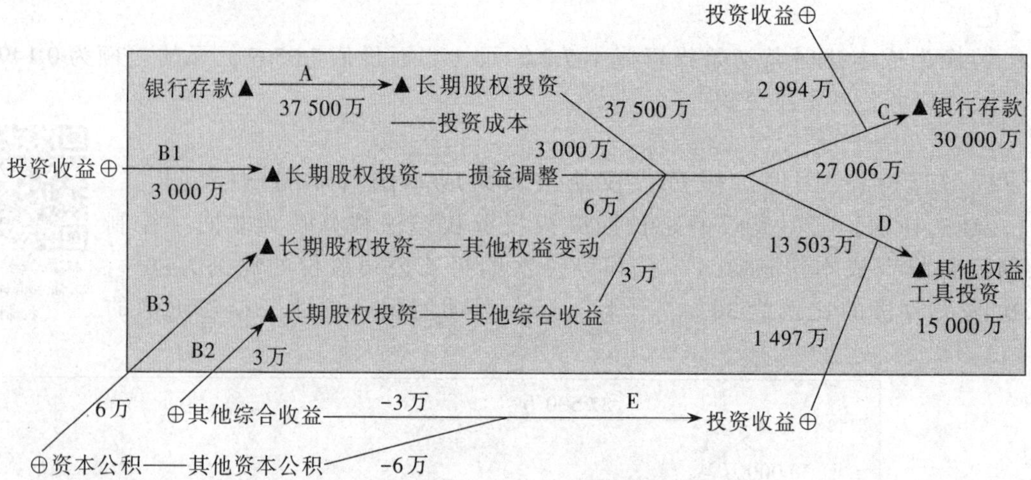

A.A段资金运动反映甲公司第一次以3.75亿元取得乙公司30%的股份，甲公司采用权益法核算。其初始投资成本即为甲公司付出的3.75亿元。由于图中没有看到营业外收入等项目，这说明乙公司净资产的公允价值不应该超过12.5亿元

B.B段资金运动反映，在期末甲公司分别确认投资收益3 000万元、3万元的其他综合收益和6万元的其他权益变动。由于甲公司持股比例为30%，因此可以推断乙公司本会计期间的净利润、其他综合收益、资本公积的金额分别为1亿元、10万元和20万元

C.C段资金运动反映甲公司出售20%的股份。其售价为3亿元，其账面价值为2.7006亿元，两者之差就是投资收益0.2994亿元。剩下的股份公允价值为1.5亿元，其账面价值为1.3503亿元，两者之差为0.1497亿元，即为投资收益

D.E段资金运动的流量为负数，反映投资收益减少9万元

二十六、知识点：因减少投资，成本法转为权益法

成本法转权益法

【多项选择题】下图反映的是长期股权投资成本法核算转为权益法核算。甲公司第一次购买乙公司60%股份，第二次出售20%股份。对下图资金运动所反映的业务描述正确的有（　　）。

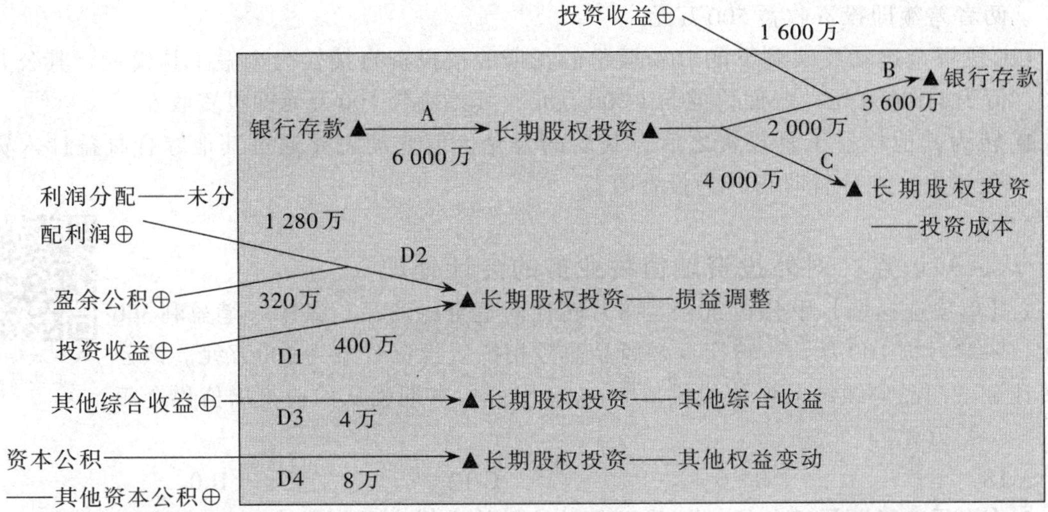

A.A段资金运动反映甲公司第一次以6 000万元取得乙公司60%的股份，甲公司采用成本法核算。由于没有看到“资本公积”等所有者权益项目，因此这应该属于非同一控制下企业合并

B.B段资金运动反映甲公司出售20%股份，售价3 600万元，其账面价值为2 000万元，两者差额即投资收益1 600万元。剩下的4 000万元的长期股权投资直接转为权益法核算，这说明当初取得投资时的初始投资成本是大于或等于其所取得的份额的公允价值的

C.D1段资金运动说明在转换的当年，乙公司净收益（如不需要调整的话）应该为1 000万元

D.D2段资金运动说明从开始投资到转换年度的前一年为止，乙公司累计盈利（如不需要调整的话）4 000万元。另外，还可以推断出甲公司盈余公积金的提取比例为15%

二十七、知识点：因减少投资，成本法转为金融工具模式

【多项选择题】下图反映的是长期股权投资成本法核算转为金融工具模式。甲公司第一次购买乙公司60%的股份，第二次出售50%股份。对下图资金运动所反映的业务描述正确的有（　　）。

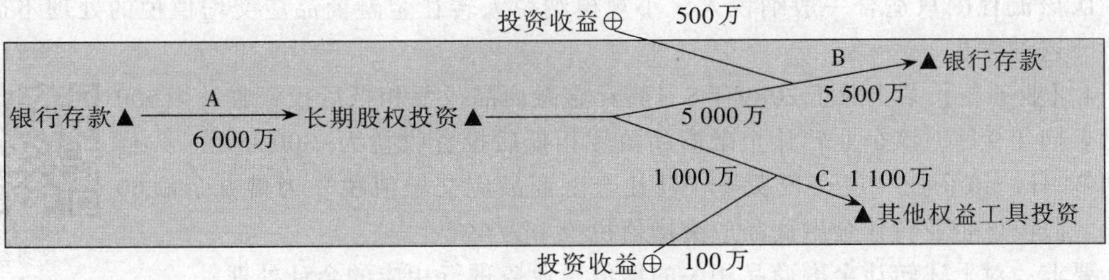

A.A段资金运动反映甲公司第一次以6 000万元取得乙公司60%的股份，甲公司采用成本法核算。由于没有更多的资料，因此无法判断该投资行为是属于同一控制下企业合并还是非同一控制下企业合并

B.B段资金运动反映甲公司出售50%股份，售价5 500万元，其账面价值为5 000万元，

两者差额即投资收益500万元

C.C段资金运动反映剩下的10%股份的长期股权投资直接转为金融工具模式，其公允价值为1 100万元，账面价值为1 000万元，其差额为100万元即投资收益

D.转为其他权益工具投资之后，其后的公允价值变动先要通过其他综合收益计入资产负债表，在处置时再转为投资收益

二十八、知识点：对外投资增值税业务的会计处理

成本法转金融工具模式

1.【单项选择题】甲公司20×8年8月转让两笔金融商品，其中一笔盈利300万元，一笔亏损100万元。转让金融商品盈亏相抵后投资收益为200万元。该公司转让金融商品应缴纳的增值税税率为6%。甲公司本期确认的应交增值税金额为（　　）万元。

A.18　　B.-6　　C.12　　D.0

2.【单项选择题】乙公司20×8年8月转让两笔金融商品，其中一笔盈利300万元，一笔亏损400万元。转让金融商品盈亏相抵后投资收益为亏损100万元。该公司转让金融商品应缴纳的增值税税率为6%。乙公司本期确认的应交增值税金额为（　　）万元。

A.18　　B.-24　　C.0　　D.-6

3.【多项选择题】对下图资金运动所反映的业务描述正确的有（　　）。

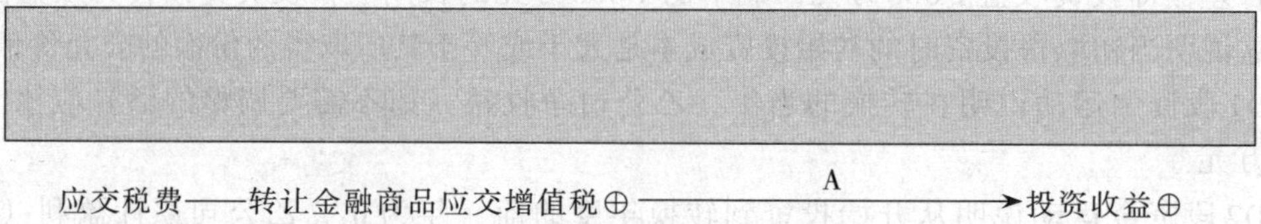

A.这是一个反映转让金融商品应交增值税的资金流程图

B.企业实际转让金融商品的月末，如产生累计转让收益，则应该确认其应缴纳的增值税金额，图中A段流量为正数；如产生转让损失，则应确认可以抵扣下月应交增值税金额的抵扣税额，图中A段流量为负数

C.到了年末，如“应交税费——转让金融商品应交增值税”有借方余额，应将其转销，其资金运动发生A段运动，其流量为正数

D.该流程图只适合一般纳税人，小规模纳税人转让金融商品应交增值税的处理不适用这种方法

4.【业务题】某企业于20×9年8月转让金融商品盈亏相抵后投资收益为500万元。同年9月，该企业转让金融商品盈亏相抵后投资收益为-300万元。截至12月31日，该企业“应交税费——转让金融商品应交增值税”为借方余额60万元。假设该企业转让金融商品应交增值税税率为6%。

对外投资增值税业务

要求：对上述转让金融商品相关的增值税业务进行相应的会计处理。

第十二章　其他特殊环节资金运动分析与会计处理

非货币性资产交换1-2

一、知识点：非货币性资产交换业务

1.【单项选择题】甲公司以一项采用权益法核算的长期股权投资换入乙公司的一项专利技术。在交换日，甲公司换出的长期股权投资账面价值为560万元，公允价值为700万元（等于计税价格），当日双方办妥了专利技术所有权转让手续。经评估确认，该项专利技术的公允价值为788万元，甲公司另以银行存款支付给乙公司88万元。不考虑其他因素，甲公司换入的专利技术入账价值是（　　）万元。

A.700　　B.788　　C.648　　D.819

2.【单项选择题】20×7年12月10日，甲公司用一台已使用2年的A设备从乙公司手中换入B设备，并为换入B设备支付了相关税费10 000元。甲公司换出A设备的账面原价为50万元，原预计使用年限为5年，原预计净残值率为5%，采用双倍余额递减法计提折旧，未计提减值准备。乙公司换出B设备的账面原价为24万元，已折旧3万元，未计提减值准备。假设该资产置换具有商业实质。置换时，A、B设备的公允价值均为25万元。假设不考虑增值税等因素的影响。甲公司对于此项业务进行的下列会计处理中，正确的是（　　）。

A.换入B设备的入账价值为26万元　　B.对换出的A设备不确认处置损益

C.换入B设备的入账价值为25万元　　D.对换出的A设备确认营业支出

3.【单项选择题】在不涉及补价的情况下，下列各项交易事项中，适用非货币性资产交换准则进行账务处理的是（　　）。

A.以一批存货换入一项长期股权投资，取得该项股权投资后，能控制被投资方

B.以一项债权投资换入一批存货

C.以一项对合营企业的长期股权投资换入一项投资性房地产

D.以一项应收账款换入一项无形资产

非货币性资产交换3-4

4.【单项选择题】甲公司为增值税一般纳税人，20×9年1月25日以其拥有的一项非专利技术与乙公司的一项固定资产进行交换。交换日，甲公司换出非专利技术的原值为80万元，累计摊销为15万元，未计提减值准备，其公允价值无法可靠计量，甲公司未提供增值税专用发票；换入固定资产的账面成本为72万元，未提取减值准备，其公允价值为100万元，增值税税额为13万元，乙公司提供了增值税专用发票，甲公司将其作为固定资产核算，该增值税进项税额可以抵扣；甲公司另收到乙公司支付的33万元银行存款。不考虑其他因素，甲公司对该项交易应确认的收益为（　　）万元。

A.0　　B.22　　C.65　　D.81

5.【单项选择题】关于非货币性资产交换的确认和计量原则，下列表述中不正确的是（　　）。

A.对于具有商业实质的非货币性资产交换，如果换入资产和换出资产公允价值均能可靠计量，一般应当以换出资产的公允价值作为换入资产成本的基础

B.不具有商业实质或交换涉及资产的公允价值均不能可靠计量的非货币性资产交换，应当按照换入资产的账面价值作为换入资产的成本

C.以账面价值计量的非货币性资产交换，无论是否涉及补价，均不确认相关换出资产的处置损益

D.收到或支付的补价是确定换入资产成本的调整因素

6.【单项选择题】20×9年8月，甲公司以一栋建筑物换入乙公司的一批材料和一台设备。甲公司换出建筑物的原值为30万元，已折旧1.5万元，已提取减值准备0.5万元，其公允价值为25万元。乙公司换出的原材料公允价值和计税价格相等，均为10万元；换出设备的原值为20万元，已计提折旧2万元，未计提减值准备，其公允价值为10.3万元。另外乙公司支付给甲公司补价4.7万元。假设该项交换具有商业实质，且换入资产的公允价值能够可靠计量。不考虑增值税等相关因素。甲公司换入资产的成本总额以及原材料的入账价值分别为（　　）。

非货币性资产交换5-6

A.20.3万元；9.2273万元　　B.22万元；9.2273万元

C.20.3万元；10万元　　D.22万元；10万元

7.【多项选择题】甲公司与客户进行的下列资产交换中，对于甲公司来说不适用非货币性资产交换准则的是（　　）。

A.甲公司以存货换取客户的非货币性资产

B.甲公司在非货币性资产交换中取得一项股权投资并因而控制被投资方

C.甲公司以投资性房地产换取客户的固定资产

D.甲公司以使用权资产换取客户的非货币性资产

8.【多项选择题】在不考虑相关税费等因素的基础上，下列各项交易中属于非货币性资产交换的有（　　）。

A.以100万元的应收债权换取生产设备

B.以持有的一项土地使用权换取一栋生产用厂房

C.以一项无形资产换取一台公允价值为100万元的设备并支付50万元的补价

D.以公允价值200万元的房产换取一台运输设备并收取24万元的补价

9.【多项选择题】不考虑补价等其他因素，下列关于非货币性资产交换的说法中，正确的有（　　）。

A.以公允价值为基础的非货币性资产交换，当有确凿证据证明换入资产的公允价值更加可靠的，应以换入资产的公允价值和应支付的相关税费作为换入资产的初始计量金额

B.以公允价值为基础的非货币性资产交换，当有证据表明换入资产的公允价值更加可靠的，换出资产终止时，应将换入资产的公允价值与换出资产账面价值之间的差额计入当期损益

C.以公允价值为基础的多项非货币性资产交换，应当按照换入各项资产的公允价值占换入资产公允价值总额的比例，对换入资产的成本总额进行分配，确定各项换入资产的成本

D.不具有商业实质的非货币性资产交换，对于换出资产，终止确认时不确认损益

10.【多项选择题】在不具有商业实质、涉及补价的非货币性资产交换中，影响收到补价方换入资产入账价值的因素有（　　）。

A.换出资产的账面价值　　B.换出资产计提的减值准备

C.应支付的相关税费　　D.收到补价的账面价值

非货币性资产交换7-10

11.【多项选择题】下列项目属于货币性资产的有（　　）。

A.应收账款　B.其他权益工具投资　C.债权投资　D.其他债权投资

12.【多项选择题】下列项目属于非货币性资产的有（　　）。

A.预付账款　B.长期股权投资　C.固定资产　D.存货

13.【多项选择题】下列有关商业实质表述正确的有（　　）。

A.换入资产的未来现金流在风险、时间和金额方面与换出资产显著不同，该交易具有商业实质

B.换入资产与换出资产的预计未来现金流量现值不同，且其差额与换入资产和换出资产的公允价值相比是重大的，该交易具有商业实质

C.关联方关系的存在是否会影响商业实质，需要根据实质重于形式来判断

D.关联方关系的存在一定会导致发生的非货币性资产交换不具有商业实质

非货币性资产交换11-14

14.【多项选择题】下列有关非货币性资产交换的表述正确的有（　　）。

A.非货币性资产交换不涉及或只涉及少量的货币性资产（即补价）。其中，少量的货币性资产的认定通常以补价占整个资产交换金额的比例小于或等于25%作为参考

B.非货币性资产交换同时满足以下两个条件的，才能采用公允价值计量模式进行计量：（1）该项资产交换具有商业实质；（2）换入资产或换出资产的公允价值能够可靠地计量。不能同时满足的，只能采用账面价值计量模式进行计量

C.无论采用什么模式，一般情况下，换入资产的价值都是以换出资产的价值加相关税费，再加减补价来决定的。其区别在于换出资产的价值到底是账面价值还是公允价值

D.采用公允价值模式计量的，该交易应确认损益；采用账面价值模式计量的，不存在损益确认的问题

15.【多项选择题】下图是甲公司的一笔非货币性资产交换业务。下列有关该业务描述正确的有（　　）。

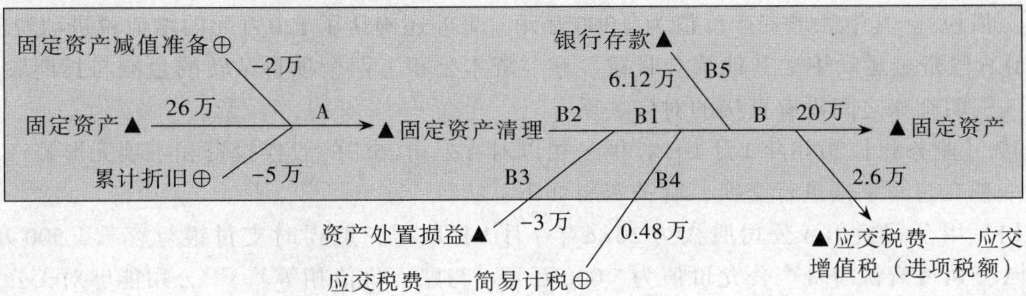

A.A段资金运动反映，企业将固定资产转入清理。该固定资产原值26万元，已提折旧5万元，已提取减值准备2万元。其账面价值为19万元，即B2段的流量。从图中可知，甲公司没有发生固定资产清理费用

非货币性资产交换15

B.B3段资金运动流量是-3万元，反映甲公司处置该固定资产所造成的损失为3万元。也就是说，B1段的流量是16万元（B2段的流量19万元+B3段的流量-3万元），这就是该固定资产的公允价值

C.B段资金运动流量反映甲公司换出固定资产的公允价值和相关的增值税以及所支付的补价之和，即22.6万元，其流量由三部分构成：第一部分是B1段的流量16万元，反映固定资产的公允价值；第二部分是B4段的流量0.48万元，反映增值税；第三部分是B5段的流量6.12万元，反映甲公司支付的补价。从中可以推断出，甲公司对于该交易所涉及的增值税采用简易计税处理

D.B段资金运动的终点反映甲公司付出的总对价为22.6万元，该对价分为两部分，一部分作为换入资产（固定资产）入账价值20万元，另一部分2.6万元则以抵扣税款的权利形式存在，即以增值税进项税额的形式存在

16.【多项选择题】下图是甲公司的一笔非货币性资产交换业务。下列有关该业务描述正确的有（　）。

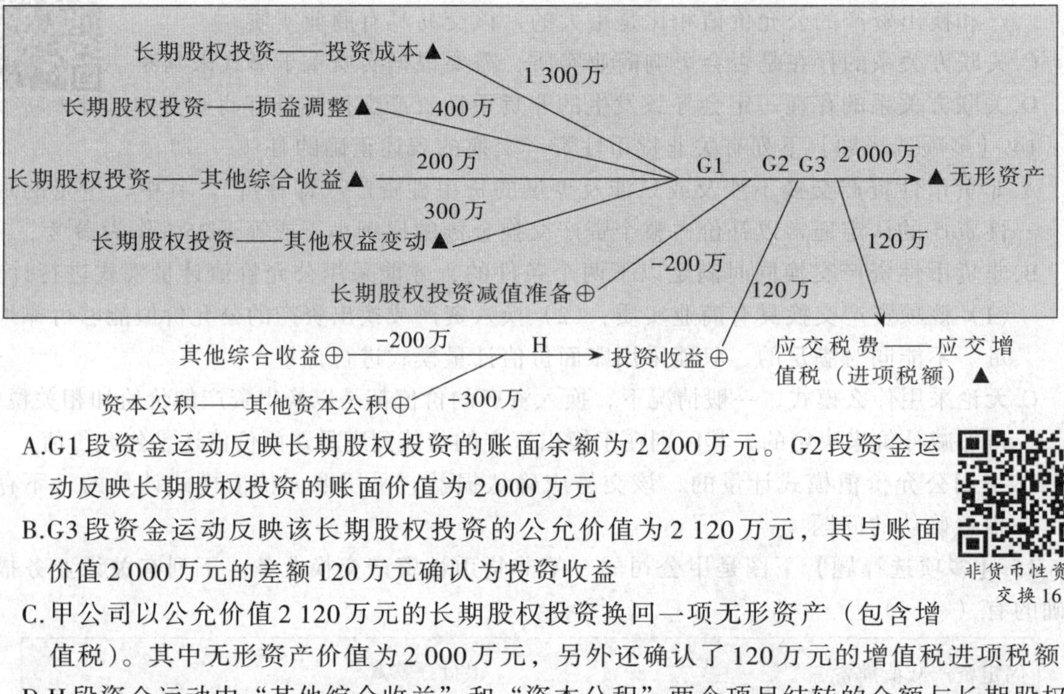

A.G1段资金运动反映长期股权投资的账面余额为2 200万元。G2段资金运动反映长期股权投资的账面价值为2 000万元

B.G3段资金运动反映该长期股权投资的公允价值为2 120万元，其与账面价值2 000万元的差额120万元确认为投资收益

非货币性资产交换16

C.甲公司以公允价值2 120万元的长期股权投资换回一项无形资产（包含增值税）。其中无形资产价值为2 000万元，另外还确认了120万元的增值税进项税额

D.H段资金运动中"其他综合收益"和"资本公积"两个项目结转的金额与长期股权投资明细账之间没有直接的对应关系

17.【业务题】20×8年1月1日，甲公司以对A公司25%的股权投资和一项无形资产与乙公司一项在建写字楼进行交换，有关资料如下：

(1) 甲公司换出A公司股权为20×6年7月1日取得，取得时支付银行存款1 500万元，当时A公司可辨认净资产公允价值为5 000万元（与账面价值相等），甲公司能够对A公司的

生产经营决策实施重大影响。A公司20×6年7月1日至当年年末、20×7年全年实现的以投资日可辨认净资产公允价值计算的净利润分别为1 200万元、1 500万元，20×7年A公司实现其他综合收益300万元（全部能够重分类进损益）。进行交换时此股权的公允价值为2 400万元，A公司可辨认净资产公允价值为10 000万元。换出无形资产的公允价值为600万元，账面原值为520万元，已累计摊销100万元，已计提减值准备20万元。

（2）乙公司换出在建写字楼在交换时的成本为2 800万元，其公允价值为3 200万元。

（3）甲乙双方于20×8年1月5日办妥各项资产的转移手续。乙公司为换入长期股权投资支付相关手续费50万元。甲公司为换入在建写字楼支付产权转移手续费2万元，另向乙公司支付银行存款200万元。该交换具有商业实质。

非货币性资产交换17

（4）甲公司取得上述写字楼后继续建造，共发生人工支出200万元，领用工程物资608万元（不考虑增值税），写字楼于20×8年6月30日达到预定可使用状态并于当日投入使用。甲公司预计该栋写字楼的使用寿命为50年，预计净残值为10万元，采用双倍余额递减法计提折旧。假设不考虑相关增值税等其他因素。

要求：

（1）根据资料（1），说明甲公司对A公司投资的核算方法并说明理由；编制甲公司20×6年、20×7年与A公司股权有关的会计分录，并计算进行非货币性资产交换时A公司股权投资的账面价值。

（2）根据资料（1）、（2）、（3）计算甲公司换入资产的入账价值，并编制会计分录。

（3）根据资料（1）、（2）、（3）计算乙公司换入各项资产的成本并编制会计分录。

（4）根据资料（4）计算上述写字楼在甲公司20×8年资产负债表中列示的金额。

二、知识点：政府补助

政府补助1-3

1.【单项选择题】下列有关政府补助表述错误的是（　　）。

A.政府补助是指企业从政府无偿取得货币性资产或非货币性资产，但不包括政府作为企业所有者投入的资金

B.企业取得来源于政府的经济资源，不需要向政府交付商品或服务等对价。政府补助具有无偿性

C.不涉及资产直接转移的经济支持也属于政府补助准则规范的政府补助，如债务豁免和以直接减征、免征、增加计税抵扣额及抵免部分税款等形式给予的税收优惠

D.增值税出口退税实质上是政府归还企业事先垫付的资金，不属于政府补助

2.【多项选择题】政府补助的主要形式有（　　）。

A.财政拨款、财政贴息

B.以直接减征、免征、增加计税抵扣额及抵免部分税款等形式给予的税收优惠

C.税收返还

D.无偿划拨非货币性资产

3.【多项选择题】下列有关政府补助会计处理原则表述正确的有（　　）。

A.政府补助的会计处理有收益法和资本法两种。收益法是指将政府补助直接计入当期收益或递延收益。资本法是指将政府补助直接计入所有者权益

B.收益法包括总额法和净额法。总额法是在确认政府补助时，将其全部确认为收益或预期收益，而不是作为相关资产账面余额或者费用的扣减；净额法是将政府补助确认为对相关资产余额或者费用的扣减

C.对于与收益相关的政府补助，企业应该在其与收益相关的期间确认收益。对于与资产相关的政府补助，企业应该在资产的可供使用期间内分期确认收益

D.与资产和收益都相关的政府补助，企业原则上应对其进行分解；确实无法分解的，应作为与收益相关的政府补助进行处理

4.【多项选择题】下列有关与收益相关的政府补助表述正确的有（　　）。

A.与当期或以前期间的收益相关的政府补助，其补偿的是已发生的费用或损失，企业作为收到期间的“其他收益”处理

B.与以后期间的收益相关的政府补助，其补偿的是以后期间的费用或损失，企业应先作为“递延收益”处理，在以后的相应期间内确认为“其他收益”项目

C.企业应当在实际收到款项时按照到账的实际金额确认和计量

D.即使企业有确切把握收到该笔政府补助，企业也必须在实际收到时才能确认

5.【多项选择题】下图是企业接受政府提供价格补贴的业务。有关下图资金运动所反映的经济业务表述正确的有（　　）。

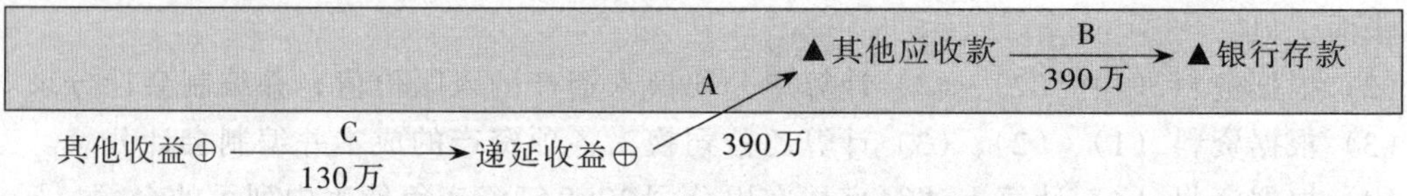

A.从图中可以推测，该政府补助是与收益相关的政府补助

B.该政府补助是与本期和以前期间收益相关，不与以后期间收益相关

C.从A段资金运动可知，由于企业有确切把握收到这笔390万元的政府补助款，因此在尚未实际收到款项时，就通过“其他应收款”确认了这笔收款的权利。日后实际收到款项时，该款项才转为银行存款

D.从C段资金运动可知，企业在随后与收益相对应的期间内确认了130万元的政府补助。这样，递延收益还有260万元需要在未来与收益相关的期间内继续确认

6.【多项选择题】下列有关与资产相关的政府补助表述正确的有（　　）。

A.与资产相关的政府补助，是指企业取得的、用于购建或以其他方式形成长期资产的政府补助

B.企业收到政府补助时，可以先确认为递延收益，然后自资产可供使用时起，在该资产使用寿命内平均分配，计入其他收益；也可以采用净额法处理

C.企业应当在实际收到款项时按照到账的实际金额确认与计量

D.当取得非货币性资产时，企业需要按公允价值计量；没有公允价值的，企业不需要记账，但需要在备查账中进行登记

政府补助4-6

7.【多项选择题】下图是与资产相关的政府补助业务。企业采用年限平均法按月计提折旧。有关下图资金运动所反映的经济业务表述恰当的有（　　）。

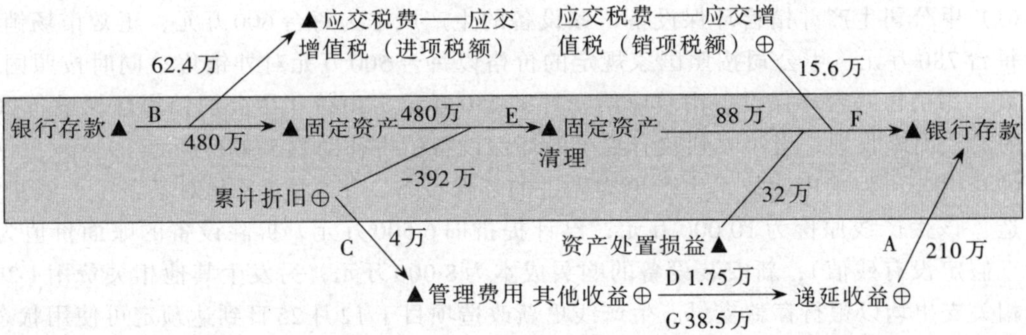

A.将A段和B段资金运动结合起来看，企业因购买一台价值480万元的设备而收到了政府补贴款210万元。这210万元的政府补助需要在该设备的整个使用寿命期间内分期进行摊销，从而分期分量地通过其他收益计入各期损益

B.将C段和D段资金运动结合起来看，企业本月提了4万元折旧费；这说明固定资产的使用期间应该是120个月。相应地，企业210万元的递延收益也需要在120个月内分期进行摊销，本月确认了1.75万元的政府补贴收益

C.将E段和F段资金运动结合起来看，企业将该固定资产出售，售价为120万元，该金额与账面价值88万元的差额确认为资产处置损益，反映企业取得处置收益32万元

D.将E段和G段资金运动结合起来看，企业在处置该固定资产时，其累计折旧为392万元，说明固定资产已折旧96个月。相应地，递延收益也摊销了96个月。递延收益未摊销完的38.5万元在固定资产处置时，一次性全部计入了当期损益

政府补助7-8

8.【多项选择题】下列有关财政贴息表述正确的有（　　）。

A.财政贴息主要有两种方式：政府将财政贴息资金直接拨付给贷款银行和政府将贴息资金直接支付给受益企业

B.政府将财政贴息资金直接拨付给贷款银行，由贷款银行以政策性优惠利率向企业提供贷款。在这种方式下，受益企业按照优惠利率向贷款银行支付利息，没有直接从政府取得利息补助。企业可以选择下列方法之一进行会计处理：①以实际收到的借款金额作为借款的入账价值，按照借款本金和该政策性优惠利率计算相关借款费用。②以借款的公允价值作为借款的入账价值并按照实际利率法计算借款费用，实际收到的金额与借款公允价值之间的差额确认为递延收益。递延收益在借款存续期内采用实际利率法摊销，冲减相关借款费用。企业选择了上述两种方法之一后，应当一致地运用，不得随意变更

C.政府将贴息资金直接支付给受益企业，企业按照同类贷款市场利率向银行支付利息，财政部门定期与企业结算贴息。在这种方式下，由于企业先按照同类贷款市场利率向银行支付利息，因此实际收到的贷款金额通常就是贷款的公允价值，企业应当将对应的贴息冲减相关借款费用

D.无论财政贴息采用什么方式，企业都需要通过“其他收益”项目来反映这项补助

9.【业务题】甲公司为一家境内上市公司。20×7年，甲公司发生的有关交易或事项如下：

（1）甲公司生产并销售环保设备，该设备的生产成本为每台600万元，正常市场销售价格为每台780万元。甲公司按照国家规定的价格以每台500万元对外销售；同时按照国家有关政策，每销售一台环保设备由政府给予补助250万元。20×7年甲公司销售环保设备20台，50%的货款尚未收到，当年收到政府给予的环保设备销售补助款5 000万元。

（2）甲公司为采用新技术生产更为先进的环保设备，于3月1日起对某条生产线进行更新改造。该生产线原价为10 000万元，已计提折旧6 500万元，拆除设备的账面价值为300万元（假定没有残值），新安装设备的购买成本为8 000万元，另发生其他相关费用1 200万元，相关支出均以银行存款支付。生产线更新改造项目于12月25日到达预定可使用状态。

甲公司更新改造该生产线属于国家鼓励并给予补助的项目。经甲公司申请，于12月20日得到相关政府部门批准，可获得政府补助3 000万元。截至12月31日，该补助款尚未收到，但公司预计能够获得。

（3）5月10日，甲公司所在地地方政府为引进人才，与甲公司签订了人才引进合作协议，该协议约定，当地政府将为甲公司提供1 500万元人才专用资金，用于甲公司引进与新能源汽车相关的技术人才，但甲公司必须承诺在当地注册并至少8年内注册地址不变且不搬离本地区；如8年内甲公司注册地址变更或搬离本地区，政府有权收回该补助资金。该资金分三年使用，每年500万元。每年年初，甲公司需要向当地政府报告详细的人才引进计划及资金使用计划，每年11月末，当地政府请中介机构评估甲公司人才引进是否符合年初计划并按照规定的用途使用资金。甲公司预计8年内不会变更注册地址，也不会搬离本地区，且承诺按规定使用资金。8月20日，甲公司收到当地政府提供的1 500万元补助资金。

甲公司对于政府补助按净额法进行会计处理。本题不考虑增值税和其他相关税费。

要求：

（1）根据资料（1），说明甲公司收到政府的补助款的性质及应当如何进行会计处理，并说明理由，编制相关的会计分录。

政府补助9

（2）根据资料（2），说明甲公司获得政府的补助款的分类，编制与生产线更新改造相关的会计分录。

（3）根据资料（3），说明甲公司收到政府的补助款的分类，编制甲公司20×7年相关的会计分录。

三、知识点：债务重组

债务重组1-2

1.【单项选择题】20×8年6月30日，甲公司与乙公司就甲公司债务进行重组。该债务为甲公司购买乙公司的一批货物所产生，其账面余额为1 000万元。债务重组协议约定：甲公司以一项账面价值为600万元（其中成本为500万元，公允价值变动为100万元）、公允价值为800万元的投资性房地产偿还债务。假设不考虑其他因素，则甲公司在该项债务重组中应确认的损益为（　）万元。

A.500　　B.190　　C.200　　D.400

2.【单项选择题】20×8年3月1日，甲公司与乙公司签订债务重组协议，针对甲公司所欠乙公司的800万元款项进行债务重组。协议约定，甲公司以自有的一栋办公楼抵偿所欠债务，双方的该项债权债务就此结清。债务重组当日，甲公司用于抵债的办公楼原值为700万元，已提折旧200万元，其公允价值为600万元；乙公司所放弃的债权的公允价值为600万元，乙公司为该款项计提了80万元的减值。乙公司为取得该办公楼发生契税10万元。不考虑增值税等其他因素的影响，下列有关甲公司和乙公司对该项债务重组的会计处理中，正确的是（　　）。

A.甲公司在该项债务重组中应确认的损益为80万元

B.甲公司应将其用于抵债的办公楼的公允价值与账面价值的差额计入资本公积

C.乙公司在债务重组中应确认的损益为-120万元

D.乙公司在债务重组中所取得的办公楼的入账价值为600万元

3.【单项选择题】20×8年3月1日，甲公司与乙公司就一项800万元债务进行重组。经双方协商同意，甲公司以自有的一栋办公楼和一批库存商品抵偿所欠债务。用于抵债的办公楼原值为700万元，已提折旧180万元，已计提减值20万元，其公允价值为600万元；用于抵债的库存商品账面价值为90万元（未计提减值），其公允价值为120万元。不考虑税费等其他因素，则甲公司在该项债务重组中应确认的损益是（　　）万元。

A.210　　B.90　　C.100　　D.130

4.【单项选择题】甲公司应收乙公司账款的账面余额为5 000万元，该款项已逾期很久，乙公司一直拖欠未还。20×8年7月1日，经双方协商同意，乙公司以其向甲公司发行的普通股偿还债务。假定普通股的面值为1元，乙公司以其1 000万股股票偿还该债务，股票每股市场价为4元。相关股权登记手续已于20×8年8月10日办理完毕，双方办妥相关手续后，该债权债务就此结清。甲公司经评估认定该项债权在债务重组时的公允价值为4 000万元，甲公司对该款项已提取减值200万元。甲公司取得该股权后，对乙公司具有重大影响。甲公司为取得上述股权发生的直接相关费用为20万元。不考虑其他因素，甲公司在该项债务重组中应确认的损益为（　　）万元。

债务重组3-4

A.-3 820　　B.-3 800　　C.-800　　D.-820

5.【单项选择题】甲公司有一项应付乙公司的账款8 000万元，该应付账款是甲公司20×8年8月20日从乙公司购入材料所形成。20×9年9月30日，甲公司与乙公司达成了债务重组协议：甲公司以一项固定资产、一批库存商品和一项交易性金融资产清偿上述债务。甲公司用于抵债的固定资产账面价值为150万元（原价为300万元，已折旧150万元），公允价值为200万元；用于抵债的库存商品成本为4 500万元（未提取减值），公允价值为6 000万元；用于抵债的交易性金融资产账面价值为500万（其中成本为350万元，公允价值变动150万元），公允价值为600万元。乙公司该项债权在重组日的公允价值为7 000万元，此前已计提减值400万元。该项债务重组协议于20×9年9月30日履行完毕，该项债权债务就此结清。乙公司将其所得的金融资产作为交易性金融资产核算。假定不考虑相关税费等因素，则下列说法中正确的有（　　）。

A.乙公司取得的交易性金融资产的入账价值为617.65万元

B.乙公司取得的固定资产的入账价值为200万元

C.乙公司取得的库存商品的入账价值为6 193.55万元

D.乙公司在债务重组过程中应确认的损益为-1 200万元

债务重组5

6.【多项选择题】不考虑其他因素，下列交易或事项属于债务重组的有（　　）。

A.甲公司以一项固定资产偿还乙公司300万元的货款

B.乙公司按照购货合同相关条款所约定的付款方式全额偿还丙公司货款80万元

C.丙公司允许债务人延期支付债务，但不加收利息

D.丁公司将其债权转为对乙公司的投资

7.【多项选择题】20×8年12月1日，甲公司与乙公司签订债务重组协议。双方约定，甲公司以其拥有的一项固定资产抵偿所欠乙公司的货款163万元，该项固定资产的公允价值为90万元，取得成本为140万元，已计提折旧10万元，已计提减值20万元；乙公司该项债权账面余额为163万元，已计提减值准备16.3万元，经评估该项债权的公允价值为153万元。相关手续已于当日办妥。乙公司取得该项固定资产后仍然确认为固定资产。不考虑增值税等相关因素的影响，下列关于甲、乙公司会计处理的表述中正确的有（ ）。

A.甲公司应当确认当期损益53万元

B.乙公司确认当期损益6.3万元

C.甲公司确认资本公积20万元

D.乙公司确认固定资产入账金额90万元

债务重组6-8

8.【多项选择题】以多项资产清偿债务或以组合方式进行债务重组的，关于债务人和债权人的会计处理，下列说法正确的有（ ）。

A.债权人应优先考虑确认抵债固定资产等非流动资产的入账价值

B.债权人放弃债权的公允价值与其账面价值之间的差额，应当计入“其他收益——债务重组收益”

C.债务人确认的权益工具应当按照权益工具的公允价值计量，权益工具公允价值不能可靠计量的，应当按照所清偿的债务的公允价值计量

D.债务人所清偿债务的账面价值与转让资产的账面价值以及权益工具公允价值和重组债务的确认金额之和的差额，应当计入当期损益

9.【多项选择题】用固定资产进行债务重组时，下列各项中影响债务人利润总额的因素有（ ）。

A.用于抵债的固定资产的账面价值

B.所清偿债务的账面价值

C.用于抵债的固定资产的预计净残值

D.债权人计提的坏账准备

债务重组9-11

10.【多项选择题】下图是甲公司（债权人）债务重组资金运动流程图。下列有关下图的表述恰当的有（ ）。

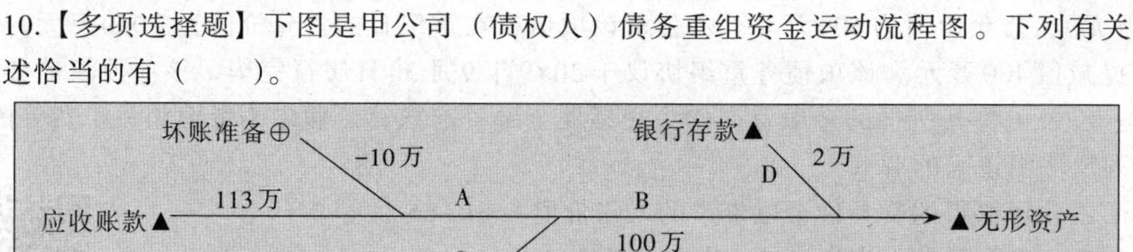

A.从A段资金运动可知，甲公司对该应收账款计提了10万元的坏账准备，应收账款的账面价值为103万元

B. 从B段、C段资金运动流量可知，在债权重组日，甲公司该债权的公允价值为100万元，甲公司该项债务重组业务导致当期营业利润减少3万元

C. D段资金运动可能反映甲公司为取得该项无形资产支付了2万元的相关税费

D. 甲公司通过债务重组所获得的无形资产的入账价值为100万元

11.【多项选择题】下图是甲公司（债权人）债务重组资金运动流程图。下列有关下图的表述恰当的有（　　）。

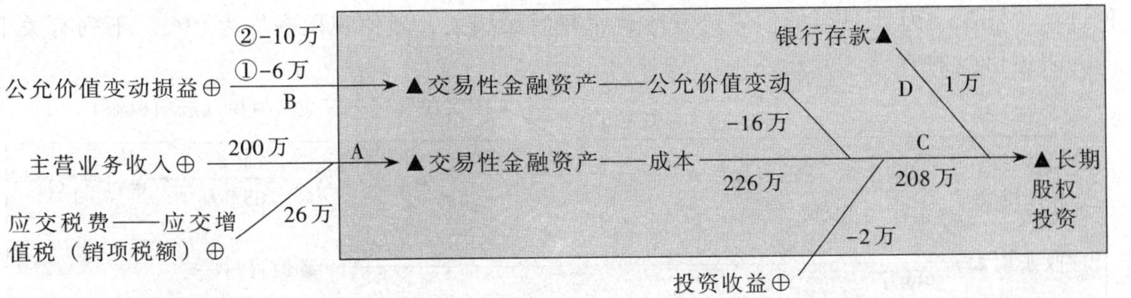

A. 从A段资金运动可知，甲公司将销售所应收取的226万元对价确认为以公允价值计量且其变动计入其他综合收益的金融资产

B. 从B段资金运动可知，该交易性金融资产（债权）在两个资产负债表日的公允价值发生了变化，分别下跌了6万元和10万元

C. 从C段资金运动可知，该交易性金融资产（债权）在债务重组日的公允价值为208万，扣除其账面价值210万元，甲公司确认了2万元的债务重组损失

D. 从D段资金运动可知，甲公司所支付的1万元不影响债务重组损益，而是直接构成所取得的长期股权投资的入账价值，因此可以推断，这1万元应该是甲公司为获得长期股权投资所支付的相关税费

12.【多项选择题】下图是乙公司（债务人）债务重组资金运动流程图。下图中的增值税销项税额只与抵债固定资产、库存商品相关，增值税税率均为13%。下列有关下图的表述恰当的有（　　）。

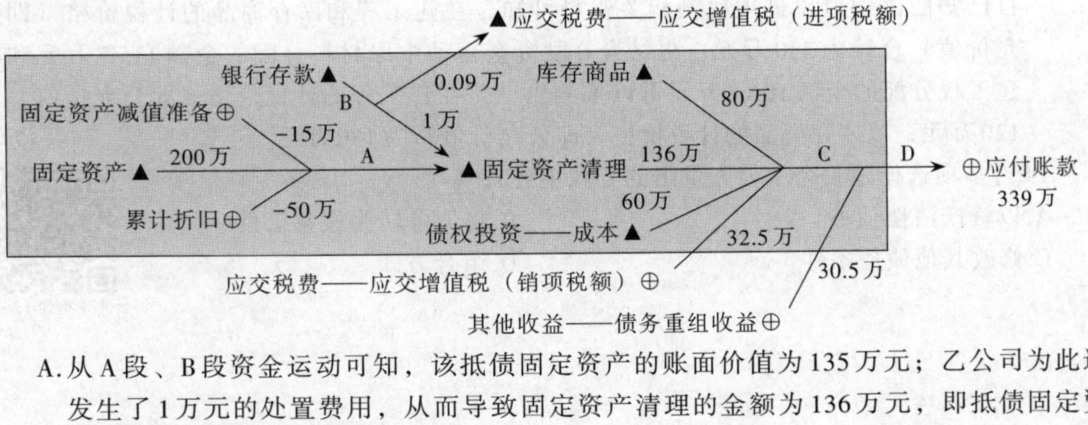

A. 从A段、B段资金运动可知，该抵债固定资产的账面价值为135万元；乙公司为此还发生了1万元的处置费用，从而导致固定资产清理的金额为136万元，即抵债固定资产总的账面价值为136万元

B. 从C段资金运动可知，在债务重组那一时刻，抵债库存商品的成本为80万元，抵债

债权投资的公允价值为60万元

C.根据C段资金运动中“应交税费——应交增值税（销项税额）”的金额为32.5万元可知，抵债固定资产和库存商品的计税价格合计为250万元

D.从C段、D段资金运动可知，乙公司总的债务为339万元，抵偿了308.5万元，获得重组损益30.5万元

13.【多项选择题】下图是甲公司（债权人）债务重组资金运动流程图。下图中的增值税进项税额32.5万元只与抵债固定资产、库存商品相关，增值税税率均为13%。下列有关下图的表述恰当的有（　　）。

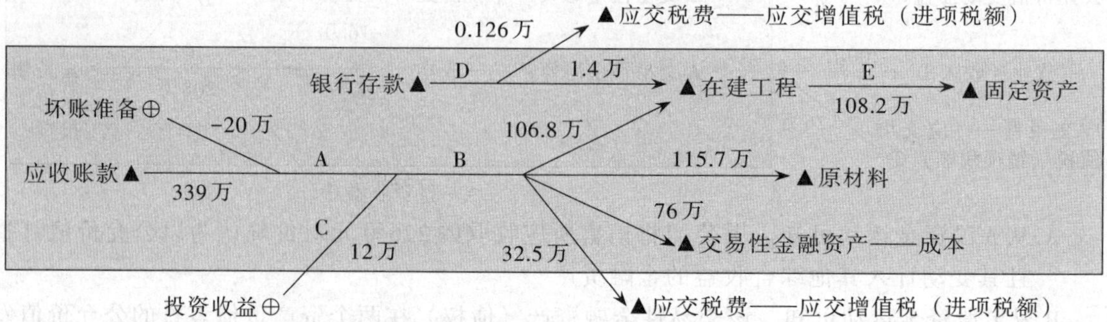

A.从A段资金运动可知，应收账款的账面价值为319万元；从C段资金运动流量可知，甲公司通过债务重组获得重组收益12万元；由此可以推断在债务重组日，该应收账款经评估后的公允价值为331万元，该金额即为B段的流量

B.甲公司所放弃的应收账款的公允价值331万元，扣除32.5万元的增值税进项税额后的余额298.5万元，按各抵债资产的公允价值的相对比例进行分配

C.甲公司所放弃的应收账款的公允价值331万元，扣除32.5万元的增值税进项税额和交易性金融资产公允价值76万元之和后的余额222.5万元，按剩余的各抵债资产的公允价值的相对比例进行分配

D.从B段资金运动中的“应交税费——应交增值税（进项税额）”32.5万元，再结合题目已知的该增值税进项税额相关资料可知，在建工程和库存商品的计税价格（即公允价值）合计为250万元。再结合B段资金运动中原材料分配的金额115.7万元和在建工程分配的金额106.8万元可以推测出，该在建工程的计税价格（即公允价值）为120万元，该库存商品的计税价格（即公允价值）为130万元

14.【多项选择题】企业债务重组的方式主要有（　　）。

A.以资产清偿债务　　B.将债务转为权益工具

C.修改其他债务条件　　D.组合方式

债务重组12-14

第十三章 利润形成与分配环节资金运动分析与会计处理

利润形成1-2

一、知识点：利润形成——理论分析+举例

1.【单项选择题】20×3年1月，甲公司违法经营，没收材料10万元，增值税税率为13%，罚款12万元，罚款已以银行存款支付。甲公司因违法行为所确认的营业外支出金额为（　　）万元。

A.10　　B.12

C.22　　D.23.3

2.【单项选择题】下列项目中，期末余额不一定为0的是（　　）。

A.所得税费用　　B.制造费用

C.其他收益　　D.投资收益

3.【多项选择题】下列项目中，不属于营业外收入的有（　　）。

A.捐赠利得（企业接受股东或股东的子公司直接或间接的捐赠，其经济实质属于股东对企业的资本性投入的除外）

B.固定资产盘盈利得

C.固定资产处置收益

D.债务重组利得

4.【多项选择题】下列项目中，属于营业外支出的有（　　）。

A.捐赠支出　　B.非常损失

C.非流动资产毁损报废损失　　D.无形资产处置损失

5.【多项选择题】下列项目的期末余额一定为0的有（　　）。

A.公允价值变动损益　　B.其他综合收益

C.资产处置损益　　D.信用减值损失

利润形成3-5

6.【多项选择题】下图是有关企业期末损益结转的经济业务。下列表述恰当的有（　　）。

A.A段资金运动反映企业期末将本期所有的收入类项目全部结转到“本年利润”项目。以本题为例，各种收入类项目合计500万元。有500万元的资金从“本年利润”项目流出，流向并冲销主营业务收入300万元、其他业务收入60万元、营业外收入28万元、投资收益62万元和公允价值变动损益50万元，从而导致所有收入类项目的期末余额为0

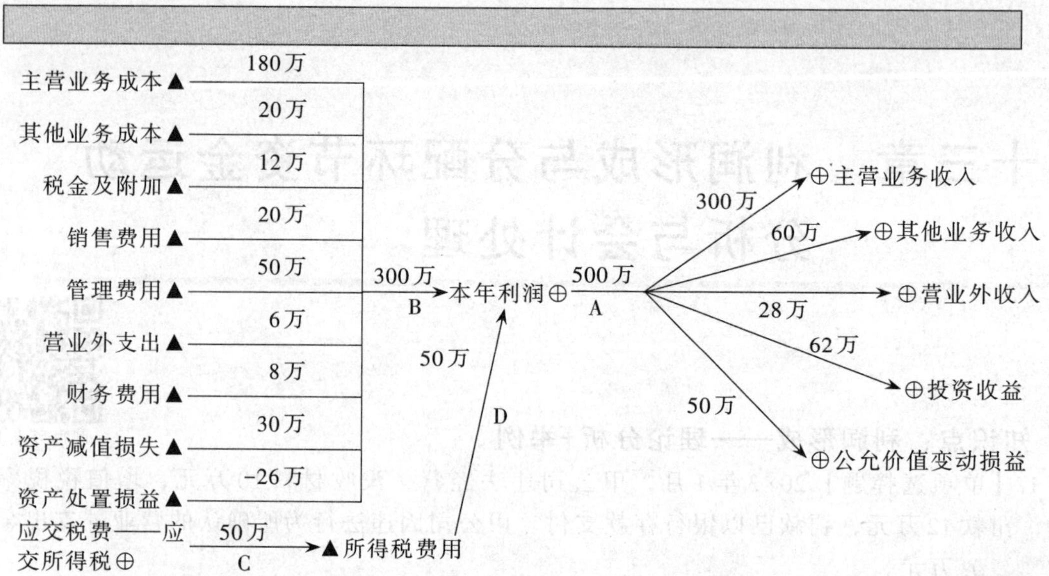

B.B段资金运动反映企业期末将本期所有的费用类项目（所得税费用除外）全部结转到“本年利润”项目。以本题为例，各种费用类项目合计300万元，其中资产处置损益为贷方余额26万元，因此资产处置损益的流出量为-26万元。本段资金运动结束后，相关费用类项目的余额全部为0

利润形成6

C.将A段和B段资金运动结合起来看可知，企业税前利润为200万元。企业为此确认了50万元的应交所得税，其资金运动见C段资金运动。由此可以推断企业的所得税税率为25%

D.D段资金运动反映企业将所得税费用结转到“本年利润”，从而得出企业的净利润为150万元。该150万元的净利润通过“本年利润”项目的余额表现出来（即该沙坑的容积为150万元）

7.【业务题】20×8年12月31日，甲公司有关损益类项目资料如下：主营业务收入80 000 000元、其他业务收入18 600 000元、投资净收益10 620 000元、营业外收入2 880 000元，公允价值变动损益贷方余额450 0000元，其他收益4 000 000元，资产处置损益贷方余额3 400 000元；主营业务成本45 000 000元、税金及附加3 000 000元、销售费用10 000 000元、管理费用8 500 000元、财务费用1 000 000元、其他业务成本10 200 000元、营业外支出500 000元、资产减值损失5 300 000元，信用减值损失5 000 000元。该企业所得税税率为25%，假设在计算应交所得税时会计利润不需要调整。

要求：（1）将收入类项目全部结转“本年利润”项目；

（2）将费用类项目全部结转到“本年利润”项目；

（3）计提本期应交所得税；

（4）将本期“所得税费用”项目结转到“本年利润”项目。

利润形成7

二、知识点：所得税会计处理基本思路（上）+（下）+所得税会计概念与程序

1.【多项选择题】下列有关所得税会计处理的资产负债表法表述中恰当的有（　）。

A.所得税会计处理的资产负债表法强调的是资产负债表中资产和负债的账面价值与其计税基础之间是否存在差异，以及这种差异如何影响企业的应纳税额

B.由于资产是未来经济利益的流入、负债是未来经济利益的流出，从资产和负债的角度来分析会计与税务的差异，实际上就是分析这些项目如何影响企业未来的利润表和企业未来的纳税申报表

C.会计与税法之间存在的所有永久性差异，都已经在本期的利润表和本期的纳税申报表之间进行了彻底解决。这些永久性差异不会影响企业未来的利润表和未来的纳税申报表。也正因为如此，这些永久性差异所导致的相关项目即使作为资产和负债列示在资产负债表之上，也不会影响企业未来的利润表和未来的纳税申报表，因此这些项目的账面价值与计税基础是一致的，是没有差异的

D.从所得税会计处理的资产负债表法来看，会计与税务之间如果存在差异的话，该差异应该只是时间性差异，即暂时性差异。这些差异，随着时间的推移，会被逐渐抹平

2.【多项选择题】下列有关所得税会计处理的资产负债表法处理流程表述中恰当的有（　）。

A.企业首先需要确定资产负债表中资产和负债的计税基础，然后比较其账面价值与计税基础之间的差额。如果有差异的话，需要分析该差异是可抵扣暂时性差异还是应纳税暂时性差异

B.一般情况下，企业将所有的可抵扣差异汇总，乘以所得税税率，得出递延所得税资产（X）；将所有的应纳税差异汇总，乘以所得税税率，得出递延所得税负债（Y）。这里的X、Y就是资产负债表中“递延所得税资产”和“递延所得税负债”两个报表项目的金额

C.根据这两个报表项目的金额，就可以反推出这两个项目账户的期末余额也应该是X、Y。再根据其期初余额，就可以反推出这两个项目账户的本期发生额M、N。最后，根据这两个项目的账户发生额M、N来调整企业本期所得税费用，从而完成对利润表中“所得税费用”项目的调整

D.这样，根据递延所得税资产（X）和递延所得税负债（Y）去调整资产负债表中的“应交税费——应交所得税”，将其由税法立场调整为企业立场。根据递延所得税资产本期发生额（M）和递延所得税负债本期发生额（N）去调整利润表中的“所得税费用——当期所得税费用”，从而将其由税法立场调整为企业立场

所得税会计概述

三、知识点：资产的计税基础一般性分析

1.【多项选择题】下列有关资产计税基础的理解恰当的有（　）。

A.资产的计税基础，是指企业收回资产账面价值过程中，计算应纳税所得额时按照税法规定可以从应税经济利益中抵扣的金额

B.资产的计税基础就是某一项资产在未来期间计税时按照税法规定可以税前扣除的金额

资产的计税基础一般性分析

C.资产的计税基础，就是从税法的角度来看，该资产有多少已经计入纳税申报表从而抵扣了税款，还有多少“现在没有计入但未来需要计入纳税申报表抵扣税款”的金额。该资产留待以后计入纳税申报表抵扣税款的金额就是该资产的计税基础

D.暂时性差异，就是指就某项完整的资产而言，该资产计入企业利润表的总金额和计入纳税申报表的总金额是相等的，但它分期、分量计入各期的利润表和纳税申报表的金额不一定每期都相同，从而造成暂时性差异。如果将时间拉长的话，两者是没有差异的

2.【多项选择题】资产的账面价值与其计税基础存在差异的原因主要有（ ）。

A.在绝大多数情况下，资产在取得时的账面价值与计税基础就存在着很大的差异

B.资产在后续使用过程中，由于折旧或摊销方法不同，会造成两者的差异

C.资产在后续使用过程中，由于期末计价的方法不同，会造成两者的差异

D.资产在后续使用过程中，由于减值准备的提取，会导致两者的差异

3.【判断题】资产的计税基础，是指企业取得时，计算应纳税所得额时按照税法规定可以自应税经济利益中抵扣的金额。（ ）

四、知识点：资产的计税基础举例

资产的计税基础举例 1-3

1.【单项选择题】20×8年12月31日，甲公司拥有一项固定资产，其账面原值为800万元。该固定资产已使用3年，已提取折旧300万元，已提取减值准备50万元。该固定资产按税法规定应采用直线法计提折旧，预计使用年限为10年，其净残值为0。20×8年12月31日该固定资产的计税基础为（ ）万元。

A.800　　B.450　　C.560　　D.110

2.【单项选择题】20×8年12月31日，甲公司拥有一项无形资产，其购买价为600万元。由于该无形资产的使用寿命无法确定，因此在过去的2年内，甲公司一直未对其进行摊销，该资产也没有发生减值。按税法的规定，该无形资产的使用寿命为10年，其净残值为0。20×8年12月31日该无形资产的计税基础为（ ）万元。

A.600　　B.480　　C.360　　D.0

3.【单项选择题】20×8年12月31日，甲公司拥有一项无形资产。该无形资产为企业自行开发取得，其成本为400万元。该无形资产截至本年年末尚未摊销。按照相关规定，该研发费用可以加计扣除，其扣除比例为75%。20×8年12月31日该无形资产的计税基础为（ ）万元。

A.700　　B.550　　C.400　　D.200

4.【单项选择题】20×8年10月20日，甲公司自公开市场取得一项权益性投资，支付价款600万元，作为交易性金融资产核算。20×8年12月31日，该项权益性投资的市价为760万元。20×8年12月31日，该交易性金融资产的计税基础为（ ）万元。

A.760　　B.600　　C.160　　D.0

5.【单项选择题】甲公司20×8年12月31日应收账款账面价值为8 000万元，其中该公司期末对该应收账款计提了800万元的坏账准备。20×8年12月31日该应收款项的计税基础为（ ）万元。

A.8 000　　B.7 200　　C.8 800　　D.6 800

6.【单项选择题】甲公司20×8年12月31日，企业存货的账面余额为4 000万元，其存货跌价准备余额为300万元。20×8年12月31日，该存货的计税基础为（　）万元。

A.4 300　　B.4 000　　C.0　　D.3 700

资产的计税基础举例4-6

五、知识点：负债的计税基础

1.【单项选择题】甲公司20×8年因销售产品承诺提供3年的保修服务，在20×8年度利润表中确认了200万元的销售费用，同时在20×8年12月31日的资产负债表中确认200万元的预计负债，当年度未发生任何保修支出。20×8年12月31日，该预计负债的计税基础为（　）万元。

A.200　　B.150　　C.100　　D.0

负债的计税基础1-3

2.【单项选择题】甲公司于20×8年12月20日自客户处收到一笔合同预付款，金额为500万元，因不符合收入确认条件，将其作为合同负债核算。假定按照适用税法规定，该款项应计入取得当期应纳税所得额计算缴纳所得税。20×8年12月31日，该合同负债的计税基础为（　）万元。

A.500　　B.0　　C.400　　D.300

负债的计税基础4-6

3.【单项选择题】甲公司20×8年12月因违反当地有关环保法规，接到环保部门的处罚通知，要求其支付罚款600万元，甲公司已同意支付这笔罚款。税法规定，企业因违反国家有关法律法规规定支付的罚款和滞纳金，计算应纳税所得额时不允许税前扣除。至20×8年12月31日，该项罚款尚未支付。20×8年12月31日，该笔其他应付款的计税基础为（　）万元。

A.600　　B.550　　C.400　　D.0

4.【多项选择题】下列有关负债的计税基础理解恰当的有（　）。

A.负债的计税基础，是指负债的账面价值减去未来期间计算应纳税所得额时按照税法规定可予抵扣的金额，即：负债的计税基础=账面价值-未来期间按照税法规定可予税前扣除的金额

B.如果企业未来履行该义务时，该金额在未来期间按照税法的规定可予以税前全额扣除，那该负债的计税基础就为0

C.负债的计税基础为0的真实含义是，站在税法的立场上，既然这笔业务未来发生时可以据实全额扣除，那现在就不需要进行任何处理，等到未来实际发生时再处理（据实扣除）。因此，从税法的角度来看，既然不需要进行任何处理，那该项目的金额就为0

D.负债的计税基础不为0时，假设为20万元，也就是说这20万元未来发生时是不允许从纳税申报表中扣除的。既然不能从纳税申报表中扣除，那就说明该事项在未来发生时与纳税申报是无关的，计税基础以会计账面价值为准

5.【判断题】企业未来履行义务时，如果其所引起的经济利益流出与纳税申报表没有关系，那该负债的计税基础就等于其账面价值。（　）

6.【判断题】负债的计税基础，是指负债的账面价值减去未来期间计算应纳税所得额时按照税法规定可予以抵扣的金额。（　）

六、知识点：企业合并中形成的计税基础的确认+暂时性差异分析

暂时性差异分析1-3

1.【判断题】20×8年12月31日，甲公司拥有一项固定资产，其账面价值为650万元，其计税基础为560万元。该差异属于可抵扣暂时性差异。（ ）

2.【判断题】20×8年12月31日，甲公司拥有一项无形资产，其账面价值为450万元，其计税基础为560万元。该差异属于可抵扣暂时性差异。（ ）

3.【判断题】20×8年12月31日，甲公司拥有一项应收账款，其账面价值为5 000万元，其计税基础为5 500万元。该差异属于可抵扣暂时性差异。（ ）

4.【判断题】20×8年12月31日，甲公司拥有一项预计负债，其账面价值为200万元，其计税基础为0万元。该差异属于应纳税暂时性差异。（ ）

5.【判断题】20×8年12月31日，甲公司拥有一项合同负债，其账面价值为150万元，其计税基础为0万元。该差异属于可抵扣暂时性差异。（ ）

6.【判断题】暂时性差异，是指资产的账面价值与计税基础之间的差额，不包括负债的账面价值与计税基础之间的差额。（ ）

7.【判断题】可抵扣暂时性差异，是指在确定未来收回资产或清偿负债期间的应纳税所得额时，将导致产生应纳税金额的暂时性差异。（ ）

8.【多项选择题】下列经济业务中，不会产生应纳税暂时性差异的有（ ）。

A.计提存货跌价准备

B.初始购入固定资产，会计折旧年限大于税法的折旧年限，两者都采用年限平均法，其他条件一致

C.初始入账的固定资产，企业采用双倍余额递减法计提折旧，而税法规定按照直线法计提折旧，其他折旧条件一致

暂时性差异分析4-7

D.期末固定资产账面价值大于可收回金额，此前固定资产尚未计提减值，并且会计和税法折旧一致

9.【多项选择题】下列事项中，计税基础等于账面价值的有（ ）。

A.支付的各种赞助费　　B.购买国债确认的利息收入

C.支付的违反税收规定的罚款　　D.支付的工资超过计税工资的部分

暂时性差异分析8-9

七、知识点：特殊项目产生的暂时性差异

1.【单项选择题】甲企业20×8年度发生广告费和业务宣传费3 000万元，本年度销售收入为15 000万元。该项目的账面价值为零（因在发生时，已全部计入当期损益）。20×8年12月31日，该项目的计税基础为（ ）万元。

特殊项目的暂时性差异分析1-4

A.3 000　　B.15 000　　C.2 250　　D.750

2.【单项选择题】甲企业20×8年因政策性原因亏损1 000万元，按照税法规定，该亏损可用于抵减以后5个年度的应纳税所得额。该企业预计在其未来5年期间能够产生足够的应纳税所得额弥补该经营亏损。20×8年12月31日，该项目的计税基础为（ ）万元。

A.1 000　　B.-1 000　　C.250　　D.0

3.【判断题】甲企业20×8年度发生广告费和业务宣传费3 400万元，本年度销售收入

20 000万元。该项目的账面价值=0（因在发生时，已全部计入当期损益）。20×8年12月31日，该项目的计税基础为400万元。该差异属于可抵扣暂时性差异。（　　）

4.【判断题】甲企业20×8年因政策性原因亏损100万元，按照税法规定，该亏损可用于抵减以后5个年度的应纳税所得额。该企业预计在其未来5年期间能够产生足够的应纳税所得额弥补该经营亏损。20×8年12月31日该项目的计税基础为100万元。该差异属于应纳税暂时性差异。（　　）

5.【多项选择提】下列各项中，产生暂时性差异但不需要确认递延所得税的有（　　）。

A.由于债务担保确认的预计负债

B.采用权益法核算的、拟长期持有的长期股权投资按照享有的被投资方实现的、按公允价值进行调整之后的净利润的份额，确认的额投资收益

C.非同一控制下免税合并确认的商誉

D.内部研究开发形成的无形资产的加计摊销额

特殊项目的暂时性差异分析5

八、知识点：递延所得税负债的确认与计量+举例

递延所得税负债的确认与计量1–2

1.【单项选择题】20×8年12月31日，甲公司一项固定资产的账面价值为1 200万元，其计税基础为1 000万元。该企业适用的所得税税率为25%。甲公司20×8年12月31日所确认的递延所得税负债金额为（　　）万元。

A.1 200　　B.1 000　　C.200　　D.50

2.【多项选择题】下列有关递延所得税负债表述恰当的有（　　）。

A.递延所得税负债产生于应纳税暂时性差异

B.因应纳税暂时性差异在转回期间将增加企业的应纳税所得额和应交所得税，导致企业经济利益的流出，在其发生当期，构成企业应支付税金的义务，应作为负债确认

C.在确认递延所得税负债时，交易或事项发生时影响到会计利润或应纳税所得额的，相关的所得税影响应作为利润表中所得税费用的组成部分；与直接计入所有者权益的交易或事项相关的，其所得税影响应调整所有者权益

D.如果未来转回期间太长，递延所得税负债应该要求折现

3.【单项选择题】下列关于递延所得税负债的说法中正确的有（　　）。

A.确认递延所得税负债的影响不可以直接计入所得者权益

B.企业对于所有的应纳税暂时性差异均应确认为相关的递延所得税负债

C.确认递延所得税负债的影响可能会增加所得税费用

D.递延所得税负债应当以相关应纳税暂时性差异产生时所适用的税率进行计量

递延所得税负债确认与计量3–4

4.【单项选择题】甲公司20×7年1月1日购入价值为90万元的无形资产，其预计使用年限不可预测，预计无残值。计税时采用直线法按照10年进行摊销。20×7年年末对此项无形资产进行减值测试，计提减值6万元，20×8年年末测试未减值。20×8年及以前期间适用的所得税税率为33%，从20×9年起适用的所得税税率为25%。20×8年12月31日确认的递延所得税负债本年度发生额是（　　）。

A.0万元　　B.3万元　　C.2.01万元　　D.0.99万元

九、知识点：递延所得税资产的确认与计量

1.【单项选择题】甲公司于20×8年10月10日以380万元购入一项交易性金融资产，20×8年12月31日，该金融资产公允价值为340万元。该企业适用的所得税税率为25%。甲公司20×8年12月31日所确认的递延所得税资产金额为（　）万元。

A.380　　B.420　　C.10　　D.40

2.【多项选择题】下列有关递延所得税资产表述中恰当的有（　）。

递延所得税资产1-2

A.递延所得税资产产生于可抵扣暂时性差异

B.产生可抵扣暂时性差异的，在估计未来期间能够取得足够的应纳税所得额用以利用该可抵扣暂时性差异时，企业应当以很可能取得用来抵扣可抵扣暂时性差异的应纳税所得额为限，确认相关的递延所得税资产

C.有关交易或事项发生时，对税前会计利润或者应纳税所得额产生影响的，所确认的递延所得税资产应作为利润表中所得税费用的调整；有关的可抵扣暂时性差异产生于直接计入所有者权益的交易或事项的，确认的递延所得税资产也应计入所有者权益。但由于税法允许的加计扣除所产生的可抵扣暂时性差异，不确认其对递延所得税资产的影响

递延所得税资产3-9

D.无论相关的可抵扣暂时性差异转回期间如何，递延所得税资产均不要求折现，也不需要对其账面价值进行复核

3.【判断题】应纳税暂时性差异产生递延所得税资产。（　）

4.【判断题】可抵扣暂时性差异产生递延所得税资产。（　）

5.【判断题】资产负债表日，有确凿证据表明未来期间很可能获得足够的应纳税所得额用来抵扣可抵扣暂时性差异的，应当确认以前期间未确认的递延所得税资产。（　）

6.【判断题】企业应该对递延所得税资产和递延所得税负债进行折现。（　）

7.【判断题】适用税率发生变化的，应对已确认的递延所得税资产和递延所得税负债进行重新计量，并一并将其影响数计入变化当期的所得税费用。（　）

8.【判断题】资产负债表日，对于递延所得税资产和递延所得税负债，应该根据税法规定，按照取得资产或发生负债的当期的适用税率计量。（　）

9.【判断题】递延所得税资产和递延所得税负债的计量，应当反映资产负债表日企业预期收回资产或预期清偿债务涉及的所得税影响额，即在计量递延所得税资产和递延所得税负债时，应当采用与收回资产或清偿债务的预期方式相一致的税率和计税基础。（　）

10.【单项选择题】甲公司20×7年12月购入一台设备，原价为3 010万元，预计净残值为10万元，税法规定的折旧年限为5年，按直线法计提折旧；甲公司按3年计提折旧，采用直线法计提。20×9年1月1日，甲公司的所得税税率由33%降为25%。除该事项外，历年来无其他纳税调整事项。甲公司采用资产负债表债务法进行所得税的会计处理。该公司20×9年年末资产负债表中反映的递延所得税资产项目的金额为（　）。

递延所得税资产10

A.187万元　　B.400万元　　C.200万元　　D.153万元

11.【单项选择题】甲公司20×8年1月1日开业，20×8年和20×9年免征企业所得税，从

20×8年起适用的所得税税率为25%（预期税率），甲公司20×8年开始计提折旧的一台设备，20×8年12月31日其账面价值为6 000万元，计税基础为8 000万元；20×9年12月31日，其账面价值为3 600万元，计税基础为6 000万元。假定资产负债表日有确凿证据表明未来期间很可能获得足够的应纳税所得额，用以抵销可抵扣的暂时性差异，20×9年应确认的递延所得税资产本期发生额为（　　）。

递延所得税资产11

A.0万元　　　　B.100万元（借方）

C.600万元（借方）　　　　D.100万元（贷方）

12.【多项选择题】甲公司适用的所得税税率为25%。20×8年，甲公司自行研究开发一项专利技术，研究阶段发生支出100万元，开发阶段符合资本化条件之前的支出为50万元，符合资本化条件之后的支出为400万元。税法规定，企业开展研发活动中实际发生的研发费用，未形成无形资产而计入当期损益的，在据实扣除的基础上加计扣除75%；形成无形资产的，按照无形资产成本的75%加计摊销。下列说法中正确的有（　　）。

递延所得税资产12-13

A.该项无形资产的初始入账成本为400万元

B.该项无形资产在初始确认时的计税基础为825万元

C.该项无形资产的初始确认产生可抵扣暂时性差异300万元

D.甲公司应确认递延所得税资产75万元

13.【多项选择题】20×8年1月1日，甲公司购入一项管理用无形资产，共发生直接支出200万元。甲公司预计该无形资产的使用年限为10年，预计净残值为0。同时甲公司与乙公司签订了销售合同，双方约定在第5年使用期满时甲公司将该无形资产转让给乙公司，合同价款为80万元。甲公司采用直线法对该无形资产计提摊销。税法规定，该无形资产的使用年限为10年，采用直线法摊销，预计净残值为0。甲公司适用的所得税税率为25%。不考虑其他因素，甲公司在对该无形资产核算过程中，下列处理正确的有（　　）。

A.20×8年年末，甲公司形成的应纳税暂时性差异为4万元

B.20×8年年末，甲公司确认的递延所得税负债为1万元

C.20×8年年末，该无形资产的账面价值为176万元

D.20×8年年末，甲公司确认的递延所得税资产为1万元

十、知识点：特殊交易或事项中涉及递延所得税的处理+所得税费用的确认与计量一般性分析+所得税费用确认与计量举例

1.【单项选择题】20×8年，甲公司实现利润总额210万元。当年发生下列事项：20×8年收到的国债利息收入10万元，因违反环保法规被罚款20万元。甲公司20×8年年初递延所得税负债余额为20万元，年末余额为25万元，上述递延所得税负债均产生于固定资产账面价值与计税基础的差异。甲公司适用的所得税税率为25%。不考虑其他因素，甲公司20×8年的所得税费用是（　　）。

所得税会计举例1

A.52.5万元　　B.55万元　　C.57.5万元　　D.60万元

2.【多项选择题】下图是所得税会计处理引起的资金运动。下列表述恰当的有（　　）。

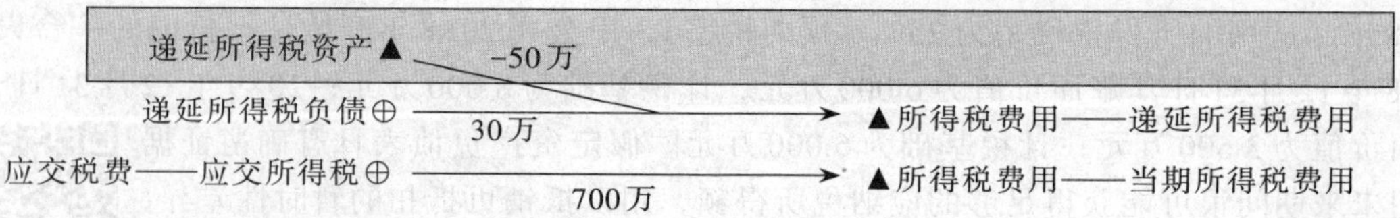

A.企业的当期所得税费用是700万元，它是根据企业本期的纳税申报表的税务利润计算出来的

B.企业本期利润表中的“所得税费用”的金额为680万元

C.资产负债表中“应交税费——应交所得税”的金额为700万元

D.资产负债表中的“递延所得税资产”的金额为50万元，“递延所得税负债”的金额为30万元

所得税会计举例2-3

3.【多项选择题】下图是所得税会计处理引起的资金运动。假设企业“递延所得税资产”项目期初有借方余额43万元，“递延所得税负债”项目期初有贷方余额24万元。下列表述恰当的有（　　）。

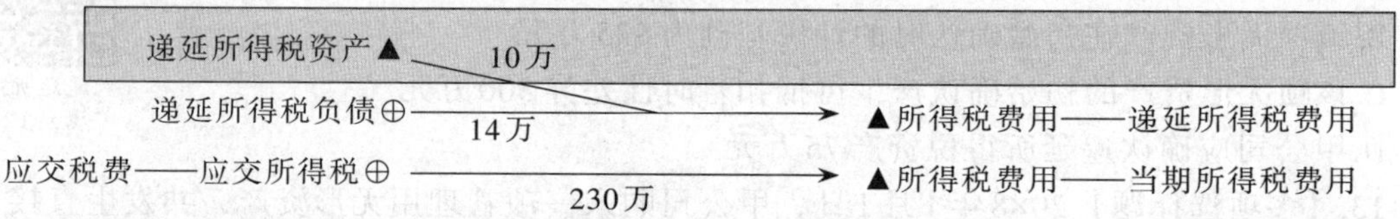

A.期末资产负债表中“递延所得税资产”项目的金额为53万元

B.期末资产负债表中“递延所得税负债”项目的金额为38万元

C.资产负债表中涉及的“应交税费——应交所得税”的金额为230万元

D.期末本期利润表中“所得税费用”项目的金额为254万元

4.【多项选择题】下图是所得税会计处理引起的资金运动。假设企业“递延所得税资产”项目期初有借方余额65万元，“递延所得税负债”项目期初有贷方余额42万元。下列表述恰当的有（　　）。

所得税会计举例4

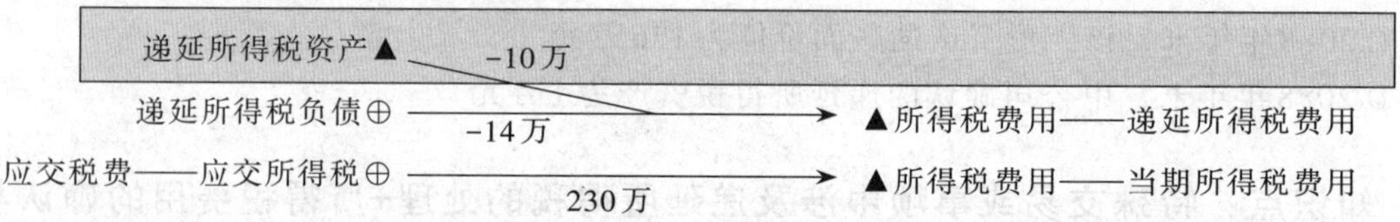

A.从图中可知，“递延所得税资产”项目本期减少了10万元，该金额是倒推出来的。即由于该报表项目为55万元，由此反推“递延所得税资产”项目的期末余额应该为55万元，由于其期初余额为65万元，所以倒推出本期发生额为减少10万元

B.从图中可知，“递延所得税负债”项目本期减少了14万元，该金额是倒推出来的。即由于该报表项目为28万元，由此反推“递延所得税负债”项目的期末余额应该为28万元，由于其期初余额为42万元，所以倒推出本期发生额为减少14万元

C.资产负债表中“应交税费——应交所得税”的金额和“所得税费用——当期所得税费用”的金额是相等的，即都为230万元。该金额是根据纳税申报表的应税收益计算的

D.期末本期利润表中的“所得税费用”项目的金额由两个明细项目构成：当期所得税费用为230万元，递延所得税项目为−24万元，两者合计为206万元

5.【业务题】甲公司20×8年度按照企业所得税法确认的应纳税所得额为4 000万元，适用的所得税税率为25%。甲公司递延所得税负债的年初余额为50万元，年末余额为85万元；递延所得税资产年初余额为125万元，年末余额为100万元。甲公司所有暂时性差异均与企业的损益相关，不考虑其他影响因素。

所得税会计举例5

要求：确认当期所得税费用和递延所得税费用，并进行相关的所得税会计处理。

6.【业务题】乙公司为增值税一般纳税人，增值税税率为13%，所得税采用资产负债表债务法核算，所得税税率为25%。20×8年发生以下业务：

（1）3月10日，购入A股票10万股，支付价款100万元，划分为交易性金融资产；4月1日，确认应收取现金股利5万元；4月20日，收到A公司发放的现金股利5万元；年末乙公司持有的A股票的市价为120万元。

（2）4月28日，购入B股票100万股，支付价款800万元，划为其他权益工具投资；年末乙公司持有的B股票的市价为960万元。

（3）12月31日，固定资产账面实际成本为600万元，预计可收回金额为540万元，假设以前未计提过固定资产减值准备。

（4）乙公司全年累计实现利润8 000万元；全年实发工资2 500万元，全年计税工资2 000万元，国债利息收入30万元，违法经营罚款30万元；除上述业务产生的暂时性差异外，全年还发生了其他可抵扣暂时性差异100万元，转回了应纳税暂时性差异40万元。

（5）预计乙公司未来有足够的应税所得。假设企业期初递延所得税资产和递延所得税负债的余额都为0。

要求：

（1）编制上述业务有关的会计分录；

（2）计算20×8年12月31日应交所得税；

（3）计算20×8年12月31日递延所得税资产和递延所得税负债；

（4）计算20×8年所得税费用；

（5）编制所得税核算的会计分录。

所得税会计举例6

十一、知识点：利润分配与留存收益的形成——分析与举例

1.【单项选择题】下列项目属于留存收益的有（　　）。

A.股本（或实收资本）　　B.资本公积

C.盈余公积和未分配利润　　D.其他综合收益

利润分配与留存收益1-3

2.【多项选择题】下图是公司利润分配引起的资金运动。假设公司以年度进行利润分配，在公司的实际分配过程中，下列表述恰当的有（　　）。

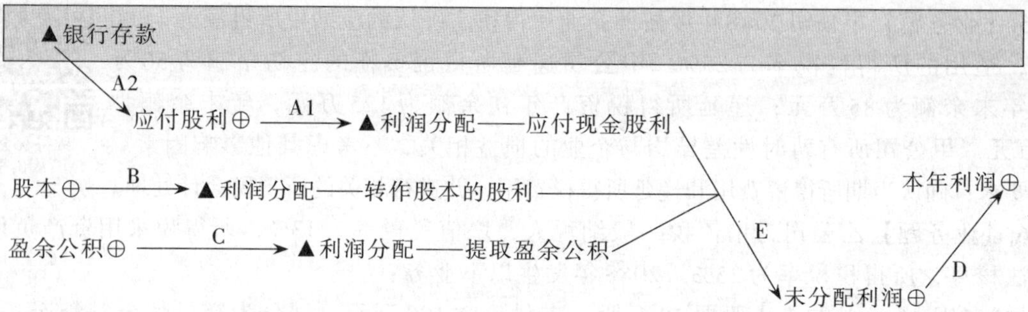

A.D段资金运动一般发生在公司报告年度的12月31日

B.A1、B、C三段资金运动发生在报告年度次年公司对外公布年报的时刻，即股利宣告日

C.A2段资金运动发生在公司报告年度次年的股利支付日

D.E段资金运动发生在公司报告次年的整个利润分配工作结束时

3.【多项选择题】下图是企业利润分配引起的资金运动。下列有关下图各段资金运动所反映的经济业务内容表述恰当的有（　　）。

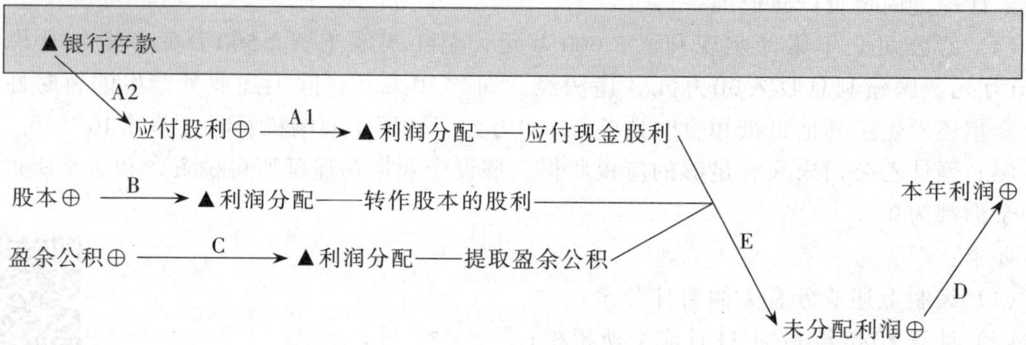

A.通过D段资金运动，企业将本年已实现的利润全部结转到“未分配利润”项目，从而导致本年利润的余额为0。至此，所有的损益类项目（收入、费用和本年利润）余额为0

B.A段资金运动反映企业现金股利的确认与支付，其中A1段资金运动反映确认应付股利，A2段资金运动反映支付现金股利。从图中可以看出，现金股利的发放最终导致资金流出了企业，从而导致企业可用资金总额的减少

C.B段和C段资金运动反映股票股利的分配和盈余公积的提取。这两种利润分配并没有导致资金流出企业，并没有导致企业所有者权益的减少。因此这两种利润分配方式是没有任何区别的

D.E段资金运动将企业本期已分配的利润全部结转至未分配利润项目，从而一方面导致利润分配项目的余额为0，另一方面未分配完的利润会以未分配利润的形式留存下来

4.【多项选择题】下图是企业利润分配引起的资金运动。下列表述恰当的有（　　）。

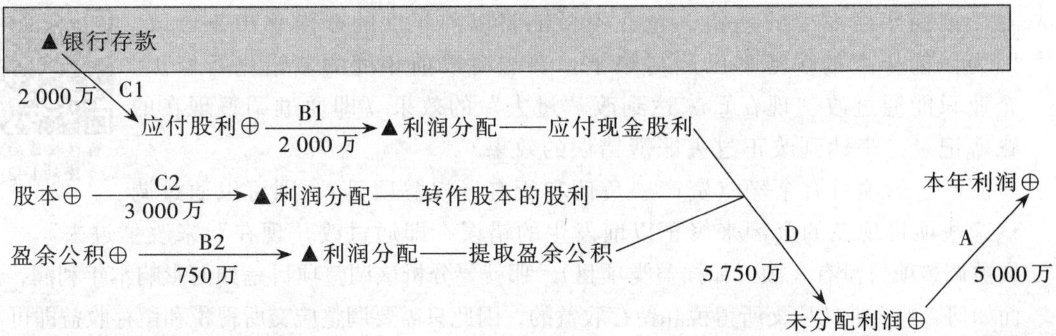

A.A段资金运动反映企业在年末将本期已实现的利润5 000万元全部转为未分配利润，至此，“本年利润”项目的余额为0

B.B1段资金运动反映企业在股利宣告日确认了2 000万元的应付股利。该股利在股利支付日以银行存款2 000万元支付

利润分配与留存收益4-5

C.B2段资金运动反映企业提取了750万元的盈余公积，该段运动发生的时间应该是股利宣告日，即股东大会通过分配方案并公告的时间。C2段资金运动反映企业确认了3 000万元的股票股利，该段资金运动应发生在办理好增资变更手续之后

D.D段资金运动反映企业将已分配利润5 750万元全部转为“未分配利润”项目。由于本期的盈利为5 000万元，这说明企业本期的利润分配不仅将本期实现的利润分配分完，而且将期初未分配利润也拿出750万元进行了分配

5.【判断题】企业的利润分配最终一定会引起资金流出企业。（　　）

6.【综合题】甲公司20×8年度实现净利润8 000万元。20×9年1月20日，甲公司董事会提出如下分配方案：按20×8年度净利润的10%提取法定盈余公积；按20×8年度净利润的30%提取任意盈余公积；向股东分配现金股利2 500万元；向股东分配股票股利1 500万股，每股面值1元。20×9年3月25日，该股利分配方案获得股东大会批准。20×9年4月19日，甲公司支付现金股利与股票股利，股票股利的登记手续也在同一天完成。

利润分配与留存收益6

要求：对甲公司与利润分配有关的业务进行相应的会计处理。

十二、知识点：留存收益后续变动的会计处理

1.【多项选择题】下列业务的发生，不会引起企业所有者权益总额发生变动的有（　　）。

A.企业用盈余公积金转增资本　　B.企业用盈余公积弥补亏损

C.企业用资本公积金转增资本　　D.企业用盈余公积进行现金股利的分配

2.【多项选择题】下图是有关以前年度损益调整所引起的资金运动。下列表述恰当的有（　　）。

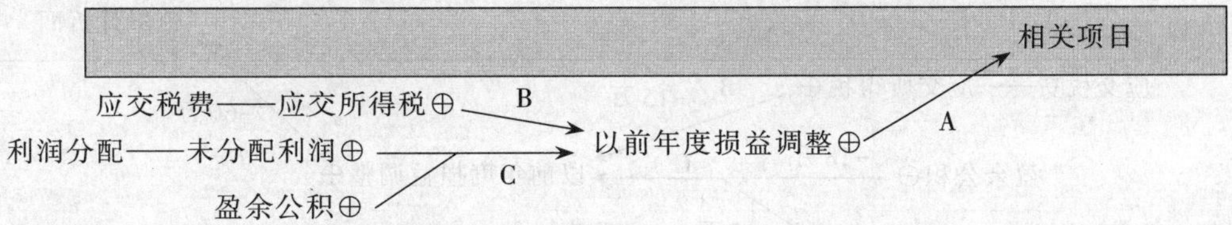

A.对于以前年度发生的差错，企业不可能将以前年度的账簿拿出来修改，因为以前年度的账簿都已经封账了。要想对以前年度的差错进行修正，企业只能通过改“现在”来达到改“过去”的效果（即通过调整现在的账簿记录，来达到改正过去账簿错误的效果）

留存收益后续变动1-2

B.如被调整的项目有余额（资产、负债和所有者权益项目），则可以通过调整这些项目现在的余额来修正以前发生的错误，即通过改“现在”来改“过去”

C.如被调整项目没有余额（如损益类项目），那就要分析该调整项目是如何影响本年利润，进而如何影响企业的应交所得税和留存收益的，因此只需要调整应交所得税和留存收益即可

D.从图中可知，“以前年度损益调整”项目只是一个过渡项目，一旦调整结束，其余额就为0，也就完成了其使命。如以前年度损益调整业务非常简单，也可以不需要这个项目，而直接将上图A段运动与B、C段运动合并为一段

3.【多项选择题】下图是有关以前年度损益调整所引起的资金运动，企业的所得税税率为25%，下列有关表述恰当的有（　　）。

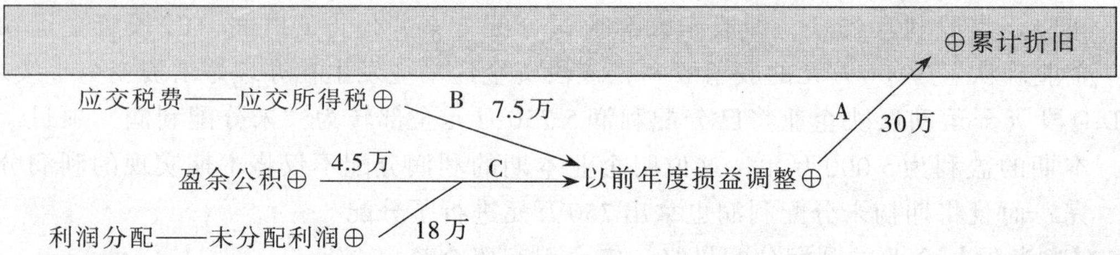

A.A段资金运动流量为30万元，导致企业的累计折旧金额减少30万元，由此可以推断，该笔错账业务应该是企业以前年度多提了30万元的折旧费，并由此造成费用增加了30万元。通过A段运动将多提的折旧30万元予以冲销

留存收益后续变动3

B.B段资金运动反映将该笔错账业务对应交所得税的影响予以更正。由于当初多提了30万元的折旧费，导致当初的利润减少了30万元，进而导致企业的应交所得税减少了7.5万元。现在通过B段运动使得本期的应交所得税增加7.5万元

C.C段资金运动反映将该笔错账业务对企业留存收益的影响予以更正。由于当初多提了30万元的折旧费，导致当初的利润减少了30万元，进而导致企业的留存收益减少了22.5万元。现在通过C段运动增加了企业的留存收益22.5万元，其中盈余公积增加了4.5万元，未分配利润增加了18万元，由此还可以推断出企业盈余公积的提取比例为20%

D.将A段、B段、C段运动结合起来看，企业对以前年度多提的折旧30万元进行了更正：一方面减少累计折旧30万元；另一方面补缴所得税7.5万元，增加留存收益22.5万元

4.【多项选择题】下图是有关以前年度损益调整所引起的资金运动，企业的所得税税率为25%，下列有关表述恰当的有（　　）。

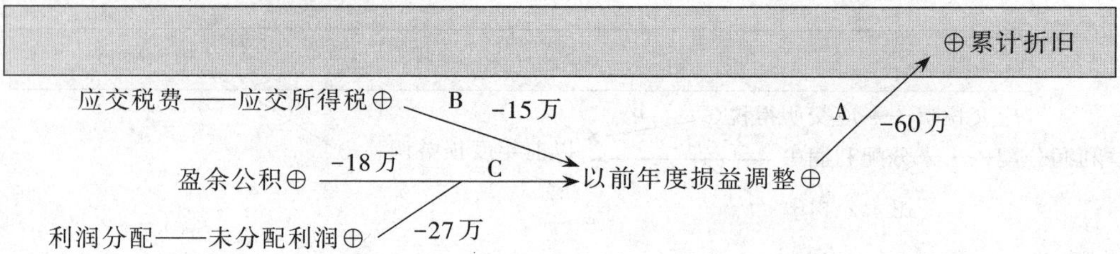

A.A段资金运动流量为-60万元，导致企业的累计折旧金额增加60万元，由此可以推断，该笔错账业务应该是企业以前年度少提了60万元的折旧费，并由此造成发生当初的费用减少了60万元。通过A段运动将少提的折旧60万元予以补提

留存收益后续变动4-5

B.B段资金运动反映将该笔错账业务对应交所得税的影响予以更正。由于当初少提了60万元的折旧费，导致当初的利润增加了60万元，进而导致企业的应交所得税增加了15万元。现在通过B段运动使得本期的应交所得税减少15万元

C.C段资金运动反映将该笔错账业务对企业留存收益的影响予以更正。由于当初少提了60万元的折旧费，导致当初的利润增加了60万元，进而导致企业的留存收益增加了45万元。现在通过C段资金运动减少了企业的留存收益45万元，其中盈余公积减少了18万元，未分配利润减少了27万元，由此还可以推断出企业的盈余公积的提取比例为40%

D.将A段、B段、C段资金运动结合起来看，企业对以前年度少提的折旧60万元进行了更正：一方面增加累计折旧60万元；另一方面减少应交所得税15万元，减少留存收益45万元

5.【多项选择题】下图是有关以前年度损益调整所引起的资金运动，企业的所得税税率为25%，下列表述恰当的有（　　）。

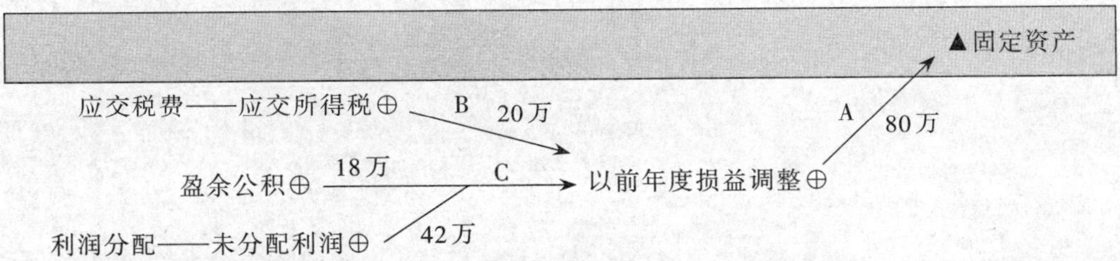

A.A段资金运动流量为80万元，导致企业的固定资产金额增加80万元，由此可以推断，这是一笔固定资产盘盈的业务。导致固定资产现在盘盈的原因主要是企业以前年度财产清查时漏掉了一项固定资产。该错误造成当初的营业外支出增加了80万元，通过A段运动将这项固定资产重新加以确认与计量

B.B段资金运动反映更正该笔错账业务对应交所得税的影响。由于当初盘亏固定资产导致当初的营业外支出增加了80万元，进而导致当初的利润减少了80万元，企业的应交所得税减少了20万元。现在通过B段运动使得本期的应交所得税增加20万元

C.C段资金运动反映更正该笔错账业务对企业留存收益的影响。由于当初盘亏导致当初的利润减少了80万元，进而导致企业的留存收益减少了60万元。现在通过C段运动增加了企业的留存收益60万元，其中盈余公积增加了18万元，未分配利润增加了42万元，由此还可以推断出企业盈余公积的提取比例为30%

D.将A段、B段、C段资金运动结合起来看，企业对以前年度盘亏的固定资产80万元进行了更正：一方面增加固定资产80万元；另一方面补缴所得税20万元，增加留存收益60万元

6.【业务题】甲公司20×9年7月3日在编制20×9年中期报告时发现，20×8年度计算无形资产摊销时，计算出现错误，少摊销无形资产80万元。该公司的所得税税率为25%，公

司按10%的标准提取法定盈余公积，按20%的标准提取任意盈余公积。

要求：对上述20×8年的错账进行更正。

7.【业务题】乙公司20×9年7月13日在编制20×9年中期报告时发现，20×8年度发现一笔错账：误将一个管理部门用设备全部计入了当期的管理费用。该设备于20×8年6月30日购买，买价为4.8万元，可使用期限为2年，应采用直线法摊销，净残值为0。该公司的企业所得税税率为25%，公司按10%的标准提取法定盈余公积，按20%的标准提取任意盈余公积。

留存收益后续变动6

要求：对上述20×8年的错账进行更正。

留存收益后续变动7

第十四章 财务报告

一、知识点：财务报表概述

财务报告概述

1.【单项选择题】企业编制财务报表的列报基础是（　　）。

A.历史成本　　B.持续经营

C.重要性原则　　D.权责发生制原则

2.【多项选择题】财务报告应是一个完整的体系，它的构成部分应该包括（　　）。

A.财务报表　　B.补充报表

C.财务情况说明书　　D.财务报表附注

3.【多项选择题】财务报告根据编制的时间不同可分为（　　）。

A.年度财务报告　　B.半年度财务报告

C.季度财务报告　　D.月度财务报告

4.【多项选择题】企业编制财务报表应该以持续经营假设为基础。下列有关表述恰当的有（　　）。

A.企业管理层应当利用所有可获得信息来评价企业自报告期末起至少12个月的持续经营能力

B.企业在评价持续经营时，需要考虑宏观政策风险、市场经营风险、企业目前或长期的营利能力、偿债能力、财务弹性，以及企业管理层改变经营政策的意向等因素

C.企业正式决定（或被迫）在当期或将在下一个会计期间进行清算或停止营业的，则表明以持续经营为基础编制财务报表不再合理

D.在持续经营基础不存在的情况下，企业应当采用其他基础编制财务报表，并在附注中声明财务报表未以持续经营为基础编制的事实，披露未以持续经营为基础编制的原因和财务报表的编制基础

5.【多项选择题】下列有关财务报表列报要求的表述正确的有（　　）。

A.企业所有的财务报表都应该以权责发生制为基础进行编报

B.性质或功能不同的项目，应当在财务报表中单独列报，但不具有重要性的项目除外

C.当期财务报表的列报，至少应当提供所有列报项目上一个可比会计期间的比较数据，以及与理解当期财务报表相关的说明

D.企业至少应当按年编制财务报表。年度财务报表涵盖的期间短于一年的，应当披露年度财务报表的涵盖期间、短于一年的原因，以及报表数据不具可比性的事实

二、知识点：资产负债表概述

1.【单项选择题】资产负债表属于（　　）。

A.动态报表　　B.期间报表　　C.静态报表　　D.经营成果报表

2.【单项选择题】企业在编制资产负债表时，其资产排列顺序的依据是（　　）。

A.按流动性（即变现能力）由小到大排列

B.按投入企业的时间由前往后排列

C.按流动性（即变现能力）由大到小排列

D.按投入企业的时间由后往前排列

资产负债表概述

3.【多项选择题】资产负债表所提供的信息是（　　）。

A.时点数　　B.时期数　　C.余额数　　D.发生额

4.【多项选择题】企业的下列信息中可以通过资产负债表提供的有（　　）。

A.资产　　B.负债　　C.收入　　D.费用

5.【多项选择题】一般认为，资产负债表是按流动性排列的，下列表述正确的有（　　）。

A.资产的流动性主要是指资产的变现能力，资产流动性的强弱是按照其变现能力的大小排列的

B.负债的流动性主要涉及该债务需要什么时候偿还的问题，负债流动性的强弱是按照其需要偿还的时间长短排列的

C.所有者权益的流动性是指其留在企业的永久性程度。所有者权益流动性的强弱一般是按其留存在企业的永久性程度大小排列的

D.资产负债表中资产分为流动资产和长期资产，负债分为流动负债和长期负债，这种分类也反映了资产负债表排列的流动性

6.【判断题】资产负债表的结构有账户式和报告式，我国采用的格式是报告式。（　　）

三、知识点：资产负债表的主要内容分析

资产负债表主要内容1-3

1.【单项选择题】在资产负债表中，资产可以划分为（　　）。

A.流动资产和长期资产　　B.短期资产和长期资产

C.流动资产和非流动资产　　D.短期资产和非短期资产

2.【单项选择题】在资产负债表中，负债可以划分为（　　）。

A.流动负债和长期负债　　B.短期负债和长期负债

C.流动负债和非流动负债　　D.短期负债和非短期负债

3.【多项选择题】下列有关营业周期表述正确的有（　　）。

A.一个正常营业周期，是指企业从购买用于加工的资产起至实现现金或现金等价物的期间

B.正常营业周期通常短于一年，企业在一年内有几个营业周期。当正常营业周期不能确定时，应当以一年（12个月）作为正常营业周期

C.正常营业周期也存在长于一年的情况，如房地产开发企业开发用于出售的房地产开发产品，造船企业制造的用于出售的大型船只等

D.如正常的营业周期超过一年的，由于与生产相关的产成品、应收账款、原材料是超过一年才变现、出售或耗用的，因此应将这些项目作为非流动资产列示

4.【多项选择题】企业将资产划分为流动资产时，该资产应满足以下条件之一的有（　　）。

A.预计在一个正常营业周期中变现、出售或耗用

B.主要为交易目的而持有

C.预计在资产负债表日起一年内（含一年）变现

D.自资产负债表日起一年内，交换其他资产或清偿负债的能力不受限制的现金或现金等价物

5.【多项选择题】企业将负债划分为流动负债时，该负债应满足的条件是（　　）。

A.预计在一个正常营业周期中清偿

B.主要为交易目的而持有

C.自资产负债表日起一年内到期应予以清偿

D.企业无权自主地将清偿推迟至资产负债表日后一年以上

资产负债表主要内容4-6

6.【多项选择题】下列项目属于所有者权益的有（　　）。

A.其他综合收益　　B.公允价值变动损益

C.库存股　　D.其他权益工具

资产负债表项目填列1-4

四、知识点：资产负债表的主要项目填列

1.【单项选择题】不构成资产负债表中"其他应付款"项目的账户的是（　　）。

A.预付账款　　B.其他应付款　　C.应付股利　　D.应付利息

2.【单项选择题】甲公司20×8年12月31日的"无形资产"账户余额为1 000万元，"累计摊销"账户的余额为300万元，"无形资产减值准备"的账户贷方余额为50万元，"研发支出"的余额为200万元。该公司20×8年12月31日资产负债表中"无形资产"项目的金额为（　　）万元。

A.1 000　　B.700　　C.650　　D.950

3.【单项选择题】甲公司20×8年12月31日的"长期借款"账户余额为5 000万元，其中向中国银行财大支行借款2 000万元（离到期日还有1年半），向中国建设银行南湖支行借款2 200万元（离到期日还有8个月），向中国农业银行财大支行借款800万元（离到期日还有13个月）。甲公司20×8年12月31日资产负债表中"长期借款"项目的金额为（　　）万元。

A.5 000　　B.2 000　　C.3 000　　D.2 800

4.【多项选择题】构成资产负债表中"固定资产"项目的账户主要有（　　）。

A.固定资产　　B.累计折旧

C.固定资产减值准备　　D.固定资产清理

5.【多项选择题】构成资产负债表中"其他应收款"项目的账户主要有（　　）。

A.其他应收款　　B.其他往来

C.应收股利　　D.应收利息

6.【多项选择题】构成资产负债表中"存货"项目的账户主要有（　　）。

A.生产成本　　B.制造费用

C.待摊费用　　D.工程物资

资产负债表项目填列5-9

7.【多项选择题】下列资产负债表项目可以根据对应的账户余额直接填写的有（　）。

A.债权投资　　B.应付职工薪酬　　C.交易性金融资产　　D.短期借款

8.【多项选择题】甲公司20×8年12月31日的“预付账款”账户余额为500万元，其中“预付账款——A”为借方余额320万元，“预付账款——B”为借方余额240万元，“预付账款——C”为贷方余额60万元。“应付账款”账户余额为800万元，其中，“应付账款——D”为贷方余额420万元，“应付账款——E”为贷方余额540万元，“应付账款——F”为借方余额160万元。除此之外，再没有与资产负债表中的“应付账款”与“预付账款”项目相关的事项。甲公司在编制20×8年12月31日资产负债表时，相关项目资金表述正确的有（　）。

A.应付账款的金额为960万元　　B.应付账款的金额为1 020万元

C.预付账款的金额为560万元　　D.预付账款的金额为720万元

资产负债表项目填列10

9.【判断题】资产负债表中项目的名称如与账簿中的账户名称相同，则它们所反映的内容也是完全相同的。（　）

10.【综合题】甲公司20×8年12月份的月初资产总额为2 400万元，负债总额为1 500万元。12月10日接受投资人追加投资80万元，12月25日对投资人分配利润50万元。12月28日归还到期的应付账款40万元，12月30日从银行贷款70万元，款项存入银行。12月末甲公司的资产总额为2 500万元，负债总额为1 200万元。

资产负债表项目填列11

要求：对甲公司20×8年12月份的净收益进行计量。

11.【综合题】下表是甲公司20×8年12月31日科目余额表的一部分。

科目名称	借方金额（元）	科目名称	贷方金额（元）
预付账款	5 000 000元 其中：A公司借方余额6 000 000元，B公司贷方余额1 000 000元	应付账款	4 000 000元 其中：C公司贷方余额4 300 000元，D公司借方余额300 000元
固定资产	20 000 000	累计折旧	8 540 000
固定资产清理	500 000	固定资产减值准备	1 460 000
在建工程	10 000 000	在建工程减值准备	2 000 000
工程物资	1 000 000	材料成本差异	300 000
材料采购	1 200 000	存货跌价准备	600 000
原材料	8 000 000	债权投资减值准备	400 000
生产成本	3 000 000	应付票据	2 000 000
制造费用	500 000	其他应付款	300 000
库存商品	12 000 000	坏账准备	230 000元，其中与应收账款对应的是20万元，与其他应收款对应的是3万元
包装物	200 000		
债权投资	3 000 000元，其中有100万元还有3个月到期		
应收账款	3 000 000	应付股利	2 000 000
应收票据	2 000 000	应付利息	1 200 000
应收股利	600 000	长期借款	4 000 000元，其中有280万元还有7个月到期
应收利息	400 000		
其他应收款	300 000		

要求：分别确认20×8年12月31日资产负债表中“存货”“应收账款”“其他应收款”“固定资产”“在建工程”“债权投资”“预付款项”“应付账款”“其他应付款”“长期借款”等报表项目的金额。

12.【案例分析题】一位朋友征求你的意见，他在一家公司拥有一些股份。他在审阅该公司最近的资产负债表后发现，该公司外发的普通股总数为4 000万股，在资产负债表日每股市价为2.50元。他认为该公司资产负债表一定是错了，因为根据他的理解，“资产负债表上的资产合计为1.10亿元，应当与外发普通股的1亿元的市值相同”。

讨论：

（1）向你的朋友解释一下，总资产1.10亿元的“价值”是怎样确定的？

（2）为什么资产的“价值”和股票的“价值”不同？

资产负债表项目填列12

五、知识点：利润表

1.【单项选择题】利润表属于（　　）。

A.动态报表　　B.财务状况变动表

C.静态报表　　D.时刻报表

利润表1-7

2.【单项选择题】下列项目期末余额一定为0的有（　　）。

A.生产成本　　B.制造费用

C.公允价值变动损益　　D.合同履约成本

3.【单项选择题】下列项目不属于营业利润计算范畴的有（　　）。

A.资产减值损失　　B.营业外收入

C.公允价值变动损益　　D.投资收益

4.【多项选择题】利润表所提供的信息是（　　）。

A.时点数　　B.时期数　　C.余额数　　D.发生额

5.【多项选择题】下列信息可以通过利润表提供的有（　　）。

A.资产　　B.负债　　C.收入　　D.费用

6.【多项选择题】下列项目属于营业利润计算范畴的有（　　）。

A.信用减值损失　　B.资产处置损益　　C.所得税费用　　D.其他综合收益

7.【判断题】企业发生一场火灾所造成的损失会影响企业的营业利润，进而会影响企业的利润总额，最后影响企业的净利润。（　　）

8.【计算题】某企业20×8年度收入和支出类账户本年累计发生额如下：（单位：元）

账户	借方金额	贷方金额
主营业务收入		4 500 000
其他业务收入		375 000
营业外收入		155 000
投资收益		300 000
资产处置损益		60 000
税金及附加	75 000	
主营业务成本	2 400 000	

利润表8

销售费用	90 000	
其他业务成本	225 000	
管理费用	100 000	
财务费用	30 000	
营业外支出	120 000	
资产减值损失	50 000	
信用减值损失	100 000	
公允价值变动损益		100 000
所得税费用	575 000	

要求：计算该企业20×8年度的营业利润、利润总额及净利润。

利润表9

9.【综合分析题】请分析会计差错对财务报表的影响。

资料：20×8年度，某公司发生了如下两笔差错，假设这两笔差错一直没有被发现：

（1）该公司在结转销售成本时，金额发生了错误，将190万元误写为200万元。

（2）有一台管理用设备漏提折旧，这台设备当年应提折旧20万元。

要求：该公司适用的所得税税率为25%，盈余公积的提取比例为20%，试分析这两笔会计差错对该公司20×8年度财务报表的影响。

现金流量表概述

六、知识点：现金流量表概述

1.【单项选择题】下列项目不属于“经营活动产生的现金流量”项目的是（　　）。

A.销售商品、提供劳务收到的现金

B.处置固定资产、无形资产和其他长期资产收回的现金净额

C.支付给职工以及为职工支付的现金

D.购买商品、接受劳务支付的现金

2.【单项选择题】下列项目不属于“投资活动产生的现金流量”项目的是（　　）。

A.购建固定资产、无形资产和其他长期资产支付的现金

B.投资支付的现金

C.处置子公司及其他营业单位收到的现金净额

D.偿还债务支付的现金

3.【多项选择题】现金流量表的现金是指（　　）。

A.货币资金　　B.交易性金融资产

C.现金等价物　　D.黄金

4.【多项选择题】现金流量表所提供的信息数据有（　　）。

A.时点数　　B.时期数　　C.余额数　　D.发生额

5.【多项选择题】现金流量表中所指的现金等价物必须同时满足以下条件的有（　　）。

A.到期期限短　　B.流动性强

C.易于转换为已知金额　　D.价值变动风险小

6.【多项选择题】按照企业的经济业务，现金流量一般分为（　　）。

A.经营活动产生的现金流量　　B.生产活动产生的现金流量

C.投资活动产生的现金流量　　　　　D.筹资活动产生的现金流量

七、知识点：销售商品、提供劳务所引起的现金流入——理论分析+举例+经营活动其他现金流入分析

1.【单项选择题】甲企业前期出口商品一批，已缴纳增值税，按规定应退增值税款20万元，前期未退，本期以转账方式收讫；收到的教育费附加返还款为14万元，款项已存入银行。该企业收到的税费返还款金额为（　　）万元。

A.20　　B.14　　C.34　　D.0

2.【多项选择题】下列应收款项的减少并没有实际增加企业现金流入量的项目有（　　）。

A.坏账的冲销

B.为取得原材料，将应收款背书转让

C.通过债务重组，应收款最后以一台机器设备收回

D.应收款以无连带责任的形式贴现

经营活动现金流入

3.【多项选择题】企业取得销售收入100万元，但并没有引起实际货币资金量增加的有（　　）。

A.企业以赊销的形式进行销售，只获得了应收账款或者应收票据

B.企业在前期已预收对方款项，本期确认收入时只是冲销了原已确认的“合同负债”

C.企业将库存商品以职工福利费的形式发放给职工，在本期确认收入时只是冲销了“应付职工薪酬”

D.在不涉及补价的非货币性资产交换中，采用公允价值计量模式时，企业以其库存商品换回其他非货币性资产

八、知识点：购买商品、接受劳务所支付的现金流量分析——理论分析+举例+支付给职工以及为职工支付的现金流量+经营活动其他现金支付分析

1.【单项选择题】甲企业本期向税务机关缴纳本期增值税34万元；本期缴纳所得税326万元；缴纳教育费附加、城市维护建设税分别为10.8万元、25.2万元；缴纳房产税、车船税等共计5万元。“支付的各种税费”金额合计为（　　）万元。

A.326　　B.360　　C.36　　D.401

2.【单项选择题】甲企业20×8年销售费用包括工资和福利180万元，均以货币资金结算或形成应付债务；管理费用包括工资和福利费190万元，均以货币资金结算或形成应付债务。营业成本中职工薪酬为1 000万元，期初存货中含职工薪酬300万元，期末存货中含职工薪酬700万元。资产负债表中应付职工薪酬期初余额为2万元，期末余额为3万元。薪酬费用年初数、年末数均与投资活动或筹资活动无关；本年确认的工资及福利费均与投资或筹资活动无关。“支付给职工以及为职工支付的现金”金额合计为（　　）万元。

经营活动现金流出1-2

A.1 370　　B.1 670　　C.2 070　　D.1 769

3.【多项选择题】企业购买材料100万元，但并没有引起实际货币资金量的减少。这类经济业务主要有（　　）。

A.企业以赊购的形式进行采购，确认了应付账款或者应付票据

B.企业在前期已预付对方款项，本期购买材料只是冲销了原已确认的“预付账款”

C.在债务重组的过程中，企业的应收款最后实际收到一批原材料

D.在不涉及补价的非货币性资产交换中，企业以其非货币性资产换回了原材料

4.【多项选择题】下列存货的减少并没有引起营业成本增加的有（　　）。

A.在债务重组过程中，企业以一批存货抵偿了债务

B.销售部门领用了一批产品做推广宣传之用

C.企业发生了一场火灾，造成存货毁损

D.企业在建工程部门领用了一批原材料

经营活动现金流出3-7

5.【多项选择题】下列项目构成“支付给职工以及为职工支付的现金”的有（　　）。

A.支付给企业生产车间生产工人和车间管理人员的薪酬

B.支付给企业一般行政管理部门人员的薪酬

C.支付给在建工程人员的薪酬

D.支付给企业从事其他业务的人员的薪酬

6.【多项选择题】企业本期应付款减少100万元，但并没有引起实际货币资金量的减少。这类经济业务主要有（　　）。

A.企业以债转股的形式，将该笔债务转为公司的股权

B.企业以非货币性资产偿还了该笔债务

C.企业以货币资金偿还该债务，取得现金折扣2万元

D.企业以银行承兑票据替换该应付款100万元

7.【判断题】企业为职工支付的所有薪酬现金流出量都应该反映在“支付给职工以及为职工支付的现金”项目之中。（　　）

九、知识点：收回投资和取得投资收益现金流入分析

收回投资等现金流入1-2

1.【多项选择题】企业的一笔债权投资于本年12月31日到期，本年度与该投资相关的业务只有两笔：一笔业务就是本年度投资收益的确认；另一笔业务是12月31日收回本金和最后一次利息。下列有关现金流量表相关项目填写表述正确的有（　　）。

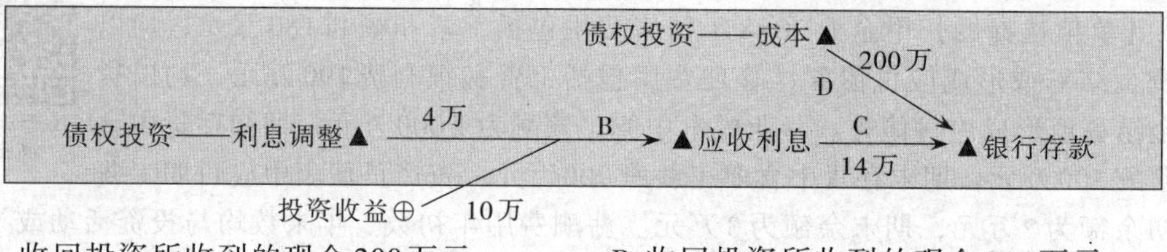

A.收回投资所收到的现金200万元　　B.收回投资所收到的现金214万元

C.取得投资收益所收到的现金14万元　　D.取得投资收益所收到的现金10万元

2.【多项选择题】企业一笔债权投资于本年12月31日到期，本年度与该投资相关的业务只有两笔：一笔业务就是本年度投资收益的确认；另一笔业务是12月31日收回本金和利息。下列有关现金流量表相关项目填写表述正确的有（　　）。

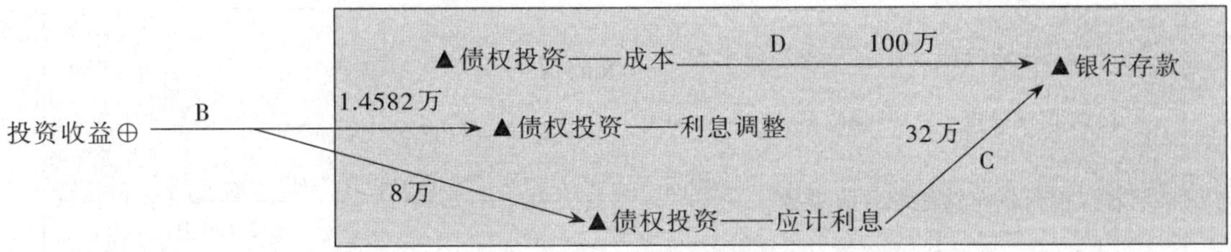

A.收回投资所收到的现金100万元　　B.收回投资所收到的现金132万元

C.取得投资收益所收到的现金8万元　　D.取得投资收益所收到的现金32万元

3.【多项选择题】企业有一笔其他权益工具投资。本年度与该投资相关的业务只有两笔：一笔业务涉及现金股利，4月25日确认应收股利10万元，5月25日收到该股利；另一笔业务是6月3日将其出售，取得价款684万元。下列有关现金流量表相关项目填写表述正确的有（　　）。

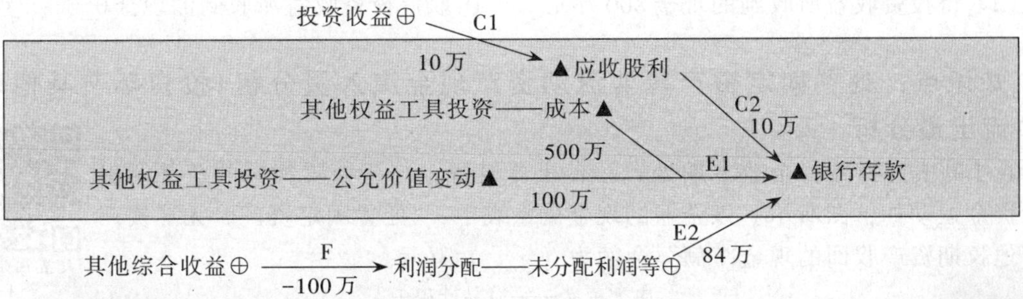

A.收回投资所收到的现金600万元

B.收回投资所收到的现金684万元

C.取得投资收益所收到的现金94万元

D.取得投资收益所收到的现金10万元

收回投资等现金流入3-5

4.【多项选择题】企业有一笔其他权益工具投资。本年度与该投资相关的业务只有两笔：一笔业务涉及现金股利，4月25日确认应收股利10万元，5月25日收到该股利；另一笔业务是6月3日将其出售，取得价款580万元。下列有关现金流量表相关项目填写表述正确的有（　　）。

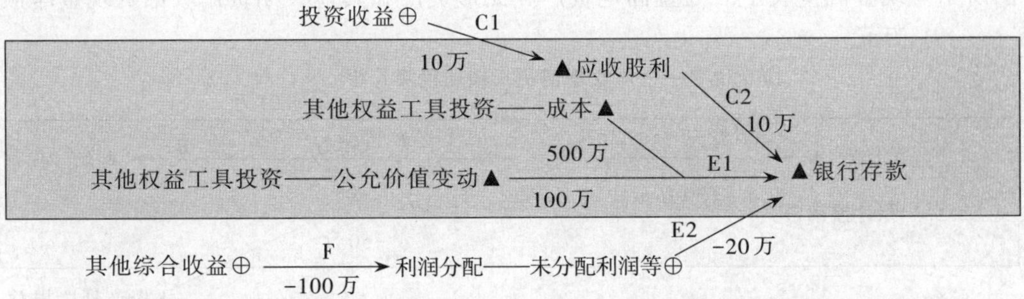

A.收回投资所收到的现金600万元　　B.收回投资所收到的现金580万元

C.取得投资收益所收到的现金−10万元　　D.取得投资收益所收到的现金10万元

5.【多项选择题】下图描述的是企业一笔长期股权投资处置业务。下列有关该笔业务在现金流量表中的列示表述正确的有（　　）。

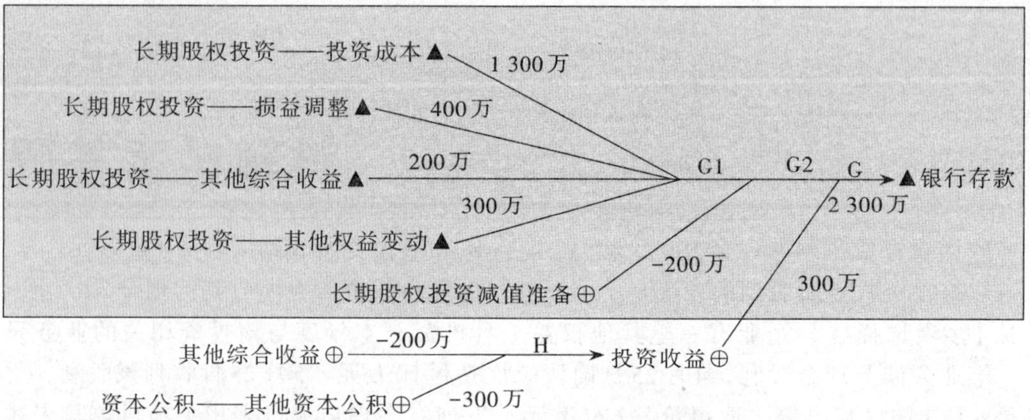

A.收回投资所收到的现金2 300万元　　B.收回投资所收到的现金1 300万元

C.取得投资收益所收到的现金800万元　　D.取得投资收益所收到的现金0

十、知识点：处置固定资产等非流动资产现金流入量分析+投资环节其他现金流出量分析

1.【单项选择题】企业本期处置一台机器设备，与该处置相关的业务所引起的资金运动如下图所示。该企业的现金流量表中，“处置固定资产、无形资产和其他长期资产收回的现金净额”金额为（　　）万元。

处置固定资产等1-2

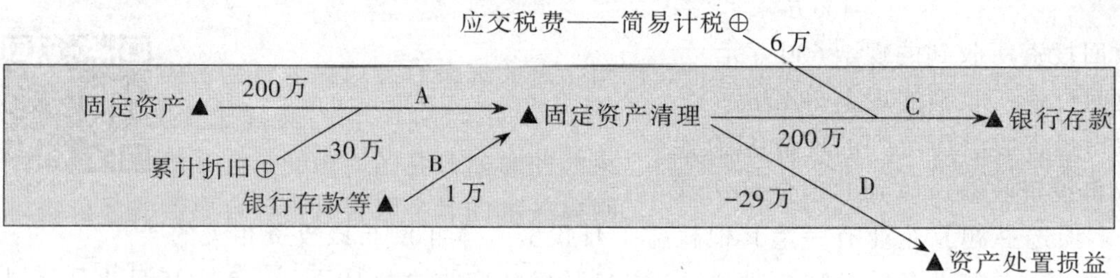

A.200　　B.206　　C.207　　D.205

2.【单项选择题】企业本期处置一项无形资产。与该处置相关的业务所引起的资金运动如下图所示。现金流量表中“处置固定资产、无形资产和其他长期资产收回的现金净额”金额为（　　）万元。

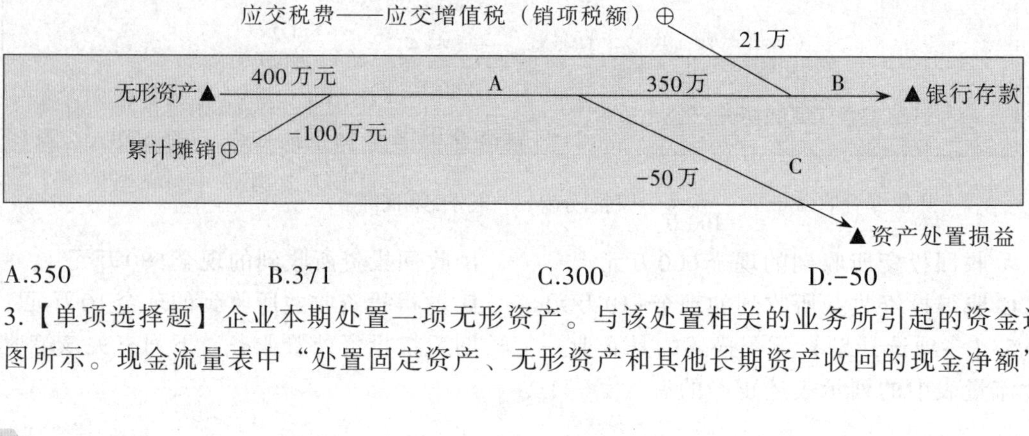

A.350　　B.371　　C.300　　D.-50

3.【单项选择题】企业本期处置一项无形资产。与该处置相关的业务所引起的资金运动如下图所示。现金流量表中“处置固定资产、无形资产和其他长期资产收回的现金净额”的

金额为（　　）万元。

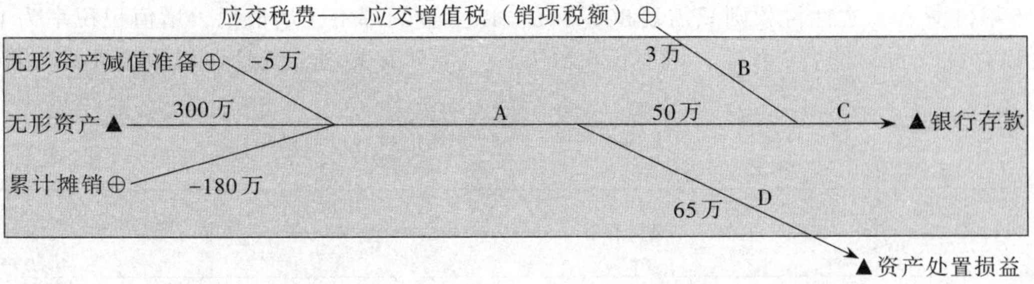

A.50　　　　B.-65　　　　C.53　　　　D.3

4.【多项选择题】企业本期处置一台机器设备。与该处置相关的业务所引起的资金运动如下图所示。下列有关现金流量表相关项目填写表述正确的有（　　）。

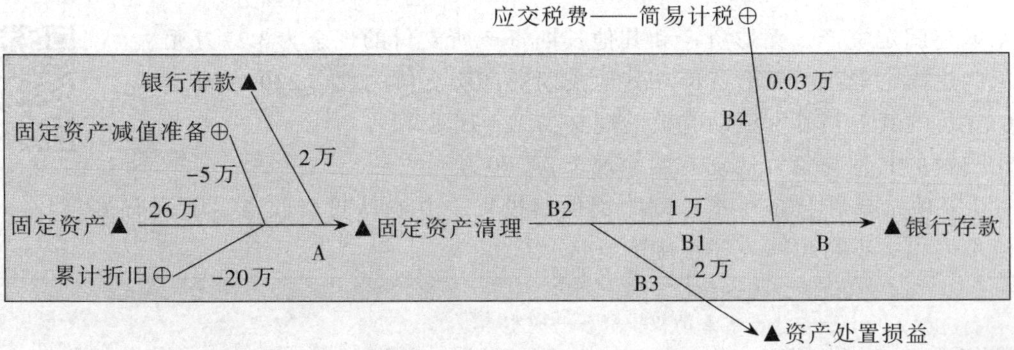

A.处置固定资产、无形资产和其他长期资产所收回的现金净额为-0.97万元

B.处置固定资产、无形资产和其他长期资产所收回的现金净额为0

C.支付的其他与投资活动有关的现金为0.97万元

D.支付的其他与投资活动有关的现金-0.97万元

处置固定资产等3-4

十一、知识点：购买固定资产等非流动资产现金流出分析+投资所支付的现金流量分析

1.【单项选择题】企业购买需要安装的设备，本年度内安装完毕并投入使用。所耗费的原准备用于生产的原材料及其进项税额（增值税税率为13%）都已经在本年用银行存款支付。与安装有关的薪酬本年度尚未支付。现金流量表中“购建固定资产、无形资产和其他长期资产支付的现金”金额为（　　）万元。

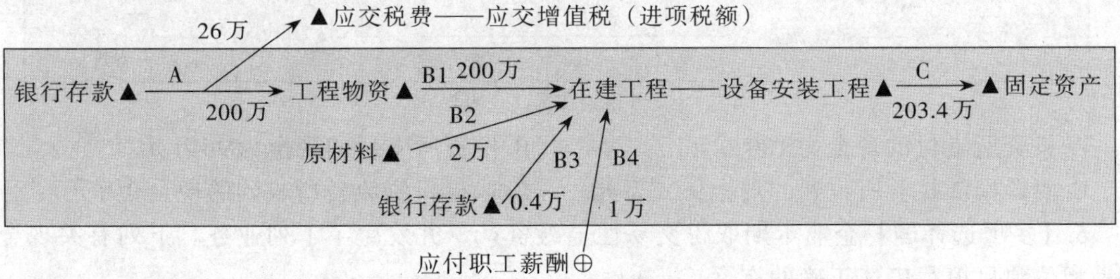

A.203.4　　　　B.202.4　　　　C.228.66　　　　D.202.72

2.【多项选择题】企业本年度分期付款购买不需要安装的设备。每年年末支付200万元，5年付清。一次性付款则只需要800万元。以上金额都不含增值税，增值税税率为13%。企业以存款支付运输费3万元，增值税0.27万元。下列有关现金流量表相关项目填写表述正确的有（　　）。

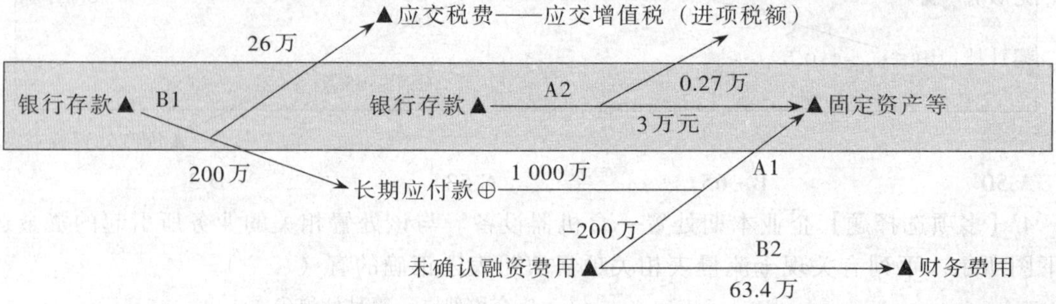

A.购建固定资产、无形资产和其他长期资产所支付的现金为3.27万元

B.购建固定资产、无形资产和其他长期资产所支付的现金229.27万元

C.支付的其他与筹资活动有关的现金为226万元

D.支付的其他与筹资活动有关的现金为200万元

取得固定资产等1-2

3.【多项选择题】企业本年度购买债权投资，并确认投资收益。下列有关现金流量表相关项目填写表述正确的有（　　）。

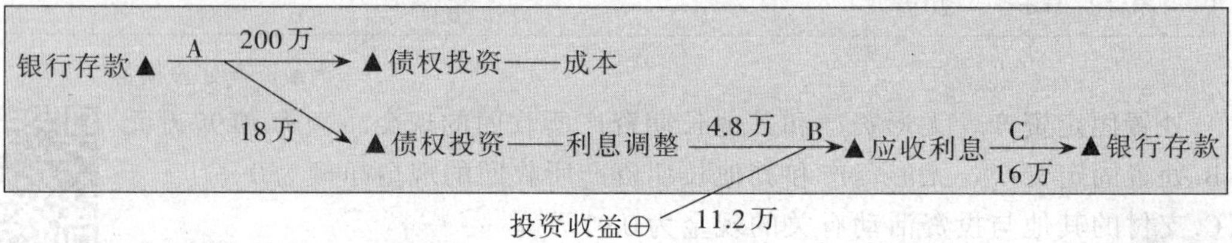

A.投资所支付的现金为218万元

B.投资所支付的现金为200万元

C.取得投资收益所收到的现金11.2万元

D.取得投资收益所收到的现金16万元

取得固定资产等3-5

4.【多项选择题】企业本年度购买债权投资，并确认投资收益。下列有关现金流量表相关项目填写表述正确的有（　　）。

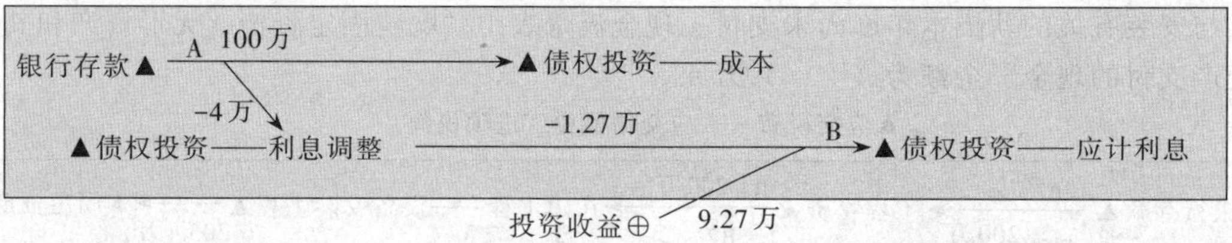

A.投资所支付的现金为100万元　　　　B.投资所支付的现金为96万元

C.取得投资收益所收到的现金9.27万元　　D.取得投资收益所收到的现金0万元

5.【多项选择题】企业本期取得交易性金融资产，并发生了下列业务。下列有关现金流量表相关项目填写表述正确的有（　　）。

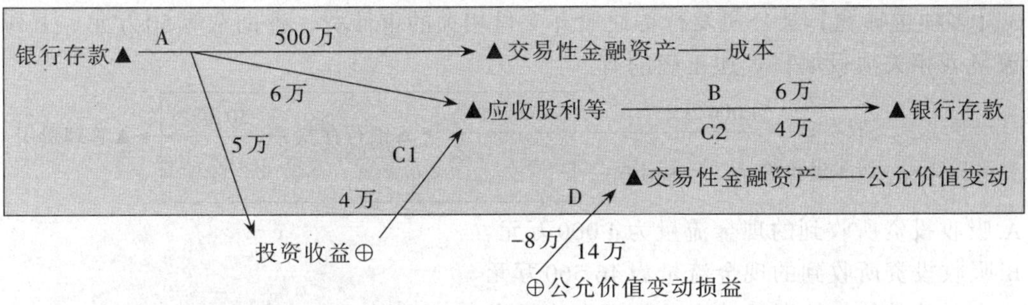

A.投资所支付的现金为505万元

B.支付的其他与投资活动有关的现金流量为6万元

C.收到的其他与投资活动有关的现金流量为6万元

D.取得投资收益所收到的现金流量为4万元

十二、知识点：筹资环节现金流入量分析+流出量分析

1.【单项选择题】企业本年度回购并注销400万股份。回购价为每股5元。下列有关现金流量表相关项目填写表述正确的有（　　）。

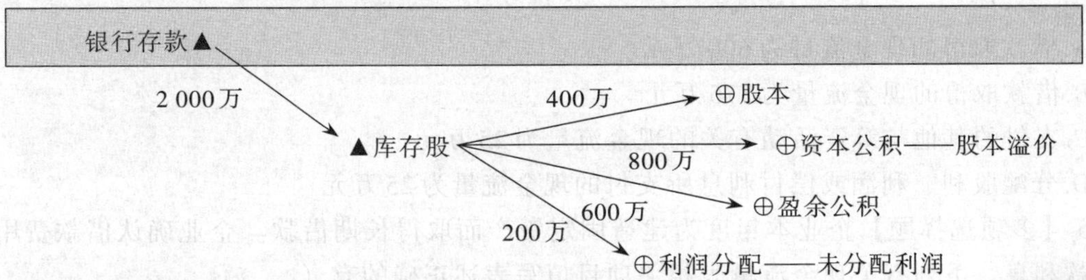

A.支付的其他与筹资活动有关的现金流量为2 000万元

B.支付的其他与投资活动有关的现金流量为2 000万元

C.投资所支付的现金为2 000万元

D.分配股利、利润或偿付利息所支付的现金流量为2 000万元

筹资环节现金流量1-5

2.【多项选择题】企业本年度发行债券，并确认财务费用。下列有关现金流量表相关项目填写表述正确的有（　　）。

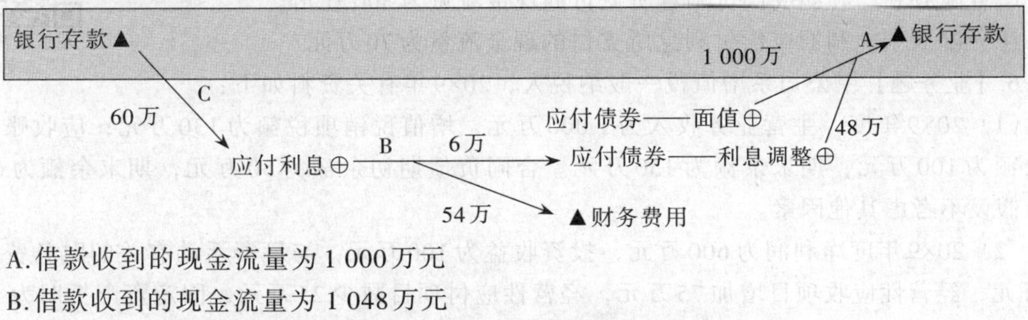

A.借款收到的现金流量为1 000万元

B.借款收到的现金流量为 1 048万元

C.分配股利、利润或偿付利息所支付的现金流量为60万元

D.分配股利、利润或偿付利息所支付的现金流量为54万元

3.【多项选择题】某公司发行普通股并支付相关的审计费、咨询费等50万元。下列有关现金流量表相关项目填写表述正确的有（　　）。

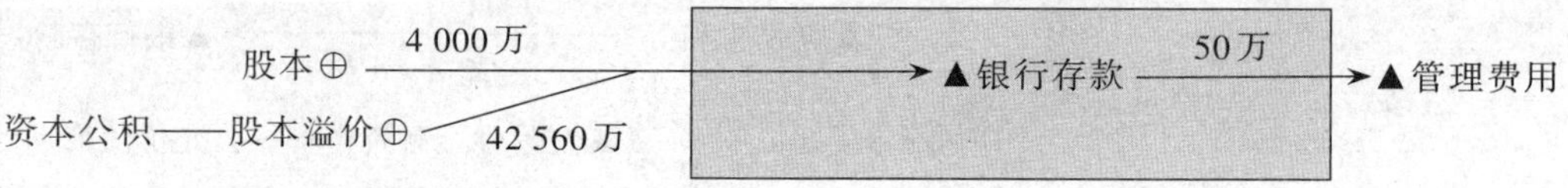

A.吸收投资所收到的现金流量为4 000万元

B.吸收投资所收到的现金流量为46 560万元

C.支付的其他与筹资活动有关的现金流量为50万元

D.支付的其他与筹资活动有关的现金流量为0

4.【多项选择题】企业本年度为建造固定资产而取得长期借款。企业确认借款费用并偿还借款利息。下列有关现金流量表相关项目填写表述正确的有（　　）。

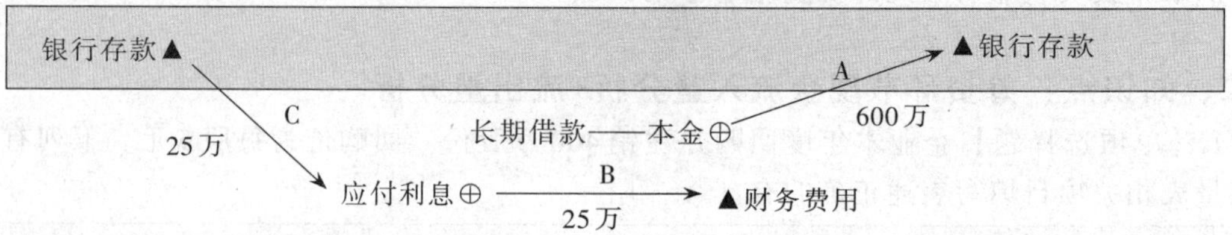

A.借款取得的现金流量为600万元

B.借款取得的现金流量为575万元

C.支付的其他与筹资活动有关的现金流量为25万元

D.分配股利、利润或偿付利息所支付的现金流量为25万元

5.【多项选择题】企业本年度为建造固定资产而取得长期借款。企业确认借款费用并偿还借款利息。下列有关现金流量表相关项目填写表述正确的有（　　）。

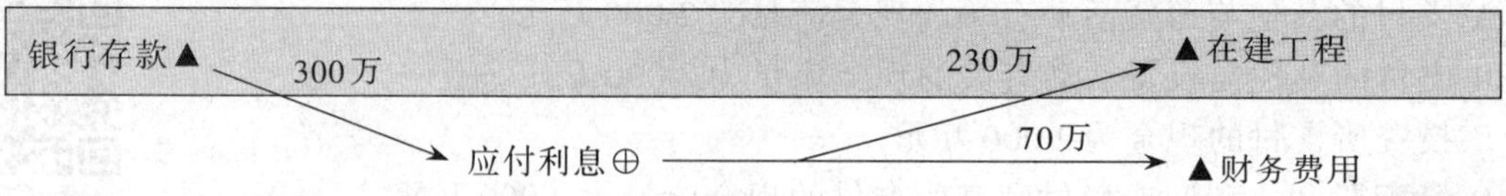

A.支付的其他与筹资活动有关的现金流量为300万元

B.支付的其他与筹资活动有关的现金流量为0

C.分配股利、利润或偿付利息所支付的现金流量为300万元

D.分配股利、利润或偿付利息所支付的现金流量为70万元

筹资环节现金流量6

6.【业务题】甲公司系增值税一般纳税人，20×9年有关资料如下：

（1）20×9年度，主营业务收入为1 000万元，增值税销项税额为130万元；应收账款期初余额为100万元，期末余额为150万元。合同负债期初余额为50万元，期末余额为60万元。假设不考虑其他因素。

（2）20×9年度净利润为600万元，投资收益为100万元，与筹资活动有关的财务费用为50万元，经营性应收项目增加75万元，经营性应付项目减少25万元，固定资产折旧为40万元，无形资产摊销为10万元，折旧费、摊销费均已计入当期损益。假设没有影响经营活动现金流量的其他项目。

（3）“交易性金融资产”账户本期贷方发生额为100万元，“投资收益——转让交易性金融资产收益”贷方发生额为5万元，“长期股权投资”账户本期贷方发生额为200万元，该项投资未提取减值准备，“投资收益——转让长期股权投资收益”借方发生额为6万元。假设上述转让投资均收到了货币资金。

（4）20×9年度发生管理费用2 200万元，其中：以现金支付职工统筹退休金350万元和管理人员工资950万元，存货盘亏损失25万元，计提固定资产折旧420万元，无形资产摊销200万元，其余均以现金支付。

（5）20×9年期初应付股利3万元，本期宣布并发放现金股利7万元，期末应付股利为1万元。

（6）20×9年前期出口商品一批，已缴纳增值税，按规定应退增值税16万元，前期未退，本期以转账方式收讫；本期收到的教育费附加返还款为2万元。

要求：

（1）计算甲公司20×9年度现金流量表中“销售商品、提供劳务收到的现金”项目的金额。

（2）计算甲公司20×9年度经营活动产生的现金流量净额。

（3）计算甲公司20×9年度现金流量表中“收回投资收到的现金”项目的金额。

（4）计算甲公司20×9年度现金流量表中“支付其他与经营活动有关的现金”项目的金额。

（5）计算甲公司20×9年度现金流量表中“分配股利、利润或偿付利息支付的现金”项目的金额。

（6）计算甲公司20×9年度现金流量表中“收到的税费返还”项目的金额。

十三、知识点：现金流量表附注

现金流量表附注1-2

1.【多项选择题】下列项目中，将净利润调节为经营活动现金流量时应加回的有（　　）。

A.本期资产减值损失、信用减值损失　　B.本期固定资产的折旧费、折耗费

C.本期无形资产的摊销费　　D.本期长期待摊费用的摊销费

2.【多项选择题】在将净利润调节为经营活动现金流量时，下列有关表述正确的有（　　）。

A.处置固定资产、无形资产和其他长期资产，其净损失应该加回，其净收益应该减去

B.固定资产报废，其净损失应该加回，其净收益应该减去

C.公允价值变动，其净损失应该加回，其净收益应该减去

D.对于筹资活动或投资活动产生的财务费用应予以减去；对于筹资活动或投资活动产生的利息收入应予以加回

现金流量表附注3

3.【多项选择题】在将净利润调节为经营活动现金流量时，下列有关表述正确的有（　　）。

A.投资损失应该加回；投资收益应该减去

B.递延所得税资产的本期变化，其减少额应该加回，其增加额应该减去

C.递延所得税负债的本期变化，其增加额应该加回，其减少额应该减去

D.存货本期的变化，其增加额应该加回，其减少额应该减去

4.【多项选择题】在将净利润调节为经营活动现金流量时，下列有关表述正确的有（　　）。

A.经营性应收项目的本期变化，其减少额应该加回，其增加额应该减去

B.经营性应付项目的本期变化，其增加额应该加回，其减少额应该减去

C.应收账款、应收票据本期的增加额应该加回，应付账款、应付票据本期的增加额应该加回

D.坏账准备、存货跌价准备本期的增加额，应该加回

现金流量表
附注4

综合模拟试卷（A卷）

一、单项选择题（共10题，每题2分，共计20分）

（　　）1.甲公司回购股票1 000万股，股票每股面值1元，共支付回购款4 050万元。回购时，公司股本11 000万元，资本公积溢价3 000万元，盈余公积450万元，未分配利润550万元。回购股票并注销后，甲公司所有者权益总额为________万元。

A.15 000　　B.14 000　　C.11 950　　D.10 950

（　　）2.企业赊购一批商品，双方约定的付款条件为：2／10、1／20、n／30，如在折扣期内付款，则该折扣应冲减________账户。

A.销售费用　　B.管理费用　　C.其他应收款　　D.财务费用

（　　）3.企业转让无形资产所有权，转让净损失应记入________账户。

A.管理费用　　B.其他应交款　　C.营业外支出　　D.资产处置损益

（　　）4.下列各项中，应通过“公允价值变动损益”项目反映的是________。

A.长期股权投资期末公允价值的变动

B.交易性金融资产公允价值变动

C.交易性金融资产持有期间获得的现金股利

D.债权投资期末公允价值的变动

单选1-5

（　　）5.“其他货币资金”账户核算的内容不包括________。

A.外埠存款　　B.银行汇票存款　　C.银行本票存款　　D.美元存款

（　　）6.企业采用权益法核算时，对于因被投资单位所有者权益其他变动所导致的长期股权投资价值的变化，除调整长期股权投资外，还应调整的账户是________。

A.资本公积　　B.公允价值变动损益

C.投资收益　　D.其他综合收益

（　　）7.企业确认销售产品所应缴纳的消费税，应借记的账户是________。

A.固定资产清理　　B.其他业务成本

C.税金及附加　　D.营业外支出

（　　）8.预付账款不多的企业，可不设“预付账款”账户，而将预付的款项记入________。

A.“应付账款”账户的借方　　B.“其他应付款”账户的借方

C.“应收账款”账户的借方　　D.“其他应收款”账户的借方

（　　）9.与资产负债表中“存货”项目的填列无关的账户为________。

A.在途物资　　B.工程物资

C.包装物　　D.低值易耗品

(　　) 10.下列属于现金流量表中经营活动现金流量的有________。

A.收到的债权投资利息　　B.收到的债券发行款项

C.支付的各种材料货款　　D.支付的在建工程人员薪酬

单选6-10

二、多项选择题（共5题，每题2分，共计10分）

多选

(　　) 1.下列关于所有者权益概念表述准确的有________。

A.所有者权益是指企业所有者对企业净资产的要求权

B.净资产是指企业资产减去负债之后的余额

C.所有者权益是一种剩余权益

D.所有者权益又被称为股东权益

(　　) 2.“材料成本差异”账户借方可以用来登记________。

A.购进材料实际成本小于计划成本的差额

B.发出材料应负担的超支差异

C.发出材料应负担的节约差异

D.购进材料实际成本大于计划成本的差额

(　　) 3.下列固定资产中应计提折旧的有________。

A.季节性停用的机器设备　　B.大修理停用的机器设备

C.未使用的机器设备　　D.按规定单独估价作为固定资产入账的土地

(　　) 4.下列现金流量中，属于投资活动产生的现金流量的有________。

A.购买商品所支付的现金流量

B.出售固定资产所收到的现金

C.取得交易性金融资产所支付的现金

D.对子公司的处置

(　　) 5.下列关于无形资产研发支出的说法，正确的有________。

A.企业内部研究开发项目研究阶段的支出，发生时应计入研发支出，期末转入管理费用

B.企业内部研究开发项目研究阶段的支出，应计入无形资产的成本

C.企业内部研究开发项目开发阶段的支出，符合资本化条件时可以资本化

D.企业内部研究开发项目开发阶段的支出，在期末一定转入当期损益

三、计算题（共1题，计16分）

计算

20×6年1月1日，甲公司发行面值为100万元的公司债券，其票面利率为8%，其期限为4年。该债券利息分期支付（于每年的12月31日支付），本金到期时一次性偿还。甲公司实际获得资金110.668万元，该款项已经全部存入银行。该债券的实际利率为5%。

要求：

编制甲公司应付债券利息调整表。（该计算不需要列示计算过程，只需将计算结果填入表中）

应付债券利息调整表（保留整数，四舍五入） 单位：元

计息时间（年底）	期初摊余成本	财务费用	应付利息	利息调整	现金流出	期末摊余成本
20×6年			80 000		80 000	
20×7年			80 000		80 000	
20×8年			80 000		80 000	
20×9年			80 000		1 080 000	

四、业务题（共4题，第1、2题各10分，第3、4题各6分，共计32分）

业务1-2

1.下图是某企业有关固定资产更新改造的资金运动流程图。

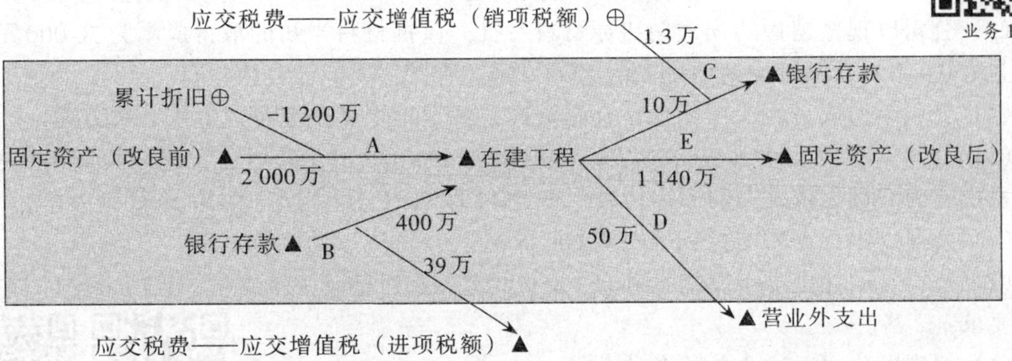

要求：根据上图，描述资金运动A段、B段、C段、D段、E段分别表达的经济业务。(10分)

2.下图是某企业有关债权投资的资金运动流程图。

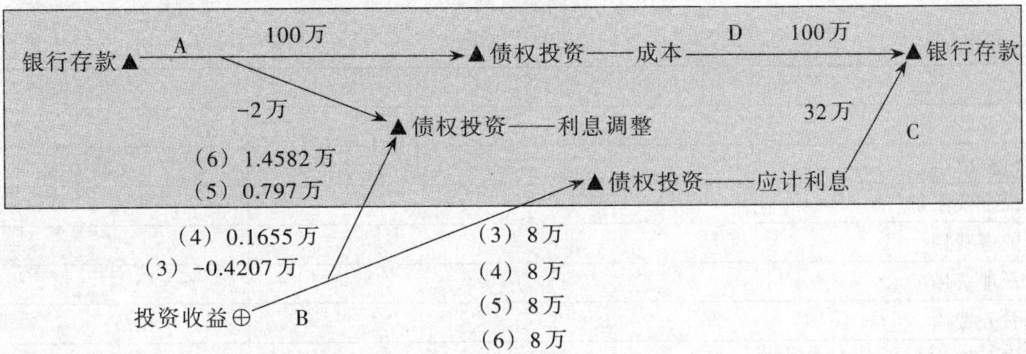

要求：根据上图，描述A、B、C、D段资金运动分别表达的经济业务。(10分)

3.20×9年2月10日，甲公司决定，将原购入的、准备生产产品的一批原材料作为春节福利发放给全公司职工。该批原材料当初的购买价为600 000元，增值税进项税额为78 000元。现在该材料的市场公允价值估计为1 000 000元。甲公司适用的增值税税率为13%。该公司共有职工100名，除公司总部管理人员10人外（假设其对应的薪酬费用要由管理费用承担），剩下的90名员工全部为直接参与生产的职工（假设其对应的薪酬费用全部计入生产成本）。

业务3-4

要求：画出上述职工薪酬业务的资金运动流程图（需要将资金数量列示在图中）。(6分)

4.甲公司在期末计提坏账准备之前，坏账准备的期初余额为贷方2万元。发生如下业务：（1）本期应收款项期末余额为500万元，坏账提取率为2%；（2）下期发生一笔坏账15万元；（3）下期发生一笔坏账重新收回，金额为4万元，款已存入银行。

要求：画出上述与坏账业务有关的资金运动流程图（需要将资金数量列示在图中）。（6分）

五、综合题（共1题，计22分）

甲公司系增值税一般纳税人，20×8年全年发生如下经济业务（假设甲公司的企业利润与税务利润一致，所得税税率为25%）：

（1）公司以赊销的方式销售一批产品。该商品的生产成本为120万元，其售价为200万元，增值税销项税额为26万元。货款和增值税税款都未收到。

（2）公司以银行存款400 000元缴纳本期增值税340 000元，缴纳上期增值税60 000元。

（3）公司以现金销售的模式销售原材料一批。该批材料当初的取得成本为70 000元，其售价为100 000元，增值税销项税额为13 000元。所有款项都已存入银行。

（4）公司年初取得的一项交易性金融资产，截至年末其公允价值上涨28.6万元。

（5）公司本年度发生火灾，造成原材料损失100 000元，其增值税进项税额不得抵扣，增值税税率为13%。该火灾的原因待查。截至12月31日该笔财产损失尚未处理完毕。

（6）公司以银行存款支付管理费用200 000元、销售费用100 000元。

（7）公司年末计提本年度借款利息100 000元，该利息应按年支付，且尚未支付。

要求：

（1）编制甲公司上述业务的会计分录。（16分）

（2）编制甲公司20×8年度利润表（简表）。（6分）

综合1　综合2

利润表（简表）

编制单位：　　20×8 年度　　单位：元

项目	本期金额
一、营业收入	
减：营业成本	
税金及附加	
销售费用	
管理费用	
财务费用	
加：公允价值变动收益	
投资收益	
资产减值损失	
二、营业利润	
加：营业外收入	
减：营业外支出	
三、利润总额	
减：所得税费用	
四、净利润	

综合模拟试卷（B卷）

一、单项选择题（共10题，每题2分，共计20分）

（　　）1.某公司由甲、乙两个股东各出资50万元设立，设立时实收资本为100万元。经过三年营运，这时丙投资者有意参加，公司决定将注册资本增至150万元。经各方协商，丙以100万元出资，占新注册资本的1/3。该公司在接受丙投资者投资时，应借记“银行存款”账户100万元，贷记________。

A.“实收资本”账户60万元，“资本公积——资本溢价”账户40万元

B.“实收资本”账户75万元，“资本公积——资本溢价”账户25万元

C.“实收资本”账户100万元

D.“实收资本”账户50万元，“资本公积——资本溢价”账户50万元

单选1-5

（　　）2.企业自用无形资产的摊销金额一般应计入________。

A.生产成本　　B.长期待摊费用　　C.管理费用　　D.无形资产

（　　）3.下列关于无形资产减值准备的描述，错误的是________。

A.属于资产要素　　B.产生于无形资产的期末计价

C.一旦提取，可以转回　　D.属于抵减账户

（　　）4.企业在研发过程中发生材料费、人工费和机器折旧费等，应借记________。

A.管理费用　　B.无形资产　　C.在建工程　　D.研发支出

（　　）5.企业在销售产品过程中预收的款项应计入________。

A.合同负债　　B.其他应收款　　C.应收账款　　D.其他应付款

（　　）6.下列选项中不应通过“应付职工薪酬”账户核算的是________。

A.住房公积金　　B.非货币性福利　　C.工会经费　　D.教育费附加

（　　）7.企业对于可能退货部分的商品成本结转，应借记的账户是________。

A.委托加工物资　　B.发出商品　　C.应收退货成本　　D.库存商品

（　　）8.下列各项中，不属于所有者权益类账户的是________。

A.资本公积　　B.库存股

C.公允价值变动损益　　D.其他综合收益

（　　）9.期末余额不应记入资产负债表的“存货”项目的账户是________。

A.制造费用　　B.存货跌价准备　　C.生产成本　　D.工程物资

（　　）10.下列不属于现金流量表中经营活动现金流量的有________。

A.销售商品提供劳务所收到的现金

B.支付的各种税费

C.支付的现金股利

D.购买商品、接受劳务所支付的现金

单选6-10

二、多项选择题（共5题，每题2分，共计10分）

(　　) 1.下列交易或事项中，会引起筹资活动产生的现金流量发生变化的有________。

A.向投资者支付现金股利20万元

B.转让一项专利权，取得价款800万元

C.发行一批债券，取得价款8 000万元

D.支付分期付款购买商品的首付款10万元

多选

(　　) 2.下列关于资本保全概念表述正确的有________。

A.名义资本保全是以投入的货币额作为保全条件，不考虑货币的时间价值

B.不变货币资本保全又称为一般购买力资本保全，它是指在保全了期初所有者权益的一般购买力之后的净资产增量才被认为是企业已实现的利润。它考虑了货币的时间价值

C.实物资本保全是将所保全的所有者权益以一定的实物加以衡量，即维持企业原有的生产经营能力之后的增量才被认为是企业已实现的利润。它不仅考虑了货币的时间价值，而且考虑了其行业的特殊经营环境

D.实物资本保全制度是最科学的保全制度，我国目前采用的是实物资本保全制度

(　　) 3.现金流量表所指的“现金”的主要内容包括________。

A.货币资金　　　　B.持有至到期投资

C.现金等价物　　　　D.交易性金融资产

(　　) 4.下列有关资产“期末计价”含义表述正确的有________。

A.期末计价是指在期末编制资产负债表时，该资产列示在表中的金额，即再计量

B.该资产列示在资产负债表中的金额，应该是其在期末这一时点的现实价值，以固定资产为例，即可回收金额，但同时还需要遵守会计的稳健性原则

C.固定资产的期末计价应遵守账面价值与可回收金额孰低的原则

D.期末计价就是指资产期末以多少金额列示在报表之中，它不能简单地根据账簿的历史记录来列示

(　　) 5.下列表述中，按无形资产准则规定，正确的是________。

A.无形资产出租收入应确认为其他业务收入，无形资产的摊销应确认为其他业务成本

B.无形资产减值准备一旦提取，不得转回

C.无形资产研究与开发费用应在发生时计入当期损益

D.无形资产均应按期进行摊销

三、计算题（共1题，计16分）

计算

20×6年1月1日，甲公司购买一批面值为100万元的公司债券，其票面利率为8%，该债券期限为4年，该债券每年12月31日收到利息，到期一次性收回本金。甲公司为购买该债券支付的总价款（含手续费）共计110.668万元。根据公司管理当

局管理该金融资产的业务模式和该金融资产本身的现金流特征，甲公司将其划分为以摊余成本计量的金融资产。该债券的实际利率为5%。

要求：编制债权投资利息调整表。（不需要列示计算过程，只需将结果填入表中）

债权投资利息调整表（保留整数，四舍五入）

单位：元

计息时间（年底）	期初摊余成本	投资收益	应收利息	利息调整	现金流入	期末摊余成本
20×6年			80 000		80 000	
20×7年			80 000		80 000	
20×8年			80 000		80 000	
20×9年			80 000		1 080 000	

四、业务题（共4题，第1、2题各10分，第3、4题各6分，共计32分）

1.下图是一项需要安装的固定资产的资金流程图。

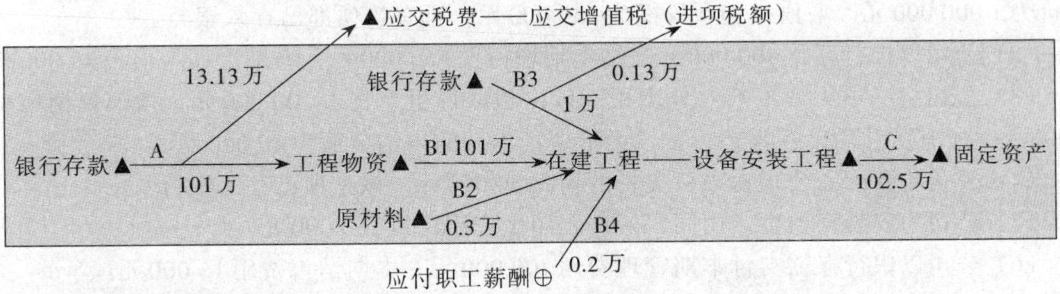

要求：根据上图，描述A、B、C段资金运动分别表达的经济业务。（10分）

2.下图是一项应付债券业务处理的资金流程图。

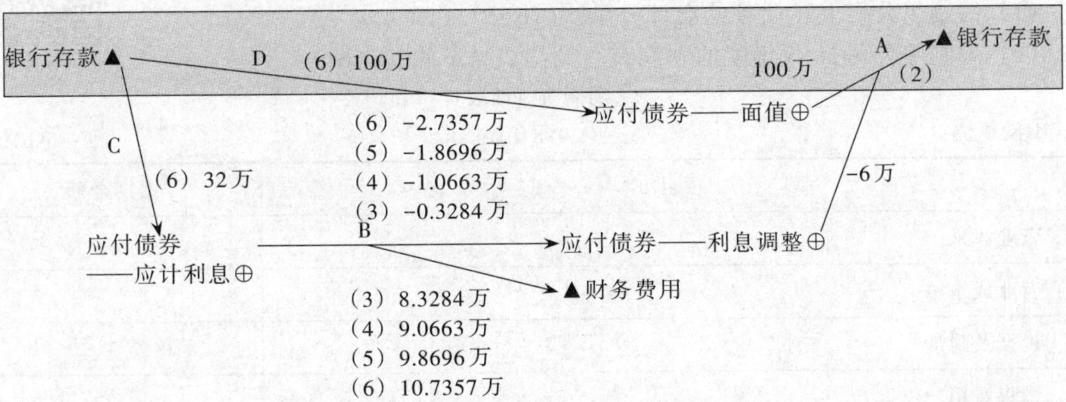

要求：根据上图，描述A、B、C、D段资金运动分别表达的经济业务。（10分）

3.甲公司为公司员工免费提供单身公寓，该公寓每年的折旧额为1 000 000元。如果公司将该公寓楼对外出租，每年可以获得租金收入2 000 000元，增值税销项税额为180 000元。在享受免费单身公寓住宿的员工中，有20人属于公司管理人员（其薪酬费用应由管理费用承担），有80人属于车间生产人员（其

业务1-2

薪酬费用应由生产成本承担）。

要求：画出甲公司确认薪酬、发放薪酬的资金运动流程（需要将资金数量列示在图中）。（6分）

4. 甲企业为增值税一般纳税人，原材料按计划成本核算。其采购原材料发生如下业务：（1）企业在外地开设外埠存款账户，存入资金12万元；（2）从外地购进原材料10吨，单价10 000元，增值税专用发票注明的价款为100 000元，进项税额为13 000元；（3）该材料验收入库，该材料计划价格为每吨9 900元；（4）采购结束，将剩余的7 000元从外地转回开户银行。

业务3-4

要求：画出与原材料采购有关的资金运动流程（需要将资金数量列示在图中）。（6分）

五、综合题（共1题，计22分）

综合1

甲公司系增值税一般纳税人，20×8年全年发生如下经济业务：

（其所得税税率为25%，假设企业利润等于税务利润）

（1）公司以现销的模式销售一批产品。该产品当初的生产成本为400 000元，该商品的售价为1 000 000元，增值税销项税额为130 000元。所有款项都已存入银行。

（2）公司以银行存款400 000元缴纳本期增值税360 000元，缴纳上期增值税40 000元。

（3）公司将一项无形资产对外出租。该出租取得租金收入100 000元，增值税销项税额6 000元，所有款项均已存入银行。该无形资产本期的摊销金额为40 000元。

（4）公司收到因乙公司违约所支付的罚款50 000元。该款项已存入银行。

（5）公司为安装某项生产用固定资产领用生产用材料100 000元。

（6）公司以银行存款支付本期管理费用100 000元、本期销售费用16 000元。

（7）公司确认本期短期借款利息50 000元，该利息尚未支付。

要求：

（1）编制甲公司上述业务的会计分录。（16分）

（2）编制甲公司20×8年度的利润表（利润表见下表）。（6分）

综合2

利润表（简表）

编制单位：　　　　20×8年度　　　　单位：元

项目	本期金额
一、营业收入	
减：营业成本	
税金及附加	
销售费用	
管理费用	
财务费用	
加：公允价值变动收益	

续表

项目	本期金额
投资收益	
资产减值损失	
二、营业利润	
加：营业外收入	
减：营业外支出	
三、利润总额	
减：所得税费用	
四、净利润	

习题答案与解析

第一章　总　论

一、知识点：会计内涵与会计目标

1.【单项选择题】答案：B

解析：财务会计是指在企业范围内建立的一个依据企业会计准则，运用专门的程序与方法，着重向股东和债权人等企业外部信息使用者提供财务信息的经济信息系统。

2.【多项选择题】答案：AD

解析：财务会计主要提供货币化的财务会计信息，它能反映企业过去财务状况、经营业绩和现金流量变动的历史信息。

3.【单项选择题】答案：C

解析：财务会计主要以会计报表为核心的财务报告作为信息传递的手段。

4.【判断题】答案：错

解析：财务会计受统一的会计法规的约束。但管理会计不受统一的法规约束，企业可以根据自己的需要自行设计管理会计的相关规则。

二、知识点：财务会计的处理程序与会计循环

1.【单项选择题】答案：A

解析：根据我国企业会计准则的要求，企业在对会计要素进行计量时，一般应采用的计量模式是历史成本/名义货币。

2.【多项选择题】答案：ABCD

解析：财务会计系统的基本构成要素包括确认、计量、记录和报告。

3.【多项选择题】答案：ABCD

解析：ABCD四个选项都是对业务的恰当描述。

4.【多项选择题】答案：ABCD

解析：ABCD四个选项都是对业务的恰当描述。

5.【多项选择题】答案：ABCD

解析：ABCD四个选项都是对业务的恰当描述。

6.【判断题】答案：对

解析：企业在对会计要素进行初始计量时，一般应采用历史成本计量属性，如能保证其所确定的会计要素的金额能够取得并可靠计量，也可采用其他计量属性。

三、知识点：会计核算的一般原则

1.【单项选择题】答案：C

解析：正是因为会计分期假设的存在，才产生了不同的会计期间，从而产生了跨期项目。对于这些跨期项目，需要运用权责发生制进行会计处理。

2.【单项选择题】答案：C

解析：收益性支出将构成本期的费用，从而冲减本期的利润。资本性支出将构成本期资产的一部分。

3.【单项选择题】答案：B

解析：正是因为权责发生制，才需要对跨期项目在不同的会计期间进行处理，从而产生"待摊费用（预付账款）"和"预提费用（其他应付款）"账户。

4.【单项选择题】答案：D

解析：对会计事项的处理需遵守重要性原则，对于重要的要严格遵守规则，对于不重要的可以简化处理。

5.【单项选择题】答案：A

解析：因为一旦会计政策可以随意变动，那会计信息的可比性就会大大降低。

6.【单项选择题】答案：C

解析：可比性原则有广义与狭义之分。广义的可比包括纵向可比和横向可比。纵向可比强调同一个企业前后期间会计信息的可比，横向可比强调同一行业的不同企业之间的可比。

7.【多项选择题】答案：ABCD

解析：会计主体可以不是法人主体，但法人一定是一个会计主体。有经济利益的组织就是一个会计主体。会计主体既可能是一个法人主体，也可能是一个法人或者是多个法人的集合。

8.【多项选择题】答案：ABCD

解析：这四个选项都是对会计信息使用者的恰当描述。但要注意，会计信息最主要的使用者是股东（投资者）和债权人。

9.【多项选择题】答案：ABD

解析：会计信息的可靠性主要由三个部分构成：真实反映、中立性和可检验性。

10.【判断题】答案：错

解析：准备购置的资产并没有实际发生，不能作为资产加以确认。

11.【判断题】答案：对

解析：资产最重要的特征就是预期能给企业带来经济利益。如不能的话，就要终止确认。

12.【判断题】答案：错

解析：将收益性支出列入当期损益，以正确计算企业的经营成果；将资本性支出列于资产负债表，以真实反映企业的财务状况。

13.【判断题】答案：错

解析：对于可能发生的费用和损失要加以考虑；但对于可能发生的收入如不满足收入的确认条件，则不能确认为收入。

14.【判断题】答案：对

解析：这个会计处理符合会计的重要性原则。

15.【判断题】答案：对

解析：我国的会计期间一般以年为单位，与计划年度（或财政年度）一致。

16.【判断题】答案：错

解析：结论不正确。企业需要根据收入确认的原则来确认收入，但不允许低估收入。对于可能发生的损失和费用都要加以合理估计，但不得高估成本与费用。

第二章 增值税业务资金运动分析与会计处理

一、知识点：增值税计税方法与税率

1.【多项选择题】答案：ACD

解析：一般计税方法只适用于一般纳税人，不适用于小规模纳税人，因此，选项B是错的。ACD是对业务的恰当描述。

2.【多项选择题】答案：ABC

解析：一般纳税人对于财政部或国家税务总局规定的部分特定应税行为，可以选择适用简易计税，但一经选择，36个月内不得变更。因此，D是错的。ABC是对业务的恰当描述。

二、知识点：一般纳税人增值税缴纳与经营环节+一般纳税人增值税一般性业务分析

1.【多项选择题】答案：ABCD

解析：ABCD四个选项都是对一般纳税人增值税业务的恰当描述。

2.【多项选择题】答案：ABC

解析：从小规模纳税人处所取得的增值税普通发票不能抵扣。因此，D是错的。ABC都是对业务的恰当描述。

3.【多项选择题】答案：ABCD

解析：这四个选项都是对该图所反映的税费缴纳的恰当描述。

4.【多项选择题】答案：ABCD

解析：这四个选项都是对该图所反映的增值税业务的恰当描述。

三、知识点：增值税进项税额转出与期末结转会计处理+增值税业务资金运动综合分析

1.【单项选择题】答案：C

解析：应交未交增值税的结转如下图E段运动所示。如转出多缴的增值税，则E段运动

的终点应该为“应交税费——应交增值税（转出多交增值税）”，E段的流量为负数。

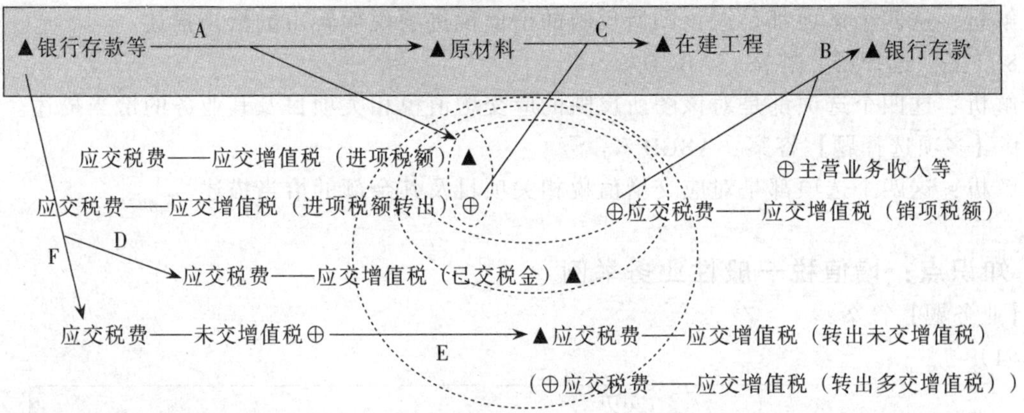

2.【单项选择题】答案：C

解析：未交增值税=86 720-（33 300-2 548）-40 000=15 968（元）。

3.【单项选择题】答案：B

解析：缴纳上期未交的增值税，见F段资金运动。如缴纳本期增值税，如下图D段运动所示。

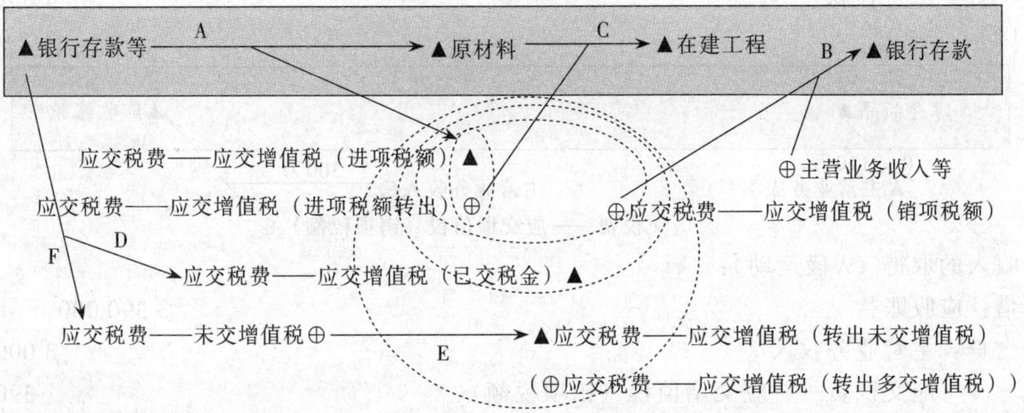

4.【单项选择题】答案：B

解析：该笔业务引起的资金运动如下：

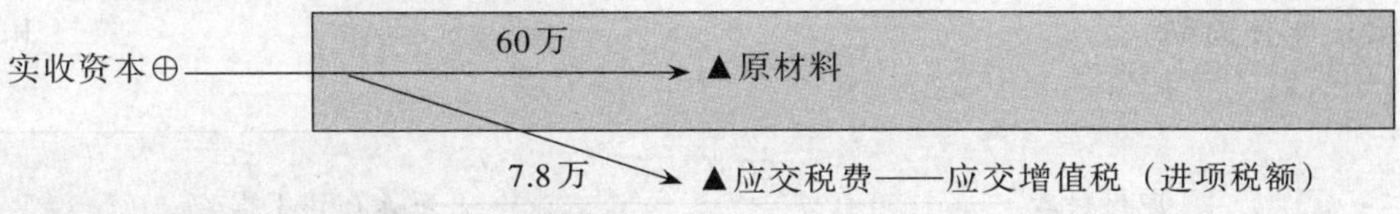

5.【单项选择题】答案：C

解析：按规定，月初有欠交增值税部分已转入“应交税费——应交增值税”科目的贷方；而本期应结转的金额为260-（130-13）-60=83（万元）；因此，结转后“应交税费——未交增值税”科目的余额为108万元。

6.【多项选择题】答案：ACD

解析：选项ACD是对增值税业务的恰当描述。

7.【多项选择题】答案：ABCD

解析：这四个选项都是对该图所反映的增值税进项税额转出的恰当描述。

8.【多项选择题】答案：ABCD

解析：这四个选项都是对该图所反映的应交增值税相关项目及其业务的恰当描述。

9.【多项选择题】答案：ABCD

解析：这四个选项都是对应交增值税相关项目及其余额的恰当描述。

四、知识点：增值税一般性业务举例

【业务题】答案：

（1）

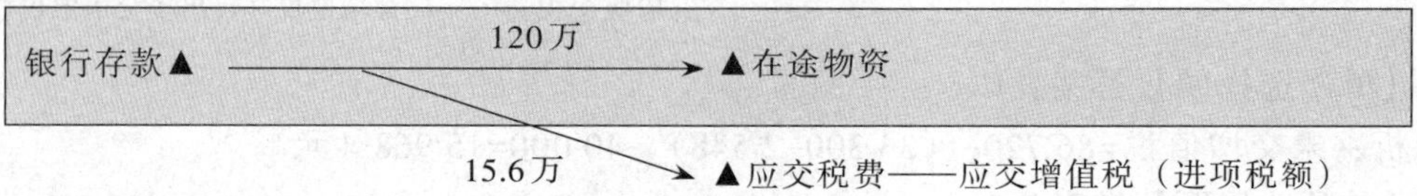

借：在途物资　1 200 000

　　应交税费——应交增值税（进项税额）　156 000

　贷：银行存款　1 356 000

（2）

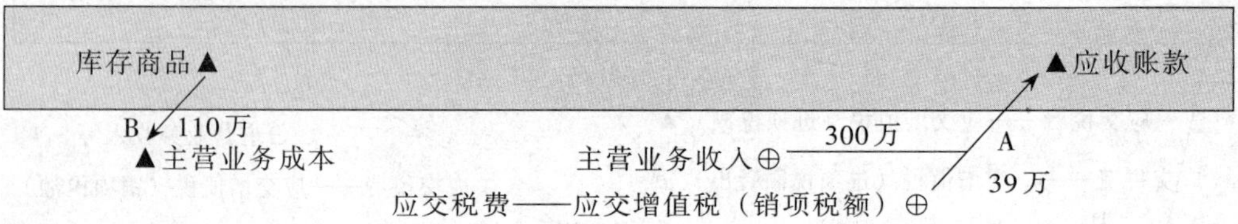

收入的取得（A段运动）：

借：应收账款　3 390 000

　贷：主营业务收入　3 000 000

　　　应交税费——应交增值税（销项税额）　390 000

费用的确认（B段运动）：

借：主营业务成本　1 100 000

　贷：库存商品　1 100 000

（3）

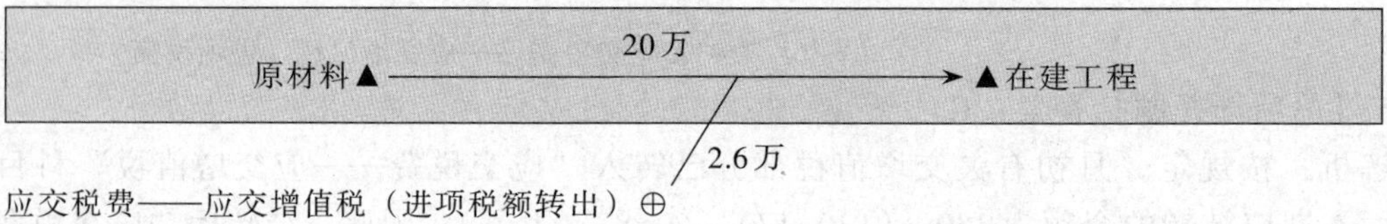

借：在建工程　226 000

　贷：原材料　200 000

　　　应交税费——应交增值税（进项税额转出）　26 000

（4）

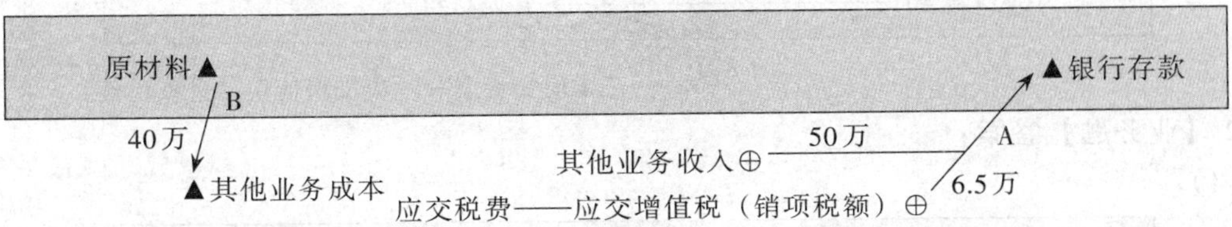

收入的取得（A段运动）：

借：银行存款　565 000

　贷：其他业务收入　500 000

　　　应交税费——应交增值税（销项税额）　65 000

费用的确认（B段运动）：

借：其他业务成本　400 000

　贷：原材料　400 000

（5）

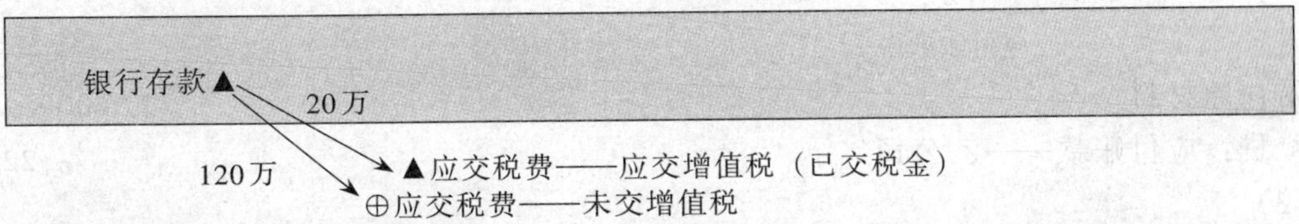

借：应交税费——未交增值税　1 200 000

　　　　　　——应交增值税（已交税金）　200 000

　贷：银行存款　1 400 000

（6）3月份应交增值税期末余额=39 +6.5 -（15.6 -2.6）-20 =12.5（万元）。

该余额属于应交未交的税费。

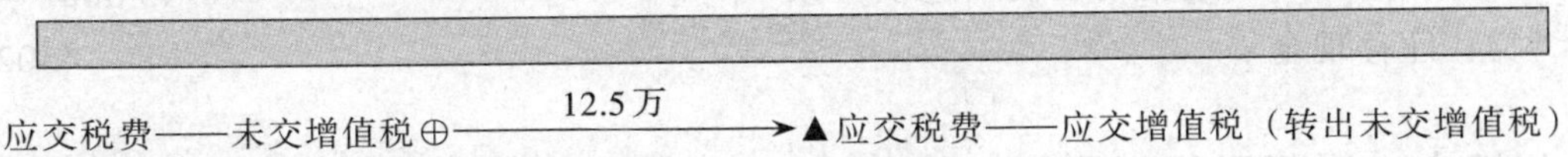

借：应交税费——应交增值税（转出未交增值税）　125 000

　贷：应交税费——未交增值税　125 000

（7）

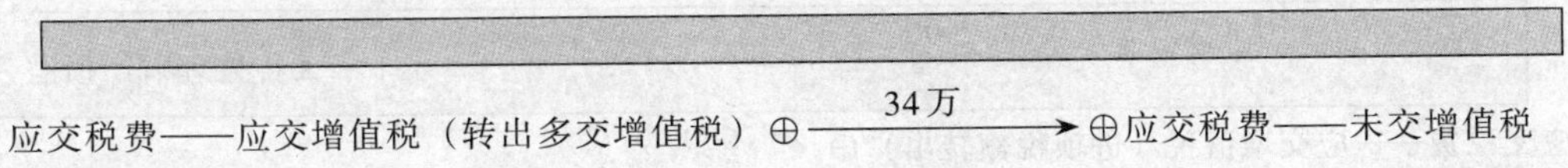

借：应交税费——未交增值税　340 000

　贷：应交税费——应交增值税（转出多交增值税）　340 000

五、知识点：免征增值税、农副产品增值税与未取得专用发票处理

1.【单项选择题】答案：B

解析：

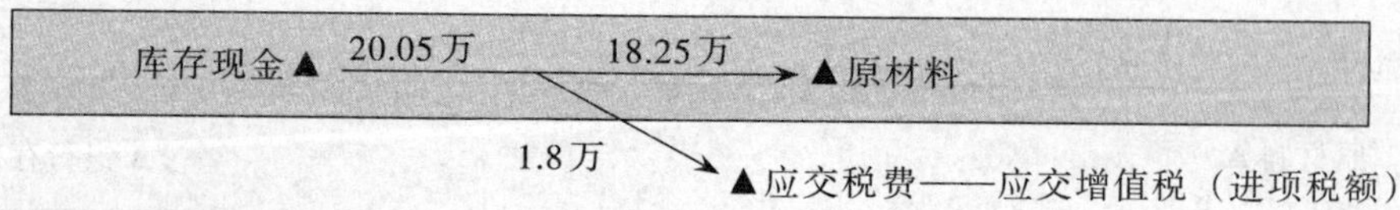

2.【业务题】答案：

（1）

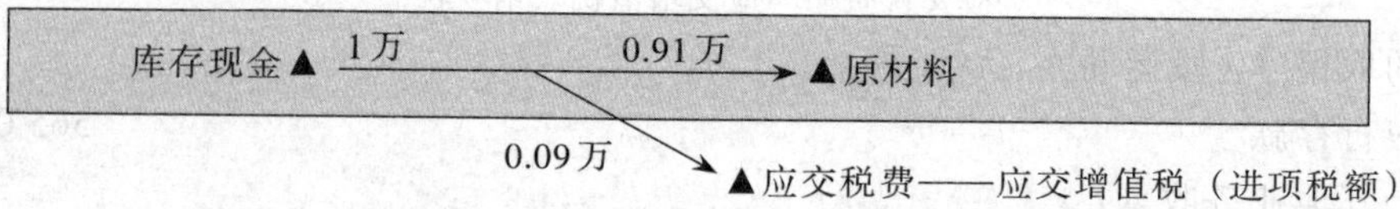

借：原材料　　9 100

　　应交税费——应交增值税（进项税额）　　900

　贷：库存现金　　10 000

（2）

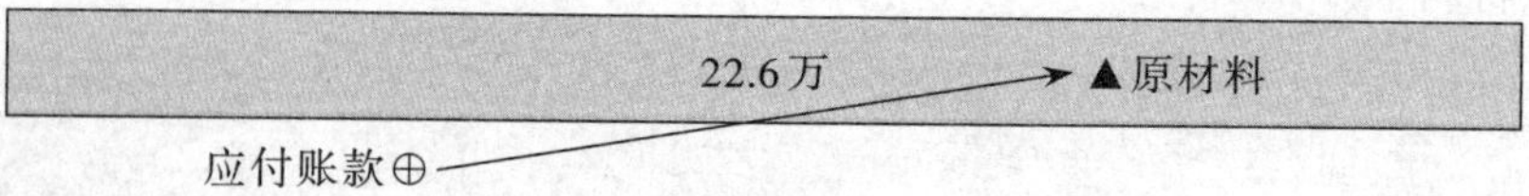

借：原材料　　226 000

　贷：应付账款——乙公司　　226 000

（3）

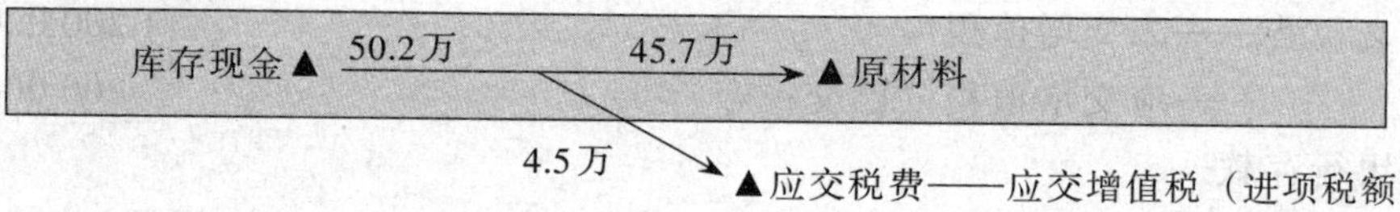

借：原材料　　457 000

　　应交税费——应交增值税（进项税额）　　45 000

　贷：库存现金　　502 000

六、知识点：进项税额不予抵扣的会计处理

1.【单项选择题】答案：B

解析：

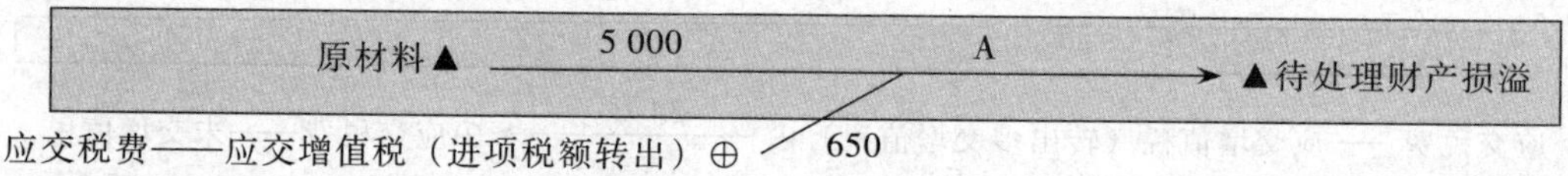

2.【多项选择题】答案：ABC

解析：不动产建造项目包括生产用和非生产用两种。对于生产用不动产，其所耗用物资采购缴纳的进项税可以抵扣；对于非生产用不动产，其所耗用物资采购缴纳的进项税在发生时直接计入成本。

3.【多项选择题】答案：AC

解析：税法所认定的非正常损失特指因管理不善和违反法律法规造成的两种情况。因此，BD不应该选。

4.【多项选择题】答案：ABCD

解析：这四个选项所对应的进项税额都需要通过“应交税费——应交增值税（进项税额转出）”来进行核算。

5.【多项选择题】答案：BC

解析：A选项，不涉及进项税额；D选项涉及“销项税额”。BC选项涉及“进项税额转出”。

七、知识点：增值税视同销售等特殊业务处理

1.【单项选择题】答案：D

解析：

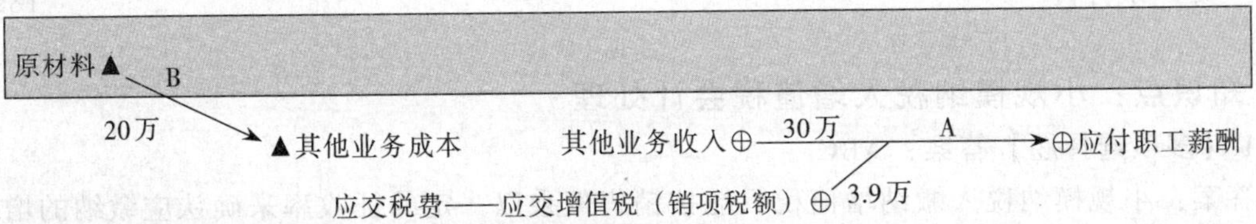

2.【多项选择题】答案：ABCD

解析：这些资产都已流出企业，涉及产权变动，应作为正常的销售处理。如支付的资产为存货，则其会计处理如下：

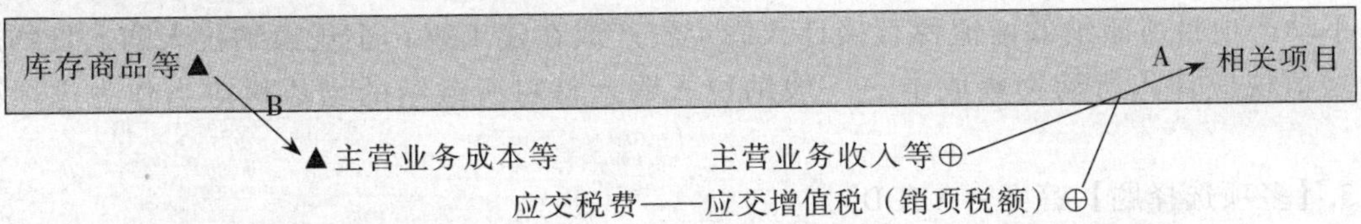

3.【多项选择题】答案：BD

解析：已抵扣的进项税额转出、原材料的非正常损失，都需要通过“应交税费——应交增值税（进项税额转出）”来处理。因此，AC是错的。BD是对业务的恰当描述。

4.【多项选择题】答案：ABCD

答案：ABCD这四个选项都是对该图反映的业务的恰当描述。

5.【业务题】答案：

（1）

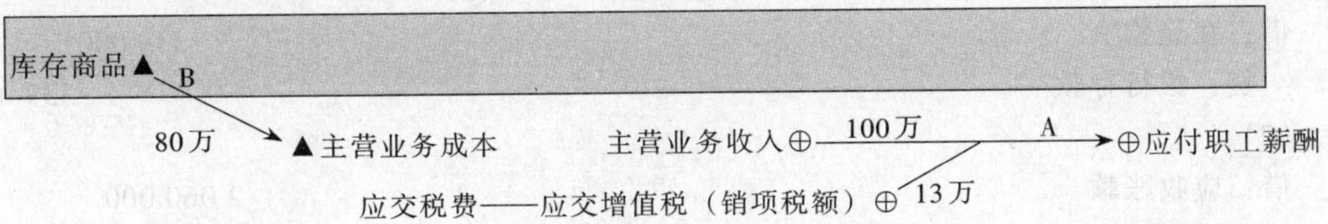

借：应付职工薪酬 1 130 000

　贷：主营业务收入 1 000 000

　　　应交税费——应交增值税（销项税额） 130 000

借：主营业务成本 800 000

　贷：库存商品 800 000

（2）

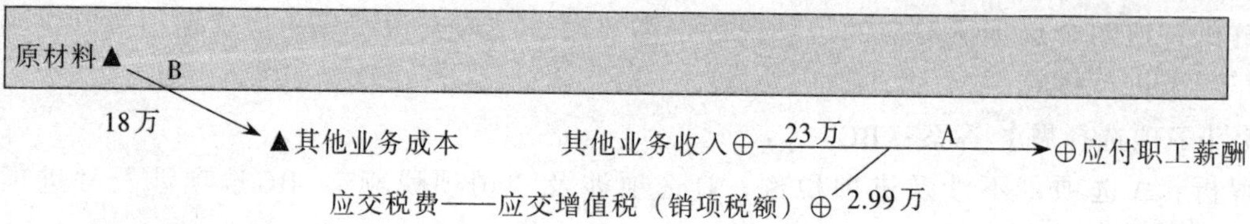

借：应付职工薪酬　259 900

　贷：其他业务收入　230 000

　　　应交税费——应交增值税（销项税额）　29 900

借：其他业务成本　180 000

　贷：原材料　180 000

八、知识点：小规模纳税人增值税会计处理

1.【多项选择题】答案：ABC

答案：小规模纳税人缴纳增值税只能按销售额乘以一定的征收率来确认应缴纳的增值税金额，因此，D是错的。ABC都是对业务的恰当描述。

2.【多项选择题】答案：ABC

答案：一般纳税人以产成品对外投资，其销项税额计入长期股权投资；一般纳税人非生产用不动产项目所缴纳的增值税直接计入固定资产或在建工程；小规模纳税人购入货物所缴纳的增值税应计入所购物资成本。一般纳税人购入材料所缴纳的增值税应当作为进项税额处理。

3.【多项选择题】答案：ABCD

答案：这四个选项都是对业务的恰当描述。

4.【业务题】答案：

（1）

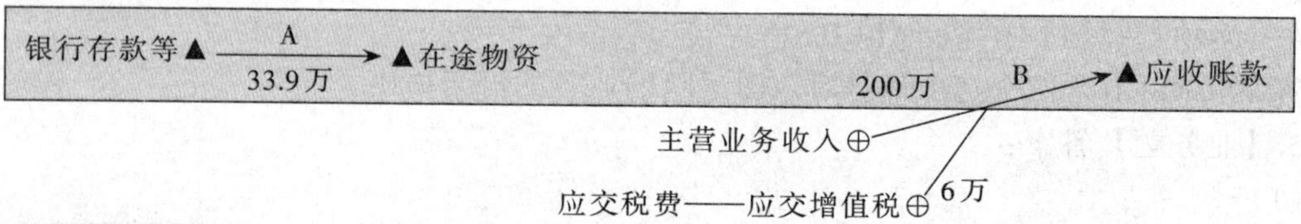

借：在途物资　339 000

　贷：银行存款　339 000

（2）

借：应收账款　2 060 000

　贷：主营业务收入　2 000 000

　　　应交税费——应交增值税　60 000

九、知识点：增值税税控设备购置与维修抵扣税款的会计处理

1.【多项选择题】答案：ABCD

答案：这四个选项都是对税款减免的恰当描述。

2.【单项选择题】答案：B

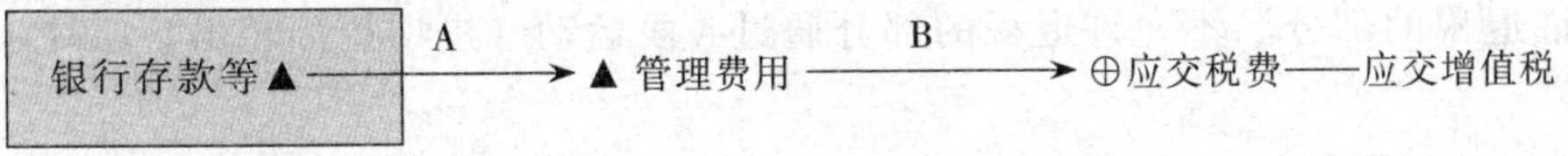

解析：小规模纳税人不设置“减免税额”专栏，应直接冲减“应交税费——应交增值税”；按规定抵减的增值税应纳税额，应先计入管理费用等，期末再抵减税款。初次购买增值税税控系统专用设备不确认为固定资产，而是先计入管理费用，期末再抵减税款。

3.【多项选择题】答案：BC

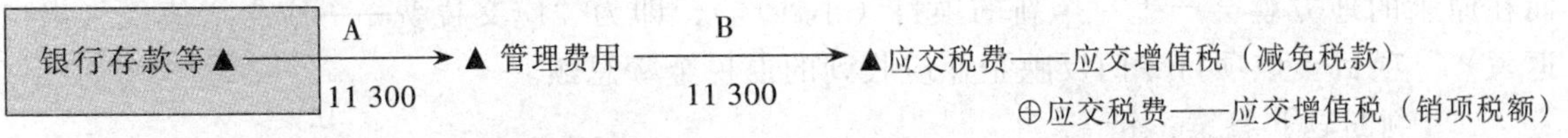

解析：甲公司初次购入增值税税控系统专用设备时，不需要确认固定资产，也不影响递延收益，而应该在发生的时候先计入管理费用，按规定抵减增值税应纳税额的，再转为“应交税费——应交增值税（减免税款）”。

4.【多项选择题】答案：ABCD

答案：这四个选项都是对税款减免的恰当描述。

十、知识点：增值税出口退税的会计处理

1.【单项选择题】答案：C

解析：见图中A段运动。

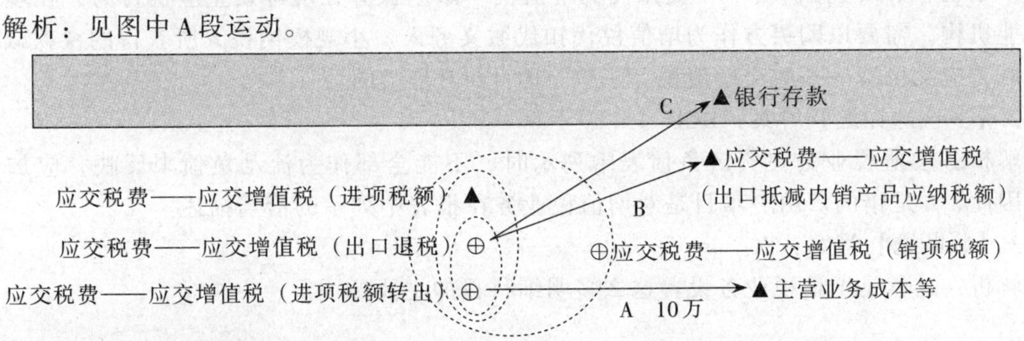

2.【单项选择题】答案：B

解析：见图中B段运动。

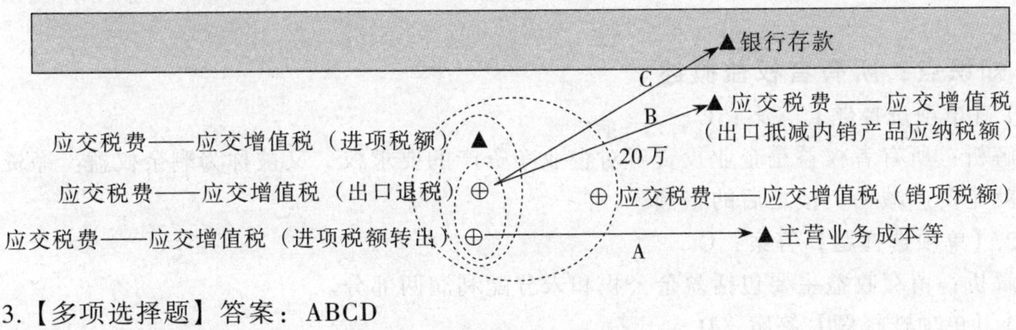

3.【多项选择题】答案：ABCD

答案：这四个选项都是对出口退税业务的恰当描述。

4.【多项选择题】答案：BCD

答案："应交税费——应交增值税（出口退税）"项目反映企业所有与出口相关的进项税额中允许退税的部分。不允许退税的部分通过A段运动（进项税额转出）已计入当期的损益之中。

5.【多项选择题】答案：ABCD

答案：这四个选项都是对出口退税业务的恰当描述。

6.【判断题】答案：对

解析：通过将"应交税费——应交增值税（进项税额）"固化处理，然后将其挪开，从而在原来的地方就会产生一个新的项目（小沙坑），即为"应交税费——应交增值税（出口退税）"项目。该项目专门反映企业应收到的退税金额总额。

7.【判断题】答案：错

解析：企业应该在实际收到这笔退税款时，直接反映企业银行存款的增加，而不需要先作为应收款处理。

十一、知识点：增值税会计处理的其他特殊规定+增值税会计处理总结

1.【多项选择题】答案：ACD

解析：小规模纳税人需要设置三个增值税相关账户。其中"应交税费——应交增值税"账户核算其基本业务；"应交税费——转让金融商品应交增值税"账户核算其金融商品所需缴纳的增值税；"应交税费——代扣代交增值税"账户核算在境外发生应税行为，在境内没有营业机构，需要以购买方作为增值税代扣代缴义务人。小规模纳税人所获得的税款减免直接冲减"应交税费——应交增值税"账户。因此，B是错的。

2.【多项选择题】答案：BCD

解析：增值税业务在资产负债表中列示时，不能全部作为流动负债来反映，应加以区分。因此，A是错的。BCD项目是对增值税业务在报表中列示的恰当描述。

3.【判断题】答案：对

解析：这就是增值税业务设置这么多明细科目的主要原因。

第三章　权益性筹资资金运动分析与会计处理

一、知识点：所有者权益概述

1.【单项选择题】答案：C

解析：所有者权益是企业投资者对企业净资产的要求权，又被称为剩余权益。净资产实际上就是资产减去负债之后的余额。

2.【单项选择题】答案：C

解析：留存收益主要包括盈余公积和未分配利润两部分。

3.【单项选择题】答案：D

解析：其他权益工具是指企业发行的除普通股以外的归类于权益工具的金融工具，如优

先股等。其他综合收益是指直接计入所有者权益的利得和损失。营业外收入应计入当期损益，属于损益类项目。

4.【多项选择题】答案：ABCD

解析：这四个选项都是对所有者权益概念的准确描述。

5.【多项选择题】答案：ABC

解析：在资金使用成本上，所有者权益的使用成本要高于债权人。因为所有者承担了更大的风险，其所要求的收益回报要高于债权人。因此，所有者权益资金成本更高。

6.【多项选择题】答案：ABC

解析：实物资本保全确实是最科学的保全制度，但由于操作起来很难，所以我国目前采用的还是名义货币资本保全制度。

7.【判断题】答案：错

解析：企业所有的利得和损失应分为两部分：一部分以损益的形式计入当期利润表；另一部分则以所有者权益的形式，通过“其他综合收益”项目，计入企业的资产负债表。

二、知识点：所有者权益初始投入

1.【单项选择题】答案：C

解析：资本公积金额=5 000×14×（1−5%）−5 000=61 500（万元）。

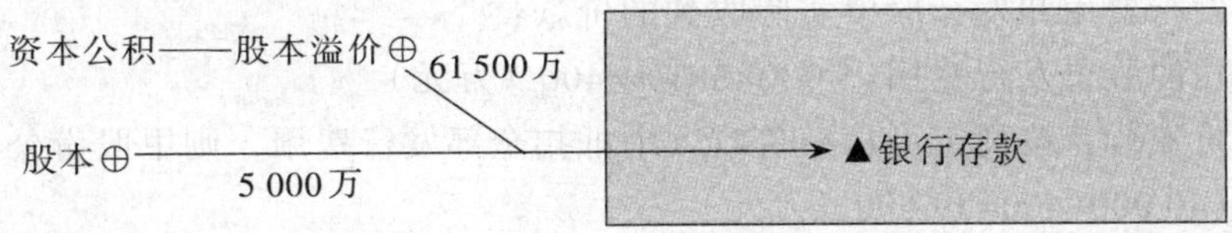

2.【单项选择题】答案：D

解析：丙投资后占其新注册资本150万元的1/3，即50万元。因此，丙投入资本110万元中应有50万元作为实收资本，剩下的60万元作为“资本公积——资本溢价”。

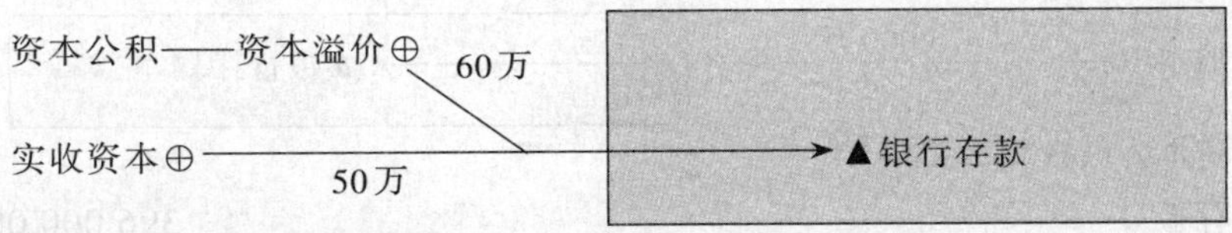

3.【单项选择题】答案：A

解析：对于发行股票的公司而言，其注册资本即股本的金额为发行股票的股数乘以每股面值。

4.【多项选择题】答案：ACD

解析：企业发行股票的手续费、佣金等发行费用，首先应冲减溢价收入，溢价收入不够冲减的，再冲减留存收益。

5.【多项选择题】答案：AB

解析：接受现金捐赠应作为营业外收入处理；向灾区捐赠现金应作为营业外支出处理。

6.【多项选择题】答案：BC

解析：资本公积金额=2 000×6×（1−1%）−2 000=9 880（万元）。

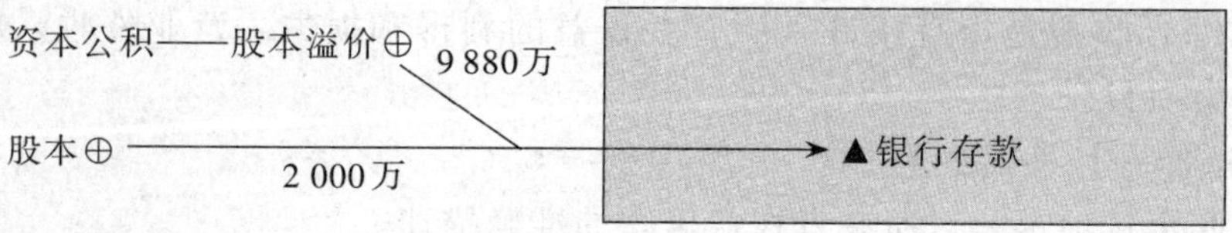

7.【判断题】答案：错

解析：发行股票溢价不够抵销或无溢价的，应冲减留存收益。

8.【判断题】答案：对

解析：发行股票的企业的股本只取决于股票的数量与每股面值。

9.【判断题】答案：错

解析：在我国，股票可以按面值发行，也可溢价发行，但不能折价发行。

10.【判断题】答案：错

解析：企业收到投资者投入的资金时，与注册资本对应的部分，记入“股本”或“实收资本”；其差额记入“资本公积”。

11.【判断题】答案：对

解析：一般来说，对于非现金资产，应按合同或协议约定的价值确定，但合同或协议不公允的除外。

12.【业务题】答案：

（1）计算发行费用和发行股票实际收到的价款：

乙证券公司的股票发行费用=5 000×8×1%=400（万元）

因属于溢价发行，按规定可从溢价收入中抵扣全部发行费用，则甲股份公司发行股票实际收到的价款=40 000-400=39 600（万元）。

（2）计算应记入“资本公积”科目的金额：

应记入“资本公积——股本溢价”科目的金额=39 600-5 000=34 600（万元）

（3）编制会计分录：

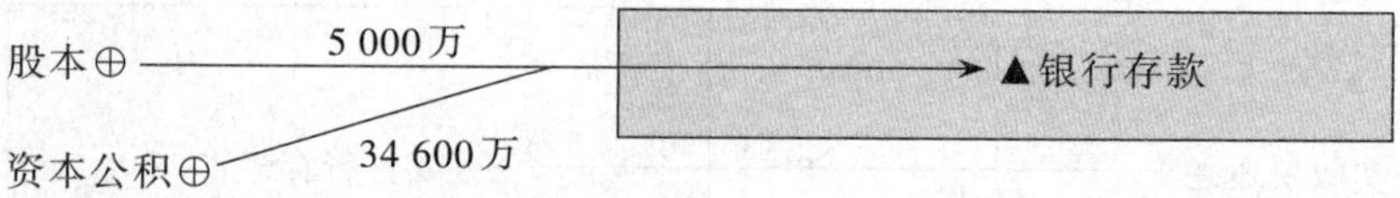

借：银行存款　　396 000 000

　贷：股本　　50 000 000

　　资本公积——股本溢价　　346 000 000

13.【业务题】答案：

有关会计分录的编制如下：

（1）

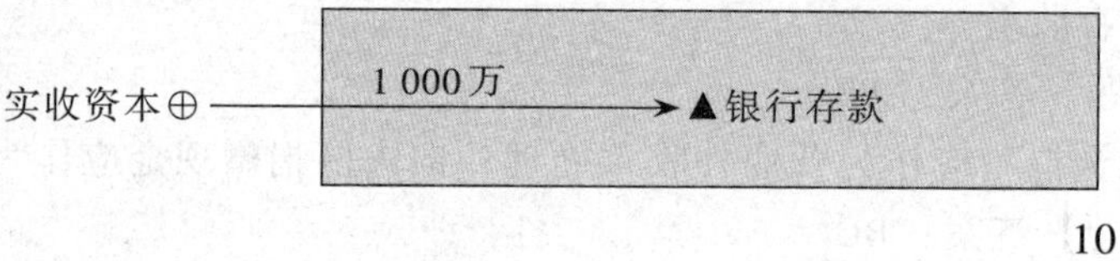

借：银行存款　　10 000 000

　贷：实收资本　　10 000 000

（2）

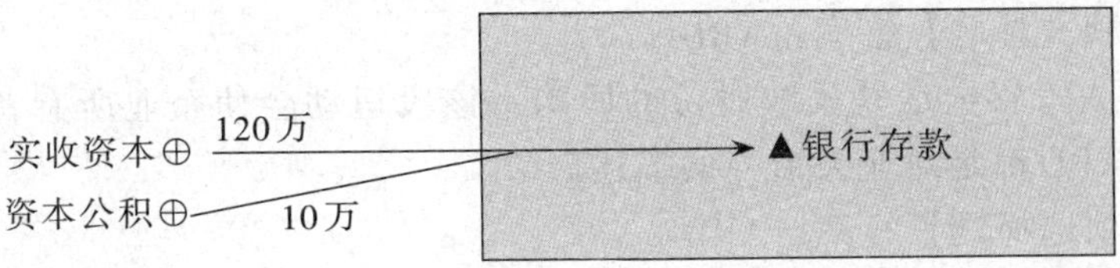

借：银行存款　　　　　　　　　　　　　　　　　1 300 000

　贷：实收资本　　　　　　　　　　　　　　　　　　1 200 000

　　　资本公积——资本溢价　　　　　　　　　　　　　100 000

（3）

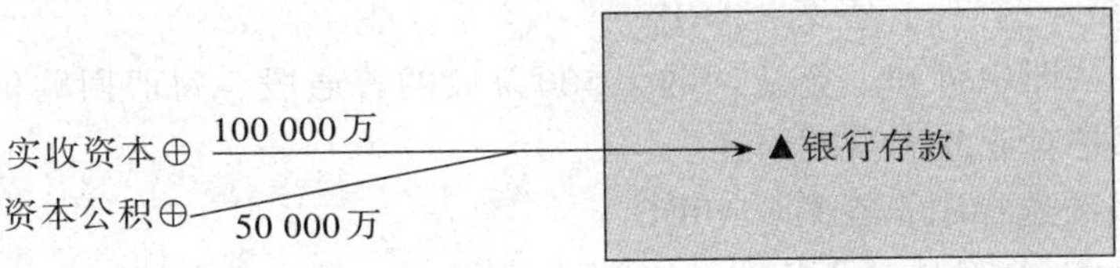

借：银行存款　　　　　　　　　　　　　　　　　15 000 000

　贷：实收资本　　　　　　　　　　　　　　　　　　10 000 000

　　　资本公积——资本溢价　　　　　　　　　　　　　5 000 000

三、知识点：所有者权益后续变动

1.【单项选择题】答案：A

解析：投入资本超过其注册资本的部分，应作为资本溢价处理。

2.【单项选择题】答案：B

解析：盈余公积年末余额=100+135-85=150（万元）。

3.【单项选择题】答案：C

解析：一般情况下，企业不会用资本公积去弥补亏损，因为资本公积是投资者的投入资本，用资本公积弥补亏损实际上是一种减资行为。

4.【单项选择题】答案：A

解析：股票面值与注销的股数只能决定所应注销的股本数额。

5.【单项选择题】答案：D

解析：剩余的所有者权益总额=11 000+3 000+450+550-4 050=10 950（万元）。

6.【多项选择题】答案：ABCD

解析：这四种情况反映了企业资本的增加途径。

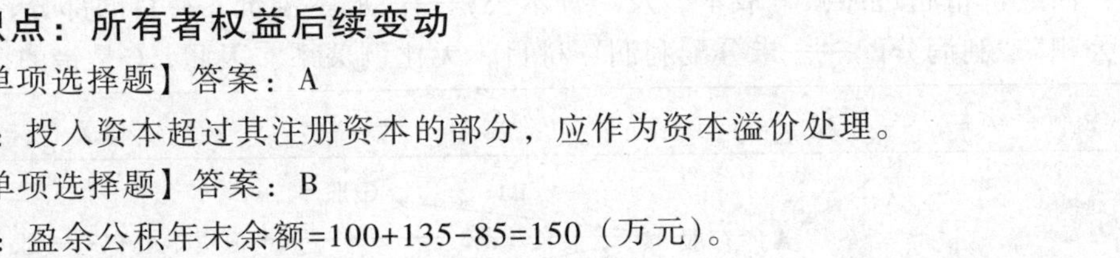

7.【多项选择题】答案：ABC

解析：企业减少注册资本的原因主要是资本过剩、亏损、收缩经营规模等。企业发放现金股利与减资没有关系。

8.【多项选择题】答案：ABD

解析：A段资金运动反映股份的回购，该段运动会使企业所有者权益总额减少，因此，C是错的。ABD都是对业务恰当的描述。

9.【多项选择题】答案：ABD

解析：一般股份的回购，要依次冲减股本、资本公积——股本溢价、盈余公积和利润分配——未分配利润。股份回购的处理不会涉及财务费用。

10.【多项选择题】答案：ABCD

解析：这四个选项都是对股份回购原因的准确描述。

11.【多项选择题】答案：ACD

解析：从图中可知，企业回购了500万股的普通股，每股回购价为4元。因此，B是错的。ACD都是对业务恰当的描述。

12.【多项选择题】答案：ABCD

解析：ABCD都是对业务恰当的描述。

13.【多项选择题】答案：ABCD

解析：ABCD都是对业务恰当的描述。

14.【多项选择题】答案：ABD

解析：回购价格超过冲减“股本”及“资本公积——股本溢价”科目的部分，应依次借记“盈余公积”“利润分配——未分配利润”科目，无比例关系。因此，C是错的。

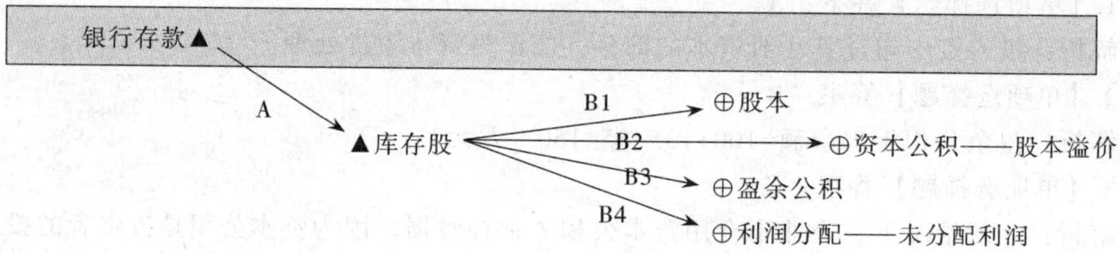

15.【多项选择题】答案：ACD

解析：注销库存股，应按股票面值和注销股数计算的股票面值总额，借记“股本”科目，按注销库存股的账面余额，贷记“库存股”科目，按其差额，借记“资本公积——股本溢价”科目；溢价不足冲销的，应借记“盈余公积”“利润分配——未分配利润”科目。

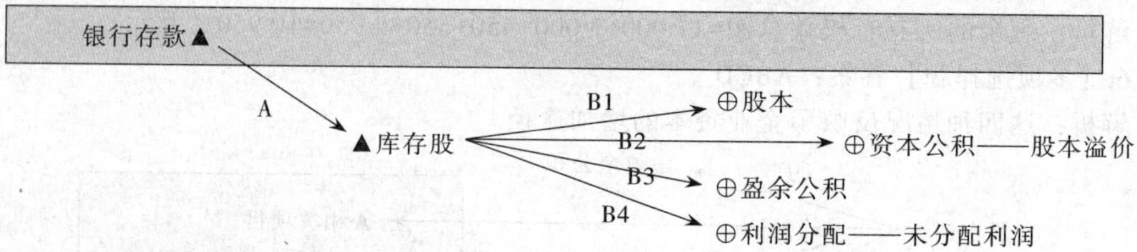

16.【判断题】答案：错

解析：用盈余公积转增资本不影响所有者权益总额的变化，自然就不会影响企业的净资产，因为净资产就是企业的所有者权益。

17.【判断题】答案：对

解析：导致所有者权益增加的原因非常多，除此之外，还有增资扩股、债转股等。

18.【判断题】答案：对

解析：这句话是对库存股注销的正确解释。

19.【业务题】答案：

（1）

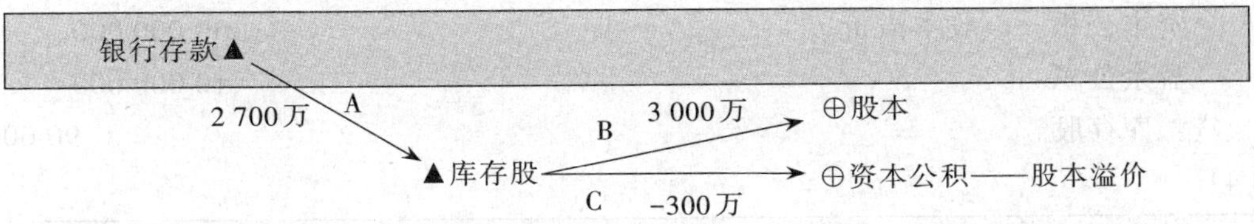

①回购：

回购股票=0.9×3 000=2 700（万元）

借：库存股　　27 000 000

　贷：银行存款　　27 000 000

②注销：

借：股本　　30 000 000

　贷：库存股　　27 000 000

　　　资本公积——股本溢价　　3 000 000

（2）

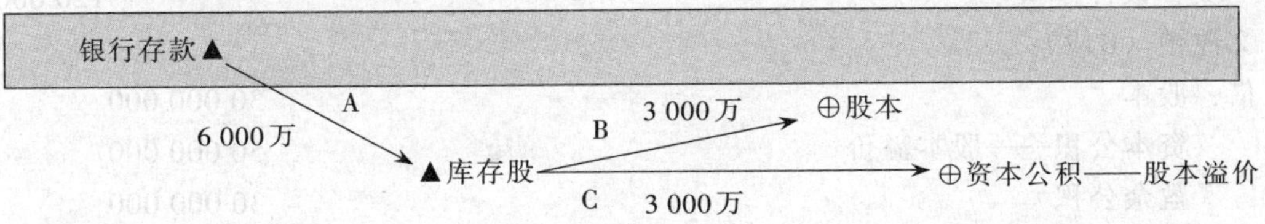

①回购：

回购股票=2×3 000=6 000（万元）

借：库存股　　60 000 000

　贷：银行存款　　60 000 000

②注销：

借：股本　　30 000 000

　　资本公积——股本溢价　　30 000 000

　贷：库存股　　60 000 000

（3）

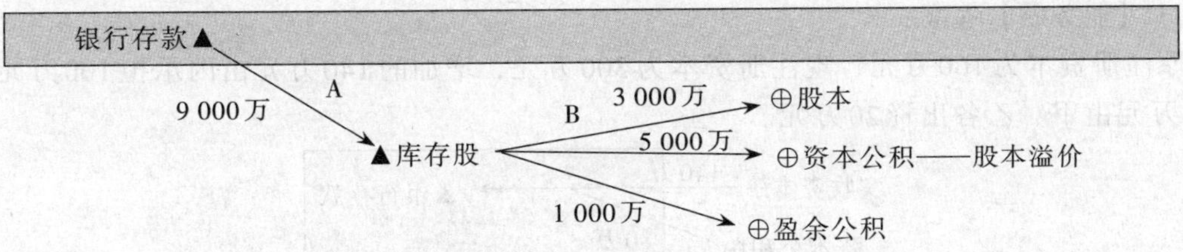

①回购：

回购股票=3×3 000=9 000（万元）

借：库存股 90 000 000

　贷：银行存款 90 000 000

②注销：

借：股本 30 000 000

　　资本公积——股本溢价 50 000 000

　　盈余公积 10 000 000

　贷：库存股 90 000 000

（4）

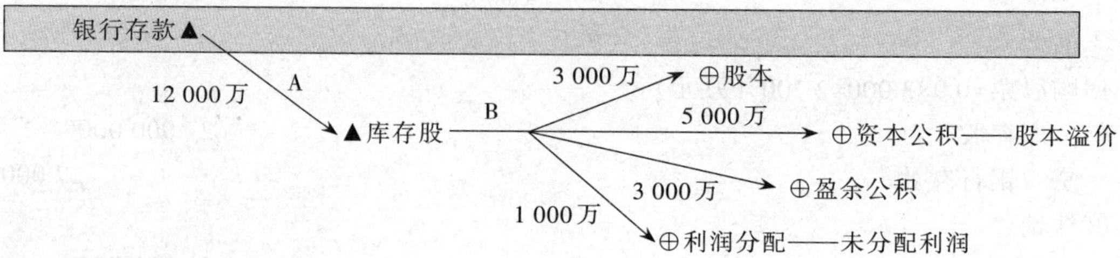

①回购（A段）：

回购股票=4×3 000=12 000（万元）

借：库存股 120 000 000

　贷：银行存款 120 000 000

②注销（B段）：

借：股本 30 000 000

　　资本公积——股本溢价 50 000 000

　　盈余公积 30 000 000

　　利润分配——未分配利润 10 000 000

　贷：库存股 120 000 000

20.【业务题】答案：

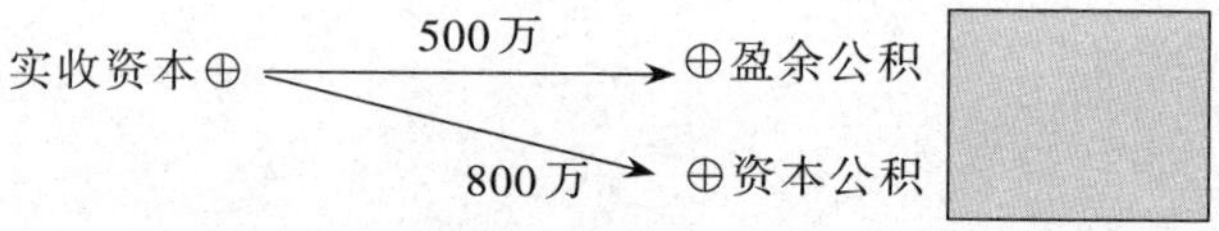

借：盈余公积 5 000 000

　　资本公积 8 000 000

　贷：实收资本 13 000 000

21.【业务题】答案：

原注册资本为160万元，现注册资本为300万元，增加的140万元由丙承担100万元，差额40万元由甲、乙各出资20万元。

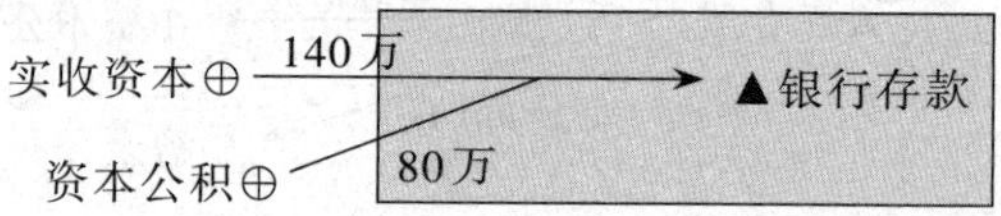

借：银行存款　　2 200 000

　贷：实收资本——甲　　200 000

　　　　　　　——乙　　200 000

　　　　　　　——丙　　1 000 000

　　　资本公积——资本溢价　　800 000

第四章　债务性筹资资金运动分析与会计处理

一、知识点：债务性筹资概述

1.【多项选择题】答案：ACD

解析：企业拥有负债并不一定代表企业资金紧张而主动从外部筹集借入资金，也可能是企业在正常的生产经营活动中所产生的应付未付款项，因此，B是错的。ACD是对负债特征的恰当描述。

2.【多项选择题】答案：AD

解析：负债按照债务偿还期限的长短可以划分为流动负债和非流动负债。

3.【判断题】答案：错

解析：虽然所有者投入资金没有约定收益回报，但所有者承担了比债权人更大的风险，因此，其要求获得更高的回报，所以所有者投入的资金也是有成本的，而且其资金成本比债权人的还要高。

二、知识点：流动性负债筹资分析+短期借款业务举例

1.【单项选择题】答案：D

解析：其资金运动见图中C2、C3两段运动。

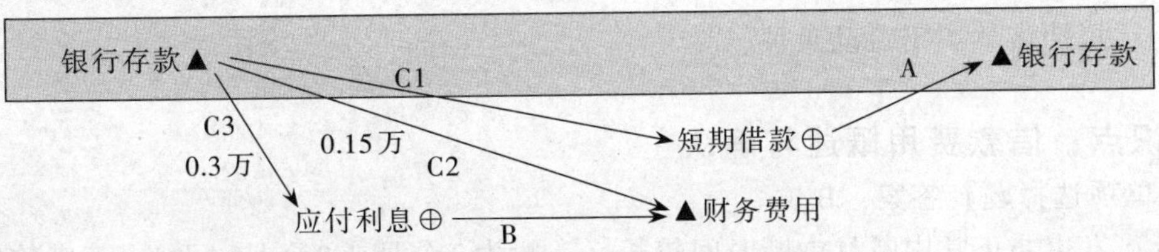

2.【多项选择题】答案：ABC

解析：短期借款的主要目的是用于维持企业正常生产经营活动，或者是偿还某些债务。一般来说，短期借款的主要目的不会是用于长期资产的建设。

3.【多项选择题】答案：ABCD

解析：这四个选项都是对图中短期借款相关业务的恰当表述。

4.【多项选择题】答案：ABCD

解析：这四个选项都是对短期借款相关业务的恰当表述。

5.【判断题】答案：对

解析：如每季度支付一次利息，则企业在每月末计提应付利息。

6.【业务题】答案：

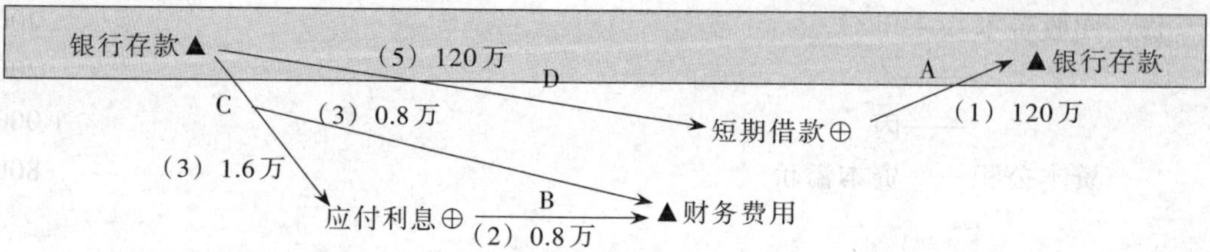

(1) 借入款项时的会计分录（A段）

借：银行存款	1 200 000	
贷：短期借款		1 200 000

(2) 按月计提利息的会计分录（B段）

借：财务费用	8 000	
贷：应付利息		8 000

(3) 每季度末支付利息的会计分录（C段）

借：应付利息	16 000	
财务费用	8 000	
贷：银行存款		24 000

(4) 到期还本的会计分录（D段）

借：短期借款	1 200 000	
贷：银行存款		1 200 000

三、知识点：非流动性负债筹资概述

1.【多项选择题】答案：ABCD

解析：这四个选项都是对非流动负债准确的描述。

2.【多项选择题】答案：ACD

解析：短期借款属于流动负债。

四、知识点：借款费用概述与确认

1.【单项选择题】答案：B

解析：发生非正常中断且中断时间较长（一般为3个月或3个月以上），其借款费用就应该暂停资本化。

2.【单项选择题】答案：C

解析：只有到了2月16日，才满足资本化的三个条件，即：(1) 款已经借了，开始算利息了；(2) 钱开始用了，包括带息的债务；(3) 项目已经开始了。

3.【单项选择题】答案：C

解析：符合资本化条件的资产，是指需要经过相当长时间（1年或1年以上）的购建或者生产活动才能达到预定可使用或者可销售状态的固定资产、投资性房地产和存货等资产。

4.【多项选择题】答案：ABC

解析：资产支出的发生包括支付现金、转移非现金资产、承担带息债务。选项D，计提工人的福利费只是在企业的内部计提费用，并没有减少企业的资产，没有发生支出。

5.【多项选择题】答案：ABCD

解析：这四个选项所对应的内容都属于借款费用。

6.【多项选择题】答案：AD

解析：在达到预定可使用状态后，可停止资本化。预计可使用状态的标准：实体建造已经全部或实质上完成；与所设计要求或合同要求基本相符；继续支出的金额很小或几乎不再发生。暂停资本化的条件是：非正常中断，一般为3个月或3个月以上。

7.【多项选择题】答案：ABCD

解析：这四个项目都符合允许资本化资产的界定，都属于需要经过相当长时间的购建或者生产才能达到预定可使用状态或可销售状态的资产。

8.【多项选择题】答案：ABD

解析：开始资本化的条件是：（1）款项已经借了，开始算利息了；（2）钱开始用了，包括带息的债务；（3）项目已经开始了。

9.【判断题】答案：对

解析：这是对停止借款费用资本化的准确描述。

五、知识点：借款费用的计量+借款费用核算举例+辅助费用和汇兑差额的处理

1.【单项选择题】答案：D

解析：与专门借款有关的利息收入，或者与专门借款相关的闲置资金投资收益都应该冲减借款费用资本化的金额。

2.【单项选择题】答案：A

解析：因为整个建造活动还没有开始，借款费用不能资本化。该借款费用应全部通过财务费用计入当期损益。

3.【单项选择题】答案：A

解析：一般借款资本化率=（600×8%×9/12+450×6%×6/12）÷（600×9/12+450×6/12）×100%=7.33%。

4.【单项选择题】答案：B

解析：资本化期间为4个月（4、5、6、12），7月1日到11月30日暂停资本化，故该在建厂房20×5年度资本化的利息费用=5 000×10%×4/12-（5 000-2 000）×0.5%×4=106.67（万元）。

5.【单项选择题】答案：B

解析：因建造工程时只有将专门借款使用完毕后才可动用一般借款，所以20×8年1月1日发生的资产支出500万元只占用一般借款300万元（1 800+500-2 000），20×8年第一季度该企业应予资本化的一般借款利息费用=300×6%×3/12=4.5（万元）。

6.【多项选择题】答案：ABD

解析：选项A、B和D均属于专门借款，在资本化期间内专门借款的借款利息全部资本化，费用化期间专门借款的利息全部费用化，所以专门借款利息资本化的金额和资产支出的金额没有关系；一般借款利息资本化的金额和资产支出挂钩，企业应当根据累计资产支出超

过专门借款部分的资产支出加权平均数乘以所占用一般借款的资本化率，计算确定一般借款应予资本化的利息金额。

7.【多项选择题】答案：BCD

解析：选项A，20×6年度应予资本化的专门借款利息金额=2 000×5.4%×9/12=81（万元）；选项B和C，20×6年一般借款累计支出加权平均数=（1 200+80+1 200−2 000）×7/12=280（万元），一般借款资本化率为5%，一般借款资本化金额=280×5%=14（万元）；选项D，20×6年度借款费用应予资本化的利息费用=81+14=95（万元）。

8.【多项选择题】答案：BC

答案：为借入专门借款所发生的辅助费用和汇兑差额，要全部资本化。

9.【多项选择题】答案：BC

解析：超出专门借款的一般性借款的利息也是可以资本化的。专门借款中闲置资金所获取的投资收益应冲减资本化金额。

10.【多项选择题】答案：BCD

解析：专门借款所发生的辅助费用，在资本化期间内可以资本化；之后，就应费用化。

11.【多项选择题】答案：ABCD

解析：这四个选项都是对借款费用业务处理的恰当表述。

12.【判断题】答案：错

解析：只有在资本化期间内，专门借款的利息费用才可以资本化，而且要扣除专门借款闲置资金所带来的收益。

13.【业务题】答案：

（1）计算20×1年12月31日借款利息资本化金额（全年）

专门借款利息资本化金额=500×6%−10−1=19（万元）

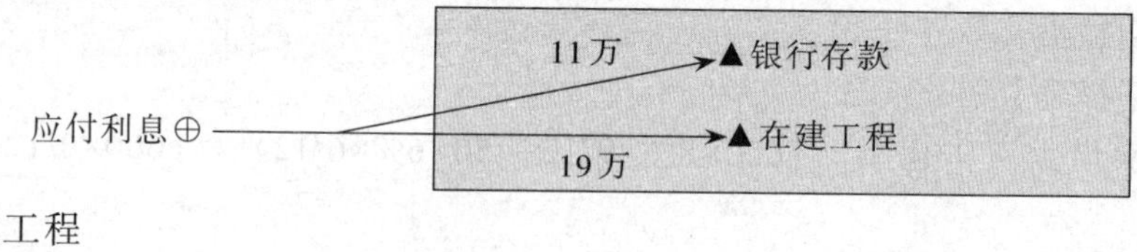

借：在建工程　　190 000

　　银行存款　　110 000

　贷：应付利息　　300 000

（2）计算20×2年的借款利息资本化金额（1～10个月）

专门借款利息资本化金额=500×6%×10÷12=25（万元）

占用的一般借款利息资本化金额计算：

计算20×2年的一般借款利息=1 000×6%+2 000×8%×6÷12=140（万元）

计算20×2年累计资产支出加权平均数=1 000×10÷12+2 000×4÷12=1 500（万元）

计算20×2年资本化率=140÷（1 000+2 000×6÷12）×100%=7%

计算20×2年一般借款利息资本化金额=1 500×7%=105（万元）

借款费用资本化金额合计=25+105=130（万元）

20×2 年 1—10 月份总的借款费用=500×6%×10÷12+1 000×6%×10÷12+2 000×8%×4÷12
=128.3333（万元）

因此，企业20×2年10月31日最终资本化金额为1 283 333元。

20×2年10月31日的账务处理如下：

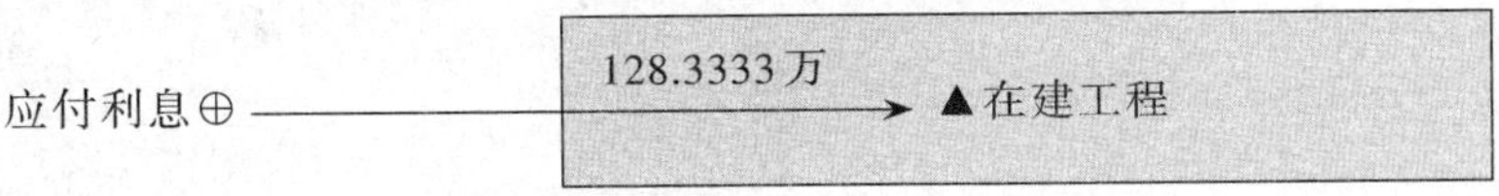

借：在建工程　　1 283 333

　贷：应付利息　　1 283 333

六、知识点：长期借款资金运动分析

1.【多项选择题】答案：AC

解析：长期借款所发生的利息支出、汇兑损失等，满足资本化条件的应计入在建工程；不满足条件的，应计入当期的财务费用。

2.【多项选择题】答案：ABCD

解析：这四个选项都是对长期借款业务的准确描述。

3.【多项选择题】答案：ABCD

解析：这四个选项都是对长期借款相关业务的恰当表述。

4.【多项选择题】答案：ABCD

解析：这四个选项都是对长期借款相关业务的恰当表述。

5.【业务题】答案：

（1）20×7年1月2日，取得借款。（A段）

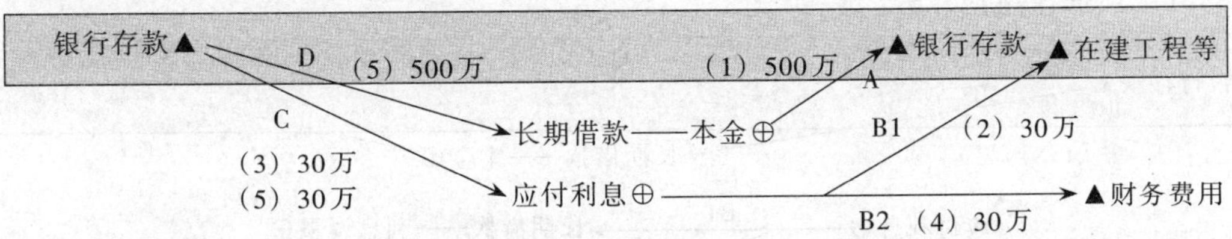

借：银行存款　　5 000 000

　贷：长期借款——本金　　5 000 000

（2）20×7年12月31日计提本年长期借款利息。该项工程于20×7年12月31日完工并投入使用。（B1段）

资本化利息费用=5 000 000×6%=300 000（元）

借：在建工程——固定资产更新改造　　300 000

　贷：应付利息　　300 000

（3）20×8年1月2日，甲公司支付上年利息。（C段）

借：应付利息　　300 000

　贷：银行存款　　300 000

（4）20×8年12月31日计提本年长期借款利息。（B2段）

借：财务费用　　300 000

　贷：应付利息　　300 000

（5）20×9年1月2日，甲公司偿还借款本金及20×8年借款利息。（C、D段）

借：长期借款——本金　　5 000 000

　　应付利息　　300 000

　贷：银行存款　　5 300 000

七、知识点：应付债券概述+应付债券发行资金运动分析

1.【单项选择题】答案：B

解析：之所以溢价发行债券，是因为债券的票面利率高于市场的实际利率，投资者未来获得的应收利息高于其从同期资本市场获得的收益。因此，发行企业需要对未来因多支付的利息而提前得到补偿；这个补偿的金额在考虑货币时间价值的基础上，就是溢价部分。

2.【单项选择题】答案：A

解析：从资金运动的角度来看，在折价的情况下，A2段资金运动的流量为负数，从而导致B1段资金运动的流量也是负数。这样最终导致资金从“应付债券——利息调整”流出，经过“应付利息”，最后到达“财务费用”，导致财务费用的增加。这说明企业所支付的“财务费用”要比“应付利息”多。

从理论上看，之所以折价发行债券，是因为债券的票面利率低于市场的实际利率，投资者未来获得的应收利息少于其从同期资本市场获得的收益。因此，发行企业需要对未来因少支付利息而给投资者提前进行补偿；这个补偿的金额在考虑货币时间价值的基础上，就是折价部分。

3.【单项选择题】答案：A

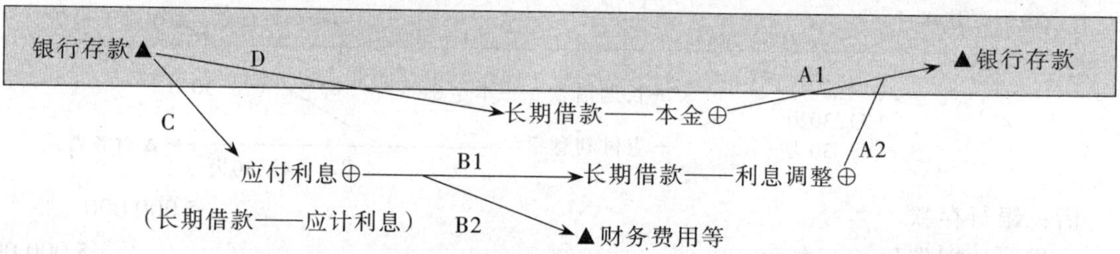

解析：企业借入各种长期借款时，按实际收到的款项，借记“银行存款”科目，贷记“长期借款——本金”科目，按其差额，借记“长期借款——利息调整”科目，选项A正确。

4.【多项选择题】答案：ABCD

解析：这四个选项都是对图中相关业务的恰当表述。

5.【多项选择题】答案：ABCD

解析：这四个选项都是对摊余成本和实际利率的恰当描述。

6.【多项选择题】答案：ABCD

解析：这四个选项都是对溢价发行债券业务的恰当描述。

7.【多项选择题】答案：ABC

解析：在折价发行的情况下，每年利息调整的金额=财务费用-应付利息（应计利息）。

8.【多项选择题】答案：ABD

解析：如该借款费用满足资本化的条件，就可以资本化，计入在建工程、制造费用等；如不满足，就应该费用化，计入财务费用。

八、知识点：溢价、分期付息一次还本举例+折价、一次还本付息举例

1.【单项选择题】答案：D

解析：该债券20×1年度应确认的财务费用=196.55×6%=11.793（万元）。

2.【单项选择题】答案：C

解析：该债券20×2年1月1日的摊余成本=110+110×7.5%=118.25（万元）。

3.【单项选择题】答案：C

解析：20×2年1月1日该应付债券的摊余成本=1 032.16+1 032.16×4%-50=1 023.45（万元）。

4.【多项选择题】答案：ABCD

解析：这四个选项都是对摊余成本的恰当描述。

5.【多项选择题】答案：BCD

解析：在发行债券时，其发生的各种手续费冲减发行债券所获得的银行存款。该银行存款与债券面值的差额，记入“应付债券——利息调整”科目。因此，选项A是错的，选项BCD对业务的描述都是恰当的。

6.【多项选择题】答案：ABD

解析：以第1年的财务费用来推算实际利率：5.3236÷106.4942×100%=5%。

因此，选项C是错的，选项ABD对业务的描述都是恰当的。

7.【多项选择题】答案：ABCD

解析：ABCD对业务的描述都是恰当的。

8.【多项选择题】答案：ABD

解析：以第1年的财务费用来推算实际利率=8.3284÷94×100% =8.86%。

因此，选项C是错的，选项ABD对业务的描述都是恰当的。

9.【多项选择题】答案：BD

解析：随着各期债券溢价或折价的摊销，债券的摊余成本逐期接近其面值。在溢价的情况下，其摊余成本逐期减少（并不断接近其面值），利息费用（期初摊余成本×实际利率）也随之减少，选项A错误，选项B正确；债券各期确认的应付利息=面值×票面利率，不会变化，选项C错误；随着各期债券折价的摊销，债券的摊余成本逐期接近其面值，所以其摊余成本逐期增加，利息费用（期初摊余成本×实际利率）也随之增加，选项D正确。

10.【多项选择题】答案：BC

解析：一般公司债券应按照实际利率法确定的债券利息费用，区分不同的情况，通过“在建工程”和“财务费用”等科目核算。在到期一次还本付息的情况下，应付未付利息应在“应付债券——应计利息”中核算，其直接构成应付债券的账面价值。

11.【多项选择题】答案：CD

解析：开始资本化时点是20×7年1月1日，选项A错误；20×7年5月1日至7月31日因

进行工程质量和安全检查停工，属于执行正常程序而进行的停工，在工程最初开始时就能预见的，因此无须暂停借款费用的资本化，选项B错误，选项C正确；20×7年度专门借款闲置资金取得的利息收入=（9 000-900）×0.4%×3+（9 000-900-750）×0.4%×5+（9 000-900-750-1 350）×0.4%×4=340.2（万元），20×7年度专门借款借款费用资本化金额=9 000×5%-340.2=109.8（万元）。

12.【业务题】答案：

（1）20×1年1月1日发行债券：（A段）

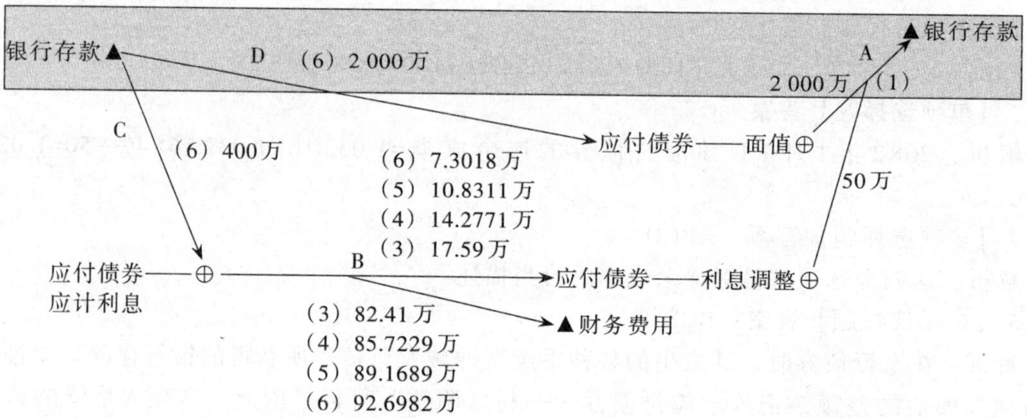

借：银行存款　　20 500 000

　贷：应付债券——面值　　20 000 000

　　　　　　——利息调整　　500 000

（2）利息调整摊销表（实际利率为4.02%）：

应付债券利息调整分摊表

单位：万元

计息时间	期初摊余成本	财务费用	应计利息	利息调整	未摊销完的利息调整	现金流出	期末摊余成本
20×1-01-01	2 050				50		
20×1-12-31	2 050	82.41	100	17.59	32.41	—	2 132.41
20×2-12-31	2 132.41	85.7229	100	14.2771	18.1329	—	2 218.1329
20×3-12-31	2 218.1329	89.1689	100	10.8311	7.3018	—	2 307.3018
20×4-12-31	2 307.3018	92.6982	100	7.3018	0	2 400	0
合计	—	—	400	50	—	2 400	—

（3）各年会计处理如下（单位：万元）：（B段、C段、D段）

计算时间	会计分录项目	（3）20×1年	（4）20×2年	（5）20×3年	（6）20×4年
每年年末	借：财务费用	82.41	85.7229	89.1689	92.6982
	借：应付债券——利息调整	17.59	14.2771	10.8311	7.3018
	贷：应付债券——应计利息	100	100	100	100
最后还本付息时	借：应付债券——应计利息	—	—	—	400
	借：应付债券——面值	—	—	—	2 000
	贷：银行存款	—	—	—	2 400

13.【业务题】答案：

（1）20×1年1月1日发行债券：（A段）

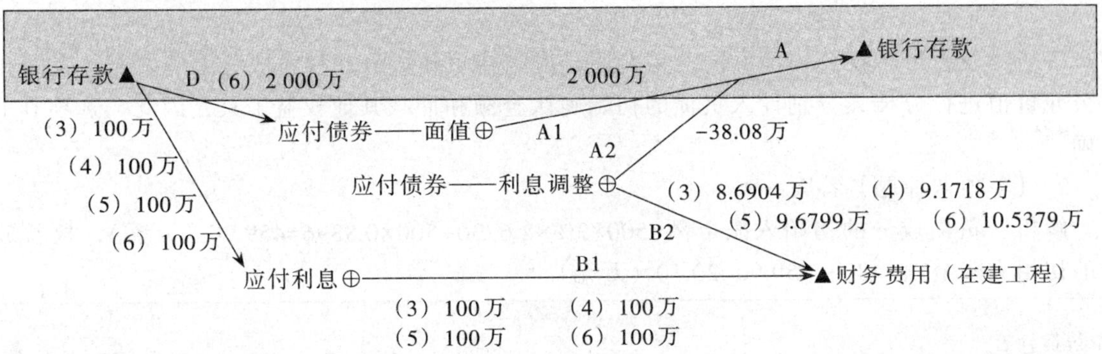

借：银行存款　19 619 200

　　应付债券——利息调整　380 800

　贷：应付债券——面值　20 000 000

（2）利息调整摊销表（实际利率为5.54%）：

应付债券利息调整分摊表

单位：万元

计息时间	期初摊余成本	财务费用（在建工程）	应付利息	利息调整	未摊销完的利息调整	现金流出	期末摊余成本
20×1-01-01	1 961.92				38.08		
20×1-12-31	1 961.92	108.6904	100	8.6904	29.3896	100	1 970.6104
20×2-12-31	1 970.6104	109.1718	100	9.1718	20.2178	100	1 979.7822
20×3-12-31	1 979.7822	109.6799	100	9.6799	10.5379	100	1 989.4621
20×4-12-31	1 989.4621	110.5379	100	10.5379	0	2 100	0
合计	—	—	400	38.08	—	2 400	—

（3）各年会计处理如下（单位：万元）：（B段、C段、D段）

计算时间	会计分录项目	（3）20×1年	（4）20×2年	（5）20×3年	（6）20×4年
每年年末	借：在建工程（第1年）（财务费用，后3年）	108.6904	109.1718	109.6799	110.5379
	贷：应付利息	100	100	100	100
	贷：应付债券——利息调整	8.6904	9.1718	9.6799	10.5379
下年1月3日	借：应付利息	100	100	100	100
	借：应付债券——面值	—	—	—	2 000
	贷：银行存款	100	100	100	2 100

九、知识点：可转换公司债券分析+可转换公司债券举例

1.【单项选择题】答案：D

解析：发行可转换公司债券的交易费用，应当在负债成分和权益成分之间按照各自的相对公允价值进行分摊，分别计入负债的初始确认金额和冲减其他权益工具，因此，选项D不正确。

2.【单项选择题】答案：A

解析：负债成分的初始入账金额=500×3%×2.6730+500×0.8396=459.90（万元）；权益成分的初始入账金额=480－459.90=20.10（万元）。

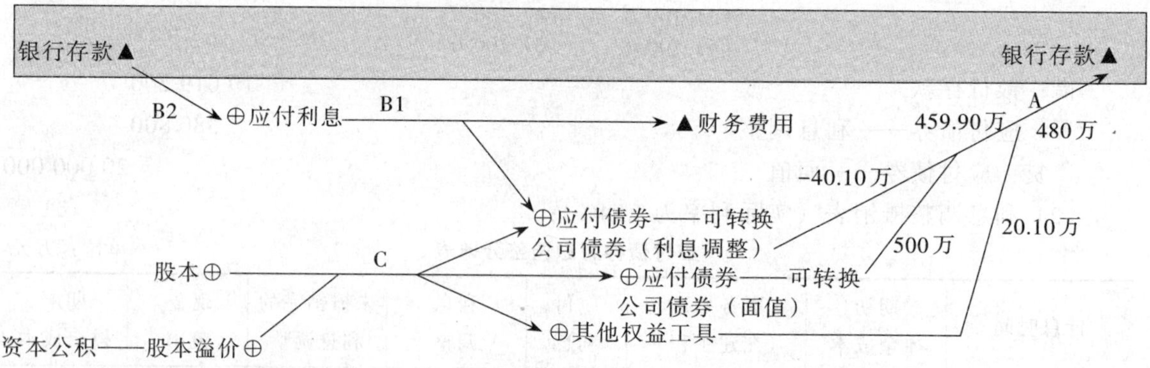

3.【单项选择题】答案：D

解析：20×3年债券的期初摊余成本=20 000×0.7722+20 000×5%×2.5313=17 975.30（万元），权益成分的公允价值=20 000−17 975.30=2 024.70（万元）。20×3年12月31日债券的摊余成本=17 975.30×（1+9%）−20 000×5%=18 593.08（万元），20×4年12月31日债券的摊余成本=18 593.08×（1+9%）−20 000×5%=19 266.46（万元），20×5年1月1日转股时增加的资本公积=19 266.46+2 024.70−20 000÷10×1=19 291.16（万元）。

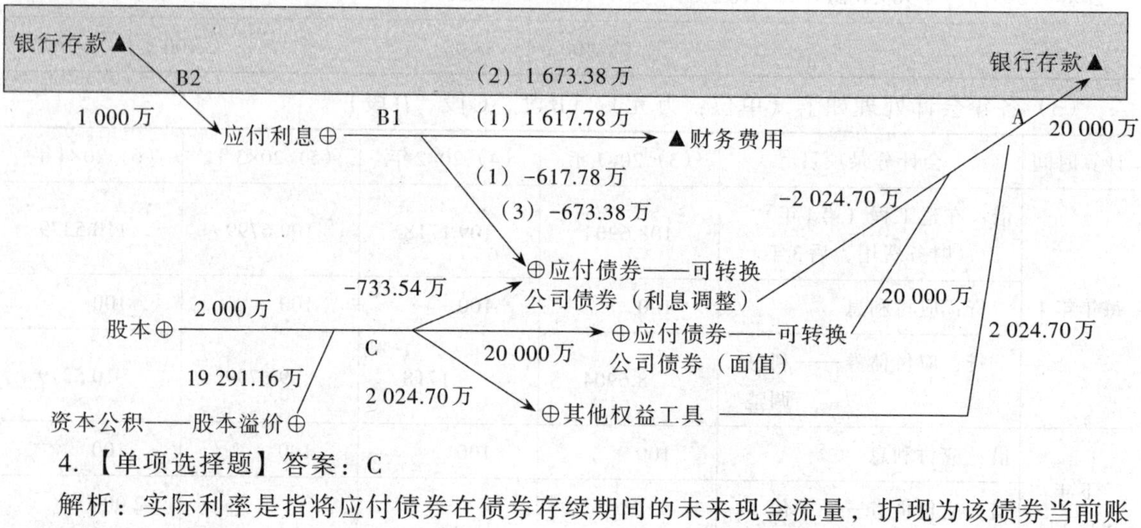

4.【单项选择题】答案：C

解析：实际利率是指将应付债券在债券存续期间的未来现金流量，折现为该债券当前账面价值所使用的利率。负债成分公允价值（摊余成本）=∑未来现金流量/（1+实际利率）^{n}，

由此判断，对未来现金流量进行折现时，实际利率越大，现值越小，也就是说债券摊余成本与实际利率是反向变动关系。

对于可转换公司债券来说，影响摊余成本的因素主要包含发行费用和权益成分的分拆。由于权益成分的分拆，负债成分公允价值会变小，因此附带转换权的债券实际利率会大于同一市场中不附带转换权的债券实际利率，因此该因素会导致可转换公司债券的实际利率大于6%。

同时，本题中存在发行费用1 600万元，该因素会减少负债成分的初始确认金额，导致实际利率大于不考虑发行费用情况下的实际利率。

由于本题给出的是"不附带转换权的债券市场利率为6%"，因此我们从权益成分分拆的角度考虑，由于附带转换权导致负债价值减少，实际利率增加，大于6%。或者从发行费用的角度考虑，考虑发行费用后的负债金额会变少，所以实际利率会大于6%。

5.【多项选择题】答案：ACD

解析：发行可转换债券，可以使企业以较低的资金成本获取资金。因为投资者一旦购买了该有价证券，就多了一个选择权，他未来可以选择继续持有债券，也可以行使可转换权利，将其转换为股权。投资者选择权多了，当然需要付出代价。这个代价就是可转换债券的收益要比没有转换权的要小，因此，选项B是错的。选项ACD是对业务的恰当描述。

6.【多项选择题】答案：ABD

解析：可转换债券发行价格中，扣除不含转换权的债券的市价，就是可转换权的价值。企业需要设置"其他权益工具"单独进行核算，因此，选项C是错的。选项ABD都是对业务的恰当描述。

7.【多项选择题】答案：ABC

解析：图中"其他权益工具"不能用资本公积来替代。这里的其他权益工具代表潜在的、未来的可能转换为公司股本的所有者权益，因此，选项D是错的。选项ABC是对业务的恰当表述。

8.【多项选择题】答案：ABCD

解析：这四个选项都是对业务的恰当表述。

9.【多项选择题】答案：ABC

解析：债转股之后，"其他权益工具"还剩下809.22万元，"应付债券——可转换公司债券（面值）"还剩下10 000万元，"应付债券——可转换公司债券（利息调整）"还剩下-527.55万元，因此，选项D是错的。选项ABC都是对相关业务的恰当表述。

10.【多项选择题】答案：ACD

解析：转股时，应将权益成分的账面价值转入"资本公积——股本溢价"科目。

11.【多项选择题】答案：AD

解析：在不考虑发行费用的情况下，发行可转换公司债券时，应按实际收到的金额，借记"银行存款"等科目，按该项可转换公司债券包含的负债成分的公允价值，贷记"应付债券——可转换公司债券"科目，按其差额，贷记"其他权益工具"科目。

12.【业务题】答案：

20×6年1月1日发行债券：（见A段运动）

该债券负债成分的公允价值=（400+400×3%×5）×（P/F，6%，5）=343.76（万元）

权益成分的公允价值=400−343.76=56.24（万元）

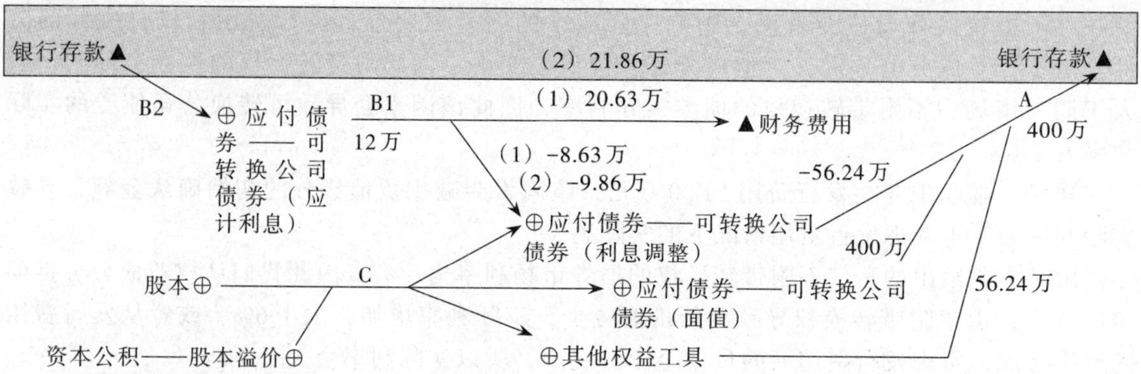

借：银行存款　　4 000 000

　　应付债券——可转换公司债券（利息调整）　　562 400

　贷：应付债券——可转换公司债券（面值）　　4 000 000

　　　其他权益工具　　562 400

20×6年12月31日确认本期的财务费用：（见B1段中（1））

财务费用=343.76×6%=20.63（万元）

债券的摊余成本=343.76+20.63=364.39（万元）

借：财务费用　　206 300

　贷：应付债券——可转换公司债券（应计利息）　　120 000

　　　　　　　——可转换公司债券（利息调整）　　86 300

20×7年12月31日确认财务费用：（见B1段（2））

财务费用=364.39×6%=21.86（万元）

债券的摊余成本=364.39+21.86=386.25（万元）

借：财务费用　　218 600

　贷：应付债券——可转换公司债券（应计利息）　　120 000

　　　　　　　——可转换公司债券（利息调整）　　98 600

13.【业务题】答案：

（1）20×1年1月1日发行可转换公司债券：（A段）

可转换公司债券负债成分的公允价值=200 000 000×0.6499+ 200 000 000×6%×3.8897

=176 656 400（元）

可转换公司债券权益成分的公允价值=200 000 000−176 656 400=23 343 600（元）

借：银行存款　　200 000 000

　　应付债券——可转换公司债券（利息调整）　　23 343 600

　贷：应付债券——可转换公司债券（面值）　　200 000 000

　　　其他权益工具　　23 343 600

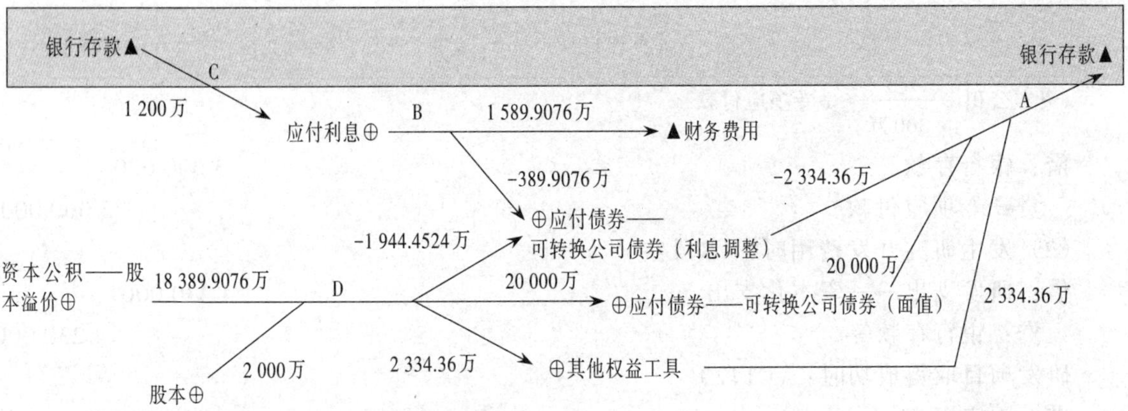

（2）20×1年12月31日确认利息费用：（B段）

财务费用=176 656 400×9%=15 899 076（元）

借：财务费用等　　15 899 076

　贷：应付利息——可转换公司债券利息　　12 000 000

　　　应付债券——可转换公司债券（利息调整）　　3 899 076

同时，以银行存款支付本期的应付利息：（C段）

借：应付利息　　12 000 000

　贷：银行存款　　12 000 000

（3）20×2年1月1日债券持有人行使转换权：（D段）

转换的股份数量=200 000 000÷10=20 000 000（股）

借：应付债券——可转换公司债券（面值）　　200 000 000

　　其他权益工具　　23 343 600

　贷：股本　　20 000 000

　　　应付债券——可转换公司债券（利息调整）　　19 444 524

　　　资本公积——股本溢价　　183 899 076

十、知识点：其他债务性筹资——专项应付款等的会计处理

1.【多项选择题】答案：ABCD

解析：这四个选项都属于非流动负债。

2.【多项选择题】答案：ABC

解析：在项目取得成功的情况下，企业可以将政府所拨付的专项应付款转为企业的资本公积，但政府并未因此而成为企业的所有者之一。

3.【多项选择题】答案：ABCD

解析：ABCD这四个选项都是对专项应付款相关业务的恰当表述。

4.【多项选择题】答案：ABCD

解析：ABCD这四个选项都是对国家专项拨款相关业务的恰当表述。

5.【业务题】答案：

（1）20×8年3月10日收到专项研究拨款：（A段）

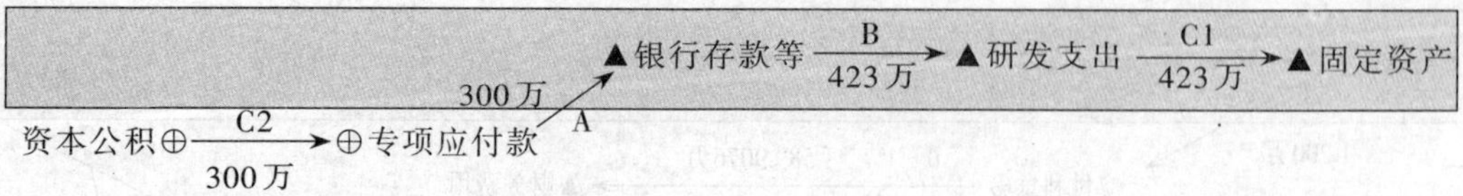

借：银行存款　　3 000 000

　贷：专项应付款　　3 000 000

（2）发生研究开发费用时：（B段）

借：研发支出——资本化支出　　4 230 000

　贷：银行存款等　　4 230 000

研发项目取得成功时：（C1段）

借：固定资产　　4 230 000

　贷：研发支出——资本化支出　　4 230 000

（3）专项拨款转账：（C2段）

借：专项应付款　　3 000 000

　贷：资本公积——拨款转入　　3 000 000

6.【业务题】答案：

（1）20×8年3月10日收到专项研究拨款：（A段）

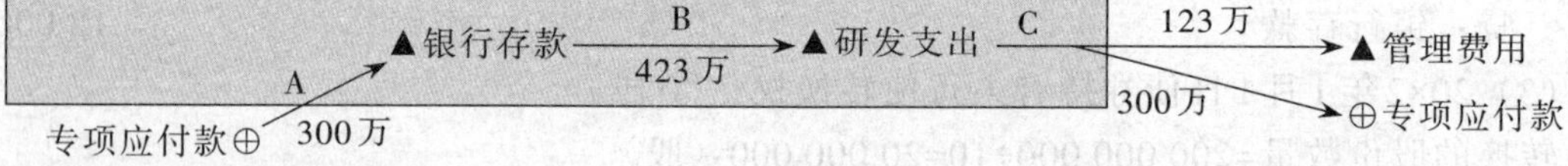

借：银行存款　　3 000 000

　贷：专项应付款　　3 000 000

（2）发生研究开发费用时：（B段）

借：研发支出——资本化支出　　4 230 000

　贷：银行存款等　　4 230 000

（3）该项研究失败，冲销该笔专项应付款，余款做管理费用处理：（C段）

借：专项应付款　　3 000 000

　　管理费用　　1 230 000

　贷：研发支出　　4 230 000

第五章　对内投资（固定资产）业务资金运动分析与会计处理

一、知识点：固定资产——固定资产概述+固定资产基本资金运动分析

1.【单项选择题】答案：B

解析：建造固定资产所需要的材料，应作为工程物资处理。

2.【单项选择题】答案：D

解析：租赁租入的设备应确认为使用权资产并在租赁期内计提折旧。

3.【单项选择题】答案：D

解析：对于这种一揽子购入的，原则上都应该按公允价值比例分配。

4.【单项选择题】答案：D

解析：达到预定可使用状态后的借款利息应该费用化，计入财务费用。

5.【多项选择题】答案：ABCD

解析：这些都是使固定资产达到合理可使用状态之前所必须发生的合理支出，都应该计入固定资产的成本之中。

6.【多项选择题】答案：ABD

解析：投资者投入的固定资产，按投资双方协商或合同约定的金额作为入账价值。

7.【多项选择题】答案：ABC

解析：自营工程达到预定可使用状态之后所发生的借款利息，应予以费用化，计入财务费用。

8.【多项选择题】答案：BC

解析：取得固定资产不是出于销售目的；所有权是否转移，并不是判断的唯一标准，要强调实质重于形式。因此，A和D是错的。

9.【多项选择题】答案：ABCD

解析：ABCD都是在建工程的明细项目。

10.【多项选择题】答案：ABD

解析：工程物质的明细项目主要由三个项目构成：专用材料、专用设备、工具和器具。

11.【判断题】答案：错

解析：借款费用是资本化还是费用化，并不是以交付使用作为判断标准的，而是以固定资产是否达到预定可使用状态为标准的。

二、知识点：动产类固定资产取得——需要安装和不需要安装+接受投资和接受捐赠

1.【单项选择题】答案：C

解析：购入动产类固定资产的增值税应作为进项税额单列，以便抵扣销项税额。

2.【单项选择题】答案：C

解析：见下图资金流程。

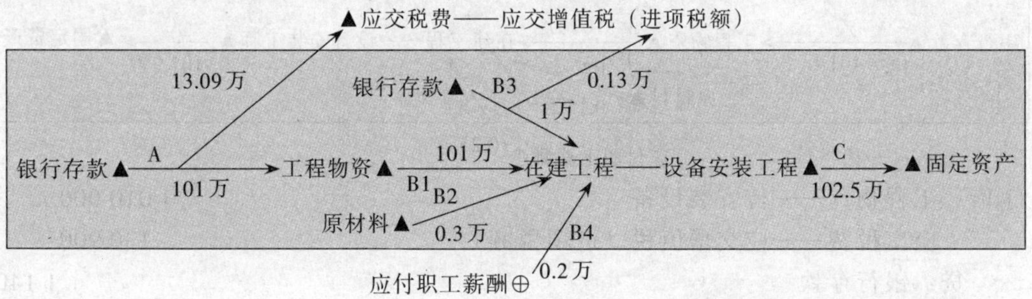

3.【单项选择题】答案：D

解析：见下图资金流程。

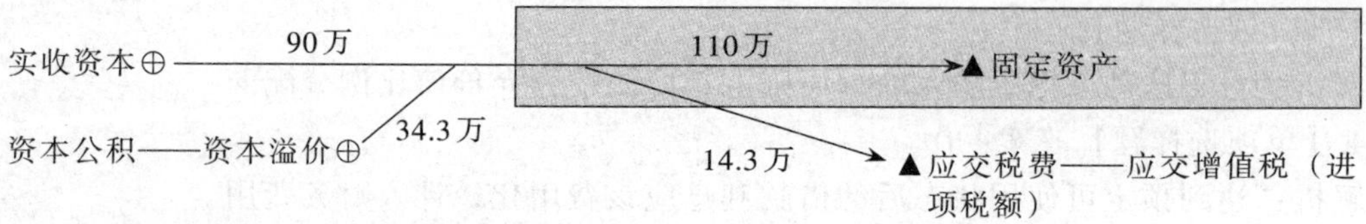

4.【多项选择题】答案：ABCD

解析：这四个选项都是对业务的恰当描述。

5.【业务题】答案：

(1)

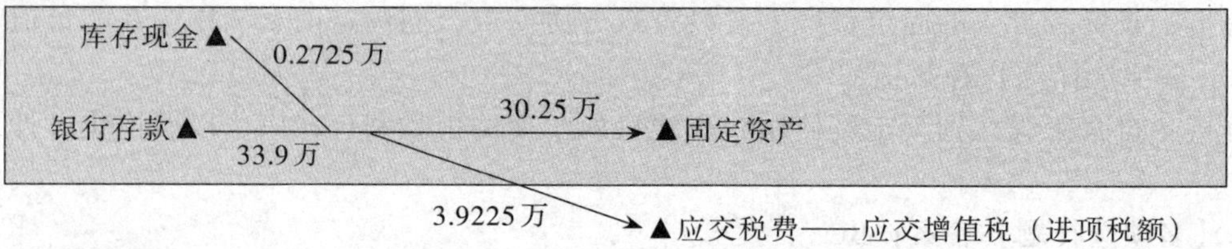

借：固定资产　302 500

　　应交税费——应交增值税（进项税额）　39 225

　贷：银行存款　339 000

　　　库存现金　2 725

(2)

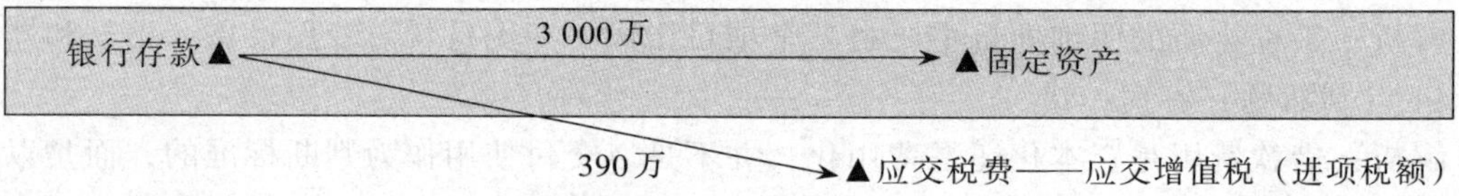

借：固定资产　30 000 000

　　应交税费——应交增值税（进项税额）　3 900 000

　贷：银行存款　33 900 000

(3)

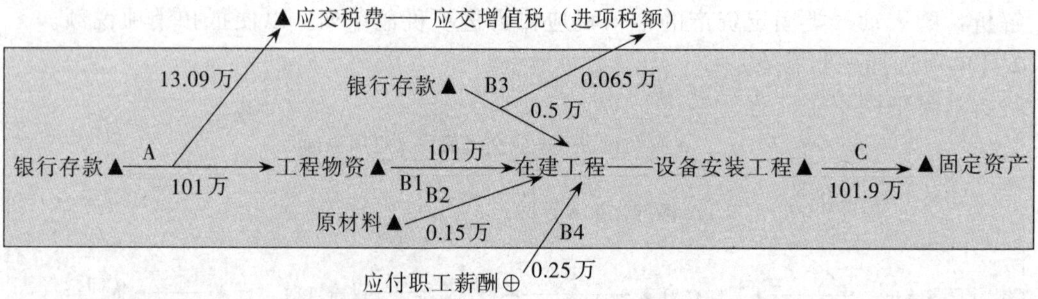

①借：工程物资——待安装设备　1 010 000

　　应交税费——应交增值税（进项税额）　130 900

　贷：银行存款　1 140 900

②借：在建工程——设备安装工程　1 019 000

　　应交税费——应交增值税（进项税额）　650

贷：原材料　1 500

应付职工薪酬　2 500

银行存款　5 650

工程物资——待安装设备　1 010 000

③借：固定资产　1 019 000

贷：在建工程——设备安装工程　1 019 000

（4）

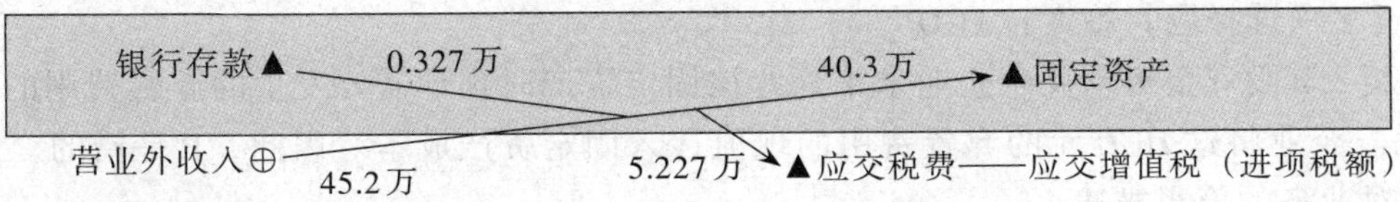

借：固定资产　403 000

应交税费——应交增值税（进项税额）　52 270

贷：营业外收入　452 000

银行存款　3 270

（5）

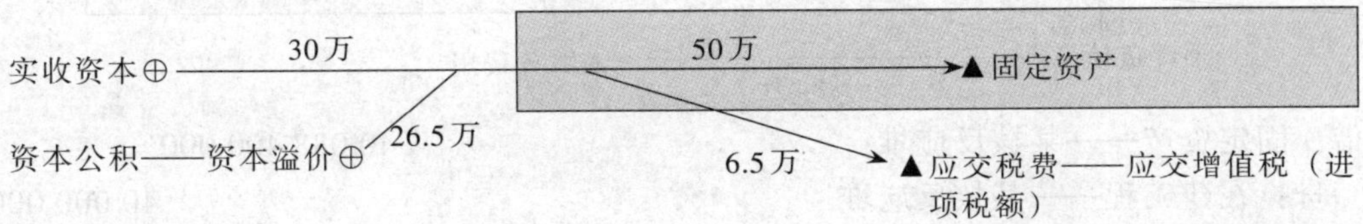

借：固定资产　500 000

应交税费——应交增值税（进项税额）　65 000

贷：实收资本——乙公司　300 000

资本公积——资本溢价　265 000

三、知识点：动产类固定资产取得——具有弃置义务的举例

1.【单项选择题】答案：A

解析：见下图的A段运动。

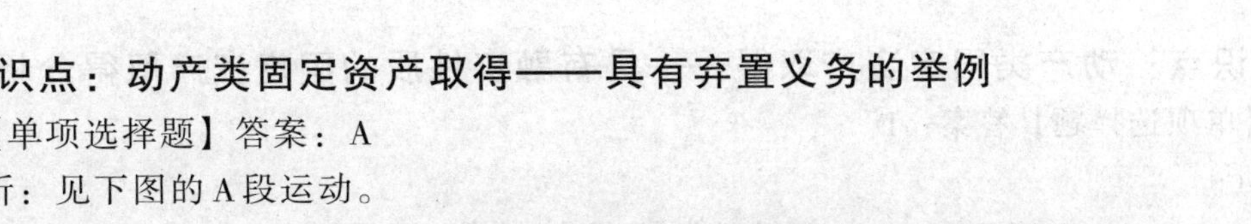

2.【单项选择题】答案：C

解析：

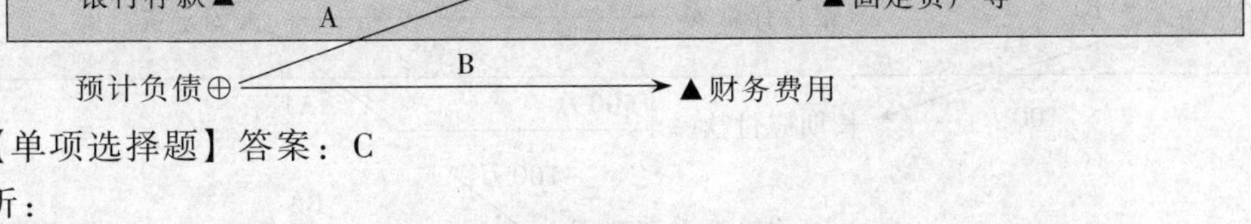

3.【多项选择题】答案：BCD

解析：B和D选项对应下图中B段运动。C选项对应下图中的A1段运动。

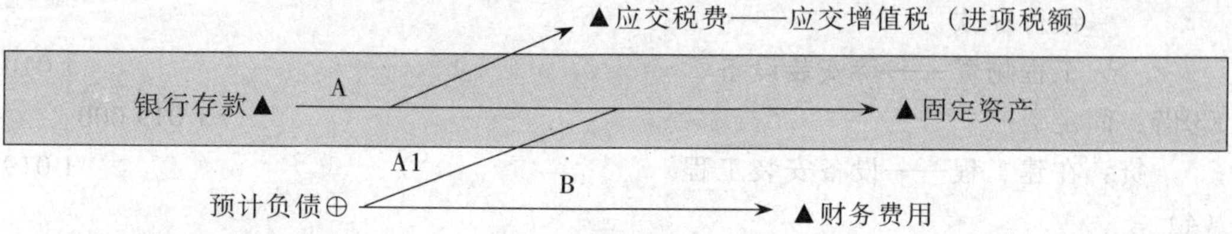

4.【多项选择题】答案：ACD

解析：B段资金运动反映企业未来处置该固定资产时预计需要发生的弃置费用的现值为10万元。企业将这10万元的弃置费用的现值计入固定资产成本。因此，B是错的。ACD选项都是对业务的恰当描述。

5.【业务题】答案：

（1）20×9年1月1日，弃置费用的现值=400 000×0.0221=8 840（万元）。

固定资产取得成本=4 000 000+8 840=4 008 840（万元）。（A段）

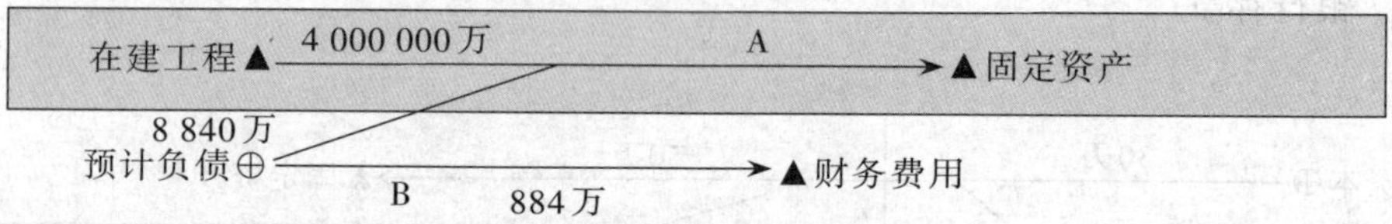

借：固定资产——某核反应堆	40 088 400 000	
贷：在建工程——某核反应堆		40 000 000 000
预计负债——某核反应堆（弃置费用）		88 400 000

（2）计算第1年应负担的利息费用=8 840×10%=884（万元）。（B段）

借：财务费用	8 840 000	
贷：预计负债——某核反应堆（弃置费用）		8 840 000

四、知识点：动产类固定资产取得——具有融资性质的固定资产取得分析+举例

1.【单项选择题】答案：D

解析：

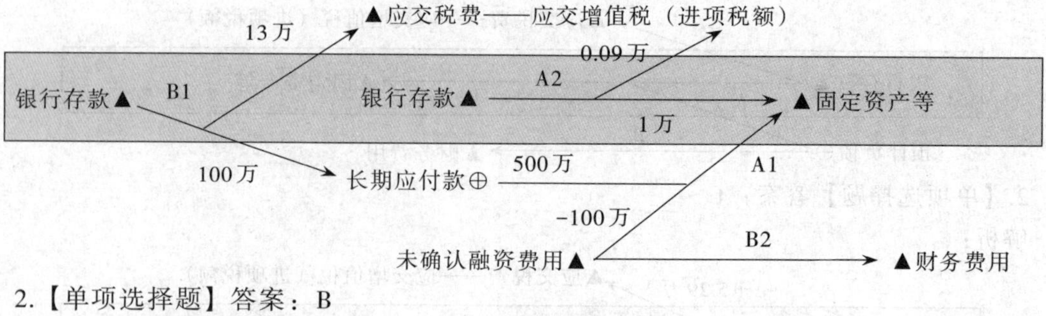

2.【单项选择题】答案：B

解析：本期应摊销的未确认融资费用=400×8%=32（万元），即下图B2段的流量。

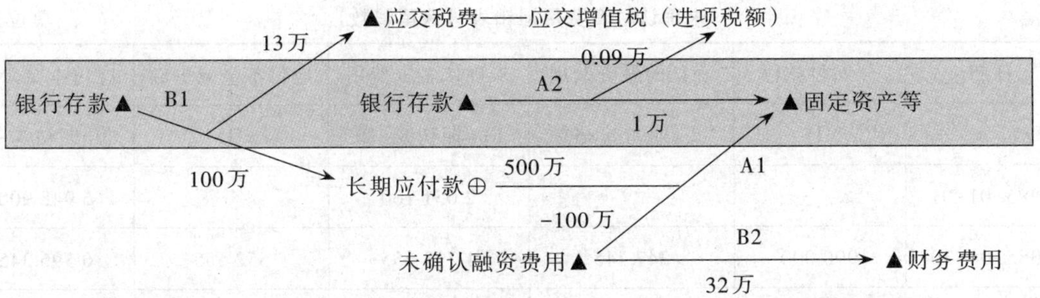

3.【多项选择题】答案：ABCD

解析：这四个选项都是对未确认融资费用业务的恰当描述。

4.【多项选择题】答案：ACD

解析：资金运动B2段，应按实际利率法分期摊销。

5.【多项选择题】答案：ABC

解析：企业购买资产有可能延期支付有关价款。如果延期支付的购买价款超过正常信用条件，实质上具有融资性质的，所购资产的成本应当以延期支付购买价款的现值为基础确定。实际支付的价款与购买价款的现值之间的差额，应当在信用期间内采用实际利率法进行摊销，计入相关资产成本或当期损益，因此，选项D不正确。

6.【判断题】答案：错

解析：具有融资性质的购买，应以购买价款的现值为基础确定该固定资产的成本。

7.【业务题】答案：

（1）购买价款的现值=900 000×（P/A，5%，10）=900 000×7.721=6 948 900（元）。

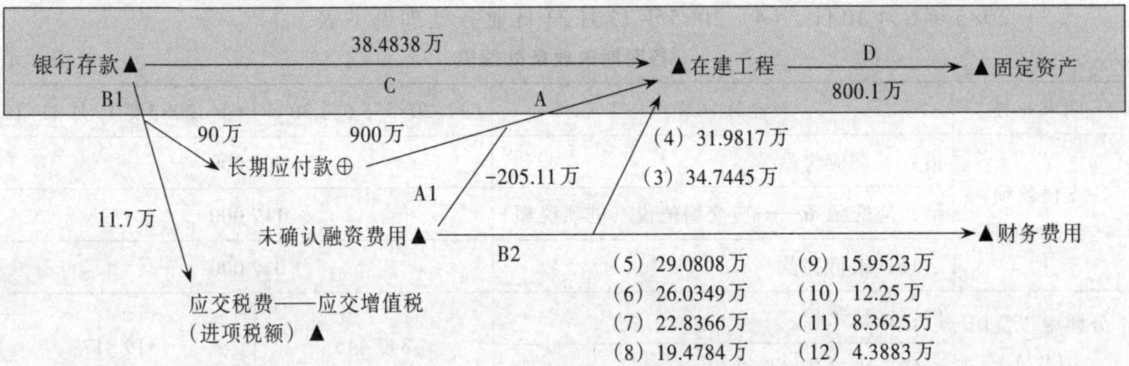

20×5年1月1日甲公司的会计处理：（A段）

借：在建工程　6 948 900

　　未确认融资费用　2 051 100

　贷：长期应付款　9 000 000

（2）确定信用期间未确认融资费用摊销额。

未确认融资费用摊销表（保留整数） 单位：元

日期	分期付款额	确认的融资费用	未确认融资费用	应付本金减少额	应付本金余额
	①	②=期初⑤×5%	③=期初③-②	④=①-②	⑤=期初⑤-④
20×5-01-01			2 051 100		6 948 900
20×5-06-30	900 000	347 445	1 703 655	552 555	6 396 345
20×5-12-31	900 000	319 817	1 383 838	580 183	5 816 162
20×6-06-30	900 000	290 808	1 093 030	609 192	5 206 970
20×6-12-31	900 000	260 349	832 681	639 651	4 567 319
20×7-06-30	900 000	228 366	604 315	671 634	3 895 685
20×7-12-31	900 000	194 784	409 531	705 216	3 190 469
20×8-06-30	900 000	159 523	250 008	740 477	2 449 992
20×8-12-31	900 000	122 500	127 508	777 500	1 672 492
20×9-06-30	900 000	83 625	43 883	816 375	856 117
20×9-12-31	900 000	43 883	0	856 117	0

（3）20×5年6月30日、（4）20×5年12月31日业务处理见下表。

各期期末业务处理表 单位：元

<table>
<tr><th>期末业务</th><th>会计分录</th><th>（3）20×5年6月30日</th><th>（4）20×5年12月31日</th></tr>
<tr><td rowspan="3">支付款项（B1）</td><td>借：长期应付款</td><td colspan="2">900 000</td></tr>
<tr><td>借：应交税费——应交增值税（进项税额）</td><td colspan="2">117 000</td></tr>
<tr><td>贷：银行存款</td><td colspan="2">1 017 000</td></tr>
<tr><td rowspan="2">分摊融资费用（B2）</td><td>借：在建工程</td><td rowspan="2">347 445</td><td rowspan="2">319 817</td></tr>
<tr><td>贷：未确认融资费用</td></tr>
<tr><td rowspan="2">设备安装费的发生（C）</td><td>借：在建工程</td><td rowspan="2"></td><td rowspan="2">384 838</td></tr>
<tr><td>贷：银行存款等</td></tr>
<tr><td rowspan="2">设备安装完工（D）</td><td>借：固定资产</td><td rowspan="2"></td><td rowspan="2">8 001 000</td></tr>
<tr><td>贷：在建工程</td></tr>
</table>

（5）20×6年6月30日、（6）20×6年12月31日、（7）20×7年6月30日、（8）20×7年12月31日、（9）20×8年6月30日、（10）20×8年12月31、（11）20×9年6月30日、（12）20×9年12月31日的业务处理分别如下：

①每期支付款项处理，完全相同：（B1段）

借：长期应付款　　900 000

　　应交税费——应交增值税（进项税额）　　117 000

　贷：银行存款　　1 017 000

②每期分摊融资费用，只是金额不同：（B2段）

以（5）20×6年6月30日为例（其他略）：

借：财务费用　　290 808

　贷：未确认融资费用　　290 808

五、知识点：不动产类固定资产取得——采用出包方式取得的会计处理+自营工程资金运动分析+自营工程会计处理举例

1.【单项选择题】答案：A

解析：在建工程项目发生非正常的报废或毁损的，应将其净损失计入营业外支出。如该损失属于管理不善造成的，还应将该工程所耗费的进项税额全部转为营业外支出。

2.【多项选择题】答案：CD

解析：外购的工程物资，用于福利性质不动产的，要全额计入工程成本。工程物资发生报废或毁损的，应将其净损失计入在建工程。

3.【多项选择题】答案：ABD

解析：ABD选项都是对达到预计可使用状态在建工程业务处理的恰当描述。

4.【多项选择题】答案：ABC

解析：D选项是错的。从题目涉及的图中进项税额处理可知，该固定资产属于生产用固定资产。如果是属于非生产用的，那增值税进项税额就不能抵扣，只能全部计入固定资产成本。ABC选项都是对业务的恰当描述。

5.【多项选择题】答案：ABCD

解析：这四个选项都是对自营工程业务的恰当描述。

6.【多项选择题】答案：ABCD

解析：这四个选项都是对业务的恰当描述。

7.【业务题】答案：

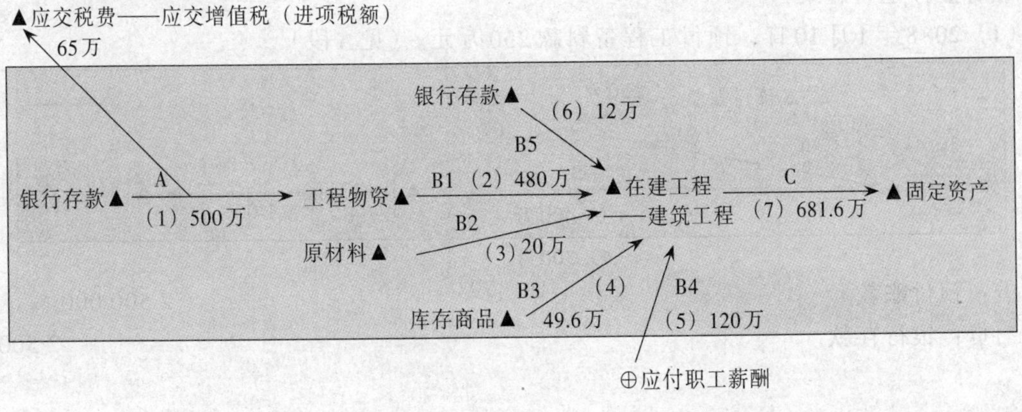

（1）见A段资金运动：

借：工程物资　　5 000 000

应交税费——应交增值税（进项税额）　　650 000

贷：银行存款　　5 650 000

（2）见B1段资金运动：

借：在建工程——建筑工程　　4 800 000

贷：工程物资　　4 800 000

（3）见B2段资金运动：

借：在建工程——建筑工程　　200 000

贷：原材料　　200 000

（4）见B3段资金运动：

借：在建工程——建筑工程　　496 000

贷：库存商品　　496 000

（5）见B4段资金运动：

借：在建工程——建筑工程　　1 200 000

贷：应付职工薪酬　　1 200 000

（6）见B5段资金运动：

借：在建工程——建筑工程　　120 000

贷：银行存款　　120 000

（7）见C段资金运动：

借：固定资产　　6 816 000

贷：在建工程——建筑工程　　6 816 000

（8）11月28日，将未使用完的20万元工程物资转为企业的原材料。（见D段）

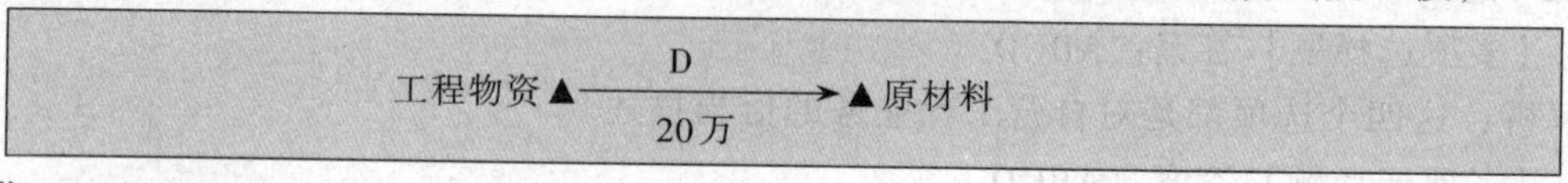

借：原材料　　200 000

贷：工程物资　　200 000

8.【业务题】答案：

（1）20×8年1月10日，预付工程备料款250万元。（见A段）

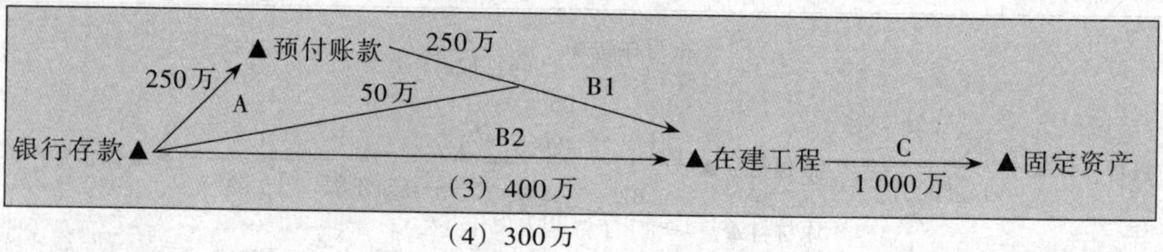

（4）300万

借：预付账款　　2 500 000

贷：银行存款　　2 500 000

（2）20×8年4月30日，按工程进度进行结算。（见B1段）

借：在建工程　　3 000 000

　贷：预付账款　　2 500 000

　　银行存款　　500 000

（3）20×8年8月31日，按工程进度进行结算。（见B2段）

借：在建工程　　4 000 000

　贷：银行存款　　4 000 000

（4）20×8年11月30日，按工程进度进行结算。（见B2段）

借：在建工程　　3 000 000

　贷：银行存款　　3 000 000

（5）20×8年11月30日，该非生产性福利用房达到了预定可使用状态。（见C段）

借：固定资产　　10 000 000

　贷：在建工程　　10 000 000

六、知识点：固定资产折旧——折旧分析

1.【单项选择题】答案：A

解析：在加速折旧法下，每年的折旧额都是逐年递减的。

2.【单项选择题】答案：B

解析：第一年的折旧额=155 000×40%=62 000（元）。

3.【单项选择题】答案：C

解析：20×1年应计提的折旧额=（860−5）×（5/15）×（8/12）=190（万元）。

4.【单项选择题】答案：B

解析：未提足折旧但提前报废的，应将其净损失（含未提取的折旧）转入固定资产清理。已提足折旧的不再提取。毁损的房屋不提折旧。

5.【多项选择题】答案：ABC

解析：按规定单独估价作为固定资产入账的土地，不提折旧。

6.【多项选择题】答案：ABCD

解析：固定资产原价、预计净残值和固定资产减值准备影响折旧总额，而折旧总额和预计使用年限共同影响年度折旧额。

7.【判断题】答案：对

解析：企业至少于每年年度终了，对固定资产各项目进行复核，并相应进行调整。

8.【判断题】答案：对

解析：之所以会这样，是因为固定资产的折旧基数是以期初固定资产原始价值为基础计提的。在期初固定资产原值中，本月增加的不在其中，本月减少的仍然在其中。

9.【判断题】答案：对

解析：无论采用哪种折旧方法，其折旧总额总是相等的。

10.【判断题】答案：对

解析：提前报废的固定资产，其尚未折旧完的价值会转入固定资产清理之中。

七、知识点：固定资产后续支出——后续支出分析+举例

1.【单项选择题】答案：D

解析：该业务的资金流程见下图：

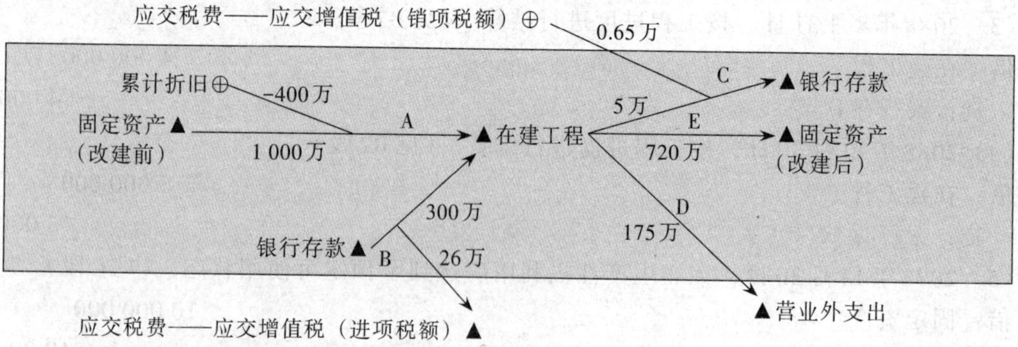

2.【多项选择题】答案：ABCD

解析：这四个选项都是对固定资产后续支出的恰当描述。

3.【多项选择题】答案：ABCD

解析：这四个选项都是对固定资产改扩建业务的恰当描述。

4.【多项选择题】答案：ACD

解析：B段资金运动反映企业为改扩建工程支付了439万元，其中包含的39万元是进项税额，另外剩下的400万元全部转入固定资产。这400万元如果全部是原材料并且所有原材料采购都获得了增值税专用发票的话，B段资金运动的进项税额的金额就会有问题。但这400万元不一定都是原材料，也可能存在所购买的原材料未取得增值税专用发票的情况。因此，B是错的。ACD选项是对改扩建业务的恰当描述。

5.【业务题】答案：

（1）将该生产线转入改扩建。（见A段）

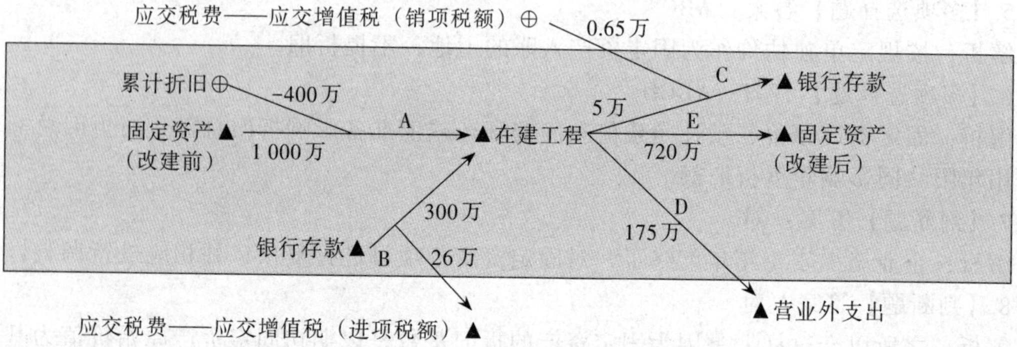

借：在建工程	6 000 000	
累计折旧	4 000 000	
贷：固定资产		10 000 000

（2）发生改扩建支出300万元，增值税进项税额26万元。（见B段）

借：在建工程	3 000 000	

应交税费——应交增值税（进项税额） 260 000
贷：银行存款 3 260 000

（3）发生改扩建变卖收入。（见C段）

借：银行存款 56 500
贷：在建工程 50 000
应交税费——应交增值税（销项税额） 6 500

（4）确认改扩建拆下设备净损失。（见D段）

借：营业外支出 1 750 000
贷：在建工程 1 750 000

（5）改扩建完工，将其转为固定资产。（见E段）

借：固定资产 7 200 000
贷：在建工程 7 200 000

6.【业务题】答案：

（1）企业发生租入固定资产的改建支出。（见A段）

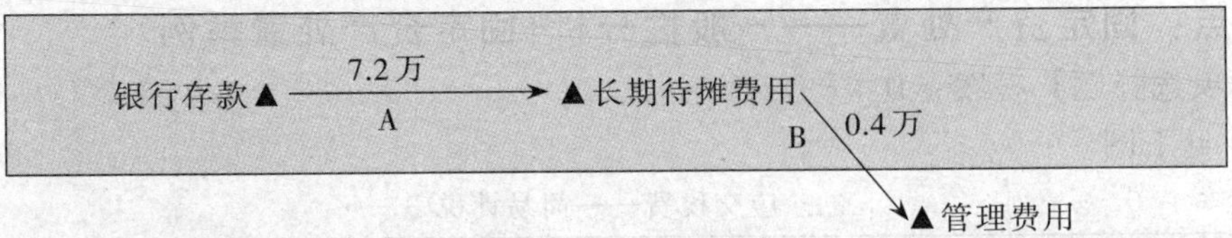

借：长期待摊费用 72 000
贷：银行存款 72 000

（2）确认本月应承担的摊销费4 000元。（见B段）

借：管理费用 4 000
贷：长期待摊费用 4 000

7.【业务题】答案：

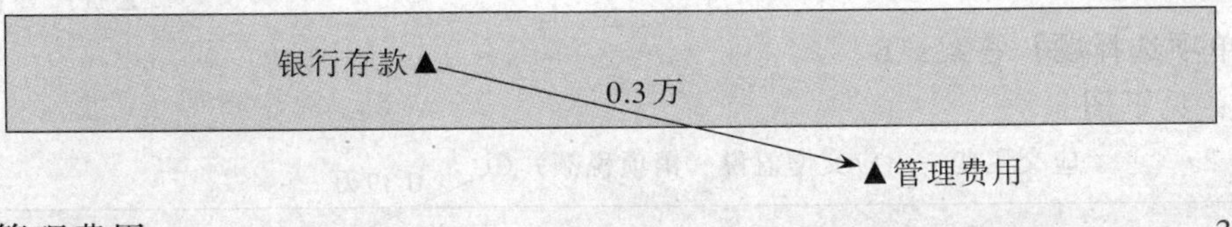

借：管理费用 3 000
贷：银行存款 3 000

八、知识点：固定资产减值——一般性分析+固定资产减值举例

1.【单项选择题】答案：B

解析：20×1年12月31日该生产线账面净值=370-（370-10）×（5÷15）÷2=310（万元）。其可收回金额298万元，所以减值12万元。

2.【单项选择题】答案：C

解析：新的固定资产计提折旧总额=100-40-24=36（万元）。下一年折旧额=36÷6=6（万元）。

3.【多项选择题】答案：ABCD

解析：这四个选项都是对期末计价的恰当描述。

4.【多项选择题】答案：ABCD

解析：这四个选项都是对固定资产减值准备设置的恰当描述。

5.【多项选择题】答案：ABCD

解析：这四个选项都是对固定资产减值准备发生额和余额的恰当描述。

6.【判断题】答案：对

解析：固定资产减值损失一经提取，不得转回。只有在固定资产处置时，才同固定资产原值、累计折旧一并结转。

7.【判断题】答案：错

解析：固定资产一旦提取减值准备，就改变了固定资产的账面价值，也就相应地改变了后续期间折旧计提总额，从而影响了后续期间折旧的提取。

应计提折旧总额=固定资产原值-预计净残值-固定资产减值准备

九、知识点：固定资产处置——一般性分析+固定资产处置举例

1.【单项选择题】答案：D

解析：见下图。

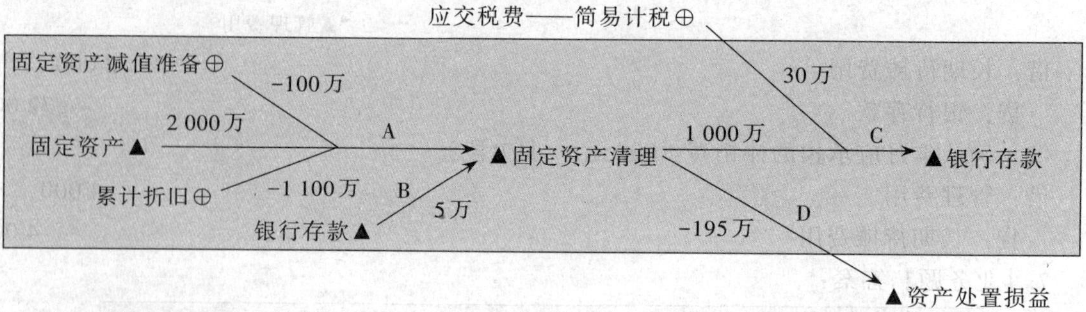

2.【单项选择题】答案：B

解析：见下图。

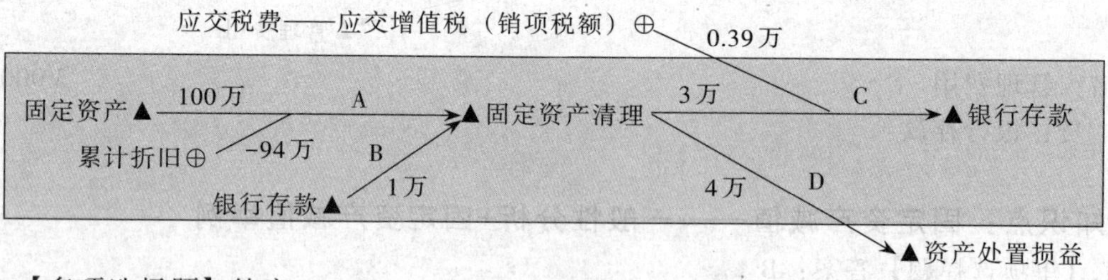

3.【多项选择题】答案：ABC

解析：D段资金运动流量为-28万元，反映企业处置该固定资产发生净收益28万元，而不是净亏损28万元。ABC三个选项都是本业务的恰当描述。

4.【多项选择题】答案：AB

解析：C段资金运动反映企业将该固定资产出售，取得银行存款5.5万元，增值税0.715

万元，该增值税业务应该采用的是一般计税方法处理，因此，C是错的。D段资金运动流量为1.5万元，反映企业处置该固定资产发生净亏损1.5万元，而不是净收益1.5万元。AB选项都是对本业务的恰当描述。

5.【多项选择题】答案：AC

解析：固定资产终止确认的条件之一：（1）该资产处于处置状态；（2）使用或处置该资产预期不能产生经济利益。

6.【多项选择题】答案：BD

解析："固定资产清理"账户贷方对应该项目的资金流出。从图中可以看出，从"固定资产清理"项目流出的主要包括三项：变价收入（D段运动），相关赔款（C段运动），处置净损失（E段运动，其流量为正数）。

7.【多项选择题】答案：ABD

解析："固定资产清理"账户借方对应该项目的资金流入。从图中可以看出，流入到"固定资产清理"项目的主要包括三项：固定资产账面价值（A段运动），发生的清理费（B段运动），处置净收益（E段运动，其流量为负数）。

8.【多项选择题】答案：ABC

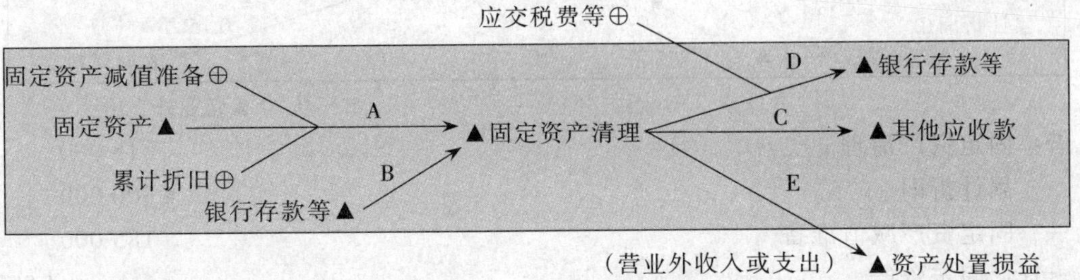

解析：整个资金运动反映的是固定资产正常处置业务，因为其处理的净损益是通过"资产处置损益"来进行的，因此，D是错的。

9.【判断题】答案：错

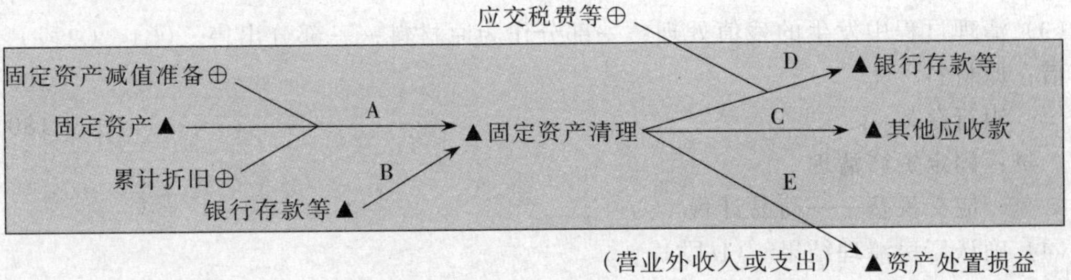

解析：固定资产出售的净损益应转入资产处置损益。固定资产非正常的报废、毁损净损失应转入营业外支出。

10.【判断题】答案：错

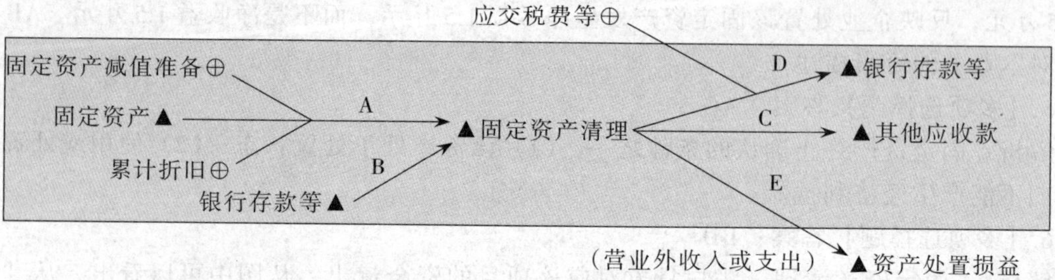

解析：在处理固定资产时，其涉及的增值税既可能是"应交税费——应交增值税（销项税额）"项目，也可能是"应交税费——简易计税"项目。

11.【业务题】答案：

（1）将该厂房转入清理。（A段）

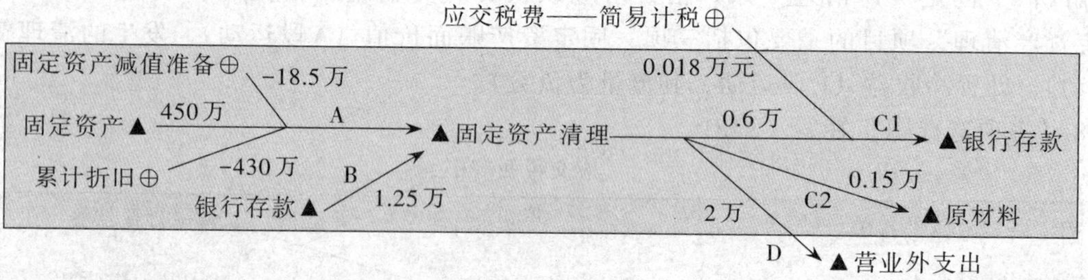

借：固定资产清理　15 000
　　累计折旧　4 300 000
　　固定资产减值准备　185 000
　贷：固定资产　4 500 000

（2）企业发生清理费用。（B段）

借：固定资产清理　12 500
　贷：银行存款　12 500

（3）清理过程中发生的残值处理：一部分作为原材料，一部分出售。（C1、C2段）

借：原材料　1 500
　　银行存款　6 180
　贷：固定资产清理　7 500
　　　应交税费——简易计税　180

（4）确认厂房清理结果。（D段）

借：营业外支出　20 000
　贷：固定资产清理　20 000

12.【业务题】答案：

（1）将该设备转入清理。（A段）

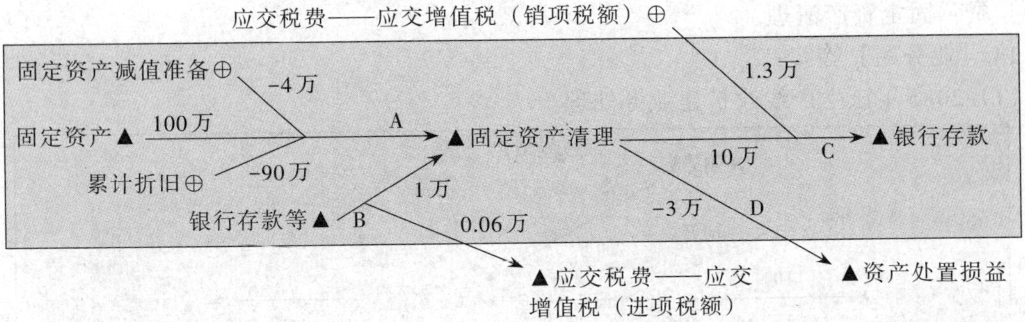

借：固定资产清理　　60 000
　　固定资产减值准备　　40 000
　　累计折旧　　900 000
　贷：固定资产　　1 000 000

（2）企业发生清理费用。（B段）

借：固定资产清理　　10 000
　　应交税费——应交增值税（进项税额）　　600
　贷：银行存款　　10 600

（3）清理过程中发生的残值收入。（C段）

借：银行存款　　113 000
　贷：固定资产清理　　100 000
　　应交税费——应交增值税（销项税额）　　13 000

（4）确认设备清理结果。（D段）

借：固定资产清理　　30 000
　贷：资产处置损益　　30 000

13.【业务题】答案：

（1）将该设备转入清理。（A段）

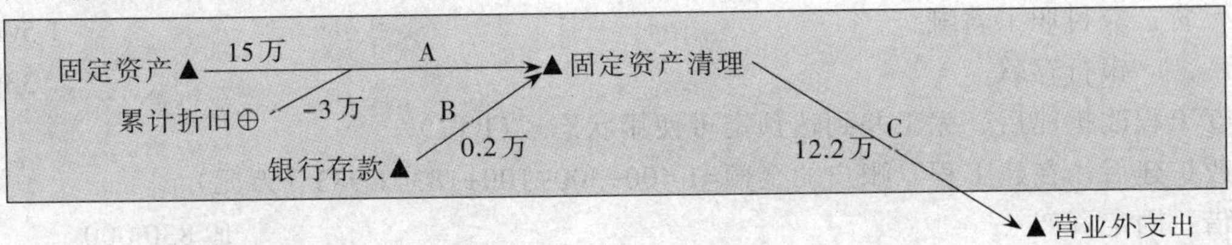

借：固定资产清理　　120 000
　　累计折旧　　30 000
　贷：固定资产　　150 000

（2）企业发生清理费用。（B段）

借：固定资产清理　　2 000
　贷：银行存款　　2 000

（3）确认设备清理结果，并将其转入“营业外支出”。（C段）

借：营业外支出　　122 000

贷：固定资产清理 122 000

14.【业务题】答案：

（1）20×5年该生产线改扩建业务处理。

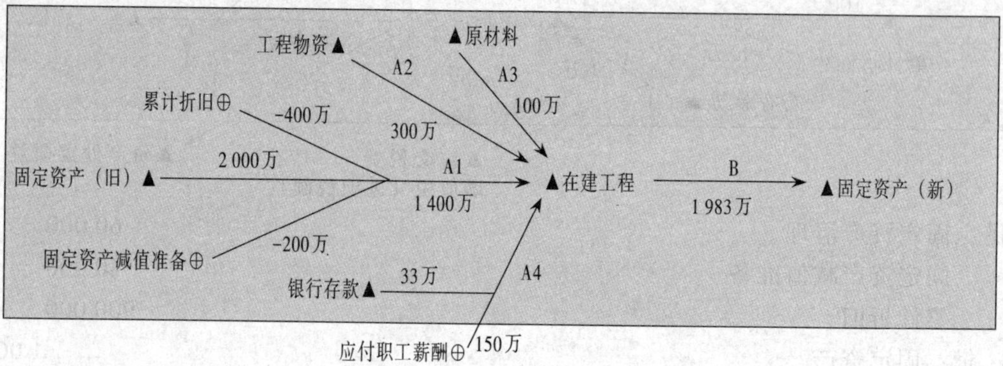

①将固定资产转入改扩建。（A1段）

借：在建工程 14 000 000

累计折旧 4 000 000

固定资产减值准备 2 000 000

贷：固定资产 20 000 000

②工程物资的耗费。（A2段）

借：在建工程 3 000 000

贷：工程物资 3 000 000

③企业原材料的耗费。（A3段）

借：在建工程 1 000 000

贷：原材料 1 000 000

④企业耗费人工费和其他费用。（A4段）

借：在建工程 1 830 000

贷：应付职工薪酬 1 500 000

银行存款 330 000

⑤工程改扩建后，完工并到达预定可使用状态。（B段）

改扩建后“在建工程”账户的金额=1 400+300+100+183=1 983（万元）

借：固定资产 19 830 000

贷：在建工程 19 830 000

（2）20×6年计提折旧=（1 983−100）÷10=188.3（万元）。（C段）

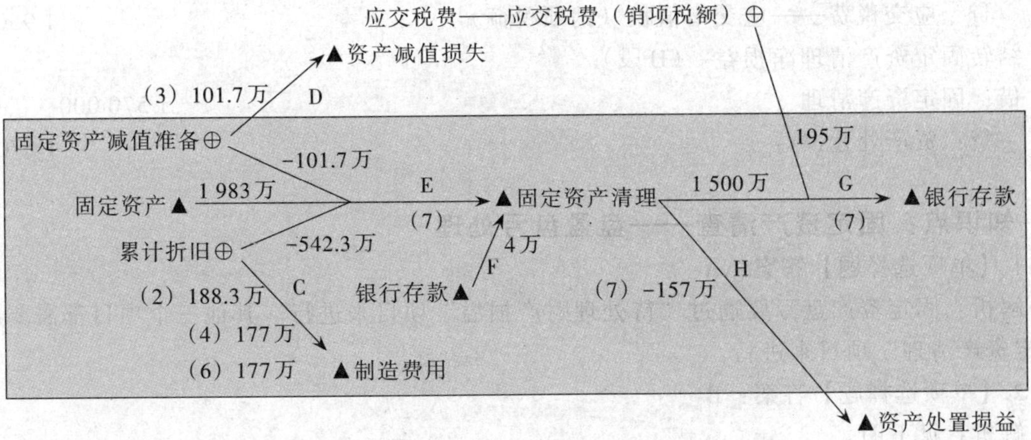

借：制造费用　　1 883 000

　贷：累计折旧　　1 883 000

（3）20×6年12月31日计提减值准备前的固定资产的账面价值=1 983−188.3=1 794.7（万元），可收回金额为1 693万元，应计提减值准备101.7万元。（D段）

借：资产减值损失　　1 017 000

　贷：固定资产减值准备　　1 017 000

（4）20×7年计提折旧=（1 983−188.3−101.7−100）÷9=177（万元）。（C段）

借：制造费用　　1 770 000

　贷：累计折旧　　1 770 000

（5）20×7年12月31日计提减值准备前的固定资产的账面价值=1 693−177=1 516（万元），可收回金额为1 600万元，不应计提减值准备，也不能转回以前年度计提的减值准备。

（6）20×8年计提折旧=（1 516−100）÷8=177（万元）。（C段）

借：制造费用　　1 770 000

　贷：累计折旧　　1 770 000

（7）20×9年1月1日，将该固定资产出售。

将固定资产转入清理。（E段）

借：固定资产清理　　13 390 000

　　累计折旧　　5 423 000

　　固定资产减值准备　　1 017 000

　贷：固定资产　　19 830 000

发生固定资产清理费4万元。（F段）

借：固定资产清理　　40 000

　贷：银行存款　　40 000

取得出售收入1 500万元（不含增值税，其税率为13%），款项已存入银行。（G段）

借：银行存款　　169 500 000

　贷：固定资产清理　　15 000 000

贷：应交税费——应交增值税（销项税额） 1 950 000

结转固定资产清理净损益。（H段）

借：固定资产清理 1 570 000

贷：资产处置损益 1 570 000

十、知识点：固定资产清查——盘盈盘亏处理

1.【单项选择题】答案：A

解析：固定资产盘亏要通过“待处理财产损溢”项目来进行。其他三个项目都需要通过“固定资产清理”项目来进行。

2.【单项选择题】答案：B

解析：见下图。

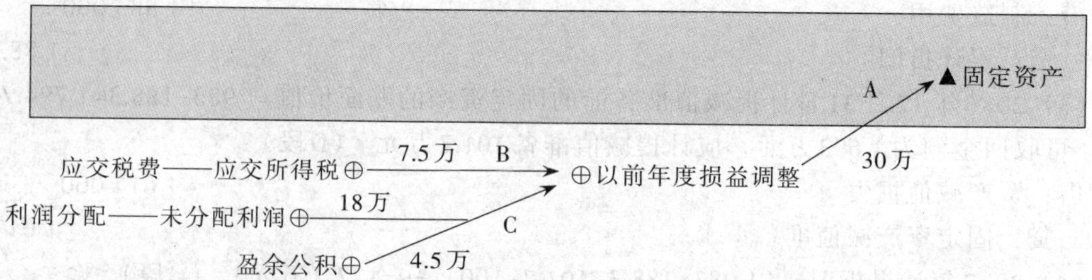

3.【单项选择题】答案：D

解析：应计营业外支出金额=（1.5−0.6+0.9×0.13）−0.2=0.817（万元）

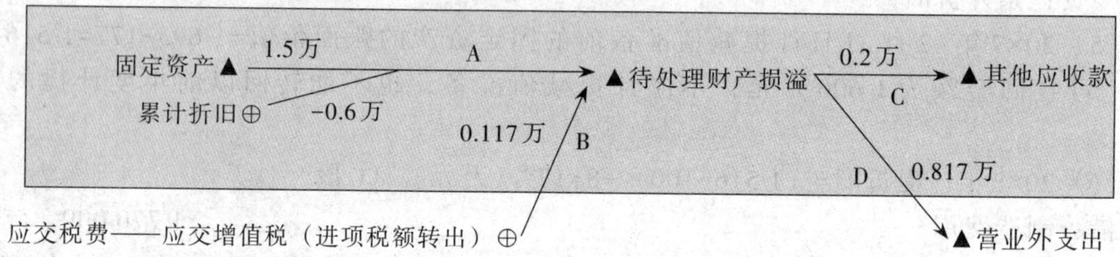

4.【多项选择题】答案：BC

解析：企业固定资产发生盘亏，其净损失一般应转入企业的营业外支出。固定资产盘盈应作为错账更正处理，而不是作为营业外收入处理。

5.【多项选择题】答案：ABC

解析：从C段资金运动流量可知，企业当年提取盈余公积金的比例为20%，因此，D选项是错的。ABC三个选项都是对业务的恰当描述。

6.【多项选择题】答案：ABCD

解析：这四个选项都是对业务的恰当描述。

7.【多项选择题】答案：ABC

解析：如企业在编制报表之前，“以前年度损益调整”项目还有余额的话，企业需要将其调整完毕，然后再编制报表。因此，该项目不会出现在报表之中。

8.【判断题】答案：错

解析：盘盈固定资产应作为错账更正，通过“以前年度损益调整”来处理。

9.【业务题】答案：

(1) 发生盘亏转账（即发现问题）。(A1、A2段)

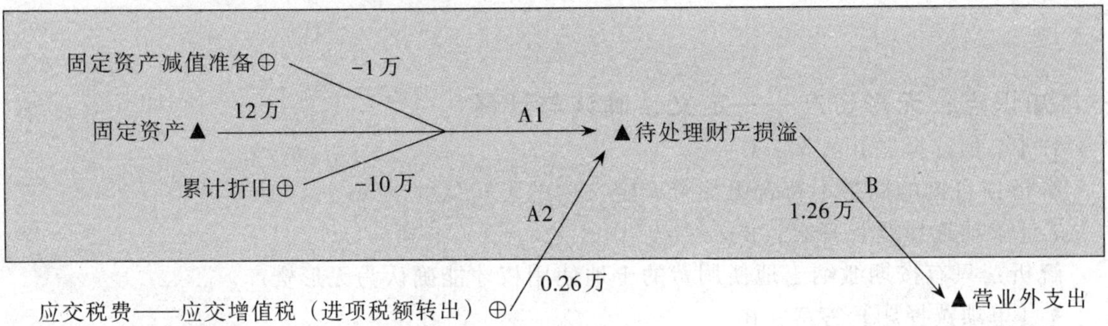

借：待处理财产损溢——待处理固定资产损溢　　12 600

　　累计折旧　　100 000

　　固定资产减值准备　　10 000

　贷：固定资产　　120 000

　　　应交税费——应交增值税（进项税额转出）　　2 600

(2) 经批准转为营业外支出。(B段)

借：营业外支出　　12 600

　贷：待处理资产损溢——待处理固定资产损溢　　12 600

10.【业务题】答案：

(1) 发生盘盈（即发现问题）。(A段)

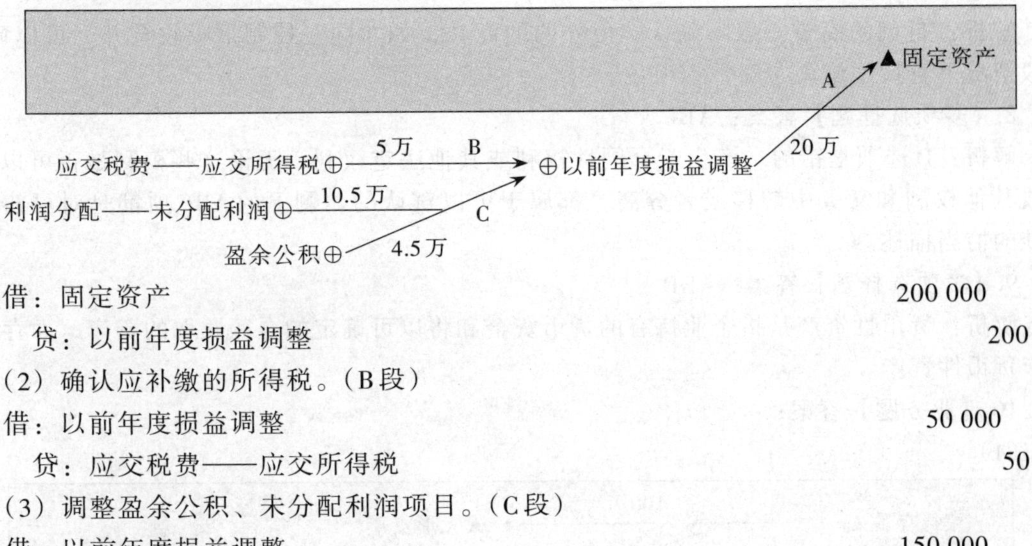

借：固定资产　　200 000

　贷：以前年度损益调整　　200 000

(2) 确认应补缴的所得税。(B段)

借：以前年度损益调整　　50 000

　贷：应交税费——应交所得税　　50 000

(3) 调整盈余公积、未分配利润项目。(C段)

借：以前年度损益调整　　150 000

　贷：盈余公积　　45 000

　　　利润分配——未分配利润　　105 000

第六章　对内投资（无形资产）业务资金运动分析与会计处理

一、知识点：无形资产——定义、确认与计量

1.【单项选择题】答案：C

解析：自创的商誉不符合无形资产定义中的可辨认性。

2.【单项选择题】答案：B

解析：只有按期缴纳土地使用费的土地使用权才能确认为无形资产。

3.【单项选择题】答案：B

解析：单独计价入账的土地，应作为固定资产核算；非同一控制下吸收合并产生的商誉确认为商誉；持有并准备增值后转让的土地使用权，确认为投资性房地产。

4.【多项选择题】答案：AC

解析：无形资产的研究支出一般都应该费用化；无形资产的后续支出一般应在发生的当期确认为费用。

5.【多项选择题】答案：ABC

解析：无形资产可以是自行研发的。ABC三个选项都是对无形资产确认的恰当描述。

6.【多项选择题】答案：ABC

解析：无形资产是企业拥有或控制的、没有实物形态的可辨认非货币性资产。

7.【多项选择题】答案：ACD

解析：自创的商誉一般不确认。但外购的商誉，如非同一控制下吸收合并，可以确认，一般情况下直接确认为"商誉"项目。

8.【多项选择题】答案：ABC

解析：D选项是错的。产生于合同性权利或其他法定权利，无论这些权利是否可以从企业或其他权利和义务中转移或者分离，都属于可以辨认的。剩下的ABC项都是对可辨认性标准的恰当描述。

9.【多项选择题】答案：ABD

解析：货币性资产是指企业持有的货币资金和将以可确定的金额收取的资产，而存货不属于货币性资产。

10.【业务题】答案：

(1)

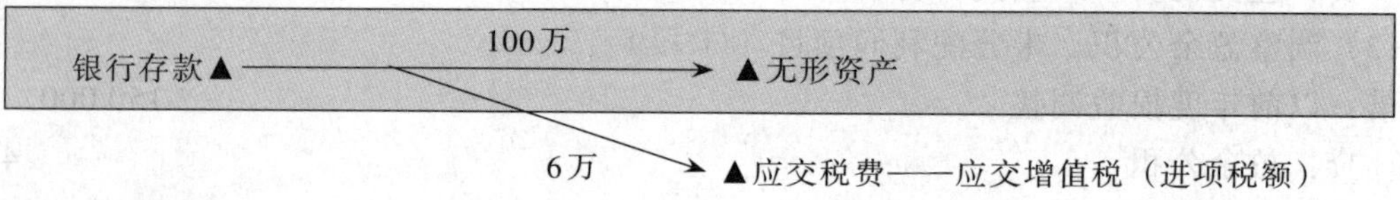

借：无形资产	1 000 000	
应交税费——应交增值税（进项税额）	60 000	
贷：银行存款		1 060 000

（2）

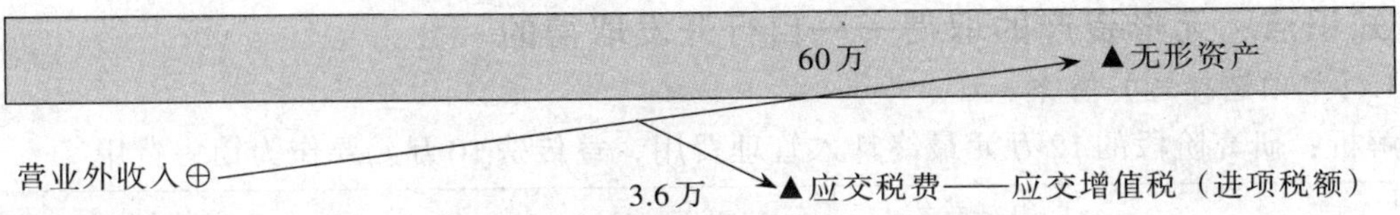

借：无形资产　　600 000
　应交税费——应交增值税（进项税额）　　36 000
　贷：营业外收入　　636 000

（3）

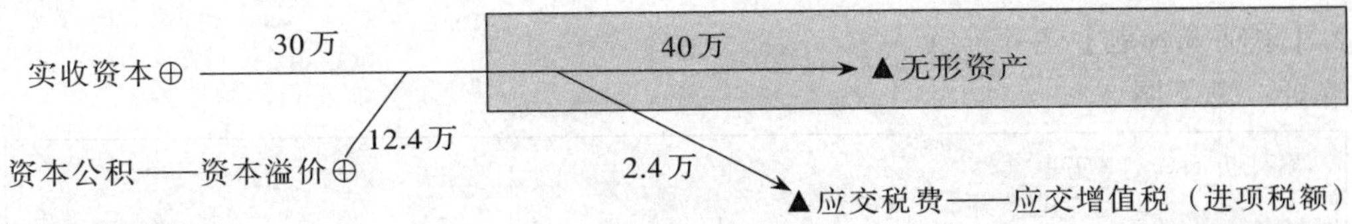

借：无形资产　　400 000
　应交税费——应交增值税（进项税额）　　24 000
　贷：实收资本——乙公司　　300 000
　　资本公积——资本溢价　　124 000

二、知识点：无形资产的取得——非自行开发取得的

1.【单项选择题】答案：B

解析：见下图。

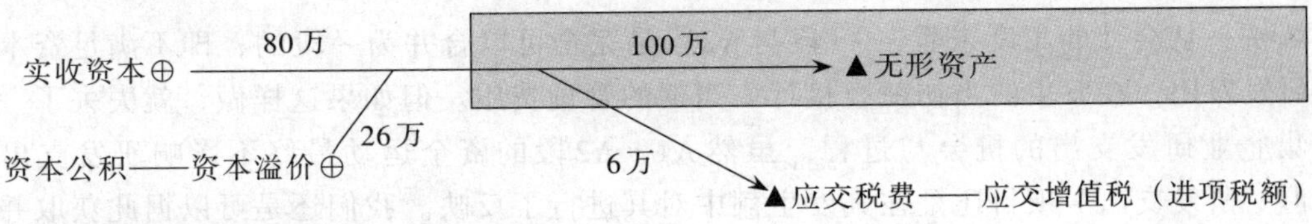

2.【多项选择题】答案：ABCD

解析：这四个选项都是对外购无形资产成本界定的恰当描述。

3.【多项选择题】答案：ABCD

解析：见下图。

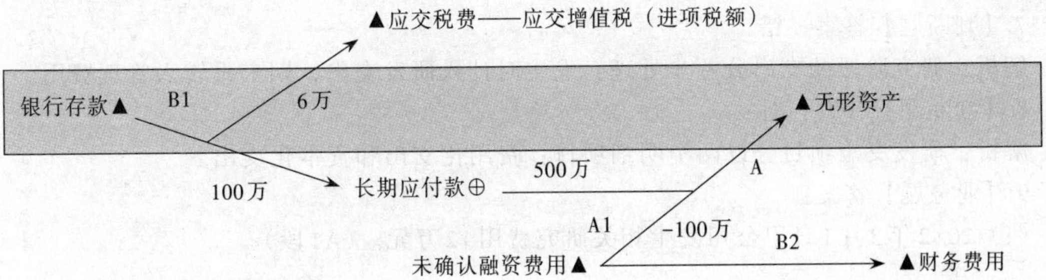

4.【判断题】答案：错

解析：该无形资产应按照购买价的现值确认成本。

三、知识点：无形资产的取得——自行开发取得的

1.【单项选择题】答案：C

解析：研究阶段的12万元最终计入管理费用，宣传费10万元要作为销售费用。

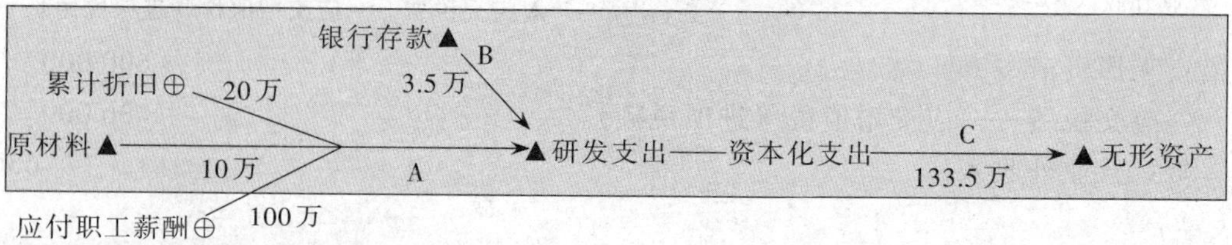

2.【单项选择题】答案：A

解析：见下图。

3.【多项选择题】答案：ABCD

解析：这四个选项都是对开发支出资本化条件的恰当描述。

4.【多项选择题】答案：AC

解析：研究支出发生时计入研发支出，期末再转入管理费用；开发阶段的支出，符合资本化条件的，应予以资本化。

5.【多项选择题】答案：ABC

解析：从会计的角度来看，A1段与A2段是完全可以合并为一段的，即不满足资本化条件的研发费用，在发生的当初就直接计入当期的管理费用。但如果这样做，就失去了一个可以汇集企业研发支出的机会与过程。虽然A1、A2段的资金运动最终不影响研发支出的余额，但“研发支出”项目还是在其发生额中对其进行了反映。我们还是可以据此获取并对外提供对外部关系人非常重要的信息。这也再次说明，会计不仅仅是记账，还有很多管理与控制的作用。ABC都是对业务的恰当描述。

6.【判断题】答案：对

解析：不同阶段的研发支出处理是不一样的。

7.【判断题】答案：错

解析：研究阶段的支出分两步处理：发生时计入研发支出，期末再转入管理费用。

8.【判断题】答案：对

解析：研发支出项目分设两个明细项目：费用化支出和资本化支出。

9.【业务题】答案：

（1）20×2年3月1日甲公司发生相关研究费用12万元。（A1段）

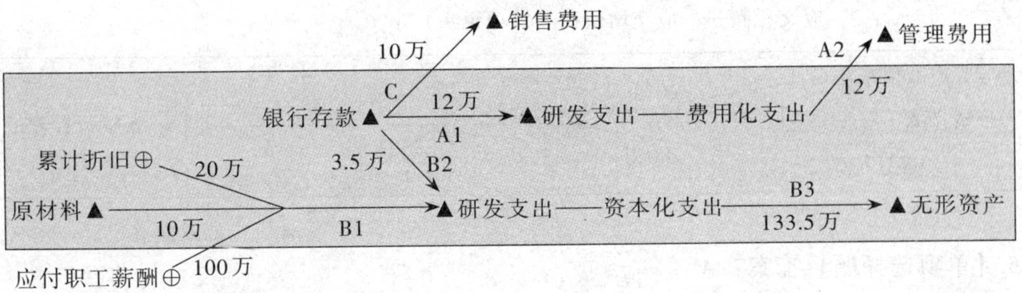

借：研发支出——费用化支出　　120 000

　贷：银行存款等　　120 000

期末将费用化研发支出转入管理费用。（A2段）

借：管理费用　　120 000

　贷：研发支出——费用化支出　　120 000

（2）20×2年3月—20×3年3月，发生相关开发支出130万元。（B1段）

借：研发支出——资本化支出　　1 300 000

　贷：累计折旧　　200 000

　　　原材料　　100 000

　　　应付职工薪酬　　1 000 000

发生专利申请相关费用3.5万元。（B2段）

借：研发支出——资本化支出　　35 000

　贷：银行存款　　35 000

项目成功转为无形资产。（B3段）

借：无形资产　　1 335 000

　贷：研发支出——资本化支出　　1 335 000

（3）20×3年3月20日，发生专利推广费。（C段）

借：销售费用　　100 000

　贷：银行存款　　100 000

四、知识点：无形资产的使用和处置——一般性分析+业务举例

1.【单项选择题】答案：D

解析：固定资产、无形资产等非流动资产处置，其净损益应转入资产处置损益。

2.【单项选择题】答案：B

解析：无形资产的摊销方法，应当反映与该项无形资产有关的经济利益的预期实现方式。使用寿命不确定的无形资产不需要摊销。

3.【单项选择题】答案：C

解析：企业自用的无形资产，其摊销额应转入企业的管理费用。

4.【单项选择题】答案：C

解析：见下图。

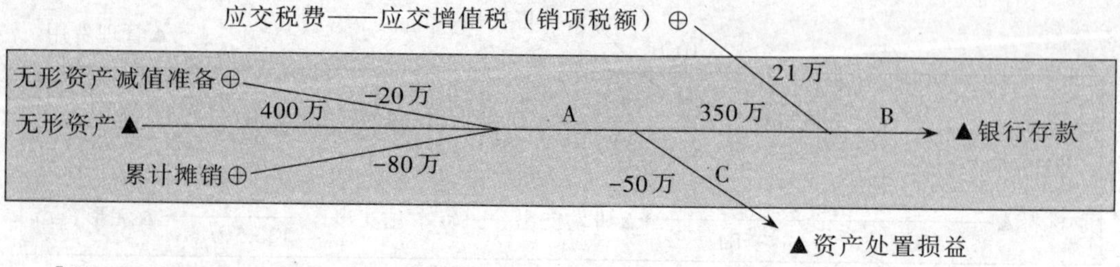

5.【单项选择题】答案：A

解析：如下图C段流量。摊销期选一个短的，即10年。每年摊销额55万元。

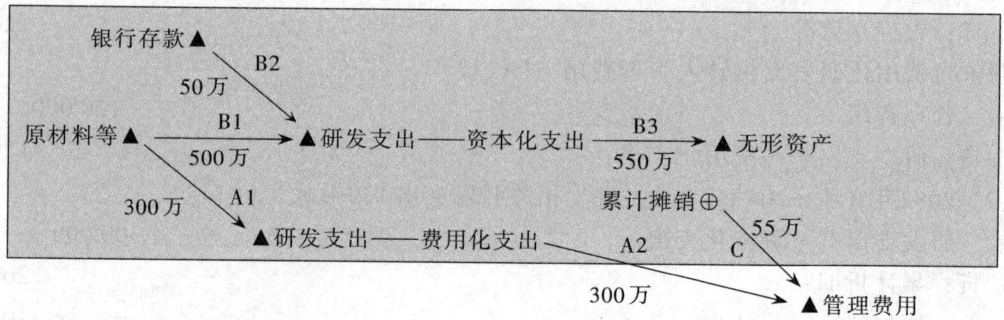

6.【单项选择题】答案：C

解析：见下图B段运动起点。

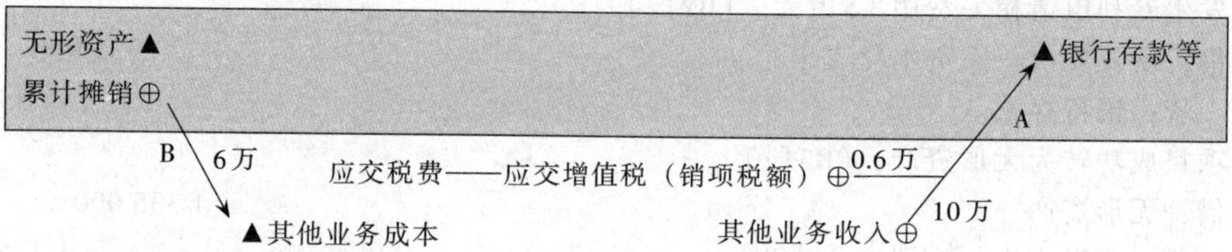

7.【单项选择题】答案：D

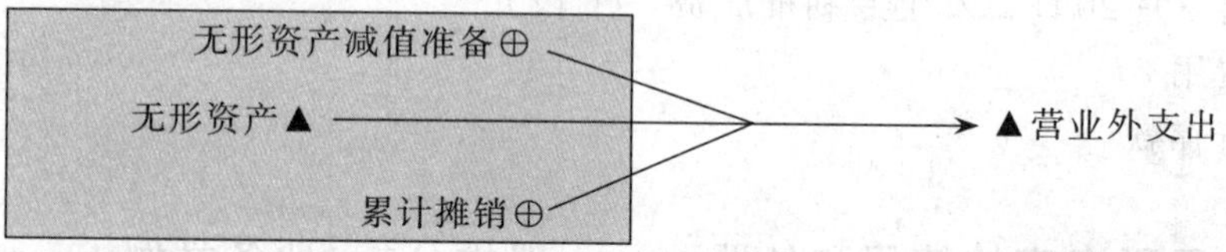

解析：无形资产的注销净损失应计入营业外支出，因而不影响企业的营业利润，但影响企业的利润总额。

8.【多项选择题】答案：ABD

解析：C选项是错的。从图中C段资金运动可知，其流量为-50万元。在将其负号去掉的情况下，资金运动为反向，资产处置损益流出50万元，其在模型上的真实存在是一个沙坑，是一个贷方余额，因此C段资金运动流量为负数反映的是资产处置收益，这与前面的分析完全吻合。ABD选项都是对业务的恰当描述。

9.【多项选择题】答案：BCD

解析：无形资产除了按直线法摊销外，还有其他的摊销方式，比如产量法和加速摊销法等。无形资产的研发费用，在发生的时候都先要作为研发支出处理，后续再根据资本化还是费用化进行不同的处理。使用寿命不确定的无形资产不需要摊销，因此，应选BCD。

10.【多项选择题】答案：ABCD

解析：这四个选项都是对无形资产摊销的恰当描述。

11.【判断题】答案：错

解析：企业自用的，计入管理费用；用于出租的，计入其他业务成本。

12.【判断题】答案：错

解析：当月减少的无形资产当月不需要摊销；当月增加的无形资产当月需要摊销。无形资产的这种做法与固定资产不一样，其原因是固定资产折旧是以期初金额为计提基础（实际上只是一个惯例、一个习惯而已）的；而无形资产摊销是以期末金额为计提基础的。

13.【判断题】答案：错

解析：无形资产转让出售净损益，应计入资产处置损益，从而影响企业的营业利润；无形资产转销净损失应计入营业外支出，不影响营业利润，但影响利润总额。

无形资产转让出售：

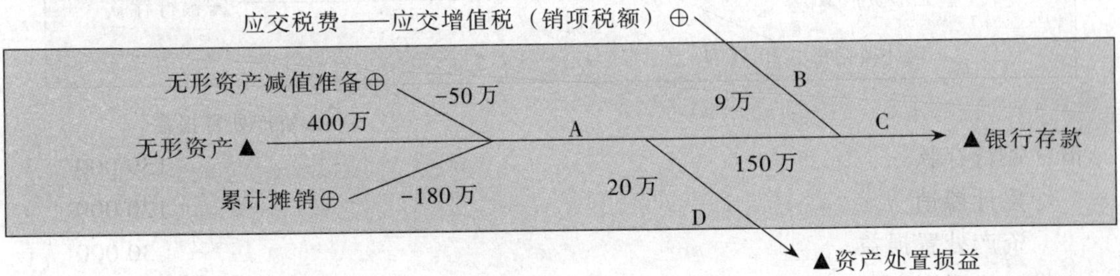

无形资产转销：

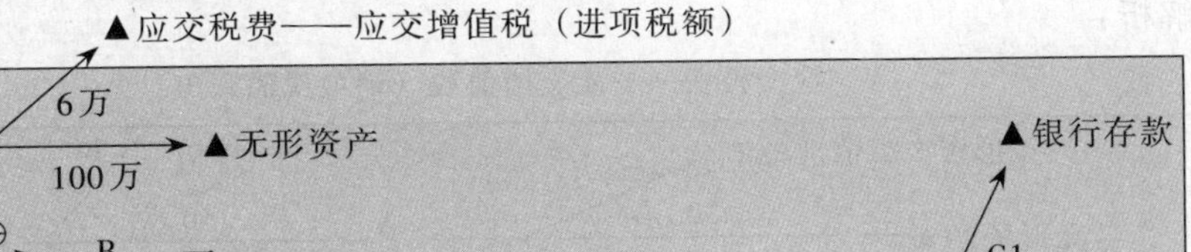

14.【业务题】答案：

（1）20×8年1月1日，企业取得该无形资产。（A段）

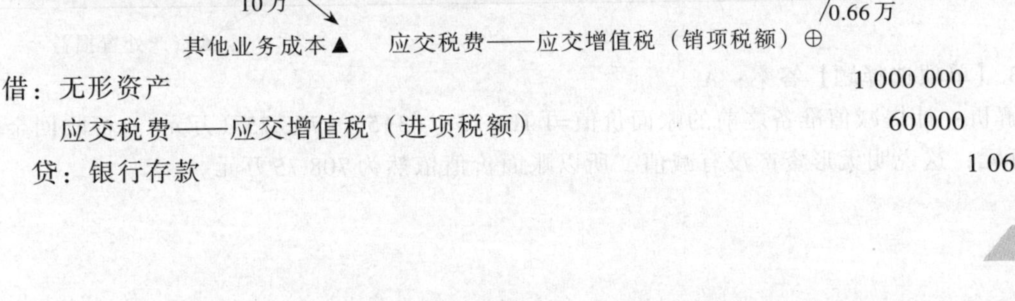

借：无形资产　　1 000 000

　　应交税费——应交增值税（进项税额）　　60 000

　贷：银行存款　　1 060 000

（2）20×8年12月31日，摊销本年应该承担的专利费10万元。（B段）

借：管理费用　　100 000

　贷：累计摊销　　100 000

（3）20×9年1月1日，企业收到全年租金，应确认全年的专利摊销费。（C1、C2段）

借：银行存款　　116 600

　贷：其他业务收入　　110 000

　　应交税费——应交增值税（销项税额）　　6 600

借：其他业务成本　　100 000

　贷：累计摊销　　100 000

15.【业务题】答案：

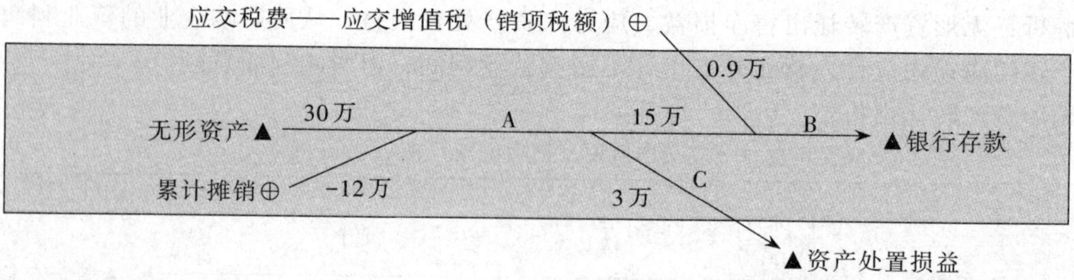

借：银行存款　　159 000

　累计摊销　　120 000

　资产处置损益　　30 000

　贷：无形资产　　300 000

　　应交税费——应交增值税（销项税额）　　9 000

五、知识点：无形资产减值——无形资产减值分析与举例

1.【单项选择题】答案：D

解析：会计期末，无形资产账面价值高于其可收回金额的差额，计提无形资产减值准备，并确认资产减值损失。

2.【单项选择题】答案：A

解析：

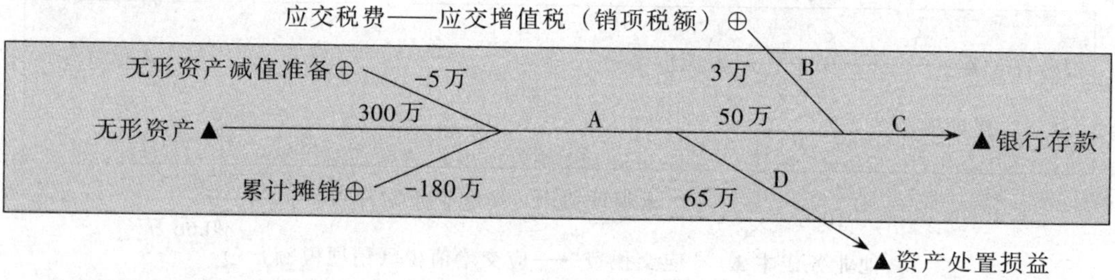

3.【单项选择题】答案：A

解析：计提减值准备之前的账面价值=1 181.25×（3÷5）=708.75（万元）。可收回金额为720万元，这说明无形资产没有减值，所以账面价值依然为708.75万元。

4.【单项选择题】答案：D

解析：减值后的账面价值为180万元，分5年摊销，每年摊销36万元，所以剩下144万元。

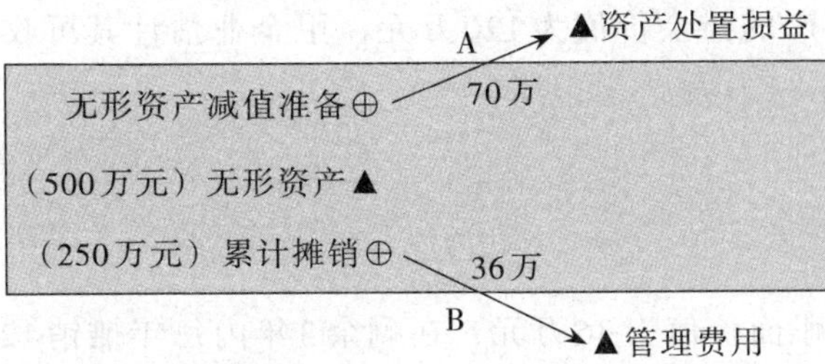

5.【多项选择题】答案：ABC

解析：D是错的。从图中涉及增值税采用的是“应交税费——应交增值税（销项税额）”项目就可以知道，企业采用的是一般计税方法。ABC都是对业务的恰当描述。

6.【多项选择题】答案：ABCDE

解析：ABCDE五个选项都是对业务的恰当描述。

7.【判断题】答案：错

解析：无形资产减值准备一旦提取，不得转回。只有在未来处置该无形资产时，才能将其转销。

8.【业务题】答案：

（1）20×2年1月1日取得该无形资产。（A段）

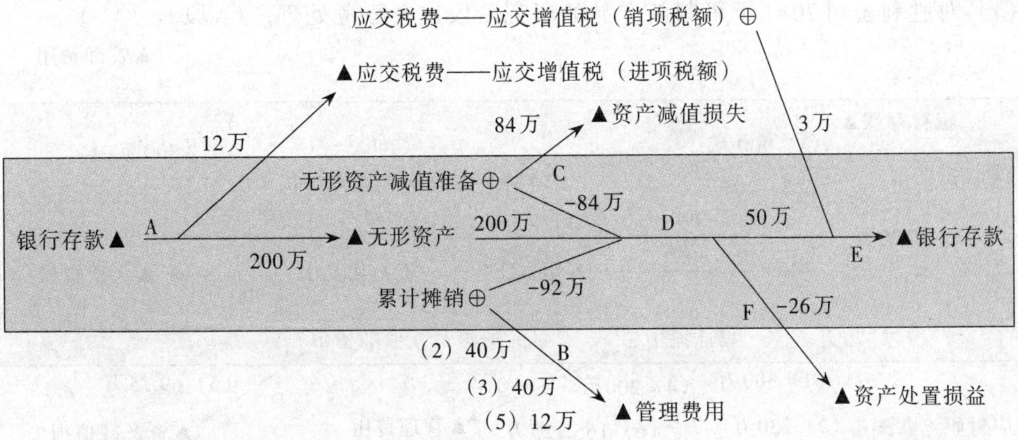

借：无形资产	2 000 000	
应交税费——应交增值税（进项税额）	120 000	
贷：银行存款		2 120 000

（2）20×2年摊销。（B段）

甲企业估计A无形资产预计使用年限为5年，因此应按5年进行摊销。

借：管理费用	400 000	
贷：累计摊销		400 000

（3）20×3年摊销。（B段）

借：管理费用　　400 000

　贷：累计摊销　　400 000

（4）20×3年计提减值准备。（C段）

20×3年12月31日，无形资产的摊余价值为120万元，甲企业估计其可收回金额为36万元，该无形资产应计提减值准备84万元。

借：资产减值损失　　840 000

　贷：无形资产减值准备　　840 000

（5）20×4年摊销。（B段）

20×4年1月1日无形资产的账面价值为36万元，在剩余3年内每年摊销12万元。

借：管理费用　　120 000

　贷：累计摊销　　120 000

（6）20×5年1月1日出售该无形资产。（E段）

借：银行存款　　530 000

　累计摊销　　920 000

　无形资产减值准备　　840 000

　贷：无形资产　　2 000 000

　　应交税费——应交增值税（销项税额）　　30 000

　　资产处置损益　　260 000

9.【业务题】答案：

（1）对胜利公司20×1年研制新产品的研究阶段进行账务处理。（A段）

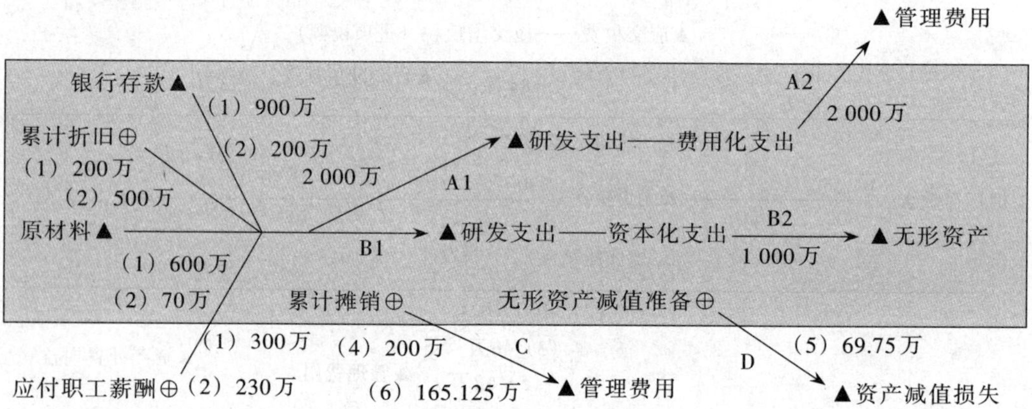

借：研发支出——费用化支出　　20 000 000

　贷：应付职工薪酬　　3 000 000

　　累计折旧　　2 000 000

　　原材料　　6 000 000

　　银行存款　　9 000 000

借：管理费用　　20 000 000

　贷：研发支出——费用化支出　　20 000 000

（2）对胜利公司20×1年研制新产品的开发阶段进行账务处理。（B1）

借：研发支出——资本化支出　　10 000 000

　贷：应付职工薪酬　　2 300 000

　　原材料　　700 000

　　累计折旧　　5 000 000

　　银行存款　　2 000 000

（3）对胜利公司将开发成本转为无形资产进行账务处理。（B2）

借：无形资产——专利权　　10 000 000

　贷：研发支出——资本化支出　　10 000 000

（4）对胜利公司20×2年、20×3年、20×4年摊销无形资产进行处理。（C段）

借：管理费用　　2 000 000

　贷：累计摊销（1 000 000÷5）　　2 000 000

（5）计算该无形资产20×4年12月31日应计提的减值准备，并进行账务处理。（D段）

20×4年年末该无形资产账面价值=1 000-（200×3）=400（万元）

20×4年年末该无形资产可收回金额（现值）=190÷（1+8%）+180÷$(1+8\%)^2$

=175.93+154.32=330.25（万元）

应计提无形资产减值准备=400-330.25=69.75（万元）

借：资产减值损失　　697 500

　贷：无形资产减值准备　　697 500

（6）计算20×5年、20×6年摊销额，并进行账务处理。（C段）

每年该专利权摊销额=（无形资产账面余额1 000-累计摊销600-减值准备69.75）÷2

=330.25÷2=165.125（万元）

借：管理费用　　1 651 250

　贷：累计摊销　　1 651 250

第七章　供应环节资金运动分析与会计处理

一、知识点：供应环节资金运动综合分析+原材料等的确认与计量

1.【单项选择题】答案：D

解析：对小规模纳税人而言，原材料的购买价格、增值税、整理费用等都应该构成材料成本。原材料成本=50 000+6 500+500=57 000（元）。

2.【单项选择题】答案：D

解析：对小规模纳税人而言，原材料的购买价格、增值税、整理费用等都应该构成材料成本。原材料成本=50 000+6 500+500=57 000（元）。其合理损耗不影响总成本，但会提高单价。

3.【单项选择题】答案：C

解析：原材料计量差错引发的盘亏，一般计入管理费用；人为因素造成的原材料损失

一般应由相关责任人赔偿；运输途中的合理损耗一般不影响总成本，但会增加其单位成本。

4.【单项选择题】答案：B

解析：原材料入账价值=900 +2+3+2.7=907.7（万元）。运输途中的合理损耗不影响材料的总成本，但会增加其单位成本。

5.【判断题】答案：错

解析：采购费用，凡是能直接分清的，可以直接计入各种物资的采购成本。凡是不能分清的，应按采购物资的重量或买价等比例，分摊计入各种物资的采购成本之中。简单来说，采购费用都需要计入采购物资的成本之中，不允许计入当期损益。

二、知识点：货币资金的管理与控制

1.【多项选择题】答案：ABD

解析：货币资金按存放的地方与用途不同，可以分为库存现金、银行存款和其他货币资金。外埠存款属于其他货币资金的一个组成部分。

2.【多项选择题】答案：ABD

解析：向一般纳税人企业购入材料，应通过银行转账结算，不允许采用现金交易。

3.【多项选择题】答案：BD

解析：外埠存款和银行本票存款都属于其他货币资金。

4.【多项选择题】答案：ABCD

解析：这四个选项都是对货币资金的恰当描述。

三、知识点：其他货币资金核算的会计处理

1.【单项选择题】答案：A

解析：商业票据不属于其他货币资金。对于开出商业票据的企业而言就是应付票据；对于接受商业票据的企业而言，就是应收票据。

2.【单项选择题】答案：D

解析：见下图A段运动。B段资金运动反映购买；C段资金运动反映将钱转回。

3.【单项选择题】答案：D

解析：见下图。

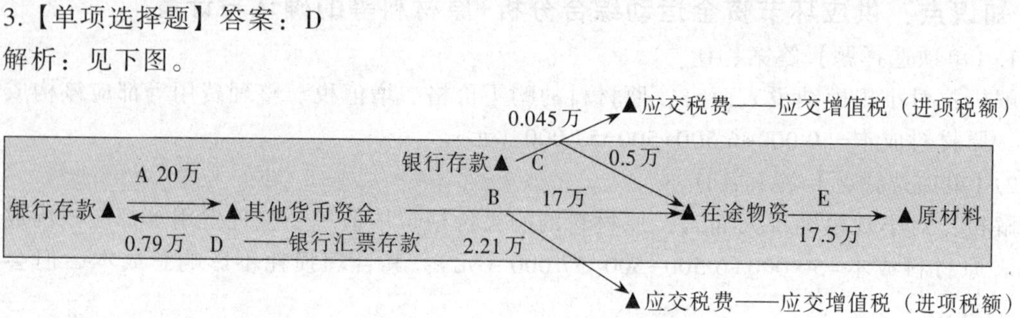

4.【多项选择题】答案：AB

解析：商业承兑汇票和银行承兑汇票都是针对商业票据而言的，都是对票据的一种到期

支付的承诺。

5.【多项选择题】答案：ABCD

解析：这四个选项都属于其他货币资金的内容。

6.【多项选择题】答案：ABCD

解析：这四个选项都是对其他货币资金业务的恰当描述。

7.【多项选择题】答案：ABCD

解析：这四个选项都是对业务的恰当描述。

8.【业务题】答案：

（1）企业取得银行汇票存款。（A段）

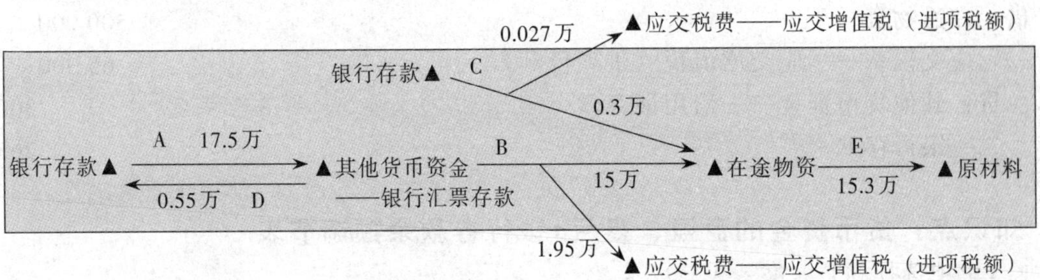

借：其他货币资金——银行汇票存款　175 000

　贷：银行存款　175 000

（2）企业采购材料。（B段）

借：在途物资——甲　90 000

　　　　　——乙　60 000

　应交税费——应交增值税（进项税额）　19 500

　贷：其他货币资金——银行汇票存款　169 500

企业支付材料采购运输费。（C段）

借：在途物资——甲　2 000

　　　　　——乙　1 000

　应交税费——应交增值税（进项税额）　270

　贷：银行存款　3 270

（3）退回银行汇票多余款项。（D段）

借：银行存款　5 500

　贷：其他货币资金——银行汇票存款　5 500

（4）材料验收入库。（E段）

借：原材料——甲　92 000

　　　　——乙　61 000

　贷：在途物资——甲　92 000

　　　　　　——乙　61 000

9.【业务题】答案：

（1）甲公司开立信用证。（A段）

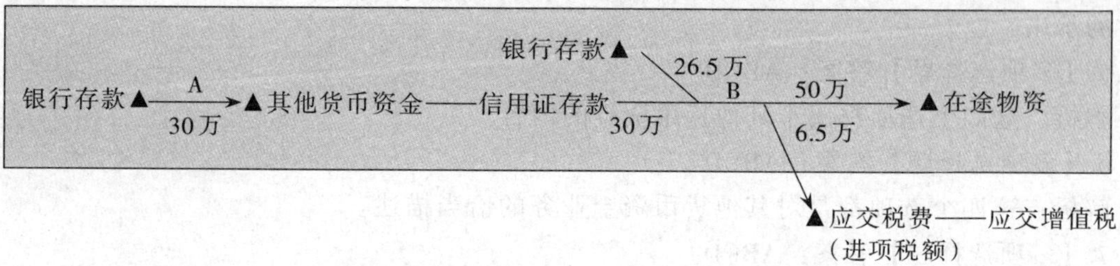

借：其他货币资金——信用证存款　　300 000

　贷：银行存款　　300 000

（2）购买材料，并向开证行补足有关款项。（B段）

借：在途物资　　500 000

　　应交税费——应交增值税（进项税额）　　65 000

　贷：其他货币资金——信用证存款　　300 000

　　　银行存款　　265 000

四、知识点：货币资金的盘盈、盘亏+银行存款余额调节表

1.【单项选择题】答案：A

解析：应由有关责任人赔偿的部分，先作为“其他应收款”处理，后续收到赔款时再转为银行存款。

2.【单项选择题】答案：A

解析：企业应该指定专人定期核对账目，每月至少应该核对一次。

3.【多项选择题】答案：BCD

解析：A选项属于错账，BCD选项都属于未达账项。

4.【多项选择题】答案：ABD

解析：ABD三个选项都导致企业账面金额小于银行账面金额。但C选项不一样，其导致企业账面金额比银行账面的金额要大。

5.【多项选择题】答案：ABCD

解析：这四个选项都是对库存现金盘亏业务的恰当描述。

6.【多项选择题】答案：ABCD

解析：这四个选项都是对库存现金盘盈业务的恰当描述。

7.【判断题】答案：对

解析：对于未达账项，企业不需要调整，只需要继续等待相关的结算凭证到达，再进行会计处理即可。

8.【判断题】答案：错

解析：企业不能以银行存款余额调节表作为调整企业银行存款账面余额的账务处理依据。企业需要继续等待，直到相关的结算凭证到达再处理。

9.【业务题】答案：

银行存款余额调节表

20×9年6月30日　　单位：元

项目	金额	项目	金额
银行对账单上的存款余额	92 175	企业账面上的存款余额	88 650
加:企业已做存款增加,银行未入账款	3 150	加:银行已做存款增加,企业未入账款	1 875
减:企业已做存款减少,银行未入账款	5 250	减:银行已做存款减少,企业未入账款	450
调节后的存款余额	90 075	调节后的存款余额	90 075

10.【业务题】答案：

(1) 甲公司发现现金短缺。(A段)

借：待处理财产损溢——待处理流动资产损溢　　3 000

　贷：库存现金　　3 000

(2) 现金盘亏的处理。(B段)

借：其他应收款——张明　　2 800

　　管理费用　　200

　贷：待处理财产损溢——待处理流动资产损溢　　3 000

11.【业务题】答案：

(1) 乙公司发现现金盘盈。(A段)

借：库存现金　　1 500

　贷：待处理财产损溢——待处理流动资产损溢　　1 500

(2) 报经批准，转作营业外收入处理。(B段)

借：待处理财产损溢——待处理流动资产损溢　　1 500

　贷：营业外收入——现金溢余　　1 500

五、知识点：应付账款的会计处理+应付票据的会计处理

1.【单项选择题】答案：C

解析：

2.【单项选择题】答案：A

解析：企业实在无法支付的应付款项应转作营业外收入处理。

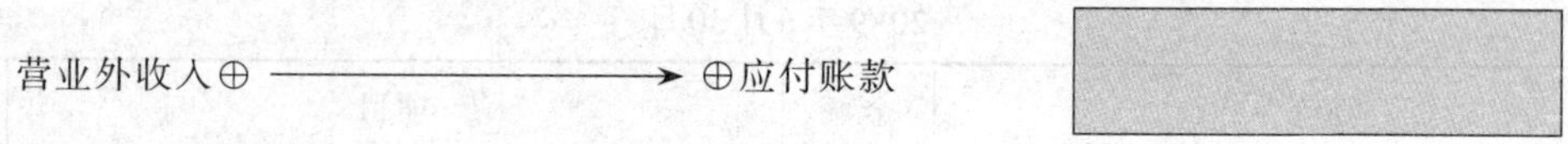

3.【单项选择题】答案：C

解析：见下图C段运动流量。

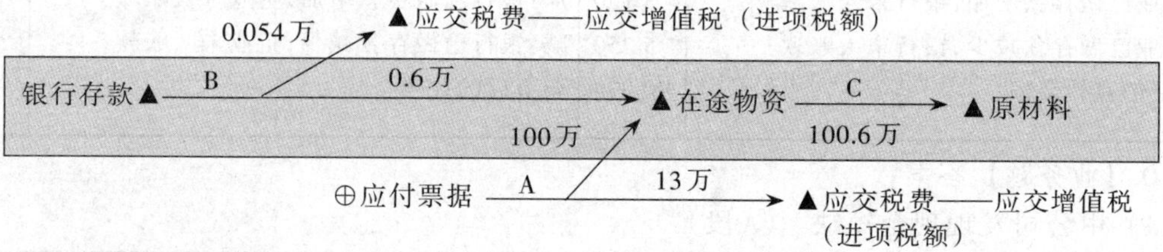

4.【单项选择题】答案：D

解析：见下图C4段运动。

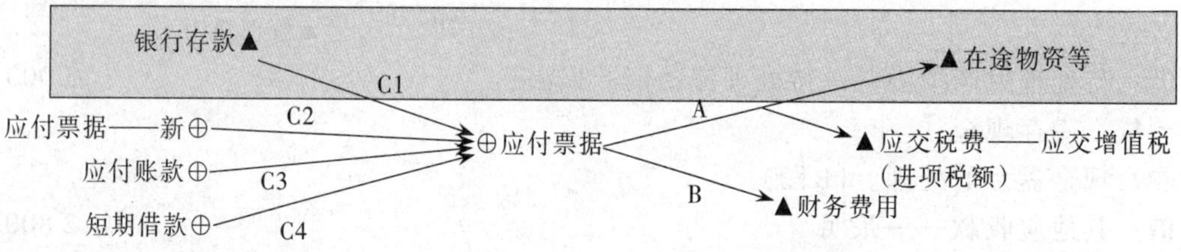

5.【单项选择题】答案：C

解析：见下图C3段运动。要注意的是应付账款项目的明细：如承兑企业已帮忙兑付，则其明细应为承兑企业；如承兑企业也没有承兑，则其明细应为最初的销售企业。

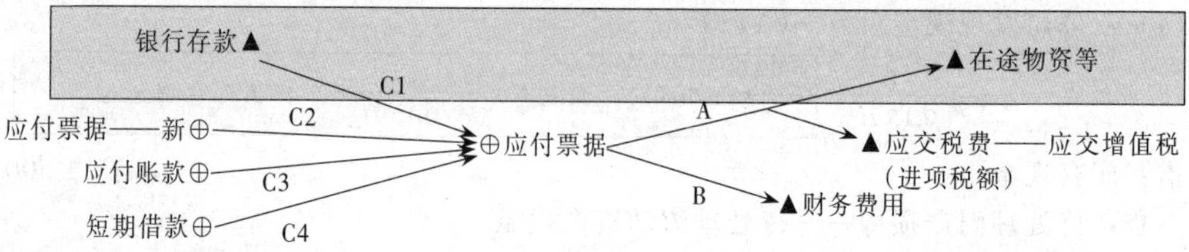

6.【多项选择题】答案：AC

解析：根据承兑人不同，商业汇票可分为商业承兑汇票和银行承兑汇票。根据票据是否带有利息，可分为带息票据和不带息票据。

7.【多项选择题】答案：ABCD

解析：这四个选项都是对业务的恰当描述。

8.【判断题】答案：对

解析：在货物已到达但发票等结算凭证尚未收到的情况下，应在月份终了按暂估价值入账。等到下月初再将其冲销，继续等待。

9.【判断题】答案：对

解析：对于这些外购动力，一般在付款时作为暂付款，月末再进行分配。

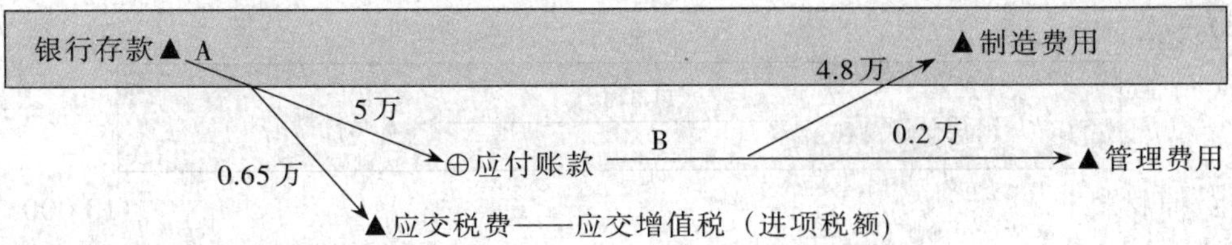

10.【业务题】答案：

（1）

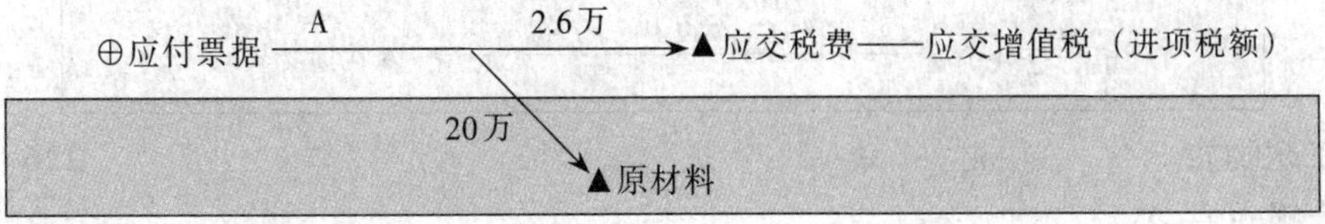

借：原材料　　200 000

　　应交税费——应交增值税（进项税额）　　26 000

　贷：应付票据　　226 000

（2）

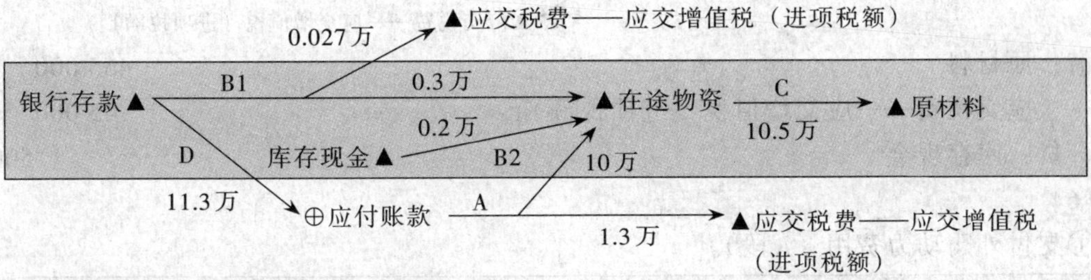

①购买材料。（A段）

借：在途物资　　100 000

　　应交税费——应交增值税（进项税额）　　13 000

　贷：应付账款　　113 000

②发生运输费。（B1、B2段）

借：在途物资　　5 000

　　应交税费——应交增值税（进项税额）　　270

　贷：银行存款　　3 270

　　　库存现金　　2 000

③材料验收入库。（C段）

借：原材料　　105 000

　贷：在途物资　　105 000

④偿付货款。（D段）

借：应付账款　　113 000

　贷：银行存款　　113 000

（3）

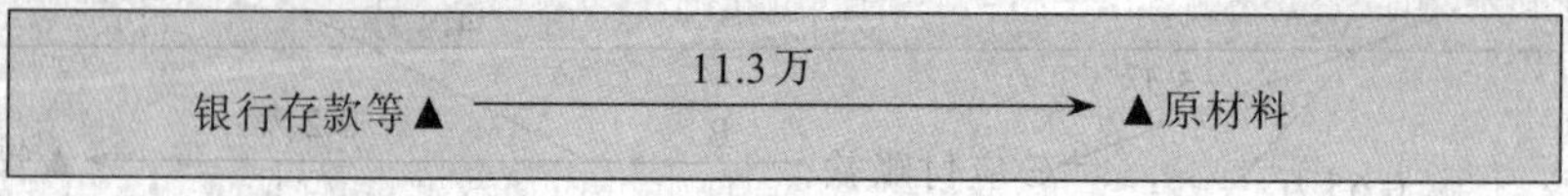

借：原材料　113 000

　贷：银行存款　113 000

（4）

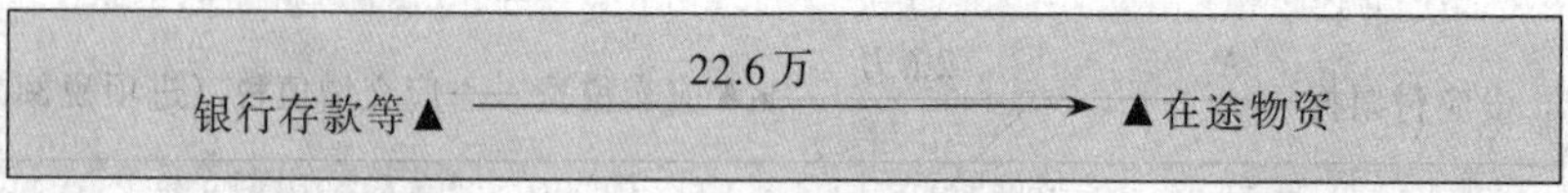

借：在途物资　226 000

　贷：银行存款　226 000

（5）

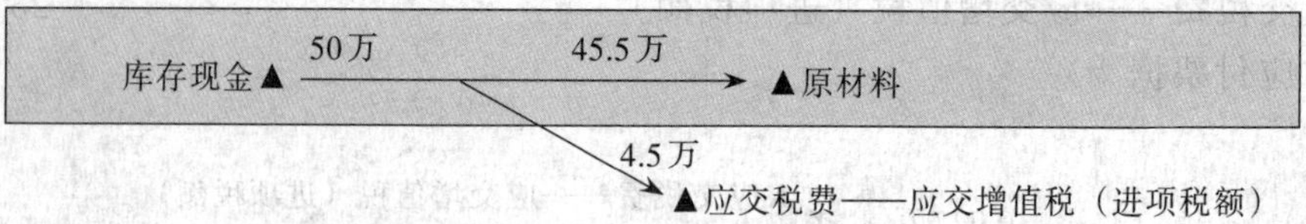

借：原材料　455 000

　　应交税费——应交增值税（进项税额）　45 000

　贷：库存现金　500 000

（6）

①支付外购动力费用（A段）。

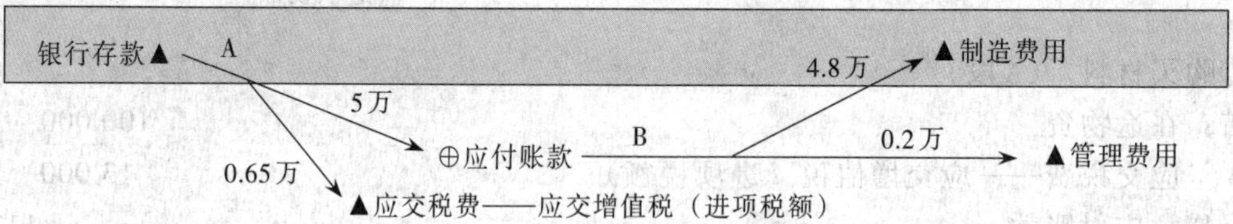

借：应付账款　50 000

　　应交税费——应交增值税（进项税额）　6 500

　贷：银行存款　56 500

②月末分配外购动力费用（B段）。

借：制造费用　48 000

　　管理费用　2 000

　贷：应付账款　50 000

六、知识点：预付账款的会计处理+综合分析

1.【多项选择题】答案：ABCD

解析：这四个选项都是对预付款采购业务的恰当描述。

2.【多项选择题】答案：ABCD

解析：这四个选项都是对预付款采购业务的恰当描述。

3.【多项选择题】答案：ABCD

解析：这四个选项都是对预付款采购业务的恰当描述。

4.【判断题】答案：错。

解析：企业预付账款不多的，可以不设置“预付账款”科目。企业预付货款时，直接将其记入“应付账款”科目的借方，见下图A段运动。

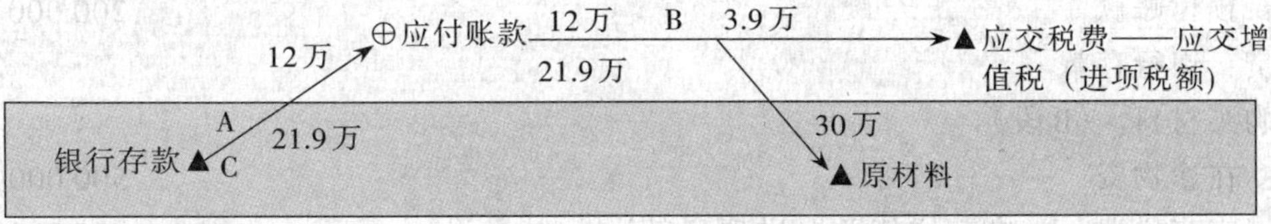

5.【判断题】答案：对。

解析：本质上讲，预付账款与应付账款是没有区别的，它们是可以互换的，是可以混合使用的。

6.【业务题】答案：

（1）同时使用“应付账款”和“预付账款”科目：

①企业预付购货款20万元。（A段）

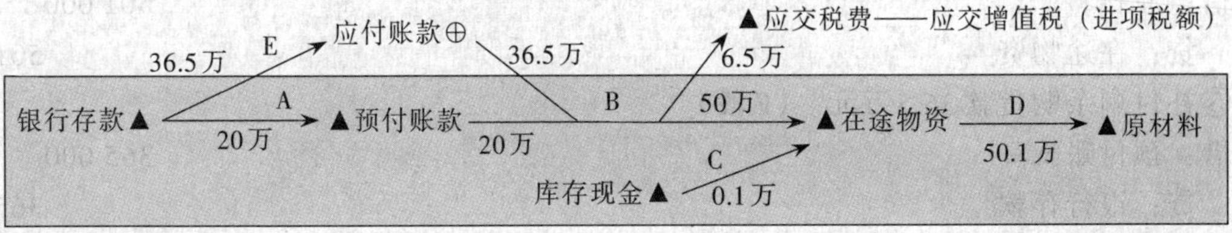

借：预付账款　　200 000

　贷：银行存款　　200 000

②购买材料。（B段）

借：在途物资　　500 000

　　应交税费——应交增值税（进项税额）　　65 000

　贷：预付账款　　200 000

　　　应付账款　　365 000

③支付各种入库前费用。（C段）

借：在途物资　　1 000

　贷：库存现金　　1 000

④原材料验收入库。（D段）

借：原材料　　501 000

　贷：在途物资　　501 000

⑤补付剩余购货款36.5万元。（E段）

借：应付账款　　365 000

　贷：银行存款　　365 000

（2）只使用“预付账款”科目：

①企业预付购货款20万元。（A段）

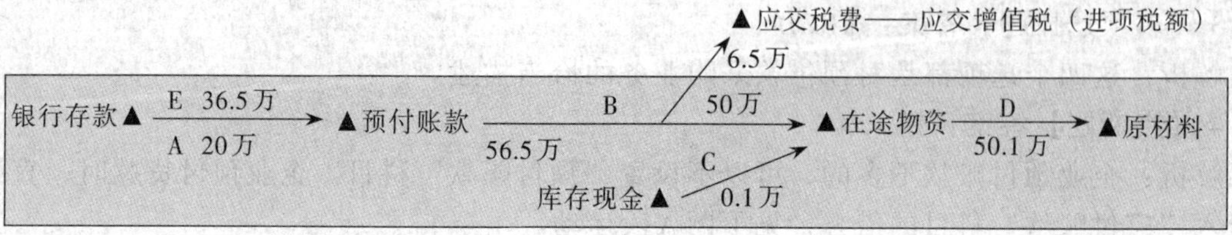

借：预付账款　　200 000

　贷：银行存款　　200 000

②购买材料。(B段)

借：在途物资　　500 000

　　应交税费——应交增值税（进项税额）　　65 000

　贷：预付账款　　565 000

③支付各种入库前费用。(C段)

借：在途物资　　1 000

　贷：库存现金　　1 000

④原材料验收入库。(D段)

借：原材料　　501 000

　贷：在途物资　　501 000

⑤补付剩余购货款36.5万元。(E段)

借：预付账款　　365 000

　贷：银行存款　　365 000

（3）只使用“应付账款”科目：

①企业预付购货款20万元。(A段)

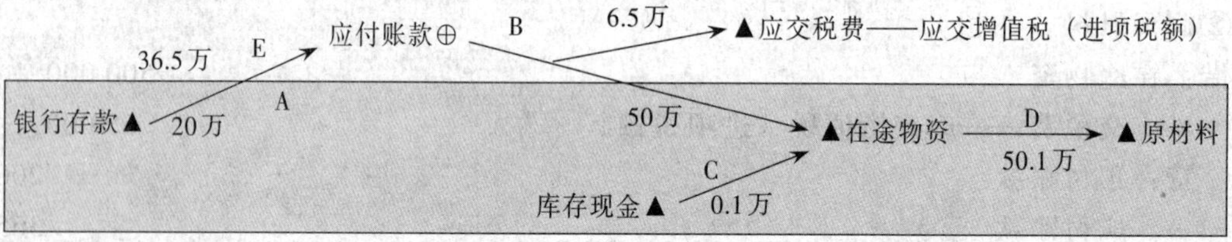

借：应付账款　　200 000

　贷：银行存款　　200 000

②购买材料。(B段)

借：在途物资　　500 000

　　应交税费——应交增值税（进项税额）　　65 000

　贷：应付账款　　565 000

③支付各种入库前费用。(C段)

借：在途物资　　1 000

　贷：库存现金　　1 000

④原材料验收入库。(D段)

借：原材料　　501 000

贷：在途物资 501 000

⑤补付剩余购货款36.5万元。(E段)

借：应付账款 365 000

贷：银行存款 365 000

七、知识点：委托加工物资业务分析+会计处理

1.【单项选择题】答案：B

解析：见下图。

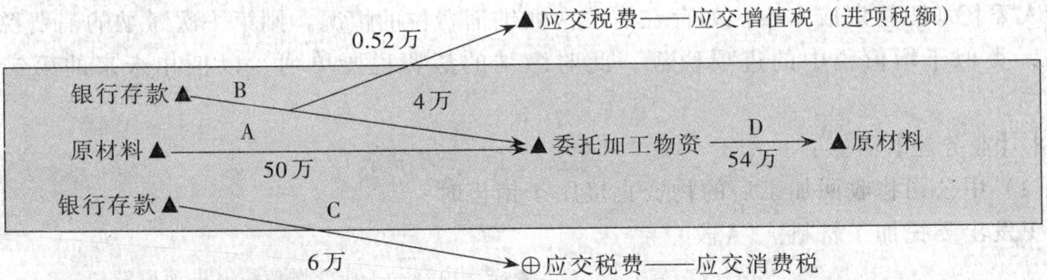

2.【单项选择题】答案：A

解析：见下图。

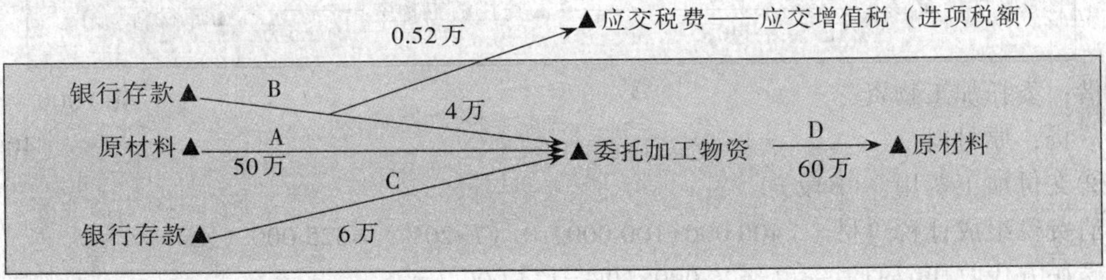

3.【单项选择题】答案：D

解析：计税价格=（50 +10）÷（1-20%）=75（万元）。其应缴纳的消费税=75×20%=15（万元）。

4.【多项选择题】答案：ACD

解析：下图中A、B段的加工费，C段消费税的支付，都需要计入成本中。

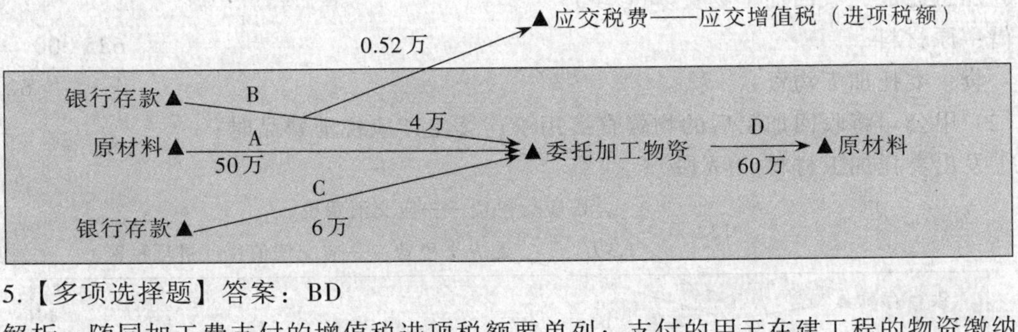

5.【多项选择题】答案：BD

解析：随同加工费支付的增值税进项税额要单列；支付的用于在建工程的物资缴纳的消费税，未来不存在二次缴纳消费税的问题，类似于直接用于销售，可计入成本。同D。

6.【多项选择题】答案：ABD

解析：C是错的。C段资金运动反映企业以银行存款支付加工物资所涉及的消费税6万元。该消费税支付后，企业将该材料进行后续加工、生产与销售，还会涉及消费税；正因为如此，企业才将所缴纳的消费税单列，以便抵扣未来的消费税。如该消费税支付后，企业将该材料进行后续加工、生产与销售再也不会涉及消费税，企业应该将所缴纳的6万元消费税计入委托加工物资成本。ABD选项都是对业务的恰当描述。

7.【判断题】答案：对

解析：直接用于对外销售的，意味着不存在二次缴税的问题。由于消费税属于价内税，应计入委托加工物资成本中。如存在需二次缴纳消费税的情况，则第一次缴纳的消费税需要抵扣，类似于增值税中的进项税额，此时缴纳的消费税要单列，以抵扣未来的第二次消费税。

8.【业务题】答案：

（1）甲公司将收回加工后的物资直接用于销售时：

①发出委托加工材料。（A段）

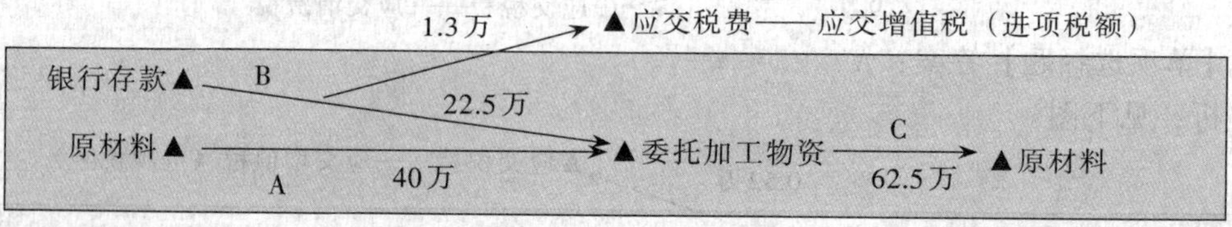

借：委托加工物资　　400 000

　贷：原材料　　400 000

②支付加工费用。（B段）

消费税组成计税价格=（400 000+100 000）÷（1−20%）=625 000（元）

受托方代收代缴的消费税=625 000×20%=125 000（元）

应缴纳增值税=100 000×13%=13 000（元）

借：委托加工物资　　225 000

　　应交税费——应交增值税（进项税额）　　13 000

　贷：银行存款　　238 000

③加工完成，收回加工物资。（C段）

借：原材料　　625 000

　贷：委托加工物资　　625 000

（2）甲公司将收回加工后的物资直接用于连续生产应税消费品时：

①发出委托加工材料。（A段）

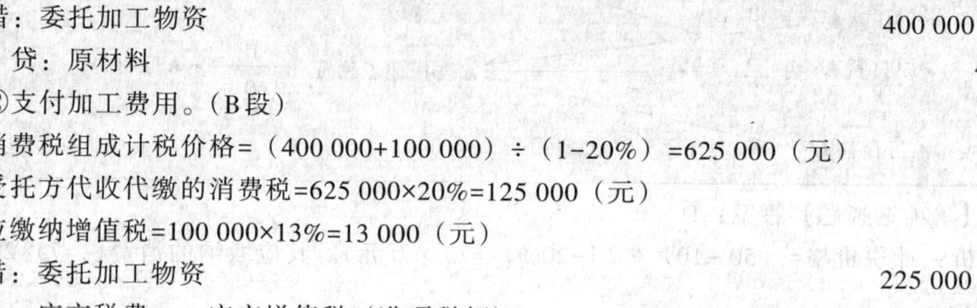

借：委托加工物资　400 000
　贷：原材料　400 000

②支付加工费用。（B段）

消费税组成计税价格 =（400 000+100 000）÷（1−20%）=625 000（元）

受托方代收代缴的消费税=625 000×20%=125 000（元）

应缴纳增值税=100 000×13%=13 000（元）

借：委托加工物资　100 000
　　应交税费——应交消费税　125 000
　　　　　　——应交增值税（进项税额）　13 000
　贷：银行存款　238 000

③加工完成，收回加工物资。（C段）

借：原材料　500 000
　贷：委托加工物资　500 000

八、知识点：原材料按计划成本核算分析+举例

1.【单项选择题】答案：C

解析：见下图。

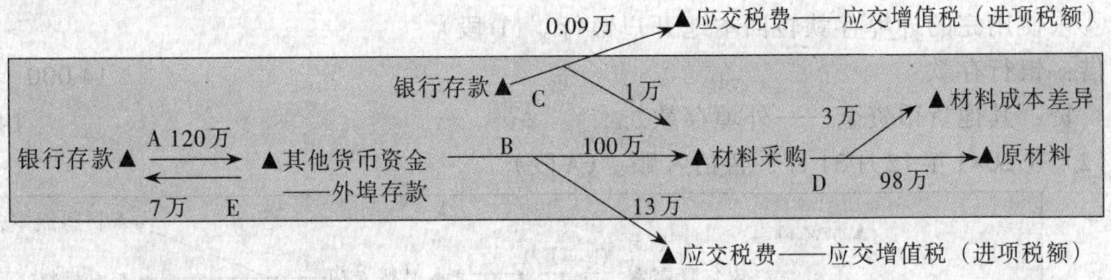

2.【单项选择题】答案：B

解析：见下图。

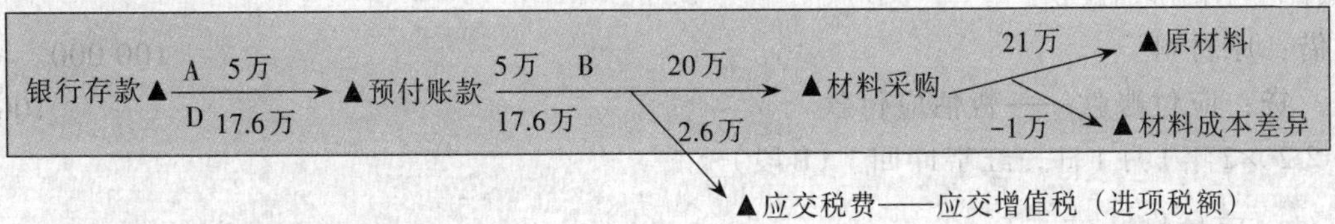

3.【多项选择题】答案：ABCD

解析：这四个选项都是对实际成本核算的恰当描述。

4.【多项选择题】答案：ABCD

解析：这四个选项都是对计划成本核算的恰当描述。

5.【多项选择题】答案：ABCD

解析：这四个选项都是对计划成本核算的恰当描述。

6.【业务题】答案：

（1）①取得外埠存款。（A段）

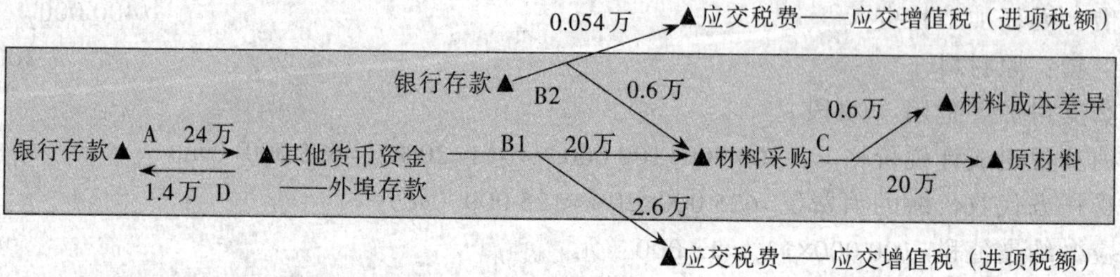

借：其他货币资金——外埠存款　　240 000

　贷：银行存款　　240 000

②使用外埠存款购买材料。（B1、B2段）

借：材料采购　　206 000

　　应交税费——应交增值税（进项税额）　　26 540

　贷：其他货币资金——外埠存款　　226 000

　　　银行存款　　6 540

③原材料验收入库，按计划成本进行结转。（C段）

借：原材料　　200 000

　　材料成本差异　　6 000

　贷：材料采购　　206 000

④未使用完的外埠存款转回本地开户银行。（D段）

借：银行存款　　14 000

　贷：其他货币资金——外埠存款　　14 000

（2）①20×1年12月31日，暂估入账。（A段）

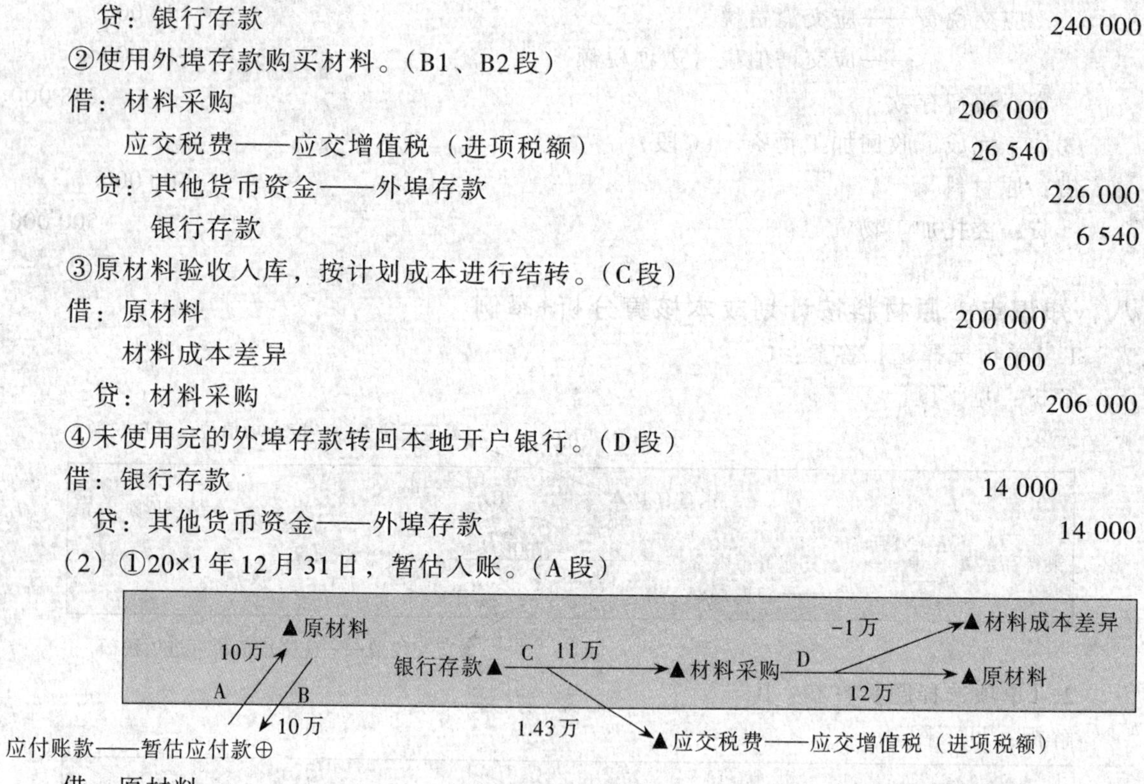

借：原材料　　100 000

　贷：应付账款——暂估应付款　　100 000

②20×2年1月1日，红字冲回。（B段）

借：原材料　　100 000（红字）

　贷：应付账款——暂估应付款　　100 000（红字）

③20×2年1月6日，结算凭证到达企业。（C段）

借：材料采购　　110 000

　　应交税费——应交增值税（进项税额）　　14 300

　贷：银行存款　　124 300

④按计划成本结转。（D段）

借：原材料　　120 000

贷：材料采购　　110 000

　　材料成本差异　　10 000

7.【业务题】答案：

（1）甲公司将收回加工后的物资直接用于销售时：

①发出委托加工材料。（A段）

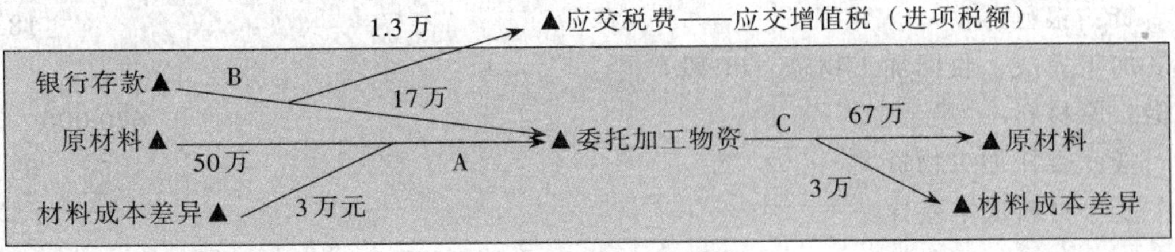

借：委托加工物资　　530 000

　贷：原材料　　500 000

　　　材料成本差异　　30 000

②支付加工费用。（B段）

消费税组成计税价格=（530 000+100 000）÷（1-10%）=700 000（元）

受托方代收代缴的消费税=700 000×10%=70 000（元）

应缴纳增值税=100 000×13%=13 000（元）

借：委托加工物资　　170 000

　　应交税费——应交增值税（进项税额）　　13 000

　贷：银行存款　　183 000

③加工完成，收回加工物资。（C段）

借：原材料　　670 000

　　材料成本差异　　30 000

　贷：委托加工物资　　700 000

（2）甲公司将收回加工后的物资直接用于连续生产应税消费品时：

①发出委托加工材料。（A段）

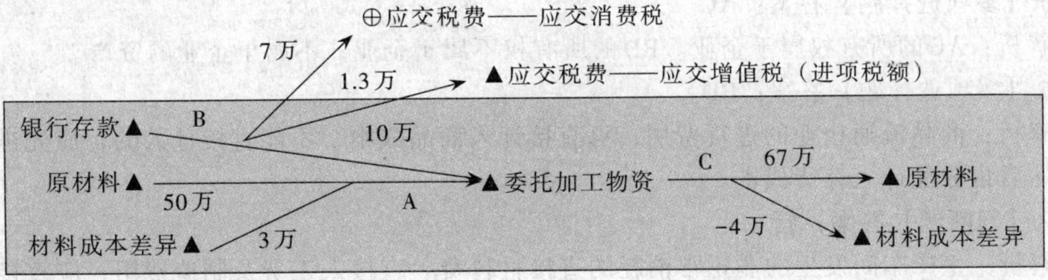

借：委托加工物资　　530 000

　贷：原材料　　500 000

　　　材料成本差异　　30 000

②支付加工费用。（B段）

消费税组成计税价格=（530 000+100 000）÷（1-10%）=700 000（元）

受托方代收代缴的消费税=700 000×10%=70 000（元）
应缴纳增值税=100 000×13%=13 000（元）

借：委托加工物资	100 000	
应交税费——应交消费税	70 000	
——应交增值税（进项税额）	13 000	
贷：银行存款		183 000

③加工完成，收回加工物资。（C段）

借：原材料	670 000	
贷：委托加工物资		630 000
材料成本差异		40 000

第八章　生产环节资金运动分析与会计处理

一、知识点：生产环节资金运动综合分析+存货的确认与取得计量

1.【多项选择题】答案：ABCD

解析：在途物资反映正在采购的原材料；生产成本和制造费用共同反映在产品成本；委托加工物资属于企业的存货，只不过实物放在别的企业在加工而已。

2.【多项选择题】答案：CD

解析：委托加工物资和委托代销商品都属于企业的存货。工程物资属于非流动资产；受托代销商品不属于本企业的商品，应属于对方企业的商品。

3.【多项选择题】答案：ACD

解析：完工产品成本主要由直接材料费、直接人工费和制造费用三部分构成。长期待摊费用是一个资产项目，它需要通过摊销转入管理费用或制造费用中。

4.【多项选择题】答案：ABCD

解析：这四个选项都是对存货成本确认的恰当描述。

5.【多项选择题】答案：AC

解析：AC的所有权属于企业。BD的所有权不属于企业，不属于企业的资产。

6.【多项选择题】答案：BD

解析：商品流通企业的进货费用，可直接计入商品成本；不能直接计入的，应先进行归集，然后再分配计入存货成本。

7.【判断题】答案：错

解析：生产车间发生的非正常消耗的直接材料费、直接人工费及制造费用，应直接计入当期损益，不应该计入存货成本。

二、知识点：存货——计划成本核算分析+计划成本核算举例

1.【单项选择题】答案：D

解析：（8 000−2 000）÷（100 000+192 000）×100%=2.05%

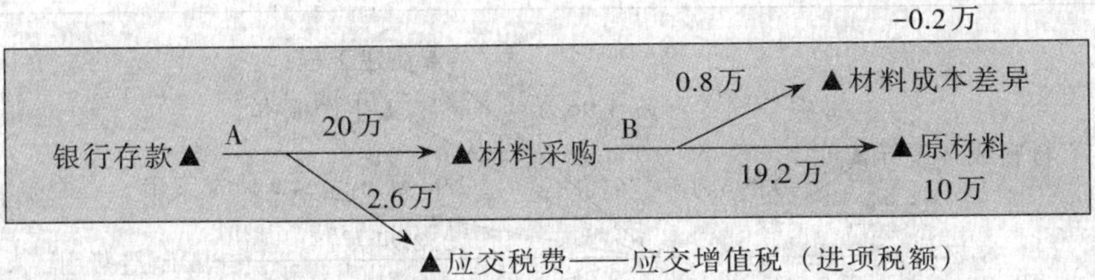

2.【单项选择题】答案：B

解析：差异率=（-1 000+500）÷（100 000+100 000）×100%=-0.25%

应分摊的差异=150 000×（-0.25%）=-375（元）

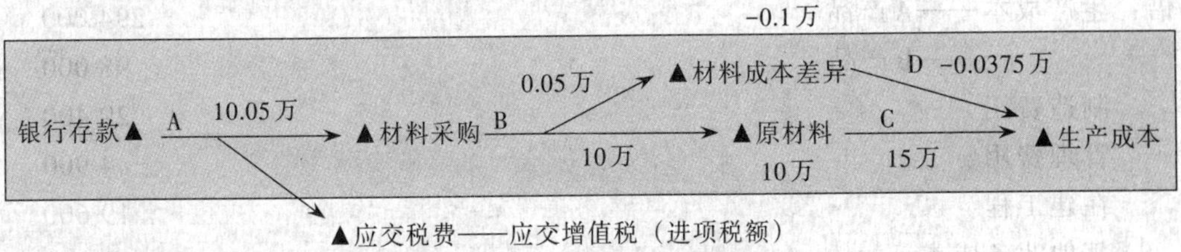

3.【单项选择题】答案：C

解析：差异率=（4 200-1 000）÷（100 000+60 000）×100%=2%

应分摊的差异=150 000×2%=3 000（元）

期末结存材料的实际成本=10 000+200=10 200（元）

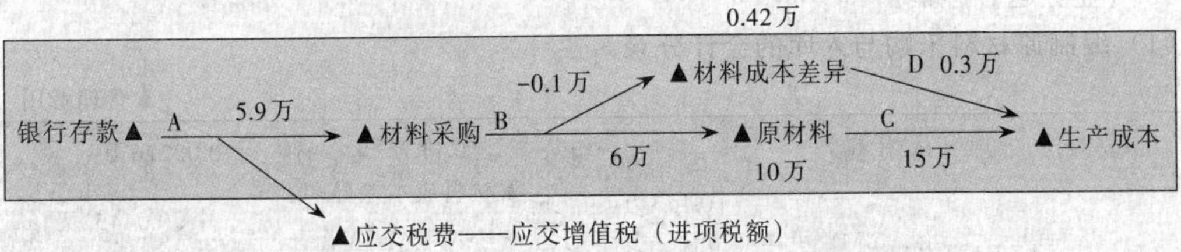

4.【多项选择题】答案：AB

解析：C段资金运动反映企业领用材料投入产品生产，材料的计划成本为18万元，而不是实际成本为18万元，因此，C是错的。D段资金运动反映企业分摊生产产品领用的材料所应承担的材料成本差异-0.36万元，从而抵减生产成本0.36万元。由此可以推断，材料成本差异率为一个节约差异，是-2%，而不是超支差异2%，因此，D是错的。

5.【多项选择题】答案：ABC

解析：整个资金运动结束后，原材料余额为12万元，反映其计划成本；材料成本差异余额为0.12万元，反映为超支差异，因此，D是错的。ABC是对业务的恰当描述。

6.【多项选择题】答案：CD

解析：借方登记流入量，即位于资金运动的终点：B段相关流量为正，D段流量为负。

7.【多项选择题】答案：BD

解析：贷方登记流出量，即位于资金运动的起点：D段流量为正，B段相关流量为负。

8.【判断题】答案：错

解析：发出存货应负担的成本差异，必须按月分摊，不得在季末或年末一次分摊。

9.【业务题】答案：

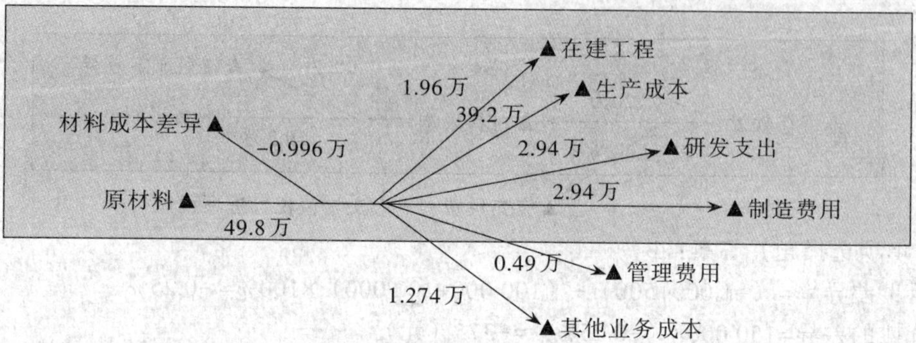

借：生产成本——A产品　　294 000

　　　　　——B产品　　98 000

　　制造费用　　29 400

　　管理费用　　4 900

　　在建工程　　19 600

　　其他业务成本　　12 740

　　研发支出　　29 400

　　材料成本差异　　9 960

　贷：原材料　　498 000

10.【业务题】答案：

（1）编制原材料采购与入库的会计分录。

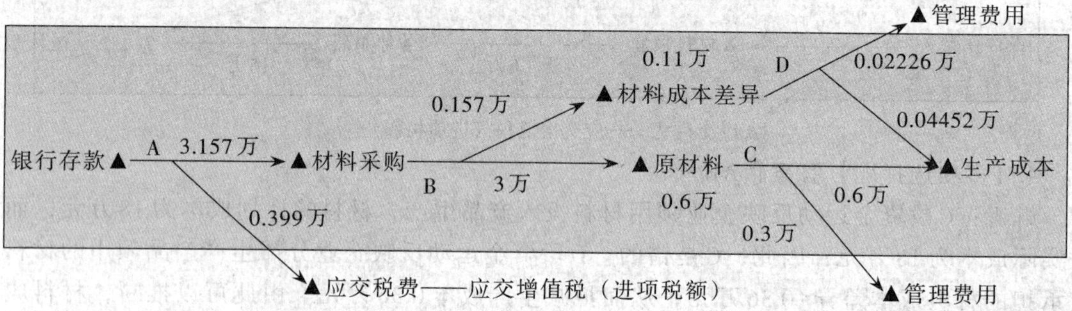

20×8年12月17日采购。（A段）

借：材料采购　　31 570

　　应交税费——应交增值税（进项税额）　　3 990

　贷：银行存款　　35 560

20×8年12月22日，验收入库，按计划成本结转成本。（B段）

借：原材料　　30 000

　　材料成本差异　　1 570

　贷：材料采购　　31 570

（2）计算本月份原材料成本差异率。

材料成本差异率=（1 100+1 570）÷（6 000+30 000）×100%=7.42%

（3）编制原材料领用与结转差异的会计分录。

领用原材料。（C段）

借：生产成本　6 000

　管理费用　3 000

　贷：原材料　9 000

结转领用材料所应该分摊的材料成本差异。（D段）

借：生产成本　445.2

　管理费用　222.6

　贷：材料成本差异　667.8

（4）计算月末库存原材料实际成本。

月末库存原材料实际成本=（12-3）×3 000×（1+7.42%）=29 003.4（元）

三、知识点：包装物一般性业务会计处理+包装物出租会计处理+低值易耗品的会计处理

1.【单项选择题】答案：C

解析：

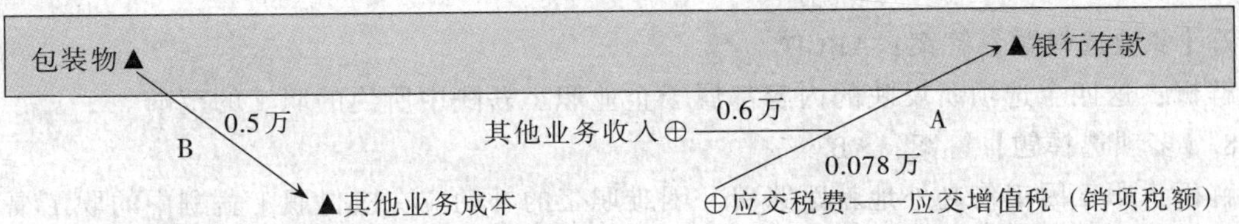

2.【多项选择题】答案：ABCD

解析：这四个选项都是对包装物业务的恰当描述。

3.【多项选择题】答案：ABD

解析：低值易耗品在使用的过程中，其实物形态一般不会发生改变。

4.【多项选择题】答案：ABCD

解析：这四个选项都是对周转材料摊销方法的恰当描述。

5.【多项选择题】答案：ABCD

解析：这四个选项都是对低值易耗品业务的恰当描述。

四、知识点：职工薪酬一般性分析+职工薪酬确认与计量+职工薪酬资金运动综合分析

1.【单项选择题】答案：C

解析：企业应该在“应付职工薪酬”下设置“工资”“职工福利”“医疗保险费”“住房公积金”“工会经费”“职工教育经费”“非货币性福利”“累积带薪缺勤”“利润分享计划”“设定提存计划”“设定受益计划”“辞退福利”等明细分类账。

2.【单项选择题】答案：A

解析：因解除与职工的劳动关系给予的补偿，要全额计入当期的管理费用。其他的都需要在各个成本与费用之间进行分摊。

3.【单项选择题】答案：D

解析：为企业提供审计服务的注册会计师不属于企业员工的范畴，不能通过应付职工薪酬来处理，而应该在以银行存款支付的时候直接反映管理费用的增加。

4.【单项选择题】答案：D

解析：教育费附加属于国家税费的一个组成部分，应该通过“应交税费——应交教育费附加”来反映。

5.【单项选择题】答案：C

解析：企业职工出差报销的差旅费应计入管理费用，不属于职工薪酬。

6.【单项选择题】答案：A

解析：车间管理人员薪酬应通过制造费用核算。

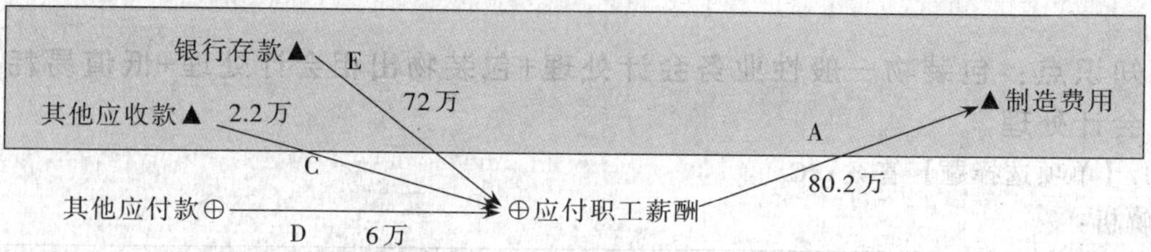

7.【多项选择题】答案：ABCD

解析：这四个选项所反映的内容都属于企业职工薪酬中所说的职工的范畴。

8.【多项选择题】答案：AB

解析：职工因工伤赴外地就医路费、困难职工的补助应在应付职工薪酬中的职工福利费列支。

9.【多项选择题】答案：ACD

解析：因解除与职工的劳动关系而给予的补偿，不属于短期薪酬，属于辞退福利。非货币性福利属于短期薪酬。

10.【多项选择题】答案：ABCD

解析：这四个选项所对应的项目都属于职工薪酬的范畴。

11.【多项选择题】答案：CD

解析：我国企业职工的探亲假、病假、婚假、产假、丧假期间等都属于非累积带薪缺勤；医疗保险、工伤保险属于短期薪酬。

12.【判断题】答案：对

解析：应作为差旅费处理，与薪酬无关。

13.【判断题】答案：对

解析：按照权责发生制原则，谁受益谁承担，服务于在建工程和无形资产的职工的薪酬，应计入在建工程或无形资产的成本之中。

14.【判断题】答案：错

解析：非货币性福利属于短期薪酬，应通过“应付职工薪酬”科目进行核算。

15.【判断题】答案：对

解析：只要是企业为职工提供的，都属于职工薪酬的范畴。

16.【判断题】答案：错

解析：企业在资产负债表日，为换取职工在会计期间提供的服务而应向单独主体缴存的提存金，应确认为应付职工薪酬。

17.【判断题】答案：对

解析：此类带薪缺勤职工福利，一旦过期，自动作废。

18.【判断题】答案：对

解析：

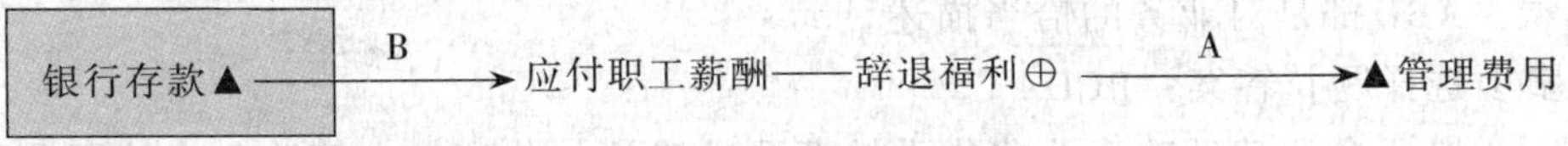

19.【判断题】答案：对

解析：这些都属于职工薪酬，而且都属于长期性职工薪酬。

20.【判断题】答案：错

解析：离职后的福利，是指企业为获得职工提供的服务而在职工退休或解除劳动关系后，提供的各种形式的报酬和福利，短期薪酬和辞退福利除外。

21.【判断题】答案：错

解析：企业提供给职工配偶、子女、受赡养人、已故职工遗属及其他受益人等的福利，均属于职工薪酬。

五、知识点：职工薪酬一般性处理举例+非货币性职工薪酬举例1+举例2

1.【单项选择题】答案：D

解析：

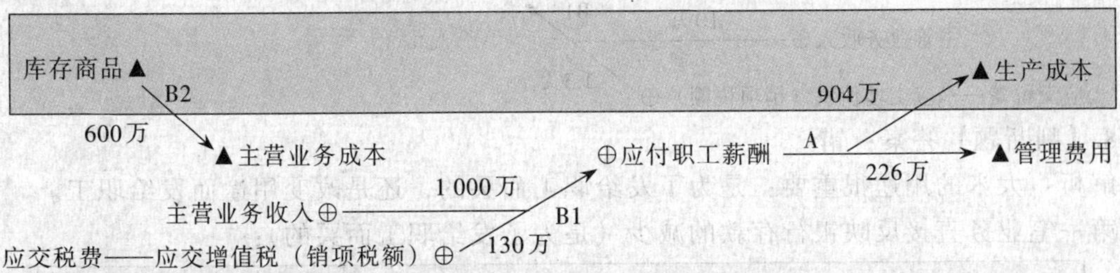

2.【单项选择题】答案：D

解析：

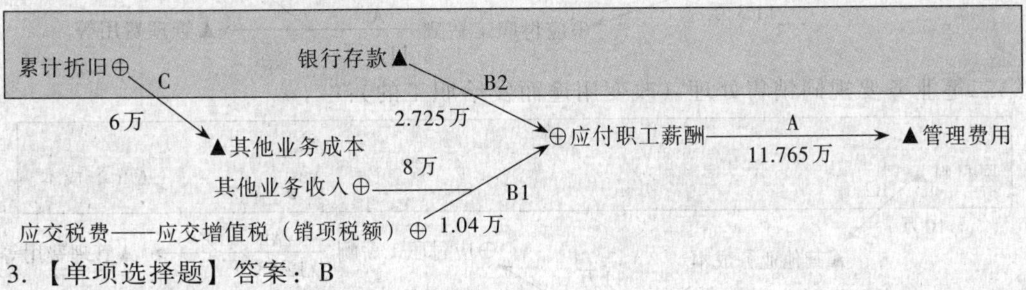

3.【单项选择题】答案：B

解析：非货币性福利金额=10×（1+13%）=11.3（万元）。

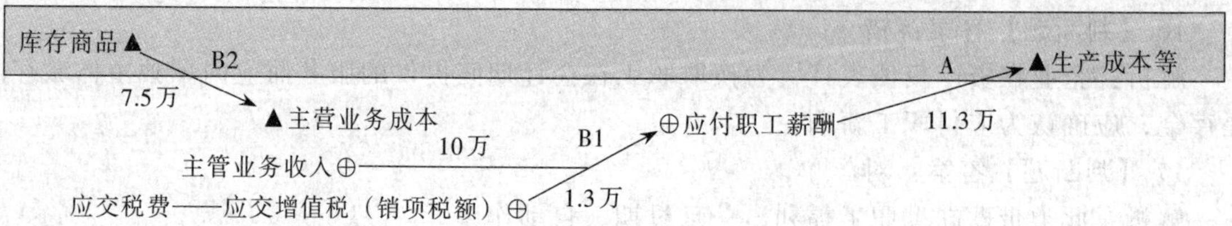

4.【多项选择题】答案：ABD

解析：从A段资金运动可知，生产车间人员数量和企业管理人员数量的比例是8：2，故C项错误。ABD都是对业务的恰当描述。

5.【多项选择题】答案：BCD

解析：A段资金运动反映企业非货币性薪酬的确认与分配。本笔业务确认了非货币性薪酬总额15.3万元。由于企业将该薪酬费用全部分配给管理费用，因此这15.3万元的非货币性薪酬应该只与公司的管理人员相关，而与生产人员没有关系。因为如果与生产人员相关，那么薪酬费用就不应该全部由管理费用来承担。因此，A是错的，而BCD三个选项的表述都是对业务的恰当描述。

6.【多项选择题】答案：ABCD

解析：这四个选项都属于非货币性薪酬的范畴。

7.【多项选择题】答案：ACD

解析：非货币性福利金额=500×0.02×（1+13%）=11.3（万元）。

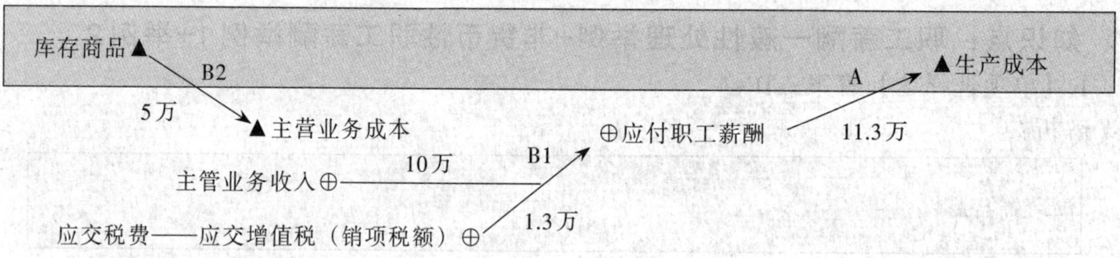

8.【判断题】答案：错

解析：大米的用途很重要：是为了发给职工而买的，还是改变用途而发给职工。

第一笔业务直接反映银行存款的减少（是为了发给职工而买的）：

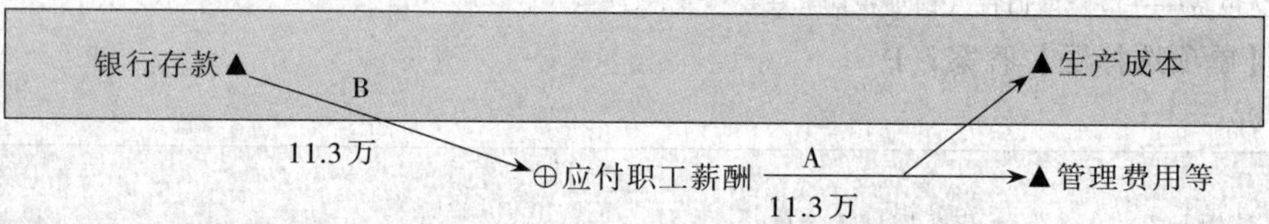

第二笔业务要视同销售处理（改变用途而发给职工的）：

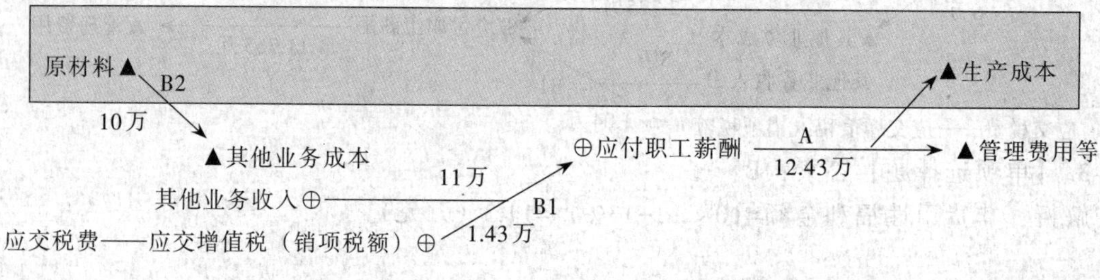

9.【业务题】答案：

（1）①20×8年5月31日，确认薪酬费用。（A段）

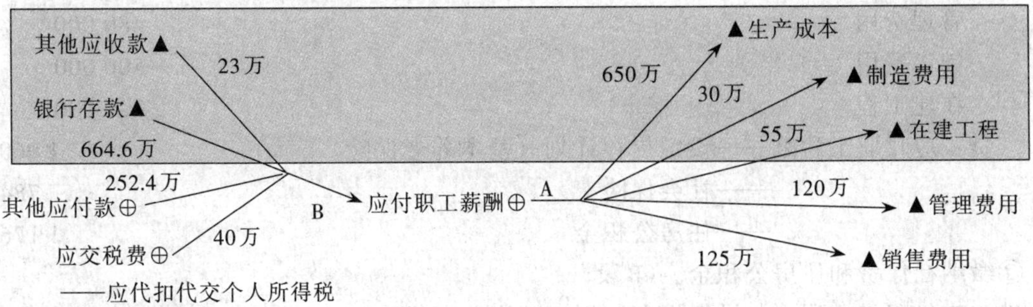

借：生产成本　6 500 000

　　制造费用　300 000

　　管理费用　1 200 000

　　销售费用　1 250 000

　　在建工程　550 000

　贷：应付职工薪酬——工资　9 800 000

②发放工资，并代扣相关款项。（B段）

应代扣代缴社会保险费=980×11%=107.8（万元）

应代扣代缴住房公积金=980×12%=117.6（万元）

借：应付职工薪酬——工资　9 800 000

　贷：其他应收款　230 000

　　银行存款　6 646 000

　　　其他应付款　2 524 000

　　　　——应付房租费　270 000

　　　　——应付社会保险费　1 078 000

　　　　——应付住房公积金　1 176 000

　　　应交税费——应代扣代交个人所得税　400 000

（2）①计提社保费和住房公积金。（A段）

应计提社会保险费=980×28%=274.4（万元），应计提住房公积金=980×12%=117.6（万元），合计392万元。

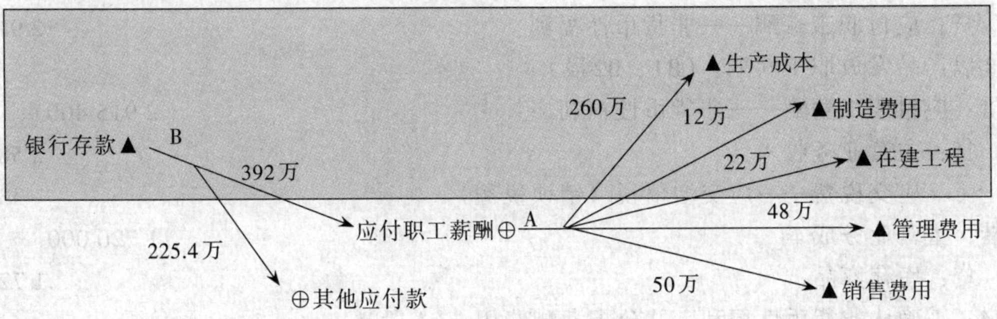

借：生产成本　2 600 000
　　制造费用　120 000
　　管理费用　480 000
　　销售费用　500 000
　　在建工程　220 000
　贷：应付职工薪酬——设定提存计划（基本养老保险）　1 960 000
　　　　　　　　——社会保险费　784 000
　　　　　　　　——住房公积金　1 176 000

②缴纳社保费和住房公积金。（B段）

借：应付职工薪酬——设定提存计划（基本养老保险）　1 960 000
　　　　　　　——社会保险费　784 000
　　　　　　　——住房公积金　1 176 000
　　其他应付款——应付社会保险费　1 078 000
　　　　　　　——应付住房公积金　1 176 000
　贷：银行存款　6 174 000

（3）①确认非货币性福利，并分配薪酬费用。（A段）

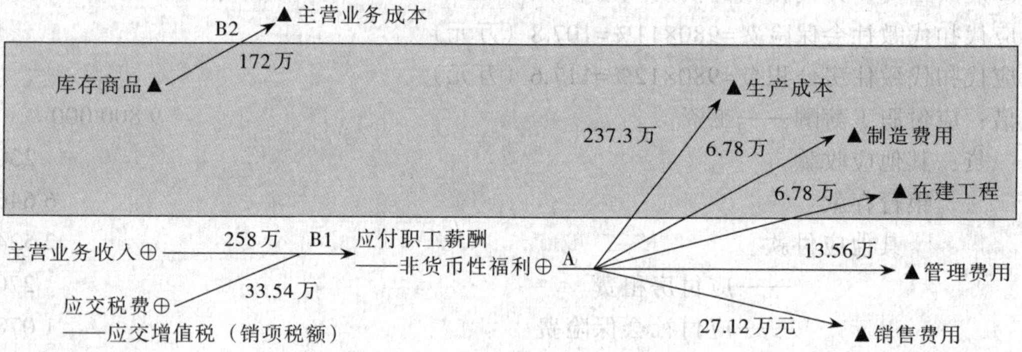

借：生产成本　2 373 000
　　制造费用　67 800
　　管理费用　135 600
　　销售费用　271 200
　　在建工程　67 800
　贷：应付职工薪酬——非货币性福利　2 915 400

②以产品发放职工薪酬。（B1、B2段）

借：应付职工薪酬——非货币性福利　2 915 400
　贷：主营业务收入　2 580 000
　　　应交税费——应交增值税（销项税额）　335 400
借：主营业务成本　1 720 000
　贷：库存商品　1 720 000

（4）①确认非货币性福利，并分配薪酬费用。（A段）

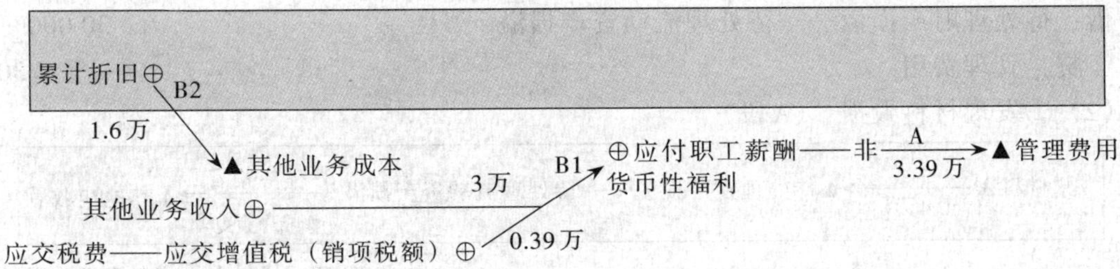

借：管理费用 33 900

贷：应付职工薪酬——非货币性福利 33 900

②提供免费汽车给职工使用。（B1、B2段）

借：应付职工薪酬——非货币性福利 33 900

贷：其他业务收入 30 000

应交税费——应交增值税（销项税额） 3 900

借：其他业务成本 16 000

贷：累计折旧 16 000

六、知识点：存货盘盈盘亏的会计处理

1.【单项选择题】答案：A

解析：自然灾害造成的毁损净损失，应计入营业外支出。其他三种情况造成的损失应计入企业的管理费用。

2.【单项选择题】答案：B

解析：应转出的进项税额=100 000×50%×13%=6 500（元）。

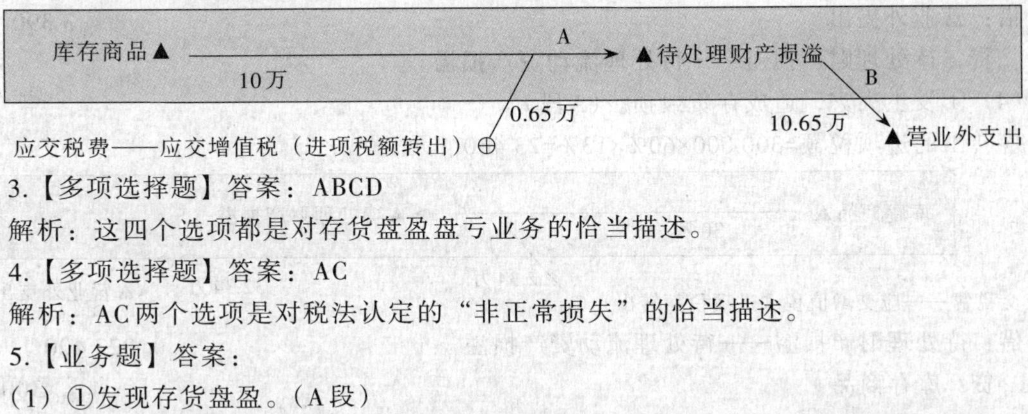

3.【多项选择题】答案：ABCD

解析：这四个选项都是对存货盘盈盘亏业务的恰当描述。

4.【多项选择题】答案：AC

解析：AC两个选项是对税法认定的“非正常损失”的恰当描述。

5.【业务题】答案：

（1）①发现存货盘盈。（A段）

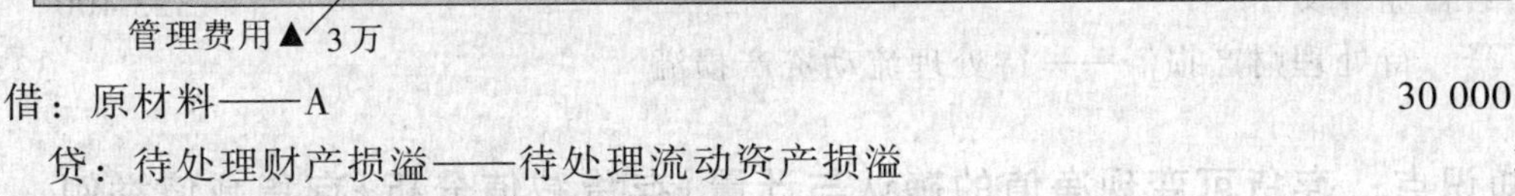

借：原材料——A 30 000

贷：待处理财产损溢——待处理流动资产损溢 30 000

②经批准后冲减公司的管理费用。（B段）

借：待处理财产损溢——待处理流动资产损溢　　30 000
　贷：管理费用　　30 000

（2）①发现材料毁损。（A段）

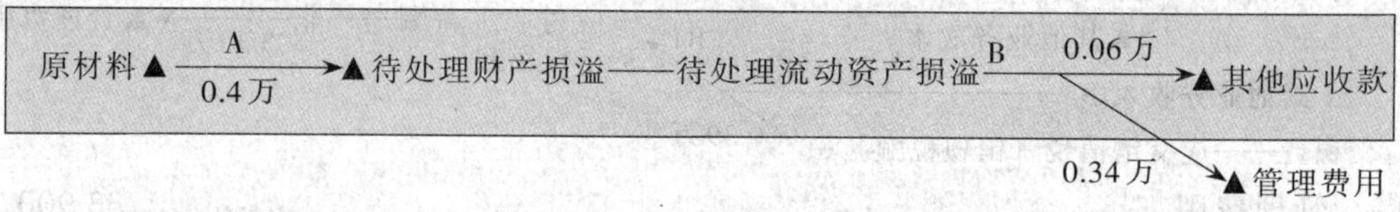

借：待处理财产损溢——待处理流动资产损溢　　4 000
　贷：原材料——A　　4 000

②经研究决定，保管员李涛应赔偿600元，剩余的由公司承担。（B段）

借：其他应收款——李涛　　600
　　管理费用　　3 400
　贷：待处理财产损溢——待处理流动资产损溢　　4 000

（3）①发现原材料毁损。（A段）

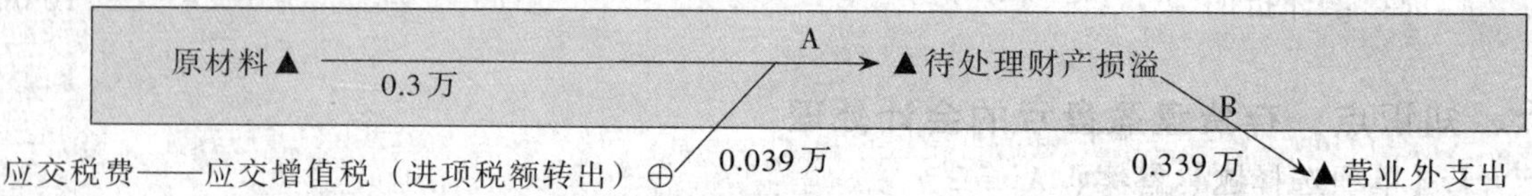

借：待处理财产损溢——待处理流动资产损溢　　3 390
　贷：原材料　　3 000
　　　应交税费——应交增值税（进项税额转出）　　390

②该损失经批准转为营业外支出。（B段）

借：营业外支出　　3 390
　贷：待处理财产损溢——待处理流动资产损溢　　3 390

（4）①发生火灾，造成存货毁损。（A段）

应转出的进项税额=300 000×60%×13%=23 400（元）

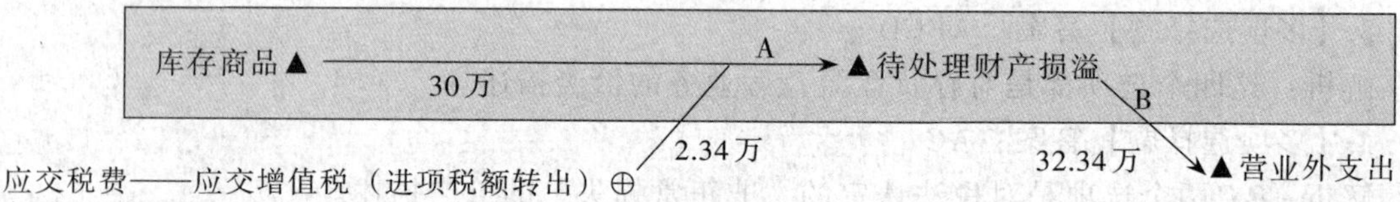

借：待处理财产损溢——待处理流动资产损溢　　323 400
　贷：库存商品　　300 000
　　　应交税费——应交增值税（进项税额转出）　　23 400

②该损失经批准转为营业外支出。（B段）

借：营业外支出　　323 400
　贷：待处理财产损溢——待处理流动资产损溢　　323 400

七、知识点：存货可变现净值的确认与计量+存货减值分析+存货减值举例

1.【单项选择题】答案：C

解析：由于没有发生减值，需要将期初的70万元的存货跌价准备转回。

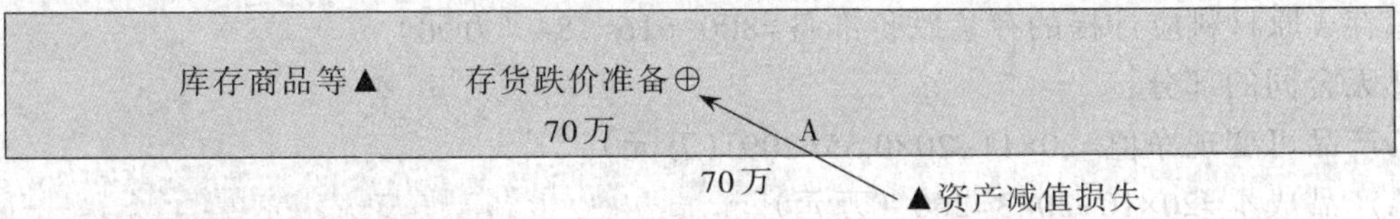

2.【单项选择题】答案：A

解析：期末账面价值为95万元，减值了10万元，应补提6万元。

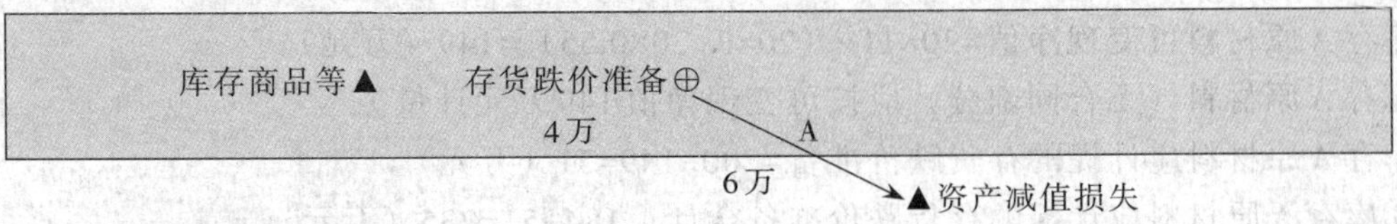

3.【单项选择题】答案：C

解析：账面成本1.82亿元；可变现净值=1×1.5+0.3×1.3−1.3×0.05=1.825（亿元）。可见，该批存货并未发生减值，仍然以原账面成本1.82亿元计价。

4.【单项选择题】答案：A

解析：首先经过判断发现，其所生产的产品发生了减值，然后考虑该批存货的减值。其可变现净值=130−40−8=82（万元），减值8万元。存货跌价准备账户原已有20万元，所以需要冲销12万元。

5.【多项选择题】答案：ABCD

解析：这四个选项都是对存货跌价准备设置的恰当说明。

6.【多项选择题】答案：ABCD

解析：这四个选项都是对存货跌价准备发生额和余额的恰当描述。

7.【判断题】答案：对

解析：存货发生的减值准备允许在原计提的范围内转回。

8.【判断题】答案：错

解析：存货需要分为两类。对于用于出售的存货，这个表述是对的。但对于用于生产产品的原材料来说，其可变现净值的计算需要考虑其所生产的产品是否发生减值。如所生产的产品未发生减值，则材料依然按原账面价值计量；如所生产的产品预计发生减值，则需要计算该材料的可变现净值，即：该材料所生产的产品的估计售价−从原料至完工产品需要追加的成本−预计的销售税费。

9.【业务题】答案：

（1）20×8年12月31日，库存原材料A原材料应计提的存货跌价准备。

①有合同的部分：

乙产品可变现净值=80×11.25−80×0.55=856（万元）

乙产品成本=80×10+80×3=1 040（万元）

可以判断，由于乙产品减值从而导致库存A原材料需要考虑是否应按可变现净值计量。

库存A原材料成本=800万元

库存A原材料可变现净值=80×11.25−80×3−80×0.55=616（万元）

库存A原材料（有合同部分）应按可变现净值616万元计量。

库存A原材料应计提的存货跌价准备=800-616=184（万元）

②无合同的部分：

乙产品可变现净值=20×11-20×0.55=209（万元）

乙产品成本=20×10+20×3=260（万元）

可以判断，由于乙产品减值从而导致库存A原材料需要考虑是否应按可变现净值计量。

库存A原材料成本=200万元

库存A原材料可变现净值=20×11-（20×3+20×0.55）=149（万元）

库存A原材料（无合同部分）应按可变现净值149万元计量。

库存A原材料应计提的存货跌价准备=200-149=51（万元）

③库存A原材料应计提的存货跌价准备合计：184+51=235（万元）

（2）20×8年12月31日甲产品应计提的存货跌价准备。

甲产品成本=500万元

甲产品可变现净值=350-18=332（万元）

甲产品应按可变现净值332万元计量。

甲产品应计提的存货跌价准备=500-332-100=68（万元）

（3）20×8年12月31日应计提的存货跌价准备合计金额=235+68=303（万元）

（4）编制会计分录。

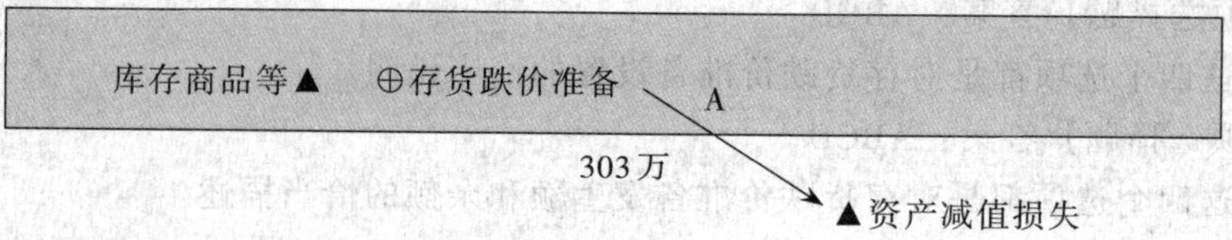

借：资产减值损失 3 030 000

　贷：存货跌价准备——A原材料 2 350 000

　　　　　　　　——甲产品 680 000

第九章　销售环节资金运动分析与会计处理（上）——基本业务

一、知识点：销售环节资金运动综合分析+收入的具体确认与计量

1.【单项选择题】答案：D

解析：因其他单位违约而收取的违约金应作为营业外收入处理，出售无形资产的净收入应作为资产处置损益处理，代第三方收取的款项应作为负债处理。因此，应选D。

2.【单项选择题】答案：A

解析：转让固定资产和无形资产净收益应作为资产处置损益处理。向购货方收取的增值税销项税额应作为负债处理。

3.【多项选择题】答案：ABCD

解析：ABCD四个选项都是对业务的恰当描述。

4.【多项选择题】答案：ABD

解析：出售无形资产所获得的净收益应通过“资产处置损益”项目来核算。

5.【多项选择题】答案：ABD

解析：销售商品收取的增值税应作为负债处理，出售飞机票时代收的保险费应作为其他应付款处理，销售商品代垫的运杂费应作为应收款处理。因此，应选ABD。

6.【判断题】答案：对

解析：增值税一般纳税人在销售过程中所涉及的增值税销项税额属于价外税，不构成收入的组成部分，因而就不会影响企业的利润。

7.【判断题】答案：错

解析：在采用预收款方式销售产品时，应该在提供商品的时候确认收入。

8.【判断题】答案：错

解析：在转让无形资产所有权时，所得价款收入应通过“资产处置损益”科目核算。

9.【判断题】答案：错

解释：工业企业出租无形资产使用权、出售不需用原材料等，虽然不属于企业经常性经营活动，但属于与经常性经营活动相关的其他活动，因此，也应确认为收入（其他业务收入）。

二、知识点：应收票据一般性会计处理+应收票据贴现分析+举例

1.【单项选择题】答案：C

解析：见B段资金运动。

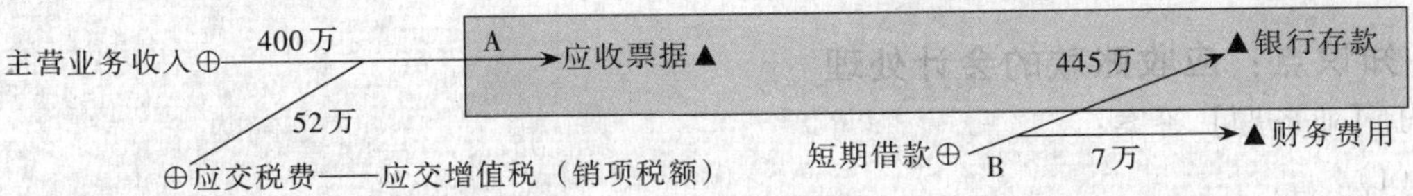

2.【单项选择题】答案：A

解析：见资金运动A段流量452万元。其会计处理应该是A、B两段。

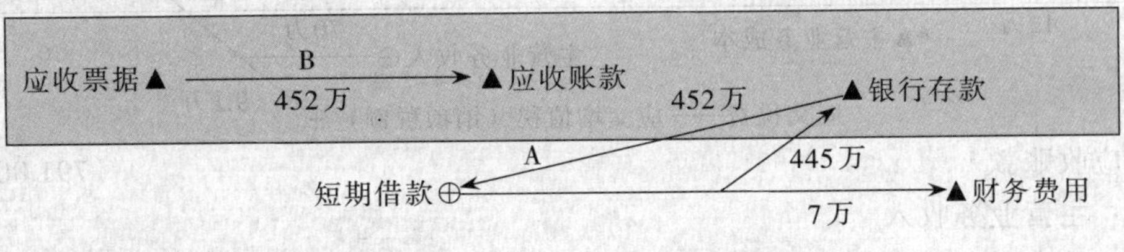

3.【单项选择题】答案：B

解析：见A段资金运动。

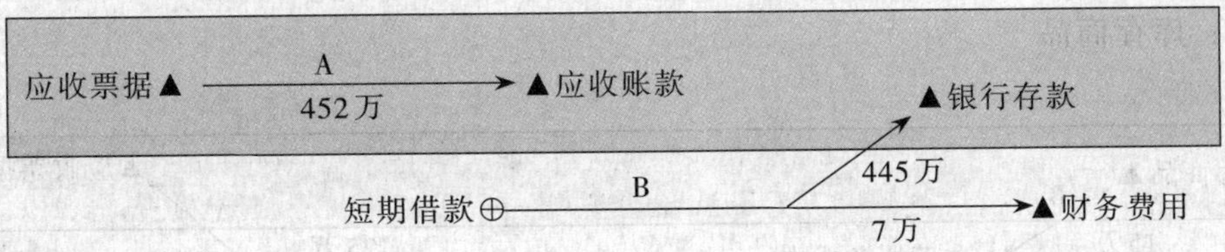

4.【单项选择题】答案：C

解析：见C段资金运动。

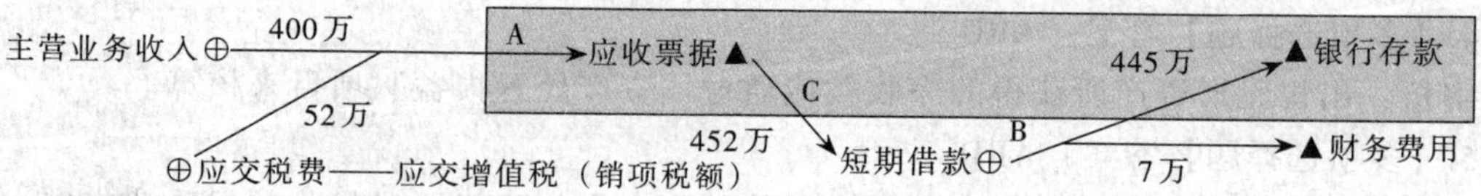

5.【单项选择题】答案：B

解析：见B段资金运动。

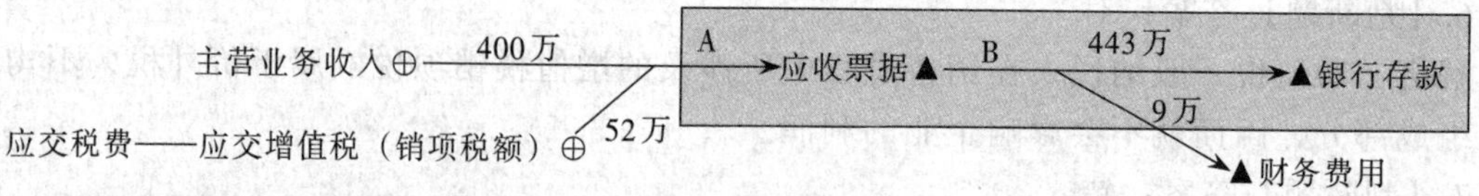

6.【多项选择题】答案：AB

解析：按承兑人的不同，应收票据可以分为银行承兑汇票和商业承兑汇票。

7.【判断题】答案：错

解析：同样金额的应收票据贴现，有追索权的贴息比没有追索权的贴息要低一些。因为，有追索权意味着该票据风险并没有转移给银行，银行所承担的风险小，自然收益率也就低一些，即所要求的贴息会少一些。

8.【判断题】答案：错

解析：企业需要进行会计处理，即需要将应收票据转换为应收账款。因为应收票据本身的信用级别比较高，一旦到期未收到钱，其信用级别就会降低，因此需要将应收票据重新认定为信用级别较低的应收账款。

三、知识点：应收账款的会计处理

1.【业务题】答案：

(1)

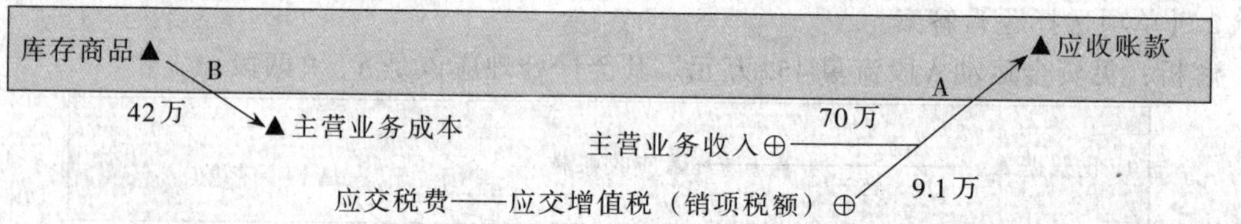

借：应收账款　791 000

　贷：主营业务收入　700 000

　　　应交税费——应交增值税（销项税额）　91 000

借：主营业务成本　420 000

　贷：库存商品　420 000

(2)

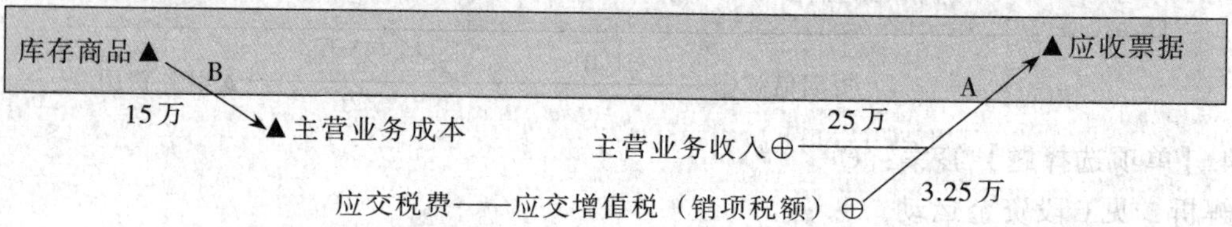

借：应收票据　282 500

　贷：主营业务收入　250 000

　　应交税费——应交增值税（销项税额）　32 500

借：主营业务成本　150 000

　贷：库存商品　150 000

（3）

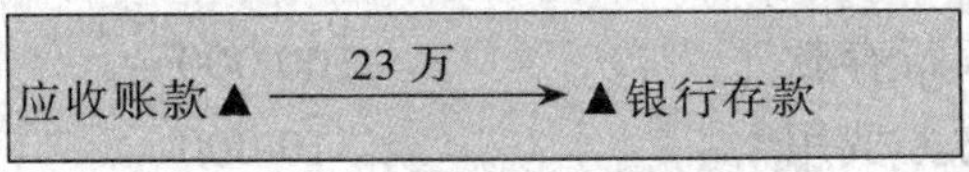

借：银行存款　230 000

　贷：应收账款　230 000

（4）

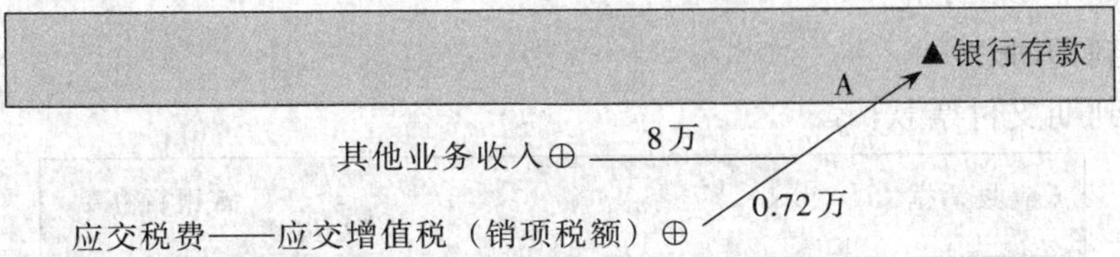

借：银行存款　87 200

　贷：其他业务收入　80 000

　　应交税费——应交增值税（销项税额）　7 200

（5）

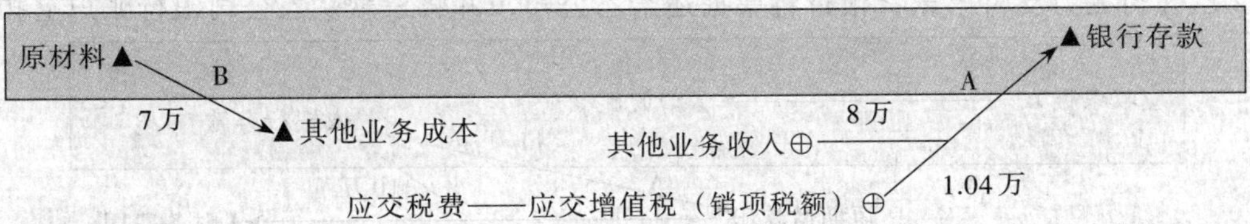

借：银行存款　90 400

　贷：其他业务收入　80 000

　　应交税费——应交增值税（销项税额）　10 400

借：其他业务成本　70 000

　贷：原材料　70 000

（6）

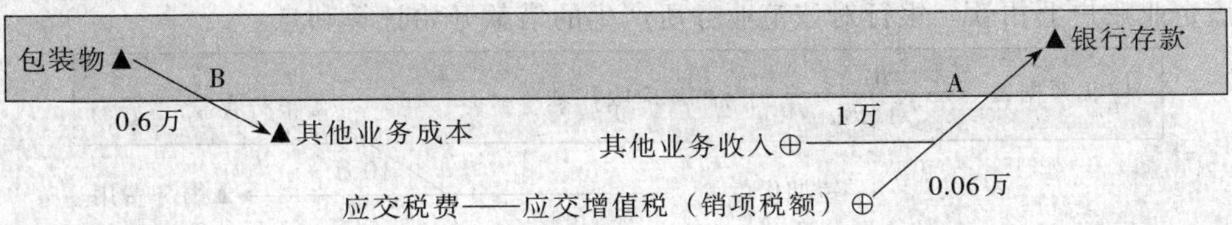

借：银行存款　10 600

　贷：其他业务收入　10 000

　　应交税费——应交增值税（销项税额）　600

借：其他业务成本　6 000

　贷：包装物　6 000

（7）

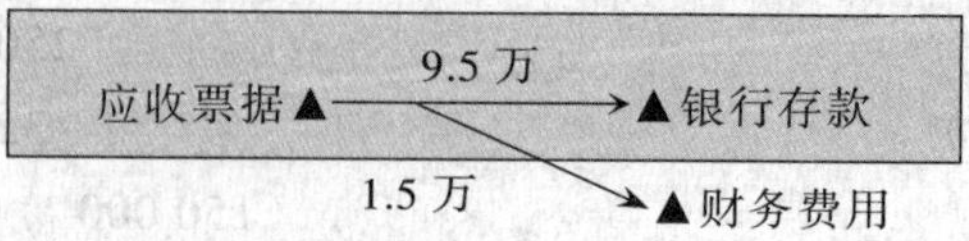

借：银行存款　　95 000

　　财务费用　　15 000

　贷：应收票据　　110 000

2.【业务题】答案：

（1）票据贴现时：

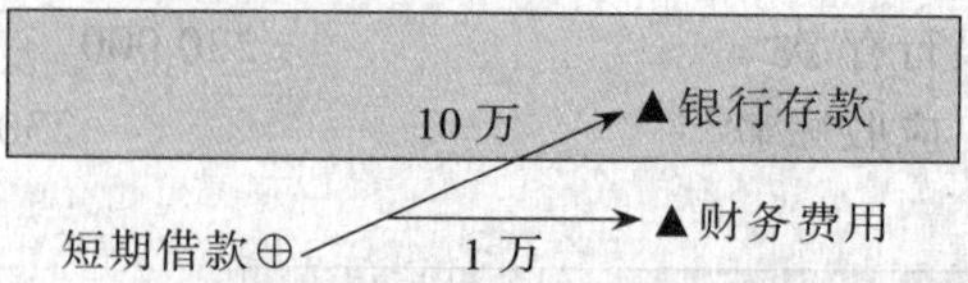

借：银行存款　　100 000

　　财务费用　　10 000

　贷：短期借款　　110 000

（2）票据到期时：

①乙公司到期支付票款。

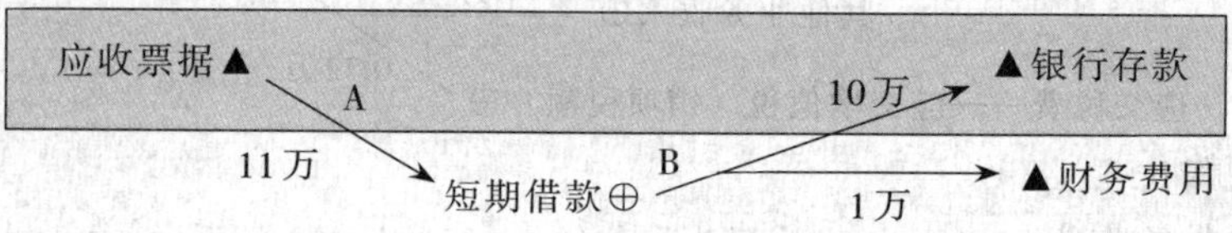

借：短期借款　　110 000

　贷：应收票据　　110 000

②乙公司无力支付票款，银行将票据还给乙公司，并将票款从乙公司银行账户上扣除。

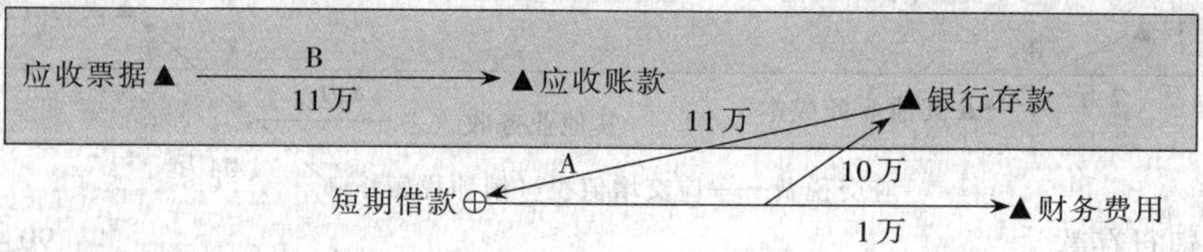

借：短期借款　　110 000

　贷：银行存款　　110 000

借：应收账款　　110 000

　贷：应收票据　　110 000

（3）乙公司无力支付，银行将票据还给该企业，但该企业银行账户上金额不足，银行未能从该企业账户上扣款。银行对该笔业务所产生的借款开始计算利息。

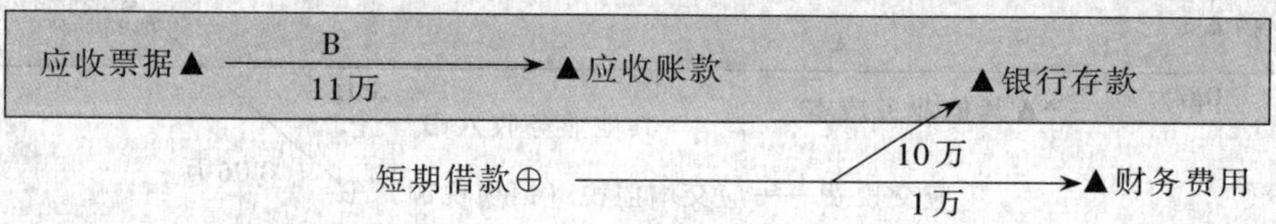

借：应收账款　　110 000

　贷：应收票据　　110 000

四、知识点：应收账款减值分析+应收账款减值资金运动分析+应收账款减值举例

1.【单项选择题】答案：C

解析：见下图中A段运动流量。

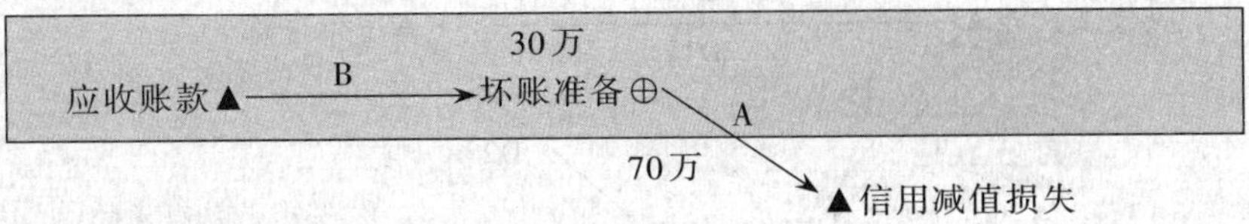

2.【单项选择题】答案：A

解析：见下图中B段运动流量。

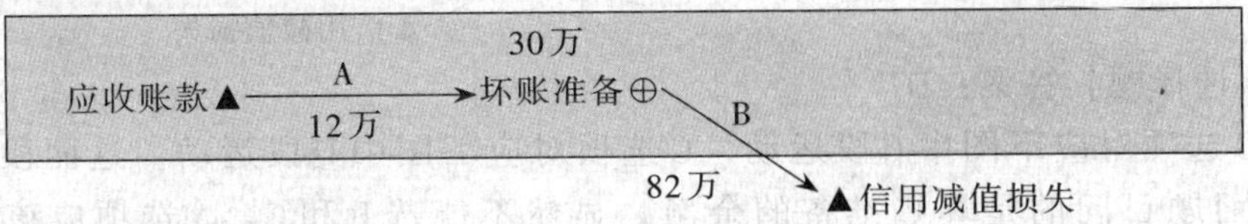

3.【单项选择题】答案：D

解析：见下图中B段运动流量。

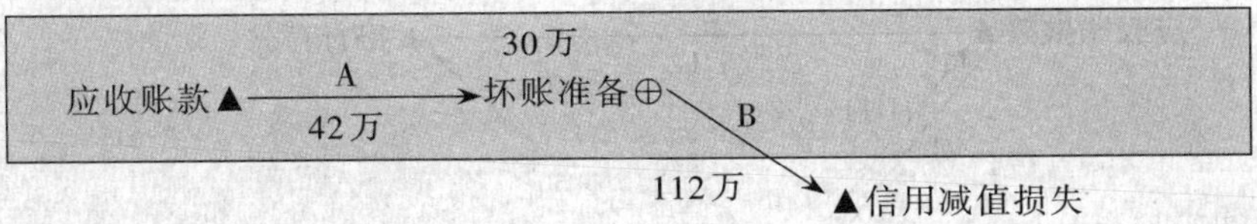

4.【单项选择题】答案：A

解析：见下图中B段运动流量。

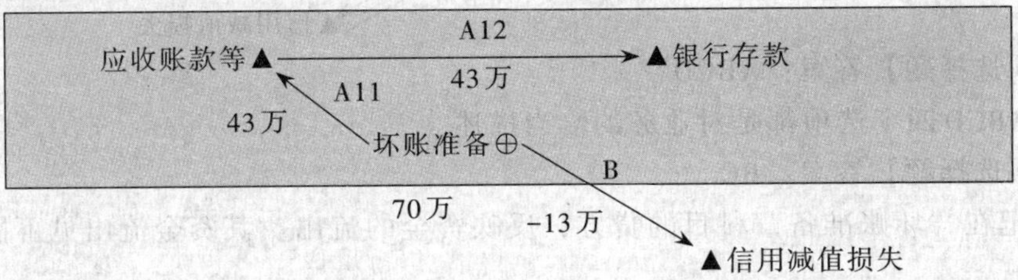

5.【单项选择题】答案：C

解析：见下图中“坏账准备”项目的期末余额。

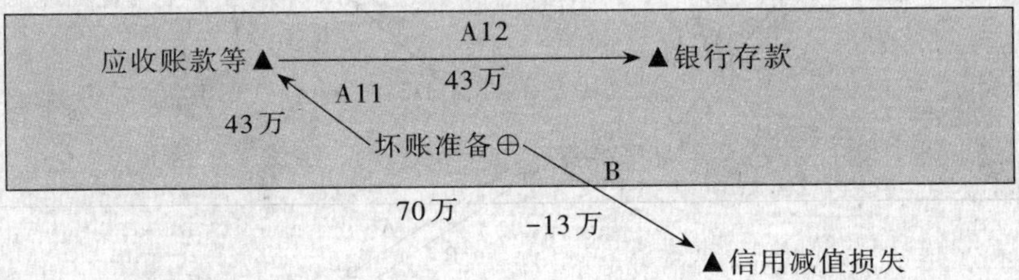

6.【单项选择题】答案：A

解析：B选项对应下图中C段运动，C选项对应下图中D段运动，这两段运动是一个动态的过程，而题目问的是坏账准备的余额，显然不能选B和C。D选项中应该是产生借方余额。

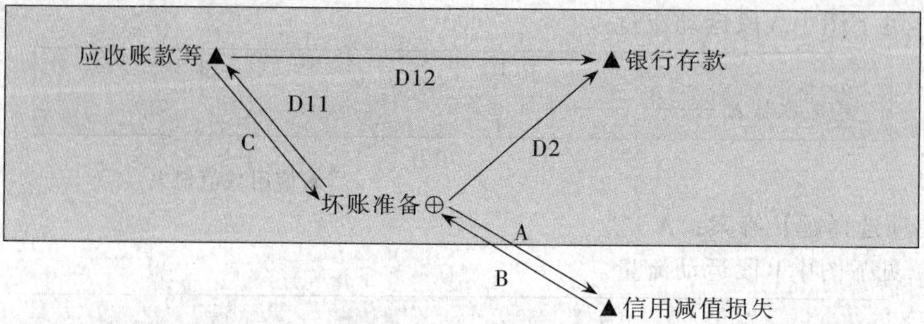

7.【单项选择题】答案：D

解析：B选项对应下图中C段运动，C选项对应下图中D段运动，这两段运动是一个动态过程，而题目问的是坏账准备的余额，显然不能选B和C。A选项应该是产生贷方余额。

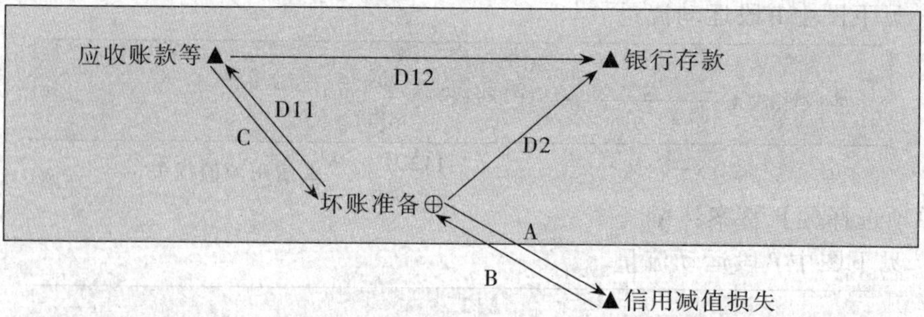

8.【多项选择题】答案：ABCD

解析：ABCD四个选项都是对业务的恰当描述。

9.【多项选择题】答案：BC

解析：记在“坏账准备”科目的贷方，反映资金的流出。其资金流出见下图中D段、A段运动。

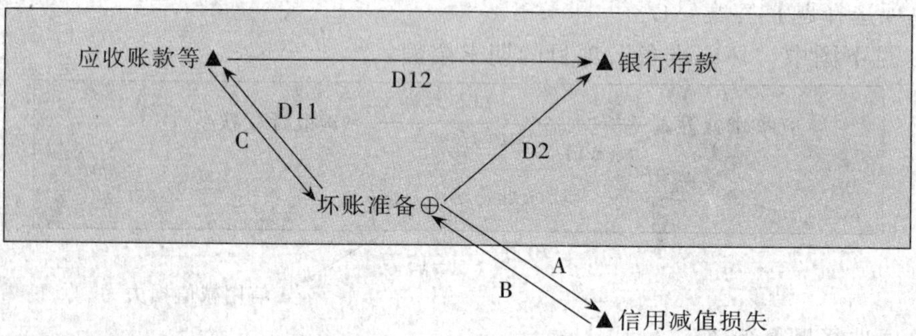

10.【多项选择题】答案：AD

解析：记在“坏账准备”科目的借方，反映资金的流入。其资金流入见下图中B段、C段运动。

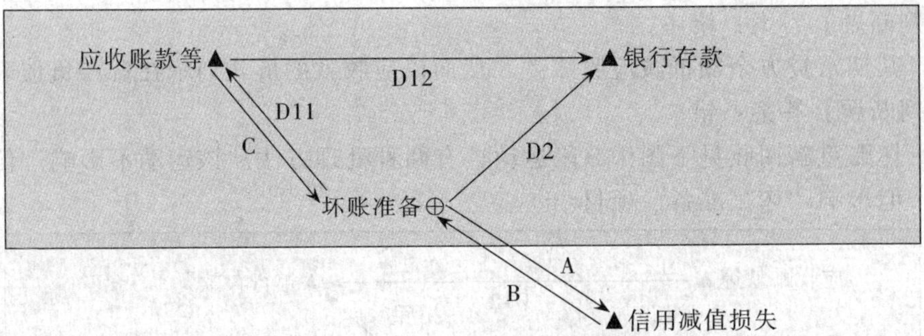

11.【多项选择题】答案：AB

解析：坏账的重新回收见下图中D段运动。其资金运动可能有两种情况，即D1和D2段。

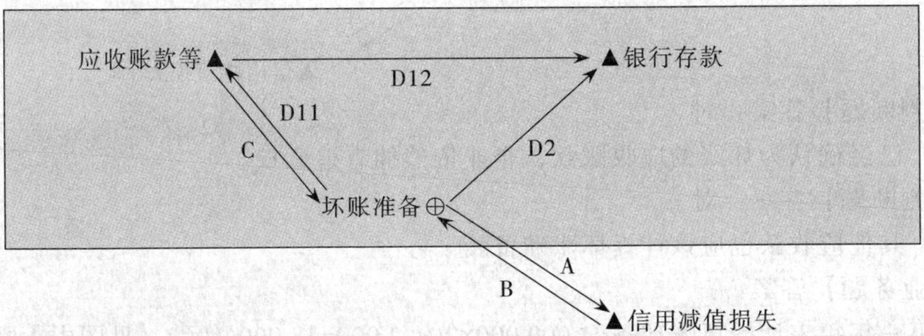

12.【多项选择题】答案：ABC

解析：代垫的款项不需要单独设置“其他应收款”项目，而是直接合并在应收账款之中。

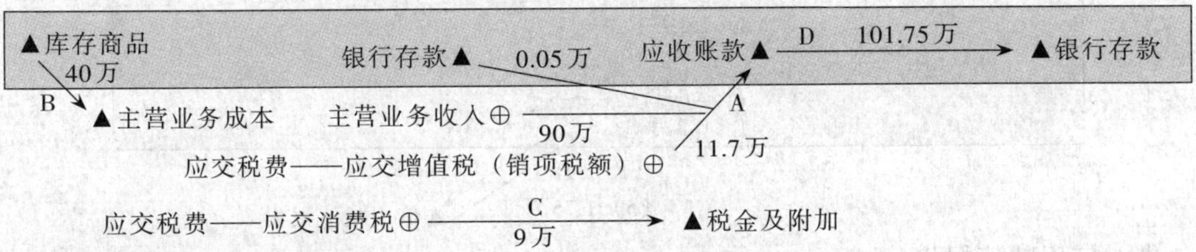

13.【判断题】答案：错

解析：坏账冲销见下图中C段运动。C段运动只影响资产，使得资产内部结构发生变化。

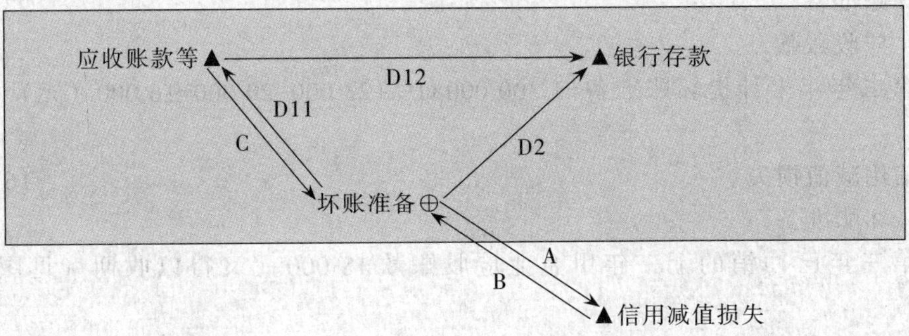

14.【判断题】答案：错

解析：其期末贷方余额抵减应收账款，从而以应收款的形式列示在资产负债表中。

15.【判断题】答案：错

解析：坏账重新回收见下图中D段运动，有两种处理方法。该运动不影响“信用减值损失”项目，但影响“坏账准备”项目。

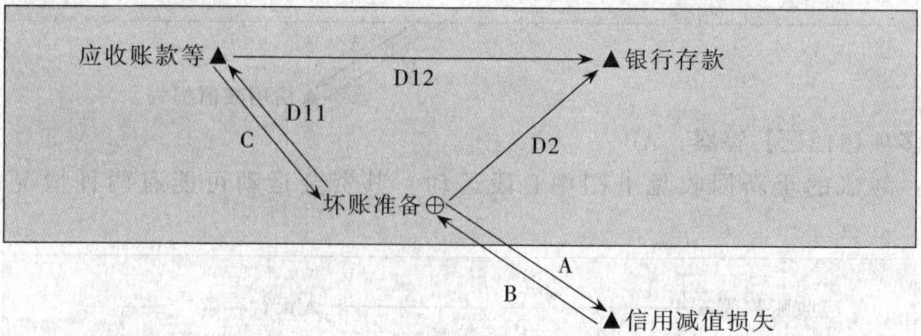

16.【判断题】答案：对

解析：已经确认为坏账的应收账款，企业依然拥有追索权。

17.【判断题】答案：对

解析：其他应收款也应该计提坏账准备。

18.【业务题】答案：

(1) 第一年年末计提坏账准备=1 000 000×2%-2 000=18 000（元）（见图中A段（1））。

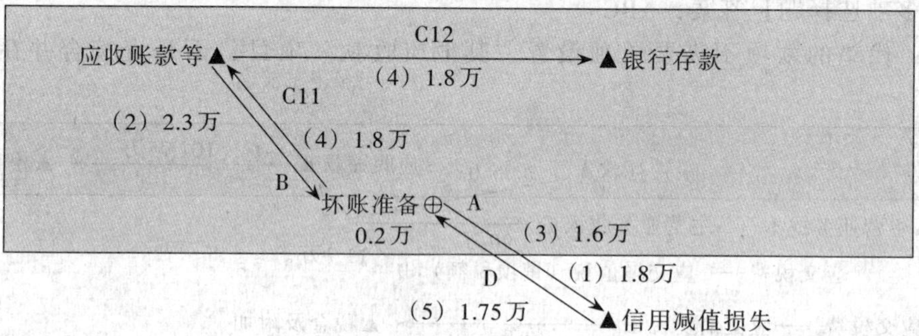

借：信用减值损失 18 000

　贷：坏账准备 18 000

(2) 第二年发生坏账损失23 000元（见图中B段（2））。

借：坏账准备 23 000

　贷：应收账款 23 000

(3) 第二年年末计提坏账准备=1 300 000×1%+23 000-20 000=16 000（元）（见图中A段（3））。

借：信用减值损失 16 000

　贷：坏账准备 16 000

(4) 第三年已冲销的上一年甲企业应收账款18 000元又得以收回（见图中C11和C12段）。

借：应收账款　　18 000

　贷：坏账准备　　18 000

借：银行存款　　18 000

　贷：应收账款　　18 000

（5）第三年年末应计提的坏账准备=1 500 000×0.9%-18 000-13 000=-17 500（元），即要转回坏账准备17 500元（见图中D段运动）。

借：坏账准备　　17 500

　贷：信用减值损失　　17 500

五、知识点：费用的具体确认与计量

1.【单项选择题】答案：B

解析：

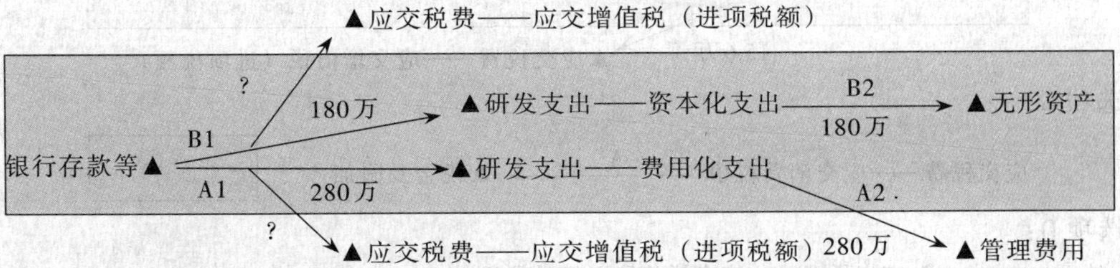

2.【单项选择题】答案：A

解析：财务费用=120-10-30=80（万元）。

3.【单选选择题】答案：C

解析：不满足资本化条件的汇兑损益计入财务费用；预提产品质量保证损失计入销售费用；季节性停工损失计入制造费用；咨询费计入管理费用。

选项A：

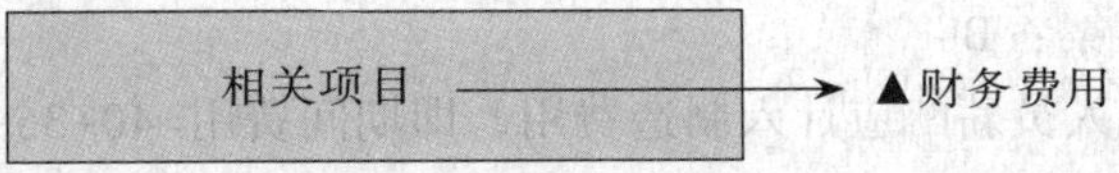

选项B：

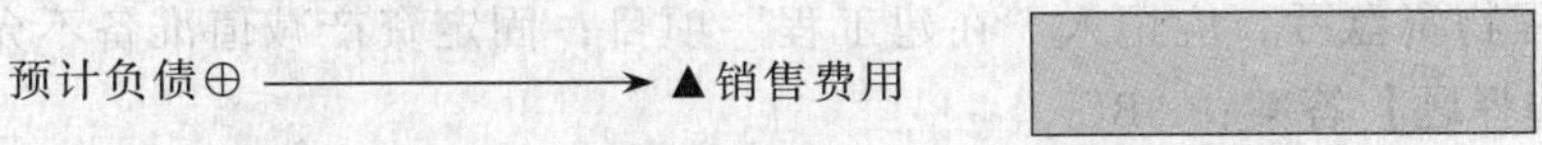

选项C：

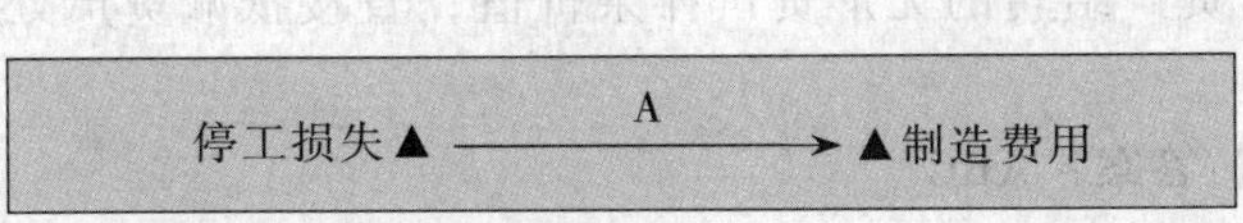

选项D：

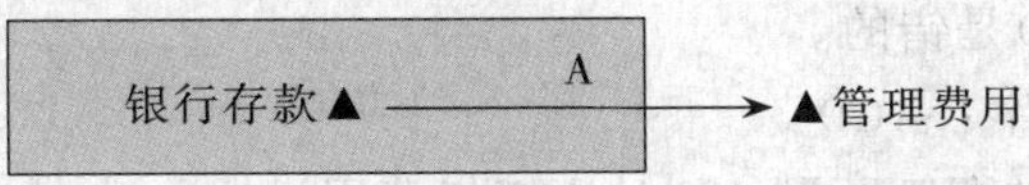

4.【单项选择题】答案：D

解析：代垫运杂费应确认为应收账款；随同商品销售单独计价的包装物应计入其他业务

成本；支付的诉讼费应计入管理费用。销售费用金额=2+7+4=13（万元）。

5.【单项选择题】答案：A

解析：销售商品时产生的消费税，应确认税金及附加；购进商品支付的增值税要作为进项税额处理；销售无形资产缴纳的增值税作为销项税额处理。

选项A：

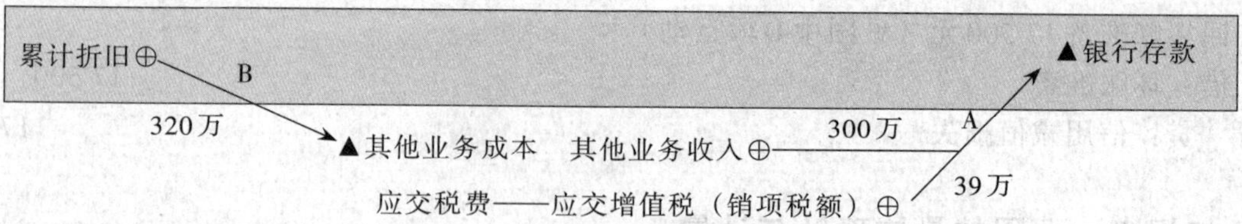

选项B：

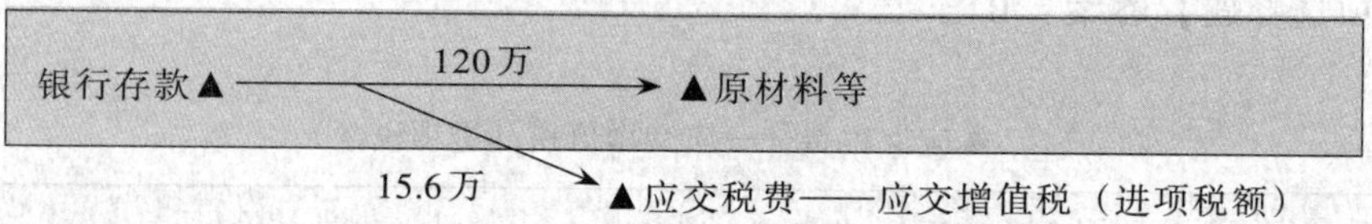

选项C：

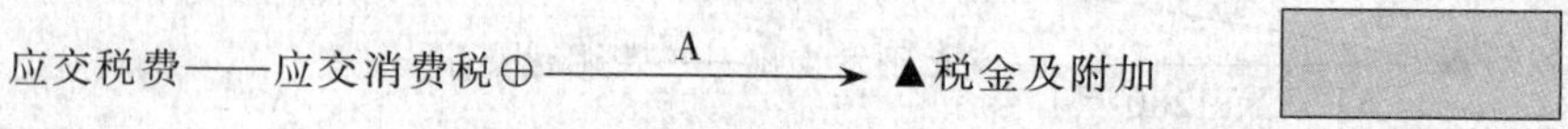

选项D：

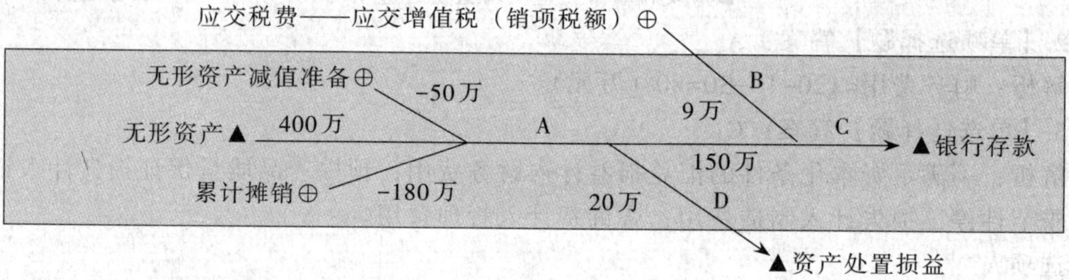

6.【单项选择题】答案：B

解析：生产车间管理人员薪酬应计入制造费用，即期间费用=40+35−4+5+30=106（万元）。

7.【多项选择题】答案：CD

解析：工程物资盘亏，应记入“在建工程”项目；固定资产减值准备不允许转回。

8.【多项选择题】答案：ABC

解析：出售无形资产结转的无形资产摊余价值，直接抵减资产处置损益，因此，D是错的。

9.【多项选择题】答案：ABC

解析：商品流通企业进货途中的合理损耗，不影响所采购物资的总成本，即增加单位成本，总成本不变，因此，D是错的。

10.【多项选择题】答案：ACD

解析：售后服务网点的职工薪酬，应计入销售费用。

11.【多项选择题】答案：ABCD

解析：这四个选项所反映的内容都是财务费用项目核算的内容。

12.【多项选择题】答案：BD

解析：

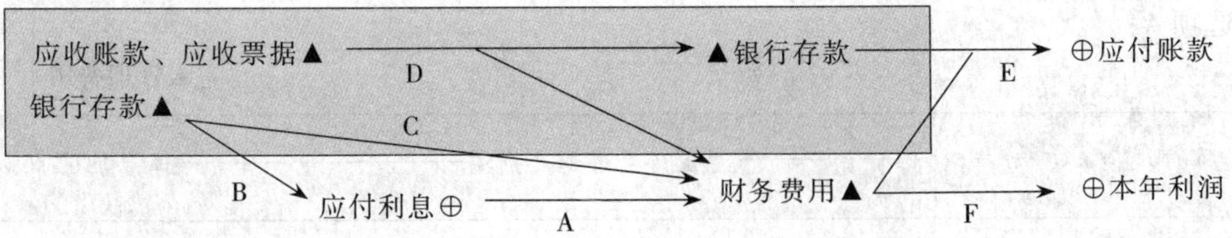

13.【多项选择题】答案：AB

解析：营业成本就包括主营业务成本和其他业务成本。

14.【多项选择题】答案：ABD

解析：

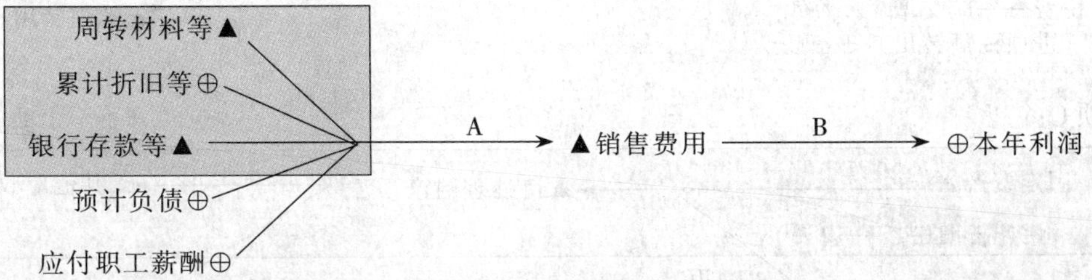

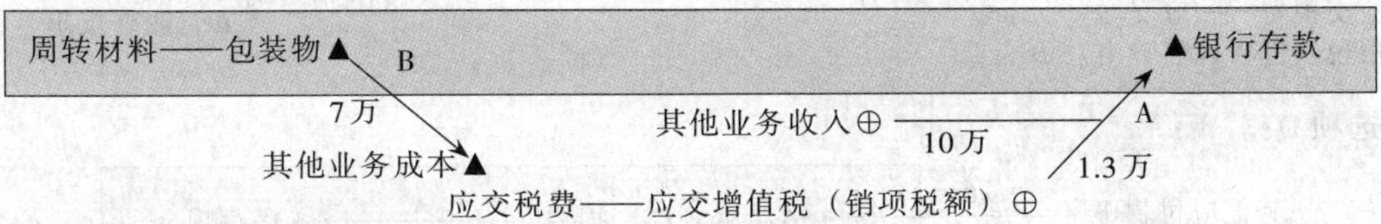

15.【多项选择题】答案：ACD

解析：转销确实无法支付的应付账款应计入营业外收入。

选项A：

选项B：

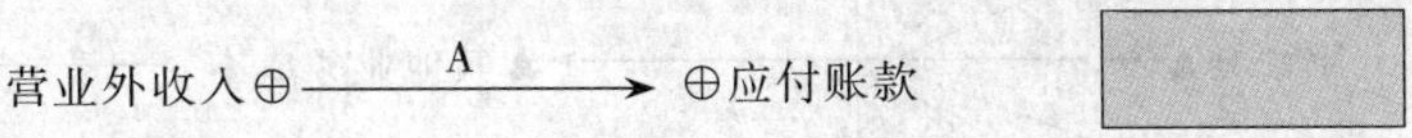

选项CD：

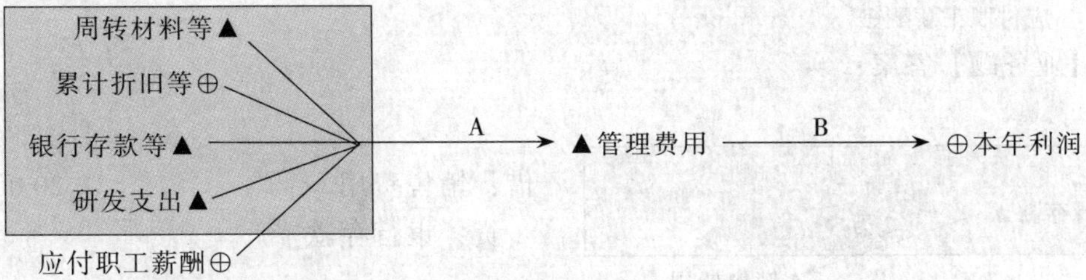

16.【多项选择题】答案：AB

解析：固定资产盘亏净损失应计入营业外支出；发现无法查明原因的现金盘盈应计入营业外收入。存货盘盈一般应冲减管理费用。

选项A：

选项B：

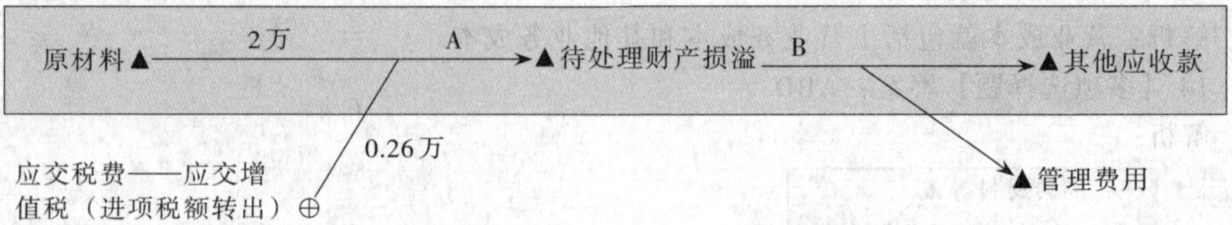

选项C：

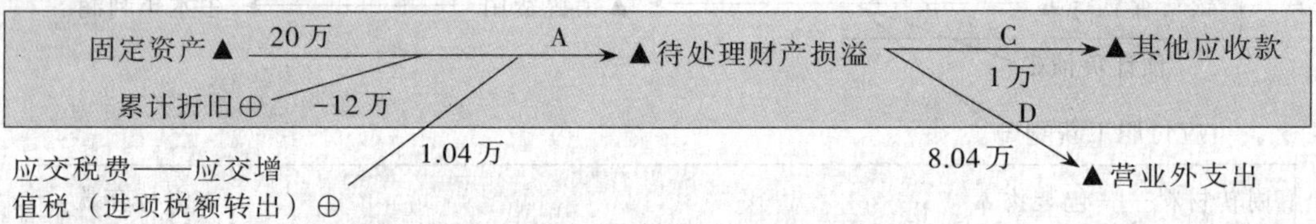

选项D：

17.【多项选择题】答案：AB

解析：结转随同商品出售不单独计价包装物的实际成本，计入销售费用；对外进行捐赠发生的支出，计入营业外支出。

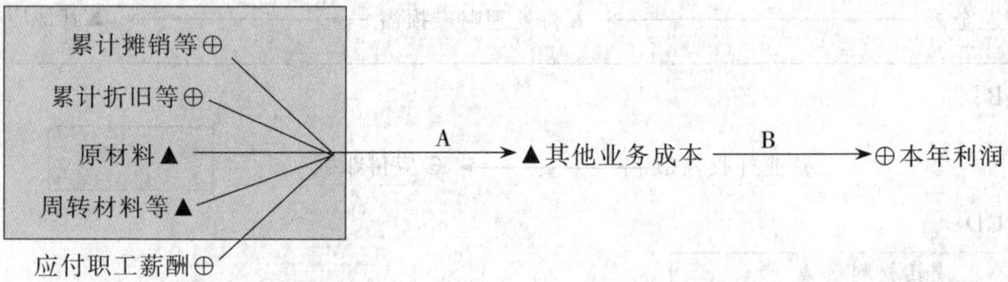

18.【业务题】答案：

（1）

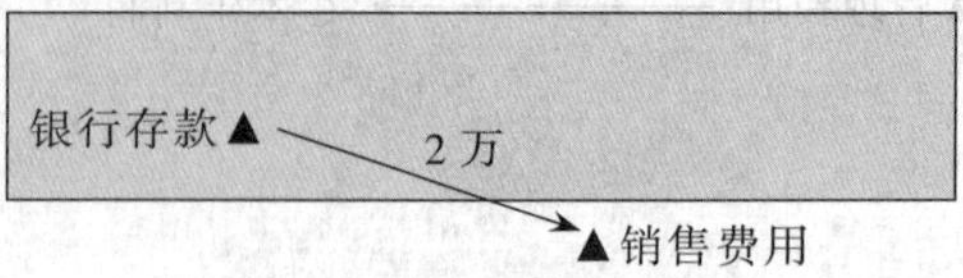

借：销售费用　　20 000

　贷：银行存款　　20 000

（2）

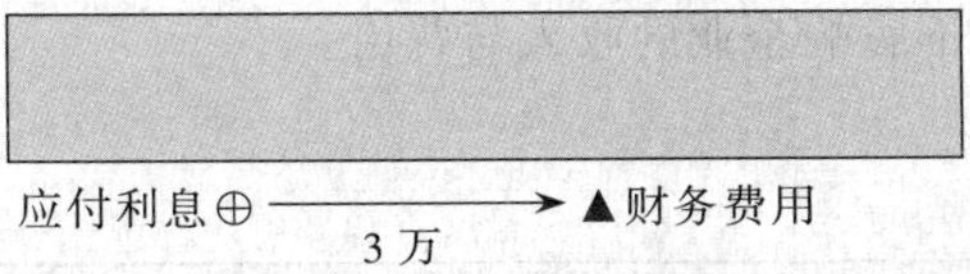

借：财务费用　　30 000

　贷：应付利息　　30 000

（3）

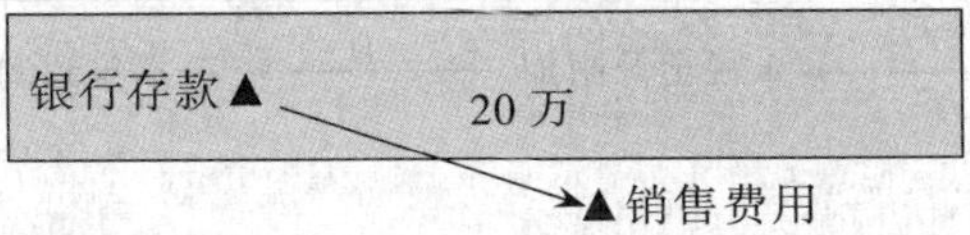

借：销售费用　　200 000

　贷：银行存款　　200 000

（4）

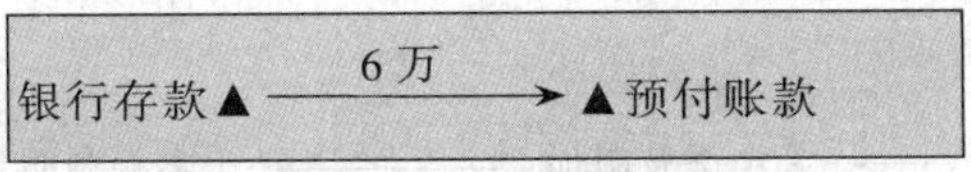

借：预付账款　　60 000

　贷：银行存款　　60 000

（5）

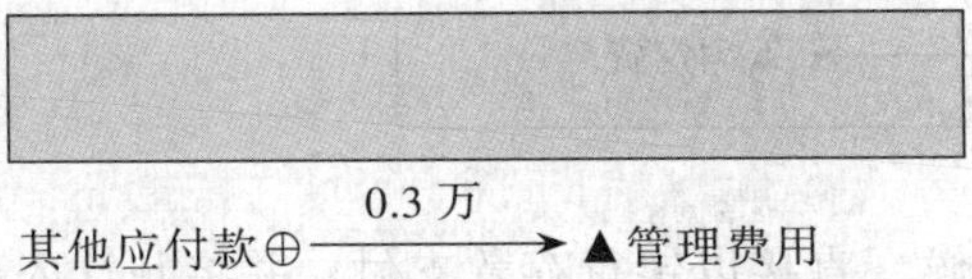

借：管理费用　　3 000

　贷：其他应付款　　3 000

（6）

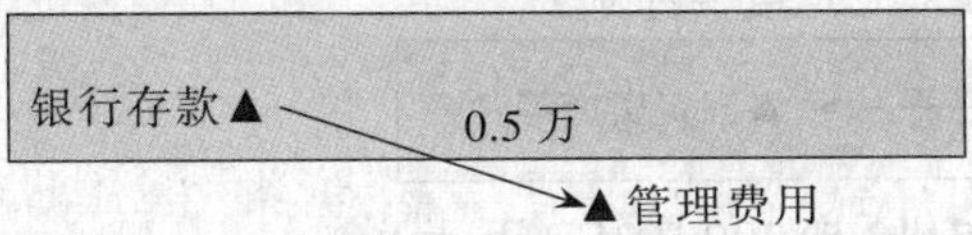

借：管理费用　　5 000

　贷：银行存款　　5 000

（7）

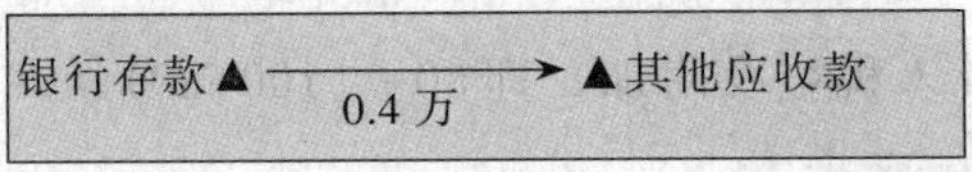

借：其他应收款——李四　　4 000

　贷：银行存款　　4 000

（8）

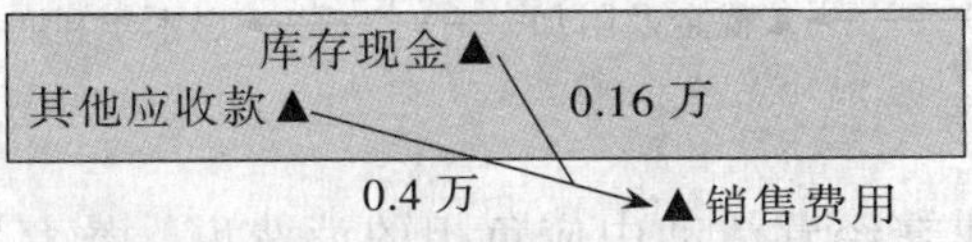

借：销售费用　　5 600

　贷：其他应收款——李四　　4 000

　　　库存现金　　1 600

（9）

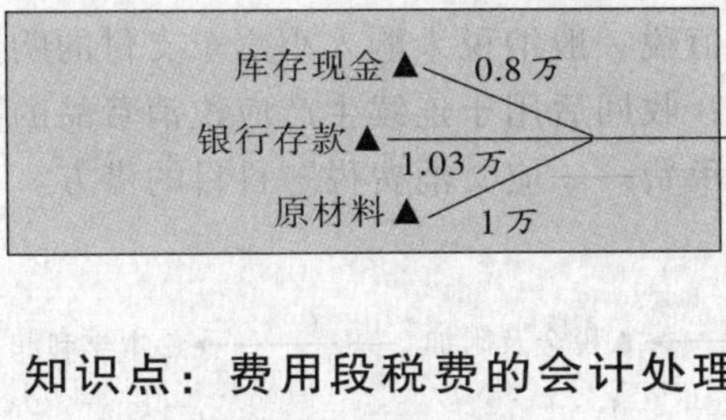

借：其他应付款　　28 300

　贷：原材料　　10 000

　　　银行存款　　10 300

　　　库存现金　　8 000

六、知识点：费用段税费的会计处理

1.【单项选择题】答案：A

解析：本期应交的城建税=［（4 000 000−2 800 000）+（1 000 000−400 000）］×7%=126 000（元）。

2.【单项选择题】答案：B

解析：一般纳税人企业的增值税是价外税，不影响企业的收入与费用。

3.【单项选择题】答案：C

解析：

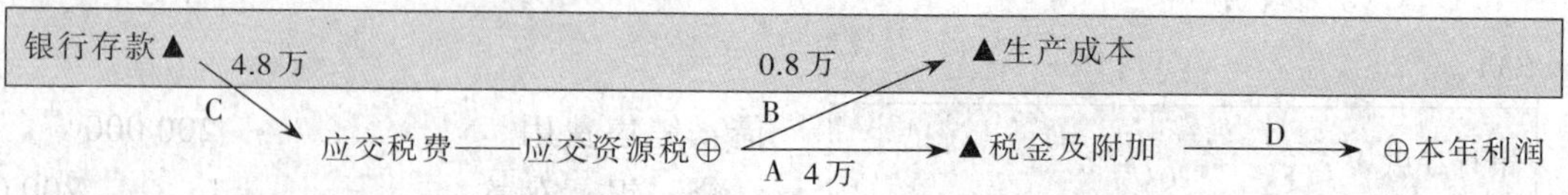

4.【单项选择题】答案：D

解析：车辆购置税应计入固定资产成本；房产税、城镇土地使用税、城市维护建设税应计入税金及附加。

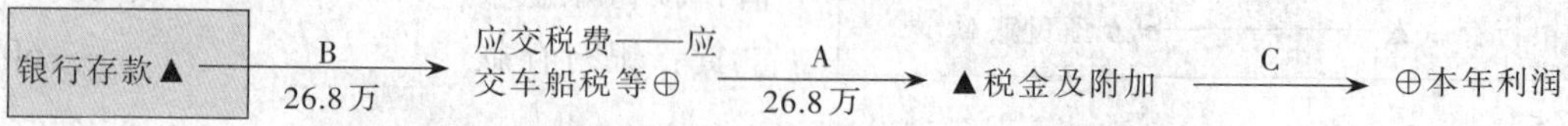

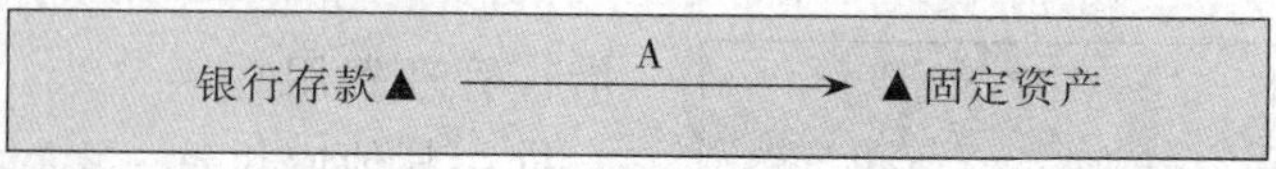

5.【单项选择题】答案：C

解析：车辆购置税和耕地占用税在确认的时候，直接以银行存款支付，并将其计入到相关资产的成本之中，不通过“应交税费”核算。其资金运动如下：

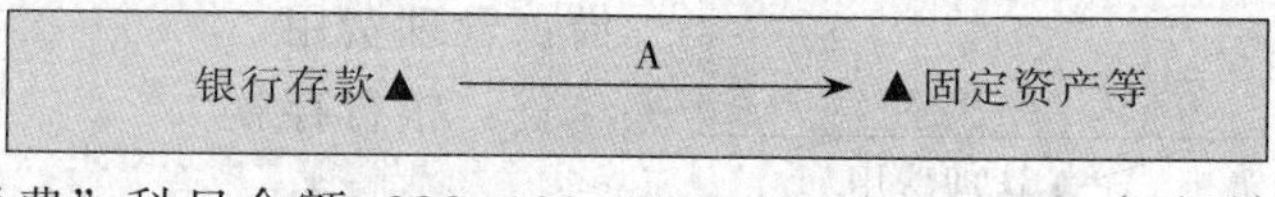

当期的“应交税费”科目余额=330+120+31.5+13.5+200=695（万元）

6.【单项选择题】答案：B

解析：增值税是价外税，不影响损益，不计入税金及附加，即80+（100+80）×（5%+3%+2%）=98（万元）。

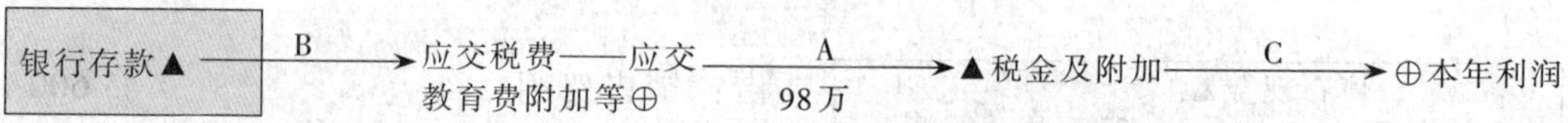

7.【单项选择题】答案：A

解析：税金及附加的核算内容主要包括企业在经营活动中应负担的消费税、教育费附加、城市维护建设税、资源税、城镇土地使用税、房产税、车船税、印花税等。餐饮公司购入土地使用权的土地增值税计入无形资产成本；增值税一般纳税人购入小汽车支付的购置税以及进口商品环节缴纳的关税，计入所购物资成本；收回后用于连续生产应税消费品的委托加工物资在加工环节所产生的消费税，记入“应交税费——应交消费税”科目的借方。

选项A：

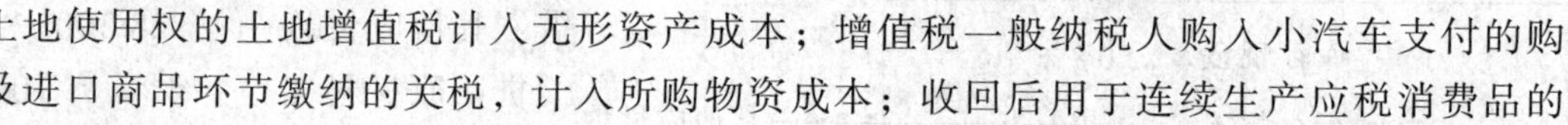

选项B：

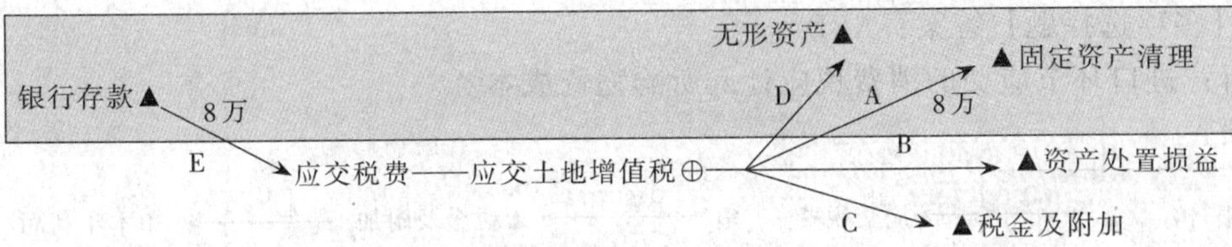

选项C：

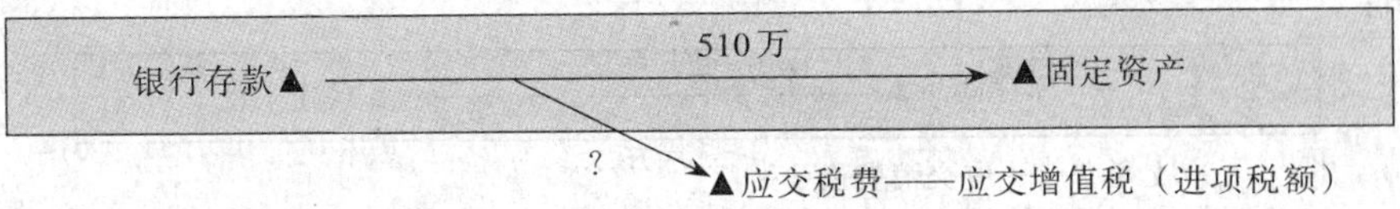

选项D：

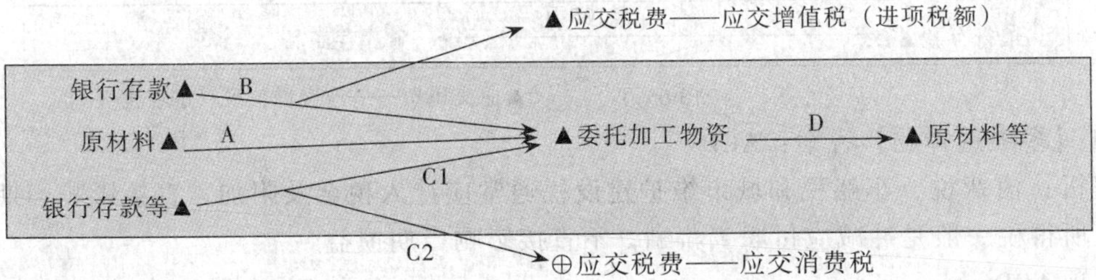

8.【多项选择题】答案：AC

解析：城市维护建设税和教育费附加都是附加税种，即对从事工商经营、缴纳增值税和消费税的纳税人按其应交税费和适用的税率计征。城市维护建设税税率一般为7%，教育费附加征收率一般为3%，两者合计为10%。

9.【多项选择题】答案：ABC

解析：前三个选项都属于价内税，都可能需要通过“税金及附加”进行核算。价内税，即这些税都构成了企业销售价格的组成部分，因此会以费用的形式减少本期利润。

10.【多项选择题】答案：ABCD

解析：这四个选项都属于价内税，都要通过“税金及附加”进行核算。价内税，也就是说这些税都构成了企业销售价格的组成部分，因此会以费用的形式抵减收入。

11.【多项选择题】答案：BD

解析：企业购买存货时支付的增值税的处理，要考虑企业是一般纳税人还是小规模纳税人，还要考虑是否取得了增值税专用发票；外购商品价款中包含的消费税应计入外购商品的成本之中。

12.【多项选择题】答案：AB

解析：应交城市维护建设税=（50+20）×7%=4.9（万元），应交教育费附加=（50+20）×3%=2.1（万元）。

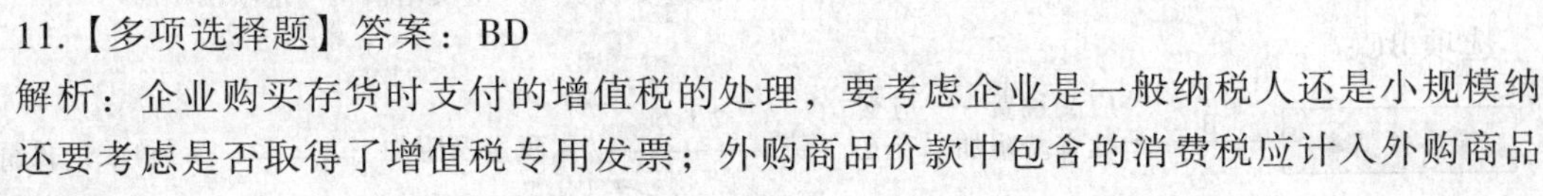

13.【多项选择题】答案：ABD

解析：进口环节应交的消费税应计入所购物资成本。

选项 A：

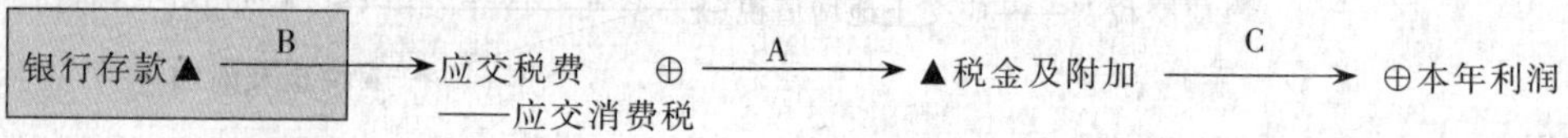

选项 B：

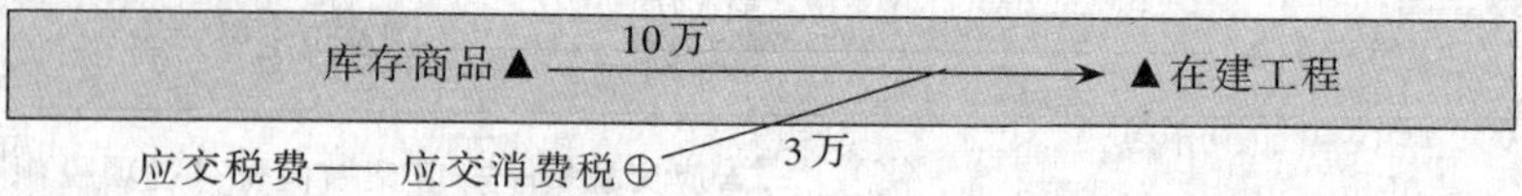

选项 CD：

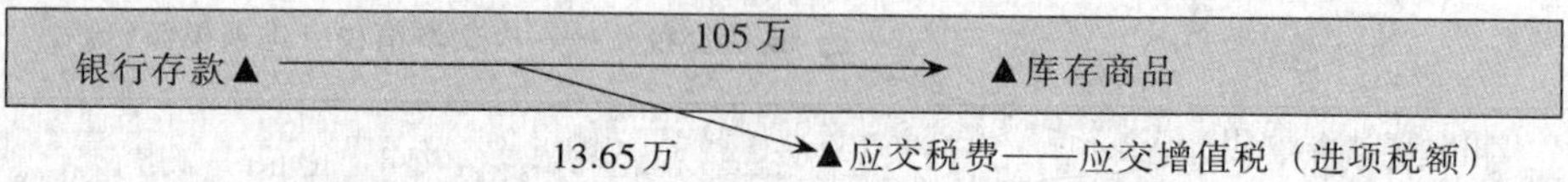

14.【多项选择题】答案：ACD

解析：消费税、车船税和城市维护建设税通常应计入税金及附加，直接影响当期损益；但个人所得税一般是冲减应付职工薪酬，不直接影响当期损益。

选项 ACD：

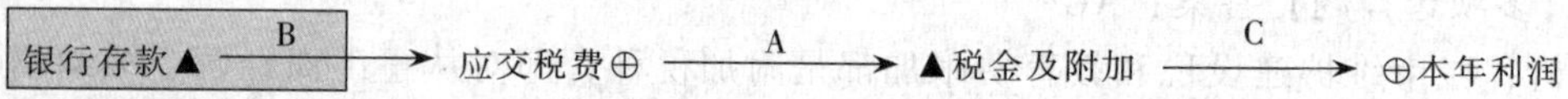

选项 B：

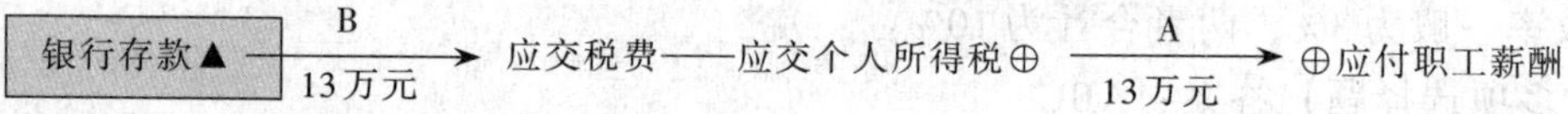

15.【多项选择题】答案：BC

解析：进口环节应缴纳的关税、消费税应计入所购物资的成本之中。

选项 AD：

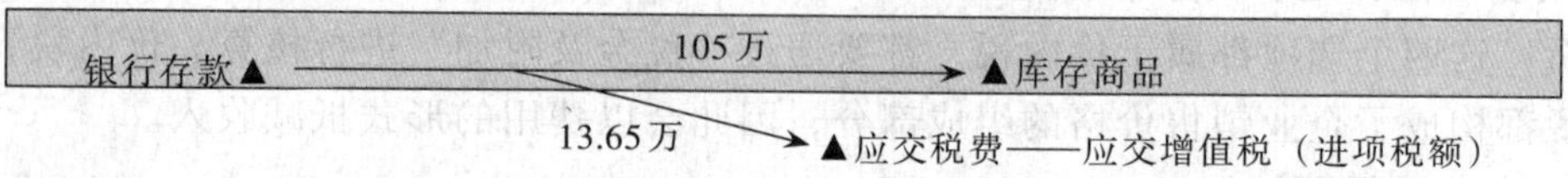

选项 BC：

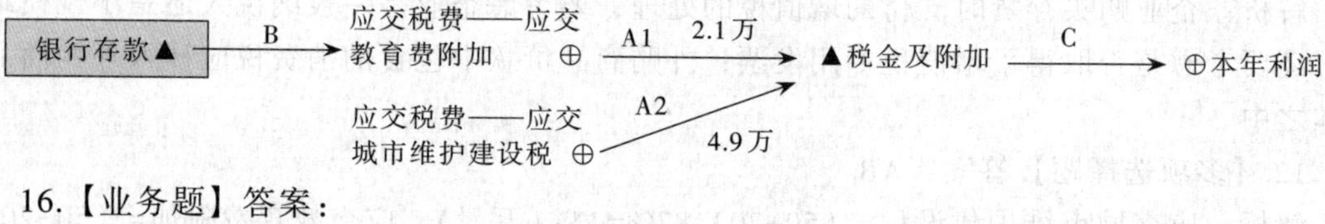

16.【业务题】答案：

本期应交城建税=［（10 000 000−4 000 000）+（2 400 000−400 000）］×7%

=560 000（元）

本期应交教育费附加=［（10 000 000−4 000 000）+（2 400 000−400 000）］×3%

=240 000（元）

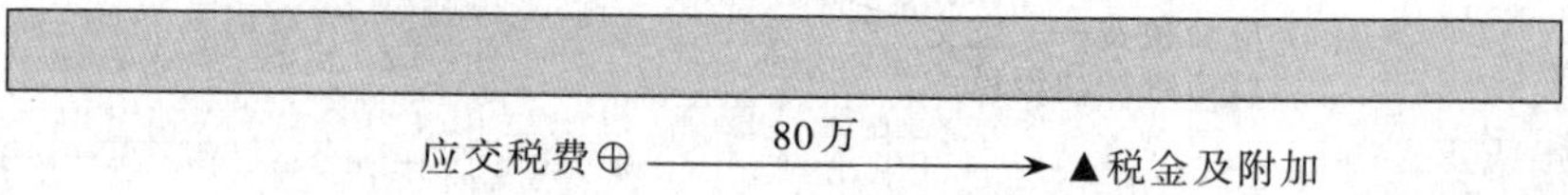

借：税金及附加　　800 000

　　贷：应交税费——应交城市维护建设税　　560 000

　　　　　　　　——应交教育费附加　　240 000

七、知识点：其他往来业务的会计处理

1.【单项选择题】答案：A

解析：存出投资款应通过“其他货币资金——存出投资款”项目进行核算。其他的三个项目都可以通过“其他应收款”科目来进行核算。

2.【单项选择题】答案：C

解析：应付现金股利应该通过“应付股利”核算；应交教育费附加应通过“应交税费——应交教育费附加”进行核算；应付管理人员的工资应通过“应付职工薪酬”核算。

3.【多项选择题】答案：ABD

解析：选项C收取的出租包装物押金应作为“其他应付款”进行核算。

4.【多项选择题】答案：ABCD

解析：这四个选项都是对备用金制度的恰当描述。

5.【多项选择题】答案：ABCD

解析：这四个选项都是对差旅费报销业务的恰当描述。

6.【判断题】答案：对

解析：其他应收款和其他应付款业务不多的企业，可以设立“其他往来”项目来替代这两个项目。在这种情况下，“其他往来”就是一个具有双重性质的账户，它的余额既可能在贷方，也可能在借方。当其余额在借方时，反映往来款项抵销后总体来说是有应收款；当其余额在贷方时，反映往来款项抵销后总体来说是有应付款。

7.【业务题】答案：

（1）

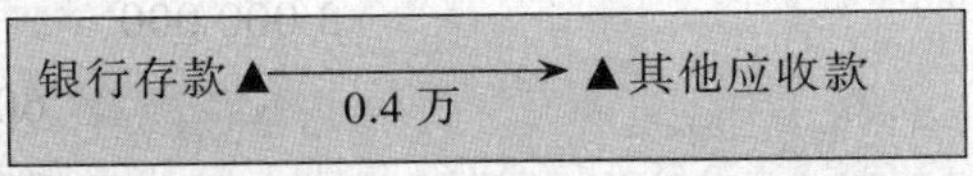

借：其他应收款——刘畅　　4 000

　　贷：银行存款　　4 000

（2）

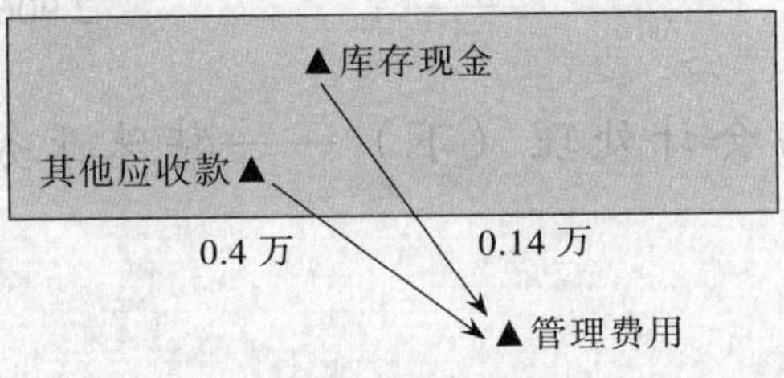

借：管理费用　　5 400

　　贷：其他应收款——刘畅　　4 000

　　　　库存现金　　1 400

（3）

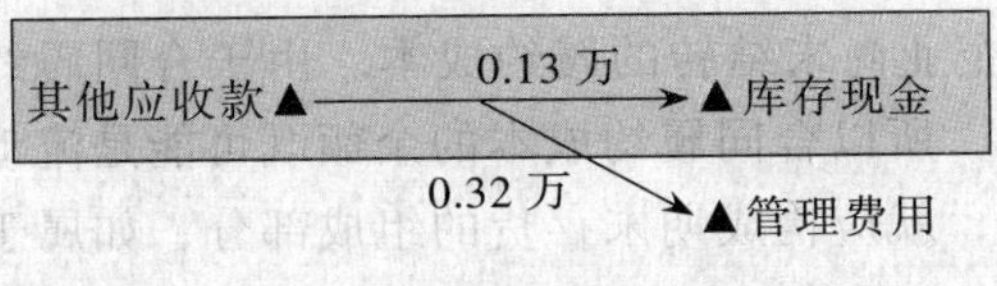

借：管理费用　　3 200

　　库存现金　　1 300

　　贷：其他应收款——王岑　　4 500

（4）

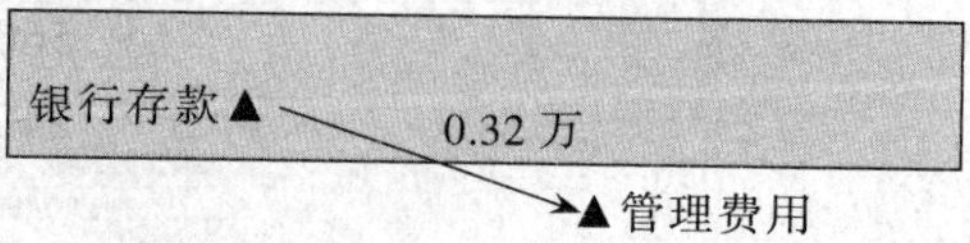

借：管理费用　　3 200
　贷：银行存款　　3 200

8.【业务题】答案：

（1）见图中A段

借：其他应收款——备用金（销售部门）　　15 000
　贷：银行存款　　15 000

（2）见图中B段

借：销售费用　　14 352
　贷：银行存款　　14 352

（3）见图中C段

借：库存现金　　6 041
　　销售费用　　8 959
　贷：其他应收款——备用金（销售部门）　　15 000

9.【业务题】答案：

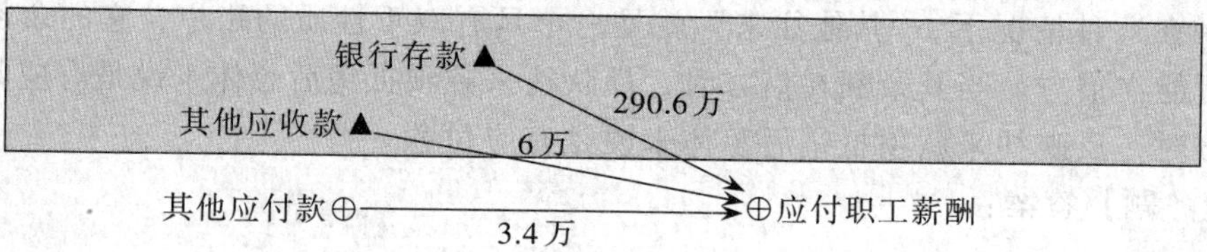

借：应付职工薪酬——工资　　3 000 000
　贷：其他应收款　　60 000
　　　其他应付款　　34 000
　　　银行存款　　2 906 000

第十章　销售环节资金运动分析与会计处理（下）——特殊业务

一、知识点：销售环节特殊项目设置分析

1.【多项选择题】答案：ABC

解析："合同履约成本"期末余额一般反映企业尚未结转的履约成本。由于合同履约期间可能跨越一个年度或超过一个年度的营业周期，所以合同履约成本的余额既可能是流动资产，也可能是非流动资产。如果是流动资产的话，就应构成期末存货的组成部分；如属于非流动资产，就构成了"其他非流动资产"。因此，D是错的。ABC三个选项都是对合同履约

成本的恰当描述。

2.【多项选择题】答案：ABC

解析："合同取得成本"期末余额一般反映企业尚未结转的取得成本。由于合同期间可能跨越一个年度或超过一个年度的营业周期，所以合同取得成本的余额既可能是流动资产，也可能是非流动资产。如果是流动资产的话，就应构成期末存货的组成部分；如属于非流动资产，就构成了"其他非流动资产"。因此，D是错的，ABC三个选项都是对合同取得成本的恰当描述。

3.【多项选择题】答案：ABCD

解析：这四个选项都是对"应收退货成本"项目的恰当描述。

4.【多项选择题】答案：ABCD

解析：这四个选项都是对合同资产和应收账款的恰当描述。

5.【多项选择题】答案：ABC

解析：按最新的收入准则要求，合同负债不能用预收账款或递延收益替代。预收账款或递延收益将不再适用于收入准则中所涉及的销售行为。

6.【多项选择题】答案：ABCD

解析：这四个选项都是对合同结算的恰当表述。

7.【业务题】答案：

（1）交付A商品，售价30万元，增值税3.9万元。（A段）

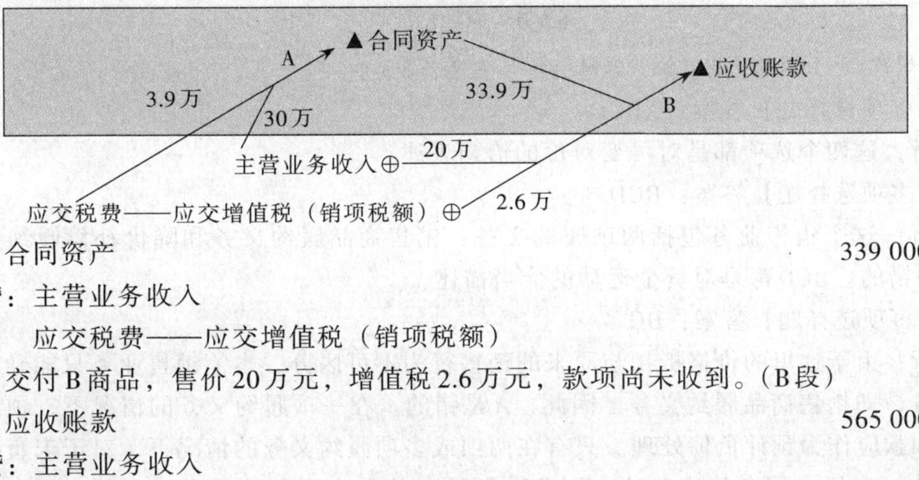

借：合同资产 339 000

贷：主营业务收入 300 000

应交税费——应交增值税（销项税额） 39 000

（2）交付B商品，售价20万元，增值税2.6万元，款项尚未收到。（B段）

借：应收账款 565 000

贷：主营业务收入 200 000

应交税费——应交增值税（销项税额） 26 000

合同资产 339 000

二、知识点：合同和履约义务的进一步分析

1.【多项选择题】答案：BCD

解析：可以合并为一个合同的合约，并不需要在同一时间或大致相同的时间内签订。合同满足其他的三个选项中的任意一个，这些合同都应该合并。因此，A是错的，选项BCD是对业务的恰当描述。

2.【多项选择题】答案：ABCD

解析：这四个选项都是对合同变更处理的恰当表述。

3.【多项选择题】答案：ABCD

解析：这四个选项都是对合同履行履约义务时间界定的恰当表述。

4.【多项选择题】答案：ABCD

解析：这四个选项都是对在一段时间内履行履约义务的履约进度确认的恰当表述。

三、知识点：可变对价的分析

1.【单项选择题】答案：B

解析：甲估计销售价格=2 000×60%+1 900×20%+1 800×15%+1 700×5%=1 935（元/台）。

2.【单项选择题】答案：A

解析：按照最可能发生金额能够更好地预测其有权获取的对价金额。因此，甲公司的估计交易价格为1 000万元，即为最可能发生的单一金额。

3.【单项选择题】答案：C

解析：

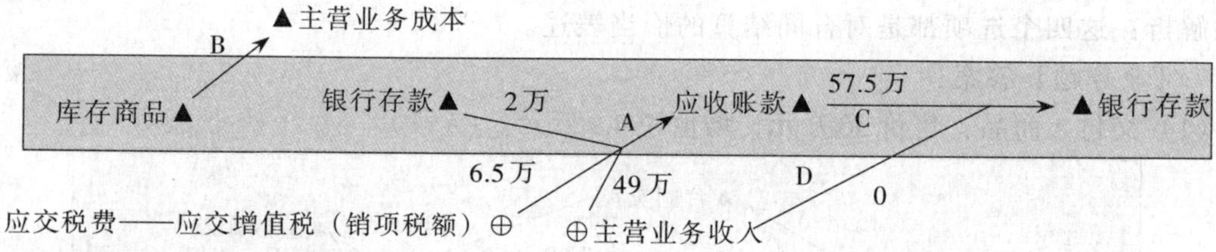

4.【多项选择题】答案：ABCD

解析：这四个选项都是对可变对价的恰当表述。

5.【多项选择题】答案：BCD

解析：这个销售业务包括两项履约义务：销售商品履约义务和降价补偿履约义务。因此，A是错的。BCD都是对资金运动的恰当描述。

6.【多项选择题】答案：BC

解析：由于这里的价格折扣与原来的销售行为不可区分，本笔销售业务只能确认为一项履约义务，即销售商品履约义务。因此，A是错的。在一项履约义务的情况下，预计的批量销售折扣款应作为预计负债处理。只有在两项或多项履约义务的情况下，对于未履行的履约义务，才可以用合同负债来反映。因此，预计负债和合同负债是有区别的。因此，D是错的。BC都是对资金运动的恰当描述。

7.【多项选择题】答案：CD

解析：A段增值税销项税额应该按照增值税专用发票上注明的销售价款确认，以本题为例，销售价款为10万元，因此确认了1.3万的增值税销项税额；而主营业务收入是按照销售价款扣除最大现金折扣之后的金额确定的，以本题为例确认了9.8万元（10×（1-2%）），因此，选择A的表述是错误的。结合C、D段流量可知，乙公司应该是在超过10天但不超过20天内付款的，因为乙公司只享受了1%的现金折扣，甲公司补充确认了1%的营业收入0.1万元。如乙公司在10天内付款，则D段流量应该为0。因此，B的表述是错的，CD是对的。

8.【判断题】答案：错

解析：现金折扣会影响企业收入的确认，会影响企业实际的资产金额，但不会影响企业代收代缴增值税的纳税义务，即不影响“应交税费——应交增值税（销项税额）”项目的金额，因为增值税是按照增值税专用发票上注明的销售价格乘以增值税税率确定的。

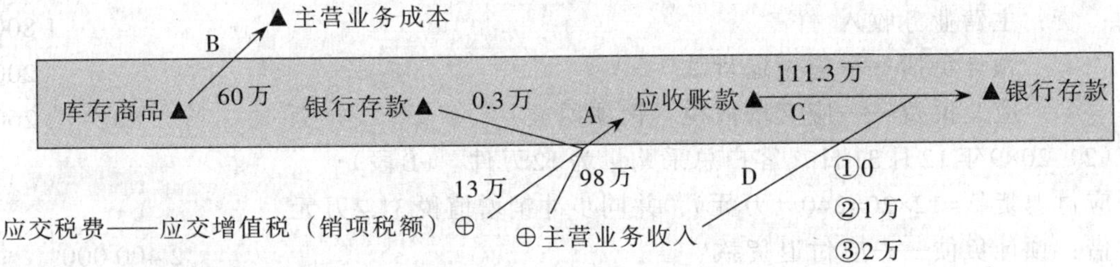

9.【业务题】答案：

（1）20×8年3月，甲公司销售时的会计处理。（A段）

甲公司估计销售价格=2 000×60%+1 900×20%+1 800×15%+1 700×5%=1 935（元/台）

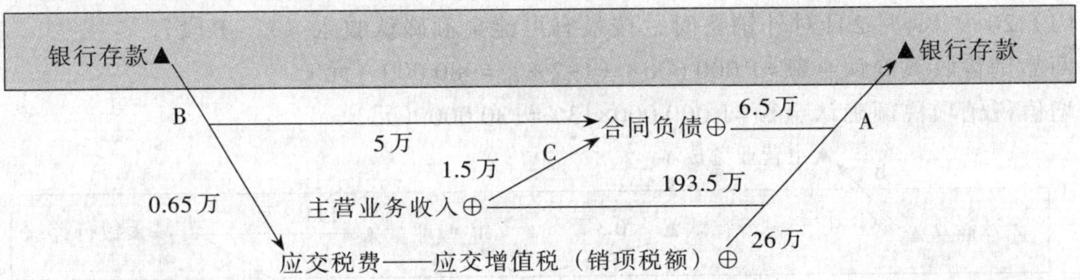

借：银行存款 2 260 000

　贷：主营业务收入 1 935 000

　　合同负债 65 000

　　应交税费——应交增值税（销项税额） 260 000

（2）6个月到期时，市场售价每台下降50元，共5万元，应补偿对方，并已支付。（B段）

借：合同负债 50 000

　　应交税费——应交增值税（销项税额） 6 500

　贷：银行存款 56 500

（3）剩下的1.5万元转为收入。（C段）

借：合同负债 15 000

　贷：主营业务收入 15 000

10.【业务题】答案：

（1）20×9年1月31日，甲公司的业务处理。（A段）

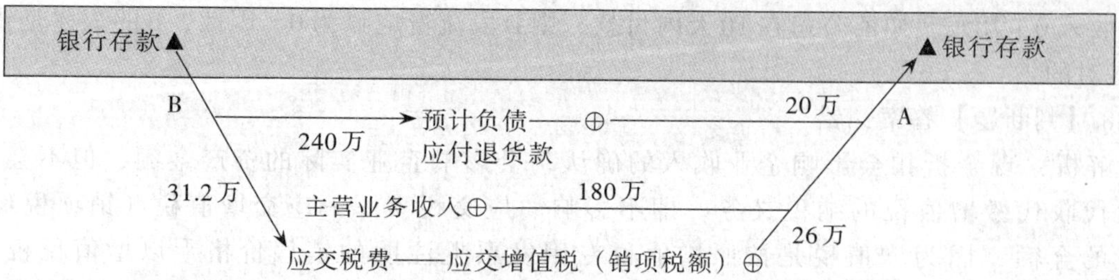

借：银行存款　2 260 000

　贷：主营业务收入　1 800 000

　　预计负债——应付退货款　200 000

　　应交税费——应交增值税（销项税额）　260 000

（2）20×9年12月31日，客户总采购量为12万件。（B段）

应付退货款=12×20=240（万元），并同步冲销增值税31.2万元。

借：预计负债——应付退货款　2 400 000

　　应交税费——应交增值税（销项税额）　312 000

　贷：银行存款　2 712 000

11.【业务题】答案：

（1）20×9年4月2日对外销售时，按最有可能金额确认收入（A、B段）。

商品销售收入确认金额=1 000 000×（1−2%）=980 000（元）

增值税销项税额确认金额=1 000 000×13%=130 000（元）

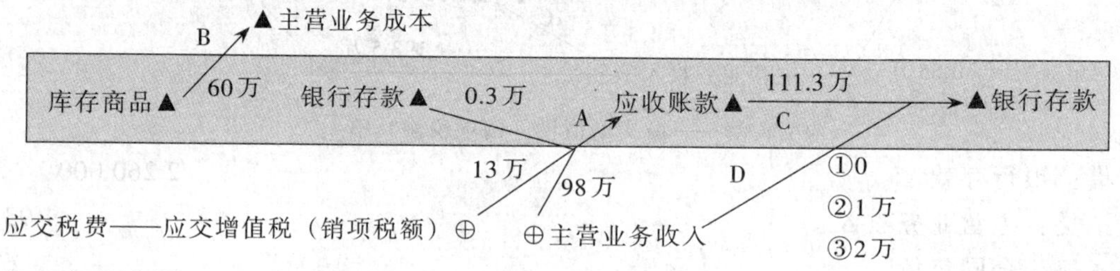

借：应收账款　1 113 000

　贷：主营业务收入　980 000

　　应交税费——应交增值税（销项税额）　130 000

　　银行存款　3 000

借：主营业务成本　600 000

　贷：库存商品　600 000

（2）如果甲公司在10天内收到货款（C段、D段中①）。

借：银行存款　1 113 000

　贷：应收账款　1 113 000

如果甲公司在超过10天但不超过20天内收到货款，其所引起的资金运动见图C段、D段中②所示，会计分录略。

如果甲公司在超过20天后收到货款，其所引起的资金运动见图C段、D段中③所示，会计分录略。

四、知识点：存在重大融资成分的交易价格的处理

1.【单项选择题】答案：C

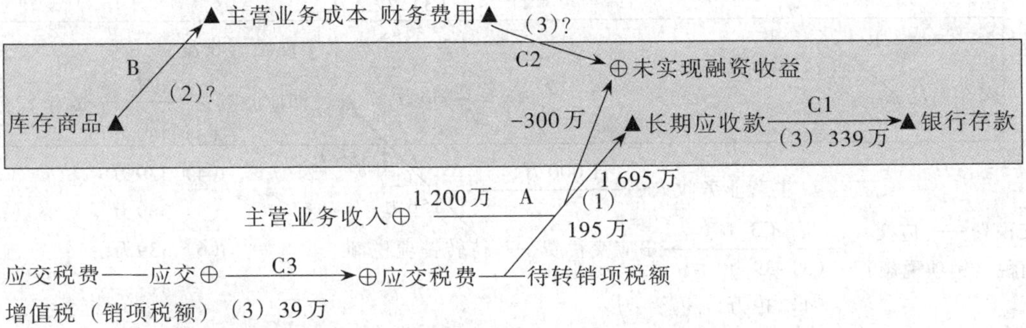

解析：甲企业应该按照现值销售1 200万元来计量收入金额。

2.【多项选择题】答案：AD

解析：未实现的融资收益在整个期间内必须采用实际利率法进行摊销，不允许采用平均法摊销，因此，B是错的。企业在确认收入时，并未产生代扣代缴的增值税纳税义务，该义务一般发生在合同约定的收款时间，即年末收款的时候（一般以增值税专用发票开出的时间作为代扣代缴确认的时点）。也就是说，待转销项税额并不代表对国家的现时义务，只有将其转为"应交税费——应交增值税（销项税额）"之后，才产生了代扣代缴纳税义务。因此，C是错的。AD都是对业务的恰当描述。

3.【多项选择题】答案：ABCD

解析：这四个选项都是对图中具有融资性质销售业务的恰当描述。

4.【多项选择题】答案：ABCD

解析：这四个选项都是对图中所代表的具有融资性质销售业务的恰当描述。

5.【判断题】答案：错

解析：在具有融资性质的销售业务中，企业既可能会产生融资收益，也可能会产生融资费用，关键要看企业是资金的提供方还是资金的需求方。如是资金的提供方时，则企业采用赊销模式，分期收款销售，要分期分量确认融资收益；如是资金的需求方，则企业采用的是预收款销售模式，先收钱后销售，要分期分量确认融资费用。

6.【业务题】答案：

（1）未确认融资收益摊销表见下表。

未确认融资收益摊销表

单位：万元

项　目	本期利息收益 A=期初E×7.72%	未确认融资收益 B=上期B-本期A	本期收款 C	本期收回本金 D=C-A	期末未收本金 E=上期E-本期的D
销售日	—	2 000 000	—	—	10 000 000
第一年末	772 000	1 228 000	3 000 000	2 228 000	7 772 000
第二年末	599 998	628 002	3 000 000	2 400 002	5 371 998
第三年末	414 718	213 284	3 000 000	2 585 282	2 786 716
第四年末	213 284*	0	3 000 000	2 786 716	0
合　计	2 000 000	—	12 000 000	10 000 000	—

注：*考虑了计算误差。

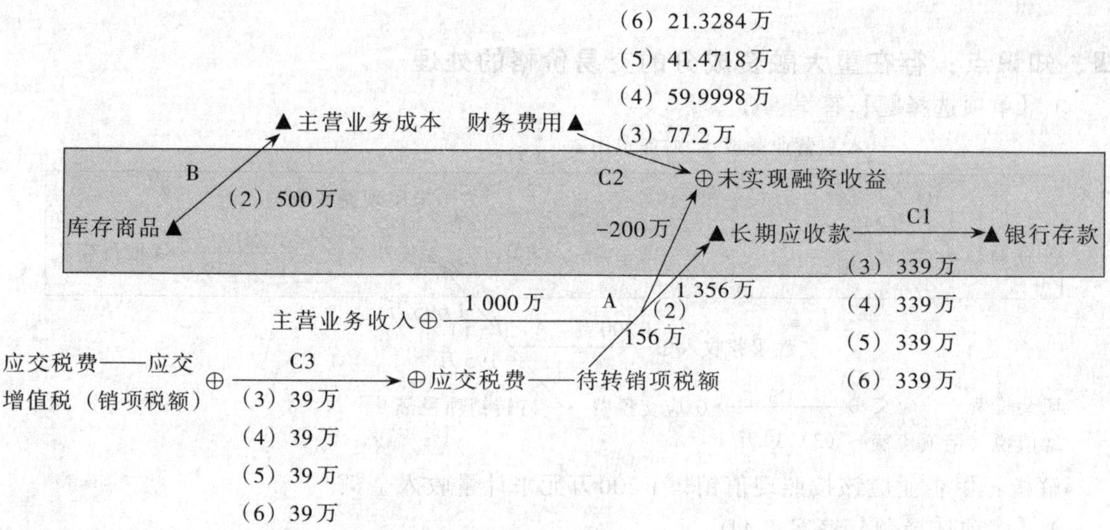

（2）甲公司2×08年1月5日销售日：（A、B段）

借：长期应收款——乙公司　　13 560 000
　贷：主营业务收入　　10 000 000
　　　未实现融资收益　　2 000 000
　　　应交税费——待转销项税额　　1 560 000
借：主营业务成本　　5 000 000
　贷：库存商品　　5 000 000

（3）各年年末的业务处理：款项的收到（C1），确认融资收益（C2），确认销项税额（C3）。其具体的会计处理见下表。

各年年末业务处理汇总表

单位：元

年底业务	会计分录	(3)2×08	(4)2×10	(5)2×10	(6)2×11
收到款项（C1段）	借:银行存款 贷:长期应收款	3 390 000(各年相同)			
分摊融资收益（C2段）	借:未实现融资收益 贷:财务费用	772 000	599 998	414 718	213 284
确认销项税额（C3段）	借:应交税费——待转销项税额 贷:应交税费——应交增值税(销项税额)	390 000(各年相同)			

7.【业务题】答案：

（1）20×7年1月1日收到货款1 000万元。（A段）

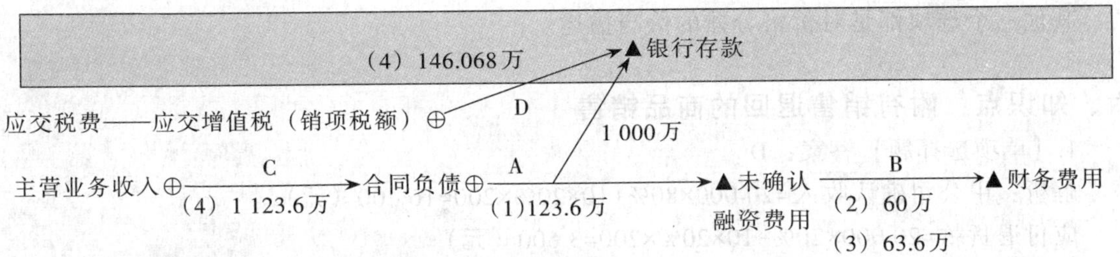

借：银行存款　　10 000 000

　　未确认融资费用　　1 236 000

　贷：合同负债　　11 236 000

（2）20×7年12月31日确认融资成分的影响。（B段）

应分摊的财务费用=1 000×6%=60（万元）

借：财务费用　　600 000

　贷：未确认融资费用　　600 000

（3）20×8年12月31日确认融资成分的影响。（B段）

应分摊的财务费用=（1 000+60）×6%=63.6（万元）

借：财务费用　　636 000

　贷：未确认融资费用　　636 000

（4）20×8年12月31日交付产品（C段），并于当天收到增值税款项（D段）。

借：合同负债　　11 236 000

　贷：主营业务收入　　11 236 000

借：银行存款　　1 460 680

　贷：应交税费——应交增值税（销项税额）　　1 460 680

五、知识点：非现金对价、应付客户对价与价格分摊

1.【多项选择题】答案：AB

解析：非现金对价的公允价值因履约情况的变化（非对价形式本身）而变化的，应作为可变对价，计入交易价格；非现金对价的公允价值因非履约情况，如非现金资产本身价值（如股票价格的上涨或下跌），与履约情况没有关系，不能作为可变对价，不能计入交易价格之中。以非现金对价为股票为例，数量是1万股。如股票价格的上涨或下跌，则与履约情况没有关系，该股票价格的变化不能计入可变交易价格；如果履约情况影响了股票的数量（如1万股变成2万股），那么这个变化是与合同履约情况相关的，应计入可变对价。因此，CD是错的，AB是对业务的恰当描述。

2.【多项选择题】答案：ACD

解析：现金折扣不属于应支付的对价，它应该属于可变对价。其他的三个选项都是对应付客户对价的恰当描述。

3.【多项选择题】答案：ABC

解析：企业不可因合同开始日后单独售价的变动而重新分摊交易价格。因此，D是错

的。其他三个选项都是对价格分摊的恰当描述。

六、知识点：附有销售退回的商品销售

1.【单项选择题】答案：D

解析：甲公司确认收入=20 000×80%+10×20%×200=16 400（元）

应付退货款=20 000×20%-10×20%×200=3 600（元）

应收退货成本=11 500×20%-10×20%×（100+300）=1 500（元）

主营业务成本=11 500-1 500=10 000（元）（倒挤得出）

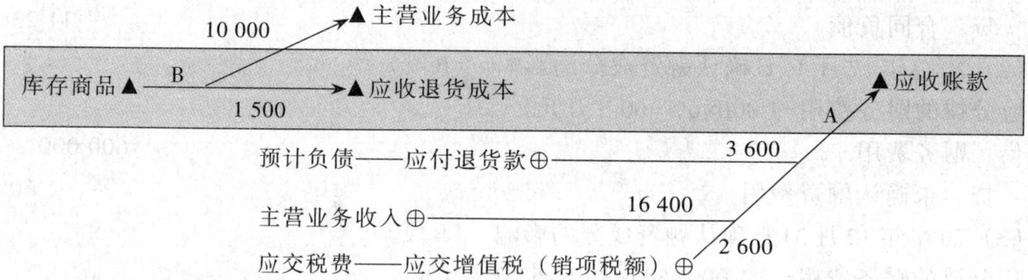

2.【单项选择题】答案：C

解析：甲公司确认收入=20 000×80%+10×20%×200=16 400（元）

应付退货款=20 000×20%-10×20%×200=3 600（元）

应收退货成本=11 500×20%-10×20%×（100+300）=1 500（元）

主营业务成本=11 500-1 500=10 000元（倒挤得出）

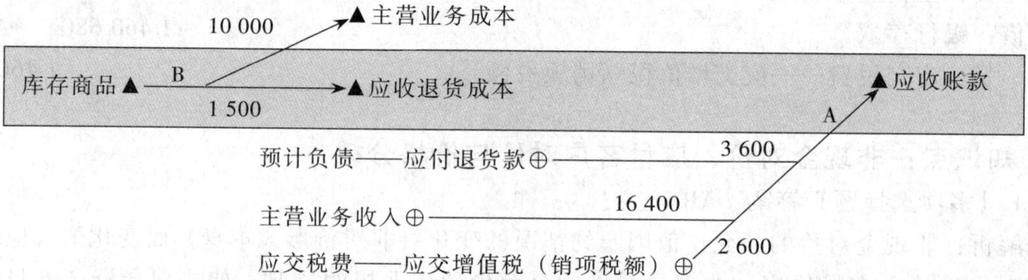

3.【多项选择题】答案：ACD

解析：在附有销售退回情况下的销售，其主营业务成本的确认是倒挤出来的，即要先确认应收退货成本，然后倒推出主营业务成本。应收退货成本除了需要考虑可能退货的货物成本之外，还需要扣除预计退货所发生的额外支出和预计退回商品发生的价值减损。在总成本的基础上，扣除应收退货成本，剩下的就是主营业务成本。因此，B是错的，ACD三个选项都是对附有销售退回条件销售业务的恰当描述。

4.【多项选择题】答案：ABCD

解析：ABCD四个选项都是对附有销售退回条件销售业务的恰当描述。

5.【业务题】答案：

（1）20×8年10月1日销售，总售价120万元，总成本48万元，估计退货率10%。（A1、A2段）

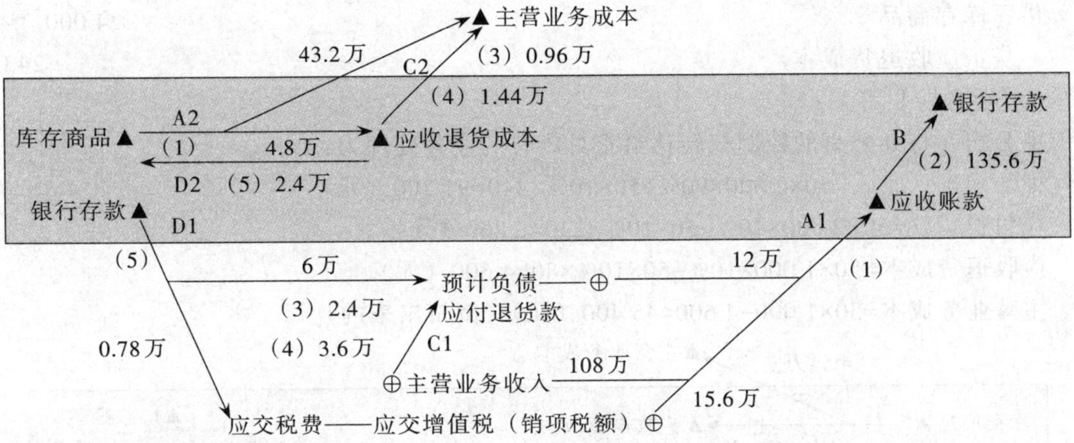

借：应收账款　　1 356 000

　贷：主营业务收入　　1 080 000

　　　预计负债——应付退货款　　120 000

　　　应交税费——应交增值税（销项税额）　　156 000

借：主营业务成本　　432 000

　　应收退货成本　　48 000

　贷：库存商品　　480 000

（2）20×8年12月1日前收到货款。（B段）

借：银行存款　　1 356 000

　贷：应收账款　　1 356 000

（3）20×8年12月31日，重新评估退货率为8%，原估计的退货率为10%。企业应增加收入2.4万元（120×2%）；增加主营业务成本0.96万元。（C1、C2段）

借：预计负债——应付退货款　　24 000

　贷：主营业务收入　　24 000

借：主营业务成本　　9 600

　贷：应收退货成本　　9 600

（4）20×9年3月31日，退货60件。原预计8%，即96件。应确认36件的销售收入3.6万元；结转销售成本1.44万元。（C1、C2段）

借：预计负债——应付退货款　　36 000

　贷：主营业务收入　　36 000

借：主营业务成本　　14 400

　贷：应收退货成本　　14 400

（5）20×9年3月31日，取得红字增值税专用发票，确认退回货款6万元并冲销增值税，退回库存商品2.4万元，假设款项已经支付。（D1、D2段）

借：预计负债——应付退货款　　60 000

　　应交税费——应交增值税（销项税额）　　7 800

　贷：银行存款　　67 800

借：库存商品　　24 000

　　贷：应收退货成本　　24 000

6.【业务题】答案：

甲公司在将办公桌的控制权转移给家具店时的业务处理为：

甲公司确认收入=50×2 000×90%+50×10%×240=91 200（元）

应付退货款=50×2 000×10%-50×10%×240=8 800（元）

应收退货成本=50×1 000×10%-50×10%×80=4 600（元）

主营业务成本=50×1 000-4 600=45 400（元）（倒挤出来的）

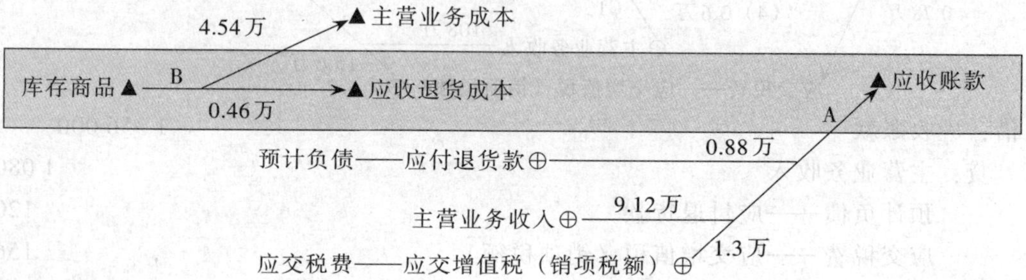

借：应收账款　　113 000

　　贷：主营业务收入　　91 200

　　　　预计负债——应付退货款　　8 800

　　　　应交税费——应交增值税（销项税额）　　13 000

借：主营业务成本　　45 400

　　应收退货成本　　4 600

　　贷：库存商品　　50 000

七、知识点：附有质保条件的商品销售

1.【单项选择题】答案：B

解析：客户虽然不能选择单独购买质量保证，但是如果该质量保证在向客户保证所销售的商品符合既定标准之外提供了一项单独服务，那么也应当作为单项履约义务。因此，B是错的，ACD三个选项都是对附有质量保证条款销售业务的恰当描述。

2.【单项选择题】答案：D

解析：

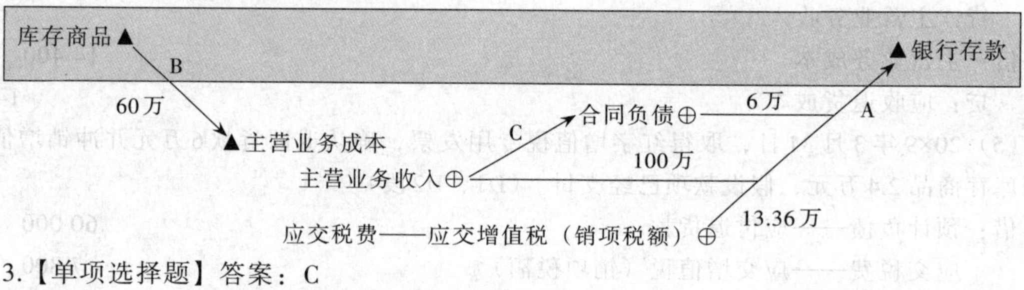

3.【单项选择题】答案：C

解析：20×8年全年销售预计售后服务费=5 000×（10%×15%+20%×5%）=125（万元）。

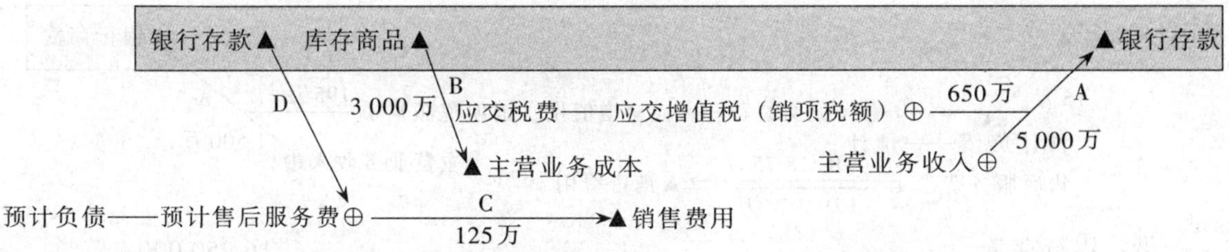

4.【多项选择题】答案：ACD

解析：这笔销售业务应该只包含一项履约义务，这里的质量保证条款应该是产品本身所应该达到的质量标准，并不是一项额外的质量保证。因此在销售时才全额确认为收入，并在期末确认预计售后服务费。如是两项履约义务，那在收入确认时就要同步确认合同负债。因此，B选项中的后半句话是错的，ACD三个选项都是对附有质量保证条款销售业务的恰当描述。

5.【多项选择题】答案：ABCD

解析：ABCD四个选项都是对附有质量保证条款销售业务的恰当描述。

6.【判断题】答案：错

解析：当销售合同中有两项或多项履约义务时，对于未履行的履约义务，企业需要使用"合同负债"项目来反映。当销售合同中只有一项履约义务时，对于该履约义务中潜在的未履行部分，企业需要使用"预计负债"项目来反映。

7.【业务题】答案：

（1）20×7年销售2 000万元，增值税260万元；取得30万元延保费，增值税1.8万元。（A段）

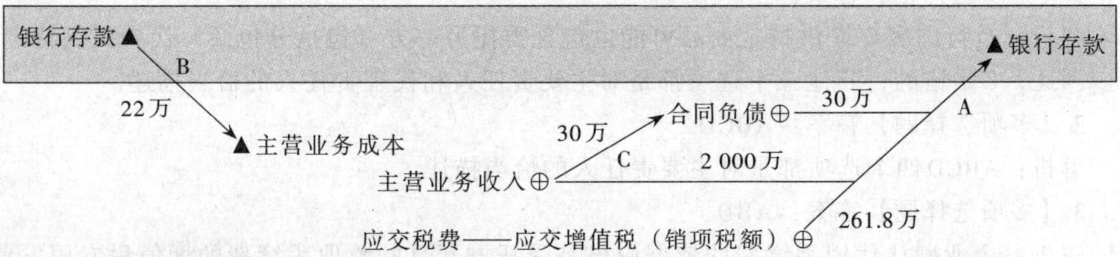

借：银行存款　　22 918 000

　贷：主营业务收入　　20 000 000

　　合同负债　　300 000

　　应交税费——应交增值税（销项税额）　　2 618 000

（2）20×9年，实际发生延保费支出22万元，以银行存款支付。（B、C段）

借：主营业务成本　　220 000

　贷：银行存款　　220 000

借：合同负债　　300 000

　贷：主营业务收入　　300 000

8.【业务题】答案：

（1）20×8年甲公司销售产品。（A段）

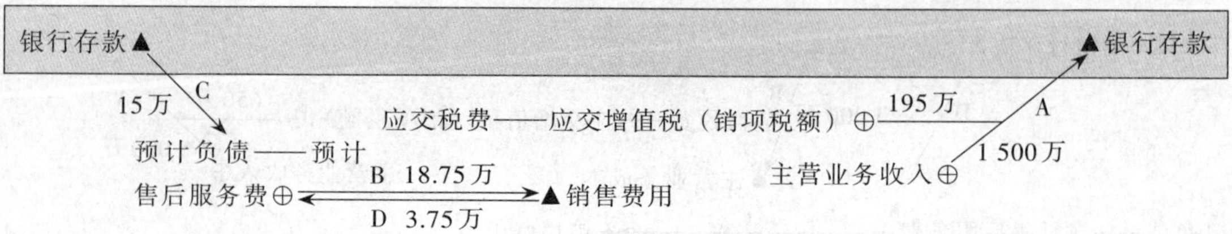

借：银行存款　　16 950 000

　贷：主营业务收入　　15 000 000

　　应交税费——应交增值税（销项税额）　　1 950 000

（2）20×8年年底，甲公司根据估计确认预计负债。（B段）

20×8年全年销售预计售后服务费=1 500×（5%×15%+10%×5%）=18.75（万元）

借：销售费用　　187 500

　贷：预计负债——预计售后服务费　　187 500

（3）20×9年，甲公司为20×8年销售的产品提供免费维修。（C段）

借：预计负债——预计售后服务费　　150 000

　贷：银行存款　　150 000

（4）20×9年年底，甲公司将20×8年计提的预计负债余额冲销。（D段）

借：预计负债——预计售后服务费　　37 500

　贷：销售费用　　37 500

八、知识点：销售过程中是主要责任人还是代理人处理

1.【单项选择题】答案：C

解析：自行向客户提供特定商品可能也包含委托另一方（包括分包商）代为提供特定商品。因此，C是错的，其他三个选项都是对主要责任人和代理责任人的恰当描述。

2.【多项选择题】答案：ABCD

解析：ABCD四个选项都是对主要责任人的恰当描述。

3.【多项选择题】答案：ABD

解析：企业确认代销手续费的依据应该是受托方开具的收取手续费的增值税专用发票。因此，C是错的，其他的ABD三个选项都是对委托方业务的恰当描述。

4.【多项选择题】答案：ABD

解析：企业转嫁增值税代扣代缴义务发生的时点，应该是企业向委托方提交代销清单时，委托企业所开具的增值税专用发票。因此，C是错的，ABD三个选项都是对受托方业务的恰当描述。

5.【判断题】答案：错

解析：委托方确认收入的时点是收到受托方送来的代销清单时。

6.【业务题】答案：

甲公司的会计处理：

（1）20×9年5月20日，将A商品交付给乙公司：（A段）

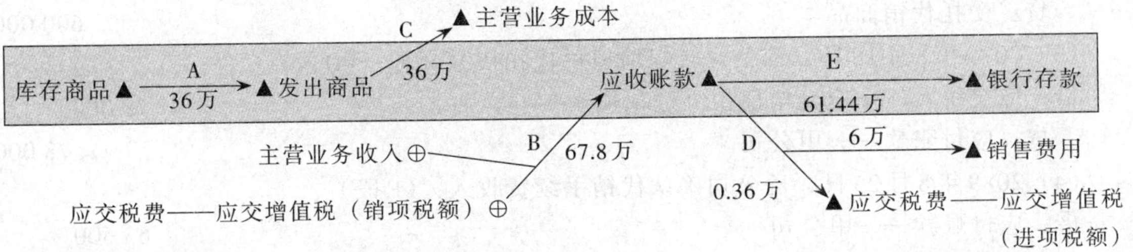

借：发出商品　360 000

　贷：库存商品　360 000

（2）20×9年8月18日，甲公司收到乙公司开给其的代销清单：（B、C段）

借：应收账款——乙公司　678 000

　贷：主营业务收入　600 000

　　　应交税费——应交增值税（销项税额）　78 000

借：主营业务成本　360 000

　贷：发出商品　360 000

（3）20×9年8月25日，甲公司确认代销手续费和进项税：（D段）

借：销售费用　60 000

　　应交税费——应交增值税（进项税额）　3 600

　贷：应收账款——乙公司　63 600

（4）20×9年8月25日，甲公司收到货款净额：（E段）

借：银行存款　614 400

　贷：应收账款——乙公司　614 400

乙公司的会计处理：

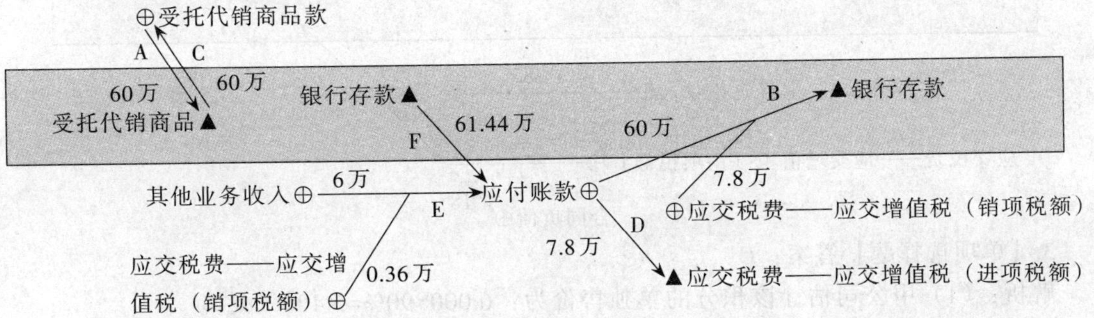

（1）20×9年5月20日，收到甲公司的商品：（A段）

借：受托代销商品　600 000

　贷：受托代销商品款　600 000

（2）乙公司销售商品：（B、C段）

借：银行存款　678 000

　贷：应付账款——甲公司　600 000

　　　应交税费——应交增值税（销项税额）　78 000

借：受托代销商品款　600 000

贷：受托代销商品　600 000

（3）20×9年8月18日，乙公司转嫁增值税代扣代缴义务：（D段）

借：应交税费——应交增值税（进项税额）　78 000

贷：应付账款——甲公司　78 000

（4）20×9年8月25日，乙公司确认代销手续费收入：（E段）

借：应付账款——甲公司　63 600

贷：其他业务收入　60 000

应交税费——应交增值税（销项税额）　3 600

（5）20×9年8月25日，乙公司将货款净额交给甲公司：（F段）

借：应付账款——甲公司　614 400

贷：银行存款　614 400

九、知识点：附有客户额外购买权的销售处理

1.【单项选择题】答案：D

解析：当企业向客户提供了额外购买选择权，但客户在行使该选择权购买商品的价格反映了该商品的单独售价时，即使客户只能通过与企业订立特定合同才能获得该选择权，该选择权也不应被视为企业向该客户提供了一项重大权利。因此，D是错的。

2.【单项选择题】答案：C

解析：（1）甲公司估计该折扣券的单独售价为：80×（40%-10%）×80%=19.2（元）。

（2）总售价在A商品与折扣券之间进行分摊：

A商品应分摊：300×（300÷319.2）=282（元）

折扣券应分摊：300×（19.2÷319.2）=18（元）

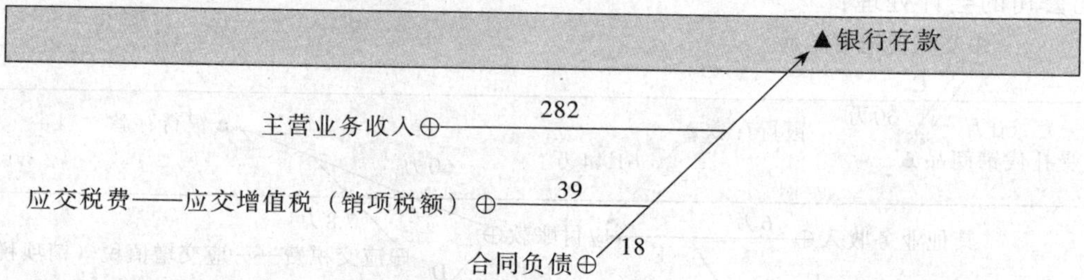

3.【单项选择题】答案：C

解析：（1）甲公司估计该积分的单独售价为：6 000×90%=5 400（元）。

（2）总售价在A商品与积分之间进行分摊：

A商品应分摊：60 000×（60 000÷65 400）=55 046（元）

积分应分摊：60 000×（ 5 400÷65 400）=4 954（元）

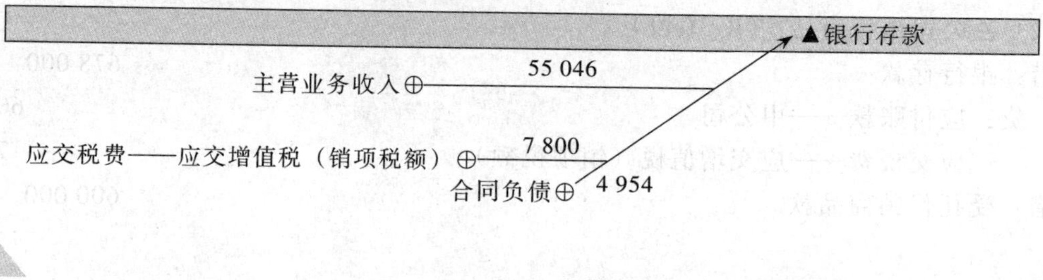

4.【多项选择题】答案：ABC

解析：资金运动流程确实没有反映企业为此发生的成本费用，但并不代表企业没有相应的成本费用。只是题目没有写明这方面的情况。如兑换积分所支付的商品成本分别为 3 000 元和 2 400 元，则本题图上还应该增加一段反映库存商品转换为主营业务成本的资金流程，其流量分别为 3 000 元和 2 400 元。因此，D 是错的，ABC 三个选项都是对业务处理的恰当描述。

5.【判断题】答案：对

解析：这是对附有客户额外购买选择权的一种特殊情况的简化处理，主要适用于提供续约选择权服务。

6.【业务题】答案：

（1）甲公司估计该折扣券的单独售价=80×（30%−10%）×90%=14.4（元）。

（2）总售价在 A 商品与折扣券之间进行分摊：

A 商品应分摊金额=200×（200÷214.4）=186.57（元）

折扣券应分摊金额=200×（14.4÷214.4）=13.43（元）

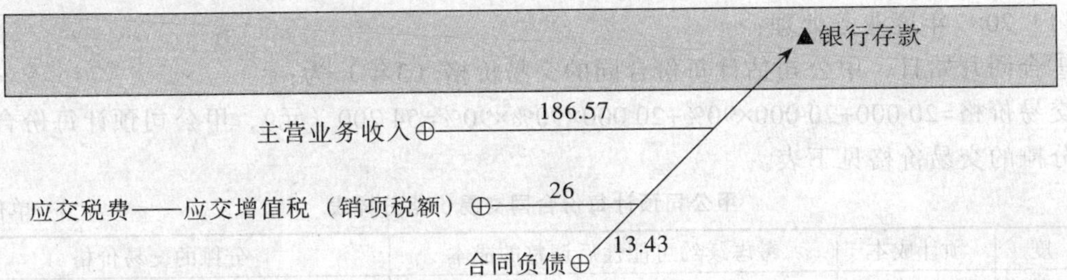

借：银行存款　226

　贷：主营业务收入　186.57

　　　合同负债　13.43

　　　应交税费——应交增值税（销项税额）　26

7.【业务题】答案：

（1）截至 20×8 年 1 月 31 日，客户共消费 15 万元，可获得 1.5 万个积分。（A 段）

估计兑换率为 90%。甲公司估计积分的单独售价=15 000×90%=13 500（元）。

甲公司在商品与积分之间分摊交易价格：

商品分摊的交易金额=15×（15÷16.35）=13.7615（万元）

积分分摊的金额=15×（1.35÷16.35）=1.2385（万元）

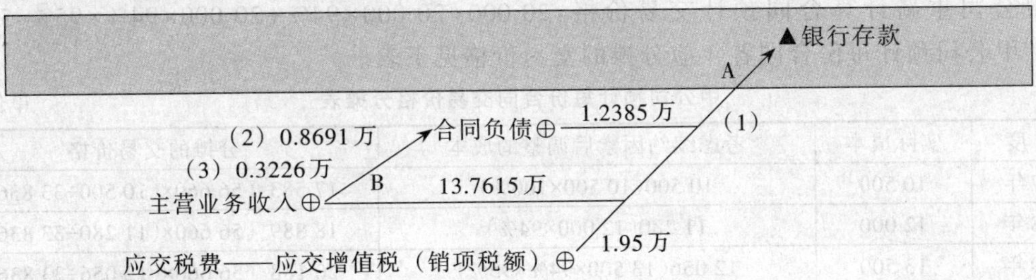

借：银行存款　169 500

贷：主营业务收入　　137 615

合同负债　　12 385

应交税费——应交增值税（销项税额）　　19 500

（2）截至20×8年12月31日，客户共兑换了10 000个积分。（B段）

甲公司对该积分兑换率进行了重新估计，预计兑换率为95%。

甲公司根据积分兑换应确认的收入=1.2385×［10 000÷（15 000×95%）］=0.8691（万元）

借：合同负债　　8 691

贷：主营业务收入　　8 691

（3）截至20×9年12月31日，客户共兑换了14 000个积分。（B段）

甲公司对该积分兑换率进行了重新估计，预计兑换率为97%。

甲公司根据积分兑换应确认的收入=1.2385×［14 000÷（15 000×97%）］−0.8691=0.3226（万元）

借：合同负债　　3 226

贷：主营业务收入　　3 226

8.【业务题】答案：

（1）20×7年度业务处理：

①合同开始日，甲公司估计每份合同的交易价格（3年）为：

交易价格=20 000+20 000×90%+20 000×90%×90%=54 200（元），甲公司预计每份合同各年应分摊的交易价格见下表。

甲公司预计每份合同交易价格分摊表

单位：元

年　度	预计成本	考虑续约可能性后调整的成本	分摊的交易价格
20×7年	10 000	10 000(10 000×100%)	17 300(54 200×(10 000÷31 330))
20×8年	12 000	10 800(12 000×90%)	18 684(54 200×(10 800÷31 330))
20×9年	13 000	10 530(13 000×81%)	18 216(54 200−17 300−18 684)
合　计	35 000	31 330	54 200

②20×7年1月1日，合同开始日。100位客户，每份合同的价格为2万元，全额支付了款项。上述金额均不含增值税，增值税税率为6%。（A（1）段）

③20×7年期间，陆续发生履约成本105万元。（B段）

④20×7年12月31日，94位客户续约（视同20×8年1月1日处理）。（A（2）段）

⑤20×7年12月31日，94位客户续约，估计下年度续约率95%。下两年度的估计履约成本分别为每位12 000元和13 500元。

甲公司重新计算合同预计交易价格=20 000+20 000×94%+20 000×94%×95%=56 660（元）。甲公司预计每份合同各年应分摊的交易价格见下表。

甲公司预计每份合同交易价格分摊表

单位：元

年　度	实际成本	考虑续约因素后调整的成本	分摊的交易价格
20×7年	10 500	10 500(10 500×100%)	17 583（56 660×(10 500÷33 836)）
20×8年	12 000	11 280(12 000×94%)	18 889（56 660×(11 280÷33 836)）
20×9年	13 500	12 056(13 500×94%×95%)	20 188（56 660×(12 056÷33 836)）
合　计	36 000	33 836	56 660

确认本期收入175.83万元与费用105万元。（C1、C2段）

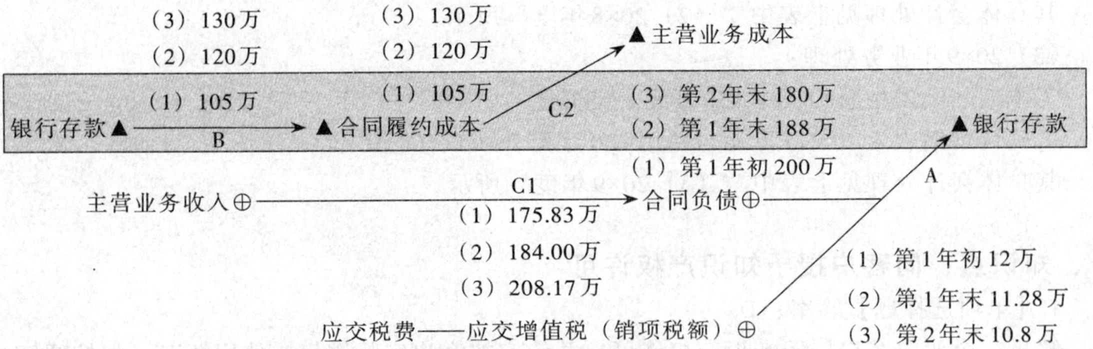

其具体会计处理如下表中“（1）20×7年度”所示。

甲公司业务处理汇总表

单位：万元

业务	会计分录	(1)20×7年度	(2)20×8年度	(3)20×9年度
收取客户资金(A)(本年末或下年初)	借:银行存款	212	199.28	190.8
	贷:合同负债	200	188	180
	贷:应交税费——应交增值税(销项税额)	12	11.28	10.8
发生履约成本(B)	借:合同履约成本	105	120	130
	贷:银行存款	105	120	130
按履约进度确认收入(C1)	借:合同负债	175.83	184.00	208.17
	贷:主营业务收入	175.83	184.00	208.17
按履约进度确认费用(C2)	借:主营业务成本	105	120	130
	贷:合同履约成本	105	120	130

（2）20×8年业务处理：

①本期陆续发生履约成本120万元。（B段）

②12月31日收到续约客户90人的款项（视同20×9年1月1日处理）。（A（3）段）

③12月31日，估计下年履约成本14 000元。

甲公司重新计算合同交易价格=20 000+20 000×94%+20 000×94%×（90÷94）=56 800（元）

甲公司预计每份合同各年应分摊的交易价格见下表。

甲公司预计每份合同交易价格分摊表

单位：元

年　度	预计成本	考虑续约可能性后调整的成本	分摊的交易价格
20×7年	10 500	10 500(10 500×100%)	17 583
20×8年	12 000	11 280(12 000×94%)	18 400(56 800×(21 780÷34 380)−17 583)
20×9年	14 000	12 600(14 000×94%×(90÷94))	20 817(56 800−17 583−18 400)
合　计	36 500	34 380	56 800

确认本期收入184.00万元与费用120万元。(C1、C2段)

其具体会计处理见上表中“(2)20×8年度”所示。

(3)20×9年业务处理:

①本期陆续发生履约成本130万元。(B段)

②确认本期收入208.17万元与费用130万元。(C1、C2段)

其具体会计处理见上表中“(3)20×9年度”所示。

十、知识点:向客户授予知识产权许可

1.【单项选择题】答案:D

解析:企业向客户授予知识产权许可,并约定按客户实际销售或使用情况(如按照客户的销售额)收取特许权使用费的,应当在客户后续销售或使用行为实际发生与企业履行相关履约义务二者孰晚的时点确认收入。因此,D是错的。

2.【多项选择题】答案:ABC

解析:该活动不会导致向客户转让某项商品。如果导致向客户转让某项商品,那就有可能会产生一项新的履约义务。因此,D是错的,ABC三个选项都是对业务处理的恰当描述。

3.【多项选择题】答案:BCD

解析:该合同仅包括一项履约义务,即授予使用权许可,甲公司继续参加比赛并取得优异成绩等活动是该许可的组成部分。至于收取300万元固定使用费和按销售额计算的提成,都只是甲公司应收取的对价的不同表现形式而已。因此,A是错的,BCD三个选项都是对业务的恰当描述。

4.【业务题】答案:

(1)甲公司在年初收到款项848万元(含增值税48万元)。(A段)

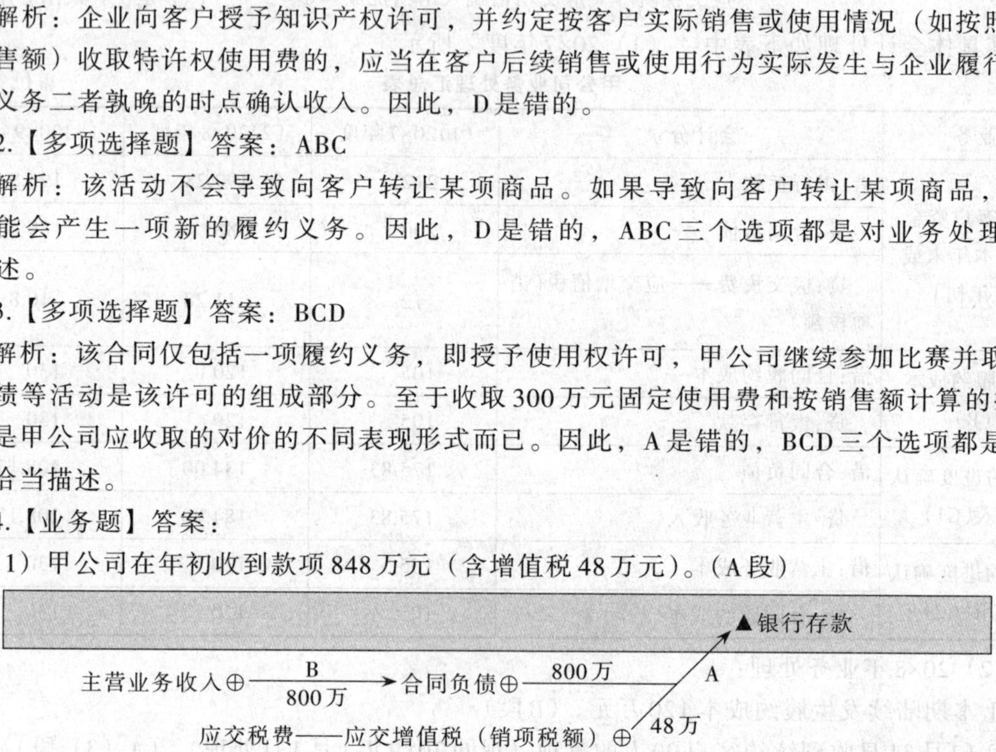

借:银行存款 8 480 000

  贷:合同负债 8 000 000

    应交税费——应交增值税(销项税额) 480 000

(2)甲公司按一段时期内履约确认收入,并按时间进度(年)确定履约进度。(B段)

借:合同负债 8 000 000

  贷:主营业务收入 8 000 000

十一、知识点:售后回购

1.【单项选择题】答案:D

解析:不确认主营业务收入,而只是确认其他应付款。

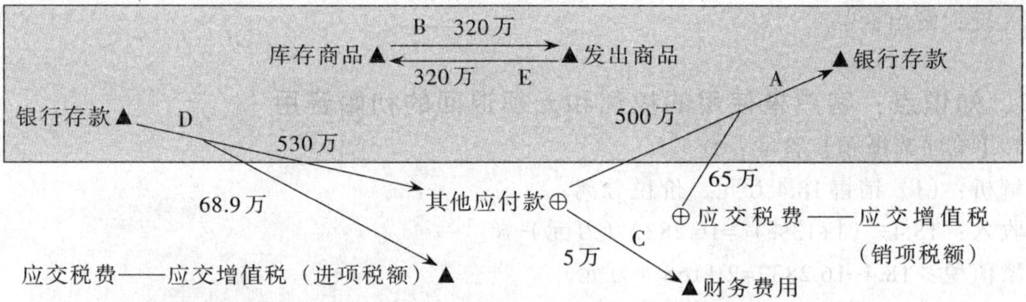

2.【多项选择题】答案：ACD

解析：被购回的商品包括原销售给客户的商品、与该商品几乎相同的商品，或者以该商品作为组成部分的其他商品。因此，B是错的，ACD都是对售后回购的恰当描述。

3.【多项选择题】答案：ABCD

解析：ABCD四个选项都是对业务处理的恰当描述。

4.【业务题】答案：

（1）20×9年3月1日甲公司将商品销售，收到货款：（A、B段）

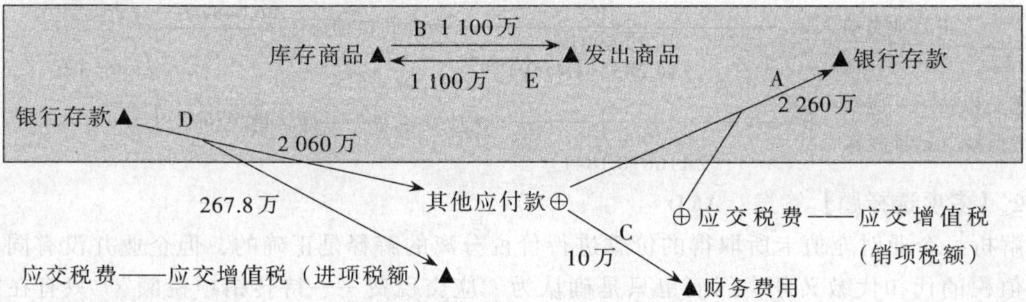

借：银行存款　　22 600 000

　贷：其他应付款　　20 000 000

　　应交税费——应交增值税（销项税额）　　2 600 000

同时结转库存商品：

借：发出商品　　11 000 000

　贷：库存商品　　11 000 000

（2）20×9年3月至8月分期补提回购价与售价之间的差额。（C段）

600 000÷6=100 000（元）

借：财务费用　　100 000

　贷：其他应付款　　100 000

（3）20×9年9月1日甲公司回购该商品。（D、E段）

借：其他应付款　　20 600 000

　应交税费——应交增值税（进项税额）　　2 678 000

　贷：银行存款　　23 278 000

同时将发出商品转回：

借：库存商品　　11 000 000

贷：发出商品　　11 000 000

十二、知识点：客户未使用的权利和无须退回的初始费用

1.【单项选择题】答案：D

解析：（1）销售18.4万元，价税分离：

收入：18.4÷（1+13%）=16.2832（万元）

增值税：18.4−16.2832=2.1168（万元）

（2）未使用权利的分期结转：

应结转的金额（含税）=2.4×［18.4÷（30−2.4）］=1.6（万元）

将1.6万元的含税金额进行价税分离：

收入：1.6÷（1+13%）=1.4159（万元）

增值税=1.6−1.4159=0.1841（万元）

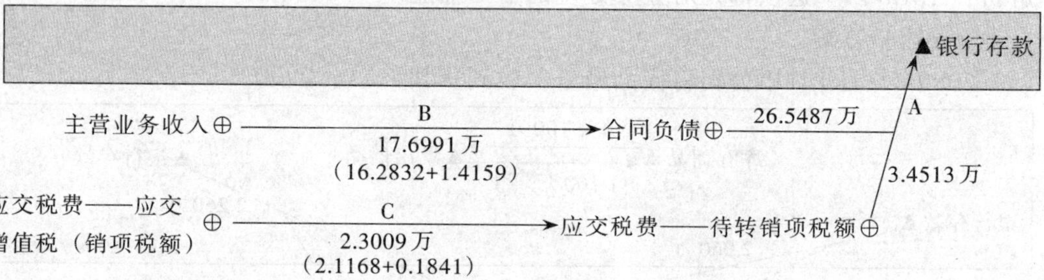

2.【多项选择题】答案：ACD

解析：企业对充值卡所取得的价款进行价税分离的解释是正确的，但企业并没有同步产生增值税的代扣代缴义务，因而也只是确认为“应交税费——待转销项税额”。只有在客户使用充值卡消费时，增值税代扣代缴义务才正式产生，即本题图中的C段运动。因此，B是错的，ACD三个选项都是对业务处理的恰当描述。

3.【多项选择题】答案：ABC

解析：企业在确定履约进度时，不应当考虑这些初始费用，因为这些初始费用并不反映企业向客户转让商品的进度。因此，D是错的。其他三个选项都是对无须退回的初始费业务处理的恰当描述。

4.【业务题】答案：

（1）20×8年7月销售储值卡。（A段）

将储值卡款项价税分离，其不含税款项=30÷（1+13%）=26.5487（万元）。

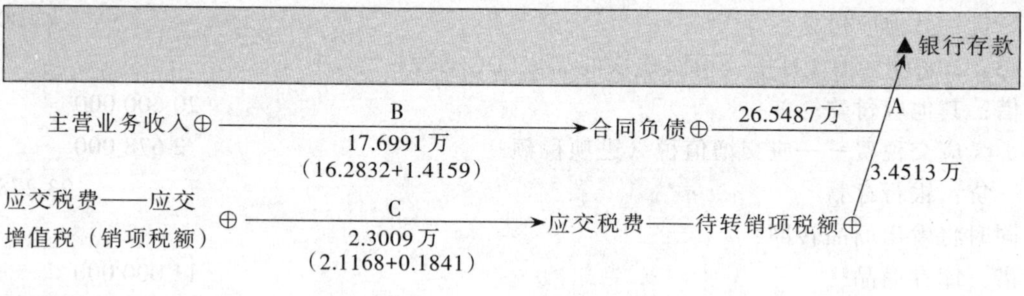

借：银行存款　　300 000
　贷：合同负债　　265 487
　　应交税费——待转销项税额　　34 513

（2）截至20×8年12月31日，销售18.4万元，并同步结转客户未行使的权利。（B、C段）

①销售18.4万元，价税分离：

收入：18.4÷（1+13%）=16.2832（万元）

增值税：18.4-16.2832 =2.1168（万元）

②未使用权利的分期结转：

应结转的金额（含税）=2.4×［18.4÷（30-2.4）］=1.6（万元）

将1.6万元的含税进行价税分离：

收入=1.6÷（1+13%）=1.4159（万元）

增值税金额=1.6-1.4159 =0.1841（万元）

③确认的收入总金额=16.2832+1.4159=17.6991（万元）

确认的增值税总金额=2.1168+0.1841=2.3009（万元）

借：合同负债　　176 991
　贷：主营业务收入　　176 991
借：应交税费——待转销项税额　　23 009
　贷：应交税费——应交增值税（销项税额）　　23 009

十三、知识点：合同结算业务处理

1.【单项选择题】答案：C

解析：

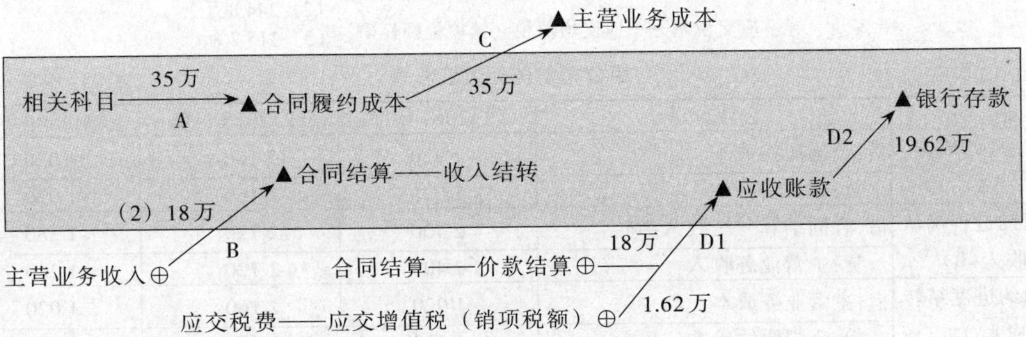

2.【多项选择题】答案：ABCD

解析：ABCD这四个选项都是对有关合同结算业务处理的恰当描述。

3.【多项选择题】答案：ACD

解析：B段资金运动的流量是按照合同履约进度来确认的。D1段运动所反映的合同款项的结算，是企业与客户在事先已签订的合同中明确约定的。款项结算的标准与收入确认的标准可能一样，也可能不一样。也正因为如此，合同结算需要设置两个明细账，一个反映收入确认所形成的应收合同对价，一个反映因工程款项结算而预收的累计合同对价。当然，最终这两个项目的金额应该相等，即为合同总造价。因此，B的表述是错的。ACD三个选项都是对有关合同结算业务处理的恰当描述。

4.【业务题】答案：

（1）20×7年度：

①实际发生合同履约成本1 920万元。（A段）

②计算并确认20×7年度合同收入与合同成本。（B、C段）

20×7年度履约进度=19 200 000÷48 000 000×100%=40%

合同收入=60 000 000×40%=24 000 000（元）

合同成本=48 000 000×40%=19 200 000（元）

③记录已结算的工程价款2 616万元（含增值税）以及实际收回2 500万元。（D1、D2段）

其具体的会计处理见下表中“（1）20×7年度”。

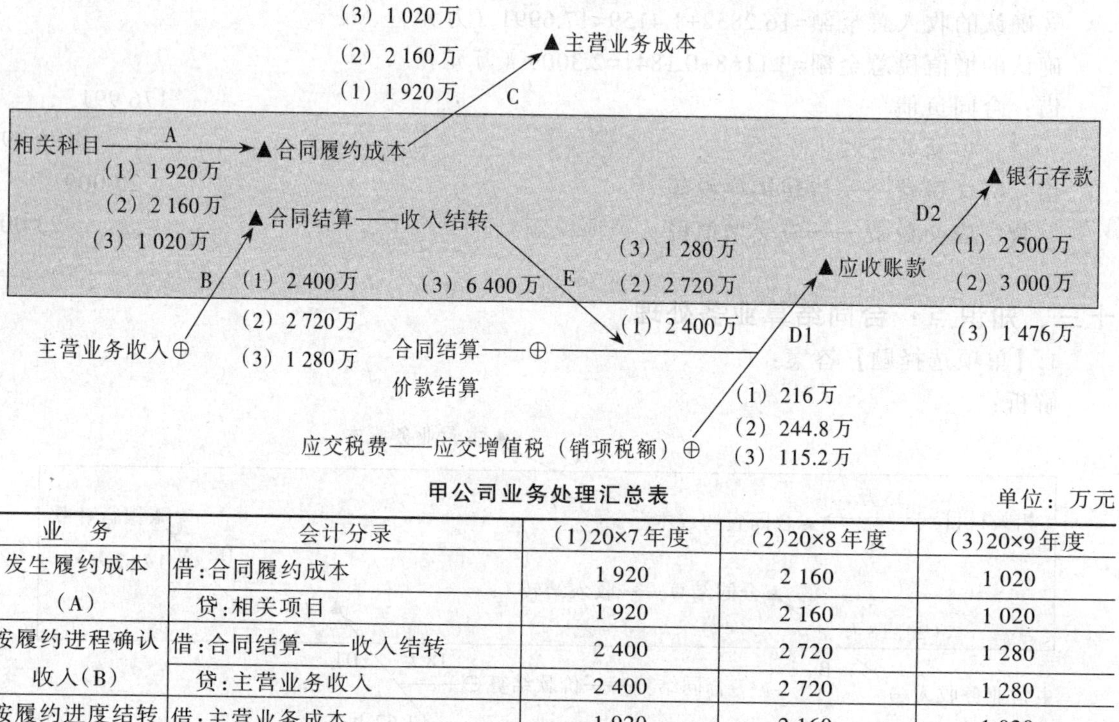

甲公司业务处理汇总表

单位：万元

业　务	会计分录	(1)20×7年度	(2)20×8年度	(3)20×9年度
发生履约成本(A)	借:合同履约成本	1 920	2 160	1 020
	贷:相关项目	1 920	2 160	1 020
按履约进程确认收入(B)	借:合同结算——收入结转	2 400	2 720	1 280
	贷:主营业务收入	2 400	2 720	1 280
按履约进度结转成本(C)	借:主营业务成本	1 920	2 160	1 020
	贷:合同履约成本	1 920	2 160	1 020
与客户结算款项(D1)	借:应收账款	2 616	2 964.8	1 395.2
	贷:合同结算——价款结算	2 400	2 720	1 280
	贷:应交税费——应交增值税(销项税额)	216	244.8	115.2
实际收到结算款项(D2)	借:银行存款	2 500	3 000	1 476
	贷:应收账款	2 500	3 000	1 476
项目完工,办理财产移交(E)	借:合同结算——价款结算	—	—	6 400
	贷:合同结算——收入结转	—	—	6 400

（2）20×8年度：

①实际发生合同履约成本2 160万元。（A段）

②计算并确认20×8年度合同收入与合同成本。（B、C段）

20×8年度履约进度=40 800 000÷51 000 000×100%=80%

合同收入=（60 000 000+4 000 000）×80%-24 000 000=27 200 000（元）

合同成本=51 000 000×80%-19 200 000=21 600 000（元）

③记录已结算的工程价款2 964.8万元（含增值税）以及实际收回3 000万元。（D1、D2段）

其具体的会计处理见上表中“（2）20×8年度”。

（3）20×9年度：

①实际发生合同履约成本1 020万元。（A段）

②计算并确认20×9年度合同收入与合同成本：（B、C段）

合同收入：64 000 000-24 000 000-27 200 000=12 800 000（元）

合同成本：51 000 000-19 200 000-21 600 000=10 200 000（元）

③记录已结算的工程价款1 395.2万元（含增值税）以及实际收回1 476万元。（D1、D2段）

④合同完工，将“合同结算——收入结转”与“合同结算——价款结算”对冲。（E段）

其具体的会计处理见上表中“（3）20×9年度”。

5.【业务题】答案：

（1）20×7年度发生履约成本200万元。（A段）

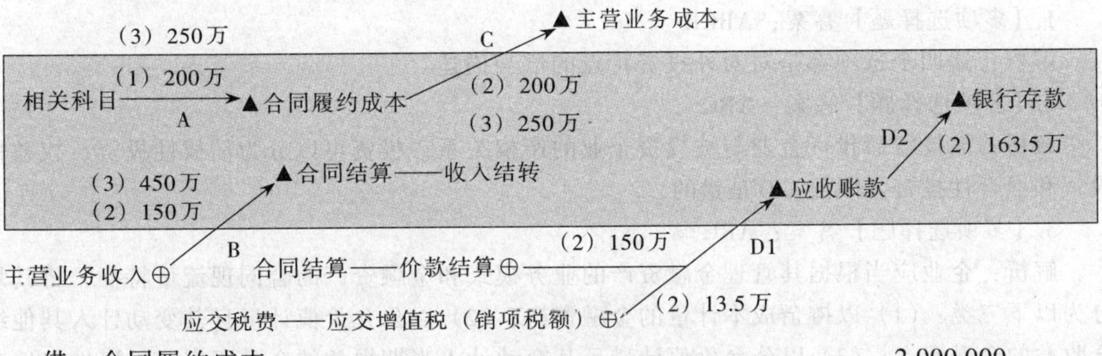

借：合同履约成本　　2 000 000

　贷：相关项目　　2 000 000

（2）20×7年底只结算163.5万元，其余款项可能收不回来。（B、C、D1、D2段）

将含税收入转为不含税收入=163.5÷（1+9%）=150（万元），增值税销项税额=13.5（万元）。

借：合同结算——收入结转　　1 500 000

　贷：主营业务收入　　1 500 000

借：主营业务成本　　2 000 000

　贷：合同履约成本　　2 000 000

借：应收账款　　1 635 000

贷：合同结算——价款结算　　1 500 000

　　应交税费——应交增值税（销项税额）　　135 000

借：银行存款　　1 635 000

　贷：应收账款　　1 635 000

（3）20×8年度，款项收回的不确定因素消除。实际发生成本250万元，预计未完成合同尚需发生成本150万元。（A、B、C段）

履约进度=（200+250）÷（200+250+150）×100%=75%

合同收入=800×75%-150=450（万元）

合同费用=（200+250+150）×75%-200=250（万元）

借：合同履约成本　　2 500 000

　贷：相关项目　　2 500 000

借：合同结算——收入结转　　4 500 000

　贷：主营业务收入　　4 500 000

借：主营业务成本　　2 500 000

　贷：合同履约成本　　2 500 000

第十一章　对外投资环节资金运动分析与会计处理

一、知识点：对外投资概述

1.【多项选择题】答案：ABCD

解析：这四个选项都是对对外投资特点的恰当描述。

2.【多项选择题】答案：ABC

解析：按投资后投资企业与被投资企业的产权关系，投资可以分为债权性投资、权益性投资和混合性投资。因此，D是错的。

3.【多项选择题】答案：ABC

解析：企业应当根据其管理金融资产的业务模式和金融资产的合同现流量特征，将其划分为以下三类：（1）以摊余成本计量的金融资产；（2）以公允价值计量且其变动计入其他综合收益的金融资产；（3）以公允价值计量且其变动计入当期损益的金融资产。投资性房地产不属于金融资产，因此，D是错的。

二、知识点：金融资产概述

1.【多项选择题】答案：AB

解析：在债券金融工具中，发行方通过发行债券筹措资金，应作为金融负债处理，其具体应通过应付债券进行核算。在股票金融工具中，发行方通过发行股票筹措资金，应作为权益工具处理，其具体应通过股本和资本公积进行核算。因此，CD是错的。

2.【多项选择题】答案：AD

解析：预付款不属于金融资产，因为它不是以获取现金流量为目的，而是以获取相应的存货为目的。固定资产、无形资产、原材料和库存商品等不属于金融资产。因此，BC是错的。

3.【多项选择题】答案：ABC

解析：合同现金流特征主要适用于债务工具投资的金额资产，而权益工具投资主要是考虑是否以交易为目的或者指定以交易为目的。因此，D是错的。

4.【多项选择题】答案：ABC

解析：采用公允价值计量消除会计错配，不仅仅是期末需要采用公允价值计量模式进行计量，而且其变动要计入当期损益；这样才能消除会计错配所带来的公允价值对企业当期损益变动的影响。虽然其他债权投资也是期末按公允价值计量，但其变动是计入其他综合收益的，而不是计入当期损益的。因此，运用公允价值计量消除会计错配既可以运用于债权投资，也可以运用于其他债权投资。因此，D是错的，ABC都是对金融工具分类的恰当描述。

5.【多项选择题】答案：BCD

解析：企业对被投资企业进行投资之后，所形成的投资关系能控制，或者能共同控制，或者能对其施加重大影响的，应该通过长期股权投资进行核算。投资后形成的金融资产不能控制、不能共同控制，也不能施加重大影响的，才能通过权益工具投资进行核算。因此，A是错的，BCD都是对权益工具投资分类的恰当描述。

6.【判断题】答案：错

解析：这个界定从中级财务会计的角度来看，是正确的。但如从高级财务会计的角度来看，这个定义就不完整。从高级财务会计的角度来看，金融资产还应该包括：(1) 在潜在有利条件下，与其他方交换金融资产或金融负债的合同权利；(2) 将来须用或可用企业自身权益工具进行结算的非衍生工具合同，且企业根据该合同将收到可变数量的自身权益工具；(3) 将来须用或可用企业自身权益工具进行结算的衍生工具合同，但以固定数量的自身权益工具交换固定金额的现金或其他金融资产的衍生工具合同除外。

7.【判断题】答案：对

解析：是否形成收取现金或其他金融资产的合约权利，是金融资产与非金融资产区分的主要判断标准。

8.【判断题】答案：错

解析：所有的权益工具投资都是广义的金融资产。但《企业会计准则第22号——金融工具确认和计量》所界定的金融资产是一个狭义的概念，即特指投资之后，投资企业对被投资企业不能控制、不能共同控制，也不能施加重大影响所形成的权益投资。对于能够控制、能够共同控制和能够施加重大影响的投资，企业应确认为长期股权投资，按照《企业会计准则第2号——长期股权投资》进行处理。

三、知识点：债权投资——理论分析

1.【单项选择题】答案：D

解析：企业购买债券所发生的交易费用应计入投资初始成本，该投资初始成本与债券面值的差额要计入“债权投资——利息调整”。ABC都是对债权投资的恰当描述。

2.【多项选择题】答案：ABC

解析：D段资金运动反映每期期末实际收到的应收利息，其资金量不一定与C段相等。这主要取决于债券利息支付的方式，债券利息支付的方式既可能是分期支付利息，也可能是到期一次性支付。如到期一次性支付，那在未到期之前，D段的流量都应该为零。因此，D是错的，ABC都是对该资金流程图的恰当描述。

3.【多项选择题】答案：ABCD

解析：ABCD都是对该资金流程图的恰当描述。

四、知识点：债权投资——溢价举例

1.【单项选择题】答案：B

解析：应摊销的金额=20 000×6%-（21 909.2-1 200）×5%=164.54（万元）。

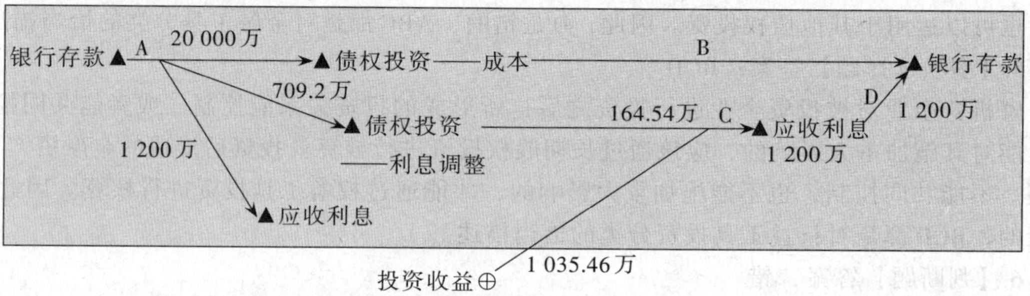

2.【多项选择题】答案：BCD

解析：在期末以摊余成本计量的金融资产核算中，其初始投资成本是包含购买所发生的各种手续费的。该初始投资成本与债券面值的差额应作为“债权投资——利息调整”处理。因此，A是错的，BCD对业务的描述都是恰当的。

3.【多项选择题】答案：ABD

解析：以第1年的投资收益来推算实际利率：5.5245÷110.668×100%=4.992%。

因此，C是错的，ABD对业务的描述都是恰当的。

五、知识点：债权投资——中途赎回

【单项选择题】答案：A

解析：新的摊余成本=（100+12）÷（1+5%）+（100+6）÷（1+5%）÷（1+5%）=202.8118（万元）。

应调减摊余成本=205-202.8118=2.1882（万元）。

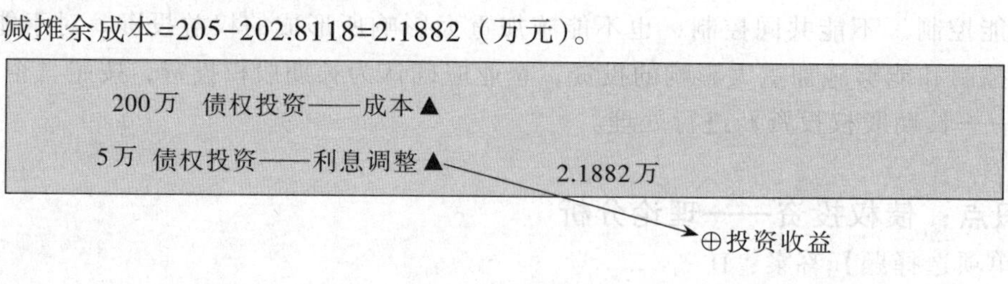

六、知识点：债权投资——折价举例

1.【单项选择题】答案：C

解析：20×2年12月31日应确认投资收益=95.0512×6%=5.7031（万元）。

20×3年12月31日应确认投资收益=（95.0512 +5.7031）×6%=6.0453（万元）。

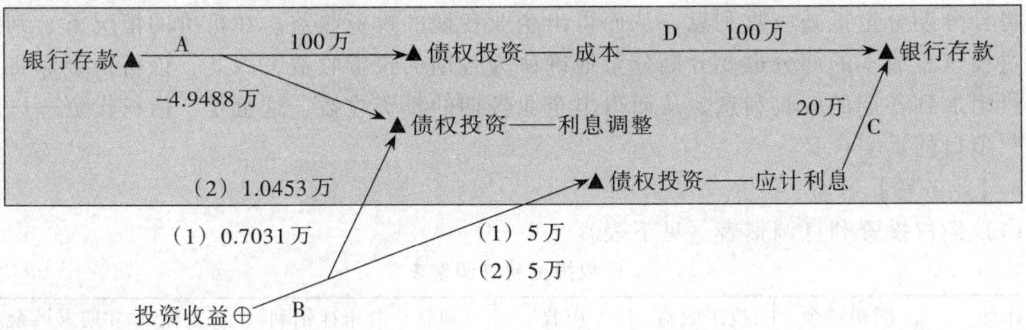

2.【单项选择题】答案：C

解析：

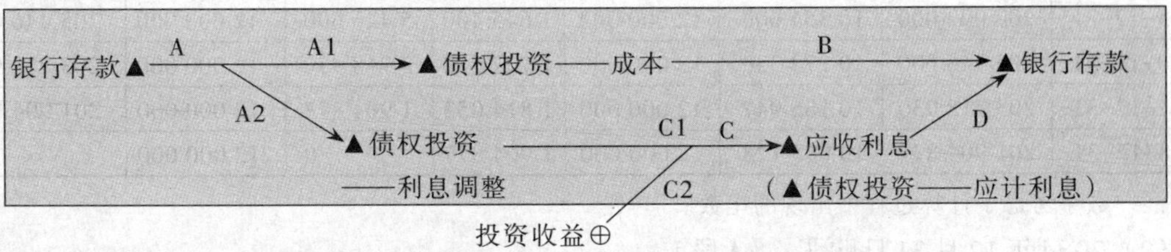

如上图所示，如溢价购买，则A2段的流量为正，从而导致C1段的流量为正，则投资收益=应收利息（应计利息）-债权投资利息调整（即溢价摊销）。

如折价购买，则A2段的流量为负（如-9万元），从而导致C1段的流量也为负（如-2万元），则投资收益等于应收利息（应计利息）（如6万元）+债权投资利息调整（即折价摊销）（即2万元），即投资收益=6+2=8（万元）。此时C2段的流量为8万元，C1段的流量为-2万元，两者之和刚好是6万元，即为应收利息的金额。

3.【多项选择题】答案：BCD

解析：在A段资金运动之中，由于是折价购买，其流量为负数，从而导致“债权投资——利息调整”在模型上变成了一个沙坑，其容积为2万元。因此，A是错的，BCD对业务的描述都是恰当的。

4.【多项选择题】答案：ABD

解析：以第1年的投资收益来推算实际利率：（8-0.4207）÷98×100%=7.734%，因此，C是错的，ABD对业务的描述都是恰当的。

5.【判断题】答案：对

解析：

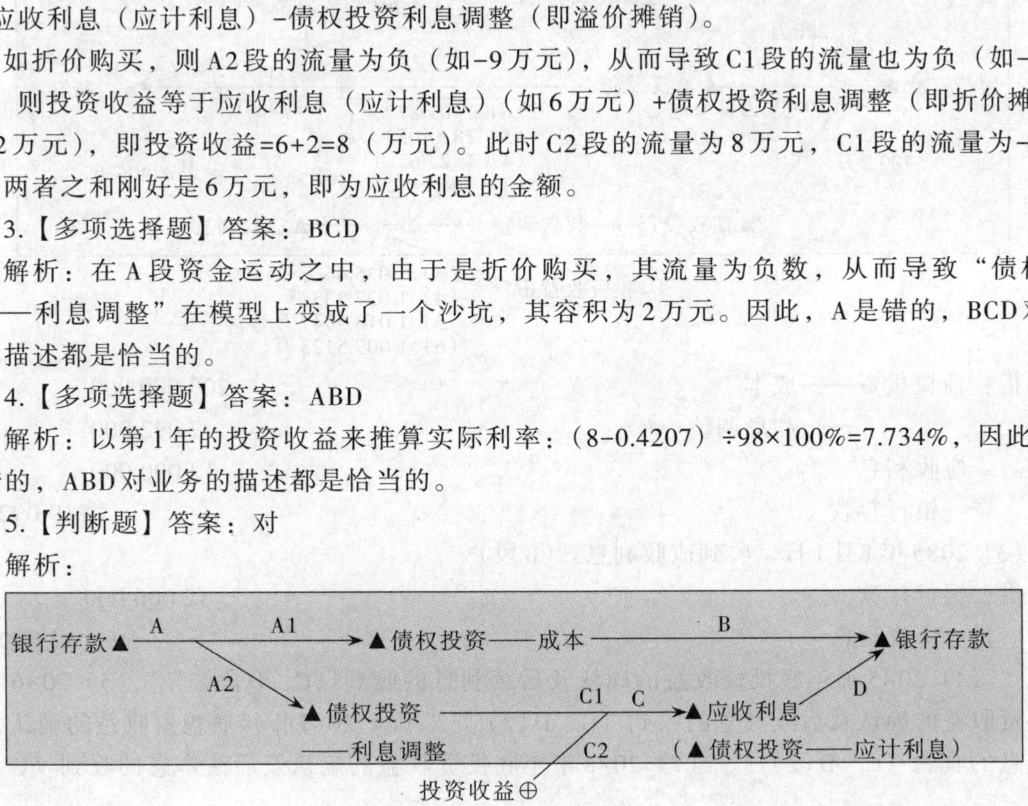

在存在溢折价的情况下，“债权投资——利息调整”项目的余额就不为零。在溢价的情况下，投资总成本到期不能从面值收回的部分只能通过每年的应收利息收回，因此，该溢价金额将会分期分量抵减应收利息，从而得出企业各期的投资收益。在折价的情况下，到期收回超过投资总成本的部分也要分期分量地确认为各期的投资收益，因此，该折价金额将会分期分量附加到各期的应收利息，从而得出企业各期的投资收益。这也是“债权投资——利息调整”项目的真实含义。

6.【业务题】答案：

（1）债权投资利息调整表（见下表）。

债权投资利息调整表

单位：元

计息日期	期初摊余成本(a)	投资收益(b)	应收利息	利息调整	未摊销利息调整	现金流入(c)	期末摊余成本(d=a+b−c)
20×5-01-01	207 092 000	—	—	—	7 092 000	—	—
20×5-12-31	207 092 000	10 354 600	12 000 000	1 645 400	5 446 600	12 000 000	205 446 600
20×6-12-31	205 446 600	10 272 330	12 000 000	1 727 670	3 718 930	12 000 000	203 718 930
20×7-12-31	203 718 930	10 185 947	12 000 000	1 814 053	1 904 877	12 000 000	201 904 877
20×8-12-31	201 904 877	10 095 123*	12 000 000	1 904 877	0	212 000 000	0

注：*数字考虑了计算过程中出现的尾数。

（2）20×4年12月31日购买。（A段）

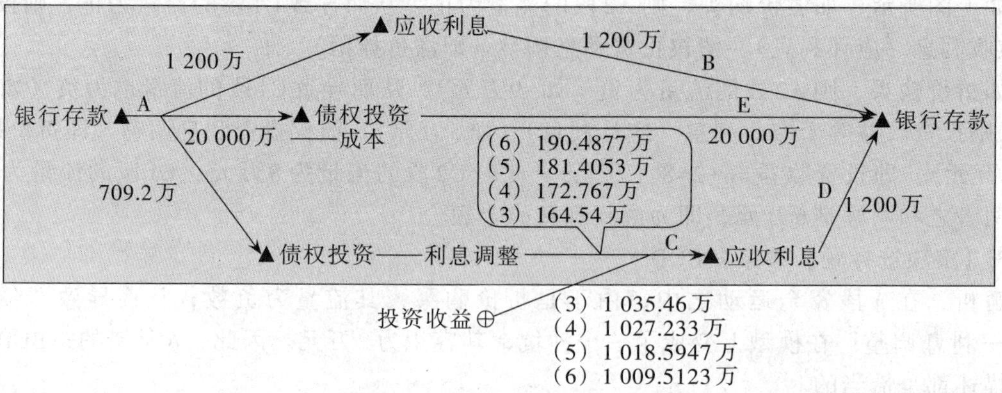

借：债权投资——成本　　200 000 000

　　　　　　——利息调整　　7 092 000

　　应收利息　　12 000 000

　贷：银行存款　　219 092 000

（3）20×5年1月1日，收到应收利息。（B段）

借：银行存款　　12 000 000

　贷：应收利息　　12 000 000

“（4）20×5年年底投资收益的确认及后续利息的收到（C、D段）”“（5）20×6年年底投资收益的确认及后续利息的收到（C、D段）”“（6）20×7年年底投资收益的确认及后续利息的收到（C、D段）”“（7）20×8年年底投资收益的确认及后续本息的收到（C、D、

E段）”。其会计分录处理见下表。

后续确认投资收益、收到利息及收回本金业务处理表

单位：元

业务	会计分录	(4)20×5年	(5)20×6年	(6)20×7年	(7)20×8年
年末确认投资收益(C)	借:应收利息	12 000 000	12 000 000	12 000 000	12 000 000
	贷:债权投资——利息调整	1 645 400	1 727 670	1 814 053	1 904 877
	贷:投资收益	10 354 600	10 272 330	10 185 947	1 095 123
下一年年初收到款项(D、E)	借:银行存款		12 000 000		212 000 000
	贷:应收利息		12 000 000		12 000 000
	贷:债权投资——成本	—	—	—	200 000 000

7.【业务题】答案：(1) 各年的利息调整摊销（见下表，计算结果保留整数）。

债权投资利息调整表

单位：元

计息日期	期初摊余成本(a)	投资收益(b)	应计利息	利息调整	未摊销利息调整	现金流入(c)	期末摊余成本(d=a+b−c)
20×5-01-01	38 020 800	—	—	—	1 979 200	—	—
20×5-12-31	38 020 800	2 281 248	2 000 000	281 248	1 697 952	0	40 302 048
20×6-12-31	40 302 408	2 418 123	2 000 000	418 123	1 279 829	0	42 720 171
20×7-12-31	42 720 171	2 563 210	2 000 000	563 210	716 619	0	45 283 381
20×8-12-31	45 283 381	2 716 619*	2 000 000	716 619	0	48 000 000	0

注：*数字考虑了计算过程中出现的尾数。

(2) 20×5年1月1日，购买：(A段)

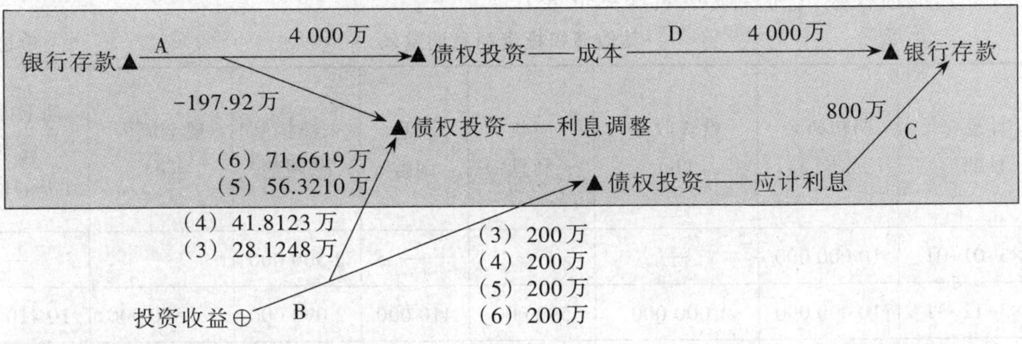

借：债权投资——成本　　40 000 000

　贷：银行存款　　38 020 800

　　　债权投资——利息调整　　1 979 200

“(3) 20×5年年底投资收益的确认（B段）”“(4) 20×6年年底投资收益的确认（B段）”“(5) 20×7年年底投资收益的确认（B段）”“(6) 20×8年年底投资收益的确认及本息的收到（B、C、D段）”。其会计分录的处理见下表。

后续确认投资收益及收回本息业务处理表　单位：元

业务	会计分录	(3)20×5年	(4)20×6年	(5)20×7年	(6)20×8年
年末确认投资收益(B)	借:债权投资——应计利息	2 000 000	2 000 000	2 000 000	2 000 000
	借:债权投资——利息调整	281 248	418 123	563 210	716 619
	贷:投资收益	2 281 248	2 418 123	2 563 210	2 716 619
最后一次性收回本息(C、D)	借:银行存款		—		48 000 000
	贷:债权投资——应计利息		—		8 000 000
	贷:债权投资——成本		—		40 000 000

七、知识点：其他债权投资——理论分析+举例

1.【单项选择题】答案：D

解析：在处置该类金融资产时，应将其对应的“其他综合收益”项目上的累计金额转入投资收益。

2.【多项选择题】答案：ABD

解析：其他债权投资账面价值应该由以下明细项目构成：成本、利息调整、公允价值变动。在债券到期一次性还本付息的情况下，账面价值还应该包括“其他债权投资——应计利息”项目。因此，C是错的，ABD都是对该资金流程图的恰当描述。

3.【多项选择题】答案：ABCD

解析：ABCD对业务的描述都是恰当的。

4.【业务题】答案：

(1) 其他债权投资利息调整表（见下表）。

其他债权投资利息调整表　单位：元

计息日期	期初摊余成本(a)	投资收益(b)	应收利息	利息调整	未摊销利息调整	现金流入(c)	期末摊余成本(d=a+b−c)
20×3-01-01	10 000 000	—	—	—	2 500 000	—	—
20×3-12-31	10 000 000	1 000 000	590 000	410 000	2 090 000	590 000	10 410 000
20×4-12-31	10 410 000	1 041 000	590 000	451 000	1 639 000	590 000	10 861 000
20×5-12-31	10 861 000	1 086 100	590 000	496 100	1 142 900	590 000	11 357 100
20×6-12-31	11 357 100	1 135 710	590 000	545 710	597 190	590 000	11 902 810
20×7-12-31	11 902 810	1 187 190*	590 000	597 190	0	13 090 000	0

注：*数字考虑了计算过程中出现的尾数。

（2）20×3年1月1日购买：（A段）

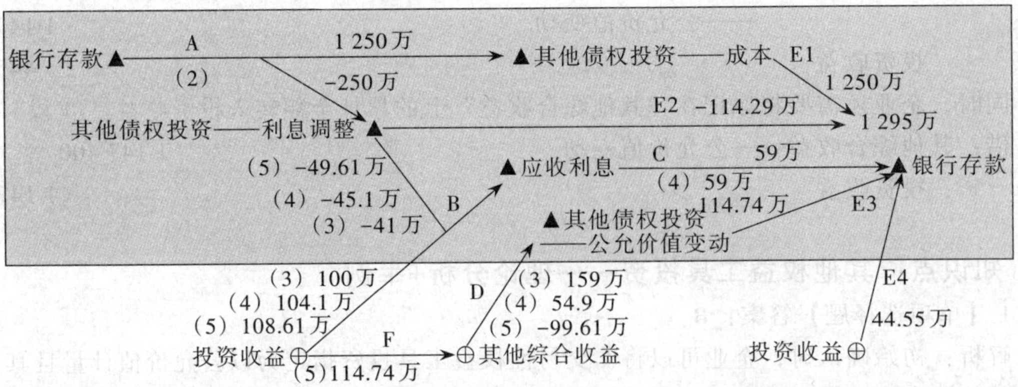

如把图中B段运动流量的负号去掉，则上图资金运动转化为下图：

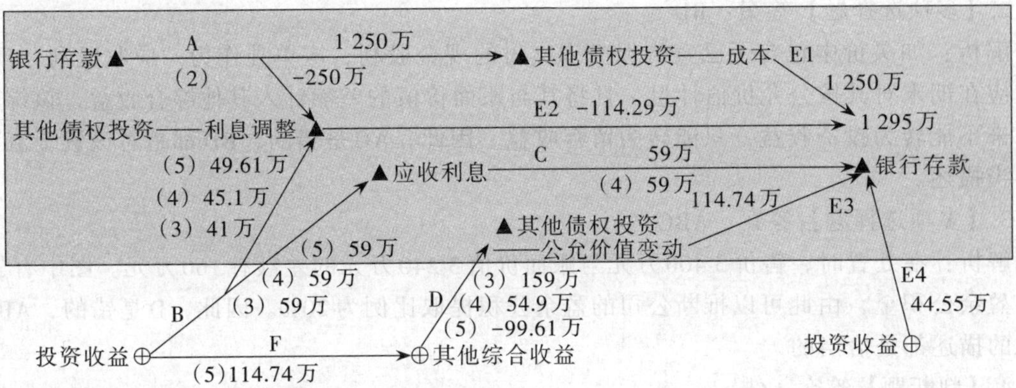

借：其他债权投资——成本　　12 500 000

　贷：银行存款　　10 000 000

　　其他债权投资——利息调整　　2 500 000

“（3）20×3年底确认投资收益（B段）”“收到利息（C段）和期末公允价值计价（D段）”“（4）20×4年底确认投资收益（B段）”“收到利息（C段）和期末公允价值计价（D段）”“（5）20×5年年底确认投资收益（B段）”“收到利息（C段）和期末公允价值计价（D段）”。其会计分录见下表。

后续确认投资收益、收到利息及期末计价业务处理表

单位：元

业务	会计分录	(3)20×3年	(4)20×4年	(5)20×5年
年末确认投资收益(B)	借:应收利息	590 000	590 000	590 000
	借:其他债权投资——利息调整	410 000	451 000	496 100
	贷:投资收益	1 000 000	1 041 000	1 086 100
期末按公允价值计量(D)	借:其他债权投资——公允价值变动	1 590 000	549 000	-996 100
	贷:其他综合收益	1 590 000	549 000	-996 100
下年初收到款项(C)	借:银行存款	590 000		
	贷:应收利息	590 000		

（5）20×6年1月3日出售。（E段）

借：银行存款　　12 950 000

　其他债权投资——利息调整　　1 142 900

贷：其他债权投资——成本 12 500 000

——公允价值变动 1 147 400

投资收益 445 500

同时，企业还需要将原记在“其他综合收益”上的累计金额转入投资收益。(F段)

借：其他综合收益——公允价值变动 1 147 400

贷：投资收益 1 147 400

八、知识点：其他权益工具投资——理论分析+举例

1.【单项选择题】答案：B

解析：初始确认时，企业可以将非交易性权益工具投资指定为以公允价值计量且其变动计入其他综合收益的金融资产。该指定一经做出，不得撤销。因此，B是错的。

2.【多项选择题】答案：BD

解析：如买价中包含了已宣告但尚未支付的现金股利，应单独作为“应收股利”反映。企业应在期末对其按公允价值计量，且将其与账面价值的差额计入其他综合收益，该综合收益未来不能转为投资收益，只能转为留存收益。因此，AC是错的，BD都是对该资金流程图的恰当描述。

3.【多项选择题】答案：ABC

解析：在处置时，售价3 400万元与账面价值3 240万元的差额有160万元。图中有32万元的盈余公积金，由此可以推断公司的盈余公积提取比例为20%。因此，D是错的，ABC对业务的描述都是恰当的。

4.【判断题】答案：错

解析：对于其他债权投资而言，处置该资产时，记在“其他综合收益”上的累计金额最终都转为投资收益了。但在处置其他权益工具投资时，记在“其他权益工具投资”上的其他综合收益的累计金额，最终都转入到企业的留存收益之中。

5.【业务题】答案：

(1) 20×6年5月3日，取得该股票。(A段)

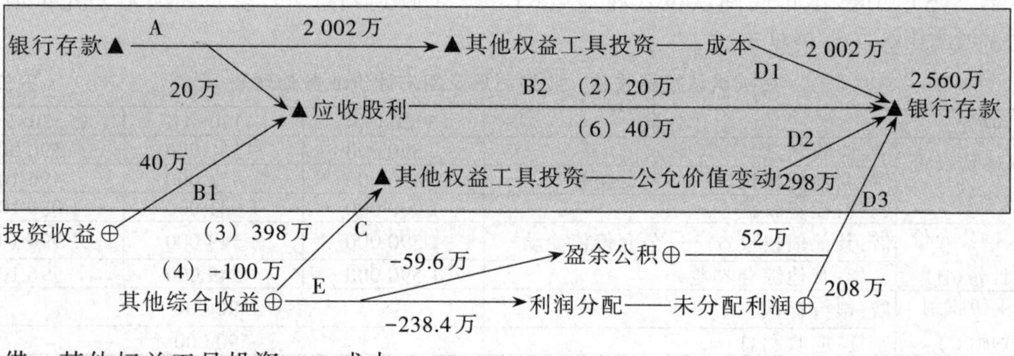

借：其他权益工具投资——成本 20 020 000

应收股利 200 000

贷：银行存款 20 220 000

（2）20×6年5月15日，收到现金股利20万元。（B2段）

借：银行存款　200 000

　贷：应收股利　200 000

（3）20×6年6月30日，甲公司所购的乙公司股票每股12元。（C段）

借：其他权益工具投资——公允价值变动　3 980 000

　贷：其他综合收益——公允价值变动　3 980 000

（4）20×6年12月31日，甲公司所购的乙公司股票每股11.5元。（C段）

借：其他综合收益——公允价值变动　1 000 000

　贷：其他权益工具投资——公允价值变动　1 000 000

（5）20×7年5月13日，甲公司确认应收股利40万元。（B1段）

借：应收股利　400 000

　贷：投资收益　400 000

（6）20×7年6月12日，甲公司收到现金股利40万元。（B2段）

借：银行存款　400 000

　贷：应收股利　400 000

（7）20×7年6月25日，甲公司将所持的乙公司股票以每股12.8元的价格出售。甲公司按20%提取盈余公积金。（D段）

借：银行存款　25 600 000

　贷：其他权益工具投资——成本　20 020 000

　　　　　　　　　　——公允价值变动　2 980 000

　　盈余公积　520 000

　　利润分配——未分配利润　2 080 000

（8）20×7年6月25日，甲公司出售该股票后，应将其记在“其他综合收益”上的累计金额转出，按20%提取盈余公积金。（E段）

借：其他综合收益——公允价值变动　2 980 000

　贷：盈余公积　596 000

　　利润分配——未分配利润　2 384 000

九、知识点：交易性金融资产——理论分析+举例

1.【多项选择题】答案：CD

解析：相关的交易费用在发生时通过投资收益直接计入当期损益。交易性金融资产在持有期间应收的股利或利息应直接作为投资收益计入当期损益。因此，AB是错的。

2.【多项选择题】答案：ABCD

解析：ABCD四个选项都是对该资金流程图的恰当描述。

3.【多项选择题】答案：ABC

解析：交易性金融资产的账面价值应该由成本和公允价值变动两个明细项目构成，没有利息调整明细项目。另外，在对投资收益进行总体评价时，表述不完整，没有考虑购买该金融资产所支付的手续费等。应该说：将D段和E段的投资收益结合在一起就可以得出，在不

考虑购买手续费和持有期间获得的收益的情况下，该金融资产给企业带来的收益是85万元。因此，D是错的，ABC对业务的描述都是恰当的。

4.【业务题】答案：

（1）20×1年5月10日取得投资。（A段）

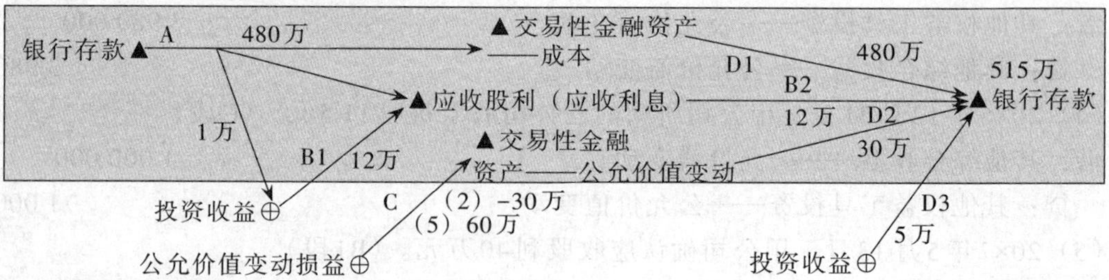

借：交易性金融资产——成本　　4 800 000

　　投资收益　　10 000

　贷：银行存款　　4 810 000

（2）20×1年6月30日，该股票的公允价值为每股7.5元。（C段）

借：公允价值变动损益　　300 000

　贷：交易性金融资产——公允价值变动　　300 000

（3）20×1年8月10，日确认应收股利12万元。（B1段）

借：应收股利　　120 000

　贷：投资收益　　120 000

（4）20×1年8月20日，收到股利。（B2段）

借：银行存款　　120 000

　贷：应收股利　　120 000

（5）20×1年12月31日，该股票的公允价值为每股8.5元。（C段）

借：交易性金融资产——公允价值变动　　600 000

　贷：公允价值变动损益　　600 000

（6）20×2年1月3日，将该股票全部出售，所得价款为515万元已存入银行。（D、E段）

借：银行存款　　5 150 000

　贷：交易性金融资产——成本　　4 800 000

　　　　　　　　——公允价值变动　　300 000

　　投资收益　　50 000

十、知识点：金融资产减值——理论分析+举例1+举例2

1.【单项选择题】答案：D

解析：其他权益工具投资一般不需要提取减值准备。

2.【单项选择题】答案：C

解析：在预期信用损失模型的第一阶段、第二阶段，投资收益的确认与计量不需要考虑减值准备对其的影响。当在第三阶段时，投资收益的确认与计量需要考虑减值准备对其的影响。预期信用损失模型根本就没有第四阶段这一说法，只有三个阶段。

3.【单项选择题】答案：B

解析：由于该债券所面临的风险处于自初始确认后已显著增加但尚未发生信用减值，属于预期信用损失模型的第二阶段，因此，其所提取的400万元减值准备不对投资收益确认产生影响，企业仍然按债权投资摊余成本总额3 200万元作为投资收益的计算依据。如处于第一阶段，其投资收益的计算也是如此。

20×8年12月31日应确认投资收益=3 200×5%=160（万元）。

4.【单项选择题】答案：C

解析：由于该债券所面临的风险处于发生信用减值，即存在表明发生信用减值的客观证据，属于预期信用损失模型的第三阶段，因此，其所提取的400万元减值准备会对投资收益确认产生影响，企业需要按照债权投资摊余成本净额作为投资收益的计算依据，即3 200万元需要扣除400万元的减值准备。

20×8年12月31日应确认投资收益=（3 200−400）×5%=140（万元）。

5.【多项选择题】答案：ABCD

解析：ABCD四个选项都是对预期信用损失法的恰当描述。

6.【多项选择题】答案：ACD

解析：第一阶段和第二阶段在减值损失的计提上是有区别的，第一阶段是以其未来12个月内预期信用损失作为计算依据；第二阶段是以该金融资产整个存续期内的预期信用损失作为计算依据。因此，B是错的。ACD都是对预期信用损失模型第一阶段和第二阶段的恰当描述。

7.【多项选择题】答案：ABD

解析：只有在第三阶段，该金融资产在资产负债表日发生了信用减值，即存在表明发生信用减值的客观证据，企业才将该减值准备冲减摊余成本，以摊余成本净额作为计算投资收益的依据。因此，C是错的，ABD都是对业务的恰当描述。

8.【多项选择题】答案：ABCD

解析：ABCD四个选项对业务的描述都是恰当的。

9.【多项选择题】答案：BCD

解析：从资金流程图可知，企业将该金融资产确认为期末以公允价值计量且其变动计入其他综合收益的金融资产，因此，其项目采用的是“其他债权投资”；如确认为期末以摊余成本计量的金融资产，则项目应该采用“债权投资”，也不会在期末按公允价值进行计量。因此，A是错的，BCD对业务的描述都是恰当的。

10.【判断题】答案：错

解析：其他债权投资期末按公允价值计量。该公允价值反映该金融资产在这一时刻的现实价值。而减值准备的提取考虑的不仅仅是已经发生的减值，更要考虑预期将会发生的信用损失。也就是说，一个反映现实价值，一个反映预期的损失，两者是有差异的。

十一、知识点：金融资产重分类

1.【单项选择题】答案：B

解析：（1）以摊余成本计量的：Measured in amortized cost，AC；（2）以公允价值计量

且其变动计入其他综合收益的：Measured at fair value and its changes included in other comprehensive income，FVOCI；（3）以公允价值计量且其变动计入当期损益的：Measured at fair value and its changes included in current profits and losses，FVPL。

2.【多项选择题】答案：ABC

解析：企业对所有金融负债均不得进行重分类。因此，D是错的。

3.【多项选择题】答案：AC

解析：重分类日的公允价值与原账面价值的差额，重分类为其他债权投资的，确认为“其他综合收益”项目；重分类为交易性金融资产的，确认为“公允价值变动损益”项目。重分类为其他债权投资的，该金融资产重分类不影响其实际利率和预期信用损失的计量。因此，BD是错的，AC是对业务的恰当描述。

4.【多项选择题】答案：ABCD

解析：ABCD都是对业务的恰当描述。

5.【多项选择题】答案：ABCD

解析：ABCD都是对业务的恰当描述。

十二、知识点：长期股权投资概述+长期股权投资——同一控制合并与非同一控制合并的区分+长期股权投资初始成本取得——同一控制+长期股权投资初始成本取得——非同一控制

1.【单项选择题】答案：B

解析：投资企业能够共同控制被投资企业的，被投资企业是投资企业的合营公司。

2.【单项选择题】答案：D

解析：在同一控制下，投资方应该以所占被投资方在最终控制方的合并财务报表中的净资产的账面价值的份额作为初始投资成本，而不是以占被投资方本身的净资产账面价值的份额作为初始投资成本，即8 000×60%=4 800（万元）。

3.【单项选择题】答案：B

解析：在非同一控制下，投资方应该以其所付出对价的公允价值加相关手续费等作为初始投资成本。甲公司付出的对价是无形资产，其公允价值为9 000万元。

4.【多项选择题】答案：ABD

解析：在同一控制下，投资方应该以所占被投资方在最终控制方的合并财务报表中的净资产的账面价值的份额作为初始投资成本，而不是以占被投资方净资产账面价值的份额作为初始投资成本。因此，C是错的，ABD都是对业务的恰当描述。

5.【多项选择题】答案：ABC

解析：在非同一控制下，投资方应该以其所付出对价的公允价值加相关手续费等作为初始投资成本，不需要考虑所获得的对方份额的公允价值。因此，D是错的，ABC都是对业务的恰当描述。

6.【多项选择题】答案：ACD

解析：在同一控制下，投资方应该以所占被投资方在最终控制方的合并财务报表中的净资产的账面价值的份额作为初始投资成本，而不是以占被投资方净资产账面价值的份额作为

初始投资成本。因此，B是错的，ACD都是对业务的恰当描述。

7.【多项选择题】答案：ABD

解析：从图中可知，其增值税的处理采用的是简易计税方法，而不是一般计税方法。因此，C是错的，ABD对业务的描述都是恰当的。

8.【业务题】答案：

投资的初始投资成本=3 000×60%=1 800（万元）。该成本与所发行的股票面值2 500万元的差额为700万元，应首先调减资本公积400万元，然后调减盈余公积200万元，最后调整未分配利润100万元。

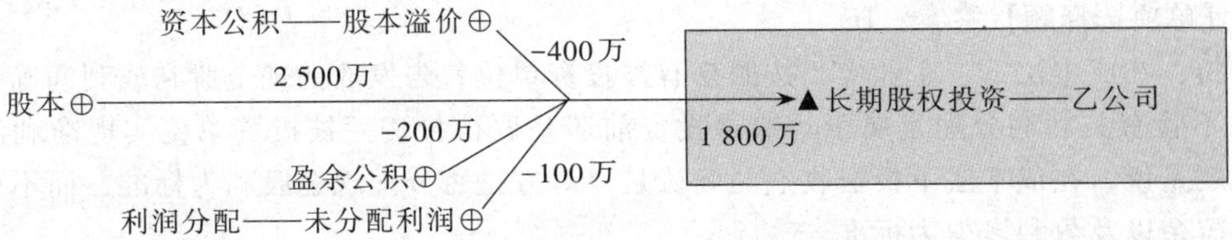

借：长期股权投资——乙公司　18 000 000
　　资本公积——股本溢价　4 000 000
　　盈余公积　2 000 000
　　利润分配——未分配利润　1 000 000
　贷：股本　25 000 000

9.【业务题】答案：

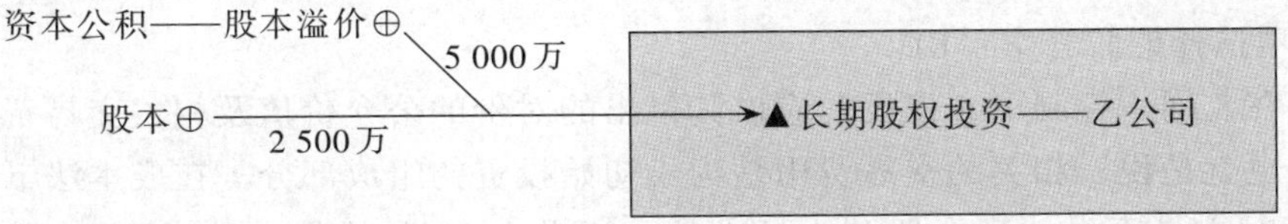

借：长期股权投资——乙公司　75 000 000
　贷：股本　25 000 000
　　　资本公积——股本溢价　50 000 000

10.【业务题】答案：

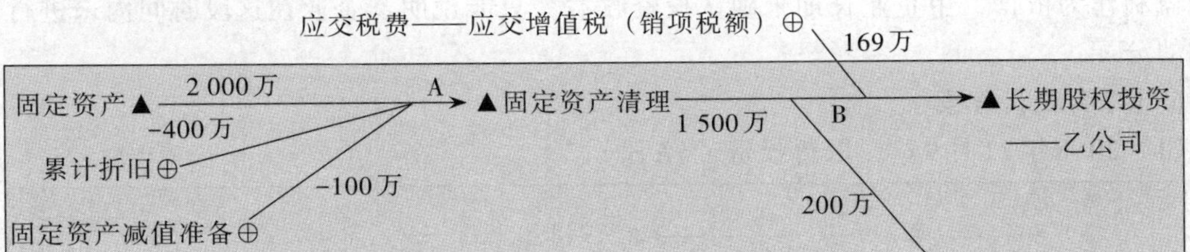

（1）将固定资产转入清理。（A段）

借：固定资产清理　15 000 000
　　累计折旧　4 000 000
　　固定资产减值准备　1 000 000

贷：固定资产 20 000 000

（2）取得长期股权投资。（B段）

借：长期股权投资——乙公司 14 690 000

资产处置损益 2 000 000

贷：固定资产清理 15 000 000

应交税费——应交增值税（销项税额） 1 690 000

十三、知识点：长期股权投资成本法

1.【单项选择题】答案：D

解析：在成本法下，企业应当按照享有被投资单位宣告发放的现金股利或利润确认投资收益，不管有关利润分配是属于对取得投资前还是取得投资后被投资单位实现净利润的分配。也就是说，在成本法下投资收益的确认是以对方是否分配现金股利为标准，而不是以对方是否盈余以及盈利多少为标准。

2.【多项选择题】答案：ABC

解析：在成本法下，企业应当按照享有被投资单位宣告发放的现金股利或利润确认投资收益，不管有关利润分配是属于对取得投资前还是取得投资后被投资单位实现净利润的分配。因此，D是错的，ABC都是对业务的恰当描述。

3.【多项选择题】答案：ABCD

解析：ABCD四个选项都是对控制情形的恰当描述。

4.【多项选择题】答案：BD

解析：在非同一控制下，该投资应以其付出的对价的公允价值及相关交易费用作为初始投资成本。也就是说，相关的交易费用是构成初始投资的组成部分。在成本法下，投资收益的确认是以对方是否发放现金股利为标准的。因此，AC是错的，BD对业务的描述都是恰当的。

5.【判断题】答案：错

解析：在成本法下，投资收益的确认是以对方是否发放现金股利为依据的，而不是以其是否盈利作为依据。甲企业长期未确认投资收益，只能说明乙企业在这段时间内未进行现金股利的分配。

6.【综合题】答案：

（1）20×8年11月9日，取得投资：（A段）

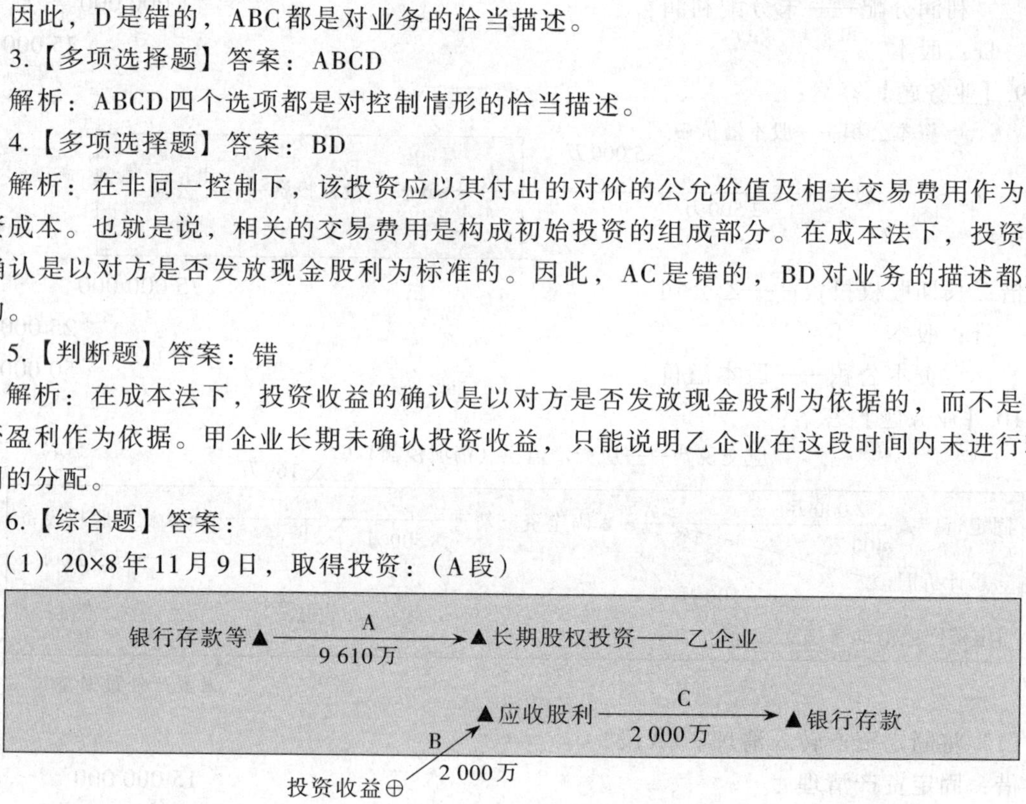

借：长期股权投资——乙企业 96 100 000

贷：银行存款 96 100 000

（2）20×8年12月31日，对于乙企业的净利润8 000万元，甲企业不作处理。

（3）20×9年2月25日，乙企业宣布发放现金股利：（B段）

借：应收股利　　20 000 000

　贷：投资收益　　20 000 000

（4）20×9年3月30日，乙企业发放现金股利：（C段）

借：银行存款　　20 000 000

　贷：应收股利　　20 000 000

十四、知识点：长期股权投资权益法的一般性分析

1.【单项选择题】答案：D

解析：甲公司付出对价的公允价值（含税）为1 236万元，但获得对方份额的公允价值为7 000×20%=1 400（万元）。因此，甲公司需要将初始投资成本由1 236万元调高到1 400万元，对于两者的差异164万元应确认为营业外收入。

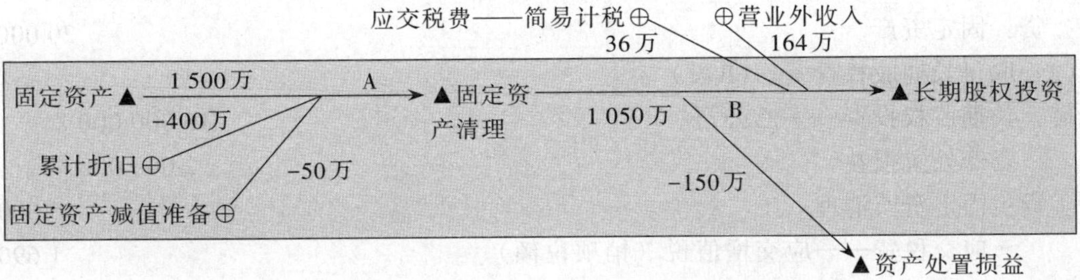

2.【多项选择题】答案：AC

解析：企业为取得长期股权投资所发生的评估、审计、咨询等费用，属于外围费用。也就是说，即使发生了这些费用，企业也可能最后没有进行投资。因此，这些费用不计入初始投资成本，而是在发生时直接计入当期损益。如果投资企业应享有被投资单位可辨认净资产公允价值的相应份额小于初始投资成本，则不需要对初始投资成本进行调整。因此，BD是错的，AC是对业务的恰当描述。

3.【多项选择题】答案：AB

解析：CD的错误在于对投资企业项目设置的表述是错的。对于影响被投资单位所有者权益的不计入当期损益的利得和损失，投资企业需要设置“长期股权投资——其他综合收益”明细项目来反映。对于影响被投资单位所有者权益变动的资本公积等项目，投资企业需要设置“长期股权投资——其他权益变动”明细项目来反映。AB是对业务的恰当描述。

4.【多项选择题】答案：BCD

解析：甲公司取得乙公司30%的股份所支付的对价为其自身的股票800万股。该股票账面价值为800万元，其公允价值为1 600万元。因此，A是错的。BCD三个选项对业务的描述都是恰当的。

5.【判断题】答案：错

解析：长期股权投资权益法适用于投资企业对被投资企业具有共同控制或重大影响，即

对合营企业及联营企业投资，应当采用权益法。

6.【业务题】答案：

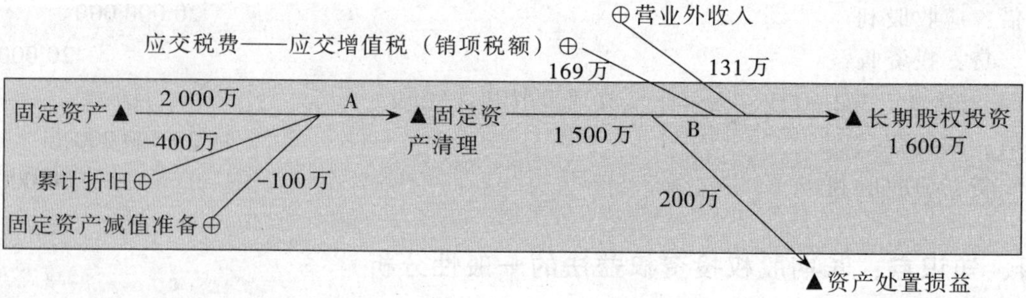

（1）将固定资产转入清理。（A段）

借：固定资产清理	15 000 000	
累计折旧	4 000 000	
固定资产减值准备	1 000 000	
贷：固定资产		20 000 000

（2）取得长期股权投资。（B段）

借：长期股权投资——乙公司	16 000 000	
资产处置损益	2 000 000	
贷：固定资产清理		15 000 000
应交税费——应交增值税（销项税额）		1 690 000
营业外收入		1 310 000

十五、知识点：长期股权投资——权益法下的投资收益分析+权益法下现金股利与超额亏损处理

1.【单项选择题】答案：C

解析：应确认的投资收益=（1 000−50×90%−40−30）×30%=885×30%=265.5（万元）。

2.【单项选择题】答案：C

解析：应确认的投资收益=（1 600−400）×30%=1 200×30%=360（万元）。

3.【单项选择题】答案：C

解析：应确认的投资收益=［1 600−（300−300÷10÷12×2）］×30%=391.5（万元）。

4.【单项选择题】答案：B

解析：投资企业与其联营企业及合营企业之间发生的无论是顺流交易还是逆流交易产生的未实现内部交易损失，属于所转让资产发生减值损失的（即实质性损失的），有关的未实现内部交易损失不应予以抵销。因此，应确认的投资收益=1 600×30%=480（万元）。

5.【单项选择题】答案：C

解析：应确认的投资收益=（2 000−200）×30%=1 800×30%=540（万元）。

6.【单项选择题】答案：D

解析：应确认的投资亏损=3 000+400+（4 000−3 400）×30%=3 580（万元）。

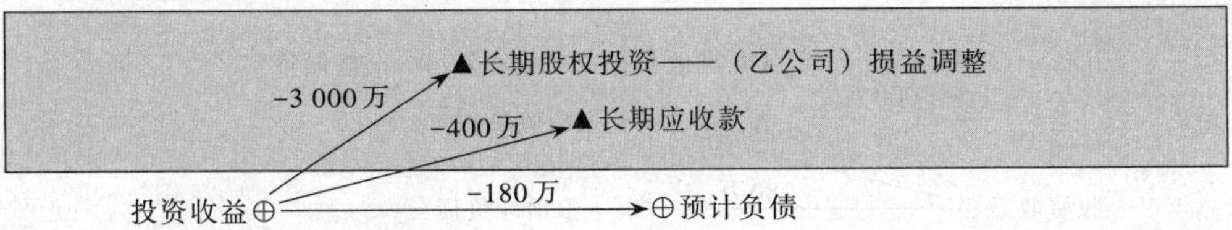

7.【多项选择题】答案：ABCD

解析：ABCD这四个选项都是对业务的恰当描述。

8.【多项选择题】答案：ABC

解析：分回的股票股利，企业不作账务处理，但应于除权日注明所增加的股数，以反映股份的变化。因此，D是错的。ABC对业务的描述都是恰当的。

9.【多项选择题】答案：ABC

解析：企业除了按照有限责任承担亏损外，还需要承担额外义务，该承担比率应该为20%，而不是10%。因此，D是错的。ABC对业务的描述都是恰当的。

10.【业务题】答案：

（1）应调整被投资企业利润：

存货账面价值与公允价值的差额应调减的利润=（1 800−1 500）×70%=210（万元）；

固定资产账面价值与公允价值的差额应调减的利润=6 400÷16−7 200÷20=40（万元）；

无形资产账面价值与公允价值的差额应调减的利润=1 040÷8−1 200÷10=10（万元）；

应调减净利润=210+40+10=260（万元）。

（2）甲公司在该项交易中实现利润240万元。乙公司将其作为固定资产核算，已折旧4个月。从集团的角度来看，这240万元的利润实际上只实现了一部分，即固定资产折旧4个月所实现的8万元（240÷10÷12×4）。

因此，应调减被投资单位净利润=240−8=232（万元）。

（3）乙公司在该项交易中实现利润300万元。甲公司将其作为库存商品核算，但由于截至20×8年资产负债表日尚未出售，因此，这300万元的利润实际上都没有实现。

因此，应调减被投资单位净收益300万元。

（4）由于有证据表明交易价格320万元与甲公司该商品账面价值400万元之间的差额是该资产发生了减值损失，在确认投资损益时不应予以抵销。

甲公司投资收益的确认金额=（8 000−260−232−300）×30%=2 162.4（万元）。

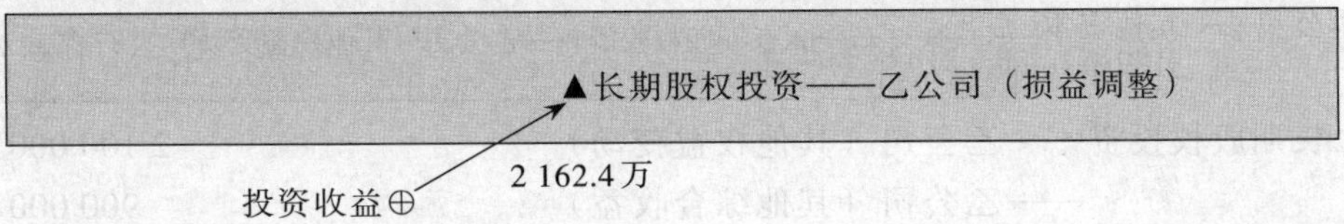

借：长期股权投资——乙公司（损益调整）　　21 624 000

　贷：投资收益　　21 624 000

11.【业务题】答案：

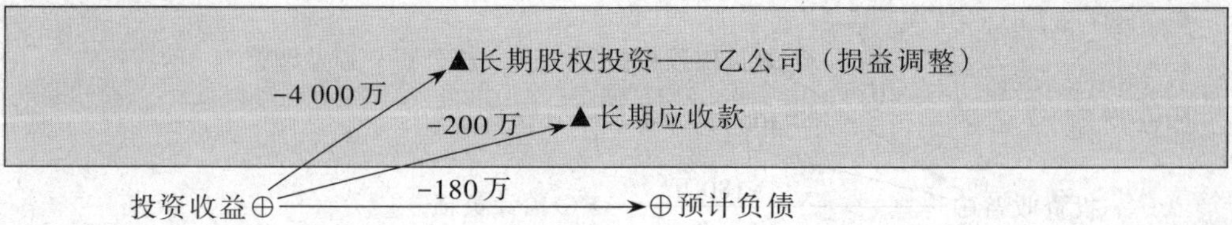

借：投资收益　　43 800 000

　贷：长期股权投资——乙公司（损益调整）　　40 000 000

　　长期应收款　　2 000 000

　　预计负债　　1 800 000

甲公司需要在备查账中登记420万元的未确认亏损。

十六、知识点：其他综合收益和其他资本公积的处理

1.【多项选择题】答案：ABC

解析：计入其他综合收益的累计金额，在满足重分类进损益的条件下，才能最终转入投资收益之中；对于不能重分类进损益的累计金额，最终要转移到留存收益或其他项目之中。因此，D是错的。ABC对业务的描述都是恰当的。

2.【多项选择题】答案：AC

解析：其他权益工具投资公允价值变动形成的利得或损失和重新计量设定受益计划净负债或净资产的变化都不能重分类进损益。前者要计入留存收益，后者要计入应付职工薪酬等。因此，BD是错的。AC是对业务的恰当描述。

3.【多项选择题】答案：ABCD

解析：ABCD对业务的描述都是恰当的。

4.【多项选择题】答案：ABCD

解析：ABCD四个选项都是对业务的恰当描述。

5.【业务题】答案：

（1）20×8年6月30日，确认相关的投资权益、资本公积。（A段、B段）

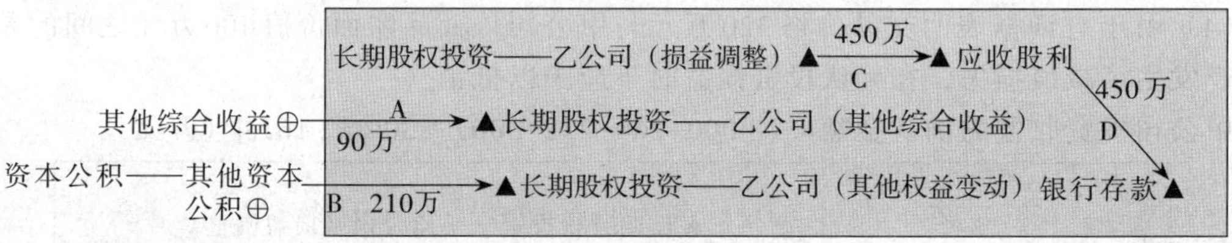

借：长期股权投资——乙公司（其他权益变动）　　2 100 000

　　　　——乙公司（其他综合收益）　　900 000

　贷：资本公积——其他资本公积　　2 100 000

　　其他综合收益　　900 000

（2）20×8年7月30日，确认应收股利。（C段）

借：应收股利　　4 500 000

　贷：长期股权投资——乙公司（损益调整）　　4 500 000

（3）20×8年8月20日，收到现金股利。（D段）

借：银行存款　　4 500 000

　贷：应收股利　　4 500 000

十七、知识点：权益法下长期股权投资权处置

1.【单项选择题】答案：D

解析：该投资收益由两部分组成：一个是售价3 500万元与账面价值3 200万元的差额300万元，另一个是计入其他综合收益和资本公积中的累计金额结转投资收益：100−120=−20（万元），合计280万元。

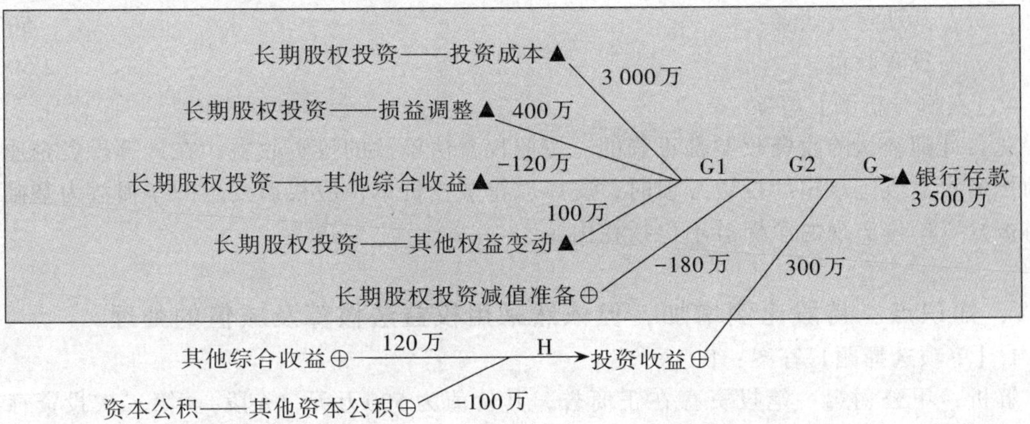

2.【多项选择题】答案：ABC

解析：其他综合收益的贷方余额200万元和资本公积的借方余额300万元，是可以从图中推算出来的。图中“长期股权投资——其他综合收益”项目就与“其他综合收益”项目对应；前者是200万元，那后者的金额是−200万元。图中“长期股权投资——其他权益变动”项目与“资本公积”项目对应，前者是−300万元，那后者的金额是300万元。因此，选项D是错的。ABC选项是正确的。

3.【业务题】答案：

（1）处置该投资。（A段）

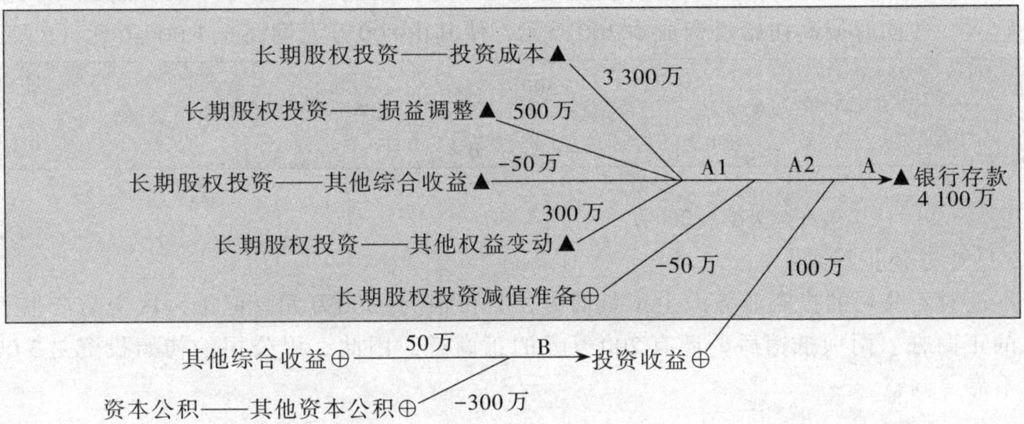

借：银行存款　　41 000 000
　　长期股权投资减值准备　　500 000
　　长期股权投资——其他综合收益　　500 000
　贷：长期股权投资——投资成本　　33 000 000
　　　　　　　　——损益调整　　5 000 000
　　　　　　　　——其他权益变动　　3 000 000
　　投资收益　　1 000 000

（2）将原计入资本公积和其他综合收益上的累计金额转为投资收益。（B段）

借：资本公积——其他资本公积　　3 000 000
　贷：其他综合收益　　500 000
　　投资收益　　2 500 000

4.【案例分析题】答案：

艾会计师确认的投资收益是正确的。按照权益法确认的投资收益，在计算投资企业应享有的投资收益或应承担的投资亏损时，应以取得被投资单位股权后发生的净损益为基础，投资前被投资单位实现的净损益不包括在内。

十八、知识点：持股比例增加，但依然采用权益法核算及减值的处理

1.【单项选择题】答案：B

解析：甲公司第一笔投资存在正商誉，其价值为500万元（A段）。第二次投资存在负商誉200万元。两次商誉抵销后还有正商誉300万元，因此，其投资的初始成本还是应该以公司付出的金额1 300万元来反映（B段）。

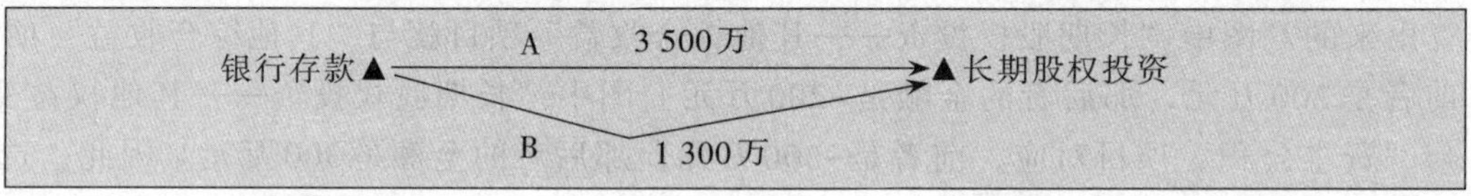

2.【单项选择题】答案：D

解析：甲公司第一笔投资存在正商誉，其价值为500万元（A段）。第二次投资存在负商誉700万元。两次商誉抵销后还有负商誉200万元，因此，甲公司应该确认200万元的营业外收入，并同时调高初始投资成本200万元，使其由800万元调高至1 000万元（B段）。

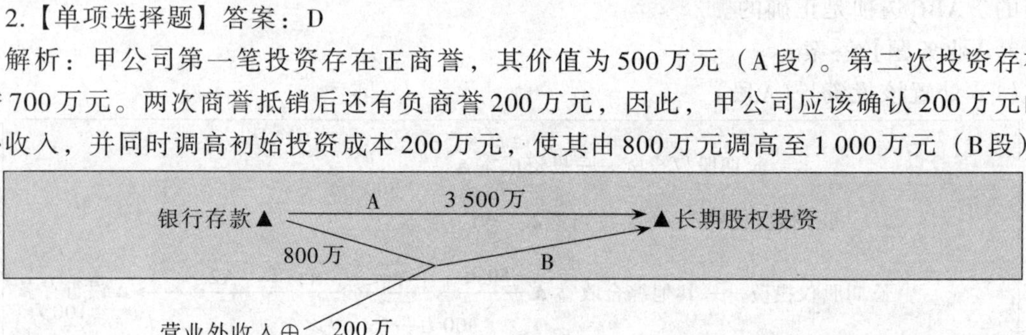

3.【业务题】答案：

本笔对乙公司的投资业务产生了负商誉，其价值为-300万元。但第一次交易产生了500万元的正商誉。两项抵销后，还有200万元的正商誉。因此，甲公司的初始投资是3 000万元，不需要调整。

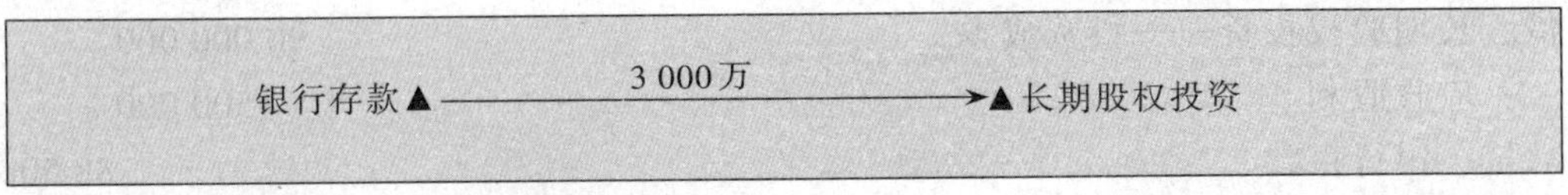

借：长期股权投资——投资成本　　　　30 000 000

　贷：银行存款　　　　30 000 000

4.【业务题】答案：

本笔对乙公司投资业务产生了负商誉，其价值为-600万元。但第一次交易产生了500万元的正商誉。两项抵销后，还有100万元的负商誉。因此，应该将甲公司的初始投资2 700万元调整为2 800万元。

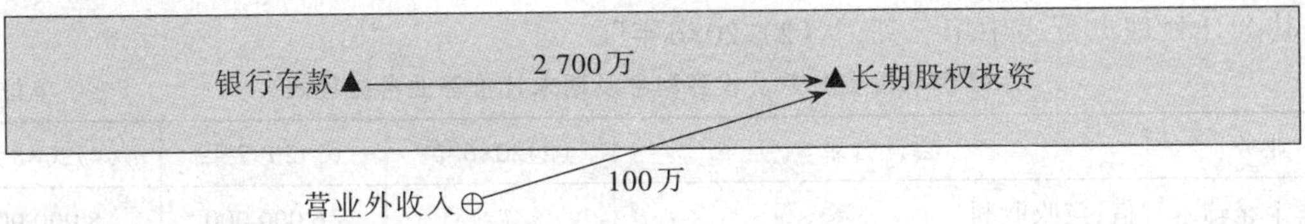

借：长期股权投资——投资成本　　　　28 000 000

　贷：银行存款　　　　27 000 000

　　营业外收入　　　　1 000 000

十九、知识点：权益法核算举例

1.【多项选择题】答案：ABCD

解析：ABCD四个选项都是对业务的恰当描述。

2.【业务题】答案：

（1）20×6年4月1日。初始成本为8 800万元。乙公司20%股份的公允价值=45 000×20%=9 000（万元），应调高初始投资成本200万元。（A1、A2段）

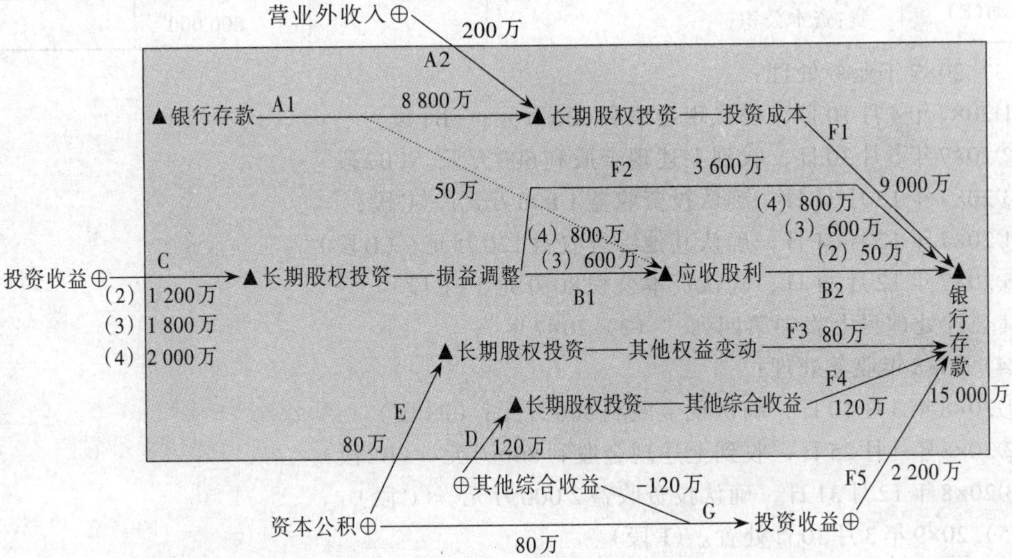

借：长期股权投资——投资成本　　90 000 000

　　应收股利　　500 000

　贷：银行存款　　88 500 000

　　　营业外收入　　2 000 000

（2）20×6年其他业务处理如下：

①20×6年5月20日，收到该现金股利50万元。（B2段）

②20×6年12月31日，确认投资收益。（C段）

乙公司的净收益为8 000万元，均衡产生，本期涉及9个月。

8 000×（9÷12）×20%=1 200（万元）。

其会计处理见下表中第三列“（2）20×6年”。

后续确认投资收益、收到利息及期末计价等业务处理表

单位：元

业务	会计分录	(2)20×6年	(3)20×7年	(4)20×8年
宣告上年现金股利(B1)	借:应收股利		6 000 000	8 000 000
	贷:长期股权投资——损益调整		6 000 000	8 000 000
收到股利(B2)	借:银行存款	500 000	6 000 000	8 000 000
	贷:应收股利	500 000	6 000 000	8 000 000
确认本年投资收益(C)	借:长期股权投资——损益调整	12 000 000	18 000 000	20 000 000
	贷:投资收益	12 000 000	18 000 000	20 000 000
确认其他综合收益(D)	借:长期股权投资——其他综合收益		1 200 000	
	贷:其他综合收益		1 200 000	
确认其他权益变动(E)	借:长期股权投资——其他权益变动		800 000	
	贷:资本公积		800 000	

（3）20×7年业务处理：

①20×7年4月10日，确认现金股利600万元；（B1段）

②20×7年5月30日，收到上述现金股利600万元。（B2段）

③20×7年12月31日，确认投资收益1 800万元。（C段）

④20×7年12月31日，确认其他综合收益120万元。（D段）

⑤20×7年12月31日，确认资本公积80万元。（E段）

其会计处理见上表中第四列“（3）20×7年”。

（4）20×8年业务处理：

①20×8年3月10日，确认现金股利800万元；（B1段）

②20×8年4月25日，收到上述现金股利800万元。（B2段）

③20×8年12月31日，确认投资收益2 000万元。（C段）

（5）20×9年3月30日处置。（F段）

借：银行存款　　150 800 000

贷：长期股权投资——投资成本　　90 000 000
　　　　　　　　——损益调整　　36 000 000
　　　　　　　　——其他权益变动　　800 000
　　　　　　　　——其他综合收益　　1 200 000
　　投资收益　　22 000 000

将原记在资本公积和其他综合收益项目的累计金额转为投资收益。(G段)

借：资本公积——其他资本公积　　800 000
　　其他综合收益　　1 200 000
　贷：投资收益　　2 000 000

二十、知识点：因追加投资，金融工具模式转为权益法

【多项选择题】答案：BD

解析：从A段可知，企业将其认定为期末以公允价值计量且其变动计入其他综合收益的金融资产，而不是其变动计入当期损益；因此，A是错的。从图中C段可以推断，此时乙公司净资产的公允价值不应该超过12.5亿元，其30%的股份相当于3.75亿元。因此，如超过的话，就不能按原来的初始投资成本3.75亿元来计量，而需要将其调高到乙公司净资产30%的公允价值。因此，C是错的。BD两个选项是对业务的恰当描述。

二十一、知识点：金融工具模式转为成本法（同一控制）

【多项选择题】答案：ABD

解析：从C段资金运动可知，该投资的初始投资成本为9.1亿元。由于是同一控制下的企业合并，由此可以推断此时乙公司净资产在最终控制方的合并财务报表中的账面价值应该为13亿元，而不是乙公司本身净资产的账面价值为13亿元。ABD对业务描述都是恰当的。

二十二、知识点：金融工具模式转为成本法（非同一控制）

【多项选择题】答案：ABD

解析：从图中可知该投资的初始投资成本为8.75亿元，但不能由此推断乙公司净资产的公允价值应该不超过12.5亿元。因为在长期股权投资成本法下，非同一控制的初始投资成本就是以投资企业所付出的对价的公允价值来计量的，不需要考虑所获得的份额的公允价值。因此，C是错的。ABD三个选项都是对业务的恰当描述。

二十三、知识点：因追加投资，权益法转为成本法（同一控制）

【多项选择题】答案：CD

解析：在A选项中，甲公司需要对采用权益法核算下投资的初始投资成本进行调整，因此需要考虑被投资企业净资产的公允价值。原则上，哪个大以哪个计价。由于尚未涉及营业外收入项目，因此可以推断，此时乙公司净资产的公允价值不应该超过10亿元。在B选项中，虽然甲公司确认了3 000万元的投资收益，但不能由此推断乙公司的净利润就一定是1亿元。因为甲公司在确认投资收益时，需要对被投资的乙公司的净利润进行调整，然后根据

调整之后的净利润再确认投资企业的投资收益。因此，AB是错的。CD两个选项都是对业务的恰当描述。

二十四、知识点：因追加投资，权益法转为成本法（非同一控制）

【多项选择题】答案：BCD

解析：甲公司在采用权益法进行投资时，应考虑所获得的份额的公允价值，并将其与初始投资成本进行比较，从而决定是否对其进行调整，而不是考虑其账面价值。因此，A是错的。BCD三个选项都是对业务的恰当描述。

二十五、知识点：因减少投资，权益法转为金融工具模式

【多项选择题】答案：AC

解析：在期末甲公司分别确认投资收益3 000万元、3万元的其他综合收益和6万元的其他权益变动，但不能由此推断乙公司本会计期间的净利润就是1亿元。因为甲公司在确认投资收益时可能需要对乙公司的净收益进行调整。因此，B是错的。E段资金运动的流量为负数，反映投资收益增加9万元。因此，D是错的。AC两个选项是对业务的恰当描述。

二十六、知识点：因减少投资，成本法转为权益法

【多项选择题】答案：BC

解析：从A段资金运动确实没有看到资本公积等项目，但并不能由此推断该合并就属于非同一控制，也许甲公司取得的乙公司净资产在最终控制方的合并财务报表中的账面价值的份额刚好等于6 000万元，因此，A是错的。从D2段资金运动可知，甲公司盈余公积的提取比例为20%。因此，D是错的。BC两个选项是对业务的恰当描述。

二十七、知识点：因减少投资，成本法转为金融工具模式

【多项选择题】答案：ABC

解析：转为其他权益工具投资后，其后的公允价值变动先要通过其他综合收益计入资产负债表，在处置时再转为留存收益。因此，D是错的。ABC三个选项是对业务的恰当描述。

二十八、知识点：对外投资增值税业务的会计处理

1.【单项选择题】答案：C

解析：甲公司应该以转让金融商品盈亏相抵后的投资收益200万元作为计算依据，即200×6%=12（万元）。

应交税费——转让金融商品应交增值税⊕ ——A（12万）——→ 投资收益⊕

2.【单项选择题】答案：D

解析：乙公司应该以转让金融商品盈亏相抵后的投资亏损100万元作为计算依据，

即-100×6%=-6（万元）。

应交税费——转让金融商品应交增值税⊕ —A（-6万）→ 投资收益⊕

3.【多项选择题】答案：ABC

解析：该资金运动反映的转让金融商品应交增值税业务既适合一般纳税人，也适合小规模纳税人。因此，D是错的。ABC三个选项都是对业务的恰当描述。

4.【业务题】答案：

（1）20×9年8月，应交增值税为：500×6%=30（万元）。

应交税费——转让金融商品应交增值税⊕ —A（30万）→ 投资收益⊕

借：投资收益　　300 000

　贷：应交税费——转让金融商品应交增值税　　300 000

（2）20×9年9月，应交增值税为：-300×6%=-18（万元）。

应交税费——转让金融商品应交增值税⊕ —A（-18万）→ 投资收益⊕

借：应交税费——转让金融商品应交增值税　　180 000

　贷：投资收益　　180 000

（3）20×9年12月31日，期末余额结转。

应交税费——转让金融商品应交增值税⊕ —A（60万）→ 投资收益⊕

借：投资收益　　600 000

　贷：应交税费——转让金融商品应交增值税　　600 000

第十二章　其他特殊环节资金运动分析与会计处理

一、知识点：非货币性资产交换业务

1.【单项选择题】答案：B

解析：甲公司换入专利权的入账价值=换出资产公允价值+支付的补价的公允价值=700+88=788（万元）。

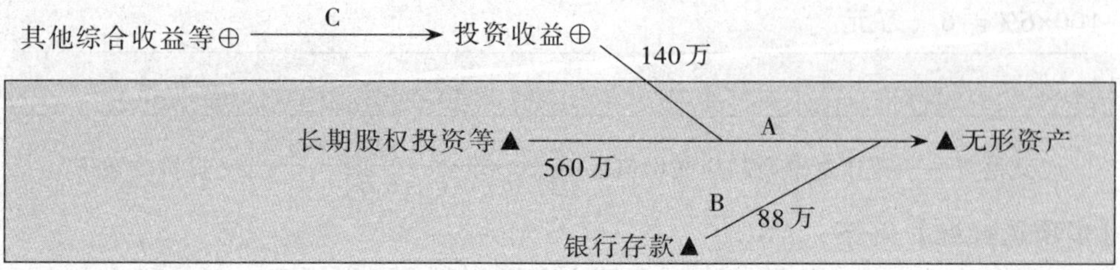

2.【单项选择题】答案：A

解析：甲公司换入B设备的入账价值=25+1=26（万元），换出固定资产的折旧额=50×2/5+（50−50×2/5）×2/5=32（万元）。

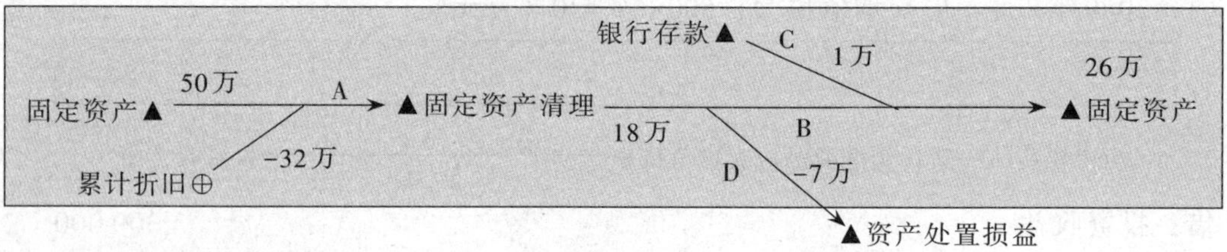

3.【单项选择题】答案：C

解析：选项A适用企业合并准则的相关规定；选项B中的债权和选项D中的应收账款都属于货币性资产，均不适用非货币性资产交换准则进行账务处理。

4.【单项选择题】答案：D

解析：甲公司对该交易应确认的收益=公允价值（100+13+33）−账面价值（80−15）=81（万元）。

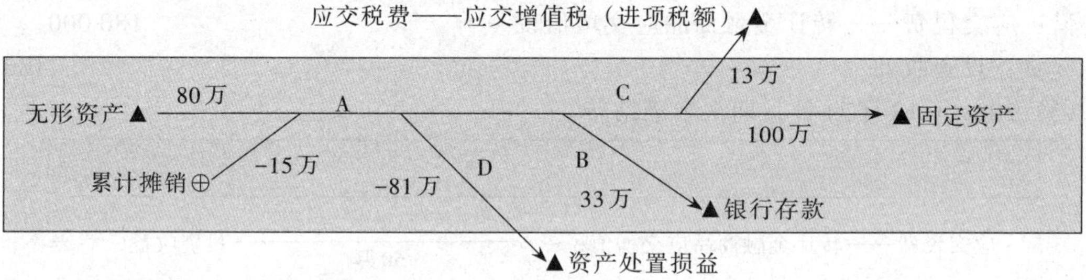

5.【单项选择题】答案：B

解析：不具有商业实质或交换涉及资产的公允价值均不能可靠计量的非货币性资产交换，应当按照换出资产的账面价值作为换入资产的计量基础。

6.【单项选择题】答案：C

解析：甲公司换入资产的成本总额=25−4.7=20.3（万元），甲公司换入原材料的入账价值=20.3×10/（10+10.3）=10（万元）。

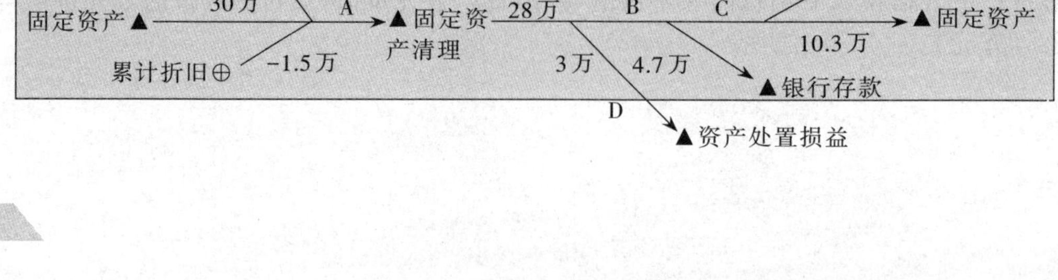

7.【多项选择题】答案：ABD

解析：选项A适用收入准则；选项B适用企业合并准则等；选项D适用租赁准则。

8.【多项选择题】答案：BD

解析：选项A中应收债权属于货币性资产，故选项A不适合非货币性资产交换准则；选项C，补价比例=50÷100×100%=50%，大于25%，故不属于非货币性资产交换。

9.【多项选择题】答案：ABD

解析：选项C，以公允价值为基础的多项非货币性资产交换，应当按照换入的金融资产以外的各项换入资产的公允价值的相对比例，将换出资产公允价值总额扣除换入金融资产公允价值后的净额进行分摊，以分摊至各项换入资产的金额，加上应支付的相关税费，作为各项换入资产的成本进行初始计量。

10.【多项选择题】答案：ABC

解析：以账面价值为基础计量的非货币性资产交换，收到补价的，以换出资产的账面价值，减去收到补价的公允价值，加上应支付的相关税费，作为换入资产的初始计量金额，不确认损益。

11.【多项选择题】答案：AC

解析：货币性资产是指企业持有的货币资金和将以可确定的金额收取的资产。其他权益工具投资、其他债权投资是企业持有的不以确定金额收取的资产，而应收账款和债权投资满足货币性资产的含义。

12.【多项选择题】答案：ABCD

解析：货币性资产是指企业持有的货币资金和将以可确定的金额收取的资产。预付账款未来收取的是原材料等项目，因此，属于非货币性资产。

13.【多项选择题】答案：ABC

解析：关联方关系的存在可能导致发生的非货币性资产交换不具有商业实质，并不是一定会导致该交易没有商业实质。这还是要根据实质重于形式来判断。因此，D是错的。ABC都是对业务的恰当描述。

14.【多项选择题】答案：BCD

解析：非货币性资产交换不涉及或只涉及少量的货币性资产（即补价）。其中，少量的货币性资产的认定通常以补价占整个资产交换金额的比例低于25%作为参考。因此，A是错的。BCD都是对业务的恰当描述。

15.【多项选择题】答案：ABCD

解析：选项ABCD都是对业务的恰当描述。

16.【多项选择题】答案：ABC

解析：H段资金运动中“其他综合收益”和“资本公积”两个项目结转的金额与长期股权投资明细账之间存在直接的对应关系，即其他综合收益项目结转的金额应该与“长期股权投资——其他综合收益”明细项目完全相等；资本公积项目结转的金额应该与“长期股权投资——其他权益变动”明细项目的金额完全相等。因此，D是错的。选项ABC都是对业务的恰当描述。

17.【业务题】答案：

（1）甲公司对A公司的股权投资应采用权益法核算。理由：甲公司持有A公司25%的股权，能够对A公司的生产经营决策施加重大影响。

20×6年7月1日取得该项投资：（A段）

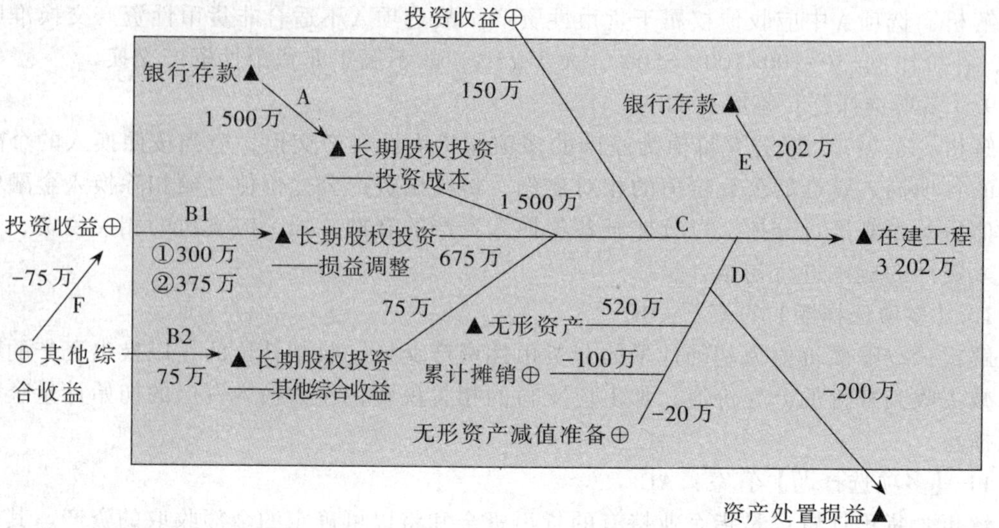

借：长期股权投资——投资成本　　15 000 000

　贷：银行存款　　15 000 000

应享有被投资单位可辨认净资产公允价值的份额=5 000×25%=1 250（万元），小于初始投资成本，不需要对其进行调整。

20×6年12月31日，甲公司确认从A公司取得的投资收益：（B1中①）

借：长期股权投资——损益调整　　3 000 000

　贷：投资收益　　3 000 000

20×7年12月31日，甲公司确认从A公司获得的投资收益与其他综合收益：（B1段中②、B2）

借：长期股权投资——损益调整　　3 750 000

　　　　　　　　——其他综合收益　　750 000

　贷：投资收益　　3 750 000

　　　其他综合收益　　750 000

进行非货币性资产交换时持有的A公司股权的账面价值=1 500+300+450=2 250（万元）

（2）甲公司换入写字楼的入账价值=2 400+600+200+2=3 202（万元）。

20×8年1月5日，甲公司进行非货币性资产交换：（C、D、E段）

借：在建工程　　32 020 000

　　无形资产减值准备　　200 000

　　累计摊销　　1 000 000

　贷：长期股权投资——投资成本　　15 000 000

　　　　　　　　　——损益调整　　6 750 000

　　　　　　　　　——其他综合收益　　750 000

　　　投资收益　　1 500 000

贷：无形资产　5 200 000

资产处置损益　2 000 000

银行存款　2 020 000

同时结转原长期股权投资所确认的累计其他综合收益：（F段）

借：其他综合收益　750 000

贷：投资收益　750 000

（3）乙公司换入资产的待分摊总价值=3 200-200=3 000（万元）。

乙公司换入无形资产的成本=3 000×600/（2 400+600）=600（万元）

乙公司换入A公司股权的成本=3 000×2 400/（2 400+600）+50=2 450（万元）

乙公司进行非货币性资产交换：（A、B、C、D、E、F段）

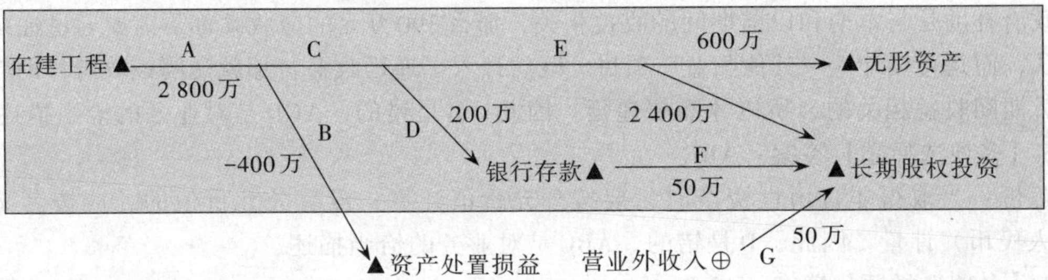

借：长期股权投资　24 500 000

无形资产　6 000 000

银行存款　1 500 000

贷：在建工程　28 000 000

资产处置损益　4 000 000

乙公司需要调整所取得的长期股权投资的初始投资成本50万元（10 000×25%-2 450）：（G段）

借：长期股权投资　500 000

贷：营业外收入　500 000

调整后长期股权投资的入账价值=2 450+50=2 500（万元）

（4）甲公司换入的写字楼达到预定可使用状态时的入账价值=3 202+200+608=4 010（万元）。

此写字楼当年计提的折旧=4 010×2/5÷2=80.2（万元）

写字楼在甲公司20×8年资产负债表中列示的金额=4 010-80.2=3 929.8（万元）

二、知识点：政府补助

1.【单项选择题】答案：C

解析：不涉及资产直接转移的经济支持不属于政府补助准则规范的政府补助，如债务豁免和以直接减征、免征、增加计税抵扣额及抵免部分税款等形式给予的税收优惠。政府补助准则所界定的政府补助一定要涉及资产的直接转移。

2.【多项选择题】答案：ACD

解析：直接减征、免征、增加计税抵扣额及抵免部分税款等形式给予的税收优惠，还有债务豁免等，不涉及资产的直接转移，因此不能确认为政府补助准则中所约定的政府补助。因此，B是错的。其他的ACD是对业务的恰当描述。

3.【多项选择题】答案：ABCD

解析：选项ABCD是对政府补助会计处理的恰当描述。

4.【多项选择题】答案：ABC

解析：企业当有确切把握收到这笔政府补助款项时，也可按权责发生制来确认。先通过“其他应收款”项目反映，以后实际收到时再转为银行存款。因此，D是错的。选项ABC是对业务的恰当描述。

5.【多项选择题】答案：ACD

解析：该政府补助是与以后期间收益相关，而不是与本期和以前期间收益相关。因为，如果该政府补助是与本期和以前期间的收益相关，那么390万元的应收款都不需要通过递延收益来确认，而是直接计入“其他收益”项目。既然计入了递延收益，那就说明该政府补助应该是与以后期间收益相关的，所以才需要递延。因此，B是错的，ACD是对业务的恰当描述。

6.【多项选择题】答案：ABC

解析：当取得非货币性资产时，要按公允价值计量；没有公允价值的，应按名义金额（1元人民币）计量。因此，D是错的，ABC是对业务的恰当描述。

7.【多项选择题】答案：ABC

解析：从E段资金运动中累计折旧的金额392万元来看，企业应该折旧了98个月，而不是96个月。相应地，递延收益也应该摊销了98个月，即已摊销金额=1.75×98=171.5（万元）。这样，递延收益还剩下210－171.5＝38.5（万元）。因此，D是错的，ABC都是对业务的恰当描述。

8.【多项选择题】答案：ABC

解析：在财政贴息的形式下，企业所获得的政府补助主要通过冲减“财务费用”“在建工程”等项目来反映。因此，D是错的。ABC都是对业务的恰当描述。

9.【业务题】答案：

（1）甲公司收到的政府补助款不属于政府补助。对于收到的政府补助款，应确认为收入。理由：甲公司虽然取得了政府补助款，但最终受益的是从甲公司购买环保设备的消费者，相当于政府以每台750万元的价格购买了设备，然后按照每台500万元的价格销售给最终的购买者。对于甲公司而言，销售环保设备收入由两部分构成：一部分是最终购买者支付的价款500万元；另一部分是收到的政府补助款250万元，政府的补助款是甲公司产品对价的组成部分，所以甲公司应将取得的政府补助款按照收入准则的规定进行会计处理。

其所引起的资金运动见下图：（会计分录略）

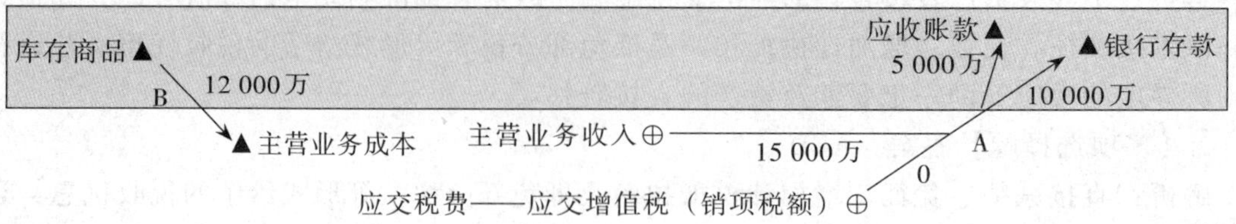

（2）甲公司获得的政府补助款属于与资产相关的政府补助。

该生产线更新改造相关的会计处理如下图所示：（会计分录略）

①将生产线转入更新改造：（A段）

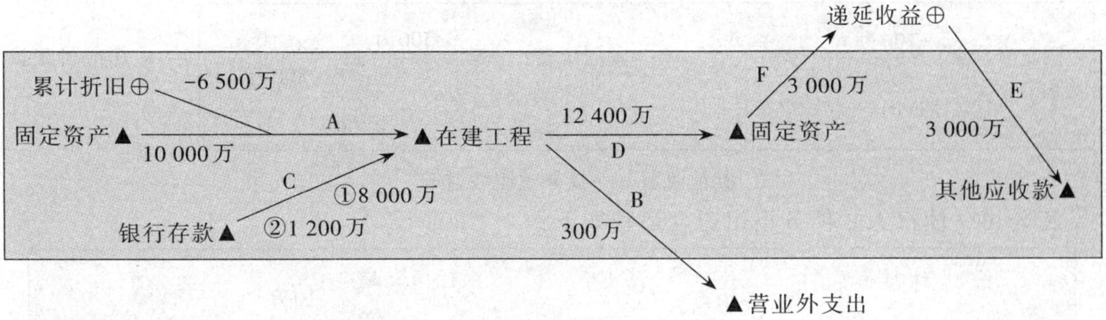

②将拆除设备的账面价值予以报废：（B）

③将购买的8 000万元设备记入“在建工程”：（C段中①）

④更新改造中发生其他支出1 200万元：（C段中②）

⑤更新改造结束，转入固定资产：（D段）

⑥确认应获得的政府补助3 000万元：（E段）

⑦按净额法冲销固定资产的价值3 000万元：（F段）

（3）甲公司收到的政府补助款属于与收益相关的政府补助。

①收到政府补助款项：（A段）（会计分录略）

②确认20×7年企业应享有的政府补助：（B段）

三、知识点：债务重组

1.【单选选择题】答案：D

解析：债务人应该按照该债务的账面价值与其抵债资产账面价值之间的差额确认损益，所以甲公司应确认的损益=1 000-600=400（万元）。

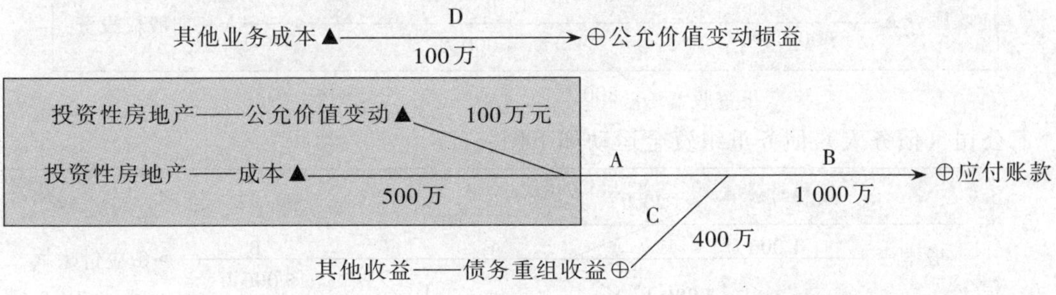

2.【单项选择题】答案：C

解析：甲公司在该项债务重组中应确认的损益=800-（700-200）=300（万元）；乙公司

在该项债务重组中应确认的损益=600-（800-80）=-120（万元）。乙公司在债务重组中所取得的办公楼的入账价值=600+10=610（万元）。

甲公司（债务人）债务重组资金运动如下：

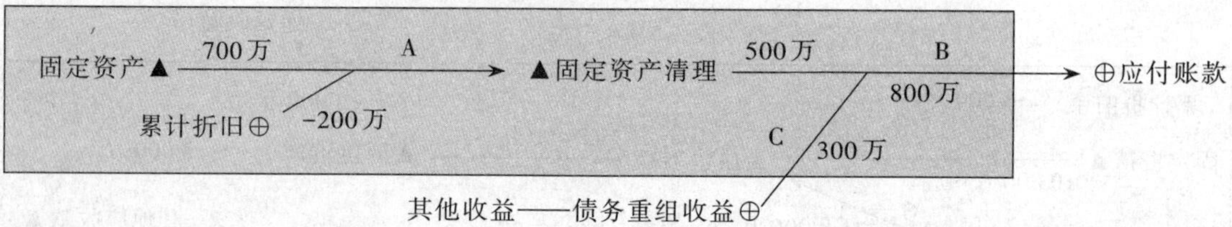

乙公司（债权人）债务重组资金运动如下：

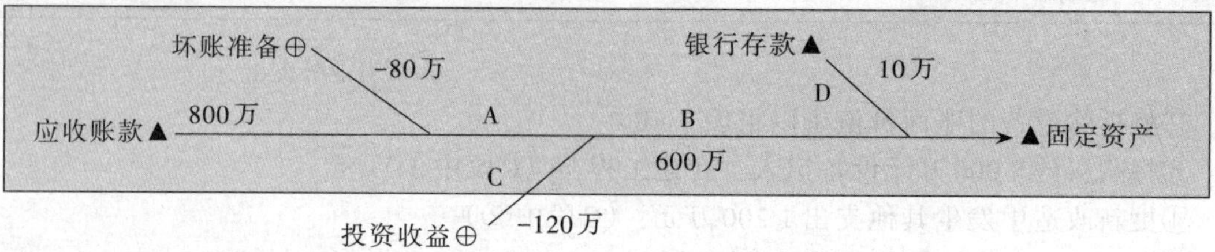

3.【单项选择题】答案：A

解析：债务人应该按照债务的账面价值与其抵债资产账面价值之间的差额，确认损益，所以甲公司应确认的损益=800-（700-180-20）-90=210（万元）。

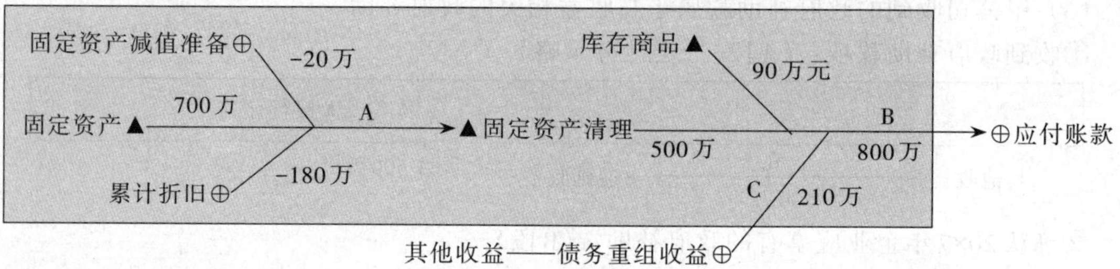

4.【单项选择题】答案：C

解析：甲公司在该项债务重组中应确认的损益=4 000-（5 000-200）=-800（万元）。

甲公司（债权人）债务重组资金运动如下图：

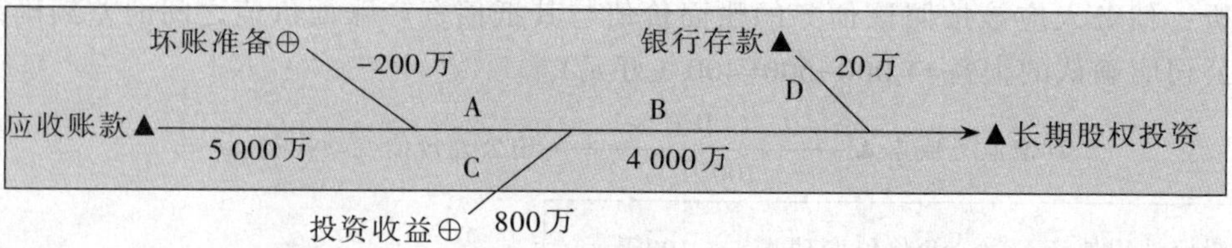

乙公司（债务人）债务重组资金运动如下图：

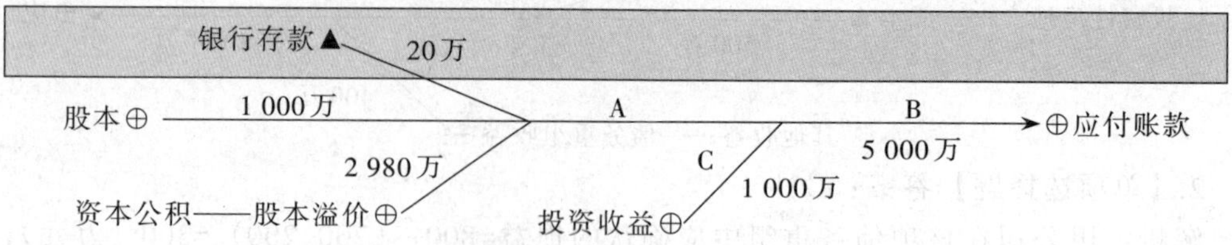

5.【单项选择题】答案：C

解析：按照金融工具相关准则的规定，乙公司取得的交易性金融资产应按照公允价值600万元作为入账价值；乙公司取得的固定资产的成本=（7 000-600）×［200÷（200+6 000）］=206.45（万元）；乙公司取得的库存商品的成本=（7 000-600）×［6 000÷（200+6 000）］=6 193.55（万元）。乙公司在债务重组中应确认的损益=7 000-（8 000-400）=-600（万元）。

乙公司（债权人）债务重组资金运动如下：

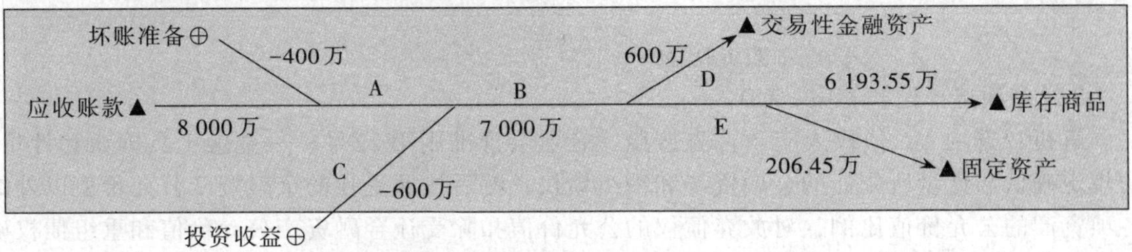

甲公司（债务人）债务重组资金运动如下：

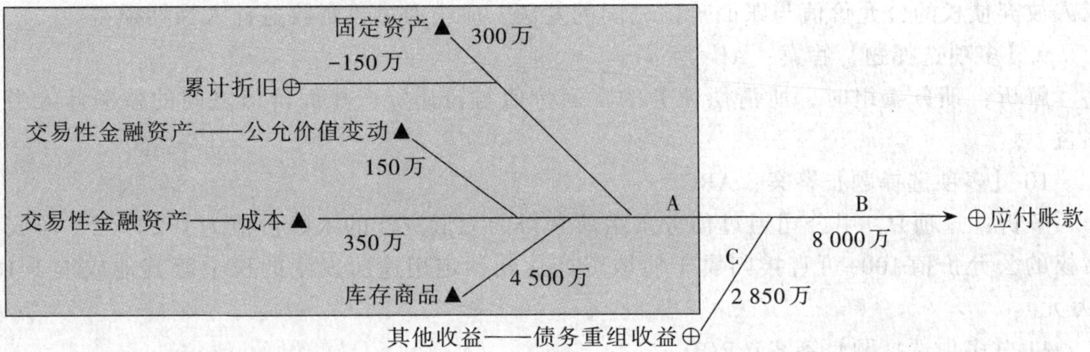

6.【多项选择题】答案：ACD

解析：债务重组，是指在不改变交易对手的情况下，经债权人和债务人协定或法院裁定，就清偿债务的时间、金额或方式等重新达成协议的交易。债务重组的形式包括：债务人以资产清偿债务；债务人将债务转为权益工具；采用调整债务本金、改变债务利息、变更还款期限等方式修改债权和债务的其他条款，形成重组债权和重组债务。

7.【多项选择题】答案：AB

解析：选项A，甲公司应确认的当期债务重组损益=163-（140-10-20）=53（万元）；选项B，乙公司应确认的当期债务重组损益=153-（163-16.3）=6.3（万元）；选项D，乙公司应确认的固定资产成本=放弃债权的公允价值153+可直接归属于使该资产达到预定用途所发生的税金等其他成本0=153（万元），选项D不正确。

甲公司（债务人）债务重组资金运动如下图：

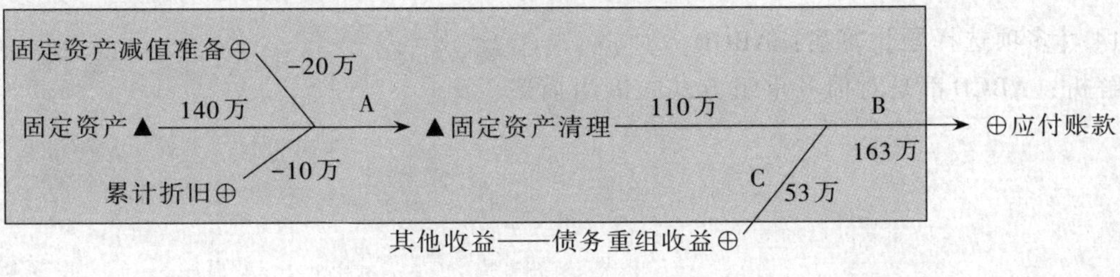

乙公司（债权人）债务重组资金运动如下图：

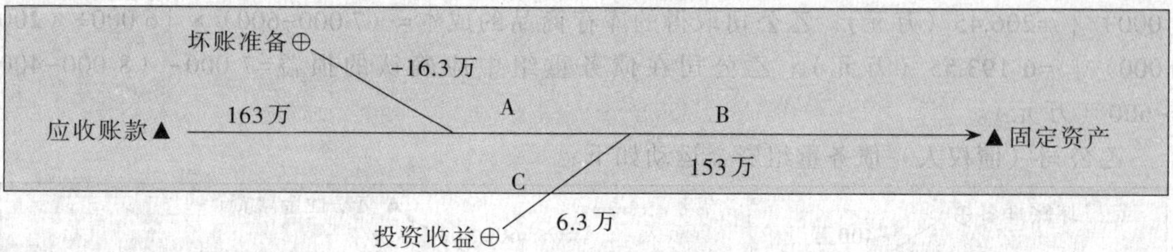

8.【多项选择题】答案：CD

解析：选项A，债权人应当首先按照《企业会计准则第22号——金融工具确认和计量》的规定确认与计量所受让的金融资产和重组债权，然后按照受让的金融资产公允价值以外的各项资产的公允价值比例，对放弃债权的公允价值扣除受让金融资产公允价值和重组债权确认金额后的净额进行分配，并以此为基础按相关规定分别确认各项资产的成本。选项B，债权人放弃债权的公允价值与账面价值之间的差额，应当通过投资收益计入当期损益。

9.【多项选择题】答案：AB

解析：债务重组时，所清偿债务的账面价值与转让资产账面价值之间的差额计入当期损益。

10.【多项选择题】答案：ABC

解析：选项D，甲公司通过债务重组所获得的无形资产的入账价值为102万元，即放弃债权的公允价值100+可直接归属于使该资产达到预定用途所发生的税金等其他成本2=102（万元）。

11.【多项选择题】答案：BCD

解析：选项A，甲公司将销售所应收取的226万元对价确认为以公允价值计量且其变动计入当期损益的金融资产。所以，选项A是错的。

12.【多项选择题】答案：ACD

解析：选项B，从C段资金运动可知，在债务重组那一时刻，抵债债权投资的账面价值为60万元。因为在债务重组中，抵债资产只是考虑其账面价值，不考虑其公允价值（当然，在确认增值税销项税额时需要考虑其公允价值或计税价格）。

13.【多项选择题】答案：ACD

解析：选项B，甲公司所放弃的应收账款的公允价值331万元，首先应该扣除与债务重组相关的增值税进项税额32.5万元和所获得的金融资产（交易性金融资产）的公允价值76万元，剩下的余额222.5万元再按照剩余的各项抵债资产的公允价值的相对比例进行分配。

14.【多项选择题】答案：ABCD

解析：ABCD都是对债务重组方式的恰当描述。

第十三章　利润形成与分配环节资金运动分析与会计处理

一、知识点：利润形成——理论分析+举例

1.【单项选择题】答案：D

解析：

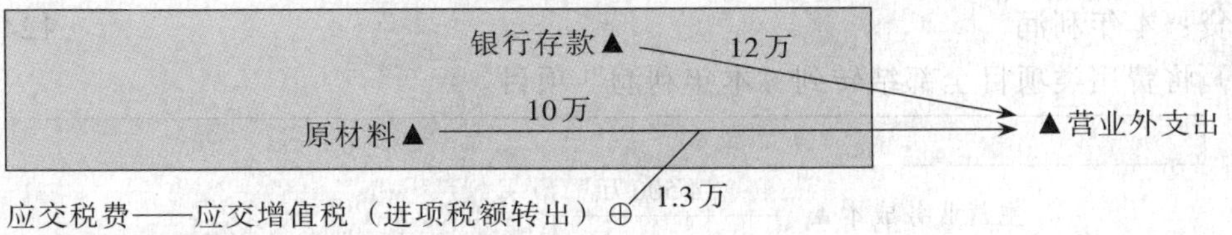

2.【单项选择题】答案：B

解析：损益类项目的期末余额都应该为0。制造费用项目不属于损益类项目，而属于资产类项目，其期末余额不一定为0，因此，应选B。

3.【多项选择题】答案：BCD

解析：固定资产盘盈利得应作为错账更正，固定资产处置收益应作为“资产处置损益”项目处理。债务重组利得作为其他收益或者作为投资收益处理。

4.【多项选择题】答案：ABC

解析：无形资产处置损失应作为“资产处置损益”项目反映。ABC选项是对业务的恰当描述。

5.【多项选择题】答案：ACD

解析：损益类项目的期末余额都应该为0。“其他综合收益”项目不属于损益类项目，而属于所有者权益类项目，因此，其期末余额不一定为0，B是错的，ACD是对的。

6.【多项选择题】答案：ABD

解析：C选项的推断有问题。企业的所得税税率是否为25%，取决于一个假设，即本期的会计利润与税务利润是完全相同的。只有在两者完全相等的情况下，才可以推断出企业的所得税税率为25%。企业确认“应交税费——应交所得税”时，应该以税务利润乘以所得税税率来确定。因此，C是错的。ABD选项都是对业务的恰当描述。

7.【业务题】答案：（1）将收入类项目全部结转“本年利润”项目。

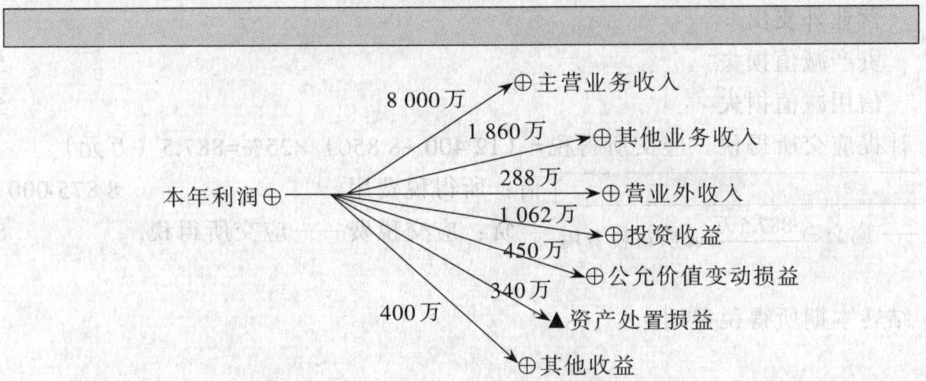

借：主营业务收入　　80 000 000
　　其他业务收入　　18 600 000
　　投资收益　　10 620 000
　　营业外收入　　2 880 000
　　资产处置损益　　3 400 000
　　公允价值变动损益　　4 500 000
　　其他收益　　4 000 000
　贷：本年利润　　124 000 000

（2）将费用类项目全部结转到“本年利润”项目。

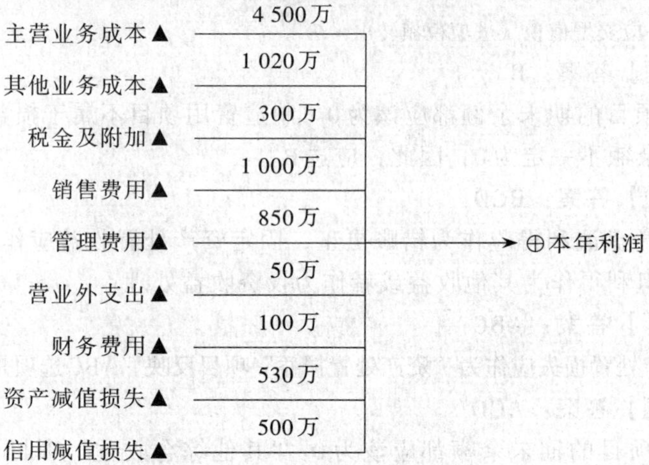

借：本年利润　　88 500 000
　贷：主营业务成本　　45 000 000
　　税金及附加　　3 000 000
　　其他业务成本　　10 200 000
　　管理费用　　8 500 000
　　财务费用　　1 000 000
　　销售费用　　10 000 000
　　营业外支出　　500 000
　　资产减值损失　　5 300 000
　　信用减值损失　　5 000 000

（3）计提应交所得税。应交所得税=（12 400 −8 850）×25%=887.5（万元）。

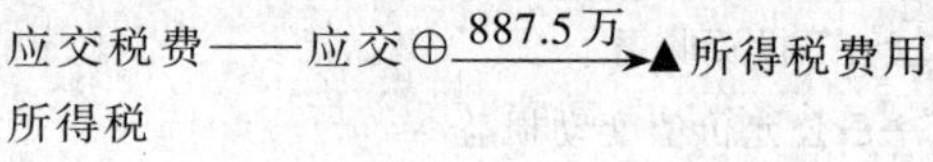

借：所得税费用　　8 875 000
　贷：应交税费——应交所得税　　8 875 000

（4）结转本期所得税费用。

借：本年利润　　　　　　　　　　8 875 000

　贷：所得税费用　　　　　　　　　　8 875 000

所得税费用▲ —887.5万→ ⊕本年利润

二、知识点：所得税会计处理基本思路（上）+（下）+所得税会计概念与程序

1.【多项选择题】答案：ABCD

解析：ABCD四个项目都是对业务的恰当描述。

2.【多项选择题】答案：ABCD

解析：ABCD四个项目都是对业务的恰当描述。

三、知识点：资产的计税基础一般性分析

1.【多项选择题】答案：ABCD

解析：ABCD四个选项都是对业务的恰当描述。

2.【多项选择题】答案：BCD

解析：在绝大多数情况下，资产在取得时的账面价值与计税基础一般不存在差异，或者说差异非常小。因此，A是错的，BCD都是对业务的恰当描述。

3.【判断题】答案：错

解析：资产的计税基础定义不是指"企业取得时"，而是指"企业回收资产的账面价值过程中"。

四、知识点：资产的计税基础举例

1.【单项选择题】答案：C

解析：该固定资产的计税基础=800-800÷10×3=560（万元）。

2.【单项选择题】答案：B

解析：该无形资产的计税基础=600-600÷10×2=480（万元）。

3.【单项选择题】答案：A

解析：该无形资产的计税基础=400+400×75%=700（万元）。

4.【单项选择题】答案：B

解析：该交易性金融资产的计税基础应该以其最初的取得成本600万元计价。

5.【单项选择题】答案：C

解析：该应收账款的计税基础应该以该应收款项的账面余额8 800万元来计量。

6.【单项选择题】答案：B

解析：该存货的计税基础为其账面余额4 000万元。

五、知识点：负债的计税基础

1.【单项选择题】答案：D

解析：从税法的角度来看，企业确认的200万元预计售后服务费未来实际发生时是可以据实扣除的，因此，从税法的角度来看，是不需要计提的，即其计税基础为0。

2.【单项选择题】答案：B

解析：由于按照税法的要求，企业已将该笔500万元的预收款在本期的纳税申报表中加以确认，因此，在下一期企业在会计上将其确认为收入时，该笔款项是不需要计入纳税申报表的。也就是说，该款项将从纳税申报表中被全额扣除。因此，该合同负债的计税基础为0。

3.【单项选择题】答案：A

解析：该笔业务涉及永久性差异。这600万元的罚款会计上通过营业外支出计入当期利润表，但企业并未将该600万元罚款计入本期的纳税申报表中，从而导致本期应税收益增加600万元，在所得税税率为25%的情况下导致企业多缴纳所得税150万元。该业务在会计与税务上的差异，本期已经彻底解决，不会影响未来。因为，当企业未来将这笔罚款支付给对方时，这笔业务已经与税务没有关系。因此，其计税基础等于600万元。

4.【多项选择题】答案：ABCD

解析：ABCD四个选项都是对业务的恰当描述。

5.【判断题】答案：对

解析：企业未来履行义务时，如果其所引起的经济利益流出与纳税申报表没有关系，那该负债的计税基础就等于其账面价值。这也就是说，站在税法的角度来看，既然未来履行义务时与其没有关系，那会计上确认多少，税法上就认可多少，两者没有差异。

6.【判断题】答案：对

解析：这是对负债计税基础的恰当描述。

六、知识点：企业合并中形成的计税基础的确认+暂时性差异分析

1.【判断题】答案：错

解析：其差额90万元属于应纳税暂时性差异。

2.【判断题】答案：对

解析：这110万元的差异属于可抵扣暂时性差异。

3.【判断题】答案：对

解析：该500万元的差异属于可抵扣暂时性差异。

4.【判断题】答案：错

解析：该200万元的差异属于可抵扣暂时性差异。

5.【判断题】答案：对

解析：该差异150万元属于可抵扣暂时性差异。

6.【判断题】答案：错

解析：暂时性差异，既包括资产的账面价值与计税基础之间的差额，也包括负债的账面价值与计税基础之间的差额。

7.【判断题】答案：错

解析：可抵扣暂时性差异，是指在确定未来收回资产或清偿负债期间的应纳税所得额时，将导致产生可抵扣税款金额的暂时性差异。

8.【多项选择题】答案：ACD

解析：选项A，税法不认可减值，因此计提减值准备会导致存货账面价值小于计税基

础，产生可抵扣暂时性差异。选项B，采用年限平均法计提折旧，会计折旧年限大于税法的，导致会计折旧额小于税法折旧额，会计账面价值大于税法基础，产生应纳税暂时性差异。选项C，和直线法相比，双倍余额递减法计提折旧，将使计提初期的折旧额加大，因此导致其账面价值小于计税基础，产生可抵扣暂时性差异。选项D，从会计角度考虑，账面价值大于可收回金额，需要对该固定资产计提减值准备，但税法上并不认可该减值准备，因此，导致账面价值小于其计税基础，形成可抵扣暂时性差异。

9.【多项选择题】答案：ABCD

解析：选项ACD，按照税法的规定，本期及以后期间都不得税前扣除，因此其计税基础等于其账面价值。选项B，购买国债的利息收入税法上不要求纳税，属于永久性差异，计税基础等于账面价值。

七、知识点：特殊项目产生的暂时性差异

1.【单项选择题】答案：D

解析：该项目的计税基础=3 000–15 000×15%=750（万元）。

2.【单项选择题】答案：A

解析：该项目的计税基础为1 000万元，属于可抵扣暂时性差异。

3.【判断题】答案：对

解析：该400万元的差额可以抵扣未来的税款。

4.【判断题】答案：错

解析：该100万元的差额可以抵扣未来5年内的税款，属于可抵扣暂时性差异。

5.【多项选择题】答案：BCD

解析：选项A，税法规定，债务担保发生的支出不得税前扣除，属于非暂时性差异。选项B，采用权益法核算的长期股权投资，后续计量确认投资收益产生的差异，虽然属于暂时性差异，但是在长期持有的情况下，预计未来期间也不会转回，故不需要确认递延所得税。选项C，非同一控制下免税合并确认的商誉的计税基础为0，虽然有暂时性差异，但是确认该部分暂时性差异产生的递延所得税负债，则意味着购买方在企业合并中获得的可辨认净资产的价值量下降，企业应该增加商誉的价值；商誉价值增加后，可能很快就要计提减值准备；同时其账面价值的增加还会进一步产生应纳税暂时性差异，使得递延所得税负债和商誉价值的变化不断循环，所以不应该确认递延所得税。选项D，内部研究开发形成无形资产的加计摊销额，虽然产生了暂时性差异，但由于该暂时性差异既不影响会计利润，也不影响应纳税所得额，所以不确认递延所得税。

八、知识点：递延所得税负债的确认与计量+举例

1.【单项选择题】答案：D

解析：应确认的递延所得税负债=（1 200–1 000）×25%=50（万元）。

2.【多项选择题】答案：ABC

解析：无论应纳税暂时性差异的转回期间如何，递延所得税负债不要求折现。因此，D是错的。ABC是对业务的恰当描述。

3.【单项选择题】答案：C

解析：选项A，因其他债权投资等公允价值上升所形成的应纳税暂时性差异而确认递延所得税负债，由此造成的影响是计入所得者权益的（通过调整其他综合收益）。选项B，所得税准则中明确规定可以不确认的递延所得税负债的项目，是可以不确认递延所得税负债的（如非同一控制下采用免税合并所确认的商誉）。选项D，递延所得税负债应当以相关应纳税暂时性差异转回期间税法规定适用的税率计量。

4.【单项选择题】答案：C

解析：20×7年年末无形资产账面价值=90-6=84（万元），计税基础=90-90÷10=81（万元），20×7年年末递延所得税负债期末余额=（84-81）×33%=0.99（万元），由于该项目期初余额为0，20×7年应确认的递延所得税负债发生额为增加0.99万元。20×8年年末无形资产账面价值=90-6=84（万元），计税基础=90-90÷10×2=72（万元），20×8年年末递延所得税负债期末余额=（84-72）×25%=3（万元），20×8年应确认的递延所得税负债本年发生额=3-0.99=2.01（万元），即增加2.01万元。

递延所得税负债⊕ —（2）2.01万 /（1）0.99万→ ▲所得税费用——递延所得税费用

九、知识点：递延所得税资产的确认与计量

1.【单项选择题】答案：C

解析：应确认的递延所得税资产=（380-340）×25%=10（万元）。

2.【多项选择题】答案：ABC

解析：在资产负债表日，企业应当对递延所得税资产的账面价值进行复核。如果未来期间很可能无法取得足够的应纳税所得额用以利用可抵扣暂时性差异带来的经济利益，则应当减计递延所得税资产的账面价值。因此，D是错的，ABC是对业务的恰当描述。

3.【判断题】答案：错

解析：应纳税暂时性差异产生递延所得税负债。

4.【判断题】答案：对

解析：这是对递延所得税资产的恰当描述。

5.【判断题】答案：对

解析：这句话的表述是正确的。

6.【判断题】答案：错

解析：企业不应该对递延所得税资产和递延所得税负债进行折现。

7.【判断题】答案：错

解析：适用税率发生变化的，应对已确认的递延所得税资产和递延所得税负债进行重新计量，同时一并将其影响数计入变化当期的所得税费用或者计入“其他综合收益”等所有者权益项目。

8.【判断题】答案：错

解析：资产负债表日，对于递延所得税资产和递延所得税负债，应该根据税法规定，按

照预期收回资产或预期清偿负债的当期的适用税率计量。

9.【判断题】答案：对

解析：这句话的表述是正确的。

10.【单项选择题】答案：C

解析：（1）截至20×9年年末，因折旧口径不同造成的可抵扣暂时性差异累计额=固定资产计税基础-固定资产账面价值=［3 010-（3 010-10）÷5×2］-［3 010-（3 010-10）÷3×2］=800（万元）。（2）20×9年年末递延所得税资产借方余额=800×25%=200（万元），即20×9年资产负债表上递延所得税资产项目的金额为200万元。

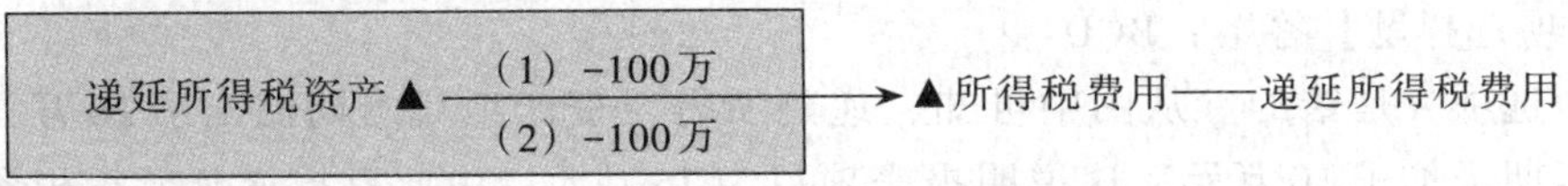

11.【单项选择题】答案：B

解析：递延所得税的确认应该按转回期间的税率计算。20×8年和20×9年为免税期间不用交所得税，但需要确认递延所得税。

20×8年12月31日递延所得税资产的期末余额=（8 000-6 000）×25%=500（万元）

20×9年12月31日递延所得税资产的期末余额=（6 000-3 600）×25%=600（万元）

20×9年应确认的递延所得税资产本期发生额=600-500=100（万元）

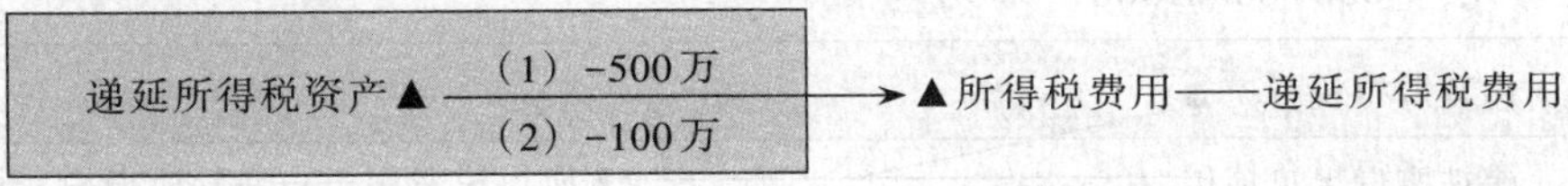

12.【多项选择题】答案：AC

解析：选项B，该项无形资产的计税基础=400×175%=700（万元）；选项D，由于该项无形资产在初始确认时既不影响会计利润也不影响应纳税所得额，因此，准则规定在交易或事项发生时不确认相应的递延所得税资产。

13.【多项选择题】答案：CD

解析：20×8年年末，该无形资产的账面价值=200-（200-80）÷5=176（万元）；该无形资产的计税基础=200-200÷10=180（万元）；形成的可抵扣暂时性差异=180-176=4（万元）；甲公司应确认的递延所得税资产=4×25%=1（万元）。

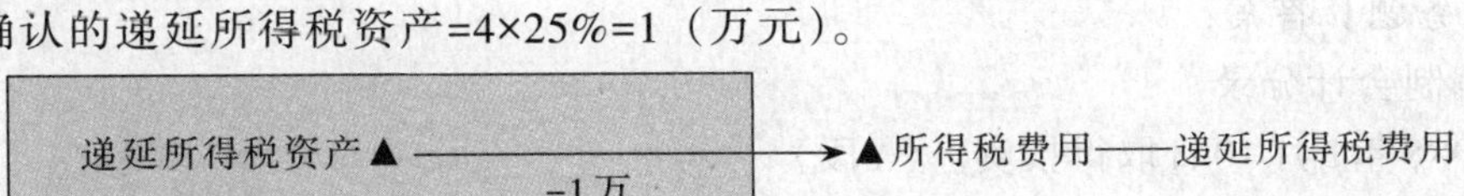

十、知识点：特殊交易或事项中涉及递延所得税的处理+所得税费用的确认与计量一般性分析+所得税费用确认与计量举例

1.【单项选择题】答案：B

解析：甲公司20×8年的所得税费用=（210-10+20-5÷25%）×25%+（25-20）=55（万元）。

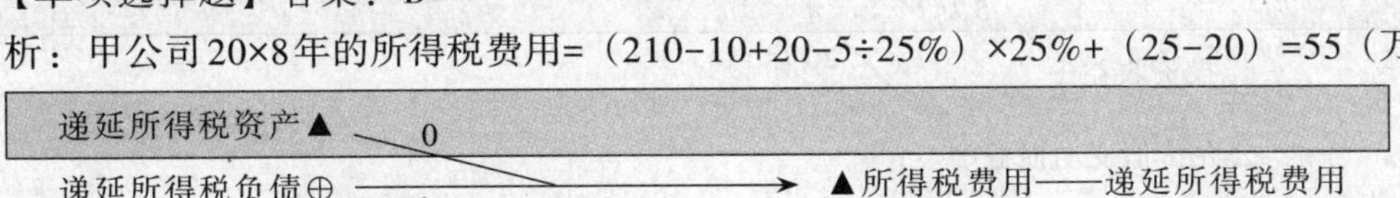

2.【多项选择题】答案：ABC

解析：选项D是错的。这里的30万元、50万元只是这两个项目的本期发生额，但题目没有说明本期这两个项目的期初和期末余额，因为无法判断本期这两个项目的发生额就是期末余额，即资产负债表中项目的金额。ABC都是对业务的恰当描述。

3.【多项选择题】答案：BCD

解析：选项A是错的。递延所得税资产的期初余额为43万元，本期的发生额（即流出）为10万元，所以其期末余额应该为33万元，即列示在期末资产负债表上的金额为33万元。BCD都是对业务的恰当描述。

4.【多项选择题】答案：BCD

解析：选项A是错的。从图中可知，递延所得税资产项目本期流出了10万元，导致递延所得税本期增加了10万元。这说明报表项目为75万元，由此反推递延所得税资产项目的期末余额应该为75万元，由于其期初余额为65万元，所以倒推出本期发生额为增加10万元。BCD三个选项都是对业务的恰当描述。

5.【业务题】答案：当期所得税费用金额=4 000×25%=1 000（万元）。

递延所得税费用金额=（期末递延所得税负债-期初递延所得税负债）-（期末递延所得税资产-期初递延所得税资产）=（85-50）-（100-125）=60（万元）。

所得税费用=1 000+60=1 060（万元）。

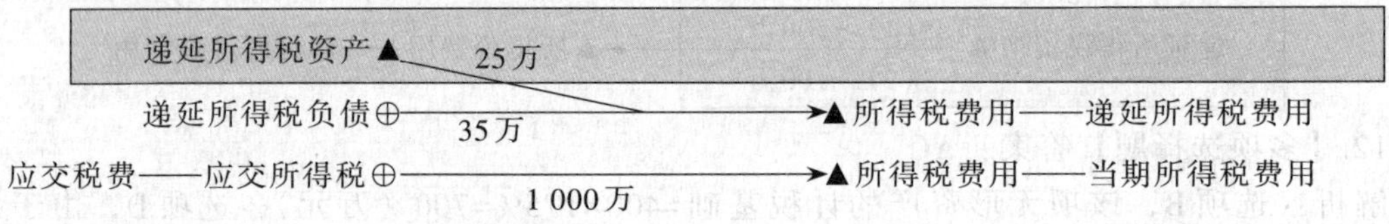

借：所得税费用——当期所得税费用　　10 000 000

　　　　　　　——递延所得税费用　　600 000

　贷：应交税费——应交所得税　　10 000 000

　　　递延所得税负债　　350 000

　　　递延所得税资产　　250 000

6.【业务题】答案：

（1）编制会计分录。

①A.20×8年3月10日取得投资。(A段)

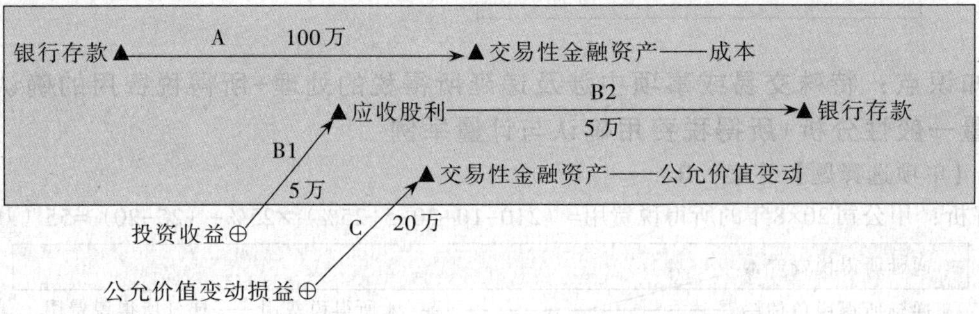

借：交易性金融资产——成本　　1 000 000

　贷：银行存款　　1 000 000

B.20×8年4月1日，确认现金股利。（B1段）

借：应收股利　　50 000

　贷：投资收益　　50 000

C.20×8年4月20日，收到现金股利。（B2段）

借：银行存款　　50 000

　贷：应收股利　　50 000

D.20×8年12月31日，确认其公允价值变动。（C段）

借：交易性金融资产——公允价值变动　　200 000

　贷：公允价值变动损益　　200 000

②取得其他权益工具投资。（A段）

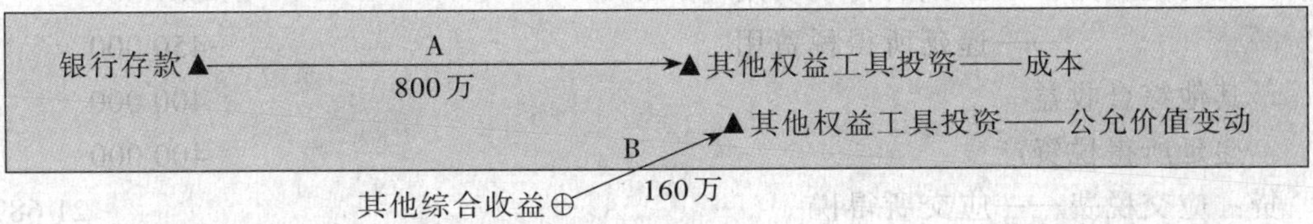

借：其他权益工具投资——成本　　8 000 000

　贷：银行存款　　8 000 000

20×8年12月31日，确认其公允价值变动。（B段）

借：其他权益工具投资——公允价值变动　　1 600 000

　贷：其他综合收益　　1 600 000

③提取减值准备。

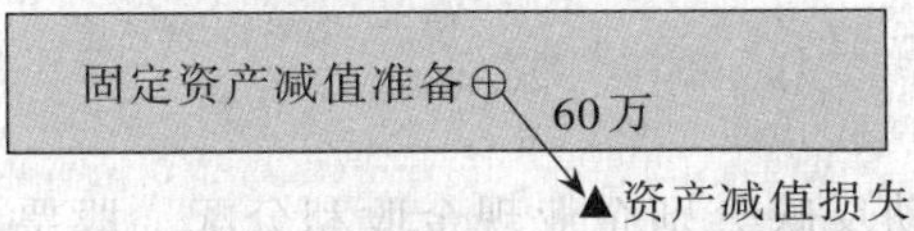

借：资产减值损失　　600 000

　贷：固定资产减值准备　　600 000

（2）计算20×8年12月31日应交所得税。

20×8年12月31日应交所得税=［8 000-5-20+60+（2 500-2 000）-30+30+100+40］×25%=2 168.75（万元）。

（3）计算20×8年12月31日递延所得税资产和递延所得税负债。

20×8年12月31日因应纳税暂时性差异确认递延所得税负债的金额=（20+160-40）×25%=35（万元）。

20×8年12月31日因可抵扣暂时性差异确认递延所得税资产的金额=（60+100）×25%=40（万元）。

（4）计算20×8年所得税费用。

由于递延所得税资产和递延所得税负债期初余额都为零，根据项目（3）的计算结果可知，递延所得税负债本期的发生额为增加35万元，递延所得税资产本期的发生额为增加40万元。

应调整其他综合收益=160×25%=40（万元）。

递延所得税费用=（期末递延所得税负债-期初递延所得税负债）-（期末递延所得税资产-期初递延所得税资产）=（35-160×25%-0）-（40-0）=（35-40）-40=-45（万元）。

20×8年所得税费用=当期所得税费用+递延所得税费用=2 168.75+（-45）=2 123.75（万元）。

（5）编制所得税核算的会计分录。

相关业务资金运动与会计处理如下：

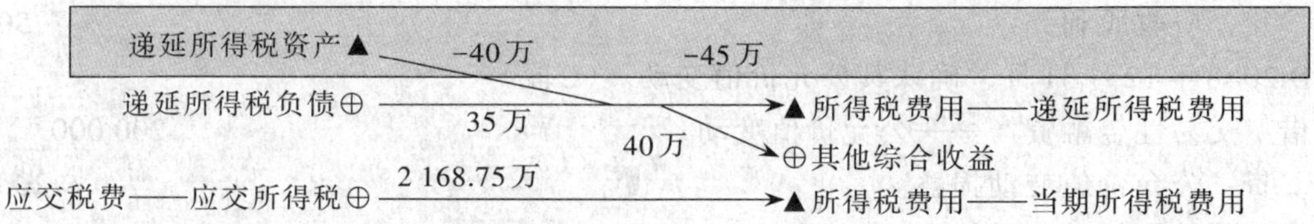

借：所得税费用——当期所得税费用　　21 687 500
　　　　　　——递延所得税费用　　-450 000
　　其他综合收益　　400 000
　　递延所得税资产　　400 000
　贷：应交税费——应交所得税　　21 687 500
　　　递延所得税负债　　350 000

十一、知识点：利润分配与留存收益的形成——分析与举例

1.【单项选择题】答案：C

解析：股本（或实收资本）和资本公积反映企业的投入资本，而其他综合收益反映计入当期所有者权益的利得和损失。只有“盈余公积”和“未分配利润”（或“利润分配——未分配利润”）项目才属于留存收益。

2.【多项选择题】答案：ACD

解析：B段表述是错误的。A1、B、C三段资金运动反映分别企业现金股利分配、股票股利分配和提取盈余公积金。其中A1段和C段应该发生在报告年度次年的股东大会表决通过并对外宣布日（该日期也被称为股利宣告日）。只有经过股东大会表决通过了，整个利润分配方案才具有法律效力。在公司对外公布的年度报告中所提取的利润分配方案都只是拟分配方案，不具有法律效力。B段资金运动即使在股东大会通过后也不能进行会计处理，而要等到公司办理好工商变更登记手续后才能进行。ACD都是对业务的恰当描述。

3.【多项选择题】答案：ABD

解析：选项C是不恰当的。虽然股票股利的分配和盈余公积的提取并没有导致资金流出企业，也不影响企业的所有者权益总额，但是，它们导致所有者权益的结构发生了变化。股票股利的分配导致企业股本增加，企业的注册资本增加，需要重新登记注册。同时，每位股东所持有的股票数量也发生了变化。盈余公积的提取，虽然使企业的盈利依然留存在企业内部，但它并没有改变每位股东所持有的股票数量，而是统一以盈余公积的形式留存在企业，由所有股东按其持股比例共同享有。因此，C是错的，ABD都是对业务的恰当描述。

4.【多项选择题】答案：ABCD

解析：ABCD四个选项都是对业务的恰当描述。

5.【判断题】答案：错

解析：只有现金股利的分配最终才需要用银行存款去支付。股票股利分配和提取盈余公积都不会引起资金流出企业，也不会影响企业所有者权益总额的变化。

6.【综合题】答案：

（1）20×8年12月31日，甲公司结转本年实现的净利润。（A段）

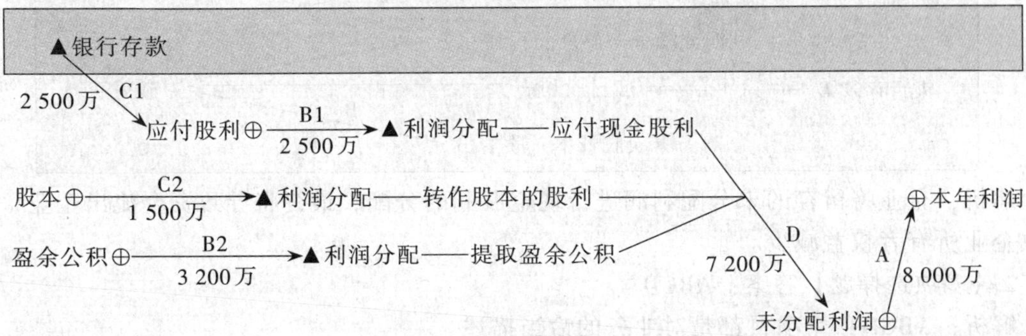

借：本年利润　　80 000 000

　贷：未分配利润（利润分配——未分配利润）　　80 000 000

（2）20×9年1月20日，甲公司对外公布报表，对于董事会提出的分配议案不进行任何账务处理。

（3）20×9年3月25日，甲公司根据股东大会决议确认应发放的现金股利为2 500万元。（B1）

借：利润分配——应付现金股利　　25 000 000

　贷：应付股利　　25 000 000

甲公司同时提取10%的法定盈余公积和30%的任意盈余公积。（B2段）

借：利润分配——提取法定盈余公积　　8 000 000

　　　　　——提取任意盈余公积　　24 000 000

　贷：盈余公积——法定盈余公积　　8 000 000

　　　　　　——任意盈余公积　　24 000 000

（4）20×9年4月19日，甲公司实际发放现金股利和股票股利。（C1、C2段）

借：应付股利　　25 000 000

　贷：银行存款　　25 000 000

发放股票股利：

借：利润分配——转作股本的股利　　15 000 000

　贷：股本　　15 000 000

（5）20×9年4月19日，甲公司将现金股利和股票股利所引起的利润分配全部结转到“未分配利润”项目。（D段）

借：利润分配——未分配利润　　72 000 000

贷：利润分配——转作股本的股利　　15 000 000

——应付现金股利　　25 000 000

——提取盈余公积　　32 000 000

十二、知识点：留存收益后续变动的会计处理

1.【多项选择题】答案：ABC

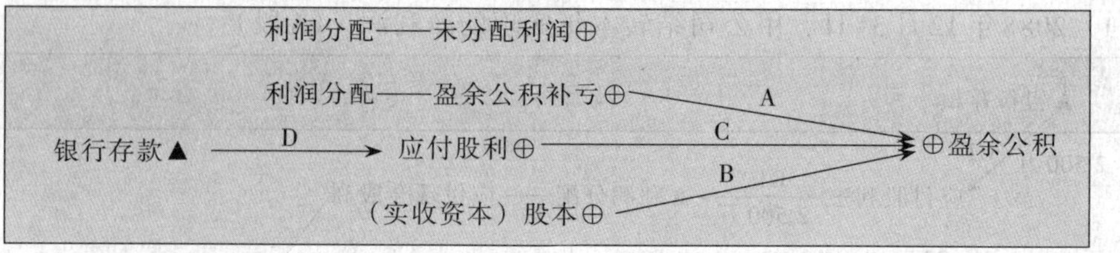

解析：企业将留存的未分配利润进行现金股利的分配，最终将导致资金流出企业，也会导致企业所有者权益减少。

2.【多项选择题】答案：ABCD

解析：ABCD四个项目都是对业务的恰当描述。

3.【多项选择题】答案：ABCD

解析：ABCD四个项目都是对业务的恰当描述。

4.【多项选择题】答案：ABCD

解析：ABCD四个项目都是对业务的恰当描述。

5.【多项选择题】答案：ABCD

解析：ABCD四个项目都是对业务的恰当描述。

6.【业务题】答案：（1）补提无形资产摊销费80万元。（A段）

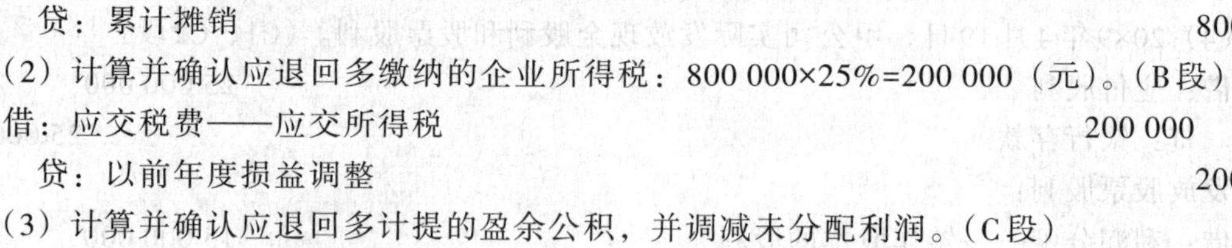

借：以前年度损益调整　　800 000

贷：累计摊销　　800 000

（2）计算并确认应退回多缴纳的企业所得税：800 000×25%=200 000（元）。（B段）

借：应交税费——应交所得税　　200 000

贷：以前年度损益调整　　200 000

（3）计算并确认应退回多计提的盈余公积，并调减未分配利润。（C段）

借：盈余公积——法定盈余公积　　60 000

——任意盈余公积　　120 000

利润分配——未分配利润　　420 000

贷：以前年度损益调整　　600 000

7.【业务题】答案：（1）重新确认固定资产，并补提固定资产折旧费1.2万元。（A段）

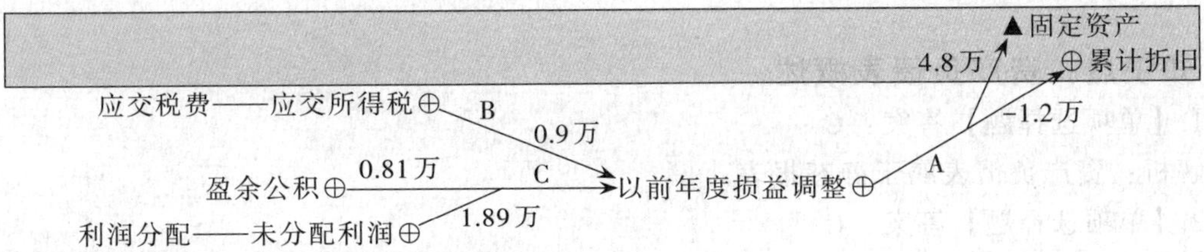

借：固定资产　　48 000

　贷：累计折旧　　12 000

　　以前年度损益调整　　36 000

（2）计算并确认应补缴的企业所得税：36 000×25%=0.9（万元）。（B段）

借：以前年度损益调整　　9 000

　贷：应交税费——应交所得税　　9 000

（3）计算并确认应补提的盈余公积，并调增未分配利润。（C段）

借：以前年度损益调整　　27 000

　贷：盈余公积——法定盈余公积　　2 700

　　——任意盈余公积　　5 400

　　利润分配——未分配利润　　18 900

第十四章　财务报告

一、知识点：财务报表概述

1.【单项选择题】答案：B

解析：企业编制财务报表的列报基础是持续经营假设。

2.【多项选择题】答案：ACD

解析：财务报告应是一个完整的体系，它由财务报表、财务报表附注和财务状况说明书构成，财务报表是财务报告的主体和核心内容，财务会计最有用的信息应当集中在财务报表之中，财务报表包括资产负债表、利润表、现金流量表及相关附表。财务报表附注是指为便于财务报表使用者理解财务报表的内容而对财务报表的编制基础、编制依据、编制原理和方法及主要项目等所做的解释。财务状况说明书是对企业在一定会计期间的生产经营以及财务、成本情况进行分析说明的书面文字报告。

3.【多项选择题】答案：ABCD

解析：选项ABCD都是对业务的恰当描述。

4.【多项选择题】答案：ABCD

解析：选项ABCD都是对业务的恰当描述。

5.【多项选择题】答案：BCD

解析：除现金流量表按照收付实现制原则编制外，企业应当按照权责发生制原则编制财务报表。因此，A是错的，BCD都是对业务的恰当描述。

二、知识点：资产负债表概述

1.【单项选择题】答案：C

解析：资产负债表属于静态报表。

2.【单项选择题】答案：C

解析：资产负债表中的资产是按照流动性排列的，即按照资产变现能力由大到小排列。

3.【多项选择题】答案：AC

解析：资产负债表所提供的信息是一个时点数，是一个时刻数，是一个余额数。因此，B和D是错的。

4.【多项选择题】答案：AB

解析：资产负债表只能提供资产、负债和所有者权益三类信息，不能提供收入、费用和利润信息。

5.【多项选择题】答案：ABC

解析：选项D是错的。资产负债表中资产分为流动资产和非流动资产，负债分为流动负债和非流动负债。这种分类确实反映了资产负债表排列的流动性。ABC选项都是对业务的恰当描述。

6.【判断题】答案：错

解析：资产负债表的结构有账户式和报告式，我国采用的格式是账户式。

三、知识点：资产负债表的主要内容分析

1.【单项选择题】答案：C

解析：资产负债表中的资产一般划分为流动资产和非流动资产。

2.【单项选择题】答案：C

解析：资产负债表中的负债一般划分为流动负债和非流动负债。

3.【多项选择题】答案：ABC

解析：选项D是错的。房地产开发企业开发用于出售的房地产产品，造船企业制造的用于出售的大型船只等，从购买原材料进入生产，到制造出产品出售并收回现金或现金等价物的过程，往往超过一年，在这种情况下，与生产循环相关的产成品、应收账款、原材料尽管是超过一年才变现、出售或耗用的，但是仍应作为流动资产列示。

4.【多项选择题】答案：ABCD

解析：选项ABCD都是对业务的恰当描述。

5.【多项选择题】答案：ABCD

解析：选项ABCD都是对业务的恰当描述。

6.【多项选择题】答案：ACD

解析："公允价值变动损益"项目属于损益类项目，其期末余额应结转至"本年利润"。因此，B是错的，ACD都是对业务的恰当描述。

四、知识点：资产负债表的主要项目填列

1.【单项选择题】答案：A

解析：资产负债表中的“其他应付款”项目金额=其他应付款+应付股利+应付利息。因此，A选项不构成资产负债表中“其他应付款”项目。

2.【单项选择题】答案：C

解析：资产负债表中“无形资产”项目金额=1 000−300−50=650（万元）。

3.【单项选择题】答案：B

解析：资产负债表中“长期借款”项目应该是指截至20×8年12月31日，其到期日在一年以上的，否则就应该作为“1年内到期的非流动负债”处理。因此，20×8年12月31日资产负债表中“长期借款”项目的金额=5 000−2 200−800=2 000（万元）。

4.【多项选择题】答案：ABCD

解析：资产负债表中的“固定资产”项目金额=固定资产−累计折旧额−固定资产减值准备+固定资产清理。因此，ABCD四个选项都是对业务的恰当描述。

5.【多项选择题】答案：ACD

解析：资产负债表中的“其他应收款”项目金额=其他应收款+应收股利+应收利息−对应的坏账准备。因此，B是错的，ACD三个选项都是对业务的恰当描述。

6.【多项选择题】答案：AB

解析：工程物资应该构成资产负债表中的“在建工程”项目，它不属于存货。因此，D是错的，AB都是对业务的恰当描述，待摊费用不属于存货。

7.【多项选择题】答案：BCD

解析：资产负债表中“债权投资”项目需要根据“债权投资”账户减去债权投资减值准备之后的余额填写。因此，A是错的，BCD都是对业务的恰当描述。

8.【多项选择题】答案：BD

解析：资产负债表中“应付账款”项目的金额=420+540+60=1 020（万元），资产负债表中“预付账款”项目的金额=320+240+160=720（万元）。因此，正确答案应该是BD。

9.【判断题】答案：错

解析：报表项目的名称与其内容必须完全一致，不允许混合交叉使用；而账户是可以混合交叉使用的。因此，账户名称可能与资产负债表项目的名称一样，其内容可能相同，也可能不同。

10.【综合题】答案：

月末净资产（2 500−1 200） 1 300万元

月初净资产（2 400−1 500） 900万元

本月净资产增加400万元

减：接受的追加投资80万元

加：对投资人的利润分配50万元

本月净收益370万元

11.【综合题】答案：

（1）20×8年12月31日资产负债表中“存货”项目金额

=120+800+300+50+1 200+20-30-60=2 400（万元）

（2）20×8年12月31日资产负债表中“应收账款”项目金额

=300-20=280（万元）

（3）20×8年12月31日资产负债表中“其他应收款”项目金额

=60+40+30-3=127（万元）

（4）20×8年12月31日资产负债表中“固定资产”项目金额

=2 000-854-146+50=1 050（万元）

（5）20×8年12月31日资产负债表中“在建工程”项目金额

=1 000-200+100=900（万元）

（6）20×8年12月31日资产负债表中“债权投资”项目金额

=300-100-40=160（万元）

（7）20×8年12月31日资产负债表中“预付款项”项目金额

=600+30=630（万元）

（8）20×8年12月31日资产负债表中“应付账款”项目金额

=430+100=530（万元）

（9）20×8年12月31日资产负债表中“其他应付款”项目金额

=200+120+30=350（万元）

（10）20×8年12月31日资产负债表中“长期借款”项目金额

=400-280=120（万元）

12.【案例分析题】答案：

（1）1.10亿元是资产的账面价值，是由各项资产按历史成本等计量属性确定的价值之和，不代表公司资产的现行总价值。

（2）资产的“价值”和股票的“价值”不同，一是因为二者计量采用的计量属性的差别，资产的“价值”主要采用了历史成本为主的多种计量属性，而股票的“价值”采用了市价作为其计量属性；二是因为二者的对象是有差别的，资产的“价值”既包括债权人的价值，又包括股东的价值，资产=负债+所有者权益。

五、知识点：利润表

1.【单项选择题】答案：A

解析：利润表属于动态报表。

2.【单项选择题】答案：C

解析：所有损益类账户的期末余额一定为0，而生产成本、制造费用和合同履约成本都属于资产要素，其期末余额可以为0，也可以不为0，因此，ABD是错的。

3.【单项选择题】答案：B

解析：营业外收入和营业外支出都不属于营业利润的计算范畴。营业利润加上营业外收入减去营业外支出就是企业的利润总额。

4.【多项选择题】答案：BD

解析：利润表所提供的信息是一个时期数，是一个期间数，是一个发生额。因此，AC是错的。

5.【多项选择题】答案：CD

解析：利润表只能提供收入、费用和利润三类信息，其不能提供资产、负债和所有者权益信息。

6.【多项选择题】答案：AB

解析：营业外收入和营业外支出都不属于营业利润的计算范畴。营业利润加上营业外收入减去营业外支出就是企业的利润总额。利润总额减去所得税费用就是企业的净利润。而其他综合收益属于所有者权益项目，需要列示在资产负债表中。因此，CD是错的。

7.【判断题】答案：错

解析：企业发生一场火灾所造成的损失，应确认为营业外支出，它不会影响企业的营业利润，但会影响企业的利润总额，并进一步影响企业的净利润。

8.【计算题】答案：

营业利润=（4 500 000+375 000）-（2 400 000+225 000）-75 000-90 000-100 000-30 000-50 000-100 000+300 000+100 000+60 000=2 265 000（元）

利润总额=2 265 000+155 000-120 000=2 300 000（元）

净利润=2 300 000-575 000=1 725 000（元）

9.【综合分析题】答案提示：

会计差错对20×8年度财务报表的影响如下：

（1）对资产负债表的影响：期末存货少计10万元，流动资产少计10万元，资产合计少计10万元；应交税费少计2.5万元，流动负债少计2.5万元，负债少计2.5万元；盈余公积少计1.5万元，未分配利润少计6万元，所有者权益少计7.5万元；负债及所有者权益合计少计10万元。

对利润表的影响：营业成本多计10万元；营业利润少计10万元；利润总额少计10万元；所得税费用少计2.5万元；净利润少计7.5万元。

对其他财务报表的影响从略。

（2）对资产负债表的影响：累计折旧少计20万元，固定资产净额多计20万元，资产合计多计20万元；应交税费多计5万元，流动负债多计5万元，负债多计5万元；盈余公积多计3万元，未分配利润多计12万元，所有者权益多计15万元；负债及所有者权益合计多计20万元。

对利润表的影响：管理费用少计20万元；营业利润多计20万元；利润总额多计20万元；所得税费用多计5万元；净利润多计15万元。

对其他财务报表的影响从略。

六、知识点：现金流量表概述

1.【单项选择题】答案：B

解析："处置固定资产、无形资产和其他长期资产收回的现金净额"属于投资活动，不属于经营活动，因此，应选择B。

2.【单项选择题】答案：D

解析："偿还债务支付的现金"属于筹资活动，不属于投资活动，因此，应选择D。

3.【多项选择题】答案：AC

解析：现金流量表中的现金是指货币资金和现金等价物。货币资金是指库存现金、银行存款和其他货币资金，而现金等价物一般是指三个月内将要到期的债权投资。

4.【多项选择题】答案：BD

解析：现金流量表所提供的信息数据是一个时期数，是一个期间数，是一个发生额。它反映的是企业在一段时期内的现金流入和现金流出。因此，AC是错的。

5.【多项选择题】答案：ABCD

解析：选项ABCD都是对业务的恰当描述。

6.【多项选择题】答案：ACD

解析：按照企业的经济业务，现金流量一般分为经营活动产生的现金流量、投资活动产生的现金流量和筹资活动产生的现金流量，因此，B是错的。

七、知识点：销售商品、提供劳务所引起的现金流入——理论分析+举例+经营活动其他现金流入分析

1.【单项选择题】答案：C

解析：企业收到的税费返还款=20+14=34（万元）。

2.【多项选择题】答案：ABC

解析：应收款以无连带责任贴现，企业在付出一定的手续费后，实际收到了一定的银行存款，增加了企业的现金流入量，因此，D不能选，ABC都是对业务的恰当描述。

3.【多项选择题】答案：ABCD

解析：ABCD四个选项都是对业务的恰当描述。

八、知识点：购买商品、接受劳务所支付的现金流量分析——理论分析+举例+支付给职工以及为职工支付的现金流量+经营活动其他现金支付分析

1.【单项选择题】答案：D

解析：企业支付的各种税费=34+326+10.8+25.2+5=401（万元）。

2.【单项选择题】答案：D

解析：支付给职工以及为职工支付的现金=180+190+［（1 000+700）−300］+（2−3）=1 769（万元）。

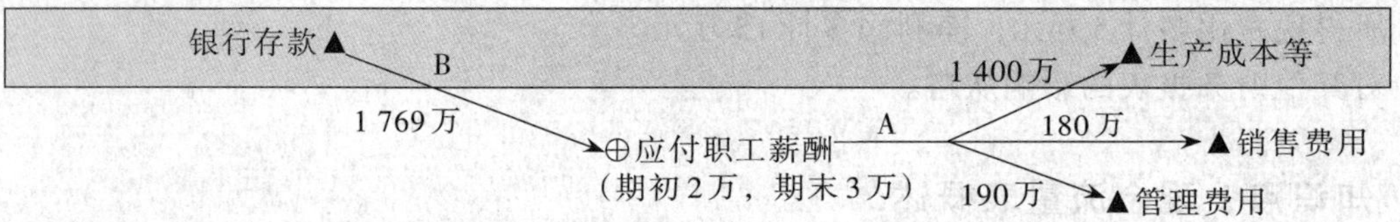

3.【多项选择题】答案：ABCD

解析：ABCD四个选项都是对业务的恰当描述。

4.【多项选择题】答案：ABCD

解析：ABCD四个选项都是对业务的恰当描述。

5.【多项选择题】答案：ABD

解析：支付给在建工程人员的薪酬应该属于投资活动的现金流出，不属于经营活动的现

金流量。因此，C是错的，ABD都是对业务的恰当描述。

6.【多项选择题】答案：AB

解析：企业以货币资金偿还，取得2万元的现金折扣，该笔业务引起了货币资金的减少。企业以银行承兑票据替换应付款100万元，企业总的应付款并没有减少。因此，CD是错的，AB两个选项都是对业务的恰当描述。

7.【判断题】答案：错

解析：企业为职工支付的工资，支付的养老、失业等社会保险基金、补充养老保险，支付给职工的住房困难补助，为职工缴纳的商业保险金，支付给职工或为职工支付的其他福利费用等，应根据职工的工作性质和服务对象，分别在“购建固定资产、无形资产和其他长期资产所支付的现金”和“支付给职工以及为职工支付的现金”项目中反映。

九、知识点：收回投资和取得投资收益现金流入分析

1.【多项选择题】答案：AC

解析：收回投资所收到的现金流量为该债券的面值200万元，取得投资收益所收到的现金流量是指所收到的利息14万元，因此，AC是对的。

2.【多项选择题】答案：AD

解析：收回投资所收到的现金流量为该债券的面值100万元，取得投资收益所收到的现金流量是指所收到的利息之和32万元，因此，AD是对的。

3.【多项选择题】答案：BD

解析：对于权益性投资的收回，收回所收到的所有现金流量都应该作为“收回投资收到的现金”，本题为684万元。在持有期间获得的10万元的现金股利应作为“取得投资收益收到的现金”。因此，BD是对的。

4.【多项选择题】答案：BD

解析：对于权益性投资的收回，收回所收到的所有现金流量都应该作为“收回投资收到的现金”，本题为580万元。在持有期间获得的10万元的现金股利应作为“取得投资收益所收到的现金”。因此，BD是对的。

5.【多项选择题】答案：AD

解析：对于权益性投资的收回，收回所收到的所有现金流量都应该作为“收回投资收到的现金”，本题为2 300万元。由于本期没有涉及持有期间获得现金股利，因此“取得投资收益收到的现金”为0，AD是对的。

十、知识点：处置固定资产等非流动资产现金流入量分析+投资环节其他现金流出量分析

1.【单项选择题】答案：D

解析：处置固定资产、无形资产和其他长期资产所收回的现金净额=200+6-1=205（万元）。

2.【单项选择题】答案：B

解析：处置固定资产、无形资产和其他长期资产所收回的现金净额=350+21=371（万元）。

3.【单项选择题】答案：C

解析：处置固定资产、无形资产和其他长期资产所收回的现金净额=50+3=53（万元）。

4.【多项选择题】答案：BC

解析：由于处置固定资产、无形资产和其他长期资产导致现金净流出0.97万元，因此，应将项目作为投资活动现金流出来反映，即：支付的其他与投资活动有关的现金流量为0.97万元。

十一、知识点：购买固定资产等非流动资产现金流出分析+投资所支付的现金流量分析

1.【单项选择题】答案：C

解析：购建固定资产、无形资产和其他长期资产所支付的现金=203.4−1+0.26+26=228.66（万元）。

2.【多项选择题】答案：AC

解析：具有融资性质的分期付款购买，其首付款应作为投资活动流出量反映，其后的付款应作为融资活动反映。因此，首付款只有3.27万元，这3.27万元应作为购建固定资产、无形资产和其他长期资产所支付的现金流量反映，其后的付款为226万元应作为支付的其他与融资活动有关的现金反映，因此，AC是正确的。

3.【多项选择题】答案：AD

解析：企业债权投资所付出的总成本都将构成投资所支付的现金流量，即218万元。企业取得投资收益所收到的现金流量为企业整个利息所带来的，即16万元；这里实际上强调的是利息带来了多少现金流量，而不是强调投资收益有多少。因此，AD是正确的。

4.【多项选择题】答案：BD

解析：企业债权投资所付出的总成本都将构成投资所支付的现金流量，即96万元。企业取得投资收益所收到的现金流量为企业整个利息所带来的，本期利息虽然已经确认但并没有收到，所以为0；这里实际上强调的是利息带来了多少的现金流量，而不是强调投资收益有多少。因此，BD是正确的。

5.【多项选择题】答案：ABCD

解析：ABCD四个选项都是对业务的恰当描述。

十二、知识点：筹资环节现金流入量分析+流出量分析

1.【单项选择题】答案：A

解析：该资金运动反映的业务是股份回购，应作为“支付其他与筹资活动有关的现金”来反映。因此，A是对的。

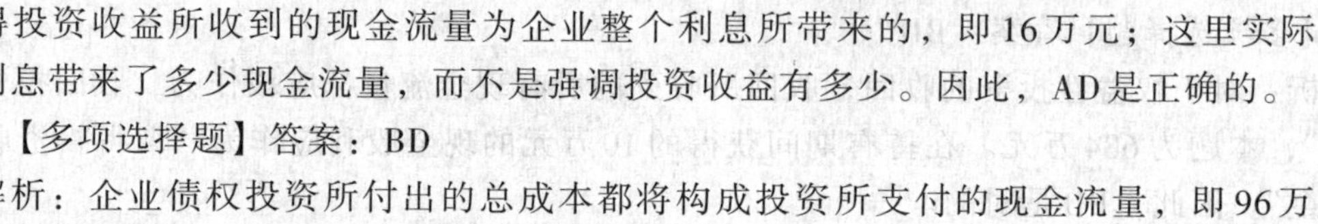

2.【多项选择题】答案：BC

解析：企业借款所收到的现金流量应该包括筹集到的所有资金，即1 048万元。其支付的利息是指企业实际支付的，是60万元。因此，BC是正确的。

3.【多项选择题】答案：BC

解析：吸收投资所收到的现金流量应该包括发行股票扣除手续费后的总量，即46 560万元。支付的审计费、咨询费等应作为“支付其他与筹资活动有关的现金”反映，即50万元。因此，BC是正确的。

4.【多项选择题】答案：AD

解析：借款所取得的现金流量为600万元。企业所支付的利息，无论是资本化还是费用化，都应计入“分配股利、利润或偿付利息支付的现金”项目，即25万元。因此，AD是正确的。

5.【多项选择题】答案：BC

解析：企业所支付的利息，无论是资本化还是费用化，都应计入“分配股利、利润或偿付利息支付的现金”项目，即300万元。因此，BC是正确的。

6.【业务题】答案：

（1）甲公司20×9年度现金流量表中“销售商品、提供劳务收到的现金”项目的金额=（1 000+130）+（100−150）+（60−50）=1 090（万元）。

（2）甲公司20×9年度经营活动产生的现金流量净额=600−100+50−75−25+40+10=500（万元）。

（3）甲公司20×9年度现金流量表中“收回投资收到的现金”项目的金额=（100+5）+（200−6）=299（万元）。

（4）甲公司20×9年度现金流量表中“支付其他与经营活动有关的现金”项目的金额=2 200−950−25−420−200=605（万元）。

（5）甲公司20×9年度现金流量表中“分配股利、利润或偿付利息支付的现金”项目的金额=7+（3−1）=9（万元）。

（6）甲公司20×9年度现金流量表中“收到的税费返还”项目的金额=16+2=18（万元）。

十三、知识点：现金流量表附注

1.【多项选择题】答案：ABCD

解析：这四个选项都是应该在计算现金流量时加回的项目。

2.【多项选择题】答案：ABC

解析：对于筹资活动或投资活动产生的财务费用应予以加回；对于筹资活动或投资活动产生的利息收入应予以减去。

3.【多项选择题】答案：ABC

解析：存货本期变化，其增加额应该减去，其减少额应该加回。

4.【多项选择题】答案：ABD

解析：应收账款、应收票据本期的增加额，应该减去。

综合模拟试卷（A卷）

一、单项选择题（共10题，每题2分，共计20分）

题号	1	2	3	4	5	6	7	8	9	10
答案	D	D	D	B	D	A	C	A	B	C

二、多项选择题（全答对得2分，答对1个及以上但没有全对得1分，共10分）

题号	1	2	3	4	5
答案	ABCD	CD	ABC	BCD	AC

三、计算题（共计16分）

应付债券利息调整表（保留整数，四舍五入）　　单位：元

计息时间（年底）	期初摊余成本	财务费用	应付利息	利息调整	现金流出	期末摊余成本
20×6年	1 106 680	55 334	—	24 666	—	1 082 014
20×7年	1 082 014	54 101	—	25 899	—	1 056 115
20×8年	1 056 115	52 806	—	27 194	—	1 028 921
20×9年	1 028 921	51 079	—	，28 921	—	0

（得分点：每空1分，共10分）

四、业务题（共计32分）

1.（1）A段资金运动反映企业将固定资产转入改扩建。其中固定资产原值为2 000万元，已提折旧1 200万元。

（2）B段资金运动反映企业发生改扩建支出400万元，另外以银行存款支付改扩建过程中发生的增值税进项税额39万元。

（3）C段资金运动反映企业取得处置收入10万元，增值税销项税额为1.3万元。

（4）D段资金运动反映企业在改扩建过程中拆下来的部分，扣除残值收入后的余额50万元转为营业外支出处理。

（5）E段资金运动反映改扩建完工，重新转为固定资产，其价值为1 140万元。

（评分标准：有关A、B、C、D、E各段资金运动的描述各2分，共10分）

2.（1）A段资金运动反映企业折价98万元购买债券。该债券面值100万元，折价2万元。(2分)

（2）B段资金运动反映定期确认投资收益。企业在四个会计期间应计利息每期都是8万元，其利息调整分别为-0.4207万元、0.1655万元、0.797万元和1.4582万元，其投资收益为应计利息与利息调整之和。(4分)

（3）C段资金运动反映企业到期一次性以银行存款收回利息32万元。（2分）

（4）D段资金运动反映企业到期以银行存款收回债券，价值100万元。（2分）

3.

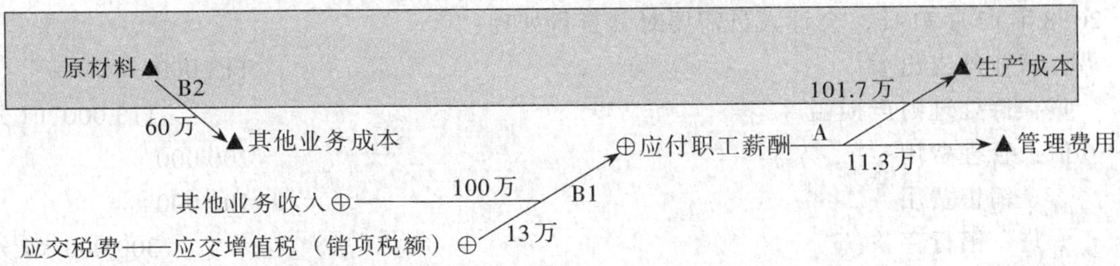

（A、B1、B2三段各2分，共6分）

4.

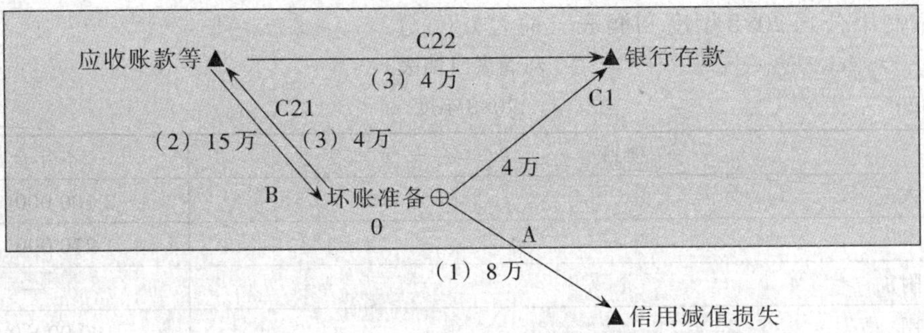

（A、B、C三段各2分，共6分）

五、综合题（共计22分）

（1）编制甲公司上述业务的会计分录。（16分）

①借：应收账款　2 260 000
　贷：主营业务收入　2 000 000
　　应交税费——应交增值税（销项税额）　260 000（2分）

借：主营业务成本　1 200 000
　贷：库存商品　1 200 000（1分）

②借：应交税费——应交增值税（已交税金）　340 000
　　　　　——未交增值税　60 000
　贷：银行存款　400 000（2分）

③借：银行存款　113 000
　贷：其他业务收入　100 000
　　应交税费——应交增值税（销项税额）　13 000（2分）

借：其他业务成本　70 000
　贷：原材料　70 000（1分）

④借：交易性金融资产　286 000
　贷：公允价值变动损益　286 000（2分）

⑤借：待处理财产损溢　　113 000
　贷：原材料　　100 000
　　应交税费——应交增值税（进项税额转出）　　13 000（1分）

20×8年12月31日，会计人员需要对其自行处理：

借：营业外支出　　113 000
　贷：待处理财产损溢　　113 000（1分）

⑥借：管理费用　　200 000
　　销售费用　　100 000
　贷：银行存款　　300 000（2分）

⑦借：财务费用　　100 000
　贷：应付利息　　100 000（2分）

（2）编制甲公司20×8年度利润表（简表）（6分）

利润表（简表）

编制单位：　　20×8年度　　单位：元

项目	本年金额
一、营业收入	2 100 000(1分)
减：营业成本	1 270 000(1分)
税金及附加	—
销售费用	100 000(0.5分)
管理费用	200 000(0.5分)
财务费用	100 000(0.5分)
加：公允价值变动收益	286 000(0.5分)
投资收益	0
资产减值损失	0
二、营业利润	716 000
加：营业外收入	0
减：营业外支出	113 000(0.5分)
三、利润总额	603 000(0.5分)
减：所得税费用	150 750(0.5分)
四、净利润	452 250(0.5分)

综合模拟试卷（B卷）

一、单项选择题（共10题，每题2分，共20分）

题号	1	2	3	4	5	6	7	8	9	10
答案	D	C	C	D	A	D	C	C	D	C

二、多项选择题（全答对给2分，答对1个及以上但没有全对得1分，共10分）

题号	1	2	3	4	5
答案	AC	ABC	AC	ABCD	AB

三、计算题（共计16分）

债权投资利息调整表（保留整数，四舍五入）　　单位：元

计息时间（年底）	期初摊余成本	投资收益	应收利息	利息调整	现金流入	期末摊余成本
20×6年	1 106 680	55 334	—	24 666	—	1 082 014
20×7年	1 082 014	54 101	—	25 899	—	1 056 115
20×8年	1 056 115	52 806	—	27 194	—	1 028 921
20×9年	1 028 921	51 079	—	28 921	—	0

（得分点：每空1分，共16分）

四、业务题（共计32分）

1．A、B、C段资金运动分别表达的经济业务如下：

（1）A段运动反映企业购买工程物资101万元，支付增值税进项税额13.13万元，所有款项均以银行存款支付。（2分）

（2）B1段运动反映将购买的工程物资101万元投入设备安装。（2分）

（3）B2段运动反映设备安装领用原材料0.3万元。（1分）

（4）B4段运动反映设备安装发生人工薪酬0.2万元，尚未支付。（1分）

（5）B3段运动反映设备安装直接以银行存款从市场购买原材料1万元，支付增值税0.13万元。（2分）

（6）C段运动反映设备安装完毕，转入固定资产，金额为102.5万元。（2分）

2．A、B、C、D段资金运动分别表达的经济业务如下：

（1）A段运动反映企业以94万元的价格折价发行面值为100万元的债券。（2分）

（2）B段运动反映企业确认本期的应付利息，并同步确认本期的财务费用。从流程图中可知，该债券是到期一次性还本付息的。（2分）

其财务费用由两部分构成，一部分是本期支付的利息，另一部分则是折价94万元发行，但偿还却需要按面值（100万元）偿还，由此产生的财务费用。（2分）

（3）C段运动反映企业最后一次性支付利息32万元。（2分）

（4）D段运动反映企业最后偿还债券本金100万元。（2分）

3．甲公司确认薪酬、发放薪酬的资金运动流程如下：

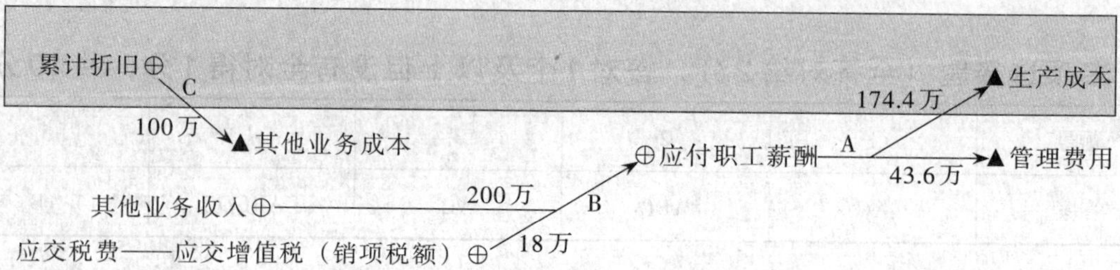

（评分：ABC三段各2分）

4.与原材料采购有关的资金运动流程如下：

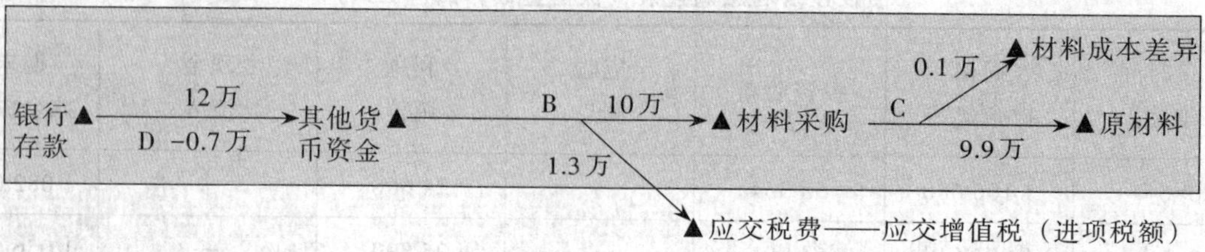

（A、D两段各1分，B、C两段各2分）

五、综合题（共计22分）

（1）编制甲公司业务的会计分录。（16分）

①借：银行存款　　1 130 000
　　贷：主营业务收入　　1 000 000
　　　　应交税费——应交增值税（销项税额）　　130 000（2分）
借：主营业务成本　　400 000
　　贷：库存商品　　400 000（1分）
②借：应交税费——应交增值税（已交税金）　　360 000
　　　　　　——未交增值税　　40 000
　　贷：银行存款　　400 000（2分）
③借：银行存款　　106 000
　　贷：其他业务收入　　100 000
　　　　应交税费——应交增值税（销项税额）　　6 000（2分）
借：其他业务成本　　40 000
　　贷：累计摊销　　40 000（1分）
④借：银行存款　　50 000
　　贷：营业外收入　　50 000（2分）
⑤借：在建工程　　100 000
　　贷：原材料　　100 000（2分）
⑥借：管理费用　　100 000
　　　　销售费用　　16 000
　　贷：银行存款　　116 000（2分）
⑦借：财务费用　　50 000

贷：应付利息　　　　　　　　　　　　　　　　　　　　　　50 000（2分）

（2）甲公司20×8年度的利润表如下：（6分）

利润表（简表）

编制单位：　　　　　　　　　　20×8年度　　　　　　　　　　单位：元

项目	本年金额
一、营业收入	1 100 000(1分)
减：营业成本	440 000(1分)
税金及附加	—
销售费用	16 000(0.5分)
管理费用	100 000(0.5分)
财务费用	50 000(0.5分)
加：公允价值变动收益	0
投资收益	0
资产减值损失	0
二、营业利润	494 000(0.5分)
加：营业外收入	50 000(1分)
减：营业外支出	0
三、利润总额	544 000
减：所得税费用	136 000(0.5分)
四、净利润	408 000(0.5分)